Sumatra

STEFAN LOOSE
TRAVEL
HANDBÜCHER

Wir danken allen Freunden in Sumartra die uns mit Informationen versorgt und unterwegs geholfen haben, vor allem Joni Yohanes Viany aus Jakarta, Dietmar Hess, Alexander Matuschinski aus Singapore, Abdul Hamid und Rosalinda vom WWF, Gerhard Schäfer, Raymond Chin, Vencentius William Koh, Akromi vom Departmen Kehutanan, Yaman Azis, Bambang Satrio, Anette Horschmann vom Tabo Restaurant in Tuk Tuk und Fuadi Munthe.

Ein weiteres Dankeschön für diese Auflage des *Sumatra Travel Handbuchs* an die fleißigen Leserbriefschreiber/innen zum Indonesienbuch: Jürgen Grenzmann, Wolf Christian Plieg, Mark Hartl, Gabriele Schuster, Thomas Ericheuseher, Gernot Katzer, Klaus Polak, Jan Truöl, Annette Brenner, Wolf Gotthilf, Heiko und Petra Lerch, Lars Zimmermann, Monika Schneebeli, Silke Zahn, Dr. G. Dohmen, Heike Schreiber, Ina Gier, Bärbel Döring, Helmut Dietl, Karlheinz Deul, Peter Abegg, Chantal Guerrero, Harry Rost, Daniela Buchbauer, Dieter Kubin, Sabine Schäfer, Thimm Furian, Doris Meier und Oliver Klemm, Susanne Ströh, Willi und Renate Germayer, Wolfgang Strompen, Antje Pratesi, Gunnar Kennefrund, Petra und Hartmut Pfrister und Klaudia Birle.

Schreibt uns!

Wir sind auf Anregungen, Ergänzungen und Korrekturen angewiesen, wenn auch dieses Buch aktuell bleiben soll. Es ist unmöglich, für die nächste Auflage alle Orte erneut zu besuchen. Dieses Buch wurde im Dezember 1995 fertiggestellt. Informationen, die von den Lesern kommen, sind sicherlich aktueller. Kein Brief bleibt ungelesen, die brauchbarsten Zuschriften belohnen wir mit einem Freiexemplar aus unserem Verlagsprogramm.

Bitte beachten: Informationen sollten so exakt wie möglich sein, v.a. Ortsangaben, Adressen etc. Hotels möglichst in einen Plan einzeichnen.

Vielen Dank!

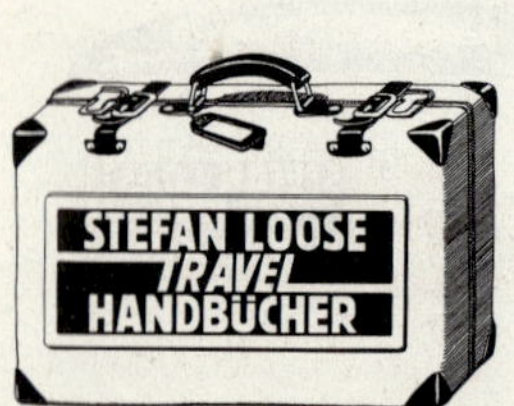

1. Auflage

Sumatra

mit

Penang und Melaka, Singapore und Jakarta

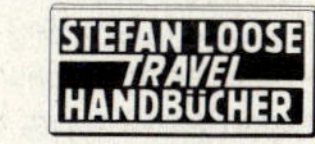

Werner Mlyneck
Stefan Loose
Renate Ramb
Klaus Schindler

Sumatra

Travel Handbuch, Band 15

ISBN 3-922025-59-5

Erste Auflage

Frühjahr 1996

Erschienen im

Stefan Loose Verlag

Hasenheide 54

D 10967 Berlin (Kreuzberg)

LEKTORAT

Stefan Loose

KARTENHERSTELLUNG UND -GESTALTUNG

Carlos Borrell, Klaus Schindler, Berndtson&Berndtson; © Stefan Loose

LAYOUT

Britta Dieterle

FOTOS

Bildnachweis S. 7

UMSCHLAGGESTALTUNG

Britta Dieterle, Matthias Grimm, Klaus Schindler

FARBSEITENGESTALTUNG

Matthias Grimm

DRUCK

Printed in Singapore

Die in diesem Buch enthaltenen Angaben wurden von den Autoren nach bestem Wissen erstellt und vom Lektorat im Verlag mit großer Sorgfalt produziert und auf Richtigkeit überprüft. Trotzdem sind, wie der Verlag nach dem Produkthaftungsrecht betonen muß, inhaltliche und sachliche Fehler nicht vollständig auszuschließen. Deshalb erfolgen alle Angaben ohne Garantie des Verlags oder des Autors. Der Verlag und die Autoren übernehmen keinerlei Verantwortung und Haftung für inhaltliche und sachliche Fehler. Alle Landkarten und Stadtpläne in diesem Buch sind von den Autoren erstellt worden und werden ständig überarbeitet.

Das SUMATRA TRAVEL HANDBUCH bekommt man im Buchhandel oder per Post gegen Voreinsendung von 36.80 DM auf Postgirokonto 423104-104 (Stefan Loose) Postgiroamt Berlin (BLZ 10010010) oder gegen Scheck im Brief. Titel und eigene Anschrift auf dem Überweisungsformular nicht vergessen!

Gedruckt auf chlorfrei gebleichtem Papier.

AUSLIEFERUNG

Österreich: Freytag-Berndt u. Artaria AG, Schottenfeldgasse 62; A-1071 Wien

Schweiz: b + i Buch und Information AG, Obfelder Str. 35, CH-8910 Affoltern a.A.

Thailand: Asia Books Co. Ltd., 5 Sukhumvit Rd. Soi 61, Bangkok 10110

ACEH

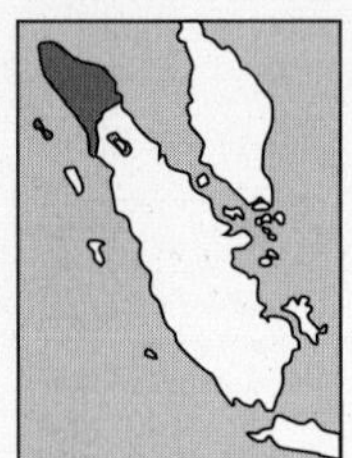

NORD-SUMATRA

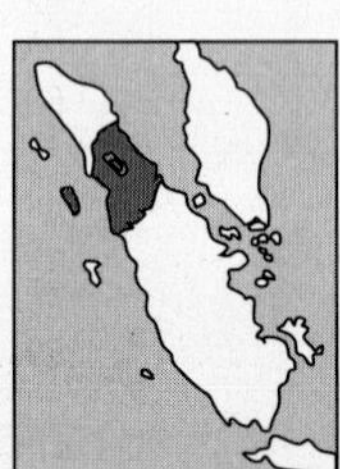

WEST-SUMATRA

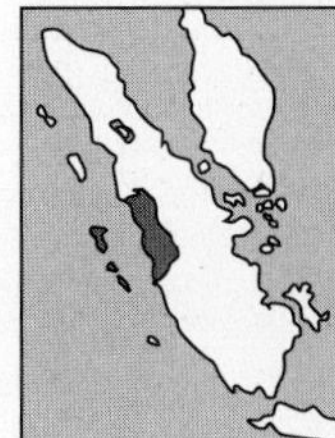

RIAU

JAMBI UND BENGKULU

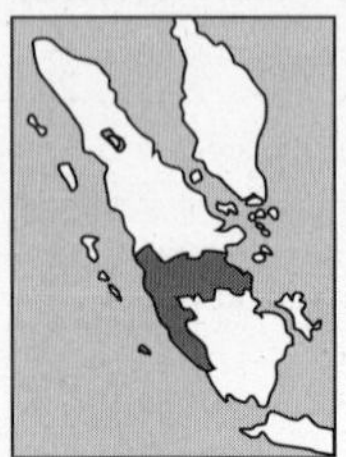

SÜD-SUMATRA + LAMPUNG

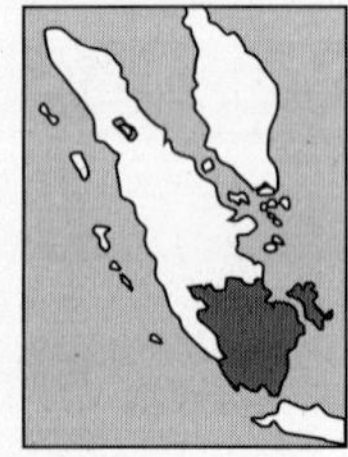

ANREISE-ORTE

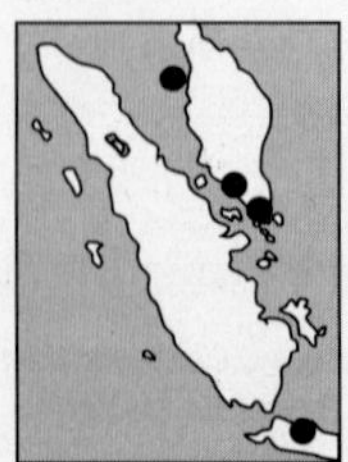

Abkürzungen

im Text

...^{2}	Verdoppelung des vorangegangenen Wortes
ac	airconditioner, Klimaanlage
Bldg.	Building
BCA	Bank Central Asia
BDN	Bank Dagang Negara
BNI	Bank Negara Indonesia
BO	Bouraq Airlines
DZ	Doppelzimmer
EZ	Einzelzimmer
Fan	Ventilator
GA	Garuda Airlines
Gh.	Guest House
ha	Hektar
Hrsg.	Herausgeber
Hs.	House
Jh.	Jahrhundert
Jl.	Jalan
Kg.	Kampung
Kl.	Klasse
km	Kilometer
KM	Kapal Motor, größeres Schiff mit Motor
KM	Kilometerstein
m	Meter
MDL	Mandala Airlines
Mill.	Millionen
M.V.	Motor Vessel, großes Passagierschiff
MZ	Merpati Airlines
n.Chr.	nach Christi Geburt
Nr.	Nummer
PLM	Prahu Layar Motor (Motorsegelboot)
PM	Prahu Motor
p.P.	pro Person
P.T.	Perseroan Terbatas (GmbH)
R.S.	Rumah Sakit, Krankenhaus
Rp	Rupiahs
SG	Sempati Airlines
s.o.	siehe oben
s.S.	siehe Seite
s.u.	siehe unten
Std.	Stunden
TC	Travellers' Cheques
☎	Telefon
tgl.	täglich
TV	Fernseher
u.a.	und andere / unter anderem
ü.d.M.	über dem Meeresspiegel
usw.	und so weiter
v.a.	vor allem
z.B.	zum Beispiel
z.Zt.	zur Zeit

in den Karten

G.	Gunung
D.	Danau
S.	Sungai
P.	Pulau
H.	Hotel
R.	Restaurant
Ctr.	Centre
Off.	Office
Stn.	Station

Sumatra – eine Insel für Individualisten

Die großen Touristenströme bewegen sich bisher vor allem zwischen Phuket, Penang, Singapore und Jakarta, und nur wenige verirren sich nach Sumatra, obwohl die Insel - nur durch die Straße von Malacca von West-Malaysia getrennt und vor den Toren Jakartas liegend - recht gut zu erreichen ist.

Vielleicht sind es noch immer die Mythen von undurchdringlichen dschungelbedeckten Bergen und endlosen malariaverseuchten Sümpfen, durch die furchterregende Orang Utan, wilde Elefanten und gefährliche Tiger streifen, die viele davon abhalten, einen Schlenker durch diesen faszinierenden Teil Indonesiens zu wagen. Oder sind es die alten Geschichten von ehemaligen Menschenfressern und fremden Steinzeitkulturen, von islamischen Fundamentalisten und gefürchteten Kriegern, die vielen den Mut nehmen, die Standardroute Medan - Padang zu verlassen und die Insel in ihrer ganzen Vielfalt kennenzulernen?

Wie dem auch sei, die westlichste der indonesischen Inseln biedert sich nicht an, sie ist spröde und will Stück für Stück erobert werden. Doch wer sich darauf einläßt und bereit ist, behutsam zu reisen und sich mit einer fehlenden touristischen Infrastruktur zu arrangieren, wird für die Mühen mit einer überraschenden Vielfalt an Erfahrungen entschädigt werden.

Da gibt es zahlreiche vorgelagerte Inseln - vom Tauchparadies vor Pulau Weh im äußersten Norden über die großen Inseln an der Westküste Nias und Siberut mit ihren fremden Kulturen bis zu den kleinen Inseln des Riau-Archipels, die alle einen völlig unterschiedlichen Charakter aufweisen und zum Inselhüpfen einladen.

Durch den Westen der Hauptinsel zieht sich eine schier endlose Bergkette mit nahezu unberührten Nationalparks, fruchtbaren, von Reisfeldern bedeckten Tälern und kargen Hochebenen. Dazwischen erstrecken sich vielgestaltige Seen: im Süden der von kegelförmigen Vulkanen umgebene Danau Ranau und der herbe, von Wasserhyazinthen bedeckte Kerinci; im Land der Minangkabau der malerische Maninjau und sein stiefmütterlich vernachlässigtes Pendant Singkarak sowie die nebelverhangenen Danau Diatas (= oben) und Dibawah (= unten) und weiter im Norden der turbulente Tobasee mit der Toteninsel Samosir sowie der wilde, abgelegene Danau Tawar.

So vielfältig wie die Landschaften sind ihre Bewohner: Weltgewandte Händler und Seefahrer besiedeln die Küsten und Inseln ebenso wie jungsteinzeitliche Jäger und Sammler. In den Bergen haben sich bereits vor Jahrhunderten alte Megalith-Kulturen herausgebildet, daneben leben hier heute noch Menschen in abgelegenen Regionen in der Tradition ihrer Vorväter weitgehend unbeeinflußt von westlichen Kulturen. Christen wohnen neben Moslems, die keine Probleme damit haben, daß allein ihre Frauen das Land besitzen. Und nicht zu vergessen die Einwanderer: in den Städten Chinesen, Araber und Inder und in abgelegenen Dörfern Javaner und Balinesen, die von ihren übervölkerten Inseln im Rahmen von Transmigrasi-Programmen hierher umgesiedelt wurden. Allen gemeinsam ist die Neugierde und Gastfreundschaft gegenüber Fremden, die vor allem außerhalb der Touristenzentren jeden Besucher faszinieren, der einige Worte Indonesisch spricht.

Sumatra ist ein ideales Reiseziel für Abenteurer und Aussteiger auf Zeit, die sich in die Einsamkeit der Berge oder an einen abgelegenen Strand zurückziehen wollen, aber auch für Kulturinteressierte, die den Kontakt zu den Bewohnern der

Insel suchen. Auch Touristen, die durch den Dschungel wandern, Tiere beobachten und Vulkane besteigen wollen, kommen auf ihre Kosten, und Surfern bietet die Westküste – nicht nur im Surfzentrum Nias phantastische Bedingungen. Hingegen gelangen Touristen, die eine umfangreiche touristische Infrastruktur erwarten, schon bald an ihre Grenzen.

Dieses Buch will dazu ermutigen, sich näher mit Sumatra und seinen Bewohnern zu befassen. Deswegen haben wir so viele Seiten auf Hintergrundinformationen verwendet. Es will dazu ermutigen, selbst den Kontakt zu den Menschen aufzunehmen. Deswegen haben wir so viele praktische Informationen zusammengetragen, die es erleichtern, sich zurechtzufinden und sich vorwärtszubewegen. Und es will dazu ermutigen, sich Zeit zu nehmen zum Zuhören und Beobachten, sich auch abseits ausgetretener Pfade zu bewegen und die bewährten Urteile und Ansichten einmal hintanzustellen.

Natürlich sind, bei allem Bemühen um Sachlichkeit, auch unsere Informationen subjektiv eingefärbt. Deswegen sollte man dieses Buch nicht wie ein Lexikon lesen, sondern eher als Anregung dazu, eigene Erfahrungen und Erlebnisse zu machen. Hinzu kommt, daß gerade die konkreten Sachinformationen sehr schnell veralten: Fahrpläne verändern sich, Preise steigen, Hotels werden umgebaut, neu eröffnet oder abgerissen, Restaurants wechseln den Besitzer - ein dynamischer Prozeß. Selbst die historischen Denkmäler, die seit Jahrhunderten am selben Platz stehen, sind stetigen Veränderungen unterworfen. Obwohl unsere Bücher von den Autoren regelmäßig überarbeitet werden, ist es unvermeidbar, daß Angaben relativ schnell überholt sind. Das betrifft v.a. die Preise. Da wir auf sie nicht verzichten wollen, haben wir die Inflationsrate mit angegeben, um eine Orientierung zu ermöglichen. Oder die An- und Abfahrtszeiten bei den Verkehrsmitteln. Bei ihnen muß man vor Ort immer noch einmal nachfragen. Um jedes Detail ständig aktuell zu halten, müßten wir alle drei Monate ein neues Buch herausbringen. Aber dann kämen wir selbst nicht mehr zum Reisen und würden auch keine Reiseführer mehr schreiben können, sondern nur noch Fahrpläne und Hotelverzeichnisse.

Wir wünschen offene Augen und Ohren, viel Einfühlungsvermögen und - nicht zu vergessen - viel Spaß auf Sumatra.

Bildnachweis

Renate Loose: 60 alle (5), 61 alle (4), 92 oben, Mitte rechts und unten rechts, 93 alle (5), 124, 125 oben und unten, 156 groß, 188 oben rechts und unten, 189 oben und unten, 220 oben und unten, 221 oben und unten, 252 alle (5), 253 oben und unten, 284 groß und klein, 285 oben und unten, 316 oben und unten rechts; 317 oben und unten, 348 alle (3), 349 alle (4), 380 alle (3), 381 oben und unten, 412 links und rechts, 413 oben und unten, hintere Umschlagklappe sowie alle schwarz-weiß abgebildeten Fotos

Werner Mlyneck: Titel, 92 unten links, 156 klein, 157 oben und unten, 188 oben links, 316 unten links

WELCOM

REISEVORBEREITUNG

Ein- und Ausreiseformalitäten

Short Visit Pass

Zur Einreise nach Indonesien benötigt man nur einen **Reisepaß**, der noch mindestens 6 Monate gültig sein muß und ein **Ausreiseticket** – eine Ausreise kann auch mit dem Schiff erfolgen. Bei Flugtickets werden *Open-date-Tickets* akzeptiert. Man kann dann mit einem *Short Visit Pass,* der bei Einreise in den Paß gestempelt wird, maximal **60 Tage** im Land bleiben, wenn eine der folgenden Staatsangehörigkeiten vorliegt:

Deutschland, Schweiz, Österreich, Ägypten, Argentinien, Australien, Belgien, Brasilien, Chile, Dänemark, Finnland, Frankreich, Griechenland, Großbritannien, Holland, Kanada, Kuweit, Irland, Island, Italien, Japan, Liechtenstein, Luxemburg, Malediven, Malta, Marokko, Mexico, Neuseeland, Norwegen, Saudi Arabien, Schweden, Spanien, Südkorea, Taiwan, Türkei, Ungarn, UAE, USA, Venezuela oder ASEAN-Staaten. Auch für Geschäftsleute, die bis zu 60 Tagen in Indonesien unterwegs sind, gilt die visafreie Einreise, falls sie keine Arbeit aufnehmen.

Voraussetzung ist weiterhin, daß man über folgende Orte ein- und ausreist: Airport und Hafen *Medan,* Airport *Pekanbaru,* Airport *Padang* (Sumatra), Airport *Batu Besar* oder Hafen *Batu Ampar* bzw. *Sekupang* (Batam), Hafen *Tanjung Pinang, Cengkareng* Airport und Hafen *Tanjung Priok* von *Jakarta,* Hafen *Semarang,* Airport und Hafen *Surabaya,* Airport *Denpasar* und Hafen *Benoa* bzw. *Padang Bai* (Bali), Airport und Hafen *Manado* (Nord-Sulawesi), Airport und Hafen *Ambon* (Molukken), Airport *Biak* (Irian Jaya), Airport *Pontianak,* Airport *Balikpapan,* Airport *Kupang.*

Tourist Visum

Wer über andere Orte ein- oder ausreisen will, braucht weiterhin ein Visum, das vor Einreise in einer diplomatischen Vertretung Indonesiens beantragt werden muß.

Das Visum ist 30 Tage gültig und kann einmal 2 Wochen verlängert werden. Deutsche Staatsangehörige bezahlen dafür 55 DM.

Geschäftsreisevisum

Sie sind 60 Tage gültig und können in Indonesien bis zu 6 Monaten verlängert werden. Man braucht dazu ein Schreiben seiner Firma, daß diese sowohl für die Flugkosten (Hin- und Rückreise) als auch für die Aufenthaltskosten aufkommt. Zudem muß der Grund der Reise in dem Firmenschreiben erwähnt werden. Dieses Visum kostet 110 DM und kann in Deutschland ausgestellt werden.

Semi-Permanentes Visum

Dieses Visum wird in Deutschland nur nach Genehmigung des Ministeriums in Jakarta nach einer Bearbeitungszeit von 3 - 6 Monaten ausgestellt. Es gilt für eine Aufenthaltsdauer von 6 Monaten bis zu einem Jahr und wird in erster Linie zur Arbeitsaufnahme bei einer deutschen, ausländischen oder indonesischen Firma ausgestellt. Es kostet 220 DM.

Weitere Details bei den indonesischen Botschaften und Konsulaten.

Verlängerung von Visa

Es gibt keine Verlängerungsmöglichkeit für den 60-Tage-Short Visit Pass. Für 30-Tage-Visa oder Geschäftsreisevisa bekommt man die Verlängerung in allen Immigration-Offices *(Kantor Imigrasi)*, die Ausstellung dauert 2 Tage bis zu einer Woche, also rechtzeitig beantragen.

Autoritäten sollte man so behandeln, wie sie es sich wünschen (nettes Auftreten und ordentliche Kleidung), damit sie erst gar nicht ihre Autorität unter Beweis stellen müssen.

Die Verlängerung eines Geschäftsreise- oder Semi-Permanenten Visum kostet in jedem Fall 30 000 Rp pro Verlängerung. Noch teurer wird ein Aufenthalt über 6 Monate. Dann wird bei allen Ausländern die ebenfalls für Indonesier obligatorische Ausreisesteuer fällig. Und die beträgt 250 000 Rp pro Person (gilt auch für Kinder, Stand Sommer 1995).

Läuft der Short Visit Pass oder das Visum ab, sollte man keinesfalls die Aufenthaltsdauer überziehen, denn sonst gibt es Probleme bei der Ausreise und eine Geldstrafe, die im Ermessen des jeweiligen Beamten liegt.

INDONESISCHE BOTSCHAFTEN UND KONSULATE

IN EUROPA

Botschaft in Deutschland:
Bernkasteler Str. 2, 53175 BONN,
☎ 0228-382990.

Konsulate:
13187 BERLIN, Esplanade 7,
☎ 030-4459210.
22299 HAMBURG, Bebelallee 15,
☎ 040-512071.
24114 KIEL, Sophienblatt 33,
☎ 0431-603201.
28195 BREMEN, Domhof 26,
☎ 0421-332224.
30159 HANNOVER, Arnswaldstr. 4,
☎ 0511-3612150.
65189 WIESBADEN, Bierstädterstr. 9,
☎ 0611-304339.
80538 MÜNCHEN, Widenmayerstr. 24,
☎ 089-294609.
70629 STUTTGART, Flughafen, Terminal 3,
Office 113-114, ☎ 0711-7970788.

Botschaft in Österreich:
Gustav-Tschermakgasse 5-7, A 1180 WIEN,
☎ 342533-5.

Botschaft in der Schweiz:
Elfenauweg 51, CH 3006 BERN,
☎ 440983/84.

Botschaft in den Niederlanden:
Tobias Asserlaan 8, NL 2517 K.C. DEN HAAG, ☎ 070-3108100.

IN DEN NACHBARLÄNDERN

Botschaft in Singapore:
7 Chatsworth Road, ☎ 7377422.

Botschaft in Malaysia:
KUALA LUMPUR, 233 Jl. Tun Razak,
☎ 2421011;
PENANG, 467 Jl. Burmah, ☎ 25162.

Weitere Konsulate in:
KUCHING, KOTA KINABALU und TAWAU.

Botschaft in Thailand:
600 Phetchburi Rd., BANGKOK,
☎ 2523135/40.

Botschaft auf den Philippinen:
Salcedo Street, MANILA, ☎ 855061/68.

Botschaft in Australien:
8 Darwin Avenue, Yarralumla, CANBERRA,
☎ 733222.

Weitere Konsulate in:
DARWIN, MELBOURNE und SYDNEY.

Botschaft in Papua New Guinea:
Sir John Guisa Drive 6, Sec 410 Lot182,
Baroko, PORT MORESBY, ☎ 253116/18.
Adressen der Botschaften und Konsulate in Indonesien s.S. 68.

Wenn das Visum abgelaufen ist

sollte man auf dem schnellsten Weg in eines der Nachbarländer fahren und, falls nötig, dort ein neues Visum beantragen bzw. visafrei einreisen. Hier die wichtigsten Verbindungen ins Ausland:

BEI EIN- UND AUSREISE KEIN VISUM ERFORDERLICH

Batam – Singapore tgl. Bootsverbindung.
Jakarta – Singapore (Flugzeug)
Medan – Penang fliegen MAS und Sempati tgl.; 6x wöchentlich Fähre.
Medan – Lumut (Schiff)
Medan – Port Kelang (Schiff)
Medan – Singapore fliegen *SILK AIR* und *GARUDA* tgl.
Medan – Kuala Lumpur fliegt *SEMPATI* 3x wöchentlich
Padang – Kuala Lumpur 4x wöchentlich Flug mit *SEMPATI*.
Pekanbaru – Melaka fliegt 3x wöchentlich *PELANGI AIR*.
Pekanbaru – Singapore fliegt *GARUDA* und *SILK AIR* tgl.
Pekanbaru – Kuala Lumpur fliegt *SEMPATI* 4x wöchentlich
Pekanbaru - Batam fliegt tgl. *MERPATI;* tgl. Bootsverbindung.
Tanjung Pinang – Singapore tgl. Bootsverbindung.
Tanjung Pinang – Johor Bharu tgl. Bootsverbindung.

BEI EIN- UND AUSREISE VISUM ERFORDERLICH

Banda Aceh – Penang – Kuala Lumpur (Flugzeug)
Dumai – Port Kelang (Schiff)
Dumai - Melaka 2x tgl. Bootsverbindung.
Palembang - Singapore MZ fliegt einmal wöchentlich über Pekanbaru.

Zollbestimmungen

Üblicherweise sind 200 Zigaretten, 1 l alkoholische Getränke und eine kleine Menge Parfüm zollfrei. Verboten ist die Einfuhr von Waffen, Pornographie und Drogen, chinesischer Medizin und jeder Literatur, die in chinesischen Schriftzeichen geschrieben ist. Außerdem müssen Fernseher, Radios und Kassettenrecorder deklariert und wieder ausgeführt werden. Tiere bleiben besser zu Hause, denn sie müssen in Quarantäne.

Einreisebestimmungen der Nachbarländer

Malaysia

Beim Grenzübertritt bekommt man für maximal 3 Monate ein Visum. In Sarawak und Sabah erhält man ein eigenes Visum, das meist für 2 Wochen ausgestellt wird. Die Visumverlängerung ist in den Hauptstädten der Bundesstaaten und in Kuala Lumpur ohne Probleme möglich, solange man ausreichend Geld vorzeigen kann.

Singapore

Deutsche und Schweizer können bis zu 3 Monaten in Singapore bleiben, Österreicher nur 30 Tage. Bei der Einreise werden normalerweise 30 Tage in den Paß gestempelt. In Malaysia und Singapore sind die Gesetze sehr streng und gipfeln z.B. in der Todesstrafe für Drogenhändler.

Thailand

Ohne Visum kann man 30 Tage im Land bleiben. Bei längerem Aufenthalt muß man vor der Einreise ein 60-Tage-Visum beantragen, das im Land noch um 30 Tage verlängert werden kann.

Informationen

Wir sind mit diesem Buch nicht in der Lage, die letzten aktuellen Termine und Informationen zu liefern. Einige Fakten sind ständigen Veränderungen unterworfen (Wechselkurse und Preise), manche Entwicklungen können die gesamte Planung über den Haufen werfen (Änderung der Einreisebestimmungen, Auf- bzw. Abwertung einer Währung usw.). Deshalb sollte man sich zusätzlich vor der Reise beim Fremdenverkehrsamt über den aktuellen Stand informieren.

INFORMATIONSSTELLEN

Indonesisches Fremdenverkehrsamt, Wiesenhüttenstr. 17, D 60329 Frankfurt, ☎ 069/233677, fax 230840. Allgemeine touristische Informationen.
Deutsch-Indonesische Gesellschaft e.V., Lortzingstr. 72, 50931 Köln, bzw. Hülchrather Str. 6, 50670 Köln. Für Leute, die sich intensiv mit Indonesien beschäftigen möchten.

Klima

Aufgrund seiner geographischen Lage beiderseits des Äquators und der zahlreichen Inseln besitzt Indonesien ein ausgesprochen **tropisches Klima** mit hohen Niederschlägen. Die Monsunwinde bringen beinahe in allen Landesteilen von Juni bis September vorwiegend trockene und von Dezember bis März feuchte Luftmassen in dieses Gebiet.

Der Monsun

Regelmäßige Winde sind von der Erdrotation und damit von der geographischen Lage, aber auch vom Stand der Sonne abhängig. Sie treten im jährlichen Rhythmus auf, sind aber an allen Orten verschieden ausgeprägt. Man führt sie auf die über die gesamte Erde verlaufende Zirkulation der Atmosphäre zurück. Dieses System aufsteigender und absteigender Luftmassen und hohen und niedrigen Luftdrucks verlagert sich mit der Wanderung des Zenitstandes der Sonne. Dort, wo die Einstrahlung der Sonne am intensivsten ist, wird die Luft am stärksten erhitzt und steigt auf. Die aufsteigende Luft schafft einen Sog, mit dem von Norden und Süden neue Luftmassen herangeführt werden, die sich als Winde bemerkbar machen. Allerdings werden diese Nord- und Südwinde durch die Erdrotation auf der Nordhalbkugel zu Nordost- bzw. Südwestwinden und auf der Südhalbkugel zu Nordwest- bzw. Südostwinden umgelenkt. So ergeben sich auf den beiderseits des Äquators liegenden indonesischen Inseln komplizierte Windverhältnisse. Da die Luftmassen auch Niederschläge mit sich bringen, besteht eine direkte Verbindung zwischen Monsun und Regenzeit.

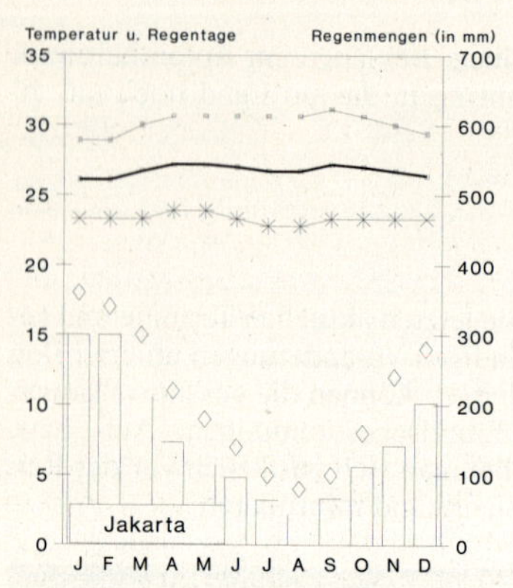
Temperatur u. Regentage
Regenmengen (in mm)
Jakarta
J F M A M J J A S O N D

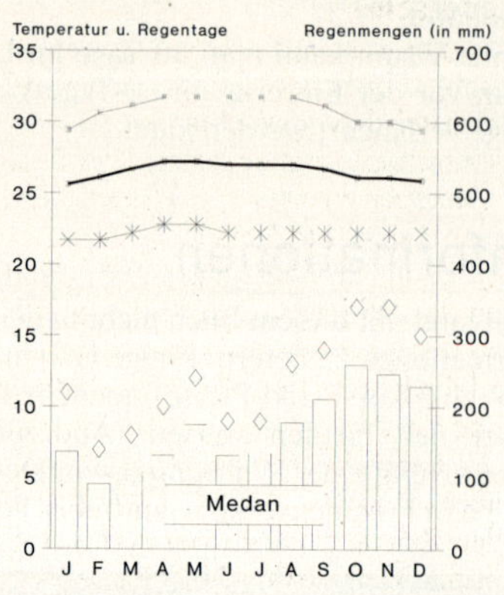
Temperatur u. Regentage
Regenmengen (in mm)
Medan
J F M A M J J A S O N D

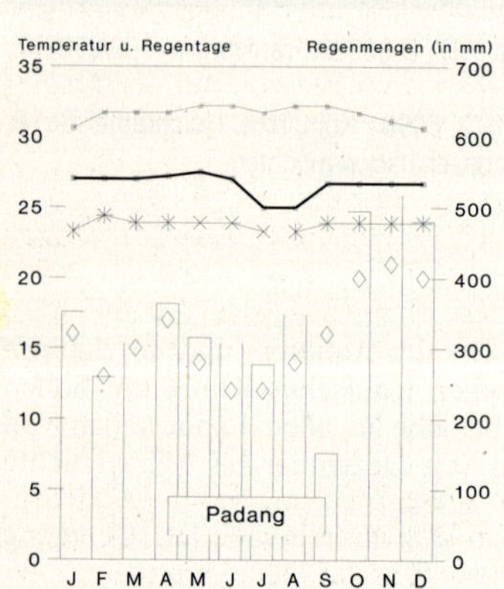
Temperatur u. Regentage
Regenmengen (in mm)
Padang
J F M A M J J A S O N D

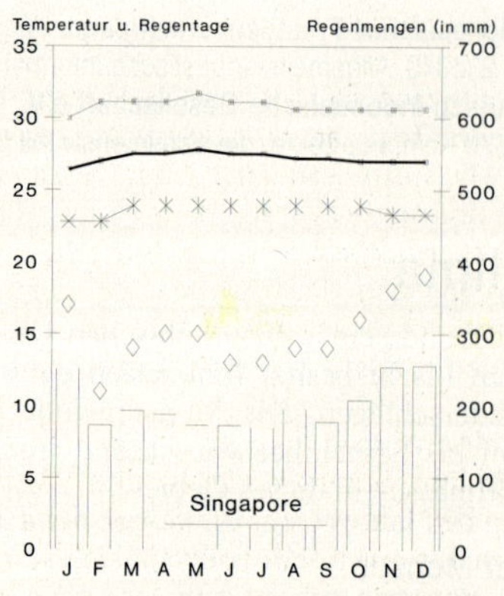
Temperatur u. Regentage
Regenmengen (in mm)
Singapore
J F M A M J J A S O N D

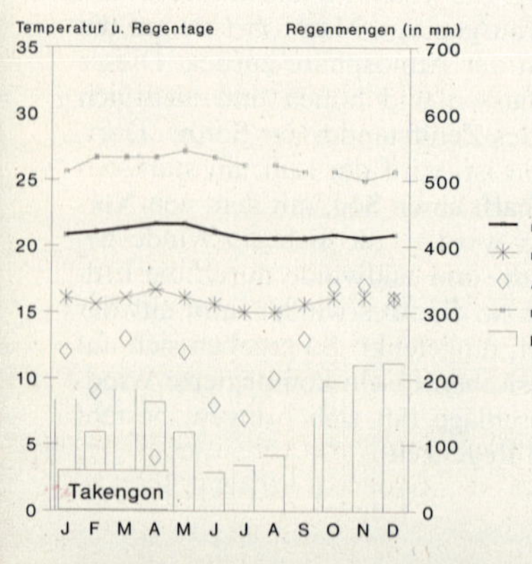
Temperatur u. Regentage
Regenmengen (in mm)
Takengon
J F M A M J J A S O N D
mittlere Temperatur
min. Tagestemperatur
Anzahl der Regentage
max. Tagestemperatur
Regenmenge

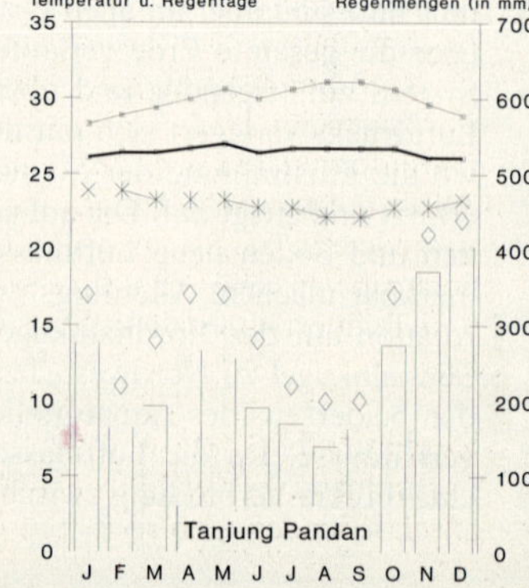
Temperatur u. Regentage
Regenmengen (in mm)
Tanjung Pandan
J F M A M J J A S O N D

Niederschläge

An den Orten mit intensiver Sonneneinstrahlung steigen die Luftmassen auf. Sie gelangen in höhere Luftschichten mit geringerer Temperatur und kühlen sich ab. Dabei wird Niederschlag freigesetzt – es regnet. Auch die typischen tropischen Nachmittagsschauer lassen sich darauf zurückführen.

Daneben bringen die Monsunwinde, kommen sie vom Meer, feuchte Luftmassen mit sich. Steigen sie an den Küsten auf, kommt es ebenfalls zu Niederschlägen. Land- und Seewinde, Berg- und Talwinde, die innerhalb von kleineren Räumen das Windsystem mitprägen, führen letztendlich zu komplizierten Verhältnissen, die generelle Aussagen über Regen- und Trockenzeiten unmöglich machen. So fällt in Brastagi mehr als doppelt soviel Niederschlag wie in Medan, obwohl beide Orte kaum 60 km voneinander entfernt liegen.

Es kann durchaus sein, daß es an der Nordküste einer Insel in Strömen gießt, während an der Südküste die Sonne scheint. Ein Wetterexperte könnte also zu jeder Zeit des Jahres dem Regen davonfahren. Wer in die tropische Regenzeit kommt, kann wahre Fluten erleben: Innerhalb eines Tages kann mehr Regen fallen als in mehreren trüben europäischen Monaten zusammen – 600 mm Niederschlag an einem Tag sind keine Sensation! Stürmische Winde wühlen das Meer auf, unbefestigte Straßen werden zu unpassierbaren Schlammwüsten, und ganze Städte und Dörfer sind überflutet. Doch selbst während der Regenzeit gibt es schöne Tage, an denen es nicht regnet (die Chancen stehen 2:1!).

Die Luftfeuchtigkeit liegt im Tiefland morgens fast immer um 90% und geht nachmittags auf etwa 70% zurück. Nur auf den Inseln mit einer ausgesprochenen Trockenzeit sinkt die Luftfeuchtigkeit nachmittags unter 50%. Die stärksten Regenfälle und die höchste Luftfeuchtigkeit sind auf Sumatra von Dezember bis März zu verzeichnen. Man nimmt an, daß durchschnittlich 2000 - 3000 mm Regen pro Jahr fallen – (Deutschland 700 mm).

Temperaturen

Frühling, Sommer, Herbst und Winter sind in Indonesien unbekannt. An jedem Tag des Jahres steht die Sonne etwa 12 Stunden lang am Himmel. Der Übergang vom Tag zur Nacht vollzieht sich so rasch, daß die Zeit der Dämmerung nur kurz ist. Sonnenaufgänge und -untergänge verlieren häufig durch starke Dunst- oder Nebelschleier ihren Reiz. Im Flachland liegen die Temperaturen während des ganzen Jahres zwischen 22°C und 34°C, vielfach wird es aber in den frühen Nachmittagsstunden noch heißer.

Nach Sonnenuntergang kühlt es sich, besonders im Landesinneren, merklich ab. Angenehm ist der Aufenthalt im Hochland, wo in 1000 m Höhe (2000 m) die Durchschnittstemperaturen bereits 6°C (12°C) niedriger sind als im Flachland. Selbst mittags betragen die Temperaturen kaum mehr als 30°C, so daß man hier ausgedehnte Tagestouren unternehmen kann, ohne um die Mittagszeit allzuviel Schweiß vergießen zu müssen. Nachts kann es zu starken Abkühlungen kommen, und Temperaturstürze unter 5°C sind auf den Gipfeln der Vulkane keine Seltenheit.

Regionalklima auf Sumatra

Bestimmend ist der Südwest-Monsun, der vor allem der Südwestküste und den anschließenden Gebirgsketten viel Regen bringt. Der Süden der Insel erhält die stärksten Niederschläge, die vor allem im November und Dezember viele Straßen unpassierbar machen. (Der Trans-Sumatra-Highway scheint mittlerweile wetterfest zu sein!) Je weiter man nach Norden kommt, um so früher setzt die Regenzeit ein (Palembang 315 mm im Dezember – Padang 518 mm im November – Medan 259 mm im Oktober). Zwischen Medan und Padang kommt es zu einer weiteren, schwächeren Regenzeit in den Monaten April und Mai. Die Temperaturen schwanken im Tiefland zwischen 22°C und 31°C, am Toba-See jedoch nur zwischen 16°C und 26°C.

Reisezeiten

Es ist ratsam, die Reiseroute möglichst mit den **Regenzeiten** abzustimmen. Zwar erscheint auch während der Trockenzeit der Tropenhimmel nicht immer in strahlendem Blau, aber Überflutungen und tagelanger Dauerregen sind während dieser Zeit recht unwahrscheinlich. Allerdings können sich die Regenzeiten, wie unsere heimischen Jahreszeiten, bis zu einem Monat verschieben. Wer ganz sicher gehen will, beginnt einen Badeurlaub oder eine Dschungeltour besser einen Monat nach dem voraussichtlichen Ende der Regenzeit.

Ein weiterer Gesichtspunkt bei der Planung sind die örtlichen **Ferien- und Feiertage**. Die Urlaubszentren in der Nähe der Großstädte sind während der Feriensaison häufig überlaufen, dann ist kein Zimmer mehr zu bekommen, Busse und Züge sind ausgebucht.

Während des **Ramadan** sind in den überwiegend moslemischen Gebieten tagsüber die meisten Restaurants geschlossen. Der Ramadan ist auch sonst eine Zeit verminderter Aktivität, das gesamte Leben scheint träge dahinzufließen. Kein Hinderungsgrund für eine Reise, aber manchmal etwas unangenehm.

Da zum **Idul Fitri**, dem Ende des Ramadan, viele Indonesier verreisen, sind die Sitzplätze in Bussen und Zügen zu diesem Zeitpunkt dann wieder ausgebucht.

Freitags schließen die meisten Verwaltungsbüros, Museen, Banken und anderen öffentlichen Einrichtungen schon vormittags um 11.00 Uhr. Verwaltungsbüros und Banken sind außerdem auch am Samstag geschlossen.

Generell ungeeignet sind **Sonn- und Feiertage** auch für längere Bus- und Bahnfahrten. Das ganze Land scheint an manchen Wochenenden auf den Beinen zu sein, und ein Sitzplatz ist dann kaum zu bekommen.

Flugtickets

Es fliegen verschiedene europäische und asiatische Airlines (z.B.: *Lufthansa, Sabena, KLM, Garuda, Singapore Airlines, MAS, Thai International)* von Europa nach Jakarta, einige auch nach Medan. Man kann auch einen Flug nach Singapore oder Kuala Lumpur buchen und von dort mit dem Flugzeug oder Schiff weiterreisen.

Die Airlines differieren beachtlich in der Reisedauer (Anzahl und Dauer der Zwischenstops) und dem Preis. Der seit Jahren tobende Preiskrieg hat auf diesen Routen zu einem Preisverfall geführt, so daß Flüge mit den meisten Liniengesellschaften preiswerter als ein Charterflug sind.

Die Durchschnittspreise liegen bei 1600 DM für Flüge von Europa nach Jakarta und zurück.

Normalerweise ist die Geltungsdauer von Billigtickets auf 6 Monate begrenzt. Zudem kann man mit ihnen nicht die Fluggesellschaft wechseln und erhält kein Geld zurückerstattet, wenn der Flug nicht angetreten wird. Bei weniger strikter Handhabung ist zumindest eine Stornierungsgebühr fällig. Für die Umbuchung des Rückflugs müssen etwa 100 DM bezahlt werden. Trotzdem sollte man keine *open date tickets* kaufen, da Flüge von und nach Indonesien häufig schon Monate im voraus ausgebucht sind.

Gebuchte Flüge müssen spätestens drei Tage vor Abflug rückbestätigt werden, was auch telefonisch geschehen kann. Nicht selten sind die Maschinen überbucht, und die letzten kommen, trotz Rückbestätigung, nicht mehr mit. Es empfiehlt sich daher, rechtzeitig am Flughafen zu erscheinen.

Geht die Reise nicht nur nach Indonesien, lohnen sich vielleicht **Rundflugtickets**. Sie werden von vielen Reisebüros zu einem günstigen Preis angeboten. Die meisten Routen gehen über Indien / Sri Lanka / Malediven / Burma / Malaysia / Singapore / Indonesien oder die Philippinen. Allerdings bekommt man bei niedrigem Dollarkurs in Asien viele Anschlußflüge günstiger als in Europa.

Garuda- und einige Merpati-Inlandflüge kann man zuhause als günstige **Anschlußflüge** *(add-on Tickets)* buchen, aber nur, wenn man auch mit Garuda nach Indonesien fliegt. In diesem Fall müssen die Routen, aber nicht die Termine, vorher festliegen und in Jakarta, Denpasar, Medan oder Ujung Pandang beginnen. Diese Tickets kosten 75% des normalen Preises *(Garuda Airpass* s.S. 51).

Studenten mit einem Internationalen Studentenausweis (ISIC) bekommen neben anderen Vergünstigungen überall auf der Welt billigere Flüge. Außer in den Studenten-Reisebüros sollte man sich auch in den Büros von *Garuda, Merpati, Thai Airways International, Cathay Pacific* und *Malaysian Airlines* nach Studententarifen erkundigen.

BILLIGFLUG-REISEBÜROS

IN DEUTSCHLAND

Augsburg **Airpoint Fernreisen**
Vorderer Lech 13
86150 Augsburg
☎ 0821 / 36695.

Bad Homburg **Asean Wings Reisebüro**,
Louisenstr. 97
61348 Bad Homburg
☎ 06172 / 29901.

Berlin **Alternativ Tours**
Wilmersdorfer Str. 94
10629 Berlin
☎ 030 / 8812080.

Neue Reisewelle
Goltzstr. 14
10781 Berlin
☎ 030 / 2173890.

Bonn **Uniphil Travel GmbH**
Reuterstr. 149
53113 Bonn
☎ 028 / 210377.

Düsseldorf **Explorer Flugdienst**
Hüttenstr. 30
40215 Düsseldorf
☎ 0211 / 994901.

Freiburg **Globetrotter Tours**
Bertoldstr. 8
79098 Freiburg
☎ 0761 / 37686.

Göttingen **Reiseladen Johannisstr.**
Johannisstr. 28
37073 Göttingen
☎ 0551 / 43644.

Hamburg	**Weltweit Reiseladen** Schlüterstr. 22 20146 Hamburg ☎ 040 / 441681.
Karlsruhe	**Reisebüro Lesser** Ludwig-Wilhelm-Str. 16 76131 Karlsruhe ☎ 0721 / 96433-0.
Köln	**Asien Reisen** Gertrudenstr. 29 50676 Köln ☎ 0221 / 248761.
München	**Travel Overland** Barerstr. 73 80799 München ☎ 089 / 272760.
Nürnberg	**Südwind Reisen** Friedrichstr. 14-18 90408 Nürnberg ☎ 0911/363027.
Schwabach:	**Logo!Reisen** Rittersbacher Str. 84 91126 Schwabach ☎ 09122/5058
Stuttgart	**Asien Reisen** Europaplatz 20 70565 Stuttgart ☎ 0711 / 7156091.
Stuttgart	**Fernost-Flug-Service** Tübinger Str. 13-15 70178 Stuttgart ☎ 0711/6402510

IN DER SCHWEIZ

Globetrotter Club & Travel Service

Baden	5401, Bahnhofstr. 14 ☎ 215216.
Basel	4001, Falknerstr. 4 ☎ 2617766.
Bern	3001, Neuengasse 23 ☎ 3121121.
Luzern	6004, Unter der Egg 10 ☎ 528844.
St. Gallen	9001, Merkurstr. 4 ☎ 228222.
Winterthur	8401, Stadthausstr. 65 ☎ 2121426.
Zürich	8001, Rennweg 35 ☎ 2117780.

IN ÖSTERREICH

Wien	**Reiseladen** 1010, Dominikanerbastei 4 ☎ 5137577.

Gesundheit

Aids

Gibt es wirklich immer noch Menschen, die nicht wissen, wie sich Aids verbreitet? Nicht zu glauben, daß es immer noch Männer gibt, die während ihres Urlaubs vom Freiheitsdrang beseelt beim Verkehr mit Prostituierten auf das Kondom verzichten, ja sogar darauf bestehen, es „ohne" machen zu wollen! Unvorsichtigkeit ist schon schlimm genug, aber wer auch noch an „Sauberkeitsbescheinigungen" oder -beteuerungen glaubt, ist einfach naiv. Und das kann bekanntlich tödlich sein. Also, Männer wie Frauen: kein Verkehr ohne Gummi, jedenfalls nicht bei fremden Männern oder Frauen. Und da bekanntlich auch das Präservativ keinen hundertprozentigen Schutz bietet (nicht auf Kondome indonesischer Produktion verlassen – die sind oft fehlerhaft), ist Abstinenz noch immer der sicherste Weg.

Cholera

Die Cholera ist noch lange nicht besiegt und tritt vor allem in übervölkerten Gebieten immer wieder auf. Der Impfschutz durch handelsüblichen Impfstoff ist allerdings umstritten, Reaktionen sind häufig. Geimpft wird deshalb nur dann, wenn eine entsprechende Einreisebestimmung besteht, was für Indonesien nicht zutrifft. In diesem Fall genügt entgegen der Herstellerempfehlungen eine einmalige Injektion. Neue Impfstoffe sind in der Erprobung. Solange man auf eine saubere, hygienische Umgebung achtet und nicht geschwächt ist, wird man kaum gefährdet sein.

Dengue Fieber

Es tritt überall in Indonesien auf und wird durch die *Aedes aegypti*-Mücke übertragen. Nach der Inkubationszeit bis zu einer Woche kommt es zu plötzlichen Fieberanfällen, Kopf- und Muskelschmerzen. Manchmal verbreitet sich ein Hautausschlag über den ganzen Körper. Kurz darauf klingen die Krankheitssymptome ab. Ein zweiter Anfall kann zu Komplikationen führen. Wie bei Malaria ist ein Moskitonetz und der Schutz vor Mückenstichen der beste Weg der Vorsorge. Eine gezielte Therapie gibt es nicht.

Durchfallerkrankungen

Jeder, der nach Asien reist, wird sich vor allem in der ersten Zeit mehrmals mit Durchfällen (Diarrhöe) herumplagen. Einfache Durchfälle werden durch Infektionen hervorgerufen; verdorbene Lebensmittel, ungeschältes Obst, Salate oder Eiscreme sind häufig die Verursacher. Auch Mikroorganismen im Wasser können durchschlagende Wirkung zeigen. Deshalb sollte man sich an Trinkwasser aus der Plastikflasche halten (auf den versiegelten Verschluß achten), das in den meisten Ländern verkauft wird. Wer ganz sicher gehen will, verzichtet auf die kühlenden Eiswürfel, trinkt kein Leitungswasser und greift möglichst auf Tee zurück.

Eine Elektrolyt-Lösung (*Elotrans Neu* bzw. für Kinder *Oralpädon*), die verlorene Flüssigkeit und Salze ergänzt, reicht bei den meist harmlosen Durchfällen völlig aus. Man kann sich selbst eine Lösung herstellen aus 4 gehäuften Teelöffeln Zucker oder Honig, 1/2 Teelöffel Salz und 1 l Orangensaft oder abgekochtem Wasser. Zur Not, z.B. vor langen Fahrten, kann auf *Imodium*, das die Darmtätigkeit ruhiglegt, zurückgegriffen werden (aber nur in geringen Dosen, da die Ausscheidung von Krankheitserregern verzögert wird!).

Daneben kann man eine Bananen- oder Reis-und-Tee-Diät machen und sollte nie die ausreichende Zufuhr von Flüssigkeit und Salz vergessen. Auch Cola in Maßen ist bei Durchfällen hervorragend geeignet, es enthält Zucker, Spurenelemente, Elektrolyte und ersetzt das verlorengegangene Wasser. Stärkere Präparate sollte man nicht einnehmen, sondern bei länger anhaltenden Erkrankungen einen Arzt aufsuchen – es könnte auch eine bakterielle oder eine Amöben-**Ruhr** (Dysenterie) sein. Häufiger als Durchfälle sind **Verstopfungen**, die durch eine große Portion geschälter Früchte (z.B. Ananas) oder einer halben Papaya zum Frühstück (mit Kernen essen) verhindert werden können.

Erkältungen

Erkältungen kommen in den Tropen häufiger vor als man denkt. Schuld sind vor allem Ventilatoren und Klimaanlagen, die krasse Temperaturwechsel und zu viel Zugluft bescheren. Naßgeschwitzt in klimatisierte Räume zu flüchten, ist nicht ratsam, wenn man nicht etwas zum Wechseln oder Überziehen dabei hat. Auch in klimatisierten Bussen und bei Vulkanbesteigungen ist wärmere Kleidung wichtig.

Gelbsucht

Die schwere Lebererkrankung **Hepatitis B** wird vor allem durch sexuellen Körperkontakt und durch Blut (ungenügend sterilisierte Injektionsnadeln, Bluttransfusionen, Tätowierung, Akupunktur) übertragen. Dagegen gibt es verschiedene Impfstoffe, z.B. *Gen H-B-Vax,* die für besonders gefährdete Personen oder bei Langzeitaufenthalten empfohlen werden.

Die **Hepatitis A** wird durch infiziertes Wasser und Lebensmittel oral übertragen. Vor einer Ansteckung schützt der Impfstoff *Havrix* oder vor kurzfristigen Reisen ein Immunglobulin-Präparat. Im Gegensatz zu Indonesien, wo die meisten Menschen nach einer relativ harmlosen Hepatitis A-Infektion im Kindesalter gegen diese Krankheit immun sind, trifft dieses nur auf ein Drittel aller Europäer zu. Ob die Impfung notwendig ist, zeigt ein Antikörpertest.

Geschlechtskrankheiten (Veneral Diseases)

Gonorrhoe und die gefährlichere **Syphilis** sind in Asien weit verbreitete Infektionskrankheiten, vor allem bei Prostituierten. Daß der Verkehr mit Prostituierten ohne Kondom ein großes Risiko darstellt, muß mittlerweile hoffentlich nicht mehr betont werden. Bei den ersten Anzeichen einer Erkrankung (Ausfluß / Geschwüre) unbedingt ein Krankenhaus zum Anlegen einer Kultur und zur Blutentnahme aufsuchen.

Hauterkrankungen

Bereits vom Schwitzen kann man sich unangenehm juckende Hautpilze holen. Gegen zu starkes Schwitzen hilft Körperpuder, das angenehm kühlt und in Apotheken oder Supermärkten erhältlich ist. Für andere Erkrankungen sind häufig Kopf-, Kleider-, Filzläuse, Flöhe, Milben oder Wanzen verantwortlich. Die beste Vorbeugung ist eine ausreichende Hygiene – möglichst 2x täglich den Körper waschen und so häufig es geht die Wäsche wechseln. Zudem hilft gegen Hautpilze Baumwollwäsche. Gegen Kopfläuse hilft *Organoderm*, oder, falls man wieder in Deutschland ist, *Goldgeist*.

Japanische Encephalitis (Hirnhautentzündung)

Sie wird durch Moskitos in Agrarregionen einiger südostasiatischer Länder übertragen. Es gibt zur Vorbeugung einen japanischen Impfstoff der Firma Biken, der bei uns allerdings nur über wenige große Impfzentren (z.B. Landesimpfanstalten und Tropeninstitute) direkt aus Japan mit Kühlkette importiert werden kann, um 80 DM pro Injektion kostet, und wenige Nebenwirkungen haben soll, aber für Langzeitaufenthalt unter entsprechenden Bedingungen angeraten wird.

Kinderlähmung

Wer während der letzten 10 Jahre die Schluckimpfungen versäumt hat, erkundigt sich rechtzeitig beim Gesundheitsamt nach dem Termin der nächsten Polio-Impfung, am besten schon einige Wochen vor der Reise. Ansonsten kann auch der Hausarzt den Schluckimpfstoff verschreiben.

Malaria

Nach Berichten der WHO ist die Malaria weltweit wieder auf dem Vormarsch. Gesamtindonesien ist Malariagebiet, wo auch die *Malaria tropica* auftritt, die unbehandelt zum Tode führen kann. Besonders gefährlich sind die Dschungel- und Sumpfgebiete und Regionen in Flußnähe. Die malariaübertragende Mücke *Anopheles* sticht während der Nacht, also zwischen Beginn der Dämmerung und Sonnenaufgang. Am Abend schützen helle Kleidung (lange Hosen, langärmlige Hemden, engmaschige Socken) und ein mückenabweisendes Mittel, das auf die Haut aufgetragen wird. Ist der Schlafraum nicht mückensicher (lückenlose Mükkengitter an Fenster und Türen), sollte man unter einem Moskitonetz schlafen. Am sichersten ist ein eigenes Netz, da die vorhandenen manchmal beschädigt sind. Löcher verschließt man am besten mit Klebeband. Bei niedrigen Temperaturen in klimatisierten Räumen sind die Mücken weniger aktiv.

Notfalls hilft auch ein Coil *(Obat Nyamuk),* das Risiko zu verringern. Coils sind grüne Spiralen, die wie Räucherstäbchen abbrennen und für ca. 8 Stunden die Luft verpesten. Oft werden sie abends in offenen Restaurants unter die Tische gestellt, um die herumschwirrenden Moskitos (indon.: *nyamuk)* zu vertreiben.

Solange der neue Impfstoff gegen Malaria noch in der Erprobungsphase ist, beugt man einer Infektion mit einem regelmäßig hohen Chloroquinspiegel im Blut vor, was jedoch keine Garantie dafür ist, nicht doch infiziert zu werden.

Empfohlen wird gängigerweise die Einnahme von 2 - 3 Tabletten *Resochin* pro Woche eine Woche vor Beginn der Reise bis vier Wochen nach der Rückkehr. Viele Malariaüberträger sind resistent gegen Resochin. Deswegen wird die Einnahme zusätzlicher Präparate empfohlen. Proguamil (z.B. *Paludrine,* 2x tgl.), scheint kaum Nebenwirkungen zu haben. Allerdings sind immer mehr Erreger auch gegen dieses Präparat resistent.

Für den Fall einer Infektion in Gebieten ohne ärztliche Versorgung empfiehlt sich daher zur Überbrückung eine *stand-by*-Therapie mit Mefloquin *(Lariam).* Halofantrin, z.B. das Präparat *Halfan,* wird ebenfalls von einigen Spezialisten empfohlen, andere raten jedoch wird wegen ungeklärter Todesfälle vor der Selbstbehandlung mit diesem Mittel ab.

Wer aus Indonesien zurückkehrt und an einer nicht geklärten fieberhaften Erkrankung leidet, auch wenn es sich nur um leichtes Fieber und Kopfschmerzen handelt und sie erst Monate nach der Rückkehr auftreten, sollte dem Arzt unbedingt über den Tropenaufenthalt berichten und auf einem Bluttest bestehen. Die ersten Symptome einer Malaria können denen eines banalen grippalen Infektes ähneln und werden daher häufig verkannt.

Pilzinfektionen

Frauen leiden im tropischen Klima häufiger unter Pilzinfektionen. Vor der Reise sollten sie mit einem Frauenarzt sprechen und sich entsprechende Medikamente verschreiben lassen. Eine Creme ist besser als Zäpfchen, die bei der Hitze dahinschmelzen.

Schlangen- und Skorpionbisse

Die weit verbreitete Angst steht in keinem Verhältnis zur realen Gefahr, denn Giftschlangen greifen nur dann an, wenn sie attackiert werden. Gefährlich ist die Zeit nach Sonnenuntergang zwischen 18.00 und 20.00 Uhr, vor allem bei Regen. Einige Schlangen töten durch ein Blutgift, in diesem Fall benötigt man sofort ein Serum, andere töten durch ein Nervengift, dann ist außerdem eine künstliche Beatmung wichtig. Skorpionstiche sind in dieser Region generell nicht tödlich.

Tollwut

Wo streunende oder auch verendete Hunde zu sehen sind, ist Vorsicht geboten. Wer von einem Hund, einer Katze oder einem Affen gekratzt oder gebissen wird, muß sich schnellstmöglich impfen lassen.

Typhus / Paratyphus

Typische Symptome: über 7 Tage hohes Fieber einhergehend mit einem eher langsamen Puls und Benommenheit. Empfehlenswert ist die gut verträgliche Schluckimpfung mit *Typhoral L* für alle Reisende.

Wundinfektionen

Unter unhygienischen Bedingungen können sich schon aufgekratzte Moskitostiche zu beträchtlichen Infektionen auswachsen, wenn sie unbehandelt bleiben. Wichtig ist es, daß jede noch so kleine Wunde saubergehalten, desinfiziert und evtl. mit Pflaster geschützt wird.

Wundstarrkrampf

Wundstarrkrampf-Erreger findet man überall auf der Erde. Verletzungen kann man nie ausschließen, und wer evtl. noch keine Tetanusimpfung hatte, sollte sich unbedingt zwei Impfungen im 4-Wochen-Abstand geben lassen, die nach einem Jahr aufgefrischt werden müssen. Danach genügt eine Impfung alle 10 Jahre. Am besten ist die Impfung mit dem Tetanus-Diphterie-(Td-)Impfstoff für Personen über 5 Jahre, um gleichzeitig einen Schutz vor Diphterie zu erhalten.

Wurmerkrankungen

Winzige oder größere Exemplare, die man überall auflesen kann, setzen sich an den verschiedensten Körperstellen bzw. -organen fest und sind oft erst Wochen nach der Rückkehr festzustellen.

Die meisten sind harmlos und durch eine einmalige Wurmkur zu vernichten, andere sind gefährlich, wie z.B. die berüchtigten Hakenwürmer. Sie bahnen sich den Weg durch die Fußsohlen, deshalb sollte man auf feuchten Böden unbedingt Sandalen tragen.

Nach einer Reise in abgelegene Gebiete ist es empfehlenswert, den Stuhl auf Würmer untersuchen zu lassen. Absolut notwendig ist das, wenn man über längere Zeiträume auch nur leichte Durchfälle hat.

Medikamente

In den Apotheken Indonesiens gibt es Medikamente ohne Rezept billig zu kaufen, so Aspirin, Resochin, Fansidar, Daraprim, Vitamintabletten, „Pillen". In Apotheken kann man den IIMS *(Indonesian Index of Medical Specialities)* einsehen, der alle lieferbaren Medikamente mit Abgabenpreis enthält. Unbedingt auf das Verfallsdatum achten. Auch **Impfungen** sind viel preisgünstiger als in Europa.

Als Verhütungsmittel ist die Pille (v.a. die Minipille) auf langen Reisen weniger geeignet (Nachschubprobleme, Durchfälle, Zeitverschiebung). Evtl. auf Alternativen (Kondome/French Letters, Spirale) zurückgreifen.

VORSCHLAG FÜR EINE REISEAPOTHEKE

Erste Hilfe

- ❑ Verbandzeug (Heftpflaster, Hansaplast, Mullbinden, Elastische Binde)
- ❑ Desinfektionsmittel (Merfen-Orange N*)
- ❑ Antihistaminicum (Systralsalbe u.ä.)
- ❑ Wund- & Heilsalbe (Bepanthen), Pinzette

Schmerzen und Fieber

- ❑ Fieberthermometer
- ❑ ASS (z.B. Aspirin oder Paracetamol)
- ❑ Buscopan (gegen Krämpfe)
- ❑ Fungizid ratio (bei Pilzinfektionen)
- ❑ Antibiotika* (im Notfall gegen bakterielle Infektionen)
- ❑ Maaloxan oder Solugastril (bei bekannter Neigung zu Magenübersäuerung)
- ❑ Yxin (gegen Bindehautreizung)

Malaria-Prophylaxe

- ❑ Chloroquin (z.B. Resochin*, Lariam* zur standby-Therapie)
- ❑ Paludrine*

Reisekrankheiten

- ❑ Superpep Kaugummis (Rodawan, Reisedragees Stada)

Durchfall

- ❑ Imodium akut (v.a. vor längeren Fahrten); zur Rückführung von Mineralien: Elotrans Neu (Kinder: Oralpädon)

Sonstiges

- ❑ Lärmstopp (gegen Lärmbelästigung)
- ❑ Sonnenschutzcreme
- ❑ Mückenabweisende Mittel (aus der Apotheke, Jaico, oder in Malaysia Mentholenium)
- ❑ Einwegspritzen (mit ärztlicher Bestätigung, daßsie medizinisch notwendig sind, damit man nicht für einen Fixer gehalten wird)
- ❑ Kondome
- ❑ Beipackzettel

(rezeptpflichtig in der BRD)*

Versicherung

Wichtig ist eine ausreichende **Reisekrankenversicherung**. Nur einige private Krankenkassen schließen den weltweiten Schutz im Krankheitsfall ein. Wer diesen nicht hat oder bei der gesetzlichen Krankenkasse versichert ist, sollte sich bei Auslandsreisen in jedem Fall privat versichern. Die meisten Reisebüros und einige Kreditkartenorganisationen bieten derartige Versicherungen an.

Die normale Reisekrankenversicherung garantiert den Krankenrücktransport, wenn es medizinisch notwendig ist. Das trifft jedoch in den seltensten Fällen zu, da die Behandlung auch im Land erfolgen kann. Zudem übernimmt sie alle Arzt- und Krankenhauskosten, erstattet das Geld aber erst im Nachhinein. Die einzureichenden Rechnungen müssen folgende Angaben enthalten: Name, Vorname, Geburtsdatum, Behandlungsort und Datum, Diagnose, erbrachte Leistungen in detaillierter Aufstellung (Beratung, Untersuchungen, Behandlungen, Medikamente, Injektionen, Laborkosten, Krankenhausaufenthalt), Unterschrift des behandelnden Arztes, Stempel. Der Text sollte in Englisch abgefaßt sein, sonst muß er später übersetzt werden. Da die Kosten in der Landeswährung angegeben sind, ist es hilfreich, zusätzlich den Betrag in US$ auszuweisen oder einen Bankbeleg über den aktuellen Wechselkurs beizulegen.

Zudem werden von der Europäischen Reiseversicherung, von Elvia und Hanse-Merkur **Versicherungspakete** angeboten, die neben der Reisekrankenversicherung eine Gepäck-, Haftpflicht-, Unfall- und Rat & Tat-Versicherung einschließen.

Mit der Rat & Tat-Versicherung erhält man über eine Notrufnummer Soforthilfe während der Reise. Krankenhauskosten werden sofort von der Versicherung beglichen, und bei ernsthaften Erkrankungen übernimmt sie den Rücktransport. Ist der Versicherte nicht transportfähig und muß länger als 10 Tage im Krankenhaus bleiben, kann eine nahestehende Person auf Kosten der Versicherung einfliegen. Auch beim Verlust der Reisekasse erhält man über den Notruf einen Vorschuß.

Die Pakete sind jedoch, ebenso wie die günstigen Krankenversicherungs-Angebote, auf maximal 8 Wochen begrenzt. Da bei längeren Reisen bis zu einem Jahr nur Einzelversicherungen möglich sind, und der Versicherungsschutz teurer wird, sollte man in diesem Fall die Leistungen verschiedener Unternehmen vergleichen. Wer sich optimal absichern möchte, schließt eine separate Kranken-, Rat & Tat-, Unfall- und Gepäckversicherung ab. Bei häufigen Auslandsreisen kann das Paket oder die Einzelversicherungen auch für ein ganzes Jahr abgeschlossen werden. Dann ist man auf allen Reisen versichert, sofern diese nicht länger als 6 Wochen dauern.

Der Versicherungsschutz von **Reisegepäckversicherungen** ist häufig eingeschränkt. Deshalb sollte man darauf achten, daß Wertvolles (Fotoausrüstung u. ä.) zu einem möglichst hohen Prozentsatz mitversichert ist. Eventuell lohnt eine Zusatzversicherung, um den Gesamtwert abzudecken. Besser ist es alles, was nicht ausreichend versichert ist, ins Handgepäck zu packen. Die Versicherung muß Weltgeltung haben, die gesamte Dauer der Reise umfassen und in ausreichender Höhe abgeschlossen sein. Kommt das gesamte Gepäck weg, ist eine Checkliste hilfreich, auf der alle Gegenstände und ihr Wert eingetragen sind.

Gepäck

Ist beim Packen etwas vergessen worden, kann man es nicht überall in Sumatra, Jakarta, Singapore oder Malaysia bekommen. Textilien sind in Südostasien billiger als in Europa. Andere Dinge wiederum wie (Daunen-) Schlafsäcke oder hochwertige Schuhe sind nur schwer zu bekommen. Nur in abgelegenen Dörfern kann selbst die Organisation von Toilettenpapier zum Problem werden. Meist sind westliche „Luxusartikel" verhältnismäßig teuer.

Fliegt man von Europa zuerst nach Bangkok, Penang oder Singapore, können die mit * gekennzeichneten Gegenstände günstiger dort eingekauft werden, meist auch in Sumatra selbst. Eine komplette Schnorchelausrüstung, die ansonsten viel Platz im Gepäck wegnimmt, bekommt man auch in Singapore. Ähnliches gilt für sperrige Dschungel-Boots. Vorsicht: Wer auf großem Fuß lebt oder etwas lang geraten ist, wird in Südostasien keine passenden Kleidungsstücke finden (Maximum: Jeanslänge 32, Schuhgröße 42 – darüber wird es schwierig). Zur Not findet man noch etwas in den Department Stores – dort ist es allerdings teurer als auf dem Markt. Einen Schlafsack, falls überhaupt nötig, bringt man besser von zu Hause mit, da es nur wenige Geschäfte gibt, die gute Ausrüstung anbieten.

Kleidung

- ❑ **Feste Schuhe** (für Trekking Touren reichen Turnschuhe meist aus)
- ❑ **Sandalen** (bei Tempelbesuchen kann man leicht hinein und herausschlüpfen)
- ❑ **Gummisandalen*** (nicht barfuß unter Duschen gehen, Pilzgefahr!)

- ❑ **Hosen** bzw. **Röcke** aus Baumwolle, die nicht zu eng sitzen sollten.
- ❑ **Kurze Hosen** (nur für Strände, zum Baden und in Touristenexklaven)
- ❑ **Hemden*** oder **Blusen***
- ❑ **T-Shirts* / Polo-Shirt*** mit Kragen (fürs Schnorcheln)
- ❑ **Jacke** (für die An- und Abreise, kühle Nächte in den Bergen und ac-Busse)
- ❑ **Pullover** (notwendig bei Fahrten mit ac-Bussen und bei Bergtouren)
- ❑ **Regenschirm** (keine Gummijacke wegen Wärmestau!)
- ❑ **Sonnenschutz**: Hut / Brille* (in unzerbrechlicher Box) / Sonnencreme
- ❑ **Socken** (für den Abend dichte, nicht allzu kurze Socken als Moskitoschutz)
- ❑ **Unterwäsche** (aus Baumwolle); für Frauen BH
- ❑ **Badehose**, für Frauen außerhalb der Touristenzentren einteiliger Badeanzug

Hygiene und Pflege

- ❑ **Zahnbürste***
- ❑ **Zahnpasta*** in stabiler Tube
- ❑ **Shampoo** / Haarpflegemittel (die auf europäische Haare abgestimmt sind)
- ❑ **Nagelschere*** und Nagelfeile
- ❑ **Rasierer** (in abgelegenen Gebieten ist ein Naßrasierer zu bevorzugen)
- ❑ **Kosmetika** und Hautpflegemittel
- ❑ **Feuchties** (unparfümiert; zur Hygiene unterwegs und wo es kein Wasser gibt)
- ❑ **Tampons** (in internationalen Hotels oder Supermärkten zu bekommen).
- ❑ **Plastiktüten** (für schmutzige Wäsche und als Nässeschutz)
- ❑ **Nähzeug** (Zwirn / Nähseide / Nadeln / Sicherheitsnadeln)
- ❑ **Toilettenpapier*** (auf den meisten öffentlichen Toiletten nicht vorhanden, dafür steht es auf den Tischen in Restaurants, wo es Servietten ersetzt)

Sonstiges

- ❑ **Reisewecker** (oder Armbanduhr mit eingebautem Wecker)
- ❑ **Taschenmesser** (z.B. Schweizer Messer)
- ❑ **Reiseapotheke** (s.S. 28)
- ❑ **Notizbuch*** und Stifte*
- ❑ **Reisepaß** (evtl. Internationaler Studentenausweis und Personalausweis)
- ❑ **Impfpaß** (oder zumindest eine Kopie davon für den Notfall)
- ❑ **Geld** (Bargeld / Reiseschecks / Abrechnung über Schecks / Kreditkarte)
- ❑ **Flugtickets**
- ❑ **Kopien der Dokumente** (nach der Einreise wegen -stempel anfertigen)
- ❑ **Reiseführer**
- ❑ **Landkarten**
- ❑ **Reiselektüre**
- ❑ **Kleine Geschenke** (Ansichtskarten, Briefmarken, Fotos von Daheim, Einwegfeuerzeuge, Musikcasetten mit westlicher Popmusik; Kugelschreiber und Buntstifte statt Bonbons für Kinder … für weitere Anregungen sind wir dankbar)

Wer in einfachen Unterkünften wohnen wird, braucht zudem

- ❑ **Seife*** in bruchsicherer Dose
- ❑ **Handtücher***: (in den meisten Hotels vorhanden)
- ❑ **Waschmittel** in der Tube (für alle, die selbst Wäsche waschen)

- ❑ **Plastikbürste*** (zum Reinigen von Wäsche und Schuhen)
- ❑ **Kordel** (als Wäscheleine oder zum Aufspannen des Moskitonetzes)
- ❑ **Klebeband** (um zu Packen und Löcher im Moskitonetz zu verschließen)
- ❑ **kleine Nägel** oder Reißzwecken (zum Befestigen des Moskitonetzes)
- ❑ **Taschenlampe***
- ❑ **60-Watt-Birne*** (für alle, die noch spät lesen wollen)
- ❑ **Vorhängeschloß*** (und kleine Schlösser* fürs Gepäck)
- ❑ **Moskitonetz*** (Baumwollnetze sind schwerer aber stabiler als Plastiknetze)
- ❑ **Schlafsack** (Leinenschlafsack oder 2 dünne Tücher) In billigen Hotels gibt es keine Bettdecken, und Bettlaken werden nicht häufig gewechselt.

** Diese Gegenstände sind in Sumatra und Malaysia zumindest in kleinen Größen preiswerter zu erwerben.*

Der Wickelrock und das „gute Stück“

Das meistgetragene Kleidungsstück auf dem Land ist, neben Gummisandalen, der Wickelrock (Ind.: *sarong)* Auch Touristen können ihn außer zum Baden an nicht abgeschirmten Waschplätzen als Rock im Haus oder am Strand tragen und sich damit zudecken. Als Bekleidung außerhalb der Strände ist er ungeeignet. Mit dem Tragen eines bäuerlichen Kleidungsstücks begibt man sich auf eine niedrige soziale Stufe, verliert Gesicht und macht sich bei den auf westlichen Schick bedachten Städtern lächerlich.

Während einer Reise wird man evtl. von Einheimischen eingeladen. Handelt es sich um eine Hochzeit oder ein anderes Familienfest, erwartet man, daß Gäste sich dem Anlaß entsprechend kleiden. Deshalb sollte auch ein gutes Stück im Gepäck sein, das längere Reisen unbeschadet übersteht. Bei chinesischen Festen (außer bei Begräbnissen) trägt man keine weiße, blaue oder schwarze Kleidung.

Bei der Auswahl der Kleidung empfiehlt sich eine Kombination aus lässig-bequemer und gutaussehender, „ordentlicher“ Kleidung. In Indonesien beurteilt man die Menschen weit mehr als in Europa nach ihrem Äußeren. Ein schmuddeliges Outfit stößt unmerklich auf Ablehnung, da selbst Menschen, die kein Geld haben, bemüht sind, immer sauber und gut gekleidet zu sein. Auch allzu weit ausgeschnittene und eng anliegende Kleidung wird vor allem bei Frauen als obszön angesehen. Wäsche wird fast überall innerhalb von 24 Stunden für wenig Geld gewaschen und gebügelt.

Rucksäcke, Koffer und Taschen

Wer überwiegend mit öffentlichen Verkehrsmitteln unterwegs ist und längere Strecken zu Fuß zurücklegen will, reist am besten mit Rucksack. Er soll groß genug, aber weder schwer noch unförmig sein und aus reißfestem, wasserabstoßendem Material bestehen. Durch verstellbare, gut gepolsterte Gurte und Träger kann er individuell angepaßt werden, so daß sich das Gewicht von den Schultern auf die Hüften verlagern, wo es wesentlich leichter zu tragen ist. Am besten probiert man ihn vor dem Kauf mit etwa 15 Kilo Inhalt an und packt ihn vor der Abreise probeweise.

Für Leute mit wenig Gepäck reicht eine Reisetasche mit starken, breiten Schulterriemen. Wer sein Gepäck nicht weit tragen muß, kann auch gut mit Koffer reisen. Vorteil: Man wird nicht mit dem negativen Image belegt, das Rucksacktouristen manchmal haben. Zudem sind sie in öffentlichen Verkehrsmitteln leichter zu verstauen als sperrige Rucksäcke. Im Gepäck sollte zu Beginn der Reise noch Platz für spätere Einkäufe sein. Ein Tagesrucksack *(Daypack)* oder eine Falttasche kann unterwegs bei Tagesausflügen oder Kurztrips das Gepäck aufnehmen und auf dem Heimflug für weiteren Stauraum sorgen. Notfalls gibt es überall in Sumatra, Jakarta, Singapore und Malaysia billige Koffer und Reisetaschen zu kaufen.

Für Kameras benötigt man Fototaschen oder Alu-Koffer, die möglichst nicht schon von außen auf den wertvollen Inhalt schließen lassen. Sie sollten aus festem Material bestehen (nicht aufschlitzbar!), gut verschließbar sein und Platz für weiteres Handgepäck haben.

Wertsachen, wie Geld, Pässe, Schecks und Tickets, lassen sich am besten nah am Körper in einem breiten Hüftgurt aus Baumwollstoff aufbewahren. Unter Hosen und locker fallenden Kleidern kann man ihn um die Hüfte gebunden unauffällig tragen.

Alle Papiere – auch das Geld – werden zusätzlich durch eine Plastikhülle geschützt, denn Schweiß ist zerstörerisch, und unleserliche Bankbescheinigungen oder Flugtickets machen Ärger.

Geld

Bargeld

Grundsätzlich kann man die Frage nicht beantworten, auf welche Art man sein Reisegeld mitnehmen soll. Reist man zum Beispiel lange in abgelegenen Gebieten, ohne sich in den Metropolen aufzuhalten, empfiehlt es sich auf alle Fälle, eine gehörige Portion **US$ bar** mitzunehmen, aber möglichst saubere und druckfrische Scheine, da viele Banken alte, schmutzige Noten ablehnen. Selbst wenn man sich ab und an in einer Großstadt aufhält, sind ein paar Dollar cash angebracht. Damit kann man schnell mal ein Taxi oder die Airport-Tax bezahlen. Dollarscheine *(greenbacks)* sind eigentlich überall in Südostasien bekannt, DM-Scheine dagegen kaum. Beim Mitschleppen von Bargeld geht man selbstverständlich ein größeres Risiko ein, denn bei Diebstahl ist alles verloren.

Es lohnt sich nicht, mehr Rupiahs als notwendig zu tauschen, da während der vergangenen Jahre die indonesische Währung mehrmals stark abgewertet wurde (US$1 war 1977 noch 400 Rp wert, 1985 - 1000 Rp und 1995 über 2200 Rp).

Reiseschecks

Die größtmögliche Sicherheit bieten immer noch **Reiseschecks** (Travellers Cheques). Man kann die Schecks gegen 1% Provision bei jeder Bank einkaufen. US$-Schecks werden überall, DM- und sFr nur in Touristenzentren akzeptiert.

Am besten sind AMEXCO (American Express), Visa oder Thomas Cook-Reiseschecks, die in US$, £, DM und anderen Währungen erhältlich sind. Bei Verlust oder Diebstahl werden sie im nächsten Vertragsbüro (s.u) ersetzt. Wichtig ist, daß die Kaufabrechnung an einer anderen Stelle aufbewahrt wird als die eigentlichen Schecks, denn damit wird nachgewiesen, welche Schecks eingekauft wurden.

Außerdem hilft eine Aufstellung aller bisher bereits eingelösten Schecks, denn diese werden natürlich nicht ersetzt.

Euroschecks

Euroschecks werden in Indonesien nicht akzeptiert. Nur Euroschecks der Deutschen Bank wechselt in begrenztem Rahmen die *Deutsche Bank* in Jakarta, Jl. Imam Bonjol 80.

Kreditkarten

Eine gute Alternative für Leute mit festem Einkommen sind Kreditkarten wie *American Express, Visa, MasterCard (Eurocard)* oder *Diner's Card.* Gegen einen Jahresbeitrag wird man Mitglied der jeweiligen *company*. Mit der Karte kann man nicht nur bargeldlos bezahlen (z.B. Flugtickets, Mietwagen, Einkäufe, Hotel- und Restaurantrechnungen im oberen Preisniveau) sondern auch Bargeld bekommen. In Sumatra sind Auszahlungs- und Akzeptanzstellen weit verbreitet. Allerdings verlangen Geschäfte oft, entgegen der Vertragsvereinbarungen, die Verkäufergebühr (3 - 5%) vom Kunden.

Es ist ratsam, eine bestimmte Summe als Guthaben auf dem Kreditkarten-Konto zu deponieren, damit man nicht auf den vorgegebenen Kreditrahmen angewiesen ist, und, falls möglich (z.B. bei Visa), den täglichen Abrechnungsmodus zu wählen, da man so die hohen Zinssätze für Bargeld-Kredite umgeht. Auf vielen Kreditkarten-Konten werden sogar Zinsen gezahlt, die gar nicht unattraktiv sind. Hier lohnt es auf jeden Fall, sich vorher zu informieren.

Verlust oder Diebstahl sind sofort zu melden, damit man gegen den Mißbrauch der Karte abgesichert ist (maximale Haftung 100 DM). Bei Mietwagen oder Flügen, die mit der Karte bezahlt werden, ist in der Regel automatisch eine Unfallversicherung inklusive.

Warnung: Die Kreditkarte darf beim Bezahlen nicht aus den Augen gelassen werden, damit kein zweiter Kaufbeleg erstellt werden kann, auf dem später die Unterschrift gefälscht wird! Sie darf auch niemals in einem Safe, der auch anderen zugänglich ist, verwahrt werden. Schon viele Reisende mußten zu Hause den Kontoauszügen entnehmen, daß während ihrer Abwesenheit hemmungslos „eingekauft" worden war.

Geldüberweisungen

Bei einer längeren Reise empfiehlt es sich nicht, die gesamte Reisekasse mit sich herumzutragen. Von einem Konto bei deutschen Großbanken (Deutsche, Dresdner und Commerzbank) kann man über die Filialen bzw. Korrespondenzbanken in den asiatischen Metropolen je nach Bedarf Geld abheben. Das geht folgendermaßen: Die asiatische Bank schickt ein Telex oder Fax (die Telex- bzw. Fax-Nummer der Heimatbank notieren) nach Deutschland und fordert den entsprechenden Betrag an. Eine telegraphische Anweisung nach Indonesien kostet etwa 40 DM. Geldüberweisungen funktionieren am schnellsten nach Singapore, etwas länger dauert es nach Jakarta.

Eine weitere Alternative ist das *Amex MoneyGram.* Dazu muß der Einzahler in Deutschland ein Amex-Büro aufsuchen und ein *American Express Send Out Form* ausfüllen, eine Transfergebühr bezahlen und das entsprechende Auszahlungsbüro angeben. Zwei Stunden später kann das Geld in Amex US$ Reiseschecks im Zielort in Empfang genommen werden.

	AMERICAN EXPRESS	VISA CARD	EURO-/MASTERCARD
Jahresbeitrag	100 DM	ab 60 DM	ab 40 DM
Barauszahlung	1) In einem AE-Office alle drei Wochen mit persönlichem Scheck und der Karte bis zu 2000 DM in Rp, davon 400 DM bar und der Rest in Reiseschecks. Keine zusätzliche Gebühr. 2) An AE-Geldautomaten alle 7 Tage bis zu 1500 DM, dann Gebühr: 2%, min. 10 DM. Die jeweilige Hausbank legt den Wechselkurs wie bei einem Auslandsscheck zugrunde.	1) Die Vertragsbanken Bank Internatio-nal Indonesia, Bank of America, Bank Duta, Bank Niaga, Bank Central Asia zahlen innerhalb des Kreditrahmens tgl. bis zu US$300 in bar oder in Rp aus. Gebühren: je nach Abrechnungsmodus 2,5 - 4%, mindestens 3 - 10 DM zum Briefkurs vom Vortag. 2) Gleiches gilt für die Barauszahlung vom ATM-Geldautomaten.	1) Die Vertragsbanken Bank of America, Bank Duta, Bank International Indonesia, Bank Central Asia, Bank Dagang Bali zahlen alle 7 Tage bis zu US$4000 in Landeswährung aus, mindestens US$100. 2) An ATM-Geldautomaten alle 7 Tage bis zu US$1000, Gebühren bei Banken und am Automaten: 4%, Umrechnung zum Briefkurs vom Vortag
Verlust melden	in allen Pacto-Büros, z.B. ☎ 021-5216238/42	bei jeder Vertragsbank in Indonesien	☎ USA 314-2756690
Infos in Deutschland	☎ 069-97971000 (auch bei Verlust für Ersatzkarten zuständig)	bei allen ausstellenden Banken (auch bei Verlust zuständig)	☎ 069-79330

WECHSELKURSE (STAND: WINTER 1995/96)

1 US$	**=**	**2280 Rp**	**1 DM**	**=**	**1617 Rp**
1 sFr	**=**	**2000 Rp**	**1 öS**	**=**	**231 Rp**

Der sich seit Jahren immer wieder ändernde US$-DM-Wechselkurs stellt für Langzeit-Traveller ein Problem dar. Schwankungen im Wechselkursverhältnis nach unten oder oben können viel ausmachen. So kann es schnell passieren – sozusagen über Nacht – daß man bei einer DM- oder $-Aufwertung eine ganze Menge Geld verliert. Vor einer längeren Reise sollte man auf alle Fälle die Entwicklung der DM-$-Wechselkurse aufmerksam beobachten.

Reisekosten

Wer billig reisen will, kann auf Sumatra mit Mindestkosten von 4 - 10 000 Rp für die Übernachtung (Doppelzimmer) rechnen. Mahlzeiten in *Warung* oder in billigen Restaurants *(Rumah Makan)* kosten 1500 bis 2000 Rp. Wer europäisch essen will, zahlt selbst in billigen Restaurants ein Mehrfaches. Getränke, außer ungesüßtem Tee, den es zu vielen indonesischen Mahlzeiten kostenlos gibt, sind verhältnismäßig teuer. Das gilt vor allem für Bier, aber auch Cola und andere Softdrinks kosten fast soviel wie ein einheimisches Essen.

Transportkosten sind mit Bussen oder Zügen (außer Express) relativ niedrig. Die Flugpreise dagegen sind in den vergangenen Jahren drastisch gestiegen. So kostete 1979 ein Flug Jakarta – Medan 46 000 Rp, 1985 bereits 118 000 Rp, 1987 170 000 Rp und 1994 schließlich 340 000 Rp. 1989 wurde ein 10%ige Mehrwertsteuer eingeführt. Besonders Importwaren, Luxusartikel, Dienstleistungen und Inlandsflüge sind davon betroffen.

Frauen unterwegs

In Indonesien ist sicherlich die Anmache längst nicht so groß wie in einigen Ländern Nordafrikas oder des Vorderen Orients, doch gibt es eine Reihe von Einschränkungen. Nicht nur das Nirvana bleibt Frauen unzugänglich. Diskriminierend sind unter anderem auch religiöse Überlieferungen und Gesetze: So ist Frauen der Zutritt zu den meisten Moscheen verboten oder begrenzt.

Andere Situationen sind generell gefährlich – vom kostenlosen Übernachten in Wohnungen selbsternannter Guides bis zu nächtlichen Spaziergängen an einsamen Stränden oder durch unbelebte Stadtviertel. Es empfiehlt sich besonders, einen großen Bogen um Männergruppen zu machen, die betrunken oder in ausgelassener Stimmung sind. Wenn Frauen belästigt werden, dann häufig von betrunkenen Männern. Das Anfassen ist freilich nicht immer als Anmache zu verstehen. Indonesier berühren die Haut, auch die von Männern, und bewundern die helle Farbe – ein Kennzeichen für Menschen, die es nicht nötig haben, auf den Feldern zu arbeiten. Trotzdem ist es wichtig zu wissen, daß sich einheimische Frauen eine solche Berührung von Männern nie gefallen lassen würden.

Und dann gibt es noch gewisse Dinge, die für uns durchaus normal sind, in Indonesien jedoch völlig anders ankommen. Es ist sinnlos, traditionell aufgewachsene Asiaten und Asiatinnen von der Emanzipation der Frau überzeugen zu wollen und von ihnen Verständnis für ein uneheliches Kind oder gar für hüllenloses Sonnenbaden zu erwarten. Hinter den modernen Fassaden regiert noch immer die Tradition. Es wird in vielen islamischen Gesellschaften akzeptiert, daß ein Mann neben seiner Ehefrau, die für die Familie zuständig ist, eine Geliebte finanziert. Auf dem Land werden Mädchen kurz nach der Pubertät verheiratet, und es ist noch immer üblich, daß die Eltern den Ehemann der Tochter aussuchen.

Asiaten sind in ihren Ansichten oft viel konventioneller als in ihrem Aussehen. Frauen, die nicht dem gängigen Bild von Ehefrau oder Mutter entsprechen, werden leicht in die Rolle der frei verfügbaren Prostituierten gedrängt. Lockere Umgangsformen und allzu luftige Kleidung können einiges dazu beitragen. Meidet deshalb direkten Blickkontakt mit Männern, tragt einen BH und haltet möglichst eure Schultern, Oberarme und Beine bis zum Knie bedeckt. Ein vorweisbarer Ehemann – manchmal reicht schon ein Foto oder ein Ehering – verhilft zu größerer Akzeptanz. Schwanger oder gar mit Kindern wird eine Frau in den heiligen Status der Mutter erhoben und nahezu unantastbar.

Kontakte zu asiatischen Frauen sind rar, denn viele leben ausschließlich in ihren Familienverbänden. Andere haben nicht den Mut, Europäerinnen anzusprechen, denn ihre Allgemeinbildung und damit auch die Fremdsprachenkenntnisse lassen zu wünschen übrig. Viele Europäerinnen sind auch frustriert von Gesprächen über Küche, Kindererziehung und Kosmetik. Kontakte zu männlichen Reisenden sind nicht immer angenehm. Besonders alleinreisende Frauen werden oft als eine preiswertere und AIDS-sichere Alternative zu einheimischen Prostituierten gesehen. Wer auf diese Anmache keine Lust hat, tut sich evtl. mit einer Freundin zusammen, mit der frau auch das Zimmer teilen kann.

Problematische Situationen lassen sich durch ein selbstsicheres Auftreten und einige schlagfertige Worte oft schnell entkrampfen. Auch sollte frau nicht in ständiger Angst vor einer Vergewaltigung (es passiert glücklicherweise höchst selten) leben und sich nicht abhalten lassen, auch ohne männlichen Begleitschutz Asien zu entdecken. Viele Frauen, die allein unterwegs waren, können bestätigen, daß insgesamt eine derartige Reise sehr viel Spaß macht.

EINIGE NÜTZLICHE BEGRIFFE:

kawin	verheiratet	*salah mata*	jemanden in ungebührlicher Weise anschauen
jodoh	Ehepartner		
suami / istri	Ehemann/Ehefrau		
anak	Kind	*salah adat*	gegen die Sitten verstoßen
anak lelaki	Sohn		
anak perempuan	Tochter	*kurang adat*	unhöflich
anak istri	Kind + Frau (in der Bedeutung: Familie)	*enyahlah!*	Verschwinde!
		enyah dari sini!	Mach, daß du fortkommst!
salah	Irrtum		
lihat	ansehen	*hamil / bunting*	schwanger
orang itu kurang baik paalnya!	Dieser Mensch benimmt sich nicht gut!	*datang*	kommen
		darah	Blut = menstruieren

Mit Kindern unterwegs

Reisetage

Wichtig ist, schon bei der Routenplanung die Bedürfnisse der Kinder zu berücksichtigen. Unvermeidlich ist der lange Flug nach Südostasien, bei dem die Bewegungsfreiheit, vor allem für Kinder unter 2 Jahren ohne eigenen Sitzplatz, stark eingeschränkt ist. Lange Fahrten sind gerade für kleinere Kinder anstrengend, so daß man es ihnen so bequem wie möglich machen sollte, also lieber Flugzeug oder Bahn statt den Bus benutzen. Solange Kinder keinen eigenen Sitzplatz beanspruchen, reisen sie bei Bus- und Bahnfahrten (unter 3 Jahren) umsonst. Es ist aber ratsam, den Kindern einen eigenen Sitzplatz (50%) zu besorgen. Bei Flügen zahlen sie unter 2 Jahren nichts, von 2 – 12 die Hälfte; auf dem Schiff unter 1 Jahr 10%, bzw. von 1 – 11 Jahren 70%. Lange Reisetage überstehen Kinder wic Eltern leichter mit einem Walkman und einigen Kinderkassetten. Nach der Ankunft sollte man einen Ruhetag einplanen, um die neue Umgebung zu erkunden.

Reiseziele

Es gibt auch in Sumatra Reiseziele, die bei Kindern sehr beliebt sind. Vor allem Stadtkinder genießen die freie Natur, besonders faszinierend sind Strände und Märkte, wo Händler, Fischer und Bauern bereit sind, den Kindern ihre Arbeit näherzubringen. Spaß macht es auch, zusammen mit den Kindern in den offenen Werkstätten die Handwerker und Künstler bei der Arbeit zu beobachten. Vergnügungszentren und Tierparks gibt es in Jakarta, Bukittinggi, Medan und anderen Großstädten. Auf dem Land finden Kinder zu ihrer Freude Wasserbüffel, Hühner, Enten und Katzen – auch wenn der hautnahe Kontakt mit Haustieren nicht immer bedenkenlos ist (Ungeziefer und Tollwut, v.a. bei Hunden!). Das größte Plus: es gibt viele einheimische Kinder, und die sind selbstverständlich fast immer und überall dabei.

Gesundheit

Während die meisten Kinder, sofern sie nicht hitzeempfindlich sind, den Klimawechsel ohne Probleme verkraften, dauert die Umstellung auf die neue Zeit einige Tage – und vor allem Nächte. Schon deshalb ist es erholsamer, sich für die ersten Tage in ein Quartier einzumieten, in dem man sich nachts ohne größere Störungen für die anderen Gäste mit den Kindern beschäftigen kann. Für den absoluten Notfall haben wir ein leichtes pflanzliches Beruhigungsmittel im Gepäck, das zumindest die Eltern allein durch seine Existenz beruhigt.

Da die medizinische Versorgung in vielen Teilen Indonesiens problematisch ist, sollte man mit kleinen Kindern keine ausgefallenen Touren machen. Kinderkrankenhäuser und -ärzte gibt es vor allem in Jakarta. In die Reiseapotheke gehören Tabletten zur Malaria-Prophylaxe (gute Erfahrungen haben wir mit Resochin Junior gemacht), einige Fieberzäpfchen, Elektrolyt-Tabletten gegen Durchfall (Oralpädon), Wunddesinfektionsmittel und viel Pflaster. Jede Schramme sollte sofort gereinigt und desinfiziert werden, da sich sehr leicht Infektionen bilden.

Kinder sollten so gut es geht vor Mückenstichen geschützt werden. Am besten macht man es zum Ritual, vor Sonnenuntergang zu duschen, die Kleidung zu wechseln (lange Hosen und Socken) und sich mit einem mückenabweisenden Mittel einzureiben. Besser als Autan sind biologische Mittel (in der Apotheke fragen). Auf jeden Fall sollten Kinder auf der Reise ein eigenes Moskitonetz im Gepäck haben. Durch mangelnde Sauberkeit können sich leicht Ausschläge entwickeln, deshalb sollte man beim Duschen auf einwandfreies Wasser achten und Kinder nur an sauberen Stränden und Pools baden lassen. Dabei muß die empfindliche Haut durch eine Kinder-Sonnenmilch und ein T-Shirt vor praller Sonne geschützt werden – für alle Fälle ein Mittel gegen Juckreiz einpacken.

Gepäck

Je kleiner die Kinder sind, um so mehr Sachen scheinen sie zu benötigen – Flaschen und Milchpulver, Windeln, Wäsche und – nicht zu vergessen – das heißgeliebte Kuscheltier. All das nimmt bereits beachtlichen Platz ein.

Zudem wollen Babys und Kleinkinder getragen werden. Der Kinderwagen kann getrost zu Hause bleiben, besser sind solide Kindertragen mit Hüftgurt, die man sich auf den Rücken schnallt. Babyflaschen und Milchpulver gibt es überall, Babynahrung aus Gläschen nur in den großen Städten, eine Flaschenbürste und andere Reinigungsmittel nimmt man besser mit.

Ein eigener kleiner Spielzeug-Rucksack, den die Kinder selbst packen und tragen können, erleichtert manche Entscheidung darüber, welche Sachen unbedingt mit müssen. Ein paar zusätzliche Überraschungsbücher sind eine gute Idee, zudem finden Kinder überall Dinge zum Spielen. Einheimische Kinderkleidung ist häufig keine 100%ige Baumwolle!

Nicht vergessen: Reisepaß (Kinder jeglichen Alters brauchen für Indonesien einen eigenen), Impfbuch, SOS-Anhänger mit allen wichtigen Daten, leichte Kleidung, möglichst strapazierfähig (Sachen, aus denen das Kind bald herauswächst, kann man unterwegs verschenken – die Vorteile liegen auf der Hand), Wegwerfwindeln, Babynahrung, Flaschen für Säuglinge.

Außerdem kleine Spiele und Bücher, vielleicht auch ein großes zum Vorlesen gegen Langeweile, Walkman und Kassetten, Fotos von Daheimgebliebenen gegen Heimweh, Kuscheltier (letzteres muß gehütet werden wie ein Augapfel, denn ein verlorengegangener Liebling kann allen den Rest der Reise verderben – reiseerprobte Kinder beugen vor, indem sie nur das zweitliebste Kuscheltier mitnehmen), Sonnencreme mit hohem Lichtschutzfaktor, Sonnenhut.

Übernachtung und Essen

Man braucht nicht unbedingt in teureren Unterkünften abzusteigen. Auch Losmen haben oft Zimmer mit drei Betten, in denen man selbst mit 2 Kindern gut unterkommt. Zudem sind sie meist überschaubar genug, um in Hörweite des Zimmers gemütlich den Abend zu verbringen. Da auch Asiaten gerne in großen Familienpulks reisen, besitzen die meisten Hotels Mehrbettzimmer oder bauen auf Nachfrage ein zusätzliches Bett auf. Keine Probleme gibt es normalerweise mit dem Essen, sofern man auf Hygiene achtet. Allerdings sind einige lokale Gerichte (z. B. Nasi Padang) für Kinder zu scharf. Dennoch wird man überall bemüht sein, geeignetes Essen für die Kinder zu besorgen, auch wenn eine kleine Extraportion zubereitet werden muß. Viel Spaß macht ein Picknick, vor allem wenn man vorher alles gemeinsam auf dem Markt eingekauft hat. Als Getränke für unterwegs haben sich die (süßen) Tee-, Kakao- und Saft-Päckchen à 0.2 l bewährt.

Die neue Umwelt und die Eltern

Viele Probleme lösen sich wie von selbst durch das Entgegenkommen der ausgesprochen kinderfreundlichen Menschen. Kleine Touristen stehen schnell im Mittelpunkt des Interesses, und man wird versuchen, es ihnen so bequem wie möglich zu machen. Vor allem außerhalb der Touristenexklaven werden sie beschenkt und gestreichelt, fotografiert und geküßt – manchmal bis zum Rande des Erträglichen, was bereits kleine Kinder häufig eindeutig zu verstehen geben. Manchmal brauchen sie etwas Unterstützung – ein Sommerhut auf dem blonden Lockenkopf kann z.B. helfen, neugierige Hände fernzuhalten.

In einer wechselnden fremden Umwelt sind die mitreisenden Erwachsenen die einzigen festen Bezugspunkte der Kinder, und wenn sie noch klein sind, werden sie sich entsprechend anklammern. Auch fehlen größeren Kindern, die kein Englisch sprechen, manchmal Freunde, mit denen sie sprechen können. Rund um die Uhr zusammen zu sein, das kann auch die beste Beziehung belasten.

Viele neue Erfahrungen sind erst mit Kindern möglich, man bekommt ganz andere Kontakte zu einheimischen Familien und lernt, genauer hinzusehen. Und wer hat schon zu Hause so viel Zeit für seine Kinder?

Routenplanung

Die Standardroute

Die meisten Touristen bewegen sich zwischen **Medan** und Padang. Je nach Reisekasse kommen sie mit dem Flugzeug oder Schiff in der Hauptstadt Nord-Sumatras an, der sie so schnell wie möglich den Rücken kehren. Wer nicht gleich weiter zum Toba-See fährt, unternimmt einen Abstecher zum Orang-Utan-Rehabilitationszentrum **Bohorok**. Während Traveller in den einfachen Unterkünften am Fluß gern ein paar Tage übernachten und auch einen kleinen Dschungeltrek unternehmen, kommen viele Gruppen nur während der Fütterung der Orang Utan vorbei und ziehen sich danach gleich wieder in die komfortableren Hotels von Medan zurück.

Nun geht es auf direktem Weg über Pematang Siantar, der zweitgrößten Stadt Nord-Sumatras, zum **Toba-See**. Obwohl die kleine Stadt Prapat am Seeufer mit einem breiten Hotelangebot aufwartet, fahren Individualtouristen lieber hinüber auf die interessantere Insel Samosir. Vor allem die kleine Halbinsel Tuk Tuk ermöglicht einen erholsamen Aufenthalt, bietet aber auch Möglichkeiten für vielfältige Aktivitäten. Trotz touristischer Infrastruktur spürt man auf Schritt und Tritt, daß man sich bei den Batak befindet. Es dominieren kleine Losmen und Restaurants einheimischer Besitzer, die meisten Touristen sind ebenso wie die Batak zu Fuß unterwegs und erwandern die reizvolle Landschaft oder unternehmen Ausflüge in kleinen Gruppen. Pauschaltouristen steuern mit einem Ausflugsboot nur punktuell Ziele im Rahmen eines Tagesausflugs an.

Wer nicht noch einen Abstecher zu den Karo-Batak nach **Brastagi** unternimmt oder gar gleich wieder zurück nach Medan fährt, dem steht nun eine 14 - 18stündige Busfahrt bis nach **Bukittinggi** bevor. Unterwegs reizt kaum etwas zu einem längeren Zwischenaufenthalt, so daß es manch einer vorzieht, zurück nach Medan zu fahren, von dort nach Padang zu fliegen und anschließend den Bus nach Bukittinggi zu nehmen. Die Stadt im Land der Minangkabau bietet angenehme Unterkünfte, gute Einkaufsmöglichkeiten und vor allem eine herrliche, abwechslungsreiche Landschaft mit interessanten Menschen. Wer lieber in ländlicher Umgebung wohnen will, dem bieten Losmen am **Maninjau-See** eine attraktive Alternative.

Die Weiterreise nach **Padang** ist meist schon der Abschied von Sumatra, denn nach einem kurzen Aufenthalt geht es gleich mit dem Flugzeug oder Schiff weiter nach Jakarta, Bali oder Singapore. Weit mehr als die Hälfte, wenn nicht sogar dreiviertel aller Sumatra-Besucher werden die Insel auf dieser Route bereisen. Nur wenige wählen den Weg von Süden nach Norden oder verlassen diesen Pfad. Dabei gibt es noch so viel zu entdecken:

Die Nordschleife - Moscheen, Traumstrände und Orang Utan

Von Medan aus bietet sich die Möglichkeit, einen Wagen mit Fahrer zu mieten und eine interessante Rundfahrt durch Aceh und Nord-Sumatra zu unternehmen, bevor der erholsame Urlaub am Toba-See beginnt. Auch mit öffentlichen Verkehrsmitteln ist diese Tour möglich, allerdings muß man dabei an vielen traumhaften Stränden auf einen Zwischenstop verzichten.

Der erste Teilabschnitt an der Nordküste entlang bis Banda Aceh wartet nicht gerade mit touristischen Highlights auf, so daß man getrost auf das Flugzeug ausweichen kann. Als aufregendere Alternative bietet sich eine Tour durch das Landesinnere an. Abenteurer können durch die dschungelbedeckten Berge von Bohorok nach **Kutacane** oder Brastagi zu Fuß trekken. Doch auch mit dem Bus wird diese Tour recht aufregend, vor allem weiter im Norden. Im Tal des Alas-River sollte man es nicht versäumen, einen Zwischenstop in **Ketambe** im Gunung Leuser Nationalpark einzulegen, um bei einem Dschungeltrek Orang Utan in freier Wildbahn zu beobachten. Der folgende Streckenabschnitt bis **Takengon** am Tawar-See kann nur mit einem geländegängigen Fahrzeug befahren werden, vor allem bei Regen. Doch auch mit einem normalen PKW braucht man auf den nördlichsten See im Gayo-Hochland nicht zu verzichten, denn von Bireuen an der Nordküste führt eine asphaltierte, schmale Straße hinauf.

In **Banda Aceh** sollte man sich für eines der besten Museen der Insel, die märchenhafte Moschee und die bunten Märkte etwas Zeit lassen. Doch es lockt die nördlichste Insel Indonesiens, **Pulau Weh**, mit ihren vorgelagerten Korallenriffen und einfachen Strandhütten, in dem schon mancher die Zeit vergessen hat. Auch die touristisch nahezu unerschlossene Westküste über **Kuala Dau, Meulaboh** und **Tapaktuan** überrascht mit einer guten Straße und den schönsten Stränden Sumatras. Sobald man über die kurvenreiche Bergstraße das Hochplateau erklommen hat, kehrt man in **Sidikalang** in das Land der Batak zurück. Wer auf sein abendliches Bier nicht verzichten möchte, sollte vor dem Überschreiten der Grenze daran denken, daß Aceh eine trockene Provinz ist!

Abseits des Trans-Sumatra Highway - Berge, Seen und Dschungel

Von Bukittinggi Richtung Süden bieten sich verschiedene Möglichkeiten; die uninteressanteste davon ist sicherlich der Trans-Sumatra-Highway. Noch spannender als die endlose Fahrt auf der schlechten Küstenstraße nach Bengkulu ist eine Tour durch das Landesinnere mit einem Stop am **Danau Kerinci**. Teeplantagen, der höchste Gipfel Sumatras und ein ausgesprochen schönes Tal mit kleinen Dörfern bieten rings um den See weitere lohnende Ausflugsziele im Land der Orang Kerinci.

Weiter im Süden, etwa im Land der Orang Rejang rings um **Muara Aman** oder **Curup**, trifft man nur noch vereinzelt auf Touristen. Die meisten Besucher von **Bengkulu** landen mit dem Flugzeug in dieser beschaulichen Stadt mit einer interessanten Vergangenheit. Wer Touren abseits der touristischen Pfade liebt, dem bietet der Süden viele Möglichkeiten. Neben Trips auf abgelegene Inseln und zu einsamen Küsten, die bei australischen Surfern als Geheimtips gelten, bietet das Landesinnere Nationalparks mit intakten Dschungelgebieten und weitere Ziele, wie das **Pasemah-Hochland** mit seinen Megalithen oder den **Danau Ranau**.

Inselspringen im Riau-Archipel

Vor den Toren von Singapore liegt ein ganz anderes Sumatra, **Pulau Batam**, ein riesiger Industriepark, die beschauliche kleine **Pulau Penyengat**, das ehemalige Zentrum des Johore-Riau-Reiches, oder **Pulau Bintan** mit der chinesischen Stadt Tanjung Pinang und hübschen Stränden. Zahlreiche Boote fahren von hier aus zu weiteren abgelegenen kleinen Inseln, nach Lingga und Singkep sowie zu Hafenstädten an der von endlosen Sümpfen bedeckten Ostküste Sumatras wie **Pekanbaru** oder **Jambi**.

PRAKTISCHE TIPS

Übernachtung

In den großen Städten und Touristenzentren gibt es Unterkünfte in allen Preisklassen und Kategorien. Soweit die Hotels nicht internationalem Standard entsprechen, sollte man vor dem Einchecken die Räume besichtigen und feststellen, ob sich unter den Matratzen Bettwanzen aufhalten, Toiletten und Duschen benutzbar sind und das Zimmer sicher abzuschließen ist. In einigen Hotels kann man die Wertsachen in einem Safe oder gegen Quittung deponieren. Steht die Unterkunft in der Nähe einer Moschee, muß man damit rechnen, noch vor Sonnenaufgang vom Muezzin geweckt zu werden.

Hotels

Diese Bezeichnung tragen meist Unterkünfte der teuersten Kategorie mit einer großen Variationsbreite – vom exklusiven Luxushotel bis zur heruntergekommenen Absteige, für die dennoch horrende Preise verlangt werden. Sind Mängel zu beklagen, kann man zumindest versuchen, den Preis zu drücken. Einige Hotels an den Stränden sind im Bungalow-Stil angelegt, mit Swimming Pools, inmitten tropischer Gärten. Normalerweise sind die Zimmer klimatisiert und entsprechen weitgehend westlichem Standard. Auf die Zimmerpreise und Restaurantrechnungen werden zumeist 21 % Steuern und Bedienung aufgeschlagen.

Wisma

Die kleineren Familienunternehmen lassen sich etwa mit europäischen Pensionen vergleichen. Der Preis kann, je nach Standard, stark variieren – etwa von
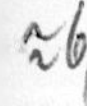
10 000 Rp aufwärts. In der höheren Preisklasse gehört zu jedem Zimmer ein eigenes Badezimmer. Die Häuser sind komfortabel ausgestattet, manchmal unterscheiden sie sich in Preis und Ausstattung kaum von einem Hotel. In der billigen Kategorie entsprechen sie einem Losmen.

Losmen

Preislich günstigere Familienunternehmen, die bei einem längeren Aufenthalt zu einem zweiten Zuhause werden können. Sie gibt es in fast allen Orten. Die Badezimmer haben meist keine Duschen, sondern ein Mandi (s.u.).

In vielen Losmen wird tagsüber kostenlos Tee angeboten. Auch ein kleines Frühstück ist häufig im Preis inbegriffen. In der preiswertesten Kategorie muß man meist auf den **Zimmerservice** verzichten. Die Bettwäsche wird, falls vorhanden, selten (und auch nicht immer nach jedem Gast) gewechselt. Sind die Wände nicht gemauert, sollte man sie nach sogenannten *peepholes* untersuchen, durch die Nachbarn Einblick in fremdes Privatleben gewinnen können. Falls im Mauerwerk Gittersteine ohne Fliegendraht angebracht sind, werden nachts garantiert Moskitos im Zimmer sein. Zudem sind derartige Wände nicht gerade geräuschdämpfend, so daß man mit dem ersten Hahnenschrei völlig in das Dorfleben einbezogen wird. Vor Moskitos schützt ein Moskitonetz oder einige Coils *(Obat Nyamuk),* die es für wenige Rupiahs überall zu kaufen gibt. Wer etwas größer geraten ist, hat Schwierigkeiten mit den oft kleinen, schmalen Betten. In weniger erschlossenen Ortschaften gibt es keine Elektrizität, so daß man sich an den Umgang mit Petroleumlampen gewöhnen muß.

Indonesische Badezimmer
Kommt man völlig durchschwitzt von einer Tour im Losmen an, gibt es nichts Erfrischenderes als ein kühlendes **Mandi**. Aus einem Becken schöpft man mit großen Kellen oder Plastikschüsseln kaltes Wasser und gießt es literweise über seinen Körper. Im Gegensatz zu den dünnen Strahlen einer Dusche bringt dieses eine wirkliche Abkühlung. Zudem bleibt das Wasser in den gekachelten oder gemauerten großen Behältern angenehm kühl, ein Vorteil zu den gerade während der Mittagszeit aufgeheizten Duschen.
Einige billige Losmen haben keine Wasserleitungen, und das Mandi wird regelmäßig mit Brunnenwasser aufgefüllt. Da eine Beckenfüllung für mehr als ein Bad gedacht ist, muß das Wasser für die Nachfolger sauber bleiben. Das scheint einigen Touristen nicht klar zu sein, so daß Losmenbesitzer in Touristenunterkünften Schilder in englischer Sprache aufhängen, um darauf hinzuweisen, daß ein Mandi weder als Badewanne noch zum Wäschewaschen gedacht ist. Um Pilzinfektionen zu vermeiden, sollte man in Badezimmern immer Gummisandalen tragen.
Häufig ist in den **Toiletten** kein Papier vorhanden, denn Indonesier benutzen stattdessen Wasser aus einem kleinen Mandi, das auch zur Spülung benutzt wird, und die linke Hand. Wer sich mit dieser Sitte nicht anfreunden kann, sollte immer etwas Toilettenpapier dabeihaben. In abgelegenen Gebieten ist dieses, wenn vorhanden, teuer.

Penginapan
In vielen indonesischen Regionen findet man diese Unterkünfte, die vom Standard her die niedrigste Kategorie darstellen. Meist (aber nicht unbedingt) sind sie billiger als Losmen. In den unteren Preislagen sind die Bezeichnungen Hotel, Losmen, Wisma und Penginapan nahezu austauschbar, z.B. gibt es Losmen, die besser oder teurer sind als Hotels.

Pasanggrahan
Ein Rasthaus für reisende Regierungsangehörige und andere *Officials*, meist in kleinen, abgelegenen Dörfern, fast immer in phantastischer Lage auf Hügeln oder an Berghängen mit toller Aussicht. Ist das Rasthaus gerade nicht belegt, läßt man auch Touristen übernachten. Zimmerpreise sind recht unterschiedlich, je nach gebotenem Komfort. Oft sind die Mahlzeiten inklusive.

Privatübernachtungen
Wenn es in einem Ort keine Unterkunftsmöglichkeit gibt, man aber dort übernachten muß, wendet man sich zuerst an den *Kepala Desa* (Dorfvorsteher). Er wird Gäste zumeist in seinem Haus unterbringen, denn auf dem Land zählt Gastfreundschaft noch etwas. Ist das nicht möglich, sollte man andere staatliche oder soziale Autoritäten (Polizei, Ladeninhaber, Lehrer usw.) aufsuchen. Es ist angebracht, etwas Geld anzubieten; manchmal wird auch eine Gebühr für die polizeiliche Anmeldung verlangt, was dem Meldezettel in Hotels entspricht.

Jedem Gast sollte klar sein, daß die meisten Indonesier sehr beengt leben und keine großen Ansprüche an Komfort stellen. Es sollte selbstverständlich sein, daß man das akzeptiert, was angeboten wird. Schon die Frage nach einem Bier oder

Fleischgericht könnte den Gastgeber in Verlegenheit bringen, seine Gastfreundschaft unter Beweis stellen zu müssen.

Vor allem in abgelegenen Gebieten ist die Ankunft von Touristen eine willkommene Abwechslung und Grund zum Feiern. In nichtmoslemischen Gebieten wird bei festlichen Anlässen häufig lokaler Alkohol aufgetischt, dessen Wirkung nicht zu unterschätzen ist. Es gehört zum guten Ton, die Gäste ständig aufzufordern mitzutrinken. Wer dem nachkommen will, ohne die Kontrolle zu verlieren, braucht etwas Fingerspitzengefühl und Selbstkontrolle.

Leben viele Menschen eng beieinander, ist Rücksichtnahme eine Selbstverständlichkeit. Sobald sich Leute zum Schlafen zurückziehen, dämpft man die Lautstärke und bricht ebenfalls bald auf. In einer animistischen Gesellschaft müssen die fremden Götter und Riten geachtet werden. Am besten läßt man sich bereits vor dem Eintreffen im Dorf von einem gegenüber westlichen Dingen aufgeschlossenen Einheimischen über die Bräuche informieren.

Auch die hygienischen Verhältnisse entsprechen nicht dem üblichen Standard. Toiletten sind kaum vorhanden, gebadet wird im Fluß – deshalb den Sarong nicht vergessen!

Geschenke sollte man nicht nach europäischem Glasperlen-Kolonial-Verhalten übergeben. Lebensmittel sind oft bessere Geschenke als manche Errungenschaften der Zivilisation. Aber auch Zigaretten, Fotos oder kleinere Geldbeträge sind in einigen Situationen angebracht.

Wer in seinem Gepäck noch Platz für eine Sofortbildkamera hat, wird seinem Gastgeber mit Familienfotos große Freude bereiten können. In keinem indonesischen Haushalt fehlen die Fotoalben mit den beliebten Gruppenbildern, die man gerne zusammen mit Gästen durchblättert.

Wird man um Medikamente gebeten (von Aspirin bis Antibiotika, von Malaria- bis Magentabletten), sollte man eine ausreichende Menge dalassen, aber nur, wenn ganz sicher ist, daß den Menschen damit geholfen und kein Mißbrauch getrieben wird.

PREISKATEGORIEN

Wir haben folgende Preiseinteilung vorgenommen, wobei die Preise jeweils für ein Doppelzimmer gelten:

*	bis	**10 000 Rp**
**	bis	**20 000 Rp**
***	bis	**40 000 Rp**
****	bis	**60 000 Rp**

Essen und Trinken

Wie überall in Südostasien ist Reis das Grundnahrungsmittel Nummer eins. Berühmt ist die indonesische Küche für den Gebrauch zahlreicher, verschiedenartiger **Gewürze**. Der Kampf europäischer Großmächte um das lukrative Gewürzmonopol (Molukken = Gewürzinseln) zeugt von der alten Bedeutung des Gewürzanbaus für den Archipel.

DIE WICHTIGSTEN GEWÜRZE

Lombok	Chili	*Merica*	Pfeffer
Cengkeh	Nelken	*Jahe*	Ingwer
Sereh	Zitronengras	*Ketumbar*	Koriander
Garam	Salz	*Kayu manis*	Zimt
Pala	Muskatnuß	*Kepulaga*	Kardamon
Asam	Tamarinde	*Bawang putih*	Knoblauch

Außerdem runden folgende Bestandteile ein Essen geschmacklich ab: *Air Kelapa:* Kokosnußmilch, *Krupuk:* in Öl gebackene Krabbenmehlkräcker, *Kecap:* Sojasauce, und *Sambal:* Chillisauce.

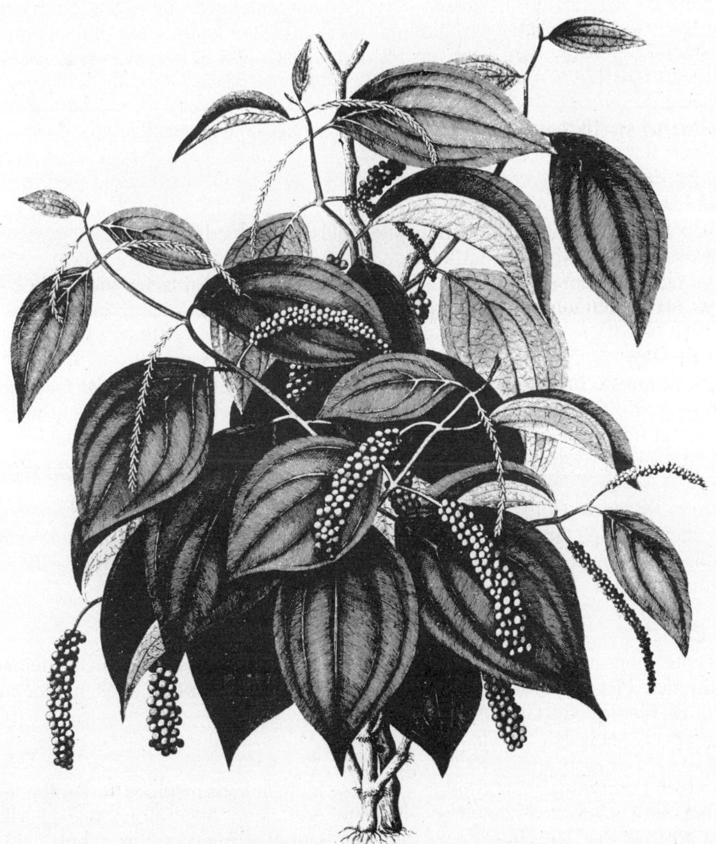

THE PEPPER-PLANT, PIPER NIGRUM.

Published by W. Marsden 1810.

Regionale Küchen

Padang
Mehrere scharf gewürzte Gerichte (Fisch- und Hühnchencurry, Gemüse, *Deng Deng* – getrocknetes Fleisch, *Rendang* – scharf gewürztes Rindfleisch, manchmal Aale u.a.) werden kalt in verschiedenen Schälchen serviert, die zum Teil schon lange in den Auslagen gestanden haben. Dazu gibt es Reis. Bezahlt wird, was gegessen wurde (auch nur teilweise – außer der Saucen!). Die Preise sind sehr unterschiedlich, so daß man sich vorher darüber informieren sollte. Tee hilft, die Schärfe zu mildern.

Batak
Weitgehend vegetarisch. Festessen bestehen ausschließlich aus fettem Schweinefleisch mit Reis, um zu zeigen, daß man es sich leisten kann, auch ohne Gemüse satt zu werden – zum Entsetzen der Moslems. Dazu gibt es vergorenen Reiswein.

Typische indonesische Gerichte

Nasi Campur
Dieses „Nationalgericht" bekommt man an fast allen Essenständen. Zum Reis gibt es unterschiedliche kalte Beilagen, meist verschiedene Gemüse, geröstete Erdnüsse, Kokosraspeln, Rindfleisch oder Huhn, Fisch und Ei. Um 1000 - 2500 Rp, je nach Zutaten und Region, kostet diese sättigende Mahlzeit. Wie *Nasi Campur* werden auch *Nasi Rames* und *Nasi Rawon* (mit Erdnußsauce) zubereitet.

Nasi Goreng
Das bekannteste Gericht: Gebratener Reis, bei dem weißer Reis *Nasi putih* mit Gemüse *Sayur-sayuran* und Fleisch *Daging* oder Krabben *Udang* gemischt wird – manchmal mit Ei *Telur* = Nasi Goreng Istimewa. *Mie Goreng* ist das gleiche mit Nudeln (*Mie* = Nudeln).

Soto
Eine dicke Suppe im Eintopf-Stil, verdickte Kokosmilch wird zusammen mit Gemüse, Fleisch und Reis gekocht. Klare Suppen werden unter dem Begriff *Sop* zusammengefaßt.

Cap Cai
Abgeleitet vom chinesischen Chop Suey, ist ein Gericht aus gekochten, kleingeschnittenen Fleisch- und Gemüsestückchen, unter Umständen auch mit gebratenem Ei. Gebratenes Gemüse ist *Sayur Goreng.*

Sate
Im ganzen Land findet man Stände, die diese kleinen Fleischspieße verkaufen. Sie werden in Zucker und Gewürze eingelegt und dann über Holzkohle gegrillt. Dazu gibt es eine würzig-süße Erdnußsauce. Man verwendet vor allem Fleisch *Daging* vom Rind *Lembu* oder Schaf bzw. der Ziege *Kambing*, oft auch Huhn *Ayam*. Schweinefleisch, *Babi:* Den Moslems ein Greul, von den Chinesen geliebt.

Gado-Gado
Ein kalter Salat aus gekochtem Mischgemüse, der mit Erdnußsauce angemacht und zu dem Krupuk serviert wird.

Roti
Der allgemeine Ausdruck für Brot, zumeist Weißbrot. Vor allem in den Städten gibt es Bäckereien, die leckere Kuchen im Angebot haben – ein Relikt aus holländischer Kolonialzeit.

Lontong
In Bananenblätter eingewickelter Klebreis. Häufig als Beilage zu Sate oder Gado-Gado.

Pisang Goreng
Gebratene Bananen, ein erstes Frühstück oder eine kleine Zwischenmahlzeit, die es auf jedem Markt gibt.

Getränke
In jedem kleinen Dorf bekommt man etwas zu trinken, und sei es nur abgekochtes Wasser *Air Masak* oder Tee. Alkohol gibt es in verschiedensten Formen vor allem in nichtmoslemischen Gebieten. Tee wird in vielen Restaurants meist kostenlos zum Essen serviert.

Alkoholische Getränke

Tuak	Palmwein und
Brem	Reiswein; beides geht schnell in den Kopf, lokal unterschiedlich.
Arak	aus Brem destillierter Reisschnaps.
Anggur Hitam	eine Art süßlicher Rotwein, der als kräftigendes, gesundheitsförderndes Tonikum verkauft wird.
Bir Bintang	unter Lizenz von Heineken/Holland gebrautes Bier, ab 2500 Rp je Flasche. Außerdem *Bali Hai, Becks, Asahi* und *Anker.*

Nichtalkoholische Getränke

Teh	Tee, gibt es:	*Pahit*	ohne alles
Kopi	Kaffee	*Manis*	süß mit Zucker
Coklat	Schokolade	*Susu*	mit Dosenmilch
Panas	(heiße Getränke):	*Teh Manis Panas*	(heißer, süßer Tee)
Es	(mit) Eis:	*Kopi Susu Es*	(Eiskaffee mit Milch)

Frischmilch gibt es kaum. Oft kostet der Tee mit Zucker das Doppelte und der mit Milch das Dreifache des normalen Tees, denn Zucker und Dosenmilch sind in Indonesien relativ teuer. **Softdrinks** haben es in Indonesien zu einer unwahrscheinlichen Vielfalt an Farben gebracht, werden jedoch immer in Flaschen internationaler Getränkehersteller verkauft. Man bekommt sie in allen Städten und Touristenzentren, sie sind jedoch verhältnismäßig teuer.

Außer diesen Softdrinks gibt es die verschiedensten **Fruchtsäfte** *(Air ...)*. Sie sind überall eine Spezialität, die man unbedingt versuchen sollte! Häufig gibt es *Es Buah* – geraspeltes Eis mit Fruchtgelee, *Air Jeruk* – Orangen- / Limonen-Saft, *Air Kelapa Muda* – junge Kokosmilch, *Setrup / Stroop* – Limonade, Saft oder Sirup.

Bei Travellern sehr beliebt ist **Mineralwasser** (Quellwasser) ohne Kohlensäure, mit O_3 (Ozon) sterilisiert, nach französischem Vorbild in Plastikflaschen: 500 ml (500 Rp), 600 ml und 1500 ml (1000 - 1200 Rp) – in Restaurants häufig teurer.

Früchte

Apokat Avocado.

Blimbing Baumstachelbeere; kleine, gelbe oder grüne, saftige Frucht, sehr sauer – während der Trockenzeit angenehm, dann etwas süßer.

der Durianbaum – die „Königin der Früchte"

Delima	Granatapfel; runde Frucht, deren erfrischendes Fruchtfleisch aus mehreren Segmenten besteht, gelblich, braungesprenkelte Schale.
Duku	samtige, taubeneigroße Frucht, süß, mit weißem, durchscheinendem Fruchtfleisch.
Durian	Stachelfrucht; große, grüne Frucht bis zur Größe einer Wassermelone mit gelblichem, klebrigen Fruchtfleisch um einen dicken Kern. Wegen dem eigenartigen, strengen Geruch, der von der „Königin der Früchte" ausgeht, meiden sie viele Europäer. Hingegen schwelgen Indonesier während der Erntezeit im Durian-Rausch. Es ist gesundheitlich riskant, sie zusammen mit Alkohol zu genießen.
Jambu Bol	Malacca-Apfel; große rötliche Frucht.
Jambu Monyet	Cashew-Apfel; Kern ist die Cashewnuß.
Jambu Air	Rosenapfel; kleine, rosarote, glänzende Frucht mit festem Fleisch.
Jambu Biji	Guave; grünlich gelbe Frucht, rosa oder gelbes Fruchtfleisch mit winzigen Samen; hoher Vitamin-C-Gehalt.
Jeruk	Zitrusfrüchte; Jeruk Bali = Pomelo; Jeruk Besar = Grapefruit; Jeruk Manis = Orange; Jeruk Kepruk = Mandarine; Jeruk Asam = Limone / Limette.
Kecapi	Santolfrucht; orangengroß, mit flaumiger, gelber Schale; weißes Fruchtfleisch.
Kedongdong	Goldapfel oder Apfelmango; kleine, grüngelbliche Frucht mit großem Kern.
Kelapa	Kokosnuß; erfrischend ist gekühlte Milch junger Früchte.
Longan	(auch Lengkeng) Longanfrucht; klein, braun, rauhschalig, wird in Bündeln verkauft; süßsaurer Geschmack ähnlich Lychee.
Mangga	Mango; grün bis rötliche Frucht mit nußartigem Geschmack, süß oder sauer, je nach Reifegrad.
Manggis	Mangosteen; apfelgroße, lilaschwarze Frucht, süßsaure Fruchtsegmente. Saft der Schale stark färbend. Nie mit Zucker süßen.
Markisa	Passionsfrucht; grün bis rötlich-violette Frucht. Wird vor allem um Brastagi angebaut.
Nanas	(auch Nenas) Ananas; ganze Früchte können auf den Märkten billig eingekauft werden, besonders süß in Pekanbaru.
Nangka	Jackfrucht; die ovalen, grünen Früchte können bis zu 20 kg schwer werden; süßes, segmentiertes, gelbes Fruchtfleisch.
Papaya	melonenähnliche, grünlich-gelbe Frucht, deren orange-rotes Fruchtfleisch häufig als Nachspeise angeboten wird.
Pisang	allgemeiner Begriff für Bananen, von denen es verschiedene Sorten zum Braten, Kochen, aber auch in der uns bekannten Form als Obst gibt. Besonders schmackhaft die bei uns nicht geläufigen kleinen Bananen.
Rambutan	(Haar = rambut); entsprechend ist das Aussehen dieser pflaumengroßen, rötlich-gelben Frucht; unter der weichen Schale ein süßes, weißes Fruchtfleisch.

Salak — kleine, braune Frucht, deren feste Schale an eine Schlangenhaut erinnert, apfelartiger Geschmack.

Sawo — (auch Manila) Sapotillapfel oder Manilafrucht; braun, in Form einer Kartoffel, Geschmack ähnlich einer reifen Birne.

Semangka — Wassermelone.

Sirsak — Sauersack, Stachelanone; lange, herzförmige, bis 1 kg schwere, grüne Früchte. Das weiße, saftige Fruchtfleisch eignet sich gut für Fruchtsäfte, die es in Indonesien abgefüllt zu kaufen gibt ein billiger, guter Durstlöscher.

Wo essen?

Warung

Viele kleine Essenstände, Warung, bieten dem billigreisenden Traveller eine warme Mahlzeit zu erstaunlichen Preisen. Es ist kein Problem, zu jeder Tageszeit irgendwo etwas Eßbares zu bekommen, es sei denn, man befindet sich während des Fastenmonats Ramadan in einem überwiegend muslimischen Gebiet.

THE MANGUSTIN FRUIT. GARCINIA MANGOSTANA

Engrav'd by J. Swaine.

THE MANGUSTIN FRUIT. GARCINIA MANGOSTANA.

Published by W. Marsden. 1810.

Die Essenstände sind in den Städten meist abends auf Straßen, großen Plätzen oder Märkten und in der Nähe der Kinos aufgebaut. Man kann an verschiedenen Ständen etwas bestellen, das dann frisch zubereitet wird. Gleichzeitig verkaufen andere Stände Getränke, so daß man sich ein komplettes Menü zusammenstellen kann. Fliegende Händler bieten Sate, Krupuk, Klebreis, gebackene Bananen, aber auch ganze Gerichte an. Fleisch, besonders Geflügel, ist teuer und wird deshalb nur in kleinen Mengen zu einer großen Portion Reis serviert.

Rumah Makan

Wörtlich: „Essenshaus“ – sind billige Restaurants, in denen es nicht unbedingt schlechter schmecken muß. In der Mittagshitze sitzt man hier angenehmer und vor allem kühler als in den Warung. In Rumah Makan sind die Gerichte in Schüsseln und auf Platten am Eingang unter Glas aufgestellt. Man sucht sich die Gerichte heraus, die man haben will. Das Essen ist meist kalt, doch durch die Mengen an Chilis verdirbt es trotz tropischer Hitze nicht so schnell.

In den Tourismuszentren gibt es billige Läden, die sich auf – europäischem Geschmack angepaßtes – *Traveller-Food* umgestellt haben. Hier gibt es *Pancakes, Porridge,* Toast oder Müsli zum Frühstück; *Nasi Goreng,* Omeletts und abgemilderte nationale Gerichte als Hauptspeisen und *Fruit Salad* oder *Banana Fritter* für Zwischendurch. Und das läßt überall in den Trampertreffpunkten, ob in Bukit Lawang, Tuktuk oder Maninjau, jedes Tramperherz höher schlagen.

Restoran

Restaurants zeichnen sich meist durch eine Speisekarte, ac-Räume und höhere Preise aus. Kann man in einem Rumah Makan noch für 1500 bis 2000 Rp essen, muß man in einem Restoran schon tiefer in die Tasche greifen. In den Touristenzentren und großen Hotels gibt es außerdem chinesische und europäische Restaurants, die auf Touristen mit gut gefüllter Reisekasse ausgerichtet sind.

Wie essen?

Während man in den indonesischen Restaurants immer mit Löffel und Gabel ißt, benutzt man in ländlichen Regionen die Hand, und zwar immer die rechte. Die linke Hand gilt als unrein und sollte nie das Essen berühren. Es braucht etwas Übung, bis man den Reis so galant wie die Indonesier mit der Hand vom Bananenblatt essen kann. Zur Reinigung der Hände vor und nach dem Essen bekommt man Schalen mit Wasser. Auch die Verwendung von Stäbchen in chinesischen Restaurants will gelernt sein.

Man wird das Bemühen, sich an die Gegebenheiten anzupassen, immer anerkennen, so daß es den Versuch lohnt.

Verkehrsmittel

Auch wenn auf einigen Karten Sumatra mit einem ausgezeichneten Straßennetz ausgestattet scheint, so sieht die Situation vor Ort etwas anders aus.

Man sollte sich auf keine **Straßenkarte** verlassen, besonders nicht auf die staatlichen!

Andererseits hat der Ausbau des Straßennetzes auf Sumatra in den vergangenen Jahren große Fortschritte gemacht.

An **Wochenenden** und wichtigen **Feiertagen** sind alle Transportmittel überfüllt. Die Fernbusse werden gestürmt und nehmen unterwegs keine weiteren Passagiere mit. Die Flüge sind vor allem nach Java und Bali zu Beginn der Ferien bereits Wochen im voraus ausgebucht.

Schiffe

Pelni, die staatliche Schiffsgesellschaft, verfügt über fünfzehn moderne Passagierschiffe, die über 65 Häfen von Sumatra bis Irian Jaya anfahren. Die geräumigen, gepflegten Schiffe haben feste Routen und folgen mit beachtlicher Präzision einem auf Stunden genau ausgearbeiteten Fahrplan.

Vierzehn Schiffe verkehren im Zwei-Wochen-Takt, nur die KM. Tatamailau braucht vier Wochen für einen Hin- und Rückweg. Abgesehen von einem Dockaufenthalt, jedes Jahr für 2 bzw. 4 Wochen, sind die Schiffe ununterbrochen im Einsatz. (KM. = Kapal Motor).

PELNI-SCHIFFE

KM. Kerinci /
KM. Kambuna:
je 1596 Passagiere
1. Klasse: 100 Passagiere; 2. Kl.: 200;
3. Kl.: 300; 4. Kl.: 496; Economy Class: 500).

KM. Rinjani /
KM. Umsini
je 1729 Passagiere
(1. Kl.: 40; 2. Kl.: 88;
3. Kl.:168; 4. Kl.: 656; EC: 777).

KM. Tidar /
KM. Ciremai /
KM. Dobonsolo
je 1904 Passagiere
(1. Kl.: 40; 2. Kl. 88;
3. Kl.: 288; EC: 1488).

KM. Kelimutu /
KM. Lawit
je 920 Passagiere
(1. Kl.: 14; 2. Kl.: 40; EC: 866).

KM. Tatamailau /
KM. Sirimau /
KM. Awu /
KM. Leuser /
KM. Binaiya /
KM. Bukit Raya
je 969 Passagiere
(1. Kl.: 14; 2. Kl.: 40; EC: 915).

PELNI FAHRPLAN DER FÜR SUMATRA-RELEVANTEN ROUTEN

KM. KERINCI Route: Tanjung Priok (Mi) – Surabaya (Do) – Ujung Pandang (Fr) – Bau Bau (Sa) – Ambon (So) – Bitung (Mo) – Ternate (Mo) – Ambon (Di) – Bau Bau (Mi)- Ujung Pandang (Do) – Surabaya (Fr) – Tanjung Priok (Sa) – **Belawan** (Mo) – Tanjung Priok (Mi) – etc.

KM. KAMBUNA Route: Tanjung Priok (Mi) – Surabaya (Do) – Ujung Pandang (Fr) – Balikpapan (Sa) – Palu (So) – Toli Toli (So) – Bitung (Mo) – Toli Toli (Di) – Palu (Di) – Balikpapan (Mi) – Ujung Pandang (Do) – Surabaya (Fr) – Tanjung Priok (Sa) – **Belawan** (Mo) – Tanjung Priok (Mi) – etc.

KM. RINJANI Route: Tanjung Priok (Mo) – Surabaya (Di) – Ujung Pandang (Mi) – Bau Bau (Do) – Ambon (Fr) – Banda (Fr) – Tual (Sa) – Fak Fak (Sa) – Banda (So) – Ambon (So) – Bau Bau (Mo) – Ujung Pandang (Di) – Surabaya (Mi) – Tg. Priok (Do) – **Muntok** (Fr) – **Tanjung Pinang** (Fr) – **Dumai** (Sa) – **Tanjung Pinang** (So) – **Muntok** (So) – Tg. Priok (Mo) – etc.

KM. UMSINI Route: Tanjung Priok (Mo) – Surabaya (Di) – Ujung Pandang (Mi) – Balikpapan (Do) – Palu (Fr) – Kwandang (Fr) – Bitung (Sa) – Kwandang (So) – Palu (So) – Balikpapan (Mo) – Ujung Pandang (Di) – Surabaya (Mi) – Tanjung Priok (Do) – **Muntok** (Fr) – **Tanjung Pinang** (Fr) – **Dumai** (Sa) – **Tanjung Pinang** (So) – **Muntok** (So) – Tg. Priok (Mo) – etc.

KM. LAWIT Route: Tanjung Priok (Mo) – Pontianak (Di) – Semarang (Do) – Banjarmasin (Fr) – Semarang (Sa) – Pontianak (Mo) – Tanjung Priok (Di) – **Padang** (Do) – **Gunungsitoli** (Fr) – **Sibolga** (Fr) – **Padang** (Sa) – Tanjung Priok (Mo) – etc.

KM. BINAIYA Route: Tanjung Priok (So) – Pontianak (Mo) – Tg. Priok (Mi) – **Kuala Enok** (Do) – **Tanjung Pinang** (Fr) – **Tarempa** (Fr) – **Natuna** (Sa) – Sintete (Sa) – **Biliton** (So) – Tg. Priok (Mo) – **Biliton** (Di) – Sintete (Mi) – **Natuna** (Mi) – **Tarempa** (Do) – **Letung** (Do) – **Tanjung Pinang** (Fr) – **Kuala Enok** (Fr) – Tg. Priok (So) – etc.

Da in den nächsten Jahren voraussichtlich noch einige Schiffe hinzukommen werden und weil sich einige Routen noch im Experimentier-Stadium befinden, wird sich der Fahrplan noch häufig ändern.

PREISBEISPIELE AB TANJUNG PRIOK

	1.Kl.	2.Kl.	3.Kl.	4.Kl.	EC
Belawan	219.000	161.000	123.000	96.000	56.000 Rp
Tanjung Pinang	142.000	99.000	85.000	67.000	37.000 Rp
Sibolga	174.000	134.000	—	—	51.000 Rp
Padang	126.000	97.000	—	—	37.000 Rp

Preise in Rp (Stand Herbst 1995). Kinder zwischen einem und 11 Jahren zahlen 70%, unter einem Jahr 10% des Fahrpreises.

Tickets in Jakarta bei **Pelni**, Jl. Angkasa 18, und in den Pelni-Büros sämtlicher Hafenstädte, die von Pelni angelaufen werden; außerdem bei einigen Travel Agents. Auch Pelni bedient sich inzwischen der modernen Datenverarbeitung, so daß Reservierungen kein Problem mehr darstellen dürften.

Auf vielen anderen indonesischen Schiffen sieht es nicht so angenehm aus wie auf den Pelni-Dampfern: Meist sind sie total überladen, und ein trockener Schlafplatz ist nur mit größten Anstrengungen zu finden. Die sanitäre Versorgung ist mangelhaft. Essen bringt man sich besser selbst mit. Man kann versuchen, für einige tausend Rupiahs extra von den Seeleuten eine Kabine oder zumindest eine Koje zu mieten, oft mit verschließbarem Spind.

Nur die größeren Gesellschaften haben einen Fahrplan. Doch auch ihre Schiffe verkehren häufig nur sporadisch. Die beste Infoquelle ist der Hafenmeister *(syahbandar)*. Abenteuerlich ist eine Reise auf den traditionellen **Segelschiffen** – empfehlenswert nur für männliche Traveller.

REGELMÄSSIG VERKEHRENDE PASSAGIER (AUTO*)FÄHREN

Krueng Raya / Aceh – Balohan / Pulau Weh*
Medan – Penang / Malaysia
Medan – Lumut / Malaysia
Medan – Port Kelang / Malaysia
Sibolga – Gunungsitoli / Pulau Nias*
Sibolga – Telukdalam / Pulau Nias
Dumai – Melaka / Malaysia
Pekanbaru – Tanjung Pinang
Padang – Muarasiberut / Pulau Siberut
Pulau Batam – Tanjungbalai / Pulau Karimun
Pulau Batam – Singapore
Tanjung Pinang – Singapore
Tanjung Pinang – Johore Bharu
Palembang – Muntok (P. Bangka)
Bakauheni / Sumatra – Merak / Java*
Panjang / Sumatra – Merak / Java

Auf den Strömen im Südosten Sumatras fahren Flußschiffe von Palembang auf dem Musi bis Muara Kelingi (350 km) und auf dem Lalang bis Bayung Lincir (300 km), von Jambi auf dem Tebo bis Muara Bungo (310 km) und entlang der Küste bis nach Kuala Enok (385 km) hinauf. Weitere Küstenschiffe, zum Teil auch moderne Expressfähren, verkehren ab Tembilahan, Dumai und Pekanbaru sowie zwischen den Inseln des Riau- und Lingga-Archipels.

SCHIFFE ...

Seetüchtiges, großes Schiff	*Kapal Laut*
Großes Segelschiff, Bugis-Schoner	*Kapal Layar*
Kleines, hölzernes Auslegerboot	*Prahu*
Flußboot mit vielen PS (= Speedboat)	*Spetbot*
Schnelles Flußboot, manchmal mit mehreren Außenbordern	*Longbot*
Kleines Kanu, Einbaum.	*Sampan*

Flugzeuge

Sie sind die schnellsten und teuersten Verkehrsmittel auch auf der Insel Sumatra. **Garuda (GA)**, die größte staatliche Gesellschaft, führt fast nur noch Auslandsflüge durch und bedient die größten Städte Indonesiens. Die meisten Inlandsflüge werden von **Merpati (MZ)**, der Tochtgesellschaft von Garuda, abgewickelt. Dafür hat Garuda den größten Teil der Fokker F27 und F28 Maschinen an sie übertragen. Die anderen innerindonesischen Gesellschaften haben zwar offiziell die gleichen Preise wie Garuda bzw. Merpati, geben aber unter Umständen und auf bestimmten Flügen einen Discount.

Bouraq (BO) fliegt auf der Strecke Pangkalpinang – Jakarta und ist für Kalimantan, Sulawesi, Nord-Molukken und Nusa Tenggara zuständig, **Mandala (MDL)** für Flüge von Sumatra nach Java, Sulawesi und Ambon, **Sempati (SG)** verkehrt von Sumatra nach Java, Penang und Kuala Lumpur und fliegt von Jakarta nach Kalimantan, Bali, Sulawesi und nach Singapore. **SMAC** (Sabang Merauke Air Charter) fliegt nur auf Sumatra. Ist man mit den kleinen Maschinen der *Pioneer Flights* (unregelmäßig) von Merpati oder SMAC unterwegs, sind nur 10 kg Freigepäck erlaubt.

Garuda offeriert auf ihren innerindonesischen Linien für alle, die mit der *Garuda* oder *Lufthansa* aus Europa kommen, den *Garuda Airpass.* Dieser *Airpass* beruht auf ein Couponsystem und gilt 60 Tage ab internationalem Abflugtermin. Eine Flugstrecke entspricht einem Coupon und kostet US$ 100 (unabhängig von der Flugdauer). Man muß mindestens 3 Coupons (US$ 300) und kann maximal 10 Coupons kaufen (US$ 1000).

Airport Tax: In Jakarta und Medan für internationale Flüge 15 000 – 21 000 Rp, nationale Flüge 6600 – 8000 Rp, ansonsten 3000 – 6600 Rp je nach Flugplatz. Meist wird die Airport Tax schon beim Kauf eines Tickets in Indonesien mit eingerechnet. Ebenfalls im Preis enthalten sind 10% Mehrwertsteuer.

Eisenbahn

Süd-, West- und Nord-Sumatra verfügen über ein begrenztes **Eisenbahnnetz**, das zum Teil nur für Gütertransporte genutzt wird. In Nord-Sumatra verkehren Passagierzüge zwischen Medan und Pematang Siantar, bzw. Tanjungbalai und Rantauprapat, in West-Sumatra fahren nur am Sonntag Züge von Padang nach Pariaman, auf den anderen Linien verkehren nur Güterzüge. In Süd-Sumatra besteht eine Verbindung von der Eisenbahn-Fährstation Panjang nach Palembang bzw. von Prabumulih nach Lubuklinggau.

Hat man keinen reservierten Platz oder steigt gar unterwegs in einen schon besetzten Zug ein, kann es passieren, daß man den ganzen Tag eingequetscht zwischen Leidensgenossen im Gang stehen muß, durch den sich zudem in regelmäßigen Abständen Verkäuferscharen drängen. Jeder Zug hat eine eigene Preisklasse und entsprechenden Standard. **Studentenermäßigung** gibt es nur in der 3. Klasse bei billigen Zügen.

überlandbusse

Das gängige Verkehrsmittel im Fernverkehr sind Überlandbusse, die von verschiedenen privaten Gesellschaften betrieben werden und unterschiedlichen Komfort bieten.

Sie verbinden alle wichtigen Städte der Insel miteinander und bieten auch Direktverbindungen mit den wichtigsten Orten auf Java.

Der Trans-Sumatra-Highway

Der Trans-Sumatra-Highway, von großer wirtschaftlicher Bedeutung für die rohstoffreiche Insel, durchquert Sumatra von Banda Aceh an der Nordspitze bis zu den Fährhäfen nach Java. Er ist seit ein paar Jahren durchgehend asphaltiert und auch während der Regenzeit zu befahren, obwohl Erdrutsche, Straßenunterspülungen oder -abbrüche die Reise verzögern können. In solchen Fällen ist der Straßendienst zur Stelle, und es wird versucht, die Schäden schnellstmöglich zu reparieren. Der Straßenzustand ist recht unterschiedlich, generell aber im Süden von den Fährhäfen bis Solok recht gut bis sehr gut. Das Teilstück zwischen Solok und Padang war im Sommer 1995 im Ausbau. Von Padang bis Bukittinggi wurde der Highway zum Teil mehrspurig ausgebaut. Im Teilstück von Bukittinggi bis Padangsidempuan gibt es extrem schlechte Abschnitte, außerdem scheinen hier Erdrutsche an der Tagesordnung zu sein. Die schmale, kurvenreiche und unübersichtliche Straße von Padangsidempuan nach Sibolga wurde 1995 teilweise ausgebaut. Auf dem Abschnitt von Sibolga nach Tarutung kommt man vielleicht auf eine Durchschnittsgeschwindigkeit von 25 km. Die 107 km nach Prapat sind in gutem Zustand, das Gleiche gilt für den Highwayabschnitt nach Medan. Große Abschnitte der Strecke von Medan nach Banda Aceh waren im Sommer 1995 im Bau.

Für eine Nord-Süd-Durchquerung von **Banda Aceh** nach **Bakauheni** über den Trans-Sumatra-Highway muß man in einem Expressbus unter günstigsten Bedingungen mit 60 – 80 Stunden Fahrzeit rechnen. Eine neue, schnellere Straße im östlichen Tiefland verbindet Medan über Rantauprapat, Duri, Pekanbaru, Rengat, Jambi, Palembang und Bandar Lampung mit der Autofähre. Hier beträgt die Fahrzeit mit einem PKW von Medan nach Jakarta um 35 Stunden.

Von … nach	Abzweigung nach	km	km gesamt
Bakauheni			
Bandar Lampung		92 km	
Bukit Kemuning	(→ Danau Ranau, Krui)	152 km	244 km
Muara Enim	(→ Palembang)	246 km	490 km
Lahat	(→ Pagaralam)	43 km	533 km
Lubuklinggau	(→ Bengkulu)	158 km	691 km
Bangko	(→ Sungaipenuh)	209 km	900 km
Muarabungko	(→ Jambi)	77 km	977 km
Solok	(→ Bukittinggi)	236 km	1213 km
Lubuksulasih	(→ Alahanpanjang)	27 km	1240 km
Padang		37 km	1277 km
Bukittinggi	(→ Pekanbaru, Dumai)	91 km	1368 km
Padangsidempuan	(→ Sibolga)	293 km	1661 km
Tarutung		108 km	1769 km
Prapat	(→ Brastagi, Sidikalang)	107 km	1876 km
Tebingtinggi	(→ neue Ostküstenstraße)	100 km	1976 km
Medan		76 km	2052 km
Bireuen	(→ Takengon, Kutacane)	366 km	2418 km
Bandar Aceh		218 km	2636 km

Expresslinien durchqueren in acht Tagen den Westen Indonesiens von Aceh bis Bima / Sumbawa, meist in Teilabschnitten. Die Mercedes-Busse sind kleiner als die europäische Ausführung, transportieren aber wesentlich mehr Passagiere. Die erheblich teureren ac-Busse bieten mehr Komfort (z.B. Service, Luxussitze). Die komfortabelsten Expressbusse Sumatras sind die der Firma ANS.

Gepäck auf dem Dach sollte ausreichend gesichert sein. Am besten werden die Gepäckstücke mit einer Kette am Dachgestänge angeschlossen. Wertsachen gehören immer ins Handgepäck. Die Tasche kann als nächtliches Ruhekissen benutzt werden. Der Rucksack ist sicher und man hat mehr Bewegungsfreiheit, wenn man zwei Sitzplätze zahlt und auf dem zweiten Platz das Gepäck unterbringt. Oft wird das auch von Indonesiern mit viel Gepäck praktiziert.

Ein Handicap sind lange Beine. Kaum ein Europäer paßt bequem zwischen die engen Sitze. Wer schon einige Tage vorher sein Ticket für den Expressbus kauft, kann sich einen Sitzplatz auswählen. Meist läßt der Platz hinter dem Fahrer den Beinen Bewegungsfreiheit.

Beim Zusteigen erfährt man den richtigen Fahrpreis im Zweifel von anderen Passagieren. Aufgrund ständig steigender Benzinpreise werden auch die Transportpreise mit aller Regelmäßigkeit angehoben. Einige Companies geben Studentendiscount.

Auf längeren Strecken sollte man den Busfahrer etwas im Auge behalten. Manche fahren 12 Stunden und länger ohne Ruhepause oder sind alkoholisiert. Dann empfiehlt es sich, auszusteigen und mit dem nächsten Bus weiterzufahren.

Nahverkehr

Colt, Minibus, Bemo, Ojek

Diese öffentlichen **Nahverkehrsmittel** haben zwar bestimmte Endhaltepunkte *(Stasion / Terminal)* doch man kann sie überall anhalten. Manchmal fahren sie Umwege, um Fahrgäste am gewünschten Zielpunkt abzusetzen. In vielfältigsten Variationen trifft man kleine Busse an, die den lokalen Passagierverkehr bewältigen. Manchmal sind es komfortable Minibusse, die mit den Herstellernamen (Datsun, Colt) bezeichnet werden. Mit weniger Glück sitzt man auf der niedrigen Holzbank eines Bemo auf der umgebauten Ladefläche eines Kleintransporters.

Es gibt keine festen **Abfahrtszeiten**, sondern es geht erst dann los, wenn nach Meinung des Fahrers keine weitere Person Platz hat. Besonders an Markttagen eine hautnahe Erfahrung!

Die **Fahrpreise** sind regional sehr unterschiedlich und im allgemeinen auf Nebenstrecken höher. Dabei zählt nicht nur die Entfernung, sondern auch der Straßenzustand. Auf unbefestigten Gebirgsstrecken wird eben mehr Benzin verbraucht als auf einem asphaltierten Highway. Die Preisangaben in diesem Buch können nur Richtwerte sein, da sie nicht auf immer und ewig festgeschrieben sind. Es wird gerne versucht, von Ortsunkundigen ein paar hundert Rupiahs mehr zu bekommen, und zwar nicht nur von Europäern. Will man Auseinandersetzungen um den richtigen Preis aus dem Wege gehen, dann erkundige man sich vor der Abfahrt möglichst bei mehreren Leuten nach dem Fahrpreis (gilt ebenso für alle Busse). Man erhält korrekte Infos nicht nur zu Fahrpreisen von Polizeibeamten, die auf fast jedem Terminal ihr *Kantor* haben. In den modernen Bus

Terminals sind die Tarife sogar angeschlagen. Allerdings handelt es sich hierbei um Mindestpreise, die von den Busgesellschaften oft nach Belieben aufgerundet werden. Wer lässig lächelnd den korrekten Fahrpreis entrichtet, „gewinnt Gesicht", wer allerdings kleinlich und aufgeregt um 100 Rp feilscht, „verliert Gesicht".

Macht der Minibus einen Umweg, so muß man vorher mit dem Fahrer die Frage nach eventuellen Extrakosten klären: ist z.B. die reguläre Fahrt nach 25 km an einem Marktplatz zu Ende und man wird noch 2 km weiter zum Strand gebracht, so kann es geschehen, daß sich der Fahrpreis verzehnfacht. Der Fahrer nimmt stillschweigend an, man hätte seinen Bus gechartert.

Einige **Nebenstrecken** werden wegen schlechtem Straßenzustand und Mangel an Fahrgästen nicht von Minibussen bedient. Hier übernehmen entweder Lastwagen den Personen- und Gütertransport, oder man findet an den Abzweigungen Gruppen junger Männer mit ihren Motorrädern: Motorrad-Taxis (Ojek), um deren Preis man handeln muß! Sie sind fünf- bis zehnmal so teuer wie Minibusse.

Stadtverkehr

Becak, Bajaj, Angkutan Kota

Fahrradrikschas (Becak) sind in vielen Städten das gängige Transportmittel, deren Preise individuell ausgehandelt werden. Die zum Teil kunstvoll bemalten Fahrzeuge sind meist von den Fahrern gemietet, so daß nicht selten ein Drittel der Einkünfte bei den Besitzern der Becak landet. Deshalb sollte man gerade mit alten Fahrern nicht unbedingt um die letzte Rupiah feilschen, sondern wie die Indonesier „mit dem Herzen" zahlen. In Großstädten verkehren für den Passagiertransport umgebaute, mit einer Kabine versehene Motorroller oder andere motorisierte Dreiräder, z.B. die orangeroten Bajaj in Jakarta oder die Motorradrikschas *(Becak Mesin)* in Medan. Neben diesen individuellen Transportmitteln operieren Stadtbusse auf festen Strecken mit gekennzeichneten Haltestellen, z.B. in Jakarta, Medan und Padang. Zudem verkehren auf festen Strecken ohne feste Haltestellen Minibusse / Bemo *(Angkutan Kota* oder *Microlet)*.

Dokar, Bendi, Delman, Cidomo

Die von kleinen Pferden gezogenen Karren oder **Kutschen** transportieren bis zu 6 Personen auf innerörtlichen Strecken. Manchmal fahren sie zum Festpreis, meist müssen sie aber gechartert werden. Man findet sie meist in Bergorten, wo Becak wegen der Steigungen unbrauchbar sind.

Taxi

In großen Städten verkehren Taxen mit **Taxameter**. Der erste Kilometer kostet je nach Region 700 – 1000 Rp, jeder weitere etwa die Hälfte, so daß Taxifahren im Verhältnis zu Europa günstig ist. Haben die Taxen kein Taxameter, muß der Preis vorher ausgehandelt werden. Gewinnversprechende Strecken, wie die zwischen Flughafen und City, werden häufig nicht von öffentlichen Nahverkehrsmitteln befahren – Taxifahrer versuchen sich hier eine lukrative Einnahmequelle zu sichern. In diesem Fall kann ein Taxi mit anderen Fahrgästen geteilt werden. An fast allen großen Flughäfen erfährt man an den **Taxi-Info-Ständen** die regulären

Fahrpreise. Meist werden von hier die Taxis auch eingeteilt, und man muß bereits im voraus am Info-Stand einen festgelegten Preis bezahlen (Coupon-System).

Mietwagen

Mietwagen sind auf Sumatra bisher nur mit Chauffeur über ein Reisebüro zu bekommen. Die typische Route verläuft von Medan nach Padang mit Stops in Brastagi, Prapat (Toba-See), Sibolga und Bukittinggi.

Um nicht nur „auf der Straße" zu sein, sollte man für diese Strecke mindestens 7 Tage einplanen. Eine andere Tour führt von Medan über Binjai (Abstecher nach Takengon), Banda Aceh, Tapaktuan zum Toba-See. Bei der Reiseplanung ist zu beachten, daß je nach Straßenzustand höchstens 200 - 400 km täglich gefahren werden können.

Bei mehrtägigen Touren kostet ein Wagen mit Fahrer 175 000 Rp pro Tag, wobei Unterkunft und Essen für den Fahrer im Preis eingeschlossen ist.

P. T. Ekasukma Wisata Tour & Travel Service in Medan (s.S. 159) bietet zum Mietwagen zusätzlich Hotelgutscheine im Wert von 70 DM pro Zimmer mit Frühstück in neun Städten der Insel (Medan, Brastagi, Prapat, Samosir, Sipirok, Bukittinggi, Padang, Palembang und Bandar Lampung) an. Alle Hotels entsprechen internationalem Standard, nichtbenutzte Coupons können im Hauptbüro zurückgegeben werden.

Geländewagen (ohne Fahrer) werden in Jakarta auch für Touren nach Sumatra vermietet. Die meisten Firmen verlangen dafür bis zu 100% Aufschlag auf die Normaltarife. Daher empfiehlt es sich, die Kosten (auch für die notwendige Versicherung) zu vergleichen und zu handeln. Günstigere Tarife werden meist für einen längeren Zeitraum eingeräumt. Indorent in Jakarta (s.S. 340) vermietet z.B. den bequemen Suzuki Vitara 4WD zu folgenden Preisen, wobei 10% MWSt und eine Kaskoversicherung (5 000 000 Rp, Eigenbeteiligung 70 000 Rp) enthalten sind:

	1 Woche	*1 Monat*
Jakarta und Umgebung	750 000 Rp	2 530 000 Rp
Sumatra, Bali etc. + 100 %	1 500 000 Rp	5 060 000 Rp

Es ist ebenfalls möglich, gegen eine Überführungsgebühr den Wagen in Jakarta zu mieten und in einer Stadt Sumatras zurückzugeben. Dabei muß man mit etwa 300 000 - 400 000 Rp Aufschlag je nach Entfernung rechnen.

Motorräder können in Touristenorten Sumatras für 15 000 - 20 000 Rp pro Tag gemietet werden. Nur erfahrene Biker sollten sich in den chaotischen Straßenverkehr wagen. Die meisten Maschinen sind auch nicht für Off Road-Fahrten geeignet. Keinesfalls darf man in leichter Badekleidung, Shorts oder ähnlichen Kleidungsstücken auf einem Motorrad fahren, sondern sollte feste Hosen, eine Brille und Handschuhe tragen. In Indonesien besteht Helmpflicht!

Benzin (Premium) kostet an Pertamina-Tankstellen 700 Rp pro Liter, Diesel (Solar) 380 Rp. Für 870 Rp wird an einigen wenigen Tankstellen Super (Premix) verkauft. Private Händler bieten Treibstoff in alten Ölfässern und Literflaschen zwischen 800 und 1000 Rp an; je abgelegener, desto teurer, denn die Händler holen den Sprit kanisterweise von der Pertamina-Tankstelle.

Touren mit einem Self-Drive Mietwagen
durch Sumatra sind nur sehr geübten Fahrern zu empfehlen. Man sollte sich über folgendes im klaren sein: Verkehrsregeln, sofern sie existieren, werden kaum befolgt. Gefragt ist Anpassungsfähigkeit und Kreativität. Während bei uns ein Schilderwald auf alle möglichen Gefahren hinweist, sollte man in Sumatra immer auf Überraschungen gefaßt sein.
Zudem sind die Verkehrsverhältnisse auf den Straßen völlig anders als in Europa, so daß man keine längeren Strecken an einem Tag bewältigen kann. Auf gut ausgebauten, asphaltierten Straßen, wie auf Teilabschnitten des Trans-Sumatra-Highways besonders im Süden und der neuen Verbindung an der Ostküste, sind maximale Tagesleistungen von 400 km schon sehr gut. Für die Strecke von Bukittinggi nach Sibolga muß man mit einem Tag Fahrtzeit rechnen, und wenn Erdrutsche die Straße versperren, noch länger. Die großen Fernstraßen sind nur mit Einschränkungen mit einem normalen PKW zu befahren. Immer wieder gibt es abgrundtiefe Schlaglöcher, Schlammstrecken oder Straßenbaumaßnahmen, die von einem Toyota-Kijang oder einem Geländewagen leichter bewältigt werden können. Einige Strecken können nur mit einem Geländewagen befahren werden, besonders die Strecke Bangko – Sungeipenuh und Takengon – Kutacane (170 km in 8 Stunden), um nur die zu nennen, die wir selbst befahren haben.
Während der Regenzeit oder starker Regenfälle stehen viele Straßen unter Wasser oder sind in Schlammwüsten verwandelt, Straßenränder sind weggebrochen, und Felsbrocken behindern die Weiterfahrt.
Innerhalb der Siedlungen, Dörfer und Städte genießen Kühe, Enten, Hühner, Hunde und andere Haustiere das Vorrecht, in Ruhe über den Highway spazieren zu dürfen oder sogar mitten auf dem Asphalt ihren verdienten Mittagsschlaf zu halten. Teile der Straße werden von fliegenden Händlern, Essenständen und Werkstätten genutzt. Nachts erschweren zudem unbeleuchtete Fahrzeuge das Vorankommen. Fußgänger, Schulkinder, Rad- und Motorradfahrer sind unberechenbar, so daß sich eine Hupe bezahlt macht. Auch auf schmalen, kurvenreichen Straßenabschnitten macht man durch Hupen auf sich aufmerksam.
Auf den Fernstraßen genießen Busse, LKWs und andere größere Fahrzeuge Vorfahrt. Andererseits verhalten sich gerade Fernfahrer besonders rücksichtsvoll. Der größte Teil der Verkehrsteilnehmer auf Sumatras Straßen sind Berufsfahrer – nur mit einem europäischen Fahrstil kommt man nicht sehr weit, denn es wird weder aggressiv noch rechthaberisch gefahren.

Feste und Feiertage

In diesem vielfältigen Inselstaat mit seinen unterschiedlichen Völkern werden derartig viele Feste gefeiert, daß eine vollständige Aufzählung all der regionalen, religiösen und familiären Feierlichkeiten unmöglich erscheint.

Die Indonesier verehren verschiedene Götter – an den Küsten wird der Meeresgöttin und am Kraterrand aktiver Vulkane den Feuergöttern geopfert, man feiert die Geburtstage von Mohammed, Buddha und Christus. Hunderte überirdischer Wesen bestimmen das Leben in den Dschungeln, Dörfern und Städten.

Eine ausgezeichnete Informationsquelle ist der jährlich erscheinende **Calendar of Events**, den das Generaldirektorat für Tourismus im Ministerium für Transport, Kommunikation und Tourismus herausgibt. Man bekommt diese Broschüre beim Fremdenverkehrsbüro in Frankfurt oder in Indonesien (mit viel Glück) bei den regionalen Touristenbüros. Da Veranstaltungstermine immer wechseln, erkundige man sich in allen Touristenbüros nach anstehenden Festen.

Unser westlicher **Kalender** mit 365 Tagen im Jahr bestimmt zwar den staatlichen und wirtschaftlichen Jahresablauf, doch die meisten Feste richten sich nach dem etwas weniger Tage zählenden moslemischen Mondkalender. Daneben haben beispielsweise die Batak auf Sumatra ihren eigenen Kalender. Auf regionale Feste weisen wir im jeweiligen Routenteil hin. Hier nur die Feiertage von überregionaler Bedeutung:

Staatliche Feiertage

Am 1. Januar begeht man das westliche **Neujahrsfest** mit Feuerwerk (in Jakarta), Prozessionen, Tänzen und vor allem in christlichen Regionen mit gutem Essen und Trinken.

Am 17. August, dem **Unabhängigkeitstag**, wird im ganzen Land die Befreiung Indonesiens von den holländischen Kolonialherren gefeiert. Jedes Dorf organisiert sportliche Veranstaltungen, farbenprächtige Umzüge, Puppenspiele und andere traditionelle Veranstaltungen – von Irian Jaya bis Sumatra, von Timor bis Sulawesi. Schon Wochen vorher bevölkern in „Reih und Glied“ marschierende Schulkinder und Büroangestellte unter lauten Komando-Rufen und dem Takt der Trillerpfeifen die Straßen der Städte. Man übt für den großen Tag!

Am 25. Dezember wird **Weihnachten** vor allem in den Tourismuszentren und christlichen Regionen gefeiert.

Der **Kartini-Tag** ist eine Art indonesischer Muttertag und wird hauptsächlich auf Java begangen. Durch ihre höhere Ausbildung, die ihr als Prinzessin zuteil wurde, konnte sie Not und Probleme der seit Jahrhunderten abgeschirmt lebenden Adelsfrauen zum Ausdruck bringen. Dennoch beugte sie sich dem Willen ihrer Eltern, wurde verheiratet und starb mit 24 Jahren am Kindbettfieber. In ihren veröffentlichten Briefen berichtet sie ihren Freunden in Holland über die Erziehung in einem traditionellen javanischen Elternhaus.

Moslemische Feiertage

Der islamische Hidschra-Kalender ist ein Mondkalender, deshalb sind seine Jahre kürzer als die des international gebräuchlichen Gregorianischen Kalenders. Die Feiertage des Hidschra-Kalenders liegen jedes (gregorianische) Jahr zehn bis zwölf Tage früher als im vorangegangenen Jahr.

Während des Fastenmonats **Ramadan** wird einem stärker als in den anderen Monaten bewußt, daß man sich in einem moslemischen Land befindet. Solange die Sonne am Himmel steht, bleiben Restaurants geschlossen. Ausgenommen in Orten, wo Christen oder Chinesen leben, wird man auch als Ungläubiger hungrig bleiben müssen. Schon vor Sonnenaufgang herrscht rege Geschäftigkeit, es wird gekocht und gegessen. Am Ende des träge dahinfließenden Tages, wenn das Zeichen von der Moschee erklungen ist, stürzt alles in die Warung. Strenggläubige Moslems verzichten während des Ramadan außer auf Essen und Trinken auch auf das Rauchen.

Am Ende des Ramadan feiert man **Idul Fitri** oder *Hari Raya Puasa*. Man dankt Allah dafür, daß man dem Fastengebot Folge leisten konnte. Mindestens zwei Tage lang wird alles nachgeholt, was während des Ramadan verboten war. Schon am frühen Morgen versammeln sich die Menschen auf Dorfplätzen und in Moscheen, um Koranverse zu singen. Nachbarn und Freunde werden besucht, Geschenke ausgetauscht und die Fehler des vergangenen Jahres verziehen. Während Idul Fitri und in der Woche danach scheinen fast alle Indonesier auf Reisen zu sein: sämtliche Transportmittel sind ausgebucht (!!) und überfüllt; in den beliebten Ausflugsorten am Strand oder im Gebirge ist kein Zimmer zu bekommen!

Idul Adah, der mohammedanische Opfertag, ist der Termin für die *Haj*. Wer genug Geld hat, um sich die trotz staatlich subventionierten Flügen noch immer sehr teure Pilgerschaft leisten zu können, erfüllt mit dem Besuch der heiligen Stätten in Mekka ein wichtiges Gebot. Wer es sich nicht leisten kann, kommt in die Moschee zum Gebet.

Muharam ist der Tag, an dem das Neujahrsfest begangen wird.

Maulid Nabi Muhammad (Sekaten), der Geburtstag des großen Propheten – beginnt zwölf Tage nach Muharam.

Mi'raj Nabi Muhammad ist der Himmelfahrtstag des Propheten.

Chinesische und buddhistische Feiertage

Die Chinesen begehen ihr **Neujahrsfest** (Jan / Feb) wie überall in Südostasien mit Familienfeiern und Tempelbesuchen. Besonders lebhaft im Chinesenviertel von Jakarta, Glodok und in Medan, wo bereits Tage vorher Glückwunschkarten und Leckereien verkauft werden. Umzüge und Feuerwerk sind von den Straßen verbannt.

Waicak ist der höchste buddhistische Feiertag, an dem im Mai der Geburt und der Erleuchtung Buddhas wie auch seinem Eingang ins Nirwana gedacht wird. Besonders eindrucksvoll am Borobudur.

Wie an **Nyepi**, dem balinesischen Neujahr, ist auch an Waicak im ganzen Land Feiertag – als Ausdruck des Respekts vor nicht-islamischen Religionen.

Bei der Fülle von Feiertagen ist es ratsam, sich immer auf dem laufenden zu halten. Nicht nur, daß man mitunter farbenprächtige und faszinierende Ereignisse miterleben kann. Wer vorhat, zur Bank, Post, Imigrasi oder zu ähnlichen Einrichtungen zu gehen, wird feststellen, daß diese häufig an Feiertagen geschlossen sind, auch wenn die meisten Geschäfte geöffnet haben.

Löhne und Preise

Das durchschnittliche **Monatseinkommen** eines Industriearbeiters beträgt etwa 120 DM (=195 000 Rp), aber in der Landwirtschaft, wo der überwiegende Teil der Bevölkerung tätig ist, liegt das Einkommen merklich darunter. Frauen, die in den Fabriken der Textil- und Lebensmittelindustrie tätig sind, erhalten etwa 2000 - 2500 Rp je Tag. Im Großraum Jakarta, West-Java und Batam wurde 1994 der gesetzliche tägliche Mindestlohn auf 3800 Rp festgelegt. In Medan gilt seit August 1994 ein Mindestlohn von 3750 Rp. Weitere Anhebungen werden erwartet. Nach Statistiken der Regierung ist das jährliche Prokopfeinkommen von 70 US$ im Jahre 1970 auf 920 US$ in 1995 gestiegen. Dabei sollte man immer bedenken, daß das Monatseinkommen eines Hotelangestellten in vielen großen Hotels nicht einmal dem entspricht, was ein Tourist für eine Übernachtung ausgibt.

Unter der von der Regierung definierten Armutsgrenze leben an die 14% der Bevölkerung (1976: 40%).

Reis, das Grundnahrungsmittel, kostet ab 500 Rp je Kilo (auf Java), alle anderen, höherwertigen Nahrungsmittel sind wesentlich teurer; so muß man für 1 kg Tomaten 800 - 1000 Rp, 1 kg Fisch 2000 Rp, 1 kg Rindfleisch 6000 Rp und für ein Ei 150 - 200 Rp bezahlen. Und die Preise steigen, z.B. für Lebensmittel innerhalb der letzten zehn Jahre um etwa das Vierfache.

Währung

WECHSELKURSE (STAND: WINTER 1995/96)

1 US$	**=**	**2280 Rp**	**1 DM**	**=**	**1617 Rp**
1 sFr	**=**	**2000 Rp**	**1 öS**	**=**	**231 Rp**

Inflationsrate (Jährlicher Anstieg der Verbraucherpreise): **9,2%**

Währungseinheit in Indonesien ist die indonesische **Rupiah** (Rp). In Umlauf sind Banknoten zu 50 000, 20 000, 10 000, 5 000, 1 000, 500 und 100 Rp, wobei letztere häufig nicht mehr als Banknoten zu erkennen sind (= rote, schmutzige Papierfetzen). Münzen gibt es im Wert von 25, 50, 100 und 500 Rp, wobei die kleinen Münzen kaum noch in Umlauf sind.

Bis zu 50 000 Rp dürfen **ein- bzw. ausgeführt** werden.

Meist wird für den **US$** etwas mehr als für andere Währungen geboten – einzige Ausnahme: Jakarta. Vor allem in den kleineren Städten – nicht jedoch in den Touristenzentren – sinkt der Kurs der DM oder anderer Währungen, der des US$ etwas weniger. Bereist man nur die Touristenzentren kann man DM in Reiseschecks mitnehmen. Für das übrige Sumatra empfiehlt es sich, US$-Reiseschecks einzukaufen. In vielen kleineren Orten mit Filialen der großen Banken werden meist überhaupt keine Fremdwährungen gewechselt. Man sollte sich dann bereits in den Provinzstädten mit genügend Rupiahs eindecken. Weitere Informationen zu Geld s.S. 27.

Banken

Öffnungszeiten der Banken sind für gewöhnlich Mo - Fr (außer feiertags) von 8.00 - 14.00 Uhr. In den meisten Wechselstuben kann man täglich von 8.00 - ca. 20.00 Uhr Geld wechseln.

Neben Banken wechseln Moneychanger sowohl Bargeld als auch Reiseschecks. Reiseschecks europäischer Währungen (vor allem DM, £ und sFr) erzielen zumeist neben dem US$ in Medan und den Touristenzentren die besten Wechselkurse. **Bereist man abgelegene Regionen, hilft ein ausreichender Vorrat an Rupiahs in bar, die langen Strecken zwischen den dünn gesäten Banken zu überbrücken.** Hier tauschen die meisten Banken keine exotischen DM oder sFr, sondern, wenn überhaupt, nur US$.

Post

Das indonesische Post- und Telefonsystem ist nach unseren Erfahrungen nicht immer verläßlich. Manche Pakete verschwinden (vor allem in Richtung Indonesien. Briefe kommen nicht oder erst nach Wochen an (oder sind sie einem Briefmarkensammler in die Hände geraten?).

Von zu Hause Post erhalten

Es gibt mehrere Möglichkeiten, wobei die einfachste und von uns persönlich immer wieder verwandte Methode darin besteht, daß man seinen Freunden einen ungefähren Zeitplan aufstellt. Sie schicken ihre Briefe **postlagernd** an die genannten Postämter. Man kann auch in seinen Briefen nach Hause das Postamt der nächsten großen Stadt als Anlaufstelle für die Post angeben. Das hat recht gut funktioniert. Bei der Auswahl der Postämter ist zu bedenken, daß einige sehr weit außerhalb und verkehrsungünstig liegen. Während Luftpostbriefe schon drei Tage später in Singapore oder Bangkok ankommen können, dauert es nach Indonesien ein bis zwei Wochen. Es passiert immer wieder, daß Briefe verloren gehen, gerade Sonderbriefmarken werden bei Sammlern auf große Gegenliebe stoßen. Ein **Brief** müßte folgendermaßen **adressiert** sein:

Name (hervorgehoben!), Vorname (ohne Herr/Frau/Mr./Mrs.), General Post Office (G.P.O.), Poste Restante, Stadt, Land

Unter Vorlage des Paßes kann man an den **Poste-Restante-Schaltern** die Briefe in Empfang nehmen. In kleineren Orten sollte man darauf bestehen, daß die Leute hinter dem Schalter auch unter dem Vornamen nachsehen. Dasselbe gilt für Doppelnamen. Meist bewahren die Postämter Briefe drei Monate auf und schicken sie erst danach an den Absender zurück. Telegramme werden allerdings häufig schon nach vier Wochen wieder zurückgesandt. Zudem sind sie in einigen Postämtern an anderen Schaltern abzuholen oder nur in einem speziellen Buch verzeichnet. Indonesien führt ein Postleitzahlsystem ein, das sich bisher erst teilweise durchgesetzt hat.

Falls man noch Post erwartet, aber schon weiterfahren will, kann ein **Nachsendeantrag** gestellt werden. Das klappt aber nur mäßig, die Post bleibt entweder trotzdem liegen oder reist im Acht-Wochen-Abstand hinter einem her.

Eine Alternative besteht darin, die Briefe an die entsprechende **Botschaft** zu adressieren. Die Anschriften stehen im jeweiligen Länderteil. Ein Brief müßte in diesem Fall hinter dem Namen mit dem Zusatz *c/o Embassy of…* versehen sein. Allerdings sind viele Botschaften nicht sehr erbaut davon, als Briefkasten zu die-

Fotos - rechts: Busse - die Könige der Straße; links von oben nach unten: Essenstände gibt es überall; in Bergorten sind Pferdekutschen weit verbreitet; Nasi Padang, die Nationalspeise; Martabak, die süße Alternative

PADANG
120PS
MARTABAK
ISTIMEWA

BATIAH ASLI
PUSAKO MINANG

nen. Wer eine **American Express** Karte hat oder zumindest AE-Schecks, kann ihre Büros auch als Anlaufadresse nehmen, in diesem Fall lautet der Zusatz: *c/o American Express.*

Briefe, Telegramme, Faxe

Für längere Mitteilungen nach Hause sind **Aerogramme** preisgünstiger (800 Rp) als **Briefe** (bis 10 g 1400 Rp, über 10 - 20 g 2000 Rp). Auch **Postkarten** werden per Luftpost (600/700 Rp) verschickt, damit sie nicht wochenlang unterwegs sind. Wichtige Post sollte man per **Einschreiben** *(registered mail, Surat / Barang Tercatat)* versenden. Soll ein Brief schnell ankommen, lohnt es sich nicht, ihn *Express* zu schicken, weil er erst im Ankunftsland bevorzugt behandelt wird. Da ist ein **Telegramm** besser, das bereits am nächsten Tag ankommt, jedoch pro Wort um die 500 Rp kostet. Bei umfangreichen Mitteilungen ist ein **Telefax** billiger und noch schneller als ein Telegramm: eine DIN A 4-Seite nach Deutschland kostet ca. 15 000 Rp. Telegramme und Telefaxe können in den Telefonzentralen (s.u.) aufgegeben werden. Die entsprechenden Schalter sind meist bis gegen 22.00 Uhr besetzt. In einigen Hotels steht der Fax-Anschluß Gästen auch zum Empfangen von Nachrichten zur Verfügung. Meist wird für eingegangene Mitteilungen 1000 Rp Gebühr pro Seite verlangt.

Päckchen und Pakete

Bei längeren Reisen sammeln sich im Laufe der Zeit eine Menge Dinge an, die man unterwegs eingekauft hat und die nun das Gepäck zum Überquellen bringen. Wir packen ab und an **Pakete** und schicken sie nach Hause. **Seamail** (Seefracht) dauert zwar 10 - 12 Wochen, ist aber viel billiger als **Airmail**. Nur bei wertvollen, leichten Sachen, z.B. Dias, lohnt der Versand mit dem Flugzeug.

Vorsicht in Singapore: Dort werden Pakete geröntgt, so daß man unentwickelte Filme nur in Filmtüten und nicht in Paketen verschicken sollte. Die günstigsten Posttarife hat Singapore. Das maximale Gewicht für Pakete beträgt in Indonesien 20 kg (seamail 87 500 Rp).

Spedition

Nach größeren Einkäufen muß man sich in den entsprechenden Städten um eine Spedition bemühen, falls sich nicht der Händler darum kümmert (in diesem Fall immer auf einer exakten Quittung bestehen). Speditionskosten schlüsseln sich nach Seefracht (bis zum jeweiligen Hafen) und Landfracht (Hafen – Heimatort) auf; letzteres kann ein Vielfaches der Seefracht betragen.

Übergepäck

Wird die Heimreise mit viel Übergepäck angetreten, ist es günstiger, einen Teil davon per Schiff nachkommen zu lassen. Man kann die übergewichtige Kiste auch als *unaccompanied luggage* aufgeben. In diesem Fall schickt sie die Gesellschaft, mit der man fliegt, in der nächsten, nicht ausgebuchten Maschine nach.

Zoll

Jedes in Indonesien abgeschickte Paket wird zuvor vom Zoll kontrolliert, deshalb

Fotos - links: Sanjai, Tapioka-Chips auf dem Markt; rechts von oben nach unten: Trockenfisch; Marquisa-Früchte; noch mehr Fisch

sollte man es unverschnürt zum Postamt bringen. Für alles, was auf dem Postweg durch den Zoll geht, muß eine **Zollerklärung** ausgefüllt werden, auf der Wert und Art der Gegenstände deklariert werden müssen. Außer in der Landessprache sind die Formulare in der Postsprache Französisch abgefaßt. Der deutsche Zoll belastet die meisten Dinge mit einer sogenannten „pauschalierten Eingangsabgabe" in Höhe von 5% des Schätzwertes. Doch manchmal wird es auch teurer: für Ziergegenstände aus tropischen Hölzern z.B. muß man ca. 14% ihres Wertes bezahlen. Viele Pakete kommen auch ohne zusätzliche Zollabfertigung ins Haus.

Telefon

Die Investitionen im Kommunikationsbereich zeigen bereits Wirkung, und es ist heute merklich einfacher, in Indonesien zu telefonieren, als noch vor ein paar Jahren. Durch den Einsatz mehrerer Satelliten kommen die Verbindungen selbst zu den entfernt gelegenen Inseln heute schnell zustande.

Über 193 Millionen Indonesiern stehen etwas mehr als 2,5 Millionen **Telefonanschlüsse** zur Verfügung. Ortsgespräche kosten an öffentlichen Fernsprechern 100 Rp für 5 Minuten.

In einigen Flughäfen, Hotels, Restaurants und an anderen öffentlichen Plätzen gibt es bereits **Kartentelefone**, von denen aus man manchmal sogar Auslandsgespräche führen kann – *kartu telepon* mit 20 - 680 Einheiten kosten zwischen 1500 und 51 000 Rp.

Internationale Gespräche

Telefongespräche ins Ausland sind seit dem Einsatz der Satelliten problemlos und ohne großen Zeitaufwand von allen Provinzhauptstädten und Touristenzentren zu führen.

Dort gibt es modern ausgestattete Telefonzentralen (Telkom, Perumtel), kleinere *Wartel* (Warung Telefon) und Privattelefone (in Hotels usw.), von denen aus man direkt durchwählen kann. Nach Deutschland kostet eine Minute 6200 Rp; manchmal muß man für mindestens drei Minuten bezahlen, auch für kürzere Telefonate – meist nur für die tatsächliche Dauer des Telefonats. Telefonzentralen und Wartel sind oft 24 Stunden geöffnet. Die Schalter für Telegramme und Faxe in diesen Büros schließen manchmal nachts (s.o.).

R-Gespräche sind nach Deutschland und Österreich nicht möglich, können aber in die Schweiz geführt werden. Im Selbstwähldienst *(IDD – International Direct Dialling)* von Indonesien gilt folgende Vorwahl:

Deutschland (00149)
Österreich (00143)
Schweiz (00141)
Singapore (00165)
Malaysia (00167)
Australien (00161).

Ein Telefongespräch von Deutschland nach Indonesien kostet kostet zur Zeit 9,43 DM für drei Minuten. Indonesien kann von Deutschland aus unter 0062 direkt angewählt werden.

Deutsche Welle

Die aktuellen Frequenzen des deutschsprachigen Auslandsprogramms der Deutschen Welle für Indonesien sind erhältlich von der:

Deutschen Welle, Abt. Hochfrequenztechnik,
50588 Köln,
tel 0221/3893208, fax 3893220.

Mit hoher Wahrscheinlichkeit wird für das Zielgebiet Südostasien auch in Zukunft die Frequenz 17845 kHz von 10.00 - 14.00 Uhr (16.00 - 20.00 Uhr WIB) Weltzeit eingesetzt.

Daneben werden durch den Satelliten ASEA Sat 2 ab Anfang 1996 auch internationale Fernsehprogramme zu empfangen sein, darunter ein 24stündiges Programm der Deutschen Welle in deutsch, englisch und spanisch.

Medizinische Versorgung

Abgesehen von einigen privaten Krankenhäusern, die westlichen Standard erreichen, sind die **Provinzkrankenhäuser** merklich schlechter ausgestattet. Man sollte darauf vorbereitet sein, daß viele Dinge im indonesischen Gesundheitssystem anders sind. Nicht überall findet man öffentliche Krankenhäuser *(RSU = Rumah Sakit Umum),* sondern sog. *Puskesmas,* Erste-Hilfe-Stationen oder Gesundheitszentren, in denen natürlich nicht in drei 8-Stunden-Schichten gearbeitet wird.

In vielen Krankenhäusern wird erwartet, daß die **Familie** für Medizin oder anderes Material sorgt und sich um das Essen des Patienten kümmert, d.h. in vielen Krankenhäusern wird nicht gekocht. Üblich ist auch, daß sich die gesamte Familie und alle Freunde fast rund um die Uhr an und um das Krankenbett aufhalten.

Liegen schwierige Probleme vor oder steht eine **Operation** an, sollte man möglichst nach Jakarta (s.S. 340 ff) fliegen. Hier scheinen die christlichen Krankenhäuser recht gut zu sein. Noch sicherer ist es, nach Singapore auszufliegen. Krankentransporte per Hubschrauber oder Flugzeug ins Ausland werden von folgenden Gesellschaften ausgeführt:

Asia Emergency Assistance,
319 Joo Chiat Place, Singapore, ☎ 65-3450425, 4400445, Telex: RS 53522 ASIAAS;
in Jakarta ☎ 7393014, fax 7393193.
World Access International,
P.O.Box 695, Robinson Road, Singapore, ☎ 5355833, fax 5355052.
International SOS Assistance,
27 Sunset Square, Singapore 2159, ☎ 4660377, fax 4664043.

Die **Krankenhausbehandlung** ist bis auf eine geringe Aufnahmegebühr frei. Man muß jedoch die Medikamente selbst bezahlen. Häufig lohnt es sich, auf **freipraktizierende Ärzte** zurückzugreifen.

In größeren Städten findet man medizinische Labors *(Laboratorium),* die auch ohne Überweisung verschiedene Tests (Stuhl, Urin, Malaria etc.) durchführen.

Kriminalität

Vom Geld, das in den Touristenzentren umgesetzt wird, versuchen auch weniger ehrliche Mitmenschen etwas abzubekommen: Zimmer werden aufgebrochen, in den Bemo verschwindet schnell etwas aus einer Tasche, und im Schutz der Dämmerung ist man am Strand plötzlich um eine Kamera erleichtert. Verluste und **Diebstähle** muß man bei der Polizei melden, die zumeist Englisch spricht und ein Protokoll verfaßt.

Die Schecks wurden gestohlen: Für diesen Fall sollte die Abrechnung über den Kauf und die Schecks selbst immer getrennt aufbewahrt werden. Nur wenn man die Abrechnung bei Verlust oder Diebstahl vorzeigen kann, werden die Schecks ersetzt. Soforthilfe gibt es bei AMEXCO (alle PACTO-Offices).

Nach einem Einbruch ins Hotelzimmer muß man auf jeden Fall die Polizei verständigen. Eine Reisegepäckversicherung zahlt nur, wenn ein Polizeiprotokoll vorliegt. Ist es nicht in Englisch abgefaßt, läßt man es am besten in Asien übersetzen und beglaubigen. In Singapore sind Übersetzerbüros zuverlässig und billig.

Der Paß ist weg: Man sollte Kopien aller wichtigen Papiere und den Personalausweis an einer anderen Stelle aufbewahren! Es ist dann leichter, auf der nächsten Botschaft oder einem Konsulat die Identität zu belegen. Der Verlust der Papiere kostet immer viel Zeit und Rennerei (Polizei – Botschaft – Immigration). Da man TC nur mit Paß einlösen kann, wird in diesem Fall Bargeld leicht knapp.

Von **Drogen** sollte man die Finger lassen – auch Marihuana und *Magic Mushrooms,* damit man nicht länger in Indonesien bleibt als geplant – und zwar im Gefängnis. Die Strafen sind drastisch genug: Gebrauch (!) kann 2 - 3 Jahre Gefängnis kosten. Besitz (auch geringe Mengen) von Cannabis oder Kokain bringt max. 6 Jahre, andere Drogen 10 Jahre, dazu Geldstrafen von 10 - 15 Mill. Rp. Bei Drogenhandel drohen gar 20 Jahre bis lebenslänglich und die Todesstrafe. Mitwisser, die nicht die Polizei verständigen (betrifft häufig Ehefrauen), werden mit maximal einem Jahr bestraft; Informanten bleiben anonym und erhalten in vielen Fällen sogar eine Belohnung.

Ein Gesetz verbietet **Nacktbaden**. Wer dabei erwischt wird oder in Badekleidung außerhalb der Strände herumläuft, kann mit bis zu 2 oder 3 Jahren Gefängnis bestraft werden.

Sicherheit

Nichts kann eine Reise mehr verleiden als der Verlust der Wertsachen. Es passiert immer wieder, daß jemandem die Tasche aus der Hand gerissen wird, Zimmer aufgebrochen und durchwühlt sind, oder ein netter „Freund" mit der Kamera das Weite gesucht hat. Da man alle Besitztümer ständig mit sich herumträgt, geht man ein erhöhtes Diebstahlrisiko ein. Selbst mit nur US$500 in der Tasche - und wer hat das zumindest am Anfang einer Reise, in welcher Form auch immer, nicht bei sich – trägt man mehr Geld mit sich herum, als die meisten Indonesier in einem Jahr verdienen.

Wertgegenstände

Die einfachste Lösung besteht darin, möglichst wenige Wertsachen mit sich herumzutragen. Teurer Schmuck gehört nicht ins Reisegepäck. Im Hotel kann man Wertvolles im *Locker* (Hotelsafe) verschließen oder es gegen Quittung abgeben (Schecks mit Nummern auflisten, niemals Scheckkarten abgeben!) – empfehlenswert vor allem bei einem Strandurlaub. Viele Banken und Moneychanger vermieten zudem Schließfächer an Touristen.

Wertsachen lassen sich am besten nah am Körper aufbewahren. Wir verstauen Geld, Pässe, Schecks und Tickets in einem breiten **Hüftgurt** aus Baumwollstoff. Unter Hosen und locker fallenden Kleidern kann er um die Hüfte gebunden unauffällig getragen werden. Die breiten Stoffgürtel sind auch einfach selbst zu nähen. Sie sollten aus Baumwolle sein, damit der Schweiß aufgesaugt wird, nicht drücken und verschiedene Fächer (eines davon mindestens so groß wie der Reisepaß) haben. Alle Papiere – auch das Geld – werden zusätzlich durch eine Plastikhülle geschützt, denn Schweiß ist zerstörerisch, und unleserliche Bankbescheinigungen oder Flugtickets machen Ärger. In Handtaschen oder Portemonnaies gehört nicht viel Geld. Kleingeld und ein paar Scheine sind auch in tiefen, vorderen Hosentaschen gut aufgehoben. Bei Umhängetaschen für Kameras achte man darauf, daß die Taschen nicht schon von außen auf einen wertvollen Inhalt schließen lassen, aus festem, nicht leicht aufschlitzbaren Material bestehen und gut verschließbar sind. (Weitere Tips im Kapitel Kriminalität, s.o.)

Sicheres Reisegepäck

Eigentlich sollte Gepäck keinen Moment unbeaufsichtigt bleiben. In der Praxis ist dies insbesondere für Alleinreisende schlicht unmöglich. Ist man mit guten Bekannten unterwegs, stellt sich die Gepäcküberwachung nicht so problematisch dar, denn dann kann z.B. nach der Ankunft in einem neuen Ort einer die Besitztümer hüten, während der andere losgeht, um ein Zimmer zu suchen. Auch die Gepäckaufbewahrung an Bahnhöfen, Busterminals und Flughäfen ist sicher und billig dazu. Eine natürliche Skepsis gegenüber Reisebekanntschaften ist angebracht, besonders im Fall der *„I want to practise my English"*-Freunde.

Ein starkes Vorhängeschloß gehört ins Reisegepäck. Manchmal sind Türschlösser schon mit den einfachsten Werkzeugen zu öffnen. Dann wird es als zusätzliche Sicherung angebracht. Zudem sind viele Zimmer in billigen Unterkünften nur mit einem Vorhängeschloß zu verschließen. Man erhält dann zwar ein Schloß und einen Schlüssel, doch was mit dem Zweitschlüssel passiert, weiß man nicht. In Schlafsälen sollte man den Rucksack mit einem Schloß sichern, sofern keine abschließbaren Schränke vorhanden sind. In Bussen, Zügen oder auf Schiffen kann das Gepäck nicht immer beaufsichtigt werden. Deshalb gehören Wertsachen ausschließlich ins Handgepäck. Rucksäcke und Reisetaschen sollten mit kleinen Vorhängeschlössern verschlossen sein. Mit einem leichten Fahrrad-Ringschloß kann man sie zusätzlich an Stangen oder Gepäckträger anschließen.

Sumatra besser verstehen

Eine Reise durch Sumatra wäre unvollständig, würde man allein Landschaften und Bauwerke bestaunen. Wer das Land kennenlernen will, sollte den Kontakt zu seinen Bewohnern suchen, etwas, womit man keine Probleme haben wird, da Indonesier Fremden gegenüber sehr kontaktfreudig sind.

Eine Voraussetzung für eine gelungene Sumatrareise ist die Bereitschaft, fremde Länder und ihre Kulturen kennenzulernen, das Leben dieser Menschen zu beobachten und zuzuhören, statt gute Ratschläge zu erteilen. Man braucht Zeit, die vielen neuen Eindrücke zu verarbeiten und zu verstehen. Denn in Sumatra ist vieles anders als zuhause:

Überall bietet in erster Linie die **Großfamilie**, bzw. die Sippe den Menschen Geborgenheit und Sicherheit. Sie ist die Grundlage der Gesellschaft. Wer gegen ihre traditionellen Regeln verstößt, schließt sich selbst aus der Gemeinschaft aus und verliert damit jede soziale Absicherung. Das zumeist auch räumlich enge Familienzusammenleben läßt – völlig im Gegensatz zur westlichen Gesellschaft – keinen Platz für **individuelle Bedürfnisse**, Absonderung und Ruhe. Selbst fremden Besuchern gegenüber scheut man nicht vor Körperkontakten zurück. Es ist ein Zeichen enger Freundschaft, wenn Männer oder Frauen unter sich Hand in Hand durch die Straßen bummeln. Allerdings gilt es als unschicklich, Körperkontakte oder Gefühle zwischen Mann und Frau in der Öffentlichkeit zu zeigen.

Kinder werden einerseits umsorgt und geliebt, andererseits zu Pflicht und Gehorsam den Eltern gegenüber angehalten, denn sie sind, bei fehlender Renten- und Krankenversorgung, die einzige Absicherung und Stütze im Alter. Ebenso wie die Eltern genießen Lehrer, religiöse und politische Oberhäupter unumstößliche Autorität. Kinder aus ärmlichen und zumeist kinderreichen Familien sind oft schon in jungen Jahren gezwungen, die Schule zu verlassen und für ihre Familie zu sorgen. Man sollte nicht vergessen, daß gerade auch wegen dieser billigen Arbeitskräfte Waren und Dienstleistungen in der 3. Welt so preisgünstig sind.

Das Streben nach **Harmonie** ist eine zentrale Grundlage dieser Gesellschaftssysteme. Konflikte werden, soweit es geht, vermieden. Wer Auseinandersetzungen in der Öffentlichkeit austrägt, gilt als rüde und verliert Gesicht. Auch wenn man es sich nicht anmerken läßt, so gilt das auch für Touristen, die allzu leicht ihren Ärger zeigen oder die Gastgeber mit westlicher Überheblichkeit kritisieren.

Wenn man jemanden um etwas bittet, wird es selten abgeschlagen werden, selbst wenn es nicht möglich ist, dieser Bitte zu entsprechen. Statt „nein" sagt man aus **Höflichkeit** lieber „vielleicht" und zeigt durch zögerndes Verhalten seine Ablehnung. Ein unergründliches Lächeln hilft, so manche problematische oder unsichere Situation zu überstehen, ebenso wie die häufig verwandte Formel *Tidak apa* – was immer soviel heißt wie „Das macht nichts!"

Die streßgeplagten, der Hektik entflohenen Touristen werden sich vor allem in den ländlichen Regionen mit einem völlig anderen **Zeitbegriff** konfrontiert sehen. *Jam karet* – „Gummizeit" – nennt man es in Indonesien. Es spielt keine Rolle, ob ein Bus in fünf Minuten oder erst später abfährt. Geduld ist eine der wichtigsten Tugenden. Es scheint von größerer Bedeutung zu sein, die Gegenwart zu genießen – selbst wenn es die Wartezeit am Busbahnhof ist – als ein imaginäres Ziel in der Zukunft anzustreben. Schon seit Jahrhunderten sind Weiße in Indonesien bekannt. Einstmals kamen sie als Kolonialherren auf die Inseln, um ihre Rohstoffe auszubeuten. Mit Waffengewalt wurden sie vertrieben; als Touristen kehren sie zurück. Trotzdem werden Touristen weitgehend als **Gäste** des Landes betrachtet. Vor allem außerhalb der Touristenzentren tritt man ihnen offen und mit besonderer Höflichkeit entgegen, wenn sie ihre Verhaltensweise den lokalen Sitten anpassen. Wer den Menschen gegenüber überheblich und intolerant auftritt, wird unangenehme Erinnerungen wachrufen und oft auf Ablehnung stoßen.

Manchmal wird man von Familien zu einem Fest oder zum Essen eingeladen. Wie auch wir im umgekehrten Fall, erwarten die Menschen von ihren Gästen, daß sie sich den einheimischen **Sitten** entsprechend verhalten. Natürlich kann ein Tourist nicht alle sozialen Verhaltensweisen und religiösen Sitten wie die Einheimischen praktizieren. Das wird nicht erwartet; es wird aber schon das Bemühen begrüßt, das traditionelle Leben der Menschen zu verstehen.

Geschenke überreicht man nur mit der rechten Hand. Es ist normal, daß sie erst geöffnet werden, nachdem man bereits gegangen ist. Wird etwas zu essen und zu trinken angeboten, sollte man warten, bis man aufgefordert wird, mit dem Essen zu beginnen. Füllt man sich selbst den Teller, darf man nicht zu viel nehmen, denn man muß mindestens eine zweite Portion essen.

Fremde werden weitgehend nach der **Kleidung** beurteilt – sehr lässige Kleidung oder gar Badekleidung wird im allgemeinen außerhalb der Strände nicht geschätzt. Das gilt vor allem für den Besuch von religiösen Stätten. Vor dem Betreten eines Hauses zieht man die Schuhe aus ebenso wie in Moscheen, buddhistischen und hinduistischen Tempeln. Besonders während religiöser Zeremonien sollte man sich zurückhalten und um Erlaubnis fragen, ehe man fotografiert.

Nahezu alle Lebensbereiche werden bei den meisten Völkern Sumatras vom **Islam** geprägt. Ausschließlich der Genuß von Lebensmitteln, die unter moslemischen Riten zubereitet wurden, also *halal* sind, ist erlaubt. Besonders Alkohol und Schweinefleisch sind, wie das Spielen um Geld, verboten. Auch die Berührung mit Speichel oder Exkrementen von Hunden ist tabu, daher gibt es in moslemischen Dörfern keine Hunde.

Es gilt als äußerst unhöflich, vor den betenden Gläubigen herumzulaufen, sich über ihre Köpfe zu erheben oder die religiösen Statuen und Anlagen zu erklimmen. Der Kopf gilt als heilig und sollte nie, auch nicht in europäisch-freundschaftlicher Geste, berührt werden. Der Fuß ist der unedelste Körperteil und darf deshalb nie einem anderen Menschen entgegengestreckt werden, was besonders bei der asiatischen Sitzweise manchem Europäer Schwierigkeiten bereitet. Die linke Hand gilt als unrein; deshalb benutzt man ausschließlich die rechte Hand, um zu essen, etwas zu geben oder in Empfang zu nehmen.

Entsprechend der **Vielzahl der Völkerschaften,** Kultureinflüsse, Religionen und geographischen Gegebenheiten hat sich auch auf dem Gebiet der Sitten und Gebräuche eine unübersehbare Fülle entwickelt. In den meisten Gesellschaften spielt die Religion im täglichen Leben der Menschen eine bedeutende Rolle. Daneben sind Naturreligionen verbreitet, und selbst bei den Anhängern der Hochreligionen ist der Glaube an Geister, Hexen und Magie immer noch lebendig.

In den **Städten**, den Schmelztiegeln der Völker und Kulturen, haben sich die Traditionen vermischt und sind von westlichen Einflüssen überlagert worden, während sie auf dem Lande noch weitgehend ihre Eigenheiten bewahren konnten. In den indonesischen Großstädten prallen die Kontraste zwischen westlicher und östlicher Kultur, aber auch zwischen Armut und Reichtum aufeinander. Nur zu leicht läßt man sich von den modernen Fassaden der Einkaufsstraßen täuschen, hinter denen sich eine andere Realität verbirgt.

Zum Einkaufen gehört, bis auf wenige Ausnahmen, das **Handeln**. Die Preise werden je nach Käufer und Laune des Verkäufers gemacht. Keiner sollte sich dabei betrogen vorkommen, sondern sich der Aufforderung, ins Gespräch zu kommen und die Kunst des Handelns zu erlernen, stellen. Wer den ersten geforderten

Preis bezahlt, verliert sein Gesicht – und das sollte auf einer Reise durch Sumatra möglichst niemals passieren. Man sollte sich besonders beim unvermeidlichen Handeln um die preisgünstigen Souvenirs vergegenwärtigen, daß man vielleicht gerade das Monatseinkommen eines einheimischen Arbeiters ausgibt. Jeder Tourist, der nach Sumatra kommt, gilt als reich. Wie sonst könnte er sich die weite Reise leisten. Dennoch sieht man es nicht gern, wenn die westlichen Besucher allzu freigebig ihr Geld verteilen, denn nur gezielte, langfristige Hilfe und nicht einige Münzen in einer ausgestreckten Hand kann die Lebenssituation der Menschen verändern.

Betteln ist verpönt und sollte, vor allem bei Kindern, nicht gefördert werden. Andererseits ist es die einzige Einkommensquelle vieler kranker oder älterer Menschen – vor allem in den Großstädten. Wenn an den Tempeltoren um eine Spende (Donation) gebeten wird, sollte man das nicht mit Betteln gleichsetzen, denn damit werden Baumaßnahmen durchgeführt und die Angestellten bezahlt.

Botschaften und Konsulate

BOTSCHAFTEN UND KONSULATE IN INDONESIEN

Deutsche Botschaft Jl. Thamrin 1, Jakarta, ☎ 323908, Di - Fr 7.15 - 16.30 Uhr, Mo 7.15 - 13.30 Uhr; das Büro für Visa und Pässe liegt um die Ecke in der Jl. Prof. M. Yamin.
Konsulat: Jl. S. Parman 217, Medan, ☎ 537108.

Botschaft von Österreich Jl. Diponegoro 44, Jakarta, ☎ 338090, Di, Do, Fr 8.00 - 14.00 Uhr.

Botschaft der Schweiz Jl. H. R. Rasuna Said Bl X/3, Jakarta, ☎ 516061, Mo - Fr 7.15 - 14.00 Uhr.

WICHTIGE BOTSCHAFTEN DER NACHBARLÄNDER IN JAKARTA

Australien Jl. Thamrin 15, ☎ 323109.
Burma Jl. Agus Salim 109, ☎ 320440.
Malaysia Jl. Imam Bonjol 17, ☎ 323750.
Papua New Guinea Jl. Jend. Sudirman, Panin Bank Centre, ☎ 711218.
Philippinen Jl. Imam Bonjol 6-8, ☎ 348917.
Singapore Jl. H. R. Rasuna Said Bl X Kav 2 No 4, Jakarta, ☎ 5201489-92.
Thailand Jl. Imam Bonjol 74, ☎ 343762.

In vielen Fällen, etwa bei Diebstahl, ist man darauf angewiesen, etwas Geld von den zuständigen Botschaften zu erhalten, damit man bis zum Rückflug erst einmal über die Runden kommt. Das gehört übrigens zur Aufgabe der diplomatischen Vertretungen: Schutz und Unterstützung der eigenen Bürger im Ausland. Viele Traveller haben die Sache überstrapaziert, und heute ist es nicht mehr selbstverständlich, daß die Botschaften großzügig helfen. Adressen der indonesischen Botschaften und Konsulate im Ausland s.S. 11.

Sonstiges

Fremdenverkehrsämter

Das Hauptbüro des *Directorate General of Tourism (DGT)* befindet sich in Jakarta. Es untersteht dem *Department of Tourism, Post and Telecommunications* und besitzt Zweigstellen in allen wichtigen Touristenorten und Provinzhauptstädten. Diese Büros sind unter der Bezeichnung *Kanwil Depparpostel* oder *Regional Office of Tourism, Post and Telecommunications* bekannt.

Daneben hat jede der 27 Provinzen Indonesiens ein eigenes Fremdenverkehrsamt, deren Büros unter dem Namen *Diparda* oder *Bapparda* oder *Dinas Pariwisata* bekannt sind. Adressen in den jeweiligen Städtekapiteln.

Öffnungszeiten

Geschäfte

öffnen Mo - Sa normalerweise gegen 8.00 / 9.00 Uhr und schließen gegen 19.00 / 20.00 Uhr. Kleinere Läden und Märkte sind oft bis in die Nacht hinein geöffnet.

Ämter und Behörden

sind Mo - Do von 8.00 Uhr - 16.00 Uhr geöffnet, Fr nur bis 11.00 Uhr.

Banken

sind für gewöhnlich Mo - Fr 8.00 - 14.00 Uhr geöffnet. In den meisten Wechselstuben kann man täglich von 8.00 bis etwa 20.00 Uhr Geld wechseln.

Trinkgelder

In großen Hotels und Restaurants der gehobenen Preisklasse wird automatisch zum Rechnungsbetrag 10% Bedienung addiert, so daß ein weiteres Trinkgeld nur bei besonders gutem Service sowie für spezielle Dienstleistungen (z.B. Koffertragen) angebracht ist. Der Betrag sollte 500 - 1000 Rp betragen, in internationalen Hotels kann es auch mehr sein. In Losmen, Homestays und kleineren Restaurants wird normalerweise kein Trinkgeld erwartet. Das Personal verdient aber so wenig, daß es sich über eine kleine Anerkennung *(Uang Rokok* - Zigarettengeld) immer freut.

Zeitzonen

Folgende Zeitverschiebung ergibt sich zur Mitteleuropäischen Zeit (MEZ) - Sommerzeit immer 1 Stunde weniger:

MEZ:	02.00	05.00	08.00	11.00	14.00	17.00	20.00	23.00 Uhr
Sommerzeit:	03.00	06.00	09.00	12.00	15.00	18.00	21.00	24.00 Uhr
(1):	08.00	11.00	14.00	17.00	20.00	23.00	02.00	05.00 Uhr
(2):	09.00	12.00	15.00	18.00	21.00	24.00	03.00	06.00 Uhr

(1): + 6 Stunden: Sumatra, Java, West- und Zentral-Kalimantan (auch Thailand).

(2): + 7 Stunden: Bali, Süd- und Ost-Kalimantan, Nusa Tenggara, Sulawesi (auch Malaysia, Singapore und Brunei).

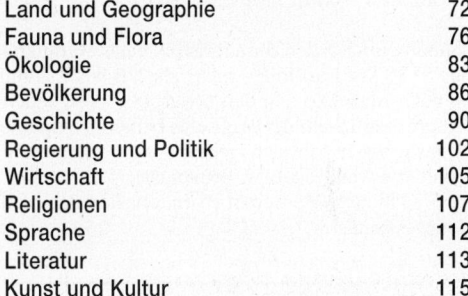

SUMATRA UND SEINE BEWOHNER

Land und Geographie

Das Land Indonesien ist ein extrem zersplittertes Staatsgebiet, das nach neuesten Satellitenzählungen aus 17 508 Inseln besteht, die sich beiderseits des Äquators vom asiatischen Kontinent bis nach Australien erstrecken. Seine Staatsgrenzen umfassen außer 1,9 Mill. km² Landfläche auch mehr als 3,3 Mill. km² Meeresfläche.

Von Sabang im Norden Sumatras bis nach Merauke im Südosten von Irian Jaya sind es 5120 km Luftlinie – mehr als 1/8 des Erdumfangs und weiter als vom Nordkap nach Marokko. Zu den etwa 6000 besiedelten Inseln gehören die nach Grönland größten Inseln der Welt, das frühere Neuguinea (dessen westliche Hälfte, Irian Jaya, zu Indonesien gehört) und Kalimantan (dessen nördlicher Teil Staatsgebiet von Malaysia bzw. Brunei ist).

Mit 193 Millionen Menschen ist Indonesien nach China und Indien das drittgrößte Land Asiens.

Ein Blick auf die Landkarte zeigt die indonesische Inselwelt als ein morphologisch uneinheitliches Gebiet, zerstückelt in große und kleine Inseln, vulkanische Gebirgsketten und Schwemmlandebenen, Flachmeere, Tiefseebecken und tiefe Seegräben. Wie Bohrungen durch die Gesteinsschichten der Inseln bewiesen, handelt es sich um erdgeschichtlich relativ junge Landmassen, deren Entstehung durch den Zusammenstoß zweier (oder mehrerer) Kontinentalplatten erklärt wird. Nach der inzwischen in Fachkreisen anerkannten Theorie setzt sich die Erdkruste aus riesigen Segmenten, Platten oder Schollen genannt, zusammen, die sich in ständiger Bewegung (Drift) befinden und Erdteile, Inseln und Weltmeere auf ihrem Rücken tragen. Ihre Bewegungsenergie erhalten die Platten durch Förderung neuer Gesteinsmassen aus dem Erdinneren, die unterhalb langer, erdumspannender, unterseeischer Gebirgszüge aufsteigen, den Bruchstellen ehemaliger Urkontinente. Wo die Ränder der Schollen in gewaltigen Kollisionen aufeinandertreffen, sich aneinanderreiben und sich übereinanderschieben, befinden sich die geologisch instabilsten Gebiete der Erde, die sich durch Erdbeben, Vulkanismus und Bildung von Gebirgen und Tiefseegräben auszeichnen.

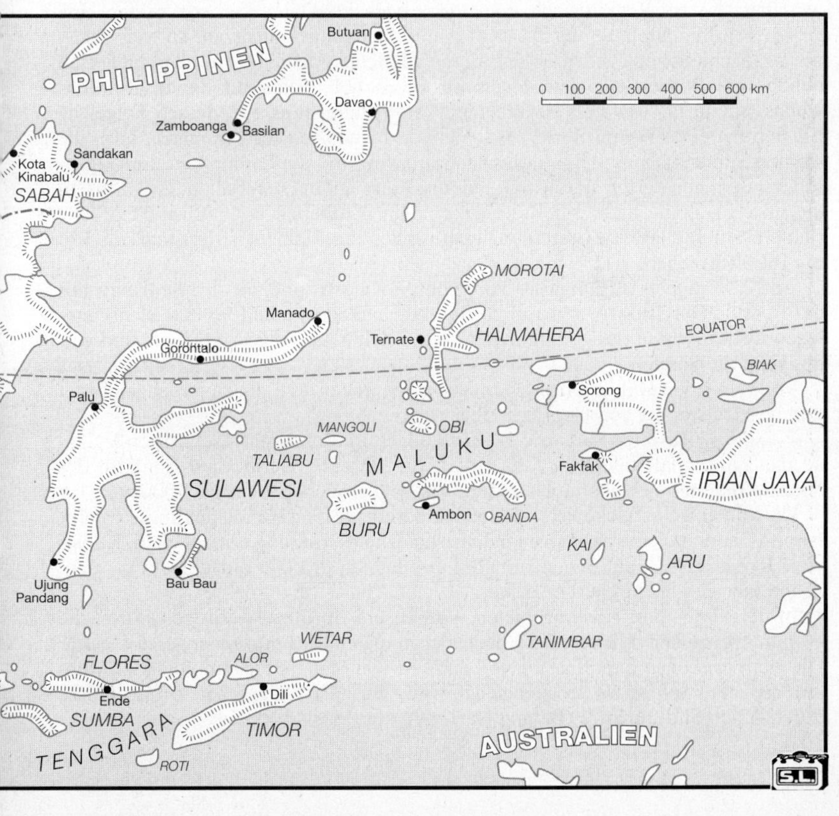

DIE PROVINZEN SUMATRAS

PROVINZ	HAUPTSTADT	BEVÖLKERUNG (1995)	FLÄCHE
Aceh	Banda Aceh	3,8 Mill.	55 392 km^2
Nord-Sumatra	Medan	11,0 Mill.	70 787 km^2
West-Sumatra	Padang	4,2 Mill.	49 778 km^2
Riau	Pekanbaru	3,8 Mill.	94 562 km^2
Jambi	Jambi	2,4 Mill.	44 800 km^2
Bengkulu	Bengkulu	1,4 Mill.	21 168 km^2
Süd-Sumatra	Palembang	7,0 Mill.	103 688 km^2
Lampung	Bandar Lampung	6,6 Mill.	33 307 km^2
Sumatra		40,2 Mill	473 482 km^2

Genau dies trifft auf den malaiischen Archipel zu. Bis vor 25 Millionen Jahren war die gesamte Region noch vom Meer bedeckt. Dann war von Süden eine große Kontinentalplatte, der Australien und Neuguinea aufsitzen, so weit gegen die asiatische Scholle gedriftet, daß deren südlicher Ausläufer (Sundaschelf) sich anhob und Borneo aus dem Meer aufsteigen ließ. Während die Insel weiter wuchs, setzte im weiteren Umkreis starker **Vulkanismus** ein, dessen Folge die Entstehung eines komplizierten Systems von Inselbögen war: Sumatra, Java, die kleinen Sundainseln und die Molukken, Sulawesi und die Philippinen. Im Gegensatz zu dem geologisch stabilen Gebiet um Kalimantan ist auf allen diesen Inseln die Erde bis heute nicht zur Ruhe gekommen. **Erdbeben** und Vulkanausbrüche richten Jahr für Jahr verheerende Zerstörungen an. Man registriert jährlich 500 bis 1000 Erdbeben.

Am 27. August 1883 kam es zur größten Katastrophe, als der Krakatau mit der Energie von 100 000 Hiroshima-Bomben explodierte und 36 000 Menschenleben forderte. Eine riesige Staubwolke legte sich über die gesamte Erde und verdunkelte die Sonne.

Von den über 300 indonesischen Vulkanen gelten 128 als ausbruchgefährdet und werden ständig von Geologen überwacht.

Von der Nordspitze Sumatras bis zur äußersten Molukken-Insel prägen Vulkane das Landschaftsbild. Mit 3800 m ist der Gunung Kerinci auf Sumatra der höchste Indonesiens, aber auch andere Vulkane erreichen mehr als 3000 m.

Die vulkanische Asche liefert jedoch andererseits die Grundlage für die fruchtbaren Böden, die eine intensive landwirtschaftliche Nutzung ermöglichen. Kunstvolle Reisterrassen, auf denen zum Teil drei Ernten pro Jahr eingebracht werden, erstrecken sich bis in 1500 m Höhe.

In den Fluß- und Küstengebieten wurden erst in jüngster Erdzeit durch die großen tropischen Flüsse oder Meeresströmungen Erdmassen angeschwemmt. Die weiten, ebenen Landflächen sind zumeist von Mangrovensümpfen oder Mooren bedeckt. Sofern sie trockengelegt sind, wird Reis angebaut. Breite Flüsse durchziehen Süd-Sumatra (Batang Hari, 600 km; Musi, 500 km).

Geographie Sumatras
Die Insel Sumatra, die westlichste Insel Indonesiens, ist mit 473 482 km² die fünftgrößte Insel der Welt und fast viermal so groß wie die Nachbarinsel Java. Sie erstreckt sich von Nordwesten nach Südosten über 1800 km, ist aber maximal nur 400 km breit; der Äquator durchschneidet Sumatra fast genau in der Mitte. Der Länge nach zerfällt die Insel relativ deutlich und einheitlich in zwei große Teile: ein von Nordwest nach Südost immer breiter werdender Tieflandgürtel im Osten und eine von parallel verlaufenden Bergketten durchzogene weniger breite Westhälfte. Zwischen beide Landschaftsformen schiebt sich eine schmale Hügelzone.

Das Tiefland im Osten
Das Tiefland im Osten besteht zum größten Teil aus Schwemmlandebenen. Sie bedecken fast die Hälfte der Fläche Sumatras und stellen die ausgedehnteste und zugleich auch die einförmigste Landschaft der Insel dar. Ihre Entstehung verdanken diese Ebenen der starken Erosion der lockeren vulkanischen Gesteine des Gebirges durch den tropischen Regen und die Bergflüsse; Sumatras Flüsse führen schon im Normalfall 3 - 4 kg Schlamm pro m³, nach heftigen Regenfällen oft sogar zehnmal so viel. Dieses Abtragungsmaterial aus dem Gebirge wurde im Laufe von Millionen von Jahren zu ausgedehnten Flachländern angeschwemmt und aufgeschüttet.
Ursprünglich waren die Tiefländer von dichtem Dschungel bedeckt, der von Flüssen und breiten Strömen durchzogen und durch Sümpfe und sumpfige Seen unterbrochen wird. Wo immer es möglich war, wurden schon Ende des 19. und Anfang des 20. Jahrhunderts große Areale des Tieflandwaldes abgeholzt, um endlosen Plantagen Platz zu machen, die heute noch bewirtschaftet werden. Breit und mit nur wenig Gefälle wälzen sich riesige Ströme durch das Flachland, wie z.B. Rokan, Siak, Kampar, Indragiri, Batang Hari und Musi, um nur die längsten zu nennen.
Das breit angeschwemmte Tiefland wird schließlich im Osten von flachen, sumpfigen oder schlammigen Mangroven-Küsten gesäumt, die oft noch einige Kilometer weit landeinwärts dem Wechsel der Gezeiten unterliegen und bei Flut mit Meerwasser überspült werden. Da die zahlreichen Flüsse und Flußarme weiterhin Erosionsmaterial anschwemmen und aufschütten, das durch die ständig nachwachsenden Mangroven gehalten wird, wächst das östliche Tiefland Sumatras immer weiter in die See vor. Vor der Ostküste, wo das Meer nur Tiefen von 50 - 100 m erreicht, erstreckt sich die Inselwelt des Riau- und des Lingga-Archipels, ein Gewirr kleiner und kleinster Inseln; südlich davon liegen noch die zwei größeren Inseln Bangka und Belitung, die sich durch ihre Zinnvorkommen auszeichnen.

Das Barisan-Gebirge
Im Westen zieht sich durch die gesamte Länge Sumatras das Barisan-Gebirge. Es ist von über 50 Vulkanen durchsetzt, von denen einige noch aktiv sind, z.B. der Gunung Merapi bei Bukittinggi und der Gunung Kerinci im Westen der Provinz Jambi, mit 3805 m zugleich der höchste Berg der Insel. Hier im Gebirge weist Sumatra noch seine größten zusammenhängenden Wälder auf, die als Wasserspeicher der Insel unentbehrlich sind.

Das Barisan-Gebirge besteht aus parallel verlaufenden Bergketten, zwischen denen sich ausgedehnte, fruchtbare Hochflächen gebildet haben, in die mehrere malerische Seen eingebettet sind, nämlich Danau Laut Tawar und Toba-See im Norden, Maninjau, Singkarak, Dibawah und Diatas im mittleren Drittel und Danau Tujuh, Danau Kerinci und Danau Ranau im Süden. Der größte dieser Seen ist mit Abstand der im Norden Sumatras zwischen steilen Bergflanken gelegene Danau Toba (s.S. 185) mit seiner Insel Samosir, die mehr als zwei Fünftel des gesamten Sees ausfüllt. Die Hochflächen sind in der Regel dank ihrer Fruchtbarkeit relativ dicht besiedelt, wie man z.B. sowohl in Nord-Sumatra im Lande der Batak sowie bei den Minangkabau in West-Sumatra als auch im Süden im Pasemah-Hochland und im Rejang Lebong sehen kann. Während der Ostrand des Gebirges allmählich in ein Hügelland und schließlich in die Schwemmlandebenen übergeht, fällt das Gebirge nach Westen hin steil ab und wird nur von einer sehr schmalen Küstenebene gesäumt. Der Küstenstreifen ist oft nur wenige Kilometer breit, manchmal reichen die steil aufragenden Berge auch bis ganz an die Meeresküste. Vor der Westküste erstreckt sich eine Kette von Inseln: Simeulue, die Banyak-Inseln und Nias im Norden, die Batu-Inseln, Siberut, Sipura und Pagai im mittleren Abschnitt sowie Enggano im Süden. Diese Inseln sind nur zwischen 80 und 150 km von Sumatra entfernt. Sie sind die Spitzen eines im Meer versunkenen Gebirges, das einst mit Sumatra verbunden war und parallel zur Barisan-Kette verlief. Heute trennt ein 1500 - 2000 m tiefer Meeresgraben die Inselkette vom übrigen Sumatra. Westlich dieser Inselkette im indischen Ozean fällt der Meeresboden sogar in Tiefseegräben von über 9000 m Tiefe ab.

Fauna und Flora

Die Lage des Archipels zwischen 8° nördlicher und 10° südlicher Breite, also im tropischen Gürtel, und seine Nähe zum asiatischen Festland förderten die Ausbreitung der asiatischen Flora, d.h. des immergrünen tropischen Regenwaldes, der auf dem Kontinent schon ein Alter von über 100 Millionen Jahren erreicht hat. Selbst Neuguinea und Australien sind nahe genug und wurden von Südostasiens Pflanzenwelt erreicht. Pflanzen, bzw. ihre Samen sind eben eher in der Lage, längere Seereisen zu überleben, als Tiere.

Bis auf einige Ausnahmen brauchen die meisten Tierarten Landbrücken, um sich auszubreiten. Diese wichtigen Verbindungen haben nach der Inselbildung innerhalb einzelner Inselketten z.T. noch bestanden, bevor sie infolge tektonischer Ereignisse auseinanderbrachen. Weiterhin senkte sich der Meeresspiegel mehrmals im Laufe der letzten 2 1/2 Millionen Jahre, als sich enorme Wassermassen an den Polen unserer Erde in Form von Eis konzentrierten und in gewaltigen Gletschern bis weit in die gemäßigten Zonen hineinreichten. Durch diese Eiszeiten wurden die Flachmeere zwischen Asien und Australien trockengelegt, und weitere Landverbindungen entstanden. Von zwei Seiten drang nun die Tierwelt in den Archipel vor.

Aus dem Süden die urtümliche Fauna Australiens, wo sich isoliert von anderen Kontinenten Beuteltiere in großer Artenfülle erhalten haben, und aus dem Norden vor allem die hochentwickelten Säugetiere Asiens, die schon auf eine 100 Millionen Jahre alte Evolution in Eurasien, Afrika und Amerika zurückblicken.

Welche Landbrücken damals das Ausbreiten der Tiere begünstigten und welche Tiefseebecken und -gräben sich ihnen als unüberwindliche Barriere entgegenstreckten, zeigt heute noch die unterschiedliche Verbreitung der zwei so gegensätzlichen Faunen. Borneo, Sumatra, Java und Bali würden bei einer Senkung des Meeresspiegels um nur 200 m mit dem asiatischen Festland eine zusammenhängende Landmasse bilden. Große Säuger wie Elefanten, Nashörner, Tapire, Tiger und Orang Utan konnten diese Inseln z.T. mühelos erreichen, fehlen aber völlig auf Sulawesi, den Molukken und den kleinen Sunda-Inseln, wo schon die ersten Vertreter der australischen Tierwelt auftauchen.

Der berühmte englische Naturforscher A. R. Wallace erkannte auf seinen Reisen während der Mitte des vorigen Jahrhunderts diese Tatsache als erster. Die von ihm entdeckte Faunenverbreitungsgrenze erhielt den Namen **Wallace-Linie**. Sie trennt Bali von Lombok und verläuft weiter zwischen Borneo und Sulawesi. Später wurden östlich der Wallace-Linie weitere Linien, die die Verbreitung anderer Tierformen kennzeichnen, aufgezeigt und nach ihren Entdeckern benannt. Die endgültige Schranke für die meisten asiatischen Tiere folgt der Lydekker-Linie, welche die kleinen Sundainseln und die Molukken von Australien, Neuguinea und vorgelagerten Inseln abgrenzt.

Zwischen den beiden genannten Linien erstreckt sich die **Wallacea** (nach A. R. Wallace), ein Übergangsgebiet, wo im wesentlichen eine Mischfauna australischer und orientalischer Herkunft lebt, neben einigen Tierformen, die nur hier vorkommen.

Wie schon erwähnt, konnte sich dank des feuchten Monsunklimas der **immergrüne Regenwald** über den gesamten Archipel ausbreiten. Wasser und Sonne sind die wichtigsten Voraussetzungen für die Entwicklung des Reichtums an verschiedenartigen Lebewesen, wie sie in tropischen Wäldern zu finden sind. Nach Südamerika weist Borneo den ausgedehntesten Regenwald der Erde auf, und neben Sumatra und Neuguinea befinden sich hier die letzten großen, zusammenhängenden Waldgebiete Indonesiens. Die dazwischenliegenden Inseln sind entweder zu klein oder zu sehr vom Menschen zersiedelt. Wo der Dschungel vom Menschen verdrängt wurde, hat er entweder planmäßig gestalteten Kulturlandschaften wie Plantagen, Nadelholzforsten oder Reisterrassen Platz gemacht, oder er wurde nach der Vernichtung durch Brandrodungsfeldbau von artenärmerem Sekundärwuchs oder von den gefürchteten, weil schwer zu rekultivierenden Alang Alang-Grassteppen mit ihrem filzartig verflochtenen Wurzelgewirr ersetzt.

Obwohl aus der indonesischen Inselwelt schon große Flächen Regenwald für immer verschwunden sind, bleibt der Dschungel das wichtigste Biotop der Region. Einem Neuling stellt er sich als ein unübersehbares, grünes Durcheinander von Vegetation dar, in dem Tiere wohl zu hören und zu spüren (Moskitos), aber nicht zu sehen sind. Wer sich genügend Zeit nimmt, wird allerdings bald einen Blick für die interessanten Einzelheiten bekommen.

In vielen Abenteuerbüchern wird das Pflanzenleben im Dschungel als ein unerbittlicher, andauernder Kampf um Licht und Raum beschrieben. Tatsächlich bildet der gesamte Regenwald einen in sich geschlossenen Organismus, in dem sich die einzelnen Pflanzen untereinander arrangieren, sich aneinander anpassen und sich gegenseitig ergänzen, so daß jede den für sie günstigsten Platz einnimmt und optimal ausnutzt – ein biologisches Ökosystem, das schließlich schon etliche Millionen Jahre fast unverändert überdauert hat.

In der Vertikalen scheint der Dschungel in verschiedene „Etagen" mit jeweils typischen Bewohnern eingeteilt zu sein. Eine **Humusschicht** aus Laub und vermoderten Resten zusammengebrochener Baumriesen bedeckt den Boden. Die in dem Humus enthaltenen Nährstoffe werden von dem Millionenheer der wirbellosen Kleinlebewesen schnell umgewandelt und sofort vom Wald wieder aufgenommen. Der Urwald wächst also ausschließlich aus seinem eigenen Humus und braucht den zumeist nährstoffarmen tropischen Lehmboden nicht als Nahrungsquelle. Wird dieser Kreislauf durch Brandrodung unterbrochen, werden alle organischen Stoffe auf einmal freigesetzt. Die nährstoffreiche Asche wird allerdings bereits in kurzer Zeit vom starken tropischen Regen weggespült, so daß die angelegten Felder nach wenigen Jahren in ihrer Fruchtbarkeit erschöpft sind.

Die Humusschicht wird durchzogen von dem Wurzelgeflecht der **Pilze**, die es im Tropenwald zu einer unglaublichen Vielfalt in Form und Farbe gebracht haben. Einige Arten leuchten gespenstisch im Dunkel der Nacht, andere zeichnen sich durch unbeschreiblichen Gestank aus. In den oft vor Nässe triefenden Nebelwäldern höherer Gebirgslagen bedecken Kleinfarne und wie Schwämme vollgesogene Moospolster den Boden und die Stämme und Äste der Bäume, Moosfetzen hängen wie zerissene Schleier von Lianensträngen.

Eine der seltsamsten und spektakulärsten Pflanzen ist die erst 1818 entdeckte **Rafflesia** (benannt nach Sir Stamford Raffles), die auf Borneo, Sumatra, Malaysia, Südthailand und Java beheimatet ist. Die blattlose Schmarotzerpflanze verbringt die meiste Zeit ihres Daseins verborgen als ein Netz von Fäden in einer am Boden rankenden Liane. Nur gelegentlich bricht eine Knospe auf, die dann schnell so groß wie ein Kürbis wird und sich zu einer rötlich-weiß gefleckten Riesenblüte entfaltet, die bis zu einem Meter Durchmesser haben kann und einige Kilogramm auf die Waage bringt. Die Blüte strömt einen unangenehmen Verwesungsgeruch aus, der aber Insekten anlockt, die für die Bestäubung gebraucht werden.

Schier unerschöpflich scheint die Fülle der Pflanzenarten des Dschungels. Auf Sumatra findet man allein Tausende von **Baumarten**, die z.T. bis 60 m, ausnahmsweise auch über 70 m hoch werden; z.B. **Riesenbäume**, die von mächtigen Brettwurzeln gestützt werden, oder **Feigenbäume** mit ihrem Labyrinth von Stütz- und Luftwurzeln und etliche Arten von Edelhölzern wie **Teak-**, **Sandel-** und **Eisenholz**. Im Gegensatz zu europäischen Wäldern stehen im Regenwald die Bäume einer Art nicht in Gruppen zusammen sondern weit verstreut. Schon auf einem km^2 trifft man über 100 verschiedene Arten an, und man muß oft kilometerweit laufen, um zwei Bäume derselben Art zu entdecken. Einige sind so selten, daß sich nur wenige 100 Exemplare über mehrere 100 000 km^2 verteilen. Zwischen den Bäumen findet sich noch Raum für Sträucher und Baumfarne, die mit weniger Licht auskommen können; etwa 150 **Palmenarten**, 300 **Rhododendron**- und über 200 **Bambusarten**! Ihre Blütenpracht entfalten die Bäume in der lichten Wipfelregion – für uns Bodenbewohner leider meistens unsichtbar.

Zwischen den Baumkronen und dem Urwaldboden liegt die Stammregion, das Reich der **Schmarotzerpflanzen** und **Epiphyten** (Pflanzen, die auf anderen Pflanzen wachsen, sich aber selbstständig ernähren, ohne zu schmarotzen). Diese Etage des Urwalds macht auf uns den stärksten Eindruck einer unentwirrbaren

Pflanzenwildnis. Da schlingen sich Lianentaue, seilartige Luftwurzeln, Würgefeigen und Girlanden von oft dornenbewachsenen Kletterpflanzen um Baumstämme und Äste.

Dazwischen wuchern Farne, insektenfressende **Kannenpflanzen** und natürlich **Orchideen**, die Juwelen des Tropenwaldes, die leider meist im Verborgenen blühen. Ihre Formen- und Farbenfülle reicht von winzigen, unscheinbaren weißlichen Blüten bis hin zu riesigen Exemplaren, die alljährlich nur für ein paar Tage blühen, aber dann bis zu 50 Blütenstände von über 2 m Länge hervorbringen, und aus jedem Blütenstand sprießen bis zu 80 leuchtend gelbrote Blüten.

POLYALTHEA. STRANGE FOREST TREE. TREE-FERN.

Einem oberflächlichen Besucher erscheint der Dschungel geradezu tierarm. Dies hat seinen Grund darin, daß der größte Teil der Fauna ein Leben im Verborgenen führt. Viele Tiere haben ihren Lebensraum in der Wipfelregion, die sie selten verlassen, andere sind nur nachts oder in der Dämmerung aktiv. Die an Arten und Individuen reichsten Tiergruppen sind **Insekten** und andere Kleinstlebewesen, die sämtliche Lebensräume der Tropen erobert haben. Unter den zigtausend Insektenarten seien neben den unscheinbaren, aber lästigen Moskitos, Fliegen und Ameisen nur einige der spektakulärsten erwähnt.

Da gibt es die buntschillernden Schmetterlinge, von denen **Herkulesspinner** und **Atlasspinner** Flügelspannweiten bis zu 25 cm erreichen, und die zudem auch noch Seide produzieren. Nachtfalter stechen mit ihrem Rüssel reife Früchte an, um den Saft daraus zu trinken. Unter der Rinde vermodernder Bäume halten sich Käferlarven verborgen, die manchmal das Ausmaß von kleinen Würsten erreichen. Aus den Larven schlüpfen dann später bis zu 10 cm lange **Hirschkäfer**, farbenstrotzende **Prachtkäfer** oder **Bockkäfer**, deren Fühler oft wesentlich länger als ihr Körper sind. **Leuchtkäfer**-Männchen treffen sich häufig in Scharen auf einem Baum, um gemeinsam im Rhythmus zu blinken und die Weibchen anzulocken.

Viele Insekten tarnen sich durch Form und Farbe und verschmelzen optisch mit ihrer Umwelt wie **Stabheuschrecken**, **Gottesanbeterinnen** und **Wandelnde Blätter**, andere signalisieren mit leuchtenden Warnfarben, daß sie giftig, stachlig oder sonstwie ungenießbar sind, bei wieder anderen Arten sind die gleichen Signalfarben nur Bluff. Einige unangenehme Kleintierarten wie **Blutegel**, giftige, bis 18 cm lange **Hundertfüßler** und fingerdicke **Tausendfüßler** runden das Bild ab.

Auch **Amphibien** und **Reptilien** sind zahlreich vertreten. Auf Sumatra allein zählt man 80 Froscharten, zumeist Baumfrösche, die fast nie ihren luftigen Lebensraum verlassen. Bemerkenswert ist der **Ruderfrosch**, der beim Sprung die Häute zwischen seinen Zehen wie vier kleine Fallschirme aufspannt und meterweit segeln kann.

Eine ähnliche Anpassung an das Leben im Blätterdach des Dschungels zeigen drei Schlangenarten der Gattung **Schmuckbaumnattern**. Diese schön gefärbten Tiere vermögen ihren Leib so weit abzuflachen, daß sie bei Sprüngen von Baum zu Baum gleiten. Noch beeindruckendere Gleitflüge zeigen der **Faltengecko** und der kleine **Flugdrache**, die seitlich am Körper anliegende Hautfalten wie Tragflächen ausbreiten und damit sogar ihren Flug steuern und vollendete Kurven beschreiben.

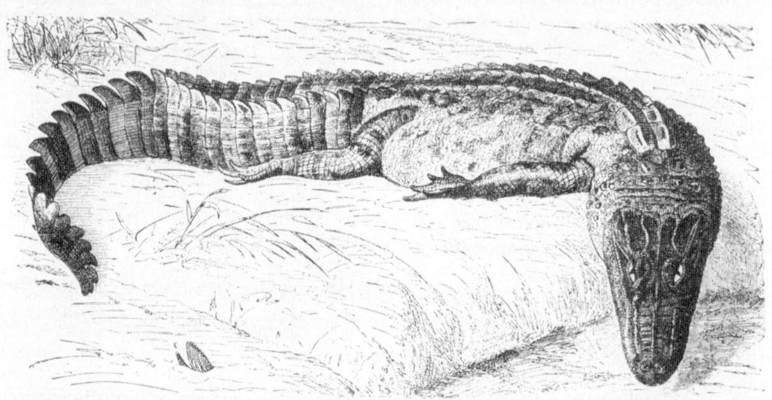

Zu den größten Reptilien der Welt zählen die in Indonesien beheimateten **Krokodile**, die **Netzpython** (Würgeschlangen, die 9 m lang werden können), Seeschildkröten wie die **Lederschildkröte** (bis 600 kg schwer), die regelmäßig ihre angestammten Strände zur Eiablage aufsuchen, und die urtümlichen Warane. Die stattlichsten Vertreter dieser Gattung sind die in ganz Südostasien verbreiteten **Bengalenwarane** (bis zu 2 m) und **Bindenwarane** (bis 2,5 m) und der berühmte, nur auf den Inseln Komodo, Rinca und Padar (kleine Sundainseln) lebende **Komodo-Waran**, dessen massiger, gedrungener Körper mehr als 3 m Länge erreicht.

Nashornvogel

An der Geräuschkulisse des tropischen Regenwaldes haben die **Vögel** einen nicht zu überhörenden Anteil. Doch leider sieht man auch sie nur selten, da die meisten Arten in der Gipfelregion leben, wie z.B. die farbenprächtigen **Papageien** und **Loris**, die auffälligen **Nashornvögel** mit ihren lauten, klatschenden Fluggeräuschen und die lebhaft bunten, kleinen **Nektarvögel**. Obwohl nicht mit den Kolibris Südamerikas verwandt, haben Nektarvögel, wie schon der Name sagt, die gleiche Lebensweise wie diese. Auch sie umschwirren Blüten, deren Nektar sie aufsaugen, wobei sie gleichzeitig für die Bestäubung der Pflanzen sorgen. Auf

Flußreisen durch den Dschungel schon häufiger anzutreffen sind die grünblau schillernden **Eisvögel**, oft „fliegende Edelsteine" genannt. Sie brüten in Höhlen am Flußufer und machen pfeilschnelle Jagd auf Kleinfische und Insekten.

Der häufigste Raubvogel Indonesiens ist der **Brahminenmilan**, erkennbar an seinem kastanienbraunen Gefieder, von welchem sich der weiße Kopf deutlich abhebt. Seine Nahrung sind gewöhnlich Kleintiere, aber auch Aas verschmäht er nicht, und in der Nähe menschlicher Siedlungen hält er sich an die Abfälle. Die Menschennähe geradezu zu suchen scheinen die **Weißen Reiher**, die in Scharen bewegungslos in den Reisfeldern stehen und auf Beute warten.

Sumatra-Tiger

Schon viele Arten der großen indonesischen **Landsäugetiere** sind vom Aussterben bedroht, da sie entweder in der Vergangenheit zu stark gejagt wurden oder sich ihr Lebensraum durch Abholzen der Wälder noch heute deutlich verringert. So existieren auf Sumatra nur noch wenige hundert Exemplare des urtümlichen, behaarten **Sumatra-Nashorns** (s.S. 146), der kleinsten Nashornart (vereinzelt auch auf Borneo), und der Bestand des einhörnigen **Java-Nashorns**, verwandt mit dem indischen Panzernashorn, ist sogar bis auf etwa 50 - 60 Tiere reduziert, die ausschließlich im Ujung Kulon Nationalpark (West-Java) leben. Stark gefährdet ist auch der **Sumatra-Elefant** (s.S. 318).

An **Raubtieren** sind neben dem **Malaienbär** (Sumatra, Borneo) noch einige Groß- und Kleinkatzen vertreten: z.B. die **Goldkatze** *(Kucing Mas)* mit je einer Art auf Borneo und Sumatra, die kleine, gefleckte **Bengal**- oder **Leopardkatze** (Borneo, Sumatra, Java) und der Nebelparder (Sumatra, Borneo), der ein ausgezeichneter Kletterer ist.

Während sich **Zibet-Katzen** *(Tangalunga)* vom asiatischen Festland bis Sulawesi und Molukken und eine kleinere Unterart auch bis zu den kleinen Sundainseln ausbreiteten, sind Großkatzen wie der gefleckte **Leopard** (mit schwarzem Fell: Panther) nur auf den großen Sundainseln und der **Tiger** nur auf Sumatra anzutreffen. Auf Bali und Java sind Tiger inzwischen ausgerottet, auf Sumatra leben nur noch einige hundert (s.S. 277).

Hirsche belebten ursprünglich in großen Rudeln die Wälder der Inseln, wurden aber stark bejagt und sind heute relativ selten geworden. Auf den großen Sundainseln sieht man noch den **Muntjak-Hirsch**, und **Mähnenhirsche** kommen von Java und Sulawesi bis zu den Molukken und den kleinen Sundainseln vor. Der interessanteste Hirschverwandte ist der nur kaninchengroße **Zwerghirsch** (Kancil). Er trägt kein Geweih, dafür aber zwei lange Hauer im Oberkiefer, was ihm auch den Namen Hirschferkel eingebracht hat. Er ist ein scheuer, großäugiger Einzelgänger, den die Indonesier für äußerst listig halten. Bei Verfolgungen täuscht er seine Feinde, indem er sich tot stellt, um dann im letzten Moment wieder auf- und davonzuspringen. Er ist der Held vieler indonesischer Märchen, wo er die Rolle unseres Reinecke Fuchs übernimmt.

Pangolin

Ein Nachttier und ein guter Kletterer ist das **Schuppentier Pangolin.** Es ernährt sich fast ausschließlich von Ameisen und Termiten und rollt sich bei Bedrohung zur Kugel zusammen.

Wie bei den Reptilien findet man auch unter den kleineren Säugern Arten, die lange Gleitflüge ausführen können. **Gleithörnchen**, die zu den Nagetieren gehören, schweben mit ihren zwischen den Vorder- und Hinterbeinen seitlich aufgespannten Flughäuten mehr als 100 m weit und sind dabei in der Lage, mit ihrem Schwanz zu steuern. Ähnliche Leistungen vollbringt der katzengroße Riesengleitflieger Kolugo, dessen Flughaut sogar den ganzen Körper einschließlich Schwanz umgibt. Da er sich im Körperbau sehr von anderen Tiergruppen unterscheidet, betrachten Zoologen ihn als eine selbständige Ordnung.

Die häufigsten **Affen** gehören zur Gattung der **Makaken**, wie z.B. der große **Schweinsaffe** mit seinem kurzen Ringelschwanz und der kleinere, zierliche **Javaneraffe**, der einen langen, dünnen Schwanz trägt. Die verschiedenen Arten der **Schlankaffen** und **Languren** zeichnen sich durch auffällige „Frisuren“ wie Haarschöpfe oder Backenbärte und durch ihr feines, seidiges Fell aus. Dabei unterscheidet sich die Fellfärbung der erwachsenen Tiere deutlich von der Farbe der Neugeborenen. So trägt das Baby des **Brillenlanguren** für die ersten 2 - 3 Monate seines Lebens ein grell orangenes Fell und wird dann nach und nach dunkelgrau bis schwarz.

Außer dem immergrünen Regenwald sind ein zweites wichtiges Biotop des indonesischen Archipels die **Mangrovensümpfe**, welche die flachen Küsten vieler Inseln umsäumen, die von Ebbe und Flut beeinflußt werden – manchmal in einem schmalen Streifen, oft auch etliche Kilometer breit. Die Mangrovenwälder bestehen aus verschiedenen Baumarten, die durch verzweigte Stützwurzeln Halt im wenig festen Schlick der Gezeitenzone finden. Sie haben sich an die extrem salzhaltigen Böden ebenso angepaßt wie an die mehr oder weniger lang anhaltenden Überflutungen. Was wie Spargel aus dem Schlamm sprießt, sind die Luftwurzeln der Bäume, denn im Schlick selbst finden diese keinen Sauerstoff.

Die Morast- und Wurzelwildnis der Mangroven ist Lebensbereich von Land- und Meerestieren. Muscheln, Sandschnecken und Krabben sind genauso häufig vertreten wie etwa Insekten – nicht nur Myriaden von Moskitos, sondern z.B. auch **Weberameisen**, die aus ihren eigenen Larven ein Seidengespinst pressen, um ihre Blattnester damit zusammenzuweben.

Eine spezielle Anpassung an das Leben in der Gezeitenzone zeigt vor allem der **Schlammspringer**, ein Fisch, der Feuchtigkeit in seinen Kiemen speichert, um eine Weile an Land atmen zu können. Brust- und Bauchflossen sind bei ihm so umgebildet, daß er sich auf dem schlüpfrigen Morast kriechend und hüpfend fortbewegen kann.

Muntjak-Hirsch

Bemerkenswert ist auch der **Schützenfisch**, der sich in Pfützen dicht unter der Wasseroberfläche verborgen hält und mit einem gezielten Wasserstrahl aus seinem Mund Insekten „abschießt", die sich über ihm auf den Pflanzen niedergelassen haben.

Ökologie

Ein zentrales ökologisches Problem besteht in Indonesien, aber auch in seinen Nachbarländern: Die mit tropischen Regenwäldern bewachsenen Flächen werden rapide geringer, und damit verschwindet ein großer Teil der im Dschungel lebenden Organismen.

Reisfelder und Plantagen haben den artenreichen **tropischen Regenwald** vielfach verdrängt, so daß (1995) die Inseln Java, Bali und Lombok nur noch etwa zu 10 % mit Wald bedeckt sind.

Auf Sumatra sind es ca. 40 %. Wissenschaftler schätzen aufgrund von Satellitenaufnahmen, daß jährlich 1,2 % der noch vorhandenen Regenwälder der Erde abgeholzt werden. Konkret bedeutet das, daß jede Minute 21 ha verschwinden oder daß bereits 45 % des ursprünglichen Waldbestandes Südostasiens abgeholzt sind.

Wenn Waldgebiete abgeholzt werden, müssen viele Tiere, die hier ursprünglich lebten, sterben. Arten, die auf ein eigenes Revier angewiesen sind, werden in den unzerstörten Nachbarwäldern kaum unbesetzte Gebiete finden. Nicht reviergebundene Arten werden zwar in die umliegenden Wälder flüchten, aber früher oder später wird die zur Verfügung stehende Nahrungsmittelmenge die Population auf ihre ursprüngliche Größe reduzieren.

Obwohl die tropischen Regenwälder nur 13% der Landmasse der Erde bedecken, sind sie von viel größerer Wichtigkeit, als ihr Anteil an der Landmasse ahnen läßt. Sie besitzen die Möglichkeit, Sonnenenergie in organische Stoffe umzuwandeln, überflüssiges Wasser zu speichern und bei Trockenheit verstärkt abzugeben. Zusammen mit den Tieren und Mikroorganismen (Bakterien, Pilze usw.), die im Boden leben und organische Stoffe wieder mineralisieren, stellen sie das leistungsfähigste Ökosystem unseres Planeten dar. Gleichmäßige Sonneneinstrahlung und Luftfeuchtigkeit fördern ein extrem schnelles Wachstum der Pflanzen – gleichzeitig unterliegt die Fauna und Flora nicht den jahreszeitlichen klimatischen Schwankungen der gemäßigten Breiten. Das sind einige Gründe, warum sich in tropischen Regenwäldern eine Vielzahl von Arten entwickeln konnte. Besonders die indonesische Inselwelt besitzt im Übergangsgebiet zwischen Meer und Land ein weiteres wertvolles Ökosystem: die **Mangrovensümpfe**. Diese Küstenwälder als Pufferzone schützen die weiter landeinwärts liegenden Landflächen vor Salzwasser, den Gezeiten und der Erosion. Daneben sind sie Heimat zahlreicher Tiere und bevorzugte Laichplätze der Fische.

In Tausenden von Jahren hat der Mensch in das geschlossene **Ökosystem** der tropischen Wälder Südostasiens kaum eingegriffen. Verhältnismäßig kleine Flächen wurden gerodet, vor allem in der Umgebung der alten Städte und dort, wo man bereits intensiv Ackerbau betrieb. Der Brandrodung, wie sie von den Ureinwohnern praktiziert wurde, fielen zwar immer neue Waldflächen zum Opfer, doch war der Dschungel nur sehr spärlich besiedelt. In den frühen Tagen der europäischen Kolonialherrschaft wurden größere Waldgebiete kaum gerodet, da die Europäer in erster Linie an Gewürzen und Metallen interessiert waren. Auch die Mangrovensümpfe wurden von den Menschen genutzt. Sie lieferten Brennholz, Lebensmittel (Zucker, Honig, Fische, Krebse) und Palmwedel, mit denen Häuser gedeckt wurden.

Mit dem Beginn unseres Jahrhunderts kamen immer größere Waldgebiete unter den Pflug, um große Plantagen zu schaffen. Erst nach dem 2. Weltkrieg, als der Bedarf an Holz in Japan und im Westen enorm anstieg, nahm die Rodung von tropischem Regenwald gefährliche Ausmaße an. Aber nur relativ wenige Baumarten sind ökonomisch verwertbar. Viele der nicht benötigten Baumarten werden beim unsachgemäßen Fällen der Nutzhölzer beschädigt. Große Schneisen werden in den Wald geschlagen, um die Hölzer schnell abtransportieren zu können. Für einen wirtschaftlich verwertbaren Baum werden zahlreiche andere gefällt oder beschädigt. Beim sachgerecht durchgeführten Fällen des Holzes können außer den nicht verwertbaren Stämmen auch junge Setzlinge und Samen im Boden überleben, womit eine Regeneration des Waldes gewährleistet ist. Dieser Sekundärdschungel, *Belukar,* der etwa 15% der indonesischen Waldgebiete umfaßt, ist allerdings wesentlich niedriger und artenärmer.

Die wesentliche Ursache für das Verschwinden der tropischen Regenwälder in Südostasien liegt allerdings in der Bevölkerungsexplosion, die es notwendig macht, neue landwirtschaftliche Anbauflächen zu erschließen. Im Rahmen der Transmigrasi-Programme siedelt man jährlich Tausende von Familien von den dichtbesiedelten Inseln in bisher nicht bewirtschaftete Gebiete um. Augenfällig wird das ganz besonders in Süd-Aceh, wo riesige Regenwaldgebiete den Motorsägen zum Opfer gefallen sind und Transmigrasi-Siedler aus Java den Boden bearbeiten oder endlos scheinende Ölpalmen-Plantagen angelegt werden. Selbst die unzugänglichen Mangrovensümpfe werden trockengelegt, um landwirtschaftliche Nutzflächen, Shrimpfarmen oder Fischteiche zu schaffen. Damit wird jedoch der natürliche Küstenschutz zerstört, und durch Erosion gehen viele neu gewonnene Nutzflächen verloren. Gerade die Felder an den steilen Vulkanhängen sind schutzlos den tropischen Regengüssen preisgegeben.

Voraussagen für das Jahr 2002
gehen davon aus, daß ein Drittel der Fläche der Länder Südostasiens unfruchtbares Ödland sein wird, auf dem Alang-Alang-Gras und Buschland vorherrschen. Durch den steigenden Bevölkerungsdruck werden die produktiven Tieflandwälder in landwirtschaftliche Nutzflächen umgewandelt sein. Die Struktur der noch vorhandenen Waldgebiete wird sich verändern, denn vielen Tier- und Pflanzenarten ist der Lebensraum genommen, und sie sterben aus. Die Holzwirtschaft wird verstärkt die verbliebenen Bergwälder nutzen. Bodenerosion, Überschwemmungen und Dürreperioden sind das Ergebnis, denn Alang-Alang-Gras und Nutzpflanzen können in weitaus geringerem Maße als der Wald Wasser speichern und den Boden vor Erosion schützen.

Naturschutzgebiete (Cagar Alam) und Nationalparks (Taman Nasional)

Den düsteren Prognosen des letzten Kapitels stehen die Bemühungen des Staates und einiger internationaler Organisationen entgegen, die noch verbliebenen Waldgebiete unter Naturschutz zu stellen. Initiator der Naturkonservation Indonesiens war niemand anderes als Sir Thomas Stamford Raffles, der schon zu Beginn des 19. Jahrhunderts umfangreiche naturwissenschaftliche Sammlungen anlegen ließ und den Botanischen Garten von Bogor gründete. Seitdem ist Bogor Zentrum des indonesischen Naturschutzes. Allerdings begann die holländische Kolonialregierung erst 1912 mit der Einrichtung von offiziellen Reservaten, zumeist auf Java und Sumatra. Es sollte nochmals 60 Jahre dauern, bis der indonesische Staat das Direktorat für Naturschutz (PHPA) als eigenständige Abteilung der Forstbehörde ins Leben rief.

PHPA (Perlindungan Hutan dan Pelestarian Alam) entfaltete schnell lobenswerte Aktivitäten: Im ganzen Land wurden sämtliche noch im Naturzustand erhaltenen Wildgebiete in Größenordnungen von 0,5 ha bis 2,2 Millionen ha begutachtet, auf ihren Konservationswert geprüft und entsprechend zu Reservaten erklärt (inzwischen gibt es einige hundert). 1980 entstanden die ersten fünf Nationalparks, 1995 gab es schon 31. Somit stehen mehr als 6% des Landes unter Naturschutz und weitere Cagar Alam und Taman Nasional sind in Planung, vor allem Marin-Parks, also Korallenriffe und kleinere Inselgruppen.

Trotz internationaler Unterstützung durch WWF, Weltbank u.a. hat PHPA keinen leichten Stand. Seine „Gegner“ sind Mangel an Geld und qualifizierten Kräften, industrielle Entwicklung und Ausbeutung von Wäldern und Bodenschätzen, Überbevölkerung und Transmigrasi-Projekte und das fehlende Umweltbewußtsein der Bevölkerung. Durch Aufklärungskampagnen an den Schulen und in den Dörfern versucht man eine Verbesserung zu erzielen.

Permits

Man unterscheidet *Taman Wisata*, bzw. *Hutan Wisata* = Erholungspark oder -wald; *Taman Buru* = Jagdpark; *Hutang Lindung* = geschützter Wald; *Suaka Mar-*

gasatwa = Tierschutzgebiet und schließlich *Cagar Alam* und *Taman Nasional*. Da sich Gebiete der zwei letzten Kategorien der stärksten Schutzbestimmungen erfreuen, dürfen viele der Cagar Alam und alle Taman Nasional nur mit einem Permit betreten werden. Die Formulare kann man sich gleich bündelweise für den gewünschten Besuchszeitraum und für beliebig viele Reservate beim PHPA in Bogor, Jl. Juanda (neben dem Eingang zum Botanischen Garten) holen. Zum Besuch eines Taman Nasional wird in wenigen Fällen eine geringe Gebühr erhoben. In der Regel gibt es Permits auch in den PHPA-Büros der jeweiligen Provinzhauptstädte oder vor Ort, d.h. beim PHPA-Posten am Eingang zum Reservat. Es ist zu empfehlen, auf jeden Fall vor dem Besuch eines der Gebiete eine PHPA-Stelle aufzusuchen, um notwendige Infos zu erhalten und um den Trip zu organisieren (Führer, Transport).

Permits sind nicht nur lästig, sondern haben auch ihre guten Seiten. Sie werden gesammelt und statistisch ausgewertet. Hat ein Reservat steigende Besucherzahlen, fließt vielleicht mehr Geld aus der Staatskasse zum Ausbau der örtlichen Einrichtungen, wie Rasthäuser, Beobachtungstürme, Wanderwege und Aufsichtspersonal. Das kommt einmal dem Besucher zugute, zum anderen wird so der Naturschutz verstärkt. Eine wichtige Aufgabe haben die Aufsichts-Posten in den reservatsnahen Dörfern. Denn die meisten Einheimischen lassen sich durch Naturschutzbestimmungen kaum beeindrucken – sie gehen traditionellerweise nach wie vor in der Wildnis auf Jagd, schlagen Holz, sammeln Früchte oder Gras und Laub als Viehfutter und legen Brände, um Ackerland *(Ladang)* zu gewinnen.

Guides

Wichtig ist der **ortskundige Führer**! Die Tropenwildnis wird oft unterschätzt, und jährlich verschwinden Dutzende von Wanderern und Ausflüglern (Indonesier und Orang Barat) spurlos in den Urwäldern und auf den Bergen. Rettungs- und Suchtrupps kehren oft nach tagelangem Suchen erfolglos wieder um. Besonders schwierig sind selten begangene Fußpfade im Primärdschungel zu finden: das Unterholz ist hier lichter, und den Weg erkennt man nur an den spärlichen Spuren auf dem Boden, die schnell zuwachsen und zudem von Wildwechseln gekreuzt werden. Im Dschungelkrieg sind schon komplette Bataillone trotz Funk, Karten und Kompaß durch breite „Elefantenstraßen" in die Irre geleitet worden. Die Bodenvegetation des Sekundärwaldes dagegen ist dichter und verfilzter, d.h. Pfade müssen mit dem Buschmesser geschlagen werden, was wesentlich deutlichere Spuren hinterläßt – allerdings auch nur für einige Wochen. Wer kein unkalkulierbares Risiko eingehen will, sollte die Mehrkosten für einen Führer, ob beim Tagesausflug oder Mehrere-Tage-Trek, nicht scheuen.

Bevölkerung

193 Mill. Menschen lebten 1995 in Indonesien – und Jahr für Jahr werden es 3 Mill. mehr. Die **Wachstumsrate** des nach China und Indien bevölkerungsreichsten Landes Asiens liegt bei 1,8%. Nach Schätzungen der UNICEF leidet ein Drittel der indonesischen Kinder an Unterernährung, jedes 7. Kind stirbt im Säuglingsalter. Dennoch sind zur Zeit 37% aller Indonesier jünger als 15 Jahre, denn die mittlere Lebenserwartung liegt bei 61 Jahren (1960: 41 J.; Westeuropa 72 Jahre).

In den ländlichen Räumen lebt etwa 40% der Bevölkerung unter dem Existenzminimum. Vor allem in den übervölkerten Dörfern Javas und Balis werden von Familienplanungshelfern Ernährungsprogramme für Kinder durchgeführt, und überall propagiert man Maßnahmen zur freiwilligen Geburtenkontrolle.

Das Programm zur **Familienplanung** wird schon seit 1969 durchgeführt, und die sinkende Wachstumsrate (1970 - 80 noch 2,4%) ist Beweis für einen ersten Erfolg. Bis dahin war es aber ein langer Weg, denn was nutzen bunte Plakate, die die Kleinfamilie idealisieren, wenn die traditionellen Vorstellungen anders sind. Noch immer wünschen sich manche indonesische Eltern viele Kinder, denn sie steigern das soziale Ansehen und sind die einzige Alterssicherung. Erst als Vater oder Mutter wird man ein vollwertiges Mitglied der Dorfgemeinschaft. Kaum jemand kann in Krankheitsfällen oder im Alter auf finanzielle Rücklagen oder eine Versicherung zurückgreifen, und die Kinder tragen schon in jungen Jahren zur Sicherung des Familieneinkommens bei.

Das Kind bildet für die Indonesier einen zentralen Punkt ihres Lebens, und man kann selbst erfahren, wie kinderfreundlich sie sind, wenn man einmal mit einem Kind zusammen durch das Land reist. „Wieviele Kinder habt ihr?" – wird man häufig im Gespräch mit Indonesiern gefragt, und es wird befremdetes Erstaunen erregen, wenn man älter als zwanzig ist und überhaupt keine Kinder hat. Einige Gesprächspartner werden sich trotz aller Aufklärungskampagnen mindestens vier Kinder wünschen, und Familien mit 10 Kindern sind auch heute noch, besonders auf dem Land, keine Seltenheit. Andererseits hat sich bei der rapide vergrößernden städtischen Mittelschicht das Konzept der Kleinfamilie erstaunlich durchgesetzt.

Weit über die Hälfte der Menschen (ca. 60%) konzentriert sich auf der zentralen Insel Java, dem Zentrum wirtschaftlicher und politischer Macht des Landes. Hier sind die Böden fruchtbar, und schon früh hat sich der Aufbau eines Gesundheitssystems in einer sinkenden Sterberate niedergeschlagen. Die Metropole Jakarta mit mittlerweile 9 Millionen Einwohnern wirkt wie ein Magnet auf die junge, arbeitslose Landbevölkerung.

Die **Bevölkerungsdichte** Sumatras liegt bei 85 Einwohner pro km^2 und damit weit unter der des überbevölkerten Javas (Zentral-Java 880 Einwohner pro km^2). Überdurchschnittlich dicht besiedelte Provinzen sind Nord-Sumatra (155) und Lampung (198). Die Bewohner dieser Gegenden sind keineswegs in der Industrie oder Verwaltung tätig, sondern leben überwiegend von der Landwirtschaft. Dem stehen andererseits kaum besiedelte Regionen gegenüber. In den Provinzen Jambi und Riau leben weniger als 50 Menschen auf einem km^2, die Dschungel- und Sumpfgebiete sind bis heute kaum besiedelt.

Seit 1950 versucht man im Rahmen der **Transmigrasi-Programme**, Menschen aus übervölkerten Regionen in unbewohnte Wildnis umzusiedeln. Junge Familien, vor allem aus Java und Bali, bekommen zur landwirtschaftlichen Nutzung 2 ha große Parzellen zur Verfügung gestellt – meist gerodete Dschungelgebiete oder trockengelegte Sümpfe, die nur notdürftig erschlossen sind. Nach anfänglicher finanzieller Unterstützung von Seiten des Staates und der Welternährungsorganisation FAO sind die Siedler nach 3 Jahren auf sich selbst gestellt. Die fremde Landschaft, die soziale Umgebung, eine unzureichende Infrastruktur und fehlende landwirtschaftliche Kenntnisse führen häufig bereits in der Anfangsphase der Projekte zu Problemen. Hinzu kommt die schon bald nachlassende Fruchtbarkeit der Neulandflächen und die unter den Kindern der Siedler einsetzende erneute Parzellierung. Das gesamte Programm wird auch in absehbarer Zukunft der Überbevölkerung der zentralen Inseln nicht entgegenwirken können, denn man schätzt, daß im gleichen Zeitraum, in dem zwei Menschen aus Java ausgesiedelt werden, drei von anderen Inseln hier ankommen.

Schon bei der Ankunft in **Jakarta** fällt auf, daß die Stadt ein Schmelztiegel verschiedenster Rassen und Religionen ist – malaiische und melanesische Völker findet man hier ebenso wie die Nachkommen der eingewanderten Chinesen, Inder und Araber. Von Jakarta aus versucht man unter dem Wappenspruch „Einheit durch Vielfalt", ein unter holländischer Kolonialregierung geschaffenes Land zu vereinigen, dessen Staatsbürger 250 verschiedene Sprachen sprechen und dem über 300 verschiedene Völker auf unterschiedlichsten Kulturstufen angehören. Sie alle sind Indonesier – die westlich orientierten Studenten ebenso wie die auf steinzeitlicher Stufe lebenden Altvölker. Funde aus prähistorischer Zeit beweisen die frühe Besiedlung der Inselwelt. 710 000 Jahre alt ist der sogenannte Java-Mensch, und bei Mojokerto in Ost-Java wurden 1,9 Millionen Jahre alte, menschenähnliche Skelette entdeckt.

Noch heute leben einige **Altvölker** weitgehend isoliert von der übrigen Bevölkerung auf der Kulturstufe der Jäger und Sammler. Proto- und Deuteromalaien wanderten später in verschiedenen Wellen aus dem südchinesischen Raum auf die Inseln. Die ersten Malaien (**Protomalaien**) sind bis heute Ackerbauern geblieben, die das Landesinnere der Inseln kultiviert haben. Sie pflanzen Reis und andere Kulturpflanzen an, jagen, flechten, weben, töpfern und schnitzen. Sie haben weitgehend eine eigenständige Kultur bewahrt, die sich im täglichen Leben, z.B. beim Häuserbau oder bei der Produktion von Kunsthandwerk, niederschlägt. Unter vielen dieser Völker ist die Kunst der Ikat-Weberei verbreitet. Familienfeste und andere Feiern werden noch immer nach den alten Vorschriften der Stammesreligionen begangen. Während der Islam bei den Protomalaien kaum Wurzeln gefaßt hat, sind einige Stämme zum Christentum übergetreten.

Zwischen diesen altindonesischen Völkern, so den auf Sumatra lebenden **Batak** (ca. 1 Million), den **Dayak** (ca. 2 Millionen) auf Kalimantan, den **Toraja** (ca. 700 000) auf Sulawesi und weiteren kleineren Gruppen bestehen starke Unterschiede in der Kultur, der Sprache und dem äußeren Erscheinungsbild. Jede Gruppe läßt sich zudem in verschiedene Stämme unterteilen.

Die **Deutero-Malaien** entwickelten unter den Einflüssen des Buddhismus und des Hinduismus eine eindrucksvolle Hochkultur, wovon noch heute die Tempelarchitektur Javas zeugt. Seit dem 12. Jahrhundert wurden diese Kulturen vom Islam überlagert, der sich von Aceh über die Inseln ausbreitete. Nur auf Bali und Teilen der Insel Lombok hat sich bis heute der Hinduismus erhalten. Die Bevölkerung Javas, Sundanesen, Javaner und Maduresen, hingegen ist moslemisch, wie 87% der Gesamtbevölkerung. Strenggläubig jedoch ist nur eine Minderheit, die entlang der Küsten einiger Außeninseln lebt – Süd-Sulawesi, Sumbawa, Aceh und Süd-Kalimantan. Ansonsten sind mit dem Islam viele Elemente früherer Religionen (Buddhismus, Hinduismus, Animismus) wie auch eine deutliche mystische Komponente verbunden. Schon vor der Kolonialzeit hatten die Deutero-Malaien die Flußtäler und Küstenregionen besiedelt und betrieben intensiven Reisanbau. Gleichzeitig gelten sie als die seefahrenden und handeltreibenden Völker. Unter der zentralen Gewalt ihrer Herrscher, der Könige und Sultane, ent-

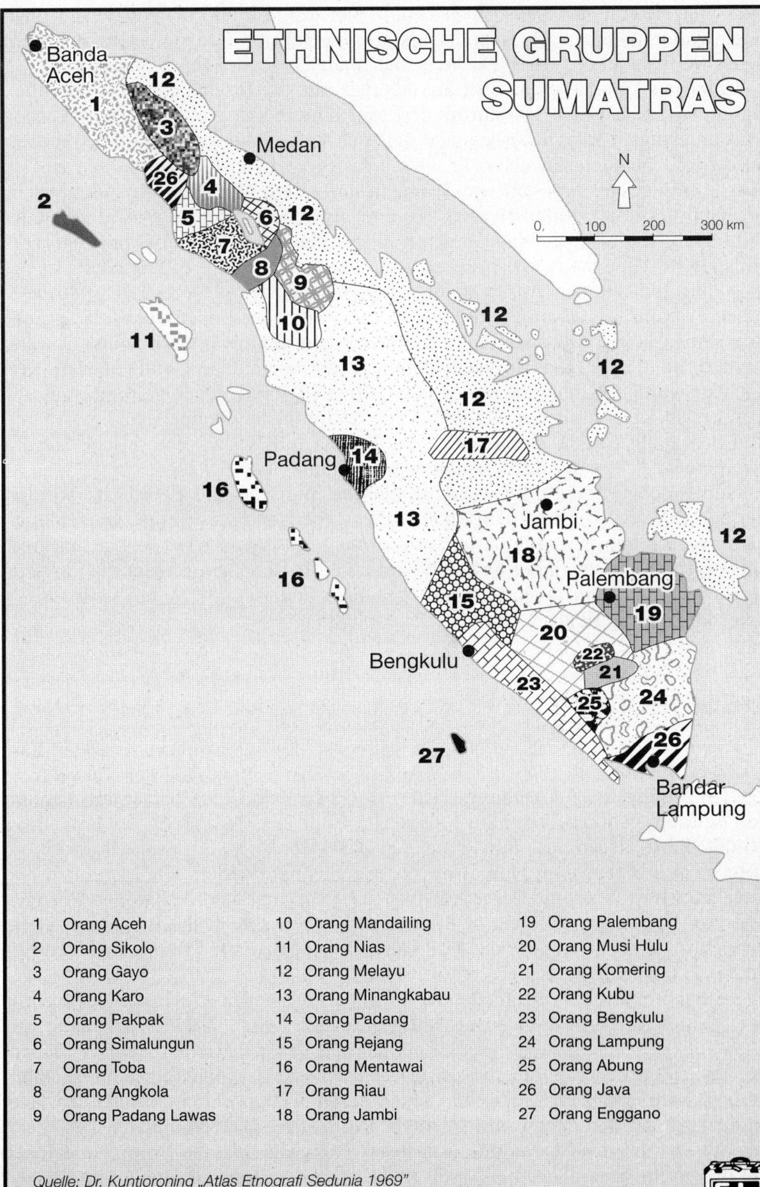
ETHNISCHE GRUPPEN SUMATRAS
Banda Aceh
Medan
Padang
Jambi
Palembang
Bengkulu
Bandar Lampung
N
0 100 200 300 km
1 Orang Aceh
2 Orang Sikolo
3 Orang Gayo
4 Orang Karo
5 Orang Pakpak
6 Orang Simalungun
7 Orang Toba
8 Orang Angkola
9 Orang Padang Lawas
10 Orang Mandailing
11 Orang Nias
12 Orang Melayu
13 Orang Minangkabau
14 Orang Padang
15 Orang Rejang
16 Orang Mentawai
17 Orang Riau
18 Orang Jambi
19 Orang Palembang
20 Orang Musi Hulu
21 Orang Komering
22 Orang Kubu
23 Orang Bengkulu
24 Orang Lampung
25 Orang Abung
26 Orang Java
27 Orang Enggano
Quelle: Dr. Kuntjoroning „Atlas Etnografi Sedunia 1969"
S.L.

wickelten sie eine hohe Ausdrucksform in Kunst und Literatur. Von den europäischen Kolonialmächten wurden sie als erste beeinflußt, und sie bestimmen noch heute weitgehend das wirtschaftliche und politische Leben des Staates.

Chinesen kamen schon früh als Händler auf die Inseln, doch die Mehrheit wanderte erst seit dem 19. Jahrhundert als Lohnarbeiter ein. Ihnen wurde schon früh untersagt, Land zu besitzen, so daß sich viele später in den Städten niederließen und Handel betrieben. Problembelastet ist heute das Verhältnis zu den etwa 4 Millionen Chinesen, von denen sich etwa 1,6 Millionen die indonesische Staatsbürgerschaft erkauft haben, die anderen sind staatenlos (1 Million) oder Bürger Chinas. Ähnlich wie in anderen südostasiatischen Ländern kontrolliert die chinesische Minderheit überproportional den Handel und die Wirtschaft. In vielen, zum Teil blutigen Auseinandersetzungen, zuletzt im Dezember 1980, zwischen *Pribumi* (einheimische Indonesier) und Chinesen finden die Widersprüche ihren Ausdruck. Ein großer Teil bekennt sich zum Buddhismus, doch nicht wenige sind auf dem Papier Christen, damit sie als ungläubige Chinesen nicht verdächtigt werden, Kommunisten zu sein. Offizielle Politik der Regierung ist es, die Minderheit zu assimilieren. Selbst bei den traditionellen Tempelfesten in Cirebon und Semarang spricht die Jugend heute Bahasa Indonesia – chinesische Schriftzeichen sind schon der mittleren Generation kaum noch bekannt.

Neben den Chinesen leben auch arabische, indische und eurasische **Minderheiten** im Vielvölkerstaat. Für einen Außenstehenden ist es immer wieder faszinierend zu sehen, wie Indonesien *dari Sabang ke Merauke* (5120 km Luftlinie) eine eigene Identität findet und sich heute die Menschen, vor allem die jüngeren Städter, immer mehr als Indonesier betrachten und erst an zweiter Stelle als Batak, Sundanesen, Bugis, Chinesen oder Molukker.

Geschichte

Frühgeschichte

Zu den wichtigsten Ausgrabungsstätten, in denen Relikte des Urmenschen gefunden wurden, gehören Sangiran, Mojokerto, Trinil und Ngandong auf Java. Etwa 40 000 Jahre alt sind die Funde aus den Niah-Höhlen in Sarawak (Borneo), sie können also bereits dem Homo sapiens zugerechnet werden. Die Menschen dieser Zeit waren Jäger und Sammler, aber der Übergang zum Anbau von Pflanzen und zur Tierhaltung erfolgte in Südostasien schon sehr frühzeitig. Bei Ausgrabungen in Thailand konnte die Kultivierung verschiedener Pflanzenarten bereits 9000 - 7000 v.Chr. nachgewiesen werden.

Seither erreichten verschiedene Einwanderungswellen die Inseln – **Negritos** vor 30 000 Jahren, deren kraushaarige, dunkelhäutige Nachfahren heute nur noch auf den Andamanen, den Philippinen und der malaiischen Halbinsel leben. Verdrängt wurden sie vor etwa 10 000 Jahren von den nachfolgenden Einwanderern, wahrscheinlich weddoide Völker, deren Spuren man in Wajak, Ost-Java, entdeckte. Mit den später eintreffenden **Proto**- und **Deuteromalaien** kam auch das Wissen um die Gewinnung und Bearbeitung der Metalle Bronze und Eisen auf die Inseln. Schon 2500 bis 3000 v.Chr. wurde Naßreis angebaut, und die Felder wurden mit Wasserbüffeln umgepflügt.

Typisch für alle Einwanderer war die Gründung von kleinen Siedlungen an den Flußläufen und -mündungen der Inseln. Schon vorhandene Bevölkerungsgruppen wurden absorbiert, und eine Tendenz zur sozialen Differenzierung kann aus zahlreichen archäologischen Funden (reiche Grabbeigaben, Prunk- und Zeremonialbeile, Megalithen) für den Beginn unserer Zeitrechnung angenommen werden. See- und Küstenfahrt war allen malaiischen Völkern bekannt, trotzdem beschränkte sich die Herrschaft einzelner Fürsten und Sippenoberhäupter nur auf einen überschaubaren Bereich, der ihnen genügend Nahrung versprach. So steht am Beginn der aufgezeichneten Geschichte eine Vielzahl kleiner und kleinster Bevölkerungsgruppen, die nur mit ihren unmittelbaren Nachbarn Handels- und soziale Kontakte hatten. Die mehr als 200 unterschiedlichen Sprachen innerhalb der malayo-polynesischen Sprachfamilie sind noch heute ein Kennzeichen dieser Zersplitterung.

Indisierung

In den ersten Jahrhunderten unserer Zeitrechnung beginnt die sogenannte Indisierung Indonesiens. Der Geograph Ptolemäus berichtet schon im 2. Jahrhundert über Iabadiou (wahrscheinlich Java) und über Malaiou (wahrscheinlich Malayu in Südost-Sumatra). Seine Informationsquellen waren indische Händler, die bis an die Küsten Sumatras und Javas gelangt waren. Aber erst zwischen dem 4. und 6. Jahrhundert verzeichnet der südostasiatische Handel einen enormen Aufschwung. Produkte Süd- und Südostasiens waren auf den chinesischen Märkten gefragt, und es entwickelte sich ein regulärer Schiffsverkehr zwischen Indien, den Siedlungen an den Flußmündungen Sumatras und China. Aus chinesischen Aufzeichnungen geht hervor, daß aus verschiedenen, nicht immer zu lokalisierenden Gebieten Indonesiens Missionen zum Kaiserhof entsandt wurden.

Durch den Handel mit Indien gelangten auch kulturelle Einflüsse in das Land und prägten Sprache, Schrift und Literatur. Brahmanen brachten die heiligen Schriften des **Hinduismus** nach Indonesien, und die sich formierende aristokratische Klasse übernahm zahlreiche Elemente der neuen Religion. Die indische Konzeption des Königtums mit verschiedenen Varianten der göttlichen Identität des Herrschers war von nun an bestimmend.

Die bisherigen religiösen Vorstellungen der Bevölkerung erleichterten das Eindringen des Hinduismus. Die Indonesier hatten bereits terrassierte Tempel erbaut, die heilige Berge darstellten und Begräbnisritualen dienten. In dieses Weltbild paßte der auf einem heiligen Berg lebende Shiva. Die Megalithkultur fand ihre Parallelen im Linga-Kult des Gottes Shiva. Das komplexe Gesamtsystem des Hinduismus wurde jedoch nicht übernommen. Die Lehre von den Kasten (Varna), der Begründung eines Reiches und einer Dynastie und die heiligen Schriften waren zwar bekannt, fanden aber keinen Eingang in die indonesische Gesellschaft.

Sri Vijaya

In den folgenden Jahrhunderten entstanden buddhistische und hinduistische Königreiche, hauptsächlich auf Java und Sumatra. Die Einflußsphären dieser Großreiche umfaßten den ganzen südostasiatischen Raum. Im Brennpunkt der wichtigen Handelsroute zwischen China und Indien gelegen, erlangte Sri Vijaya seit dem 7. Jahrhundert eine Vormachtstellung.

Über viele Jahrhunderte war Sri Vijaya nicht nur ein erstrangiges politisches Machtzentrum, sondern wurde auch für Chinesen, Inder, Araber und die südostasiatische Region zum Inbegriff des Reichtums und der kulturellen Blüte. Der Handel mit Landesprodukten, vor allem der Zwischenhandel, war die Basis. Alle Schiffe mußten die Häfen Sri Vijayas anlaufen und Zölle entrichten. Eine starke Flotte bedrohte diejenigen, die sich diesem Zwang zu entziehen versuchten, aber auch abtrünnige Vasallen. Sri Vijaya war kein zentralisiertes Reich, sondern ein Stadtstaat, der andere Fürstentümer militärisch unterwarf und tributpflichtig machte. Man nimmt an, daß die Hauptstadt in der Nähe des heutigen Palembang in Sumatra gelegen haben muß. Der chinesische Gelehrte I-Ching besuchte 671 nach einer nur 20tägigen Schiffsreise von Kanton Sri Vijaya. Er erwähnt Tausende von buddhistischen Priestern und spricht von einem Zentrum der buddhistischen Lehre. Daß es im Gegensatz zu mittel- und ostjavanischen Staaten keine Überreste von Tempelanlagen in Südost-Sumatra aus der Sri Vijaya-Periode gibt, liegt nicht zuletzt in der Natur des Schwemmlandes begründet, in dem selbst steinerne Sakralbauten den Fluten der großen Flüsse während des Monsun nicht über Jahrhunderte standhalten oder im Schwemmsand verschwinden. Der Niedergang des Sri Vijaya-Reiches kam im 11. Jahrhundert, als chinesische Händler begannen, direkt in die Produktionszentren zu segeln. Damit verlor der Zwischenhandel, die Lebensgrundlage Sri Vijayas, an Bedeutung. Konnten die frühen Stadtstaaten und Reiche Sumatras ihre wirtschaftliche und politische Macht nur auf dem erfolgreichen Zwischenhandel aufbauen, so war die Situation auf Java anders. Grundlage der frühen Staaten waren die vulkanischen Böden und eine äußerst ertragreiche Landwirtschaft. Das wichtigste Herrschergeschlecht Javas war die **Sailendra-Dynastie**; selbst Sri Vijaya wurde Mitte des 9. Jahrhunderts von einem Sailendra regiert. Der Borobudur und die Tempel von Prambanan wurden von Herrschern dieser Dynastie in Auftrag gegeben. Buddhismus und Shivaismus existierten in Java nebeneinander. Auf einer buddhistischen Inschrift aus dieser Zeit wird ein Sailendra als *Bodhisattva,* „ein zu Buddha gewordener", bezeichnet, eine hinduistische Inschrift beschreibt einen Herrscher als Teil Shivas. Diese göttlichen Qualitäten machten die Könige nicht zu Gott-Königen, sondern zu Gott selbst.

Majapahit

Seit dem 10. Jahrhundert war Ost-Java das politische und kulturelle Zentrum. Das **Kertanegara-Reich** (1268 - 92) gilt als Vorläufer von Majapahit. Der gleichnamige Herrscher wird zum Shiva-Buddha. Durch das altjavanische Manuskript *Negara Kertagama,* das im Jahre 1365 entstanden ist, wird der Aufstieg Majapahits belegt. Wichtigster Staatsmann dieser Periode war **Gajah Mada** (1329 - 50), der während der Regentschaft einer Tochter Kertanegaras oberster Minister wurde. Er war ein Politiker von durchaus eigenständigem Gewicht und nicht nur Vollstrecker des königlichen Willens. Gajah Mada betrieb eine aktive Außenpolitik und dehnte Macht und Einfluß Majapahits systematisch aus.

Zentrum des Reiches war die Hauptstadt mit dem Kraton des Königs und den Palästen anderer Würdenträger. Die Provinzen wurden von Gouverneuren oder Fürsten verwaltet, die vom König ernannt wurden. Von diesen direkt beherrschten Gebieten muß man die tributpflichtigen, vasallenartigen Fürstentümer des

Fotos - Die Vielfalt traditioneller Häuser; oben: Giebel eines Minagkabau-Hauses; unten links: Toba-Batak-Haus; Mitte rechts: Karo-Batak-Haus; unten rechts: Lampung-Haus

Archipels unterscheiden. Mit den Staaten des südostasiatischen Festlands unterhielt Majapahit Handelsbeziehungen, ebenso mit China und Indien.

Kertanegaras Urenkel **Hayam Wuruk** wurde 1350 zum König, und seine Herrschaft wird heute als die glorreichste Periode javanischer Geschichte betrachtet. Es scheint, so kann man im Negarakertagama nachlesen, daß Hayam Wuruk sein Reich selbst inspizierte („der Prinz war nicht für lang in seiner Residenz"). Er besuchte unruhige Grenzgebiete, sprach mit den Ältesten vieler Dörfer, klärte Landstreitigkeiten, trieb Tribut ein, betete an Buddha-Schreinen, Shiva-Statuen und altjavanischen Heiligtümern und besuchte heilige Männer, um zur Erleuchtung zu gelangen. Viele seiner Untertanen hatten dadurch die Gelegenheit, den göttlichen Herrscher selbst zu Gesicht zu bekommen. Durch die Verschmelzung indischer Einflüsse mit javanischer Tradition bildeten sich die ersten Elemente einer eigenständigen indonesischen Kultur.

Islamisierung

Entlang der Handelswege zwischen China, Indien und Arabien breitete sich seit dem 13./14. Jahrhundert der Islam aus. Anhänger der neuen Religion waren zuerst Händler und Kaufleute, deren ausländische Partner häufig Moslems waren. Die Islamisierung ging dann über den Kreis der Händler hinaus und erfaßte alle Klassen und sozialen Schichten.

Am Ende des 13. Jahrhunderts gab es bereits zwei islamische Sultanate in Nord-Sumatra (Samudra-Pasai und Perlak). In einem königlichen Grab in **Samudra** entdeckte man Inschriften aus dem Jahre 1297, die in Arabisch geschrieben waren. Im 15. Jahrhundert hatte sich der Islam bereits über die Nordküste Javas bis nach Ternate und Tidore auf den Nord-Molukken ausgebreitet. Tom Pires, portugiesischer Reisender, beschreibt in *Suma Oriental* (1511) die islamischen Königreiche Cirebon, Demak, Jepara und Gresik auf Java. Das eigentliche Machtzentrum des malaiischen Raums war **Malacca** auf der malaiischen Halbinsel, dessen Herrscher ihre Dynastie auf Sri Vijaya zurückführten. Aus handelspolitischen Gründen waren sie schon früh zum Islam übergetreten.

Die alten aristokratischen Herrscherhäuser im Inneren Javas standen im Gegensatz zu den islamischen Fürsten der Küstenstädte. Der Einfluß Majapahits war mit dem Anwachsen dieser Städte zurückgegangen. In den Küstenstädten weiteten die Fürsten von **Demak** in der ersten Hälfte des 16. Jahrhunderts ihren Einfluß aus. Der Islam hatte sich konsolidiert, gleichzeitig hatten die Fürsten viele der alten hinduistisch-buddhistischen Traditionen angenommen. Tom Pires schreibt von den „ritterlichen Verhaltensweisen der antiken Aristokratie", die von den Herrschern Demaks übernommen wurden.

Ende des 16. Jahrhunderts wurde das **Mataram-Reich** zum wichtigsten Machtfaktor auf Java. Unter Panembahan Senapati, der in der Nähe des heutigen Yogyakarta seine Residenz hatte, wurden die islamischen Küstenstädte unterworfen. Seitdem war die Praktizierung des Islam von den königlichen Bedingungen des alten Java abhängig. Der Islam wurde als eine unter anderen Religionen toleriert. Am Hof von Mataram konnten mohammedanische Berater zu höchsten Ehren gelangen und wurden pflichtbewußte Diener des hindu-javanischen Herrschers. Auf den Dörfern blieb der Islam, besonders in Zeiten sozialer Unruhen, einfluß-

Fotos - rechts: menschenleerer Strand; links von oben nach unten: Orang Utan, Riesenameise, Elefanten in Way Kambas, Spinne

reich, da er den bäuerlichen Massen ein Paradies versprach. Der Islam und die javanische Form des Shivaismus-Buddhismus verschmolzen zwar nicht miteinander, nahmen aber beide Einflüsse der jeweils anderen Religion auf.

Ankunft der Portugiesen

Portugiesen beeinflußten ab 1515 für beinahe 100 Jahre die Geschichte der Inseln und nahmen aufgrund überlegener Waffentechnik und nautischer Fähigkeiten bald den gesamten Handel unter ihre Kontrolle. 1511 wurde Malacca erobert.

Unter dem Zeichen des Kreuzes wurden Feldzüge gegen schwache Fürsten unternommen – Mord, Plünderungen und Sklavenhandel standen auf der Tagesordnung. Die Einheimischen wurden nicht als vollwertige Menschen angesehen, sondern waren eben nur – Heiden. Konkurrenten im lukrativen Gewürzhandel kamen schon bald aus Europa, zuerst Spanier, dann auch Engländer und Holländer. Deren Methoden unterschieden sich aber kaum von denen der Portugiesen.

Ankunft der Holländer und Herrschaft der VOC

Gegen Ende des 16. Jahrhunderts erschienen die Holländer als Konkurrenten im Archipel, und Portugals Handelsmonopol brach zusammen. 1595 landeten holländische Schiffe in Banten (West-Java) und kehrten bald darauf überreichlich mit Gewürzen beladen in die Niederlande zurück. Es sollten 350 Jahre holländischer Herrschaft folgen. Aufgabe der schon 1602 gegründeten **Vereenigde Oostindische Compagnie** (**VOC**) war es, europäische Konkurrenten vom Handel im Archipel auszuschließen sowie den von asiatischen Kaufleuten abgewickelten Handel zu kontrollieren. Sie besaß zwar Handelsstützpunkte auf den Molukken und in Batavia, trotzdem war eine territoriale Erweiterung ihrer Macht nicht Leitlinie der Politik in dieser ersten Periode der VOC. Sie repräsentierte das holländische Handelskapital (6,5 Mill. Gulden Einlage der holländischen Städte, wobei Amsterdam allein 3,6 Mill. aufgebracht hatte) und ordnete alles dem Streben nach Profit unter.

In **Batavia** amtierte der Generalgouverneur als Exekutivorgan der VOC. Neben den von der niederländischen Regierung (Unabhängigkeit von Spanien 1581) verbrieften Handelsrechten besaß die VOC weitergehende Rechte wie eigene Gerichtsbarkeit, eigene Streitkräfte, das Recht, über Krieg und Frieden zu entscheiden, Verträge mit anderen Staaten abzuschließen und Handelsstützpunkte und Festungen zu errichten. Die wichtigste Aufgabe in dieser ersten Entwicklungsphase der VOC war der Gewürzhandel und dessen Kontrolle. **Ambon** und **Bandaneira** waren fest in holländischer Hand. Rigoros schränkte die VOC den Anbau von Muskatnuß und Gewürznelken ein, um den Weltmarktpreis zu erhöhen. Ganze Ernten wurden vernichtet, Bevölkerungsgruppen umgesiedelt oder wie auf Bandaneira ausgerottet, wenn sie sich widersetzten.

1620 wurde die VOC erstmals in politische Auseinandersetzungen verwickelt, als Sultan Agung von Mataram versuchte, seine Macht auch über das Sultanat Banten auszudehnen. Zweimal wurde Batavia belagert, konnte aber nicht eingenommen werden. **Mataram** verkörperte den traditionellen Typ einer hinduistisch-javanischen Monarchie, während das islamische **Banten** eine weltoffene Handelsmacht war. Dänen, Holländer und Engländer besaßen eigene Kontore in der Nähe der Stadt, eine starke chinesische Minderheit durfte sogar innerhalb der Befestigungsanlagen wohnen. Interne Schwierigkeiten und Erbfolgekriege leiteten den endgültigen Niedergang Matarams im folgenden Jahrhundert ein. Indem die VOC Amangkurat, den Nachfolger Sultan Agungs, unterstützte, konnte sie die ersten größeren territorialen Gewinne einstreichen. Mitte des 18. Jahrhunderts war Mataram in zwei zentraljavanische Sultanate zerfallen, Surakarta und Yogyakarta, und politisch zur Bedeutungslosigkeit abgesunken. Banten geriet 1683 endgültig in holländischen Besitz.

Typisch scheinen uns die herrschenden Zustände in Batavia in einer Reisebeschreibung von 1771 dargestellt, die von einem Mitreisenden auf Captain Cooks Weltreise angefertigt wurde:

„Besonders wirft man den hiesigen Richtern eine ungerechte Partheiligkeit vor. Sie sollen gegen die Eingebohrnen mit übertriebener Strenge, gegen ihre holländischen Landsleute hingegen in einem unerlaubten Grade gelinde und nachsichtig verfahren. Einem Christen, der sich eines groben Verbrechens schuldig gemacht hat, benimmt man nie die Gelegenheit, vor dem ersten Verhöre zu entwischen … Die armen Indianer hingegen werden in solchen Fällen ohne Gnade gehangen, lebendig gerädert oder gar gespießt.“

Niedergang der VOC

Verschiedene Gründe führten 1799 zur Auflösung der VOC. Schon 1784 mußte England im Vertrag von Paris das Recht eingeräumt werden, in Indonesien Handel zu treiben. Das Monopol der VOC war damit gebrochen, ihre Verschuldung wuchs. Obwohl 1781 eine Anleihe in Höhe von 14 Mill. Gulden aufgenommen werden mußte, gelang es der VOC durch Manipulationen und eine bewußte Verschleierungstaktik, ihren Nimbus als Quelle sagenhaften Reichtums zu erhalten. So wurde im gleichen Jahr jede VOC-Aktie immer noch mit einem Kurswert von 200% gehandelt.

War also einerseits die veränderte Lage in Europa für den Niedergang der VOC verantwortlich, was von Marx als „… die Geschichte des Untergangs Hollands als herrschender Handelsnation ist die Geschichte der Unterordnung des Handelskapitals unter das industrielle Kapital“ interpretiert wird, so waren andererseits auch Gründe in den asiatischen Kolonien selbst dafür verantwortlich.

Die Administration der riesigen Territorien verschlang Summen, die die finanziellen Möglichkeiten der VOC immer wieder überstiegen. Standen z.B. im ersten Jahrhundert der VOC-Herrschaft in Indonesien etwa 1500 Personen im Sold der Compagnie, so waren es Mitte des 18. Jahrhunderts bereits etwa 18 000 Menschen. Die Organisation der VOC, hauptsächlich auf den Monopolhandel ausgerichtet, blieb aber bis zuletzt die gleiche und war den neuen Anforderungen nicht mehr gewachsen. Keinesfalls kann man den Grund für den Niedergang der VOC allein in der Korruption unter den Angestellten oder in ihrem Schmuggel der monopolisierten Waren sehen. Von Beginn an war das übliche Praxis, hervorgerufen auch durch die niedrigen offiziellen Gehälter.

Britische Kolonialherrschaft

1806 wurde Holland zum Königreich von Napoleons Gnaden, und der nach Batavia entsandte **Herman Willem Daendels** war vor allem mit der Verteidigung Ost-Indiens gegen eine mögliche britische Invasion beschäftigt. Er konzipierte auch das später in die Realität umgesetzte **Zwangsanbausystem**. 1811 landeten britische Soldaten der East India Company unter Lord Minto, Generalgouverneur von Indien, der nach der Kapitulation der Kolonialtruppen Hollands **Stamford Raffles** als Gouverneur einsetzte.

Raffles war in erster Linie ein glühender Nationalist, der die strategische und handelspolitische Rolle Ost-Indiens schon sehr früh erkannt hatte. Für ihn galt es, das holländische Kolonialreich dem britischen einzugliedern. Die fünf Jahre britischer Herrschaft brachten besonders Java weitreichende Veränderungen administrativer, wirtschaftlicher und politischer Natur. Raffles gliederte Java in 16 Residentschaften und entmachtete die Fürsten und Regenten. Er interpretierte ihre Rolle als „feudale Herrscher" und meinte, durch ihre Entmachtung die Bauern zu befreien und sie dadurch zu motivieren, ihre Produktion für den freien Markt zu erhöhen. Er übersah dabei, daß die traditionellen Herrscher Javas keinerlei Rechte am Land ihrer Untertanen besaßen, sie also keine feudalen Landbesitzer waren.

Typisch für diese Politik war die Erstürmung des Kratons von **Yogyakarta** unter Raffles' persönlichem Kommando im Jahr 1812. Der Kronschatz wurde geplündert und unter die Angehörigen der Streitkräfte verteilt. Der Bruder des **Sultan Hamengku Buwono** wurde sogar zum Tode verurteilt, was allerdings nicht vollstreckt wurde. Dem Sultanat Yogyakarta wurde ein neuer Vertrag aufgezwungen, in dem es weitere Gebiete abtreten mußte und keine eigenen Streitkräfte mehr unterhalten durfte. Nur die heute noch bestehende Leibgarde des Sultans war davon ausgenommen. Andererseits vollbrachte Raffles eine wissenschaftliche Pionierleistung mit der Veröffentlichung seines zweibändigen Werks „A History of Java" (1817).

Rückkehr der Holländer

1816 erfolgte die Rückgabe des ehemaligen niederländischen Kolonialbesitzes an die alte Kolonialmacht. Die neuen Generalgouverneure waren als erstes gezwungen, ihre Autorität zu festigen und zahlreiche Unruhen auf den Molukken und Sulawesi, in West-Kalimantan und Palembang niederzuschlagen. Viele Gebiete wurden dadurch der Kolonialverwaltung direkt unterstellt.

Während sich die britische Verwaltung aus den seit 1803 andauernden Auseinandersetzugen in West-Sumatra zwischen orthodoxen islamischen Gruppen und der sogenannten **Adat-Partei**, die aus Minangkabau-Fürsten bestand, heraushielt, intervenierte Holland für die Adat-Partei. Im Prinzip war der Grund für diese Auseinandersetzung in der laxen Auslegung des Islam durch die Minangkabau zu sehen. Die orthodoxen Padri lehnten das matrilineare Erb- und Familienrecht ab und wollten Alkoholgenuß, Glücksspiel, Hahnenkampf und Opiumrauchen als nicht-islamisch verbieten. Nach der holländischen Intervention zeichnete sich die Niederlage der Padri ab. 1837 wurde ihr Führer **Tuanku Imam Bonjol** gefangengenommen und deportiert.

Der Aufstand Diponegoros

Der **Java-Krieg** (1825 - 1830) war der erste eindeutig antikolonialistische Massenaufstand gegen die holländische Verwaltung. Die wirtschaftliche Situation der Bauern und Handwerker, einheimischen Kleinhändler und -unternehmer hatte sich zusehends verschlechtert. Gleichzeitig wurden die traditionellen Rechte der javanischen Aristokratie immer mehr beschnitten. **Prinz Diponegoro** aus dem Herrscherhaus von Yogyakarta erfuhr die politischen Intrigen der Kolonialverwaltung am eigenen Leib. Seine legitimen Rechte auf die Thronfolge wurden übergangen. Eigentliche Auslöser des Aufstands waren zwei Tatsachen: Zum einen wurden durch den Generalgouverneur alle Pachtverträge, die von Landbesitzern mit Europäern abgeschlossen waren, für nichtig erklärt. Das verbitterte die zumeist aristokratischen Landbesitzer, die nun bereits erhaltene Vorschüsse zurückzahlen mußten. Zum anderen baute die Verwaltung eine Straße in der Nähe eines heiligen Grabes, was die religiösen Gefühle der Massen verletzte.

Diponegoro stellte sich an die Spitze des Aufstands. In den ersten Jahren hatte er auch militärische Erfolge. Yogyakarta wurde erobert, die Kampfhandlungen griffen sogar auf die Nordküste über. Die Aufständischen vermieden offene Feldschlachten und führten einen Guerillakrieg. Doch den längeren Atem hatte die Kolonialverwaltung. Sie konnte frische Hilfstruppen von den Außeninseln heranführen und Java mit einem Netz von befestigten Militärposten überziehen, die wiederum durch Straßen verbunden waren. Verrat im eigenen Lager schwächte Diponegoros Position außerdem. Unter diesen Voraussetzungen wollte er mit der Kolonialregierung verhandeln. Doch trotz des zugesicherten freien Geleits wurde er festgenommen und nach Makassar deportiert.

Das Zwangsanbausystem

Schätzungen gehen davon aus, daß fast 200 000 Javaner während des Kriegs umkamen. Batavia verlor 15 000 Mann, darunter mehr als die Hälfte Europäer. Viel Land war verödet, die Bevölkerung verarmt. Die Kosten für die niederländische Regierung waren enorm. Nicht zuletzt war das einer der Gründe, daß das schon von Daendels geplante Zwangsanbausystem (Cultuurstelsel) eingeführt wurde. Jedes Dorf wurde dazu verpflichtet, ein Fünftel seiner Anbaufläche mit landwirtschaftlichen Exportprodukten zu bepflanzen. Diese mußten dem Staat abgeliefert werden. War die Summe dieser Produkte höher als die veranlagte Grundsteuer, konnte das Dorf eine entsprechende Rückvergütung verlangen. Umgekehrt, wenn das Dorf weniger als die veranlagte Grundsteuer produzierte, mußte es zusätzliche Leistungen erbringen. **Exportprodukte** waren zuerst Indigo und Zuckerrohr, bald gefolgt von Kaffee, Tee, Tabak und Pfeffer. Der Wert der Exporte stieg von 13 Mill. Gulden im Jahr 1830 auf 74 Mill. Gulden 10 Jahre später. Zwischen 1840 und 1880 konnten so dem holländischen Staatshaushalt jährlich 18 Millionen Gulden zugeführt werden.

Um das neue Wirtschaftssystem möglichst effektiv zu gestalten, mußte die gesamte Administration umgeformt werden. Der meist einheimische, aus der Aristokratie stammende **Regent** wurde einem Staatsangestellten ähnlich und dadurch in das Kolonialsystem integriert. Ihm zur Seite stand der holländische **Resident**. Der Regent war für die Ablieferung der Ernten aus seinem Bezirk verantwortlich.

Vom Regenten abwärts bis zum **Kepala Desa** (Dorfoberhaupt) waren holländische Kolonialbeamte (Controleurs) damit beschäftigt, die Produktion zu überprüfen. Korruption war in diesen Kreisen alltäglich. Zum einen konnte man überhöhte Forderungen an die einzelnen Dörfer stellen, wobei die Differenz als zusätzlicher Gewinn in die eigene Tasche gesteckt wurde, zum anderen konnten Bauern arbeitsverpflichtet werden, um private Arbeiten durchzuführen. In vielen

Fällen mußte deshalb die Eigenversorgung der Bauern notwendigerweise vernachlässigt werden. Auch für staatliche Arbeiten beim Straßenbau, der Errichtung von militärischen Anlagen usw. konnten die Bauern arbeitsverpflichtet werden.

Die liberale Politik

In den 60er Jahren des vergangenen Jahrhunderts wurde das Zwangsanbausystem in den Niederlanden mehr und mehr kritisiert. Dabei standen nicht so sehr humanitäre Aspekte im Vordergrund, sondern holländisches Kapital sollte in großen **Plantagen** investiert werden, was unter dem alten System nicht möglich war. Diese sogenannte **Liberale Politik** wurde 1870 eingeführt. Europäische Investoren konnten langfristige Pachtverträge mit indonesischen Landbesitzern abschließen oder, im Fall von unbebautem Land, mit der Kolonialregierung. Große Plantagen entstanden auf Java und vor allem in Nord-Sumatra.

Diese neue Politik leitete eine Phase der wirtschaftlichen Expansion ein. Exporte verzehnfachten sich zwischen 1870 und 1930 (von 107 Mill. Gulden auf 1,16 Milliarden). Parallel dazu verlief eine **territoriale Expansion**. Bis 1910 war Indonesien in den heutigen Grenzen im Besitz Batavias.

Die ethische Politik

Am Ende des 19. Jahrhunderts wuchs in Holland eine einflußreiche Bewegung, die sich dafür einsetzte, daß den Indonesiern größere Bildungschancen eingeräumt und ihre Lebensbedingungen insgesamt verbessert werden sollten. Mentor dieser Bewegung war der Anwalt *van Deventer*, der von einer „Ehrenschuld" der Niederlande gegenüber Indonesien sprach. Was er damit meinte, war die moralische Verpflichtung, für die zurückliegenden Leistungen der indonesischen Menschen aufzukommen. Auch hier spielte Selbstinteresse eine wichtige Rolle. Gebildete Indonesier waren für die neuen Posten in Wirtschaft und Verwaltung notwendig.

Insgesamt war diese neue *Ethische Politik* idealistisch, und von den grandiosen Visionen *van Deventers* ist kaum etwas in die Realität umgesetzt worden. Trotzdem wurden gewaltige **soziale Veränderungen** eingeleitet, die allerdings nicht so sehr auf die Politik selbst, sondern auf die wirtschaftlichen, kapitalistischen Zwänge zurückgeführt werden können.

Die javanische Bevölkerung, die im Laufe des 19. Jahrhunderts von 6 Mill. auf 30 Mill. gewachsen war, erreichte 1920 mehr als 40 Millionen. Das **Bevölkerungswachstum** und die zunehmende Verstädterung, das Eindringen der Geldwirtschaft in die Dörfer und der Bedarf der kapitalistisch-westlichen Unternehmen an Arbeitskräften zerstörten traditionelle Strukturen.

Das nationale Erwachen

Am erfolgreichsten war die **ethische Politik** in der Heranbildung einer kleinen, europäisch gebildeten Elite, die die Enttäuschung der breiten Massen auch politisch ausdrücken konnte. Selbst im Islam wuchsen modernistische Ideen, die versuchten, die Anforderungen des 20. Jahrhunderts mit der Religion in Einklang zu bringen. Die ursprüngliche Absicht der Kolonialmacht, sich durch eine Öffnung der Bildungseinrichtungen eine folgsame, einheimische Elite zu schaffen, verkehrte sich ins Gegenteil.

Eine Gruppe **Budi Utomo** (hohes Bestreben) entstand 1908. Es war eine elitäre Gemeinschaft, deren Ziele mehr kulturell als politisch waren. Andere nationalistische Gruppen, Parteien und Gewerkschaften folgten – so auch 1908 eine freie Eisenbahnergewerkschaft auf Java. Numerisch wichtiger war die **Sarekat Dagang Islam,** die erste nationale Massenorganisation, die eine islamischen Zielen verpflichtete Politik betrieb. Geführt wurde sie vom charismatischen Omar Said Cokroaminoto. 1920 folgte die erste kommunistische Partei Asiens, die **Perserikatan Komunis Di Hindia** (später **Partai Komunis Indonesia**, **PKI**).

Am Ende des 1. Weltkriegs war die Kolonialregierung gezwungen, breiteren Bevölkerungsteilen mehr Mitsprache einzuräumen. Dazu kreierte sie den **Volksraad**, der aus zum Teil gewählten, zum Teil ernannten Mitgliedern der drei Bevölkerungsgruppen (Holländer, Indonesier, andere Asiaten) bestand. Insgesamt hatte der *Volksraad* keinerlei legislative oder exekutive Rechte, sondern stellte nur ein Forum für Kritik und Debatte dar. Verschiedene nationalistische Führer akzeptierten Sitze, andere sprachen sich für einen Kampf ohne Kompromisse aus. 1921 waren die Spannungen im Sarekat Dagang Islam so groß, daß der gesamte linke Flügel, größtenteils Anhänger der PKI, ausgeschlossen wurde. 1926/1927 unternahm die Partei einen Aufstandsversuch auf Java und West-Sumatra, der aber von der Kolonialregierung schnell niedergeschlagen wurde, wovon sich die PKI bis zum Ende des 2. Weltkriegs nicht wieder erholte.

Nach dem Niedergang der PKI und des Sarekat Dagang Islam, beides ideologisch geprägte Bewegungen, begann in nationalistischen Kreisen eine erneute Diskussion über den Weg zur Unabhängigkeit. Die allgemeine Losung war **„Indonesia Merdeka!“**

Es galt nicht so sehr, sich den kommenden indonesischen Staat in einer bestimmten sozialen oder politischen Ordnung auszumalen, sondern zuerst das Ziel der **Unabhängigkeit** zu erreichen. Für dieses Ziel konnten auch Anhänger der PKI oder der islamischen Strömungen gewonnen werden. Im Juli 1927 fanden diese Vorstellungen Ausdruck in einer neuen Partei, der **Partai Nasional Indonesia**. Der wichtigste Programmpunkt der PNI war die Verweigerung der Zusammenarbeit mit der Kolonialregierung.

Ihr Vorsitzender war der Ingenieur **Sukarno**, der die Gedanken und Zielvorstellungen der gemäßigten islamischen Führer, der Kommunisten und der radikalen Nationalisten sehr gut kannte, sich aber keiner Richtung endgültig anschloß. Sein Traum war die Vereinigung dieser drei Hauptströmungen der Unabhängigkeitsbewegung, ein Ziel, dem er sich bis zu seinem Tod verschrieb. Nur wenige Monate nach Gründung der PNI gelang es ihm, wichtige politische Gruppen in einer Vereinigung zusammenzuschließen (PPPKI = Permufakatan Perhimpunan-Perhimpunan Politik Kebangsaan Indonesia).

1930 wurde Sukarno mit vier weiteren Führern der PNI angeklagt und zu vier Jahren Gefängnis verurteilt, 1931 entlassen, 1933 bis zum Beginn der japanischen Besatzung zuerst nach Flores, dann nach Bengkulu verbannt.

Die PNI löste sich 1931 auf, ein Teil der Mitglieder gründete die **Partai Indonesia** (Partindo). Andere Gruppen schlossen sich zur neuen PNI zusammen, wobei die Abkürzung diesmal für **Pendidikan Nasional Indonesia** (Nationale Erziehung Indonesiens) stand. Die Führer waren **Mohammad Hatta** und **Sutan Sjahrir**.

Japanische Besatzung

Der **2. Weltkrieg** in Europa und im Pazifik veränderte die Situation grundlegend. Als 1942 die japanischen Streitkräfte in Indonesien einmarschierten, wurden sie von vielen Indonesiern als asiatische Befreier von europäischer Kolonialherrschaft begrüßt. Die Nationalisten unter Sukarno und Hatta arbeiteten eng mit ihnen zusammen. Die Grundeinstellung zu Japan änderte sich allerdings rasch, als man feststellte, daß man nur die alten Unterdrücker gegen neue eingetauscht hatte. Sukarno versuchte während der Besatzung, die Interessen Indonesiens zu vertreten, und man sollte sich hüten, ihn einseitig als Kollaborateur darzustellen, wie es später von holländischer Seite geschah.

Es gelang Sukarno, die Besatzungsmacht davon zu überzeugen, daß nur eine indonesischen Zielen verpflichtete Organisation auch die Massen aktivieren könne. 1943 wurde unter seiner Führung **Putera** (Pusat Tenaga Rakyat = Zentrum der Volkskraft) gegründet, kurz darauf die *Peta*, in der Indonesier von japanischen Offizieren militärisch ausgebildet wurden und die in den späteren Auseinandersetzungen den Kern der jungen republikanischen Armee bildete. Im September 1944 gab der japanische Premier eine Absichtserklärung über die indonesische Unabhängigkeit ab, im März 1945 wurde eine **Verfassung** entworfen. Sukarno und Hatta wurden im August 1945 von Marschall Terauchi nach Saigon beordert, und ihnen wurde die Unabhängigkeit zugesichert. Am 17. August 1945, zwei Tage nach der japanischen Kapitulation, erklärte Sukarno die **Unabhängigkeit** Indonesiens.

Unabhängigkeitskrieg

Nach der Kapitulation Japans waren britische Truppen damit beauftragt, die japanischen Streitkräfte zu entwaffnen. Die neue republikanische Regierung Indonesiens unter Hatta und Sukarno wollte mit den Alliierten Streitkräften zusammenarbeiten, trotzdem gab es im Herrschaftsbereich der Republik (praktisch nur Java und Teile Sumatras) Zusammenstöße, da holländische Soldaten und Mitglieder der alten Kolonialverwaltung ihnen auf dem Fuße folgten. Schon 1946 war Holland gezwungen, mit Sutan Sjahrir, dem Premierminister der Republik, zu verhandeln. Doch das **Abkommen von Linggarjati**, in dem Holland der jungen Republik die Unabhängigkeit zugestand, wurde nicht lange eingehalten. 1947 besetzten holländische Truppen unter dem Vorwand, durch eine Polizeiaktion Gesetzlichkeit und Ordnung wieder herstellen zu wollen, große Gebiete der Republik. Unter Vermittlung der Vereinten Nationen wurde das **Renville-Abkommen** (genannt nach dem amerikanischen Kriegsschiff, auf dem die Verhandlungen stattfanden) im Januar 1948 geschlossen.

Innerhalb des republikanischen Lagers fanden danach schwere Auseinandersetzungen statt. Bürgerliche Kräfte aus der PNI wollten die linke Regierung unter Premier **Amir Sjarifuddin** stürzen. Hatta übernahm die Regierungsgewalt, und bald brach der von der PKI initiierte Umsturzversuch von Madiun aus. In den Kämpfen zwischen überlegenen republikanischen Regierungstruppen und Rebellen wurden die Führer der PKI erschossen. Holland nutzte die Auseinandersetzungen innerhalb der Republik zu einer weiteren militärischen Aktion. Die Streitkräfte Indonesiens begannen einen aufopferungsvollen Guerillakrieg gegen die Invasoren. Im Frühjahr 1949 waren außer den Außeninseln und den großen Städten auf Java und Sumatra alle anderen Gebiete in republikanischer Hand. Im

August 1949 war Holland gezwungen, ein Abkommen zu unterzeichnen, das Indonesien die endgültige Unabhängigkeit gewährte.

Unabhängigkeit

Die Verfassung von 1950 machte Indonesien zu einem Einheitsstaat, der dem Präsidenten (Sukarno) nur eine repräsentative Rolle zuwies. Innerhalb der folgenden 7 Jahre lösten sich 7 verschiedene Regierungen ab, die jeweils von den verschiedenen Parteien gebildet wurden oder Koalitionsregierungen waren. In der Nation wuchs die Desillusionierung mit den Ergebnissen der Revolution.

Staatspräsident Sukarno erklärte 1957 seine **Gelenkte Demokratie**, die den Parteienzwist der 50er Jahre beenden sollte. Er kritisierte das westliche Demokratiekonzept als ungeeignet für Indonesien. Dagegen stellte er das traditionelle System von *Musjawarah* und *Mufakat* (etwa Diskussion und Konsens). Zur gleichen Zeit brachen **Sezessionsbestrebungen** in Sumatra und auf anderen Außeninseln aus. In Padang wurde die Revolutionäre Regierung der Republik Indonesien ausgerufen, der sich mehrere andere Provinzen anschlossen.

Die Zentralregierung reagierte schnell, und Ende 1958 waren die Aufstände niedergeschlagen. Sukarno, die Armee und die nicht kompromittierte PKI waren jetzt die Machtfaktoren in der Republik. 1959 wurde die alte Präsidial-Verfassung von 1945 durch ein Dekret des Präsidenten wieder in Kraft gesetzt. Das Konzept **Nasakom** (Nationalismus, Religion, Kommunismus) wurde eingeführt. Sukarnos Macht in der Periode bis 1965 lag in der Balance zwischen Armee und PKI.

Die Außenpolitik war neutralistisch-antiimperialistisch, was sich z.B. in der Bekämpfung (Konfrontasi) der unter britischem Vorzeichen geschaffenen Föderation von Malaysia zeigte. Sukarno lehnte die Staatsgründung als Produkt des Neokolonialismus ab und unternahm militärische Aktionen vor allem gegen Sarawak und Sabah (Nord-Borneo). Eine große Kampagne wurde in den Jahren 1960 - 62 um die Eingliederung des westlichen Teils der Insel Neu Guinea geführt. **Irian Jaya** wurde nach militärischen Auseinandersetzungen und unter politischem Druck der USA an die Republik Indonesien abgetreten.

Die sich verschlechternde wirtschaftliche Situation, politische Machtkämpfe zwischen Parteien und Militärs und der verstärkte Einfluß der PKI führten zu einer **innenpolitischen Krise**. So war der Lebenskostenindex in Jakarta von 100 (1958) auf 36 347 (1965) gestiegen.

Suhartos Republik

In der Nacht des 30. September 1965 versuchten linksgerichtete Militärs einen **Putsch** und erschossen fünf Armeegeneräle. Am Abend des gleichen Tages begann der Aufstieg **General Suhartos**. Die Armee-Führung sprach von einem kommunistischen Aufstandsversuch, die noch bestehende PKI von einer internen Angelegenheit der Armee. In den folgenden Monaten wurde die PKI zerschlagen, mehrere hunderttausend Menschen wurden ermordet.

Am 11. März 1966 fanden in Jakarta und anderen Städten große Demonstrationen gegen Sukarno statt. Die militärische Führung zwang Sukarno damit, zahlreiche Machtbefugnisse an Suharto abzutreten. Die PKI wurde verboten, 15 Minister Sukarnos wurden verhaftet. Im März 1968 trat General Suharto sein Amt als Präsident der Republik Indonesien an.

Immerhin gelang es bis heute, die ökonomische Krise in den Griff zu bekommen, durch kontrollierte ausländische Investitionen die Wirtschaft anzukurbeln und die Probleme der Infrastruktur anzugehen. Die außenpolitischen Positionen der Sukarno-Ära wurden revidiert. Mit Malaysia besteht ein freundschaftliches Verhältnis, beide Länder sind Mitglied des ASEAN-Bundes. Nach dem Anschluß West-Irians 1962 kam es 1975 zu einer ähnlichen Aktion in **Timor**. Kritiker Indonesiens nehmen diese Beispiele als Grund, dem Land eine imperialistische Außenpolitik zu unterstellen.

Regierung und Politik

Nach der Verfassung der Republik Indonesien von 1945 besitzt der **Präsident** außerordentliche Rechte. Praktisch liegt die gesamte Exekutive in seinen Händen. Unterstützt wird er durch einen **Vizepräsidenten**. Beide werden im Abstand von fünf Jahren durch den **Volkskongress** (Majelis Permushawaratan Rakyat, MPR) gewählt, der jeweils im März nach dem Wahljahr zusammentritt. Alle Minister werden von Präsidenten ernannt und können von ihm entlassen werden. Zudem ist er oberster Befehlshaber der drei Waffengattungen.

Seit 1967 wird das Land von **Präsident Suharto** regiert. Ohne Gegenkandidaten wurde er 1973, 1978, 1983, 1988 und 1993 wieder im Amt bestätigt. Suhartos Laufbahn begann in der Kolonialarmee. Während des Unabhängigkeitskriegs war er republikanischer Truppenführer in Zentral-Java, 1960 bereits stellvertretender Stabschef der Armee, 1962 Befehlshaber der Truppen zur Befreiung West-Irians.

Im Herbst 1965 war er führend an der Niederschlagung des Putschversuchs beteiligt, im folgenden Jahr entmachtete er systematisch den bisherigen Präsidenten Sukarno. Nach der Verleihung des Titels *Bapak Bappenas* (Vater der Entwicklung) 1983 wird der Präsident besonders auf Java als *Ratu Adil* verehrt, jener legendäre Prinz, der sich die Aufgabe gestellt hat, das Land aus Rückstand und Armut zu befreien.

Viele Indonesier geben zu, daß das Land unter mehr als zwei Dekaden Suharto-Herrschaft substantielle **Fortschritte** gemacht hat. Dazu gehören folgende Punkte:

- → Die Reisproduktion konnte gesteigert werden.
- → Ethnisch oder religiös begründete Aufstands- oder Sezessionsbewegungen sind kein politischer Faktor mehr.
- → Die schlimmsten Auswüchse der Armut sind beseitigt, obwohl städtische und ländliche Armut natürlich immer noch vorhanden sind.

Unterstützt wird der Präsident durch den **Obersten Beratenden Rat** (Dewan Pertimbangan Agung, DPA). Die 45 Mitglieder werden durch den Präsidenten ernannt. Meist sind die Mitglieder verdiente ältere Beamte oder Staatsmänner aus dem regionalen und nationalen Bereich. Ebenfalls vom Präsidenten ernannt werden die fünf Mitglieder des **Obersten Rechnungshofes** (Badan Pemeriksaan Keuangan, BPK). Er kontrolliert die Staatsfinanzen und berichtet dem **Repräsentantenhaus** (Dewan Perwakilan Rakyat, DPR). Es besteht aus 500 Mitgliedern, wovon 400 vom Volk gewählt und 100 ernannt werden. Das DPR tagt einmal im Jahr.

Höchste Autorität im Staat ist der o.g. **Volkskongress**. Er besteht aus 1000 Mitgliedern, unter denen sämtliche 500 Mitglieder des DPR sind, weitere werden von den 27 Provinzparlamenten entsandt bzw. vom Präsidenten nach Vorschlägen der Parteien und funktionalen Gruppen ernannt.

400 Abgeordnete des DPR werden vom Volk in direkter und geheimer Wahl gewählt. Drei **Parteien** stellten sich im Juni 1992 zur Wahl: Die islamische Vereinigte Entwicklungspartei (Partai Persatuan Pembangunan; PPP), die Demokratische Partei (PDI) und GOLKAR (Golongan Karya). Golkar ist keine Partei im westlichen Sinne, sondern umfaßt die sogenannten „funktionalen Gruppen". Im gemeinsamen Sekretariat von Golkar sind z.B. Bauern, Fischer, Staatsangestellte, Genossenschaften, religiöse Gruppen, Studenten, Streitkräfte, Veteranen usw. durch ihre Verbände bzw. Interessenorganisationen vertreten.

Schon in der Verfassung von 1945 wird von den „funktionalen Gruppen" gesprochen, denn laut Artikel 2 soll sich der Volkskongreß nicht nur aus den gewählten Abgeordneten des Parlaments zusammensetzen, sondern

> *„Es ist die Absicht, das gesamte Volk, alle Gruppen und alle regionalen Territorien des Landes im Volkskongreß vertreten zu haben, so daß der Volkskongreß wahrheitsgemäß das Volk umfaßt."*

Die beiden anderen Parteien, PPP und PDI, sind auf die Staatsideologie **Panca Sila** verpflichtet worden und unterscheiden sich in ihren Aussagen und Vorstellungen nicht wesentlich von Golkar. 1973 als Nachfolger der bis dahin bestehenden zahlreichen politischen Parteien neugegründet, vereinigt die PPP die islamischen Gruppierungen, die PDI die christlichen und nationalistischen Strömungen.

Erwartungsgemäß siegte Golkar nach einem nur 25tägigen Wahlkampf im Juni 1992 mit 68% (1987: 73%), gefolgt von der PPP mit 17% (16%) und der PDI mit 15% (11%). Den meisten Grund zum Feiern hatte wohl die PDI, die etwa ein Drittel mehr Stimmen erhielt als 1987. Besonders erfolgreich war die Partei bei den Erstwählern und den unter 35jährigen. Andererseits schnitt GOLKAR in traditionell christlichen Gebieten überdurchschnittlich gut ab.

Die **Streitkräfte** der Republik Indonesien (ABRI) sind kein koloniales Erbe, sondern entstanden kurz nach der Unabhängigkeit. Von Anfang an verstand sich die Armee auch als politischer Faktor und vor allem als zusammenhaltende Klammer des jungen Staates. Noch heute gilt die Theorie der „Zwei Funktionen" *(Dwi Fungsi)*, die besagt, daß außer der militärischen auch eine sozio-politische Funktion besteht. Besonders bei der Entwicklung ländlicher Gebiete werden die Streitkräfte eingesetzt. In besonderen Ausbildungsprogrammen werden Soldaten und Offiziere darauf vorbereitet. In der Politik war das Militär seit der Unabhängigkeit aktiv.

Trotzdem ist Indonesien kein militaristischer Staat geworden. Im Verhältnis zur Bevölkerungszahl sind die Streitkräfte sehr schwach (281 000 zu ca. 193 Millionen). Ausrüstung, Bewaffnung und technischer Standard entsprechen nicht der riesigen Ausdehnung des Staates und der Bevölkerungszahl. Betont zivil gibt sich auch die politische Führung Indonesiens. Selbst Generäle, die wichtige politische Funktionen innehaben, treten kaum in Uniform vor die Öffentlichkeit. Seit 1965 hat sich ein Gleichgewicht zwischen Technokraten und Militärs in der politischen Elite herausgebildet.

Das weit verbreitete Vorurteil, daß Indonesien von einer Clique machtbesessener Offiziere beherrscht wird, entspricht nicht den Tatsachen. Die Streitkräfte sind aus einem kolonialen Befreiungskrieg hervorgegangen, etwa die Hälfte aller Offiziere steigen aus dem Unteroffizierskorps auf, und für viele junge Indonesier aus den Dörfern ist die Armee die einzige realistische Aufstiegschance. Eine weitere Eigenheit, die vor allem auf der hohen und mittleren Ebene anzutreffen ist, ist die Tatsache, daß militärische Entscheidungen oder Befehle auch nach dem *Musjawarah-Mufakat*-Konzept (Diskussion, einstimmiger Konsens) vorgenommen werden. Auf regionaler Ebene ist das Land in 27 **Provinzen** (Propinsi) inklusive 2 **Sondergebiete** (Daerah Istimewa; Aceh und Yogyakarta) und **Metropolitan Jakarta** (Jakarta Raya) aufgeteilt. Die Zentralregierung bestimmt den Gouverneur, der jeder Provinz vorsteht. Auf der folgenden, niedrigeren Ebene wird jede Provinz in mehrere **Kabupaten** aufgeteilt, denen jeweils ein **Bupati** vorsteht. Jeder Kabupaten wird wiederum in verschiedene **Kecamatan** unterteilt, denen jeweils ein **Camat** vorsteht. Dazu kommen 47 **Städte**, die sich selbst verwalten (Kotapraja). Jeder von ihnen steht ein **Walikota** oder Bürgermeister vor. All diese Verwaltungseinheiten werden von Beamten geführt, die von der Zentralregierung bestimmt worden sind. Das Dorf (Kampung) als kleinste Verwaltungseinheit wird von einem **Ketua**, eine Gruppe von Dörfern (Desa) von einem **Lurah** geleitet. Beide werden direkt gewählt und stellen eine Art Verbindungsglied zwischen Volk und Zentralregierung auf der Kecamatan-Ebene dar. Die regionale und die lokale Verwaltung sind in einem hohen Grad von der Zentralregierung abhängig, die die meisten Beamten ernennt oder zumindest bestätigt und zugleich fast 95% aller Einnahmen einzieht.

Schildhalter des Staatswappens ist der **Garuda** mit 17 Flug- und 8 Schwanzfedern. Damit wird der 17. 8. 1945, der Tag der Unabhängigkeit symbolisiert. Die **Fünf** Grundprinzipien Indonesiens (Panca Sila) sind im eigentlichen Wappen dargestellt:

- → Stern bedeutet Glaube an einen Gott, ganz gleich ob christlicher oder islamischer Gott, ob Buddha oder Shiva.
- → Büffelkopf symbolisiert den Nationalismus Indonesiens, alle Nationalitäten müssen sich vereinen.
- → Banyan-Baum steht für indonesische Demokratie, die auf der Tradition des Dorfes aufgebaut ist.
- → Reis- und Baumwollpflanze symbolisiert die Gerechtigkeit der Gesellschaft, die ihren Mitgliedern genügend Nahrung und Kleidung gibt.
- → Kette steht für die Humanität der Gesellschaft, die Mitglied im Kreis der Nationen ist.

BHINNEKA TUNGGAL IKA = EINHEIT IN VIELFALT

Wirtschaft

Bodenschätze

Die Sonnenseite der Wirtschaft stellt sich in der Statistik wie folgt dar: **Erdöl** und **Erdgas** als wichtigste Exportprodukte erzielen 43% der Ausfuhrerlöse. Indonesien fördert etwa 1,5 Millionen Barrel Erdöl täglich. Steigend ist die Förderung von Erdgas, seit 1980 wuchs sie jährlich um 7,5%. Heute ist Indonesien der weltgrößte Produzent von **Flüssiggas**. Etwa die Hälfte der gesamten Fördermenge von Erdgas und Erdöl kommt aus Sumatra. Andere Bohrstellen befinden sich in Kalimantan (Tarakan, Kutai- und Barito-Becken), vor der Nordküste West-Javas, in Irian Jaya und auf der Insel Ceram (Molukken). Zwölf ausländische Firmen sind in Indonesien im Ölgeschäft aktiv. Die wichtigste ist Caltex, die in den Provinzen Jambi und Riau die größten Felder betreibt. Die staatliche Gesellschaft Pertamina fördert dazu im Vergleich nur geringe Mengen, monopolisiert allerdings die gesamte Rohölverarbeitung.

Kohle wird schon seit der Kolonialzeit auf Sumatra abgebaut. Bukit Assam und Ombilin sind die wichtigsten Fördergebiete von Braunkohle. Die Kohlevorräte Indonesiens belaufen sich nach vorsichtigen Schätzungen auf 5 Mrd. Tonnen.

Nach Brasilien, China und Malaysia ist Indonesien der viertgrößte Produzent von **Zinn**. Das Metall wird auf und vor den Inseln Bangka, Bilitung und Karimun abgebaut. Die Verhüttung des Metalls erfolgt durch die staatliche Gesellschaft *Tambang Timah* auf der Insel Bangka. Sie beschäftigt fast 30 000 Menschen im Tagebau und in den Zinnhütten.

Nickel-Vorkommen finden sich auf Sulawesi und den Molukken. Die zwei größten Abbaugebiete sind Soroako (Zentral-Sulawesi) und Kolaka (Südost-Sulawesi). Nickelhütten befinden sich an beiden Fundorten. Besonders Soroako ist eine sehenswerte Angelegenheit. INCO (International Nickel Company, 85% Indonesien, 15% Kanada) hat hier eine Stadt aus dem Nichts erbaut – hier wohnen die phantastisch verdienenden Expatriates, da die indonesischen Arbeiter.

Weitere wichtige Bodenschätze sind **Bauxit** (auf der Insel Bintan, Riau), **Gold** und **Silber** (Sumatra) sowie **Kupfer** bei Tembagapura (Irian Jaya).

Ausländische Investoren können seit 1967 auch im Bergbau aktiv sein. Trotzdem ist der Staatsanteil, besonders in der Verhüttung und Verarbeitung, sehr hoch. Viele Lagerstätten sind überhaupt noch nicht erschlossen, andere natürliche Rohstoffe liegen in den riesigen Wäldern verborgen, die wiederum selbst eine Quelle wirtschaftlichen Reichtums sind. Doch Wald ist selbst auf den großen Inseln nicht mehr ausreichend vorhanden, in Irian Barat sind es 60%, in Sumatra 40% und Kalimantan 50% der jeweiligen Inselfläche.

Landwirtschaft

Die vulkanischen Böden auf Java, West- und Nord-Sumatra ermöglichen eine intensive Nutzung durch die **Landwirtschaft**. Für die rasch anwachsende Bevölkerung werden immer mehr Nahrungsmittel benötigt. Daher steigert man ständig die Reiserträge durch künstliche Bewässerung, intensive Düngung und neue Sorten, die mehrere Ernten im Jahr ermöglichen. Die Reisfelder der Bauern verkleinern sich von Generation zu Generation, so daß sie am Ende kaum mehr eine

Familie ernähren. Die Kinder ziehen in die Städte, die bereits jetzt aus allen Nähten platzen, sind arbeitslos, weil sie über keinerlei Qualifikationen verfügen, oder müssen sich als Hilfsarbeiter einen Lohn verdienen, der unter dem Existenzminimum liegt.

Doch immer noch sind 53% der Erwerbspersonen in der Landwirtschaft beschäftigt, 90% der Betriebe haben weniger als 2 ha Land und viele Bauern sind verschuldet. An private Geldverleiher, die im Extremfall 20% Zinsen im Monat verlangen, ist das Getreide teilweise schon vor der Ernte verkauft, und von Banken ist als Kleinpächter und Analphabet nur schwer ein Kredit zu bekommen. Neben der Pacht, die ein Großteil der Bauern ohne eigenen Boden bezahlen müssen, erhöhen prunkvolle, traditionelle Familienfeiern den Schuldenberg erheblich.

Geld spielt in der traditionellen Agrargesellschaft eine immer größere Rolle, ohne Geld kann man sich keine technischen Hilfsmittel anschaffen, an die Stelle des Tauschs von Arbeitskraft (Gotong Royong) ist die Lohnarbeit getreten. Trotzdem ist es der bäuerlichen Bevölkerung gelungen, die Reiserträge in den vergangenen 15 Jahren jährlich um etwa 2,5% pro Hektar zu steigern, so daß sich das Land mittlerweile selbst versorgen kann.

Im Riau-Archipel, in West-Sumatra, Bengkulu und Lampung ist **Kopra**, das getrocknete Fruchtfleisch der Kokosnuß, ein wichtiges Produkt. Kokosöl ist das am meisten verwendete pflanzliche Fett im Archipel, das ausschließlich im Land selbst verarbeitet und vermarktet wird.

Kopra

ist das getrocknete Fruchtfleisch der Kokosnuß, das ursprünglich aus etwa 50% Wasser und 30 - 40% Öl besteht. Noch heute weit verbreitet ist das Trocknen in Sonne und Luft. Ein schnellerer Prozeß, der in besonders luftfeuchten Gegenden angewendet wird, ist das Trocknen auf einem Metallrost über einem offenen Feuer.

Gut getrocknete Kopra enthält dann 63 - 70% Öl. Aus diesem Ölkuchen wird durch Pressen das eigentliche Öl hergestellt. In der festen Form ist es weiß bis gelblichweiß. Bei 23°C schmilzt es. In Indonesien ist Kokosfett das bevorzugte pflanzliche Fett zum Braten und Kochen.

In großen Teilen Sumatras herrscht traditionelle **Plantagenwirtschaft** vor, die ausschließlich auf den Anbau von Pflanzen für den Welthandel ausgerichtet ist. **Kautschuk**, **Ölpalme**, **Tee**, **Kaffee**, **Kakao**, **Tabak** und **Pfeffer** werden auf riesigen Plantagen angebaut, die heute wieder im Besitz ausländischer Gesellschaften sind. Jedoch erfolgt, abgesehen von Palmöl, der weitaus größere Teil dieser Pflanzenproduktion in kleineren bäuerlichen Betrieben. Die Überbevölkerung bedingt **Umweltschäden** wie Auslaugung der Böden und extremer werdende Klimaschwankungen durch den Kahlschlag großer Waldflächen.

Große Probleme schaffen auf den waldreichen Inseln die enormen Steigerungsraten im **Holzexport**. 1991 erlösten Holzprodukte (Sperrholz, Schnittholz, Holzmöbel) fast 4 Milliarden US$ im Export und traten somit nach Erdöl und -gas an die 2. Stelle in der Außenhandelsbilanz. Aufforstungsprogramme bringen andererseits keine Devisen, im Gegensatz zu den Erlösen ausländischer – vor allem US-amerikanischer und japanischer – Holzgesellschaften. Im Repelita-IV-Plan wurde 1984 zum ersten Mal versucht, eine grundsätzliche Politik in der

Forstwirtschaft zu skizzieren. Der Export von unverarbeitetem Holz wurde verboten und eine eigene holzverarbeitende Industrie gefördert. Von den im Plan ausgewiesenen Waldflächen von angeblich 1,13 Mill. km² (60% der Gesamtfläche) sind 336 000 km² für die Holzproduktion ausgewiesen (entspricht etwa der Fläche Finnlands), die damit dem so wichtigen Ökosystem Tropischer Regenwald verlorengehen wird (s.S. 77).

Industrie

Nur etwa 13% der gesamten arbeitsfähigen Bevölkerung ist in der Industrie beschäftigt. Traditionelle **Zentren der Produktion** sind Jakarta und West-Java, Surabaya, Medan und Palembang. Wichtigste Sektoren sind Nahrungsmittel- und Getränkeindustrie, Textilindustrie und Tabakverarbeitung.

Zunehmend gewinnen aber arbeitsintensive, **exportorientierte Industrien** wie die Textil-, Spielzeug und Schuhherstellung an Bedeutung. Typisch für diese Sektoren sind die rein privatwirtschaftlichen Unternehmen, während in der Zement- und Düngemittelindustrie, der Petrochemie und der Metallurgie größtenteils Staatsbetriebe oder *Joint Ventures* mit Staatsbeteiligung vorherrschen. Eine vorsichtige Öffnung weg von den vielfach unrentabel arbeitenden Staatsbetrieben und zu mehr Privatkapital zeichnet sich aber ab.

Insgesamt kann man die wirtschaftliche Entwicklung Indonesiens seit 1967 positiv beurteilen. Bei allen Negativerscheinungen wie städtischer und ländlicher Armut, Arbeitslosigkeit, Infrastrukturschwächen und regionalen Unterschieden ist es gelungen, den Lebensstandard der Bevölkerung, die von etwa 105 Mill. auf 193 Mill. gewachsen ist, zu heben. Die Nahrungsmittelproduktion konnte absolut gesteigert werden, und eine auf den natürlichen Resourcen des Landes basierende industrielle Entwicklung wurde eingeleitet.

Religionen

Indonesien mit über 300 verschiedenen Völkern auf unterschiedlichster Kulturstufe ist auch religiös geeint unter den fünf Grundprinzipien des Staates, den **Panca Sila**. Eines der Prinzipien fordert den Glauben an einen Gott – doch diese überirdische Macht mag ebenso ein islamischer wie ein christlicher oder buddhistischer Gott sein. Man akzeptiert normalerweise die religiöse Vielfalt, die sich über Jahrtausende in dem Inselreich entwickelt hat. Selbst Geister und Dämonen haben in der Vorstellungswelt der Menschen ihren Platz.

Die **Hochreligionen** Islam und Christentum, die im 14. und 15. Jahrhundert Verbreitung fanden, haben die alten **Naturreligionen** sowie Hinduismus und Buddhismus überlagert, ohne sie total zu verdrängen. So leben in der islamischen Welt der Javaner die alten hinduistischen Epen *Ramayana* und *Mahabharata* fort, und die christlichen Batak auf Sumatra errichten noch immer getreu ihrem Ahnenkult imposante Denkmäler für ihre Toten. Im Gegensatz zu anderen islamischen Ländern ist die Frau stärker in das gesellschaftliche Leben integriert, und in der Kunst sind bildliche Darstellungen von Personen (z.B. im Wayang) weit verbreitet. An sich widersprüchliche religiöse Elemente sind bei vielen indonesischen Völkern harmonisch miteinander verschmolzen. Animismus und Hochreligionen vereinen sich zu eigenständigen Glaubenssystemen.

Fast 87% der Indonesier folgen der **Lehre Mohammeds**, die sie mehr oder weniger intensiv praktizieren. Starke islamische Gemeinden findet man bei den traditionell matrilinearen Minangkabau (West-Sumatra), den Acehnesen (Nord-Sumatra), Bugis (Süd-Sulawesi), Sasak (Lombok) wie auch in einigen Städten Kalimantans und an Javas Nordküste.

Islam

ist die Lehre des Propheten Mohammed, wie sie im 7. Jahrhundert christlicher Zeitrechnung in Arabien verkündet wurde. Mohammed selbst wird als der letzte einer Reihe von Propheten verstanden (Adam, Moses, Noah, Jesus usw.). Im Jahr 622 n.Chr. mußte er von Mekka nach Medina fliehen. Mit diesem Jahr beginnt die islamische Zeitrechnung (Hidschra-Kalender).

Grundlage des Islam ist der Glaube an einen einzigen Gott. Allah ist Schöpfer, Erhalter und Erneuerer aller Dinge. Der Wille Allahs, dem sich der Mensch zu unterwerfen hat, wird im heiligen Buch, dem Koran, ausgedrückt. Er wird als Wort Gottes betrachtet, das Mohammed, sein Prophet, durch den Engel Gabriel erhalten hat. Unterteilt in 114 Suren beschreibt der erste Teil die ethisch-geistige Lehre sowie das Jüngste Gericht; die restlichen Suren befassen sich mit der Soziallehre und den politisch-moralischen Prinzipien, die die Gemeinschaft der Gläubigen definiert.

Von Beginn an hatte der Islam eine soziale Komponente, die sich in Gleichheit und Brüderschaft der Gläubigen manifestierte. So gibt es im idealen islamischen Staat keinen Widerspruch zwischen weltlicher und religiöser Macht, zwischen gesellschaftlichem Sein und religiösem Bewußtsein. Dieser duale Charakter – religiös und sozial – war allen damals bestehenden Religionen überlegen. Christen und Juden wurden, da sie auch Heilige Bücher besaßen, toleriert, die Ungläubigen mußten aber im Heiligen Krieg (Jihad) zum wahren Glauben bekehrt werden. Erstaunlich ist die Ausbreitung des Islam in den ersten Jahrhunderten nach Mohammeds Tod. Ein großer Teil des damals bekannten Erdballs von Spanien über Nordafrika bis Indien und Zentral-Asien wurde für den Islam erobert. Arabische, persische und indische Händler brachten den Glauben auch in die hinduistischen und buddhistischen Großreiche Südostasiens. Schon zur Zeit Marco Polos (1292) gab es im Nordosten Sumatras einen islamischen Staat.

Die Fünf Grundpfeiler des Islam

wurden schon kurz nach dem Tod des Propheten aufgestellt, um die Wesensmerkmale des Glaubens darzulegen.

Glaubensbekenntnis (Taschahhud) – Es gibt keinen Gott außer Allah, und Mohammed ist sein Prophet. Das Bekenntnis, worauf sich die Zugehörigkeit zur Gemeinschaft gründet, muß mindestens einmal im Leben aufgesagt werden – laut und fehlerfrei, und der Gehalt muß vom Geist und vom Herzen vollständig verstanden werden.

Gebet – obwohl der Koran nur drei tägliche Gebete nennt, werden im Zweiten Grundpfeiler der Lehre fünf Gebete vorgeschrieben. Der Muezzin in der Moschee ruft die Gläubigen zum Gebet. Vor jedem Gebet müssen die Hände, das Gesicht und die Füße gewaschen werden. Der Imam steht vor den Gläubigen, nach Mekka gewandt, und rezitiert Suren aus dem Koran. Zweimal müssen die Gläubigen auf die Knie fallen und „Gott ist groß (Allah u akhbar)" ausrufen. Nach der reinen Lehre müssen diese fünf täglichen Gebete ausgeführt werden, obwohl sich heute selbst überzeugte Moslems nicht daran halten. Einen besonderen Stellenwert haben die Freitagsgebete.

Zakat – der Koran schreibt eine jährliche Abgabe oder Steuer vor. Sie ist in der Heiligen Schrift exakt festgelegt: Getreide und Früchte werden mit 10% belastet, bzw. wenn das Land künstlich bewässert wird, mit 5%. Auf Bargeld und Edelmetalle wird 2 1/2% Zakat erhoben. In den meisten mohammedanischen Ländern wird diese Abgabe, die nach dem Koran in erster Linie für die Armen verwendet werden soll, auf freiwilliger Basis eingezogen.

Fasten – im neunten Monat (Ramadan) des islamischen Kalenders ist ein tägliches Fasten von Sonnenauf- bis Sonnenuntergang vorgeschrieben. Während des Tages darf nicht gegessen, getrunken oder geraucht werden, so daß auch die Restaurants erst abends öffnen. In manchen streng islamischen Regionen, wo kein Chinese die Hintertür zu seinem Restaurant offen hält, kommt eine Reise zu dieser Zeit einer Schlankheitskur gleich.

Hadsch – mindestens einmal im Leben sollte ein Moslem die Pilgerfahrt nach Mekka unternehmen, vorausgesetzt, daß er es sich leisten kann und die zurückgebliebene Familie während der Abwesenheit des Pilgers genügend Mittel zur Verfügung hat. Höhepunkt einer jeden Pilgerreise ist der Besuch der Kaaba, ein inmitten der Großen Moschee Mekkas stehendes, viereckiges, aus dem Stein der Berge Mekkas erbautes Gebäude. Nach uraltem Brauch wird das Heiligtum mit schwarzen Brokatstoffen umhüllt. In der östlichen Ecke der Kaaba steht der berühmte schwarze Stein *Hajar al'aswad*, der von den Pilgern berührt und geküßt wird. Wie in anderen mohammedanischen Ländern wird auch in Indonesien die Hadsch, die nach dem muslimischen Kalender im letzten Monat des Jahres stattfinden muß, von offiziellen Institutionen unterstützt. Jährlich reisen fast 50 000 Pilger nach Mekka. Auf den Flugplätzen drängen sich Hunderte von Hadschis (Haji), die auf die Abfertigung der Charterflüge warten.

Moschee in der Nähe von Padang

Christentum

Zu dieser Religion bekennen sich etwa 8% der Gesamtbevölkerung. Aufgrund einer wechselvollen Geschichte hat das Christentum keine so weite Verbreitung gefunden wie der Islam. Im 15. Jahrhundert begann die portugiesische Kolonialmacht mit der **Missionierung** der Inselwelt. Der bekannteste Missionar Franz Xavier reiste 1546 von Malacca kommend nach Ambon und Halmahera. Seine Nachfolger waren auf den gesamten Molukken wie auch auf Flores, Solor und Nord-Sulawesi aktiv, wo noch heute katholische Gemeinden existieren.

Die Holländer begannen im 17. Jh. die katholische Kirche zu bekämpfen, ohne daß sie als die neue, protestantische Kolonialmacht selbst aktiv die Missionierung unterstützten. Vereinzelt gründeten Missionsgesellschaften einheimische Kirchen. So wurde die Rheinische Missionsgesellschaft 1861 in Nord-Sumatra tätig, nachdem zwei Baptistenmissionare 1834 vergeblich versucht hatten, die Batak zu bekehren – stattdessen wurden sie Opfer des Kannibalismus. Daneben fand das Christentum unter den Dayak von Borneo zahlreiche Anhänger.

Das soziale Engagement der Kirchen und das hohe Niveau der Missionsschulen zeigten Erfolge, wenn auch viele der neuen Gläubigen „Reis-Christen" blieben. Nach dem Putsch von 1965 bekehrten sich zahlreiche Chinesen zum Christentum, denn ohne Zugehörigkeit zu einer der großen Religionsgemeinschaften gerieten sie leicht in Verdacht, Kommunisten zu sein.

Hinduismus

Die 2,8 Millionen Hindus des Landes leben vor allem auf Bali und West-Lombok. Mit dem Hinduismus erreichte im 4. nachchristlichen Jahrhundert der **Buddhismus** die Inseln. Vor allem in Zentral-Java zeugen zahlreiche Tempelanlagen wie Borobudur, Mendut, Pawon, Sewu und andere von der vergangenen Größe der buddhistischen Machtzentren. Im 9. und 10. Jahrhundert begann die Blütezeit der javanischen Hindureiche. Unter dem vordringenden Islam wurde die Insel Bali im 16. Jahrhundert die neue Heimat der hinduistischen Adligen, Priester, Künstler und Intellektuellen.

Animismus

Vor mehr als fünfhundert Jahren wurde Indonesien islamisiert, trotzdem haben sich Traditionen und Tabus aus animistischer, buddhistischer und hinduistischer Vorzeit erhalten. Übernatürliche Wesen, Geister, Feen und Gespenster spielen in vielen Lebenssituationen der Menschen eine wichtige Rolle und werden nicht als Widerspruch zum monotheistischen Islam begriffen. Geister sind allgegenwärtig, hausen in Tieren, Pflanzen, Bäumen und auf Bergen. Man macht sie sich durch Verehrung und Opfergaben wohlgesonnen. Blutopfer sollen die Lebenskraft der Erde erhalten. Ähnliche religiöse Funktion hatte auch die Kopfjagd, mit der man sich der geistigen Kraft des Feindes bemächtigen wollte.

Vor allem die Landbevölkerung begeht mit vorislamischen Riten die Geburt, die Hochzeit oder den Tod eines Familienmitgliedes. Die günstigen Termine wichtiger Feste und anderer Ereignisse werden durch altüberlieferte Kalender festgelegt. Medizinmänner (Dukun) wie auch die Meister der schwarzen und der weißen Magie spielen im sozialen Leben eine entscheidende Rolle. Man bedient sich der **Magie**, um Krankheiten zu heilen, böse Geister zu vertreiben oder auch um ihre Hilfe zu erhalten. Bei Aussaat und Ernte, Jagd und Hausbau sind bestimmte Regeln und Tabus einzuhalten. Selbst moderne, aufgeschlossene Indonesier glauben häufig an die magische Kraft des malaiischen Dolches, des *Kris*. Das Konzept der gegenseitigen Achtung wie auch der Harmonie mit der Natur kann auf animistische Traditionen zurückgeführt werden. Da sich auch westlich orientierte und eigentlich rational denkende Indonesier dem Animismus zumeist nicht verschließen, können diese viele weitere interessante Informationen geben, wenn man sie daraufhin anspricht.

Chinesische Religion

Diese Religion besteht aus einem komplexen System von Geisterglauben und religiösen Kulten, die zum einen aus uralten Volksüberlieferungen stammen, zum anderen von Buddhismus, Taoismus und den Lehren des Philosophen Konfuzius bestimmt sind.

Der **Ahnenkult** beherrscht das gesamte religiöse Leben der Chinesen. Der Tod wird nicht als eine traumatische Unterbrechung im Familienleben verstanden, sondern als ein integraler Teil desselben. Erste Aufgabe der Kinder eines jeden Verstorbenen war und ist es, für ein angemessenes Begräbnis zu sorgen, das nach exakt vorgeschriebenen Regeln ablaufen muß. Selbst nach dem Begräbnis gerät ein Verstorbener für mehrere Generationen nicht in Vergessenheit. Ihm zu Ehren wird eine Ahnentafel angelegt. Sie findet ihren Platz auf dem Familienaltar. Der Geist des Verstorbenen ist von nun an hier anwesend und erhält täglich Opfergaben. Meist werden kleine Schälchen mit Speisen und Getränken zusammen mit Räucherstäbchen vor dem Altar aufgestellt. Aber auch die Seele des Verstorbenen im Grab wird nicht vernachlässigt. Die Zufriedenstellung der Seele ist über alle

chinesischer Tempel in Tanjung Pinang

Maßen wichtig für die lebenden Mitglieder der Familie, da eine erzürnte Seele eine Gefahr für Gesundheit, Glück und Wohlstand ist. Das Grab muß mehrmals im Jahr besucht werden. In der Volksreligion existieren zahlreiche wohlwollende Götter (Shen) und eher bösartige Geister und Dämonen (Kuei), denen Tempel erbaut werden. Hierher kommen die Gläubigen, um die Götter um Hilfe und Ratschläge zu bitten. In rein buddhistischen Tempeln findet man nur Buddhastatuen – die meisten chinesischen Tempel enthalten neben der Statue des Hauptgottes oder der Hauptgöttin eine Vielzahl weiterer Abbildungen von Gottheiten. Sehr bekannt ist die Göttin Kuanyin, die von der Volksreligion aus dem männlichen buddhistischen Bodhisattva Avalokitesvara in die mütterliche Göttin der Barmherzigkeit verwandelt wurde.

Chinesisches Tempelleben, das man in Indonesien allerdings nur selten beobachten kann, ist für Außenstehende faszinierend, aber auch schwer verständlich. Es gibt zum Beispiel keine festgelegten Gottesdienste, sondern jeder Bittsteller oder Gläubige entscheidet individuell, wann die Zeit für einen Tempelbesuch gekommen ist. Die Statue des Tempelgottes, flankiert von zwei Wächtern, sitzt hinter dem Altar. Kerzen und Räucherstäbchen brennen, und Opfergaben, meist Speisen und Getränke, sind auf dem Altar ausgebreitet. Bittsteller knien oder verbeugen sich vor den Göttern, Tempelgeld wird verbrannt, um es dadurch den Ahnen im Jenseits zukommen zu lassen. Oft wird der Tempelgott von einem Ratsuchenden um Ablehnung oder Zustimmung bei einer anstehenden Entscheidung gefragt. Die Antwort bekommt man mechanisch entweder durch das Werfen zweier Holzklötze oder durch ein ausgedrucktes Orakel, das man nach Ziehen eines nummerierten Stöckchens aus einem kleinen Bambusgefäß erhält.

Die Lehren der Philosophen Konfuzius (551 - 479 v.Chr.) und Laotse (4. Jh. v.Chr.) sind keine Religionen im eigentlichen Sinn, sondern vielmehr Morallehre (Konfuzianismus) bzw. mystische Weltanschauung (Taoismus), die erst später einen religiösen Gehalt bekamen. Im 1. Jh. n.Chr. kam der Buddhismus hinzu. Heute werden alle drei Strömungen von den Chinesen als Einheit betrachtet.

Sprache

Malaiische Sprachen, wichtigste Untergruppe der austronesischen (auch malayopolynesischen) Sprachfamilie, werden heute von etwa 200 bis 250 Millionen Menschen gesprochen. Allerdings gibt es sehr ausgeprägte regionale und dialektale Varianten, wobei die wichtigsten malaiischen Sprachen Javanisch, Sundanesisch, Balinesisch, Minangkabau, Acehnesisch, Buginesisch und Maduresisch sind.

Als *Lingua franca* der indonesischen Inselwelt und der Malaiischen Halbinsel hat sich im Lauf der Jahrhunderte die Sprache durchgesetzt, die an der Ostküste Sumatras, auf der Halbinsel Malaya (besonders im Süden) und den anschließenden Archipelen Riau und Lingga gesprochen wird. Noch heute hat das **Riau-Malaiisch** das höchste Prestige, ist also eine Art Hochsprache und diente als Grundlage bei der Schaffung der zwei Nationalsprachen *Bahasa Indonesia* und *Bahasa Malaysia*.

Schon vor der Ankunft der Kolonialmächte war das sogenannte **Bazar-Malaiisch** *(Melayu Pasar)* die allgemeine Verständigungssprache im Archipel. Bazar-

Malaiisch war aufgrund der ausgeprägten Handelsbeziehungen zwischen den Stadtstaaten zu einer Notwendigkeit geworden. Es ist eine Art Pidgin-Sprache mit vereinfachten grammatischen und syntaktischen Formen. Die javanische Form des Bazar-Malaiisch wurde von Holland als Kolonialsprache benutzt und beeinflußte die junge indonesische Nationalbewegung, die 1928 Malaiisch zur Nationalsprache Indonesiens machte und der Sprache den Namen *Bahasa Indonesia* (Indonesische Sprache) gab.

In den Koranschulen wurde bis ins 19. Jahrhundert **Arabisch** gelehrt und gesprochen; in den christlichen Schulen und Ämtern verständigte man sich in der Sprache der Kolonialherren. Malaiisch war zur reinen Umgangssprache geworden, mit der sich kein Theologe oder Gelehrter auseinandersetzen wollte. Munshi Abdullah aus Malacca, ein Zeitgenosse von Stamford Raffles, war der erste, der eine Grammatik dieser Sprache erstellte. Da das gesprochene Bazar-Malaiisch kaum dafür als Grundlage dienen konnte, mußte er ältere Menschen befragen, die die alte malaiische Sprache in Wort und Schrift beherrschten. Aufgund seiner Vorarbeit entstanden gegen Ende des vergangenen Jahrhunderts die ersten Schulen mit malaiischer Unterrichtssprache.

In Niederländisch-Ostindien und Malaya wurde bis ins 20. Jahrhundert Malaiisch mit einem arabischen Alphabet geschrieben. Noch heute gebraucht man in besonders konservativ-islamischen Regionen dieses **Jawi** genannte Alphabet. Die Umschrift mit lateinischen Buchstaben wurde erst in den 20er Jahren populär, und heute wird in Indonesien und Malaysia mit lateinischen Buchstaben geschrieben; Arabisch findet sich nur noch in der islamischen Literatur.

250 unterschiedliche regionale Sprachen in einem Land erfordern eine allgemeine Verständigungssprache. Mit *Bahasa Indonesia* kann man sich im gesamten Archipel verständlich machen, denn sie wird in jeder Schule der Republik unterrichtet und fast überall verstanden.

Literatur

Einzige noch erhaltene literarische Zeugnisse aus der vorislamischen Periode sind einige **Grabinschriften** und die **Lontarbücher**. Dies sind längliche Palmblättermanuskripte, die von zwei mit Bändern verschnürten Bambusdeckeln zusammengehalten werden. Die Texte und Bilder werden in die zurechtgeschnittenen Blätter der Lontarpalme mit einem speziellen Messer eingeritzt und anschließend mit Holzkohle eingefärbt, wodurch sie sichtbar werden.

Eines der ältesten Lontarbücher stammt aus der Majapahit-Periode und enthält Szenen aus dem *Ramayana*. Weitere Epen, historische Berichte, Legenden und Erzählungen sind auf Lontar-Manuskripten überliefert. Da in dem tropischen Klima die Lontarblätter nicht ewig halten, müssen die Schriften von Zeit zu Zeit kopiert werden.

Zu den mündlichen Überlieferungen gehören zahllose Märchen von Dämonen und Königen, Sagengestalten und legendären Helden. In den malaiischen Geschichten finden sich vereinzelt Vierzeiler, häufig Liebesgedichte. Die **Pantun-Gedichte** reimen sich jeweils am Ende der ersten und dritten bzw. zweiten und vierten Zeile. Sie greifen in der ersten Hälfte ein Beispiel aus der Natur auf, das in der folgenden Hälfte auf den Menschen bezogen wird.

Bei den altindonesischen Völkern leben die überlieferten Mythen von der Entstehung der Welt fort. Jedes Volk hat seine eigene Geschichte von den ersten Menschen, ihren Göttern und dem ewigen Kampf zwischen Gut und Böse. Rituelle Handlungen werden noch immer von alten Gesängen begleitet, beispielsweise Klagelieder, die bei Begräbnissen zu hören sind.

Hinduistische und buddhistische Einflüsse haben sich bis heute in vielen Märchen und Fabeln erhalten. Die indischen Epen *Ramayana* und *Mahabharata* wurden bereits im 15. Jahrhundert mit persisch-arabischer Umschrift ins Malaiische übertragen.

Alle indonesischen Völker haben ihre eigene Sprache und Literatur. Da die aus dem Hochmalaiischen entwickelte **Bahasa Indonesia** die allgemeine Verständigungssprache ist, bezieht sich der folgende kurze Überblick weitgehend auf die malaiische Literatur.

Als größtes Werk der klassischen malaiischen Literatur sind die *Sejarah Melayu,* die Malaiischen Annalen, zu nennen. Es ist die Geschichte vom Aufstieg und Fall Malaccas – die Abkunft und das Leben der malaiischen Fürsten, vor allem der Sultane von Malacca. Der Verfasser (wahrscheinlich der Schatzmeister Tun Muhammad Johore Lama) beschreibt, locker durchsetzt mit Anekdoten, Sagen und Legenden, in realistischer Weise das Leben an den Fürstenhöfen und auf den Märkten von Siam bis Java, berichtet von Liebe und Krieg, Festen und Alltäglichem. Die erste Fassung, die mit dem Jahr 1511 endet, wird in der langen Version um die Jahre bis 1673 erweitert. Im Nachfolgestaat Malaccas, Johore-Riau, werden mehrere Geschichtswerke von **Raja Ali Haji** im frühen 19. Jahrhundert verfaßt, die aber nicht mit den *Sejarah Melayu* verglichen werden können.

Hikayat Hang Tuah, die Geschichte vom edlen Krieger Hang Tuah, entstand im 16. Jahrhundert und wurde im 17. Jahrhundert ergänzt. In lebendiger Darstellung werden die Abenteuer des Helden erzählt, der einem Sultan von Malacca zuerst als Page, später als Ratgeber und Oberbefehlshaber der Flotte loyal diente. Die Romanfigur verkörpert das malaiische Volk an sich und gibt einen guten Einblick in die Sitten und Gebräuche der damaligen Zeit.

Allgemein setzt man den Beginn der modernen malaiischen Literatur bei **Munshi Abdullah** (1796 - 1854) an – ein Kenner des Islam, der Sprache und Literatur – der als Schriftsteller und Sekretär des Gouverneurs Sir Stamford Raffles arbeitete. Seine Autobiographie *Hikayat Abdullah* bricht mit der klassischen Literatur, die sich kaum mit dem Alltagsleben der Malaien beschäftigt. Seine kritische Betrachtungsweise der Gesellschaft erregte Aufsehen. Daneben förderte er die malaiische Kommunikationssprache.

Der erste moderne Roman in Malaiisch wurde 1928 von **Sayyid Sheikh al-Hadi** veröffentlicht. *Faridah Hanum,* eine Liebesgeschichte, ist ägyptischen Vorbildern nachempfunden. In neuerer Zeit entstand der Roman *Salina* von **Samad Said** als wichtigster Ausdruck malaiischer Literatur. Die Literatur der 20er Jahre, vertreten von zahlreichen Schriftstellern aus West-Sumatra (Minangkabau sind z. B. Marah Rusli und Salah Asuhan), beschäftigt sich mit dem Zusammentreffen von westlicher und östlicher Kultur und den Konflikten, die daraus entstehen.

1933 erscheint die erste literarische Zeitschrift *Pudjangga Baru,* der neue Literat, in Batavia. Sie fördert eine neue, moderne Ausdrucksweise in der Literatur und fordert eine indonesische Sprache, die unabhängiger vom klassischen Malaiisch sein sollte. Zu den Dichtern, die in dieser Zeitschrift veröffentlichen, gehört auch **Amir Hamzah** (1911 - 1946), den man den letzten malaiischen Poeten nennt. Er ist noch völlig in der malaiisch-islamischen Tradition verhaftet.

Während des Zweiten Weltkriegs, der japanischen Besatzung und der Unabhängigkeitskämpfe gegen die holländische Kolonialmacht können die meisten Schriftsteller nicht veröffentlichen. Geprägt von den Kriegsereignissen und dem neuen Nationalbewußtsein erscheinen Ende der 40er Jahre realistische Erzählungen, Novellen, Romane und zum erstenmal Kurzgeschichten.

Zu den bekanntesten kritischen Beobachtern der jungen Nation gehören die Schriftsteller **Mochtar Lubis** (geboren 1922) und **Pramoedya Ananta Toer** (geboren 1925), von dessen vierteiligem Roman *Bücher der Insel Buru* die ersten zwei Bände *Garten der Menschheit* und *Kind aller Völker* auch in Deutsch erschienen sind. Er verfaßte den Roman auf der Gefängnisinsel Buru, wo der ehemalige Revolutionär 14 Jahre seines Lebens verbrachte. Seit seiner Entlassung darf er Jakarta nicht verlassen, seine Werke sind in Indonesien verboten, sogar der australische Übersetzer, ein Botschaftssekretär, mußte Indonesien verlassen.

Kunst und Kultur

Der flüchtige Blick in ein indonesisches Antiquitätengeschäft läßt bereits die künstlerische Vielfalt der indonesischen Völker erahnen. Da stehen aus Holz geschnitzte Ahnenfiguren neben chinesischem Porzellan, javanische Wayang-Figuren und Batik, Ikat-Decken aus Sumba und ziselierte Messinggeräte aus Sumatra stapeln sich in den Regalen. Während einige Künste wie die Kris-Herstellung und das Färben und Weben von Doppel-Ikat nahezu ausgestorben sind, werden andere noch häufig praktiziert. Maler und Holzschnitzer, Silberschmiede und Batik-Frauen sorgen für Nachschub auf dem Souvenirmarkt. Aber auch bei den Indonesiern sind viele der kunstvoll geschaffenen Gegenstände im Gebrauch. Zu festlichen Anlässen tragen Männer und Frauen teure, handgefertigte Batik, in vielen Häusern findet man Holzschnitzereien und Flechtarbeiten wie auch mit feinen Mustern verziertes Silbergeschirr.

Die alten javanischen Tempel, die Lontar-Schriften und die über Jahrhunderte überlieferten Epen zeugen von einer langen Geschichte der Kunst und Kultur. Daneben hat jedes der zahlreichen indonesischen Völker mit seiner andersartigen Kultur eine eigenständige Form der künstlerischen Darstellung entwickelt. Beispielsweise entstanden aus der religiösen Tradition heraus die aus Holz geschnitzten Zauberstäbe der Batak, die Tao-Tao-Figuren der Toraja und die Ahnenfiguren der Bewohner von Nias.

Schon immer wurden Einflüsse von außen in Kunst und Kultur der Inselwelt integriert. Mit Hinduismus, Buddhismus und Islam fanden indische, chinesische und arabische Elemente Eingang in die religiöse, höfische Kunst der jung-indonesischen Völker, während die alt-indonesischen Völker ihre aus den Stammesreligionen entwickelten Kunstformen weitgehend beibehalten haben.

Tänze

Von allen indonesischen Völkern werden zu Familienfeiern, religiösen Anlässen und bei Dorffesten zur Unterhaltung Tänze aufgeführt, die so vielfältig sind wie die kulturellen Traditionen der verschiedenen Menschen. Nahezu überall findet man Tänze zur Aussaat und Ernte, zur Begrüßung von Gästen und zu Begräbnissen, die meist auf religiöse Ursprünge zurückgeführt werden können.

Musik

Feste und religiöse Riten, Tänze und Theater werden begleitet von Musik, die auf allen Inseln und bei allen Stämmen ihre eigene Ausprägung gefunden hat. Völlig verschieden sind die durch westliche Klänge (Kirchenlieder) beeinflußten, melancholischen Lieder der Molukken von der exotischen Melodie des Gamelan-Orchesters oder den rhythmischen Gongs der Dayak. Bambusinstrumente und Trommeln, Saiteninstrumente und Xylophone sind weit verbreitet.

Malerei

Von einer traditionellen Malerei kann man, mit Ausnahme von Bali, in Indonesien nicht sprechen, denn nichts ist zerstörerischer als das feuchte tropische Klima. Was an traditionellen Werken erhalten ist, beschränkt sich weitgehend auf astrologische Kalender oder Ritzzeichnungen auf Lontar-Manuskripten.

Die moderne indonesische Malerei, wie sie vor allem an den Universitäten von Bandung und Yogya gelehrt wird, begann sich im vergangenen Jahrhundert mit **Raden Saleh** (1814 - 1880) zu entwickeln, der kritisch die westlichen Einflüsse aufnahm und zu einem eigenen Stil umformte.

Der wohl bekannteste moderne Maler ist **Affandi** (1907 - 90), der in Yogyakarta lebte und arbeitete. Er trägt seine Farben nur mit Spachtel und Tube auf, was seinen Bildern eine plastische Dimension verleiht. Seine Motive stammen überwiegend aus der Natur.

Textilien

Wie auf allen anderen indonesischen Inseln tragen die Frauen auf Sumatra neben westlicher Kleidung auch die traditionellen **Sarong**, zumeist 2,30 m lange und ca. 90 cm breite Batikstoffe (Kain Panjang). Sie gibt es in unterschiedlicher Qualität, von der einfachen Stempelbatik bis zur handgemalten Batik.

Zudem werden in vielen Regionen Sumatras interessante Webarbeiten hergestellt, die einen unverzichtbaren Bestandteil der traditionellen Festtagskleidung bilden. Besonders schön sind die mit Goldfäden durchwirkten fein gearbeiteten **Songket**-Stoffe, die vor allem in West-Sumatra gewebt werden und die **Ulos** der Batak – traditionelle Baumwolltücher, die

gewebter Ulos

bei Familienfesten verschenkt und getragen werden und je nach Region und Anlaß völlig unterschiedliche Muster und Farben aufweisen. Bei einem Teil der Stoffe, **Ragidup** genannt, entstehen die Muster durch die **Ikat**-Technik, bei der die Fäden vor dem Weben abgebunden und eingefärbt werden. Eine besondere Funktion kommt dem **Ulos ni tondi** zu, dem Kleidungsstück für die Seele, das einen Menschen sein ganzes Leben lang begleitet und daher besonders sorgfältig ausgewählt wird.

Während diese Tradition bei den Batak noch sehr lebendig ist, werden im Süden Sumatras die ehemaligen zeremoniellen Tücher, wegen ihrer Muster auch **Schiffstücher** genannt, seit hundert Jahren nicht mehr hergestellt.

Flechtarbeiten

Überall in der Natur findet man die Rohstoffe zur Herstellung von Körben, Hüten, Matten, Möbeln und anderen Haushaltsgegenständen. In West-Java, West-Sumatra und Tana Toraja verwendet man oft **Bambus**, der vor dem Schneiden in Wasser gelegt wird, um ihn elastisch zu machen. Indem man einen Teil der Bambusstreifen einfärbt, erhält man beim Flechten ein Muster. In anderen Regionen werden Rotan und die Blätter der in Sümpfen wachsenden Nipahpalme verarbeitet.

Rotan, eine elastische Kletterpalme des Dschungels, ist der ideale Grundstoff zur Möbelproduktion. Die zurechtgeschnittenen, von Dornen und Rinde befreiten Ranken werden erhitzt, gebogen und mit Bast fixiert. Für feinere Arbeiten gebraucht man die getrockneten Blätter verschiedener Palmarten, vor allem der Schraubenpalme (Pandan). Die Blätter werden über einen Bambus gezogen und gewässert, um sie geschmeidig zu machen.

Holzschnitzereien

Ein jahrhundertealtes Kunsthandwerk ist die Holzschnitzerei. In Sumatra und Sulawesi, Kalimantan und Irian Jaya werden die Wohnhäuser und Einbäume mit Schnitzereien geschmückt. In Tempeln, Moscheen und Palästen sind Tür- und Fensterrahmen, Balustraden und Einrichtungsgegenstände mit geometrischen Figuren, Blätter- und Blumenmotiven verziert.

Masken und Skulpturen religiösen Ursprungs werden teilweise magische Kraft zugeschrieben. Man schnitzt sie für die Götter, um mit den Ahnen in Verbindung zu bleiben, einem umherirrenden Geist eine Heimat zu geben oder gar um Stellvertreter geistiger Kräfte zu schaffen. Entsprechend müssen sie unter Beachtung bestimmter Riten hergestellt werden. Sie sind zudem ein zentraler Bestandteil animistischer Zeremonien. Noch heute glauben viele Menschen, daß ihr Schicksal von Masken beeinflußt wird.

Silberarbeiten

In West-Sumatra (Kota Gadang), Sulawesi, Java und Bali gibt es Silberschmiede, die in traditionellen Zentren feingearbeitete Schmuckstücke, kunstvoll ziselierte Filigranarbeiten und mit überlieferten Mustern verzierte Schalen herstellen. Sie wählen in Sumatra und Sulawesi Motive aus der Natur – Blumen, Tiere und traditionelle Häuser.

In Bali findet man auf dem Silber die Schmuckornamente der Tempel wieder und in Java die stilisierten Batik-Motive.

Der Kris (Keris)

Die Schmiedekunst des Archipels feiert ihre höchsten Triumphe bei der Herstellung des Kris, des Dolches mit der geflammten oder geraden, zweischneidigen Klinge, deren Oberfläche eine besondere, nur im indonesischen Raum bekannte Art von Damaszierung (Pamor) aufweist.

Es ist unbekannt, wann diese Kunst entstanden ist. Auf den Reliefs des Borobudur kommt der Kris noch nicht vor; erst am später errichteten Candi Penataran (Ost-Java) finden wir ihn abgebildet. Chinesische Quellen aus jener Zeit (Majapahit) berichten von der auf Java üblichen Sitte, einen Kris zu tragen. Das älteste erhaltene Exemplar stammt aus dem Jahre 1342 und ähnelt sehr dem heutigen Typ. Es ist bereits so kunstvoll gearbeitet, daß schon zu jener Zeit dieses Handwerk lange bekannt und hochentwickelt gewesen sein muß.

Man unterscheidet zwei Arten von Kris: Beim **Pamor-Kris** ist der Griff auf die Klinge aufgesetzt, während beim sogenannten **Majapahit-Kris** Griff und Klinge in einem Stück geschmiedet sind. Die Bezeichnungen sind allerdings irreführend, denn beide Typen sind nicht auf jene Dynastie beschränkt und werden zudem noch im gleichen Pamor-Verfahren hergestellt. Java scheint der Ausgangspunkt dieser Kunst zu sein, die sich bis Malacca, Sumatra und Sulawesi verbreitete, wo sich andere Grifformen ausbildeten, und bis Bali, dessen Schmiede die Figuren am Griff stärker betonen und die Zeichnung der Klinge mehr hervortreten lassen.

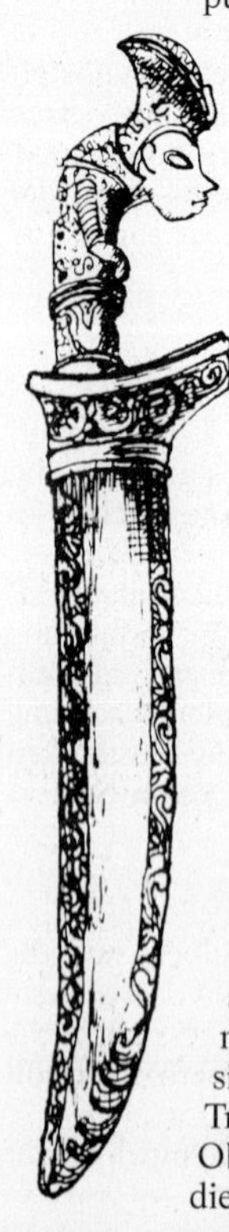

Das Schmieden des Kris, der mehr als nur eine Waffe darstellt, ist eine weihevolle Handlung, die ein aufwendiges Zeremoniell begleitet. In hohem Ansehen stehen daher die Waffenschmiede (Java: *Empu;* Bali: *Pande Wesi),* deren Stellung fast der eines Priesters gleichkommt, wird doch dieses Handwerk als eine Gabe der Götter betrachtet. Vom Vater auf den Sohn werden für gewöhnlich die Herstellungsgeheimnisse vererbt, die eine Reihe komplizierter Schmiedevorgänge umfassen.

Viele Lagen von Nickeleisen, ursprünglich aus Meteoriten gewonnen, und gewöhnlichem Eisen werden auf verschiedenste Art zusammengeschmiedet, um so die Verzierungen in die Klinge einzuarbeiten, die aber erst nach abschließender Ätzung des Nickelstahls sichtbar werden – also eine Arbeit, die reiche Erfahrung voraussetzt. Weiterhin muß der Schmied ein überdurchschnittliches Wissen von mythologischen und kosmogonischen Zusammenhängen haben, denn die Zeichnungen und Figuren sind bedingt durch ihre magisch-zeremonielle und soziale Bedeutung.

Der Kris ist in Form und Pamor-Design so zu gestalten, daß er dem Charakter und dem sozialen Status des zukünftigen Besitzers entspricht. Letztlich muß die vollständige Waffe eine kompositorische Einheit von Klinge, Griff und Scheide sein, wobei alle Details mit ihren besonderen magischen Aspekten aufeinander bezogen sind und gleichzeitig die astrologische Gesamt-Konstellation des Trägers berücksichtigen.

Ob gerade (Ruhezustand) oder gewellt (Bewegung) symbolisieren die Klingen das Urbild der mythischen Schlange Naga. Ebenso zeigen die Verzierungen am häufigsten Schlangen, aber auch Kala-Figuren, Garuda- oder Blattmotive. Als Griff (aus Gold, Silber, Elfenbein, Horn, Stein oder Holz) finden wir, manchmal bis zur Unkenntlichkeit stilisiert, Götter- und Vogelgestalten oder Dämonenfiguren (Raksasa), um böse Kräfte abzuwehren. Zur Waffe gehört unbedingt die Scheide, die in der Regel einfach gehalten ist, etwa aus poliertem Edelholz, die aber auch mit prunkvollem Goldschmuck verziert sein kann.

Ein besonders magisch „geladener" Kris führt ein regelrechtes „Eigenleben" und trägt sogar meistens einen eigenen Namen. Durch seine magische Kraft sichert er die Macht eines Fürsten und übernimmt zudem die Rolle seines „Stellvertreters": Begibt sich der Fürst auf Reisen oder Pilgerfahrt, kann er den Kris als Symbol seiner Herrschaft über sein Land zurücklassen, und niemand würde daran zu zweifeln wagen.

Vicki Baum berichtet in ihrem Bali-Roman von einem Fürsten, der aufgrund seiner Leidenschaft für Kampfhähne nicht zu seiner eigenen Hochzeit kommen wollte und stattdessen stellvertretend seinen Kris hinbringen ließ. Solch mächtige Waffen werden als sakrale Erbstücke (Pusaka) betrachtet, denen man besondere Verehrung und Opfergaben darbringt. Mancher Dolch ist mit einem bösen Fluch beladen und stürzt seinen Träger ins Unglück. Legt ein Mann seinen Kris nachts unter sein Kopfkissen, dann ist die Waffe in der Lage, je nach Art ihrer Magie, ihm gute oder böse Träume zu bescheren.

Heutzutage gibt es nur noch wenige ausübende Kris-Schmiede. Schon seit Ende des vorigen Jahrhunderts haben immer mehr berühmte Schmiedefamilien, die alle ihr spezielles Pamor-Design als eine Art Markenzeichen hatten, ihr traditionelles Handwerk aufgegeben.

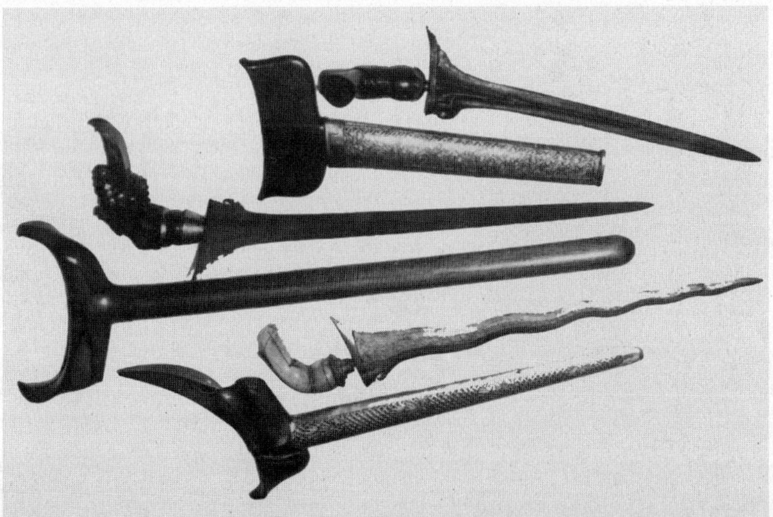

Die Schmiedekunst der Krise

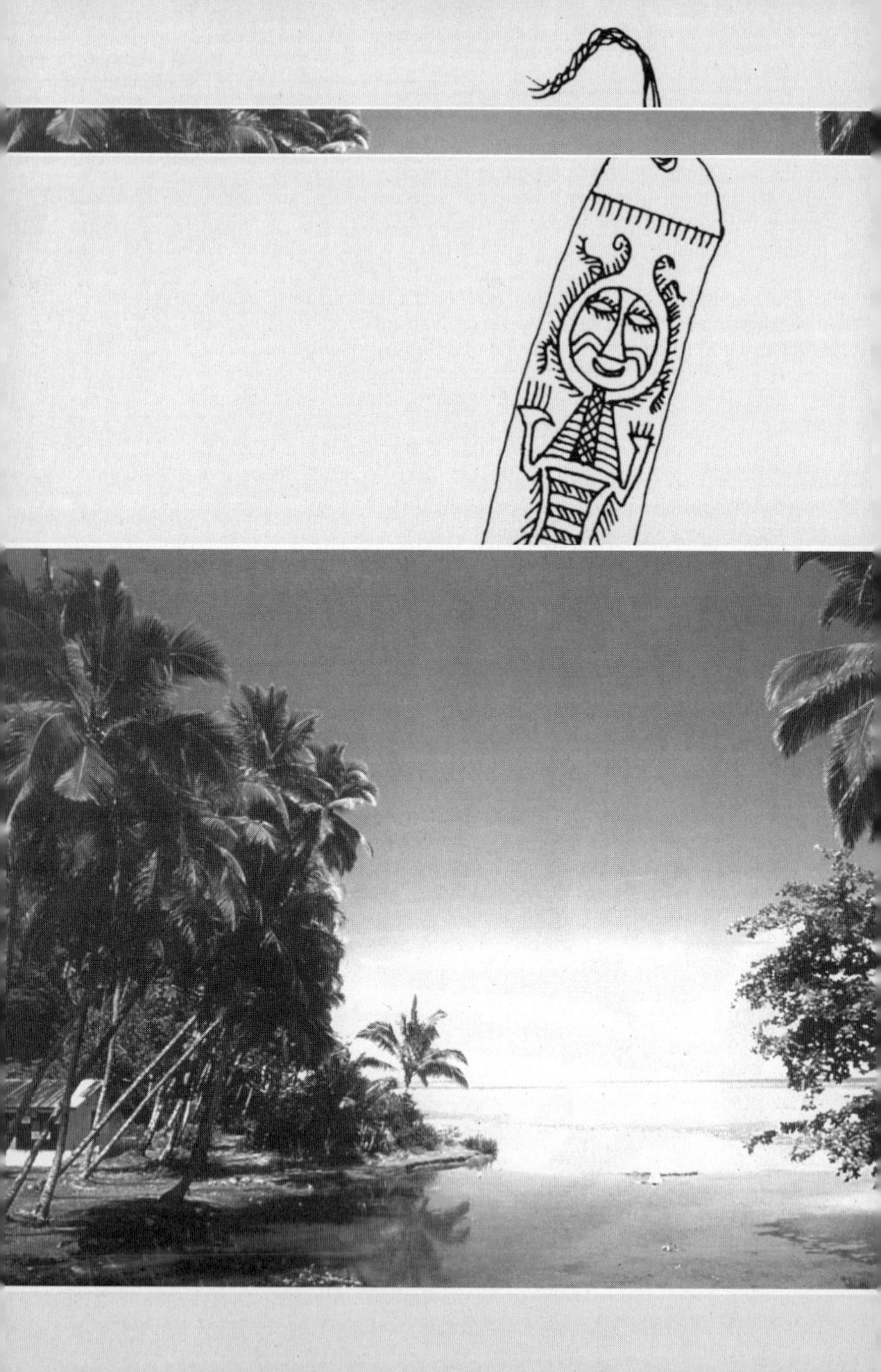

ACEH

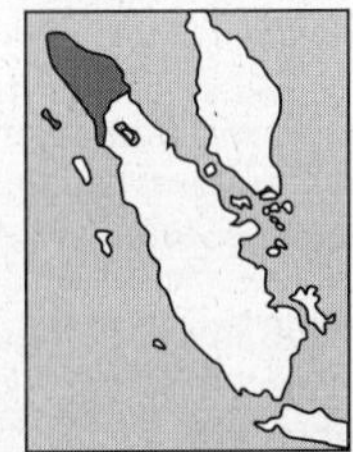

Aceh

Die nördlichste Provinz Sumatras und zugleich Indonesiens umfaßt ein Gebiet von 55 392 km² mit einer Bevölkerung von 3,8 Millionen (1995). Der größte Teil Acehs ist gebirgig, so daß die Nordküste in einem auffallenden Regenschatten liegt. Noch sind 65% der Provinz bewaldet, und die Kahlschläge der Holzindustrie versucht man mit einer heimischen Kiefernart wiederaufzuforsten. Neben Holz, Gummi, Kaffee, Kakao, Pfeffer und Gewürznelken ist wichtigstes Produkt Erdöl aus den Arun-Ölfeldern entlang der Nordostküste, nördlich von Medan.

Aceh ist ein „Daerah Istimewa", ein besonderer Distrikt. Hier gilt noch das islamische Recht, was auf den strenggläubigen Charakter der Acehnesen schließen läßt. So wird z.B. der Ramadan strikt eingehalten, d.h. es gibt während der Fastenzeit tagsüber nichts zu essen und zu trinken (es sei denn, man versucht es in einem chinesischen Restaurant, wo die Türen häufig nur angelehnt sind).

Für Besucher ist es gerade in Aceh wichtig und auch vorteilhaft, die islamischen Traditionen zu respektieren und sich sauber und sittsam zu kleiden.

Banda Aceh

Eine freundliche Stadt mit vielen Parks und angenehmen Menschen (250 000 Einwohner). Eine der schönsten Moscheen Indonesiens ist die **Mesjid Raya Baiturrahman**. 1873, beim Angriff der holländischen Truppen auf Kutaraja, wurde die alte Moschee vollständig zerstört. Als Geste der Versöhnung 1879 von der holländischen Militärregierung als ein neues eindomiges Gebäude errichtet, wurden später weitere Dome angefügt. Ein zusätzliches Minarett wurde 1995 erbaut.

Sehenswert ist das **Aceh State Museum**. Zum Museumskomplex gehört ein traditionelles Aceh-Haus, das 1914 vom damaligen holländischen Gouverneur errichtet wurde und in dem Haushalts- und Einrichtungsgegenstände sowie die Portraits der Nationalhelden untergebracht sind. Das eigentliche Museumsgebäude enthält eine gute Sammlung von alten Brokaten, Waffen, Schmuck, Handschriften und Büchern. Auf dem Gelände wird auch eine enorme gußeiserne Glocke, die der Kaiser von China Anfang des 15. Jahrhunderts (Ming-Dynastie) dem Prinz von Aceh zum Geschenk machte, ausgestellt. Überbringer der Glocke war Admiral Cheng Ho, ein Muslim-Eunuch, der in Semarang (Zentral-Java) im chinesischen Tempel Klenteng Sampo als heiliger Sampo Kong verehrt wird. Eintritt 200 Rp, geöffnet Di - Do, Sa/So 8.00 - 13.00, Fr 8.00 - 11.00 und 14.30 - 18.00 Uhr, Mo und Feiertag geschlossen. Neben dem Museum befindet sich das Grab des Sultans Iskandar Muda, dessen Herrschaft 1607 - 1636 allgemein als das „Goldene Zeitalter" Acehs angesehen wird. Weitere Sultansgräber liegen verstreut auf dem Museumsgelände.

Am Fluß in der Jl. Teuku Umar steht der originelle **Gunongan**, ein künstlicher Hügel, der von Sultan Iskandar Muda für eine Prinzessin aus Johor erbaut wurde. Gegenüber an der Jl. Teuku Umar liegt der gepflegte holländische Friedhof **Kherkhoff**, auf dem neben zahlreichen indonesischen und holländischen Christen

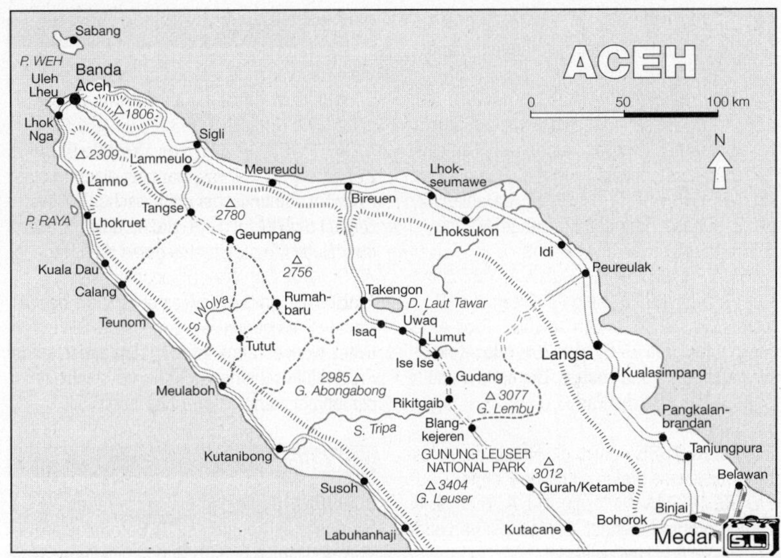

auch 2200 Gefallene des Aceh-Kriegs begraben sind. Es waren Angehörige der holländischen Kolonialarmee, meist Ambonesen und Minahasa. Die Gruften der holländischen Generale sind besonders sehenswert. Der monumentale Eingang befindet sich in der Jl. Sultan Iskandar Muda.

Das **Monument R.I. 001**, eine alte DC3 auf einem Betonsockel, erinnert an das erste Flugzeug der jungen Republik Indonesien, das vollständig aus Spenden der Bevölkerung Acehs finanziert wurde. Dadurch wurde 1945 eine nicht von Holländern kontrollierte Verbindung ins Ausland geschaffen.

Außerhalb

Zwei Strände liegen 15 bzw. 17 km westlich von Banda Aceh. In **Lhok Nga** leben zahlreiche Ausländer, die in der Zementfabrik beschäftigt sind. Gut zum Surfen, außerdem ein Golfplatz. Zu erreichen mit einem Minibus ab Jl. Diponegoro für 750 Rp. Wohnen kann man in Lhok Nga in den *Seaside Resort Hotel****-*****, tel/fax 0651-32029, 20 Bungalows mit Restaurant und Swimming Pool. Ein neuer großer Hotelkomplex war im Sommer 1995 im Bau. **Uleh Lheu**, 4 km westlich von Banda Aceh (Minibus 400 Rp), ist der sehenswerte alte Hafen.

ÜBERNACHTUNG

UNTERE PREISKLASSE – *HOTEL ACEH*-*** ⑩, Jl. Mohammed Jam 1, ☎ 21354, das Hotel befindet sich gegenüber der großen Moschee, nicht gerade geräuscharm und ziemlich heruntergekommen.

*LOSMEN ACEH BARAT*** ④, Jl. Khairil Anwar 16, ☎ 23250, saubere Kolonialvilla, kleine Zimmer mit Fan, mit und ohne Mandi, zentral, an einer lauten Straße.

LOSMEN PALEMBANG-**** ⑥, Jl. Khairil Anwar 51, ☎ 22044, akzeptable Zimmer mit und ohne Mandi, Fan oder ac.

*HOTEL LADING*** ⑧, Jl. Cut Meutia 8, ☎ 21359, einfache Zimmer mit eigenem Mandi, Fan oder ac.
*WISMA LAMPRIEK**-**** ①, Jl. T. Nyak Arief 153, ☎ 23995, befindet sich etwas außerhalb an einer lauten Straße, sauber, wohnlich eingerichtet und familiär, mit Mandi, Fan oder ac.
HOTEL YUSRI-**** ⑨, Jl K. H. A. Dahlan 12, ☎ 23160, alle Zimmer mit eigenem Mandi, z.T. mit Fan, etwas abgewohnt.
*WISMA PRAPAT**-**** ②, Jl. J. A. Yani 7, ☎ 22159, zentral, laut, einige Zimmer ac / TV.
LOSMEN SRI BUDAYA-**** ⑪, Jl. Prof. A. Majid Ibrahim III / 5 E, ☎ 21751, altes Kolonialhaus, ruhig und sauber, Zimmer mit und ohne Mandi, alle mit Fan.

MITTELKLASSE – Auch die Hotels der mittleren Preisklasse bieten oft billige Zimmer:
*HOTEL MEDAN**-***** ③, Jl. J. A. Yani 19, ☎ 21501, großer Innenhof, Zimmer mit Fan oder ac, TV, Tel und Heißwasser.
HOTEL CAKRADONYA (US$12 - 40) ⑤, Jl. Khairil Anwar 10 - 12, ☎ 33633, fax 23879, zentral und sauber, Zimmer mit Fan oder ac, TV, Telefon und Heißwasser.
HOTEL KARTIKA (US$16 - 36) ⑭, Jl. Nyak Adam Kamil IV / 1, ☎ 21749, fax 23629, akzeptable Zimmer mit ac, TV und Telefon; Restaurant und kleiner Garten.
*HOTEL RASA SAYANG AYU***-***** ⑮, Jl. Teuku Umar 439 A, ☎ 41983, nahe dem Busbahnhof, sehr ungepflegt.
Die **besten Hotels** der Stadt sind:
KUALA TRIPA HOTEL (US$74 - 227) ⑬, Jl. Mesjid Raya 24, ☎/fax 24535, Luxushotel.
SULTAN HOTEL (US$64 - 150) ⑦, Jl. Teuku Panglima Polem 1, ☎ 22469, fax 31770, zu teuer für's Gebotene.
PAVILLIUN SEULAWAH (US$30 - 90) ⑫, Jl. Prof. A. Majid Ibrahim II / 3, ☎ 22872 oder 227 88. Kleines, sauberes Hotel , ruhig gelegen mit ac, TV, Telefon und Heißwasser. Mit einem kleinen Innenhof mit Billard-Zimmmer und Restaurant. Eine dunkle Bar befindet sich im 1. Stock des Hotels – und mit Bierlizenz.

Foto - Zwei Frauen in Banda Aceh

ESSEN

Viele Essenstände werden abends an der Ecke Jl. J. A. Yani / Jl. Khairil Anwar aufgebaut. Gute Nudelsuppen.
NEW TROPICANA, Jl. J. A. Yani 90 - 92, ☎ 21442, ein edles Restaurant mit einem großen Angebot authentischer chinesischer Küche.
SINAR SURYA, Jl. S. R. Safiatuddin (gegenüber Hotel Medan), bietes gutes Nasi Padang.
AROMA, Jl. Cut Nyak Dhien, chinesisch.
RINDANG, ein Garten-Restaurant in einem kleinen Park gegenüber vom Kuala Tripa Hotel, wo man angenehm sitzen, erfrischende Fruchtsäfte schlürfen oder kleine Mahlzeiten einnehmen kann.

EINKAUFEN

SOUVENIRS – In den Einkaufsstraßen Jl. Merduati, Jl. Diponegoro, Jl. Perdagangan, Jl. K. H. A. Dahlan und Jl. Mohd. Jam liegen einige Souvenirläden, z.B.
HARUN KEUCIK LEUMIK, Jl. Perdagangan 115, SK 9/29, ☎ 23313.
Empfehlenswert ist *BUNGONG JAROE,* Jl. Cut Nyak Dhien 21, Taschen mit Aceh-Stickereien, Krise in allen Größen und traditioneller Schmuck.

LEBENSMITTEL – im *SURYA PASARAYA DEPARTMENT STORE* gibt's neben vielen leeren Läden einen Lebensmittel-Supermarkt.

SONSTIGES

ALKOHOL – In der relativ trockenen Provinz Aceh ist selbst Bier nicht immer zu bekommen, wird aber durchweg in den Restaurants der teuren Hotels angeboten.

GELD – *BANK DAGANG NEGARA*, Jl. Diponegoro 9, ☎ 21750; *BANK NEGARA INDONESIA 1946,* Jl. K. H. A. Dahlan, ☎ 22551; *BANK EKSPOR IMPOR,* Jl. T. Nyak Arief, ☎ 23992.

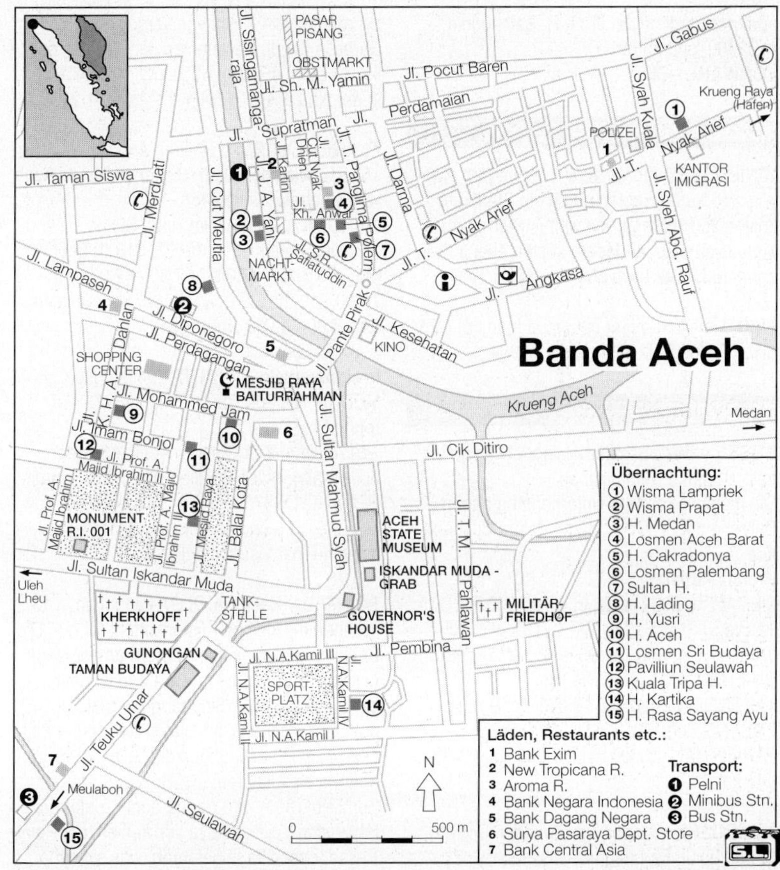

ACEH

GUIDES – Ortskundige Führer für Touren aller Art vermittelt die lokale Zweigstelle der *INDONESIAN TOURIST GUIDE ASSOCIATION,* Jl. Merduati 125, ☎ 23811.

IMMIGRATION – *KANTOR IMIGRASI,* Jl. T. Nyak Arief, ☎ 23784.

INFORMATIONEN – *TOURIST INFORMATION,* Dinas Pariwisata, Jl. T. Chik Kuta Karang 3, ☎ 23692, fax 33723, geöffnet Mo - Do 7.30 - 12.30 und 13.30 - 16.15 Uhr, Fr bis 12.00 Uhr, Sa und So geschlossen, kaum englischsprechende Mitarbeiter.

POST – Jl. T. Angkasa, ☎ 21415, geöffnet Mo - Do und Sa 8.00 - 19.00, Fr 8.00 - 11.00 und 14.00 - 19.00 Uhr.

TELEFON / TELEX – *TELKOM* in der Jl. T. Nyak Arief 92, ☎ 23940, 21100.
Außerdem einige private Wartel, u.a. im Zen-

Fotos - oben: Westküste von Aceh; unten: Banda Aceh

trum der Stadt, in der Jl. S. R. Safiatuddin, ☎ 32300, und außerhalb.
VORWAHL – 0651.

NAHVERKEHRSMITTEL

MINIBUSSE – fahren ab Jl. Diponegoro auf verschiedenen Routen durch die Stadt und kosten 250 Rp, egal wie weit *(= jauh / dekat)*. Motorisierte **Becak Mesin** kosten ebenso wie normale **Becak** etwa 500 Rp pro Kilometer.

TAXI – mit Taxameter bekommt man bei *CEMPALA TAXI*, Jl. T. Iskandar, ☎ 31954.

TRANSPORT

BUSSE – Der Busbahnhof liegt etwas außerhalb an der Jl. Teuku Umar.
Die meisten Fernbus-Unternehmen haben Büros in der Jl. Mohd. Jam und am Busbahnhof.
Preisbeispiele:
MEDAN 16 000 / ac 20 000 - 30 000 Rp, 12 Std.;
JAKARTA 70 000 / ac 95 000 - 125 000 Rp;
BIREUEN 7000 Rp, 5 Std.;
TAKENGON 8000 / ac 10 000 Rp, 9 Std.;
CALANG 5000 Rp, 4 Std., 156 km;
TAPAKTUAN 13 000 / ac 15 000 Rp, 12 Std., 445 km.

MINIBUSSE – zu den umliegenden Dörfern fahren ab Jl. Diponegoro, z.B. nach KRUENG RAYA, dem Fährhafen zur Pulau Weh, 1500 Rp, 35 km.
Minibusse nach MEULABOH über KUALA DAU (7000 Rp, 3 Std.) fahren von morgens bis abends alle 2 Std. von verschiedenen Büros in der Jl. Mohammed Jam, z.B. in der Nr. 39 *LESTARI JAYA TOURS*, ☎ 22970, und in der Nr. 22 *ACEH BARAT TAKSI*, ☎ 23320.

FLÜGE – Der *Blang Bintang Airport* liegt etwa 15 km östlich der Stadt. Bisher ist Banda Aceh kein visafreier Einreiseort.
GARUDA / MERPATI im Hotel Sultan, Jl. T. Panglima Polem 1, ☎ 32523, 31811; geöffnet Mo - Do 7.30 - 17.00, Fr 7.30 - 12.00 und 14.00 - 16.30, Sa 7.30 - 13.00, So und feiertags 8.30 - 13.00 Uhr.

Preisbeispiele: JAKARTA 394 000 Rp, MEDAN 108 000 Rp, BATAM 245 000 Rp (ohne MwSt).
PELANGI AIR, Jl. T. Nyak Arief 163 (weit außerhalb), ☎ 33365, fliegt Mo, Mi u. Fr nach PENANG US$76 und KUALA LUMPUR US$115. Ein- und Ausreise sind in Banda Aceh nur mit Visum möglich.

SCHIFFE – Nach SIBOLGA kann man in 1 - 2 Wochen mit kleinen Küstenkuttern fahren. Die Schiffe legen in einigen Dörfern an der Nordwestküste Sumatras und auf den vorgelagerten Inseln (z.B. Sinabang auf SIMEULUE) an. Die Zwischenstops bieten die Möglichkeit, sich für ein paar Stunden die Beine zu vertreten und einzukaufen.
Zur Zeit (1995) wird Banda Acehs Hafen Malahayati in Krueng Raya von keinem der Pelni-Passagierschiffe angefahren, was sich aber bald wieder ändern kann.
PELNI, Jl. J. A. Yani 49, ☎ 23976, geöffnet Mo - Do 8.00 - 12.30 und 14.00 - 15.00, Fr 8.00 - 11.00 und 14.00 - 15.00, Sa 8.00 - 12.00 Uhr.

Die Geschichte Acehs

Das frühe Aceh

Schon seit dem Altertum ist das Reich von Aceh bekannt, da es an der Straße von Malacca liegt, dem Seeweg von China nach Indien und zum persischen Golf, d.h. bekannt waren in erster Linie seine Häfen, aber nicht das gebirgige, dicht bewaldete und kaum erschlossene Hinterland. Zwar kontrollierten zeitweise ausländische Mächte einige Häfen Acehs, das eigentliche Reich von Aceh, bestehend aus vielen kleinen, mehr oder weniger selbständigen Für-

stentümern, blieb trotzdem über viele Jahrhunderte lang unabhängig. Bis die Holländer den Widerstand mit Gewalt brachen, wozu sie allerdings fast 40 Jahre brauchten (1873 - 1912).
Der Anbau von Reis, vor allem an den breiten, flachen Küstenstreifen im Norden und Osten, war schon in frühgeschichtlicher Zeit die Lebensgrundlage der Acehnesen. Sie lebten in Dorfgemeinschaften, denen jeweils ein Dorfoberhaupt vorstand. Aus Sicherheitsgründen schlossen sich oft mehrere Dörfer zu Verbänden zusammen, die wiederum ihre eigenen Oberhäupter hatten. Einigen dieser Dorfhäuptlinge gelang es, ihre Macht weiter auszudehnen, was im Laufe der Zeit zur Gründung der vielen kleinen Fürstentümer führte.
Von den Fürstentümern Acehs waren die Küstenreiche am einflußreichsten. Vom 7. bis zum 11. Jahrhundert standen sie noch unter der Kontrolle des mächtigen Reiches von Sri Vijaya (Süd-Sumatra). Nach dem Niedergang des Sri Vijaya-Reiches, etwa ab dem 13. Jahrhundert, gewannen Acehs Küstenreiche allmählich an Bedeutung. Der Grund für diesen Aufschwung war der lukrative Handel mit Pfeffer, damals das wichtigste Exportprodukt Acehs. Eingekauft wurde der Pfeffer von arabischen und indischen Händlern.
Auch Marco Polo landete 1291 auf seiner Reise von China nach Persien in Aceh und glaubte, in den Wäldern das berühmte Einhorn gesehen zu haben, das in europäischen Legenden immer wieder auftaucht. Was er gesehen hat, kann aber wohl nur das Sumatra-Nashorn gewesen sein. Mit den arabischen und indischen Kaufleuten gelangte der Islam im 13. Jahrhundert nach Aceh. Entlang der wenigen Handelswege im Landesinneren breitete er sich langsam, aber unaufhaltsam von den Küstenreichen bis ins Hinterland zu den benachbarten Völkern der Gayo und Alas aus. Der Islam vermischte sich harmonisch mit den bestehenden Glaubensvorstellungen der Acehnesen, die von buddhistischen und hinduistischen Elementen, durchsetzt mit animistischen Anschauungen, geprägt waren. Noch bis heute haben sich im relativ streng islamischen Aceh vorislamische Bräuche und Traditionen erhalten. Das wird vor allem in den Heiratssitten deutlich, und in der Rolle, die die Frau in der Aceh-Gesellschaft spielt; ähnlich wie die Minangkabau West-Sumatras hatten auch die Acehnesen ursprünglich ein matrilineares Erbschaftssystem.

Das Goldene Zeitalter

Im 16. Jahrhundert entwickelte sich Aceh zum gefährlichsten Rivalen Malaccas, denn in Banda Aceh lebten Händler und Kaufleute aus China, Indien, Persien, Türkei, Syrien und Arabien. Die Außenbeziehungen gingen sogar so weit, daß 1560 der türkische Sultan Hilfstruppen nach Aceh schickte, um Sultan Al Kahar gegen die Portugiesen zu unterstützen.
Sein Goldenes Zeitalter erlebte Aceh unter der Herrschaft des Sultan Iskandar Muda, der von 1607 - 1636 regierte. Er führte Aceh zum Höhe-

ACEH

punkt seiner Macht, das daraufhin eine wirtschaftliche Blütezeit erlebte. Dem Sultan war es gelungen, die vielen kleinen, unabhängigen Fürstentümer zu einem Reich zu vereinen. Er monopolisierte den Pfefferhandel der Region und knüpfte enge Handelsbeziehungen mit den Minangkabau an Sumatras mittlerer Westküste und mit Malacca. Zu dieser Zeit war Kutaraja, das heutige Banda Aceh, ein Ort der Lehre, des Handels und der Kunst. Allein 300 Goldschmiede waren bei Hof beschäftigt, die Flotte des Sultans umfaßte etwa 500 Schiffe mit jeweils 600 bis 800 Mann Besatzung, eine stehende Armee bestand aus 40 000 Soldaten.
Nach dem Tode des Sultans Iskandar Muda behielten seine Nachfolger zwar nominell noch die Oberherrschaft über Aceh, trotzdem zerfiel das Gebiet wieder in viele kleinere Reiche. Die 1602 in Holland gegründete Vereenigde Oostindische Compagnie (VOC) erzwang sich schon wenige Jahrzehnte später von dem inzwischen nahezu machtlosen Sultan das Handelsmonopol in den Häfen Acehs. In seiner Gesamtheit dagegen blieb Aceh aber weiterhin unabhängig.

Der Aceh-Krieg

Im 19. Jahrhundert erlangte, als ein Ergebnis der napoleonischen Kriege in Europa, England die Handelsrechte mit Aceh. Holland hatte sich weiterhin verpflichtet, für die Sicherheit des Handels zwischen Aceh und Singapore, dem neugegründeten englischen Stützpunkt, zu sorgen. Piraten, die unterstützt von den weiterhin selbständigen Aceh-Fürsten in der Malacca-Straße aktiv waren, fügten diesem Handel allerdings erheblichen Schaden zu. Es liegt auf der Hand, daß solche Zustände für die Kolonialherren unerträglich waren und ihnen ein unabhängiges Aceh ein Dorn im Auge sein mußte.
Im Jahre 1871 erhielt Holland seine Handelsrechte mit Aceh von den Engländern zurück, die dafür von den Holländern deren afrikanische Niederlassungen an der Goldküste (heute Ghana) bekamen. Schon seit Mitte des 19. Jahrhunderts versuchte der Sultan von Aceh, der die Bedrohung durch die Kolonialmächte erkannt hatte und um seine Unabhängigkeit fürchtete, Hilfe aus dem Ausland zu bekommen: zuerst bei den Türken, die ihm ja schon einmal geholfen hatten, deren Osmanisches Reich aber selbst zu große Probleme hatte, später (1873) in den USA und in Italien.
Als die Kolonialregierung in Batavia davon Wind bekam, bot sich ihr endlich der erwünschte Vorwand, den Sultan zur Unterwerfung unter die holländische Krone aufzufordern, bzw. Aceh den Krieg zu erklären, da wie erwartet der Sultan sich weigerte, sich zu unterwerfen. Holländische Truppen landeten noch im selben Jahr (1873) an Acehs Küsten, aber der geplante Überraschungsangriff schlug fehl, denn die Fürsten Acehs hatten einen Angriff erwartet und waren darauf vorbereitet. Somit begann ein Guerilla-Krieg, der fast 40 Jahre lang andauerte.
Ihre technische Überlegenheit nützte den Holländern dabei wenig, denn die Heerführer Acehs und ihre Truppen konnten sich jederzeit schnell in die dicht bewaldeten Gebirge des Hinterlandes zurückziehen, wo sie sich außerdem noch der tatkräftigen Unterstützung durch die Bevölkerung, auch der Frauen, sicher sein konnten. Denn der Sultan von Aceh hatte den Krieg gegen die Holländer zum Heiligen Krieg (Jihad) erklärt, mit dem zweifachen Ziel, die Unabhängigkeit des Reiches zu verteidigen und den Islam vor den Ungläubi-

Banda Aceh hieß früher Achem oder auch Atschyn

gen zu schützen. Ein am Jihad beteiligter Moslem kann auf jeden Fall mit der Aufnahme im Paradies rechnen, vor allem wenn er im Kampf gegen die Ungläubigen gefallen und somit zum Märtyrer (Sjahid) geworden ist.
Viele der kriegführenden Regionalfürsten ergaben sich schon nach wenigen Jahren den Holländern. Die Reste ihrer Truppen dagegen zogen sich meist ins unzugängliche Hinterland zurück, wo sie sich mit anderen Guerilla-Truppen zusammentaten und, angefeuert von religiös motivierten Führern, den Heiligen Krieg weiterführten. Diese ausdauernde Bereitschaft zum Widerstand brachte den Bewohnern Acehs den ihnen bis heute anhaftenden Ruf ein, ganz besonders fanatische Moslems zu sein.

Während die kämpfenden Acehnesen immer weiter ins Bergland zurückgetrieben wurden, fanden sie dort wiederum Hilfe und tatkräftige Unterstützung bei zwei Bergvölkern, nämlich den Gayo und den Alas, die zwar ethnisch mit den weiter südlich lebenden Batak verwandt sind, sich aber wie die Acehnesen zum Islam bekennen und sich deshalb mit ihnen zum Heiligen Krieg verbündeten.
Der inzwischen schon Jahrzehnte andauernde Krieg hatte den Holländern zwar die Kontrolle über die Küstenregionen eingebracht, aber im Gebirge gelang es ihnen nach wie vor nicht, der Situation Herr zu werden. Folglich forcierten die frustrierten holländischen Truppenkommandeure ihre Art der Kriegsführung: fast jedes erreichbare Dorf wurde in Brand gesteckt, die Lebensmittelvorräte der Bewohner wurden geraubt oder vernichtet, Reisfelder und Plantagen wurden zerstört. Viele der so brot- und heimatlos gewordenen Bauern schlossen sich daraufhin den Guerillatruppen Acehs an, und noch immer war Aceh in seiner Gesamtheit weit davon entfernt, sich den Holländern zu unterwerfen.

General van Daalen
Noch Anfang des 20. Jahrhunderts war der Widerstand Acehs so ungebrochen wie zu Anfang des Krieges.
1904 drang der holländische General van Daalen mit seinen Truppen während der Verfolgung eines flüchtigen Guerillaführers erstmals tief ins Hinterland der Gajo und Alas ein. Der offensichtlich sadistisch veranlagte van Daalen führte seinen Kriegszug mit außergewöhnlicher Brutalität. Nach jeder Schlacht, d.h. jedesmal nach der Vernichtung eines Dorfes, wurden die Leichen der Dorfbewohner genau gezählt, denn van Daalen führte Buch über seine „Erfolge". In Siegerpose ließ sich der General anschließend mit den Bergen von zusammengetragenen Leichen fotografieren. Sein Vorgehen stieß allerdings auch in Holland auf heftige Kritik, und er wurde von seinen Vorgesetzten wieder abberufen.
Bis zum Jahre 1907 hatten sich die meisten der lokalen Fürsten und Guerillaführer ergeben. Allerdings dauerte es nochmals etwa fünf Jahre, bis auch die letzten noch Widerstand leistenden Aceh-Führer besiegt waren und Holland als herrschende Kolonialmacht im gesamten Aceh etabliert war (1912).

Aceh im 20. Jahrhundert
Bis zur Unabhängigkeit Indonesiens kam es in Aceh immer wieder zu Aufständen gegen die ungeliebten Kolonialherren, obwohl eine einheitliche politische Führung fehlte. Die Kleinfürsten, die sich Holland unterworfen hatten, wurden in die Kolonialpolitik integriert und von den Holländern mit Verwaltungsaufgaben betreut, was natürlich dem Ansehen der Fürsten bei der islamisch geprägten Bevölkerung schadete.
Zu Beginn des 2. Weltkriegs bildete sich in Aceh eine islamische Partei, die im Laufe der nächsten Jahre immer einflußreicher wurde und die auch von den Japanern, die 1941 Aceh besetzten, unterstützt wurde. Als sich Japan 1945 wieder aus Südostasien zurückziehen mußte, ermordeten Anhänger der inzwischen ziemlich mächtigen islamischen Partei die meisten der mittlerweile recht unbeliebten Lokalfürsten und ihre Familien.

In den 60er Jahren wurde Aceh offiziell eine Provinz der Republik Indonesien, aber mit dem Sonderstatus „Daerah Istimewa". Streng islamische Gruppen in Aceh waren mit der Eingliederung in den indonesischen Staat nicht einverstanden. Bis in die 80er Jahre hinein war das indonesische Militär damit beschäftigt, Aufstände und Unabhängigkeitsbestrebungen in Aceh zu unterdrücken und auch noch die letzten Führer der „Befreiungsfront" unschädlich zu machen.

Pulau Weh

Das lohnendste und meistbesuchte Ausflugsziel von Banda Aceh ist Pulau Weh (ca. 25 000 Einwohner, 154 km^2) mit dem Hauptort **Sabang**, einem geruhsamen Hafenstädtchen in einer malerischen Bucht. Die landschaftlich sehr schöne Insel hat eine ganze Reihe von Attraktionen aufzuweisen – Strände, Küstenhöhlen, heiße Quellen, einen Süßwassersee und vor allem die Korallengärten der nahen **Pulau Rubiah**. Die ursprüngliche Vegetation ist zum größten Teil ausgedehnten Palmen- und Gewürznelkenplantagen gewichen, ausgenommen die nordwestliche Halbinsel, wo noch 1300 ha Primärdschungel überlebt hat.

Nicht immer ging es in Sabang so geruhsam zu wie heute. Zu Beginn dieses Jahrhunderts nutzten die Holländer die idealen Gegebenheiten der Bucht von Sabang, und das ursprüngliche kleine Fischerdorf wurde um Hafenanlagen und Kohledepots erweitert. Dampfer aus aller Welt legten hier an, um sich mit Kohlen und mit Frischwasser aus dem Aneuk Laot See zu versorgen. Noch vor dem Zweiten Weltkrieg war Sabangs Hafen größer als der von Singapore. Doch das änderte sich schnell, als Schiffe mit Dieselmotoren die alten Dampfer verdrängten und Kohle nicht mehr gefragt war.

Aufgrund seiner strategisch günstigen Lage wurde der Hafen im Zweiten Weltkrieg erneut bedeutend. Zuerst verschanzten sich hier die Holländer, später die Japaner – beide hinterließen ihre Spuren in Form von Befestigungsanlagen an den Küsten.

Von 1970 - 1986 war der Hafen von Sabang Freihandelszone, und die indonesische Regierung hegte Pläne, die Insel ähnlich wie heute Batam zu einem Industrie- und Verkehrszentrum auszubauen, was allerdings nie in die Tat

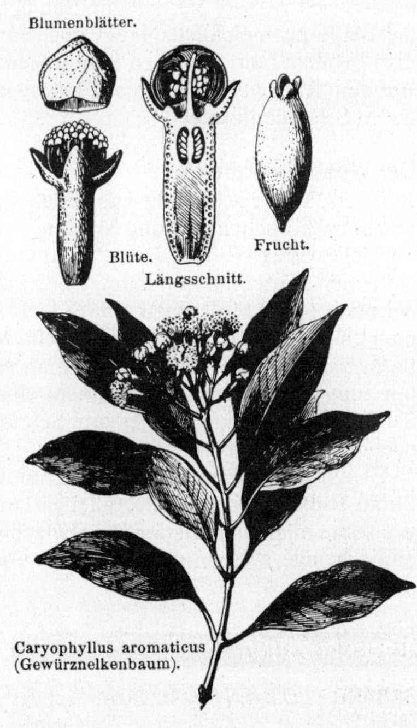

die Gewürznelke

umgesetzt wurde. Viele der Inselbewohner, die in der Hoffnung auf einen Arbeitsplatz aus anderen Teilen Sumatras und aus Java hierhergezogen waren, wanderten wieder ab, und heute ist Sabang fast wieder das kleine Fischerdorf, das es vor hundert Jahren einmal war.

Einfache Übernachtungsmöglichkeiten gibt es nur in Sabang und an drei der zahlreichen Strände. Schon kann man täglich einige Traveller auf der Fähre zur Insel antreffen. Die kleine, gebirgige Insel hat überraschend gute Straßen, die zwar schmal, aber fast durchgehend asphaltiert sind und zu verschlafenen Dörfern führen.

Der Osten der Insel

Die Ostküste ist gesäumt von einer Reihe von schmalen Stränden, die nicht immer begeistern, wo man aber meist ungestört ist: nur 2 km von Sabang liegt der steinige **Pantai Kasih**, wo noch Verteidigungsanlagen aus dem 2. Weltkrieg zu finden sind. Auf dem Weiterweg, vorbei am **Pantai Tapak Gajah**, kommt man nach 2 km zum **Pantai Sumur Tiga**, dem „Drei-Brunnen-Strand", mit weißem Sand und Möglichkeiten zum Schnorcheln.

Nicht mehr ganz so schön ist der 2 km weiter südlich sich anschließende **Pantai Ujong Kareung**. 5 km südlich davon stößt man auf den **Pantai Anoi Hitam**, einen dunklen Sandstrand. Auf dem Kap in der Nähe, dem **Ujung Meuligo**, verbergen sich weitere Verteidigungsanlagen. Von hier klettert die Straße steil über die Berge nach Balohan. Folgt man der Küstenstraße Richtung Süden, erreicht man bei dem Dorf Paya den **Pantai Keuneukai**, etwa 20 km von Sabang entfernt. Auf dem Rückweg nach Sabang lohnt sich ein Zwischenstop an dem reizvoll gelegenen See **Aneuk Laot**.

Der Westen der Insel

Auf dem Weg nach Iboih kann man bei den heißen Quellen und blubbernden Schlammtümpeln am **Ujung Murong** einen Stop einlegen. Wenige Kilometer weiter biegt rechts ein Weg zum **Pantai Gapang** ab (17 km von Sabang), wo man in einfachen Hütten hausen kann. Der zwar helle Sandstrand ist nur schmal und leider auch voller Müll, dazu gibt es viele Moskitos, an Sonn- und Feiertagen kommen aber dennoch viele Einheimische hierher. Nach weiteren 6 km ist das Dorf Iboih erreicht. Vom Dorf klettert man noch fünf Minuten zu Fuß über die Hügel, um zum **Pantai Iboih** zu kommen, einem schönen, kleinen Strand mit weißem Sand, hervorragend geeignet zum Schnorcheln, aber mit nur sehr dürftigen Übernachtungsmöglichkeiten.

Gleich gegenüber vom Strand, nur wenige hundert Meter entfernt, liegt die **Pulau Rubiah** mit ihren Korallengärten. Wegen der unberechenbaren Strömungen sollte man aber auf das Hinüberschwimmen verzichten. Besonders Unternehmungslustige können von Iboih aus Touren in den nahen Dschungel unternehmen.

ÜBERNACHTUNG

SABANG – *LOSMEN PULAU JAYA*-***, Jl. T. Umar 17 - 25, ☎ 21344, einfache Zimmer mit und ohne Mandi, einige mit ac; guter Service: Infos, Guide, Mietwagen; mit Restaurant.

*LOSMEN IRMA**, Jl. T. Umar 3, ☎ 21148, sehr einfach, gemeinsames Mandi, aber mit Dachterrasse, auf der öfters Grillparties stattfinden, viele Traveller.

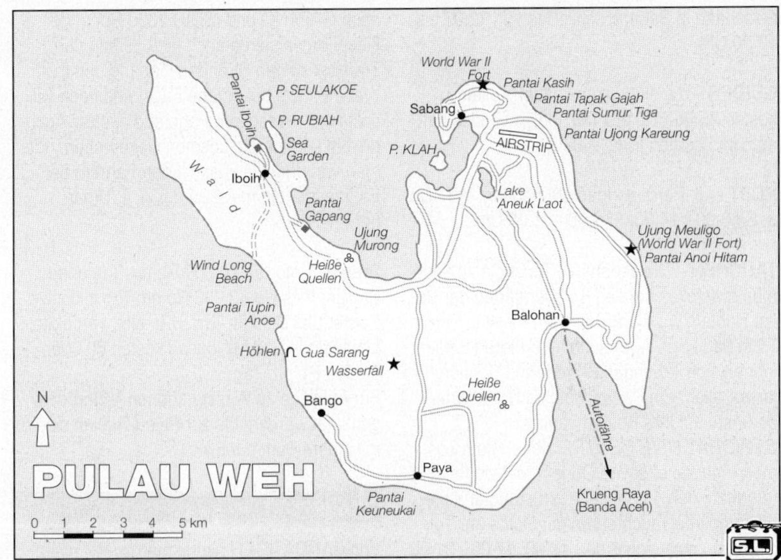

LOSMEN HOLIDAY-****,* Jl. Perdagangan 1, ☎ 21131, relativ sauber, ruhig und gut, Zimmer mit und ohne Mandi, einige mit ac, schöne Aussicht von großer Dachterrasse.

PANTAI GAPANG – 2 oft leerstehende Bungalow-Anlagen mit sehr einfachen Hütten*, ohne jeglichen Komfort, ohne Elektrizität, nur ein dürftiger Warung, oft geschlossen, und ein öffentliches Mandi am Strand.

PANTAI IBOIH – Mehrere Anlagen: meist spartanische Hütten* ohne Privat-Mandi und ein einfaches Restaurant; die meisten Bungalow-Anlagen haben an dem kurzen Strand keinen Platz mehr gefunden, viele Hütten wurden oben in den steilen Hügeln gebaut und sind nur über schmale Fußwege zu erreichen; nachts ist eine Taschenlampe unerläßlich. Nicht allzu weit vom Strand: *FATIMAH BUNGALOWS*,* Hütten mit großem Balkon.

WIND LONG BEACH – Zwei Bungalow-Anlagen* an einem ruhigen, breiten Sandstrand; bisher nur wenige Besucher, die über den Mangel an Speis und Trank in den Restaurants klagen; eine Straße zum Strand ist im Bau. Erste Informationen bekommt man im Losmen Irma.

ESSEN

Einige gute Restaurants findet man in der Jl. Perdagangan, z.B. *RESTAURANT SABANG,* Nr. 27, ☎ 21181, chinesisch; gegenüber *RESTAURANT DYNASTY,* ebenfalls chinesisch; hier gibt es Bier, und man kann im Freien sitzen;
RESTAURANT LUMBUNG SARI, Nr. 26, Padang-Food.
RIEZKY, Jl. T. Umar, bietet indonesische Gerichte.

SONSTIGES

GELD – Die *BANK RAKYAT,* Jl. Perdagangan 123, nur 100 m von der Post, wechselt US$ cash und TC zu mageren Kursen.
Mitunter wechseln auch die chinesischen Geschäftsleute an der Jl. Perdagangan; die

Geschäfte in Sabang schließen von 12.00 bis 17.00 Uhr.

GUIDES – die eine Lizenz haben sollten, kosten 25 000 Rp pro Tag; einige Guides trifft man im Losmen Irma, z.B. Iwan.

POST – Jl. Perdagangan 66, geöffnet Mo - Do u. Sa 8.00 - 14.00, Fr 8.00 - 11.00 Uhr.

TAUCHEN – Die schönsten Tauchplätze findet man zweifellos bei den Korallengärten der Pulau Rubiah, wo die Sichtweiten meist um die 25 m betragen. Aber auch an anderen Stellen lohnen sich Tauchgänge, während Schnorchler vor allem am Pantai Iboih im Nordwesten der Insel auf ihre Kosten kommen.
STINGRAY DIVE CENTRE, neben dem Losmen Irma, geleitet von Dodent Mahyiddin, gibt Informationen, vermietet Ausrüstung und bietet komplette Tauchtouren mit Guide an. Tgl. geöffnet, meist von 8.00 - 12.00, 17.00 - 21.00 Uhr. *Stingray* hat eine Filiale am Pantai Iboih, wo man ebenfalls Schnorchel-Ausrüstung leihen kann.

TELEFON – *TELKOM,* Jl. Perdagangan 68, tgl. 24 Stunden geöffnet.

VORWAHL – 0652.

NAHVERKEHRSMITTEL

Öffentliche **Pick Ups** oder **Minibusse** verkehren nur sporadisch, d.h. meist nur 2x tgl., z.B. nach GAPANG und IBOIH 2000 Rp. In der Regel organisieren auch die Losmen den Transfer zu den Stränden Gapang und Iboih. Wer die Insel auf eigene Faust erkunden will, sollte sich besser ein Fahrzeug mieten. Auch hierbei können die Losmen weiterhelfen, oder man verhandelt selbst mit den Fahrern der Fahrzeuge, die meist an der Jl. T. Umar herumstehen.

Preise: Motorrad 20 000 Rp pro Tag ohne Benzin; Pick Up 60 000 Rp pro Tag inklusive Fahrer und Benzin; Taxi, d.h. alte, verbeulte Limousinen und Minibusse kosten 60 000 - 80 000 Rp pro Tag.
Für Ausflüge zu Wasser können Motorboote gemietet werden; bis zur Pulau Rubiah sind es mit einem Boot nur 5 km.

TRANSPORT

Von BANDA ACEH nimmt man zuerst einen Minibus ab Jl. Diponegoro bis KRUENG RAYA, 35 km, 1 Std., 1500 Rp.
Mo - Sa um 15.00 Uhr, So um 11.00 und 17.00 Uhr fährt von hier eine Autofähre nach BALOHAN, Pulau Wehs Fährhafen an der Südküste, Fahrzeit 2 Stunden. Tickets bekommt man am Hafen, 5800 Rp 1. Klasse ac, 3850 Rp 2. Kl. Ab Balohan mit dem Minibus nach Sabang, 1500 Rp, 12 km.
Die Fähre von Balohan zurück nach Krueng Raya legt Mo - Sa 9.00 Uhr, So 8.00 und 13.00 Uhr ab; mit dem Minibus sollte man etwa 1 Std. vorher von Sabang wegfahren.

Die Westküste Acehs

Die Küstenstraße von Banda Aceh über Meulaboh nach Tapaktuan ist seit 1991 durchgehend asphaltiert und mit Brücken versehen, so daß man relativ schnell von Banda Aceh zum Toba-See gelangen kann (natürlich führt der schnellste Weg noch immer über Medan). Die Straße, die in erster Linie gebaut wurde, um die Westküste für Neusiedler zu erschließen, führt vorbei an Plantagen und abgebrannten Wäldern, manchmal aber auch durch Dschungel, in dem neben Affen, Nashornvögeln und Elefanten gelegentlich auch ein Tiger gesichtet wird. Außerdem hat man immer wieder wunderbare Ausblicke auf die Küste mit ihren Buchten, herrlichen Sandstränden und vorgelagerten Inseln. Mehrere Pässe müssen auf zum Teil abenteuerlich schmalen Straßen überwunden werden. Am KM 75 und 73 finden sich noch gut erhaltene, traditionelle Aceh-Häuser inmitten von grünen Reisfeldern.

Wer möglichst schnell von Banda Aceh entlang der Westküste zum Toba-See will, ist etwa 3 Tage unterwegs, mit Übernachtung in Tapaktuan und in Sidikalang.

Lamno

Der kleine Marktflecken, etwa halbwegs zwischen Banda Aceh und Calang gelegen, ist für die besten Pomelos Sumatras berühmt, große Früchte mit rosa Fruchtfleisch, die bis zu 25 cm Durchmesser haben. In den Monaten Juni bis September werden sie an vielen Ständen verkauft.

Für Sumatra ungewöhnlich ist das häufige Auftreten blauäugiger Menschen in Lamno. Nach einer Legende soll im 16. Jahrhundert ein portugiesisches Schiff hier gestrandet sein, und dessen Besatzung die Westküste Sumatras wohl so attraktiv gefunden haben, daß sie hier blieben, und sich mit den Einwohnern vermischten.

Übernachten kann man in einem einfachen *Losmen Singahan**-** am Pasar Lamno.

Kuala Dau

Für einen erholsamen Strandurlaub an der Nordwestküste lohnt sich ein Zwischenstop in Kuala Dau, 15 km nördlich von **Calang** an einer mit Felseninseln durchsetzten Bucht.

ÜBERNACHTUNG UND ESSEN

Das *CAMP EUROPA* des deutschen Abenteurers Dieter Hess, bei Einheimischen auch als *Daud Jerman* bekannt, liegt 500 m abseits der Straße an einer von Dschungel und Felsen umrahmten Bucht. Für Vollpension in Zimmern, soliden, luftigen Baumhäusern oder komfortablen Bungalows mit Mandi / WC zahlt man je nach Komfort 15 000 - 25 000 Rp p.P. einschließlich 4 Mahlzeiten mit selbstgebackenem Brot und anderen deutsch beeinflußten Gerichten. Da der private Sandstrand ausschließlich Gästen des Camps vorbehalten ist, eignet sich die naturbelassene Anlage hervorragend zum Entspannen und um die absolute Ruhe zu genießen. Wer Dieters Humor mag, kann nächtelang seinen abenteuerlichen Geschichten lauschen und ihn vielleicht sogar zu einer gemeinsamen Dschungeltour überreden. Das absolute Robinson-Erlebnis hat man auf Dieters Privatinsel vor Rigaih, ein paar Kilometer südlich des Camps. Ansonsten haben einige Einheimische in Dieters Umgebung versucht, ihm Konkurrenz zu machen, wobei die Resultate jedoch wenig überzeugen.

SONSTIGES

MEDIZINISCHE HILFE – ein *PUSKESMAS* (ein Public Health Center) befindet sich in Lageun, 5 km nördlich von Kuala Dau.

POST / TELEFON / BANK – ein kleines Postamt befindet sich in Lageun; für internationale Telefonate u.a. wende man sich an *TELKOM* in Calang; die nächste Bank steht in Meulaboh.

TOUREN – *DANNIEL SOUVENIR SHOP* in Lageun offeriert Flußtouren für 1 - 3 Personen für 20 000 Rp p. P., ab 4 Personen 15 000 Rp.

TRANSPORT

Bus von BANDA ACEH bis Kuala Dau oder Calang, 5000 Rp, 4 - 4 1/2 Std., 142 bzw. 157 km; Minibus 7000 Rp, 3 Std. Minibus von Kuala Dau nach MEULABOH, 4000 Rp, 1,5

Std. Wer Kuala Dau erst nach Einbruch der Dunkelheit erreicht, sollte für den 500 m langen Weg bis zum Camp eine Taschenlampe bereithalten.

Meulaboh

Über Teunom, wo ein großer Fluß überquert wird, erreicht man, wenn man an dem Aceh-Hut aus Beton vorbeigekommen ist, 245 km von Banda Aceh die kleine Stadt Meulaboh. Die Strände sind hier nicht so schön wie weiter nördlich bei Kuala Dau oder südlich bei Tapaktuan, da hier dunkler Sand vorherrschend ist.

ÜBERNACHTUNG

Drei einfache Losmen findet man direkt nebeneinander in der Jl. Merdeka nahe der Moschee:
*BANDUNG**, Nr. 83 - 85; *HARAPAN**, Nr. 31, sehr einfach; und *NUSA INDAH**, Nr. 43.
In der Jl. T. Umar: *WIRA**, Nr. 100, ☎ 21049; *MUTIARA**-***, Nr. 157, ☎ 21531, mit schönem Innenhof, ein paar Zimmer mit ac. Restaurants sind vorhanden.
MEULIGO GAJAH PUTEH (US$12 - 100), ☎ 22222, ist das beste Hotel des Ortes, liegt an der Straße nach Banda Aceh.
*NOVA HOTEL****, Jl. Nasional (Richtung Tapaktuan), ein neues Hotel.

TRANSPORT

BUSSE – Bus von KUALA DAU oder CALANG nach Meulaboh, 3500 Rp, 2 - 3 Std.; Minibus von Kuala Dau nach Meulaboh, 4000 Rp, 1.5 Std. Bus von Meulaboh nach TAPAKTUAN, 6000 / ac 8000 Rp, 4 - 5 Std., 200 km.

FLÜGE – Jeden Di und Do fliegt die SMAC von MEDAN nach Meulaboh und zurück für US$40 einfach, am selben Tag nach SINABANG, P. Simeulue, 60 000 Rp.

SCHIFFE – 3x pro Woche fährt eine Fähre von Meulaboh nach SINABANG auf der Insel Simeulue, 6500 Rp.

Tapaktuan

Das freundliche und saubere Hafenstädtchen Tapaktuan, 200 km südlich von Meulaboh, liegt malerisch in einer von Bergen umschlossenen Bucht. Es lohnt sich, einige erholsame Tage hier zu verbringen: der Ort hat mehrere gute Losmen und Hotels, und die Umgebung bietet eine Reihe von attraktiven Ausflugszielen.

ÜBERNACHTUNG

*LOSMEN GUNUNG TUAN** ⑥, Jl. Merdeka 80, sehr einfach. Ebenso nebenan die beiden Losmen: *KANADA** ④, Nr. 52, ☎ 21209; und *JOGYA** ⑤, Nr. 74, ☎ 21121.
*LOSMEN BUKIT BARISAN** ③, Jl. Merdeka 35, ☎ 21145, einfach, aber akzeptabel.
*HOTEL PANORAMA**-** ②, Jl. Merdeka 33, ☎ 21004, saubere Zimmer mit und ohne Mandi, Fan oder ac; schöner Ausblick über die Bucht und den Hafen vom 3. Stock.
*LOSMEN JAMBU** ①, Jl. Jen. A. Yani 77, ☎ 21365, mit Garten und Infos.
*HOTEL PUTRO BUNGSU***-*** ⑦, Jl. Nyak Adam Kamil 39, ☎ 21395, alle Zi mit Bad / WC, Fan oder ac und TV, etwas außerhalb, aber sehr ruhig und sauber.
*LOSMEN RAHMAT**-** ⑧, Jl. S. Parman 8, ☎ 21101, ruhig gelegen, mit Garten.
HOTEL DIAN RANA (US$7 - 35) ⑨, Jl. Teuku Raja Angkasah, ☎ 21444/5, fax 21555, ein 8eckiges Gebäude direkt am Meer, sauber; Zimmer mit ac, Telefon, TV und Badewanne – aber auch hier funktioniert nicht immer alles.

ESSEN

RUMAH MAKAN KIAH, Jl. Jen. A. Yani, neben Losmen Jambu, geöffnet bis 21.00 Uhr, gute

Padang-Küche. *RUMAH MAKAN WISATA*, indonesisch und Seafood.

SONSTIGES

POST – *KANTOR POS*, Jl. Teuku Raja Angkasah, geöffnet Mo - Do, Sa 8.00 - 14.00, Fr bis 11.00 Uhr.

TELEFON – Internationale Telefonate sind 24stündig möglich bei *TELKOM*, Jl. Teuku Raja Angkasah; Telegramme von 7.30 - 16.30 Uhr, So und feiertags bis 11.30 Uhr aufgeben.

PHPA / WWF – Büro in der Jl. Hamzah Fansuri 25, ☎ 21598, betreut ein Forschungszentrum im Kluet Selatan, einem Teil des G. Leuser NP, der hier bis zum Indischen Ozean reicht.

VORWAHL – 0656.

TRANSPORT

BUSSE – nach MEDAN 11 000 Rp, 12 Std., 350 km, über BRASTAGI 9000 Rp, 10 Std. Nach BANDA ACEH 13 000 / ac 15 000 Rp, 12 Std., 445 km, über MEULABOH 6000 / ac 8000 Rp, 4 - 5 Std.
Direktbusse von Tapaktuan nach SIDIKALANG (Richtung Medan) fahren um 16.00, 17.00 und 18.00 Uhr ab. Tickets kosten 9000 Rp.
Die Fahrzeit bis Sidikalang beträgt 7 Std. Wegen der schönen Landschaft ist es besser, zuerst mit einem frühen Minibus bis SUBULUS' SALAM zu fahren, 5000 Rp, 3,5 Std., Abfahrt stündlich zwischen 7.00 und 14.00 Uhr.
Von hier weiter mit einem Minibus bis Sidikalang, 3000 Rp, 2 - 3 Std.

FLÜGE – mit SMAC (s.S. 160, Medan).

SCHIFFE – von Tapaktuans Hafen kann man mit kleinen Kopra-Frachtern nach SINABANG auf Pulau Simeulue hinüberfahren; oder nach Haloban auf den BANYAK-INSELN, 15 000 Rp, 9 - 10 Std.

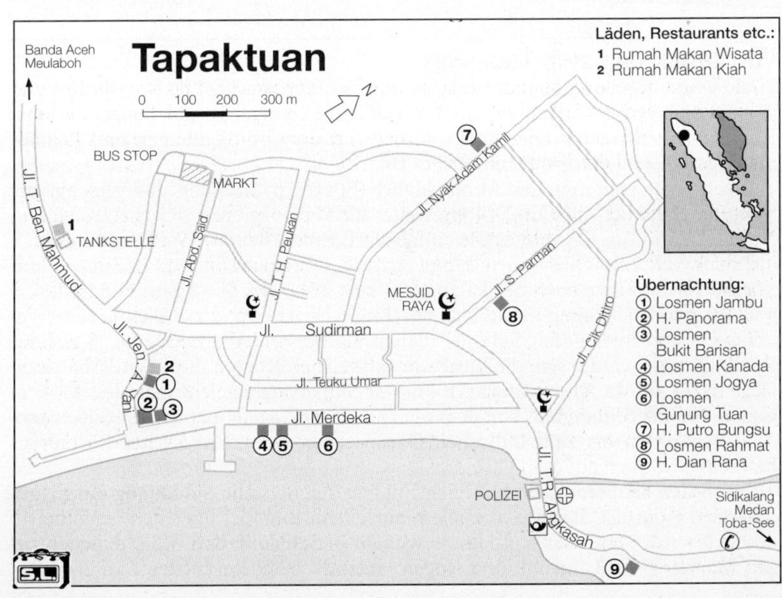

Die Umgebung von Tapaktuan

Air Dingin

Ein schöner weißer Sandstrand unter Palmen erstreckt sich in der Nähe von **Sawang**, 16 km nördlich von Tapaktuan. Nach einem Bad im Meer kann man sich unter dem jenseits der Straße herabbrausenden Wasserfall duschen. Schon auf dem Weg von Tapaktuan nach Sawang kommt man an einigen einladenden Stränden vorbei.

Tingkat Tujuh

7 km südöstlich von Tapaktuan kann man sich den Air Terjun Tingkat Tujuh anschauen, einen Wasserfall mit sieben Stufen. Die letzten 2 km des Weges geht es zu Fuß durch die Hügel.

Gunung Leuser Nationalpark

Etwa 30 km südlich von Tapaktuan, zwischen den Orten Kandang und Bakongan erstreckt sich der Nationalpark über 8 km bis hinunter zum Indischen Ozean. Nur die Fernstraße führt durch den menschenleeren Strandwald, wahrscheinlich einer der letzten Sumatras.

Das Gebiet ist auch unter dem Namen Kluet Selatan bekannt. Am nördlichen Parkeingang stehen eine Rangerstation und ein Warung. Am grauen Strand kann man in einer einfachen Hütte übernachten. Dusche und Toilette sind auf der gegenüberliegenden Rangerstation.

Mit Guides sind Touren ins Hinterland möglich, u.a. zu einem See mit Krokodilen und zu Orang Utan, s.S. 145.

Von Tapaktuan zum Toba-See

Südlich von Tapaktuan windet sich die Straße über einige steile Bergrücken und wendet sich später landeinwärts. Der Tieflanddschungel ist auf Dutzenden von Kilometern vollständig abgeholzt und hat Transmigrasi-Siedlungen und Palmölplantagen Platz gemacht. Ein trauriges Bild!

Nach einer vierstündigen Minibusfahrt (5000 Rp) hat man das verschlafene **Subulus' Salam** erreicht und 17 km weiter die Provinzgrenze zwischen Aceh und Nord-Sumatra. Im Ort gibt es die einfachen Losmen *Winda**, *Suci** und *Lestari**, das neue und empfehlenswerte *Hotel Abadi**, Jl. Teuku Umar 171, Zimmer mit Mandi. Ein Minibus nach Sidikalang (65 km) 3000 Rp, 2 - 3 Std. Da die Übernachtungsmöglichkeiten in Sidikalang schmutzig, teuer und ziemlich heruntergekommen sind, bietet sich Subulus' Salam als bessere Alternative an. Nach der Provinzgrenze windet sich die Straße in zahlreichen Kurven durch gut erhaltenen Regenwald auf das Hochplateau. 8 km vor Sidikalang erreicht man den 1150 m hohen **Puncak Sidiangkat**, von dem man an klaren Tagen über dschungelbewachsene Bergketten bis zum Indischen Ozean sehen kann. Ein kleines Restaurant befindet sich oben auf dem Paß.

Nach den sauberen, alkoholfreien Städten Acehs stellt **Sidikalang** einen auffallenden Kontrast dar, was vor allem auf einem Bummel über den Nachtmarkt deutlich wird: Schweine und Hunde wühlen in Schlamm und Müll, daneben sitzen Männer beim Umtrunk und singen lautstark fröhliche Lieder. Sidikalang ist nämlich der Hauptort der christlichen Pakpak Dairi Batak, einem der sechs Batak-Stämme (s.S. 173 ff). Die ansonsten wenig attraktive Stadt, das wichtigste Marktzentrum der Region, hat ein angenehmes Hochlandklima. 12 km von Sidikalang liegt der kleine See **Danau Cike Cike**.

ÜBERNACHTUNG UND ESSEN

In Sidikalang findet man mehrere sehr einfache Penginapan, ganz gut ist der *PENGINAPAN DAIRI RAYA**, Jl. Pegagan 8, ☎ 21638, saubere Zimmer, z.T. mit eigenem Mandi; nebenan ein Padang-Restaurant. Außerdem das *HOTEL ANGKASA RAYA**-****, Jl. Nusantara 5, hinter dem Kino etwa 500 m vom Markt.
Im chinesischen *RUMAH MAKAN SEHAT*, nicht weit vom Angkasa, bekommt man annehmbares Mie Goreng.

TRANSPORT

In 3 - 4 Stunden gelangt man mit dem Bus von Sidikalang nach BRASTAGI (s.S. 166).
Richtung PANGURURAN am Westufer des Toba-Sees fährt tgl. gegen 11.00 / 12.00 Uhr ein Direktbus, 3500 Rp, 2 1/2 Std. Oder man nimmt um 8.00 oder 9.00 Uhr einen Minibus bis TELE und steigt hier um, was fast genau so schnell und teuer ist. Die Fahrt von Tele nach Pangururan ist nichts für schwache Nerven! Die sehr schmale Straße windet sich in vielen Kurven einen beängstigend steilen Berghang hinab, bietet aber auch eine phantastische Aussicht. Ab Pangururan (s.S. 194) gibt es direkten Anschluß mit Minibussen zu den Dörfern auf Pulau Samosir: TUK TUK / TOMOK, 1500 Rp, 1 1/2 Std. Eine weitere Alternative besteht darin, von Tele direkt auf den Trans-Sumatra Highway nach SIBORONG-BORONG zu fahren. Interessant für Leute, die weiter nach West-Sumatra wollen (s.S. 194).

Pulau Banyak

Südlich von Tapaktuan, sieben Bootsstunden entfernt, liegt die Gruppe der Banyak-Inseln, 99 kleine und sehr kleine Eilande. Schneller, nämlich nur in 3 1/2 - 5 Stunden, erreicht man das Archipel von Singkil an der Mündung des Alas-River. Bisher waren die Bootsverbindungen allerdings nur recht sporadisch und unzuverlässig, und oft wurden für die Rückfahrt horrende Preise verlangt. Das scheint sich aber mittlerweile geändert zu haben, da die wichtigsten Losmen bzw. Bungalowanlagen einen regelmäßigen Bootsverkehr ab Singkil organisieren.

Die meisten der Inseln sind unbewohnt, nur etwas mehr als 4000 Menschen leben ständig auf einigen größeren Inseln. Hauptort ist **Desa Pulau Balai** auf der gleichnamigen Insel. Alle Boote legen hier zuerst an, und es gibt sogar zwischen 17.30 Uhr und dem folgenden Morgen Elektrizität, außerdem ein Postamt, auf dem internationale Gespräche geführt werden können, und eine Krankenstation. Es gibt aber keine Geldwechselmöglichkeit. Im Restaurant Nanda am Anleger bekommt man Informationen und kann kleinere Boote zu den verschiedenen Anlagen buchen.

Pulau Bangkaru, die westlichste Insel, ist zum Nationalpark erklärt worden. Die bis zu 1 m großen Suppenschildkröten (Green Turtle; Chelonia mydas) kommen täglich zur Eiablage an die unberührten Strände der Insel. Von Januar bis März legen auch die bis zu 600 kg schweren Lederschildkröten (Leatherback Turtle; Dermochelys coriacea) ihre Eier ab. Das Innere der Insel ist von undurchdringlichem Dschungel bedeckt. Dreitagestouren für etwa 100 000 Rp p.P. werden von der *Yayasan Pelestarian Penyu dan Lingkungan Pulau Banyak,* einer

Lederschildkröte

Stiftung zum Schutz der Schildkröten und der Umwelt Pulau Banyaks, organisiert. Auf **Pulau Palambak Besar** befinden sich drei Bungalowanlagen, die Insel kann in etwa 3 - 4 Stunden auf ihren herrlichen Sandstränden umrundet werden. Mit kleineren Booten kann man zur Pulau Palambak Kecil mit schönen Korallenriffs übersetzen. Durch das von Dschungel bedeckte Innere der Insel führen einige Pfade.

Auf der größten Insel, **Pulau Tuangku**, leben zahlreiche Wildschweine und an der Teluk Dalam Krokodile. Auf der kleinen Pulau Simok vor dem Hauptort **Desa Haloban** liegen Salzseen. Bisher kann nur bei *Lukman,* der in der Krankenstation arbeitet, übernachtet werden. Auf den Inseln geht das Leben noch einen sehr geruhsamen Gang. Vereinzelt kommen Traveller, die von den Dorfbewohnern gebührend bestaunt werden. Die Unterkünfte sind bisher sämtlich recht einfach. Das Gleiche trifft auf das Essen zu.

ÜBERNACHTUNG

1995 gab es auf 6 Inseln Übernachtungsmöglichkeiten.

Pulau Palambak Besar: *PAP** (Pondok Asmara Palambak), drei Mahlzeiten am Tag 6000 Rp, kostenlose Kanus, Transport von Pulau Balai 5000 Rp p.P., liegt im Norden der Insel.

*THE POINT**, 8 Zimmer in zwei großen Bungalows, kostenlose Kanus.

*BINA JAYA**, im Süden der Insel, 3 km bis zum *Point*, drei Mahlzeiten am Tag 6000 Rp, kostenlose Kanus.

Pulau Rangit Besar: *COCO'S**.

Pulau Palambak Kecil: *VILLA ABBAS**, ein großer Bungalow, 6000 Rp für drei Mahlzeiten.

In allen bisher genannten Losmen gibt es Taucherbrillen für 2000 Rp pro Tag.

Pulau Balai: *DAER'S RETREAT**, *MAMAS** und *LAE KOMBIH**. Alle Losmen im Desa Pulau Balai.

Pulau Ujung Batu: *JAMBU KOLONG COTTAGES*-***, mehrere Bungalows mit jeweils zwei Zimmern, mit WC und Mandi, elektrischer Strom, drei Mahlzeiten am Tag 7500 Rp. Transport von Pulau Balai 2000 Rp p.P. mit einfachem Boot, 5000 Rp mit Speedboat.

Pulau Tuangku: Übernachtung bei Lukman in der Krankenstation (s.o.).

In **Singkil** gibt es vier Losmen: *FAVOURIT**, *INDRA HOME STAY**, *HARMONIS** und *PURNAMA**.

TRANSPORT

Die Überfahrt von TAPAKTUAN auf die Banjak-Inseln wird oft durch hohen Seegang erschwert, deshalb fahren die Boote unregelmäßig. Mr. Basaruddin, ☎ 21405, ist der Agent. Schneller gelangt man zu den Banyak-Inseln von SINGKIL (mit dem Boot 5x die Woche, 5500 Rp, 4 - 5 Std.). Abfahrt ist morgens zwischen 7.00 und 10.00 Uhr. Außerdem erreicht man die Inseln 3x wöchentlich mit kleinen Kopra-Frachtern von SIBOLGA (15 000 Rp, 17 Std.).

Die Nordküste Acehs

Die Straße von Banda Aceh in Richtung Medan folgt die ersten 60 km dem Flußlauf des Sungai Aceh. In einigen Dörfern stehen noch traditionelle Aceh-Häuser. Bei **Indrapuri**, wo sich eine große Baumschule befindet, windet sich die Straße durch wieder aufgeforstete Berge, wo Gibbons und Nashornvögel zu sehen sind. Nadelbäume und andere Nutzhölzer sind hier angepflanzt worden. Teilweise fühlt man sich wie in Europa, wären da nicht die Makaken, die abends in den Baumwipfeln zu sehen sind. Während der folgenden Kilometer hinab ins Tal kann man bei klarem Wetter bis zur Nordküste blicken. Padang Tiji ist nach der spärlich besiedelten Bergregion der erste größere Ort in der Ebene, wo Reis, Kokospalmen, Bananen und Erdnüsse kultiviert werden. Hier liegt das Kernland der Separatistenbewegung, die einen eigenen, unabhängigen Staat Aceh proklamieren will.

Bis **Sigli** führt die Straße weiter durch eine fast menschenleere, nur von wenigen Bäumen bestandene, hügelige Landschaft. Übernachtungsmöglichkeit im *Hotel Riza**-**, Jl. Blok Sawah, tel 0653-21527, mit islamischem Restaurant.

Sobald die Straße zum Meer zurückkehrt, erstrecken sich gewaltige Shrimpfarmen zwischen Reisfeldern und Kokoshainen.

Bireuen

besteht aus kaum mehr als vier Häuserblocks, schön ist die Moschee an der Straße nach Takengon. Die Straße windet sich durch eine hügelige Landschaft mit Kokos- und Zuckerpalmen, Obstbäumen und stillgelegten Kautschukplantagen ins Gayo-Hochland. Später wird der aufgeforstete Kiefernwald dominierend.

ÜBERNACHTUNG UND ESSEN

*LOSMEN MEDAN**, Jl. Andalas 1, ☎ 21151.
*HOTEL PURNAMA RAYA***-***, Jl. Raya Medan km2, ☎ 0644-21130, am Ortsausgang Richtung Medan. Gute Küche, aber riesige Kakerlaken.
*LOSMEN MUTIARA**, Jl. Gayo 56, ☎ 21125. Große Auswahl an Aceh-Gerichten im Restaurant *NORMA* an der Straße nach Takengon.

Lhokseumawe / Langsa

Richtung Medan kommt man von Bireuen aus hinter Lhokseumawe, einer modernen, durch Erdgas reich gewordenen Hafenstadt, durch malariaverseuchte Mangrovensümpfe nach Langsa.

ÜBERNACHTUNG UND ESSEN

LHOKSEUMAWE – *HOTEL LIDO GRAHA****-****, an der Hauptstraße, ☎ 0645 / 22525; an der Straße auch einfache Losmen.
LANGSA – *LOSMEN KARTIKA**-***, Jl. Jen. A. Yani 5, ☎ 0641 / 21727, sauber, mit Bad, sehr gutes Frühstück; und andere Losmen. Essen im moslemischen Rumah Makan oder in einem guten chinesischen Restaurant.

Takengon

Im Zentrum des kühlen Gayo-Hochlandes liegt der ruhige, angenehme Ort Takengon (= Takingeun) am Ufer des **Danau Laut Tawar**, umgeben von steilen Bergen und duftenden Nadelwäldern.

Die Gayo stehen aus ethnischer Sicht zwar den Batak am nächsten, wurden aber schon vor über 300 Jahren von Aceh islamisiert. Während sie noch immer von einigen Batak wegen ihrer Neigung zur schwarzen Magie gefürchtet werden, schätzt man allgemein ihre Freundlichkeit und auffallende Höflichkeit. Der Anbau von Cannabis ist weitverbreitet und fast schon Tradition, vor allem in der

Gegend um Blangkejeren – die Polizei führt häufig Straßenkontrollen durch.

Kaffeefreunde kommen in dieser Gegend eher auf ihre Kosten. Im günstigen Hochlandklima gedeiht eine der besten Kaffeesorten Indonesiens. Jeder Gayo-Bauer scheint für den Privatgebrauch ein paar Sträucher in seinem Garten angepflanzt zu haben. In der Stadt gibt es einen **Markt** und einen kleinen Laden, in dem Maschinenstickereien mit folkloristischen Motiven verkauft werden.

ÜBERNACHTUNG

*PENGINAPAN BATANG RUANG** ⑦, Jl. Mahkamah 7, ☎ 21524, sauber, mit einem schönen Balkon, die beste Übernachtungsmöglichkeit in der unteren Preislage.
LOSMEN PARAWISATA-*** ②, Jl. Terminal 301, sauber, aber an einer lauten Straße, einige Zimmer mit Bad und TV.
*LOSMEN MAWAR** ④, Jl. Pasar Inpres, einfach, Gemeinschafts-Mandi.
*MESS TIME RUANG** ①, Jl. Kemili, ruhig gelegen, mit großem Garten, aber sehr heruntergekommen und vernachlässigt.
*WISMA DANAU LAUT TAWAR*** ⑤, Jl. Lebekader 402, an der Hauptstraße, alle Zimmer mit Privat-Mandi.
LOSMEN LIBRA INDAH-*** ⑥, Jl. Yos Sudarso 167, sauber, einige Zimmer mit Mandi.
HOTEL TRIARGA-***** ③, Jl. Pasar Inpres 477, ☎ 21073, in der höheren Preisklasse nett eingerichtete Zimmer, etwas laut, aber sauber, guter Service, liegt nahe Markt / Bus Station.
HOTEL RENGGALI (US$27 - 75), Jl. Bintang, ☎ 21144, 21532, Luxushotel, ca. 2 km vom Zentrum – liegt am Seeufer, schöner Ausblick.

ESSEN

Alkoholische Getränke, auch Bier, bekommt man nur im *HOTEL RENGGALI* und im *MESS TIME RUANG.*
RUMAH MAKAN FAMILI MUTIARA, Jl. Terminal, bietet Kaffee, Gebäck und Softdrinks.
RUMAH MAKAN SINAR MINANG, Jl. Malem Dewa, serviert Padang Food.

SONSTIGES

GELD – Die *BANK RAKYAT*, Jl. Yos Sudarso, wechselt nur US$ *cash*.

INFORMATIONEN – *TOURIST INFORMATION CENTER*, Jl. Malem Dewa 124, ☎ 21795, in einem holländischen Holzgebäude auf dem Hügel, gibt nicht nur Auskunft, sondern vermit-

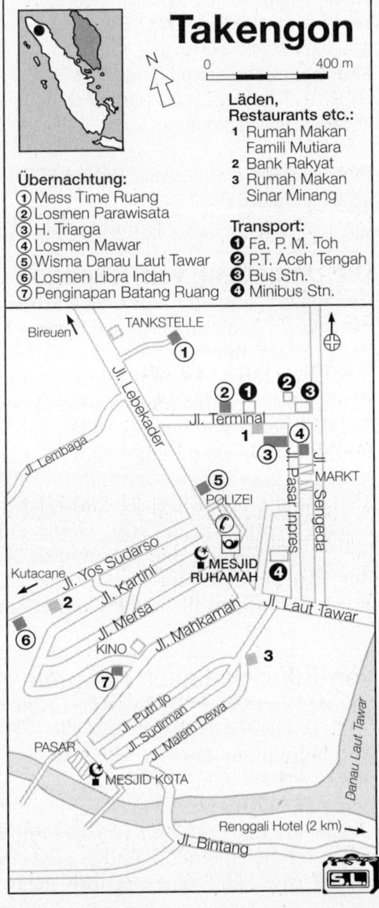

telt auch Guides für Dschungel- und Höhlen-Touren und vermietet Fahrräder und Boote.

POST / TELEFON – *KANTOR POS* und *TELKOM* in der Jl. Lebekader.

VORWAHL – 0643.

TRANSPORT

Die Busunternehmen *FA. P. M. TOH* und *P. T. ACEH TENGAH,* Büros am Bus Terminal bzw. in der Jl. Terminal, haben in der Regel morgens und abends Busse nach Banda Aceh, aber nach Medan nur abends.
Allerdings gibt es laufend Busse nach Bireuen, wo man jederzeit in die eine oder die andere Richtung umsteigen kann.

Preisbeispiele von Takengon: BANDA ACEH 9000 / ac 10 000 Rp, 9 Std.; MEDAN 15 000 / ac 16 000 Rp, 12 Std.; BIREUEN 3000 Rp, 3 Std. Die Gebirgsstrecke von Takengon nach Brastagi oder zum Toba-See bewältigt man in folgenden Etappen: Bus nach BLANGKEJEREN, 12 000 Rp, tgl., 10 - 11 Std., 168 km (schlechte Straße, an der noch gebaut wird, bei Erdrutsch oder Regen dauert es noch viel länger), Abfahrt zwischen 8.00 und 10.00 Uhr. Minibus nach KETAMBE oder KUTACANE 5000 Rp, 106 km;
Bus nach BRASTAGI 5000 Rp, 7 - 8 Std. (Brastagi, s.S. 166).
Wer gleich zum Toba-See weiter will, steigt schon vor Brastagi in KABANJAHE aus, nimmt hier einen Bus nach PEMATANG SIANTAR und von dort einen Bus nach PRAPAT (s.S. 180).
Oder man biegt noch vor Kabanjahe in KUTA BULUH rechts ab nach SIDIKALANG, von wo man nach PANGURURAN am Westufer des Toba-Sees gelangt.

Die Umgebung von Takengon

Ein Spaziergang führt zur **Gua Kerbau** (Wasserbüffelhöhle), auch bekannt als Loyang Koro, 6 km immer am südlichen Seeufer entlang. Hinter dem winzigen Dorf in der ersten Bucht kann man auf einem steilen, doch sehr schönen Pfad die spärlich bewaldeten Höhen erklimmen und auf einem Weg immer am Hang entlang durch Reste von Dschungel und Pinienwäldern nach Takengon zurückkehren.

Die Fischer am Seeufer leihen Paddelfreunden schon mal ihr Einbaumkanu – Preise nach Verhandlungstalent. Am anderen Ende des Sees liegt das Dorf **Bintang**, das man mit einem Minibus erreicht – auf der asphaltierten Straße am Südufer entlang (1000 Rp, 21 km) oder auf der unbefestigten Straße am Nordufer entlang (1500 Rp, 28 km). Heiße Quellen (= Air Panas) **Simpang Baleq** mit Bademöglichkeiten findet man nach 21 km an der Straße nach Bireuen, mit dem Bus oder mit dem Minibus 500 Rp. 7 km vor Takengon in **Singah Mata** hat man einen großartigen Blick auf den herrlich gelegenen See.

Von Takengon nach Ketambe

Die Direktstrecke von Takengon zum Danau Toba führt mitten durch den Gunung Leuser Nationalpark auf einer abenteuerlichen Straße, die zwar an vielen Abschnitten im Bau ist, aber auch an bereits fertiggestellten wieder verfällt. Bereits 12 km hinter Takengon geht es durch eine wilde Landschaft steil in die Berge hinauf bis bei 1730 m der erste Pass erreicht ist. Das kleine Dorf **Isaq** liegt wieder im Tal, umrahmt von kiefernbedeckten, steilen Bergen. Die Straße folgt einem schmalen Flußtal, und es geht einen zweiten Pass hinauf durch ausgelichtete Kiefernwälder – eine trostlose, menschenleere Landschaft. Der tropische Bergwald wurde hier bereits vor Dekaden abgeholzt oder brandgerodet, und nur die feuerresistente einheimische Kiefer *Pinus merkusii* hat sich behaupten können. Die anderen typischen Vertreter der Bergwaldvegetation sind mittlerweile verschwunden. Viehbesitzer schätzen diese Art Bergwald, da das Unterholz leicht abgebrannt werden kann und neues, saftiges Gras nachwächst. Normalerweise wächst die Sumatra-Kiefer im tropischen Bergwald in Höhen zwischen 1000 und 1600 m inmitten der für diese Höhe typischen Vegetation als Einzelexemplar.

Schätzungen gehen von bis zu 200 000 ha Kiefernwäldern in Aceh aus. Bereits 1927 wurde *Pinus merkusii* am Toba-See von der Kolonialregierung angepflanzt. Auf der Insel Samosir werden die Wälder jetzt abgeholzt.

Uwaq, 74 km von Takengon entfernt, ist das nächste kleine Dorf an der Straße. Über eine einsturzgefährdete Brücke geht es wieder hinauf in die Berge bis nach **Ise Ise**. Früher endete hier an der Grenze zu Aceh Tenggara die Straße. Am Militärposten muß man sich registrieren lassen; sollten aufgrund der schlechten Straßenverhältnisse die Busse nicht weiterfahren, kann man in *Rahmat's Losmen** mit einfachem Rumah Makan übernachten. Trekking-Touren werden ebenfalls angeboten.

Danach wird die Straße zur Piste und führt in extrem steilen Haarnadelkurven in die Berge hinauf. Durch tropischen Bergwald erreicht man den dritten und mit 1835 m höchsten Pass der Strecke. Es geht ebenso steil wieder hinab mit herrlichen Ausblicken auf das Tal von **Rigitgaib** mit einem großen Telkom Tower als Symbol der Zivilisation. Bis **Blangkejeren** folgt die Straße dem Flußlauf und erreicht damit die nördliche Grenze des Gunung Leuser Nationalparks.

Im Ort mehrere Unterkunftsmöglichkeiten, z.B. das neue *Mardhatillah**, Jl. Besar 15 (an den Busstops), *Rachmad Pondok Wisata**, Jl. R. A. Kartini 200, *Peng. Juli**, Jl. Kong Bur 53, oder *Peng. Triaga**, Jl. Kutapanjang (mit Rumah Makan). Ein kleines Tourist Information Center mitten im Ort scheint bereits wieder geschlossen zu sein, Trekking-Touren können aber durch die Losmen organisiert werden.

Nach weiteren 23 km erreicht man wiederum einen kleineren Paß, und es öffnet sich das Tal des Alas River. Im Westen sieht man bei gutem Wetter den Gunung Leuser (3404 m) und den Gunung Kemiri (3314 m). Durch ärmliche Alas-Dörfer und intakten tropischen Regenwald geht es auf kurviger Straße hinunter ins Tal, und nach 220 km ist **Gurah** bzw. **Ketambe** am Südrand des Gunung Leuser National Park erreicht.

Gunung Leuser Nationalpark

Der bedeutende Nationalpark (8500 km^2, davon 1/4 in Nord-Sumatra) erstreckt sich vom Tiefland an der Westküste über die bewaldeten Berge und Schluchten des Bukit-Barisan-Gebirges und ist die Heimat fast sämtlicher Großsäuger Sumatras: Elefant, Nashorn, Orang Utan, Tiger, Bär, Hirsch, Siamang und Gibbon.

Elefanten wurden früher von den Sultanen von Aceh zu Arbeits- und Zeremonialtieren dressiert. Diese Praxis will man wieder aufnehmen, um Besucher auf dem Rücken der gezähmten Elefanten für Mensch und Natur gleichermaßen gefahrlos durchs Reservat zu führen. Als Führer für Dschungel-Treks *(Pawangy)* haben sich vor allem Männer vom Volke der Gayo qualifiziert, die sich ihre aus grauer Vorzeit stammenden und manchmal ins Magische reichenden Naturkennt-

Das Sumatra-Nashorn

Die Tiergruppe der Nashörner war noch zu Beginn des Jungtertiär, also vor etwa 25 Millionen Jahren, sehr viel formen- und artenreicher als heute. Sogar in Europa lebten einige Arten, deren Abbildungen von altsteinzeitlichen Künstlern auf Höhlenwänden verewigt wurden und die erst mit dem Ende der letzten Eiszeit ausgestorben sind. Sie gehörten meist zur Familie der einst über ganz Eurasien verbreiteten Halbpanzernashörner, so genannt, weil ihre Haut wenig gefaltet ist. Davon hat eine Art bis heute überlebt, das Sumatra-Nashorn (Dicerorhinus sumatrensis).

Von den fünf heute noch existierenden Nashornarten leben zwei auf dem afrikanischen Festland und drei in Asien. Die beiden afrikanischen Arten, das Breitmaul- und das Spitzmaulnashorn, werden als Doppelnashörner zusammengefaßt, da sie zwei deutlich ausgebildete, spitze Hörner haben. Die Panzernashörner Südasiens (Indien, Nepal) und die damit nah verwandten Java-Nashörner haben dagegen nur ein einziges Horn. Sumatra-Nashörner wiederum haben eigentlich auch zwei Hörner, doch ist das hintere Horn nur als ein niedriger Höcker ausgebildet. Die nächsten Verwandten der Nashörner sind die Tapire.

Das Sumatra-Nashorn ist die ursprünglichste und kleinste lebende Nashornart. Es wird bis zu 2,5 m lang und 1,5 m hoch. Wie alle seine Verwandten ist es ein reiner Vegetarier; dagegen ist es das einzige Nashorn, das eine Behaarung aufweist. Über das Leben und die Verhaltensweisen des Sumatra-Nashorns – wie übrigens auch des Java-Nashorns – ist sehr wenig bekannt, da diese Tiere als Bewohner tropischer Urwälder ein sehr verstecktes Dasein führen.

Die Nashörner, die größten Landsäugetiere nach den Elefanten, zählen heute zu den vom Aussterben bedrohten Tierarten, vor allem die asiatischen Varianten. Wie vom indischen Panzernashorn gibt es auch vom Sumatra-Nashorn nur noch wenige hundert Tiere, und der Bestand des Java-Nashorns, welches nur in dem eigentlich viel zu kleinen Ujung Kulon Nationalpark vorkommt, hatte sich sogar schon auf vierzig Tiere reduziert – inzwischen soll die Population aber wieder auf sechzig Exemplare angewachsen sein.

Ein Grund für den starken Rückgang dieser Großsäuger ist ihr immer kleiner werdender Lebensraum. Eine große Rolle spielt allerdings auch der Aberglaube, das zu Pulver zermahlene Horn der Nashörner habe eine die männliche Potenz steigernde Wirkung. Wegen diesem Irrglauben, der besonders bei Chinesen und anderen asiatischen Völkern verbreitet ist, werden Nashörner noch immer illegal gejagt.

Der Glaube an die aphrodisische Kraft des Horns ist wahrscheinlich darauf zurückzuführen, daß die Begattung bei Nashörnern bis zu einer Stunde dauern kann, wobei das Männchen alle paar Minuten Samen abgibt. Das Horn besteht wie Haare, Fingernägel oder Hufe in erster Linie aus dem Material Keratin. Es sitzt auf einer Knochenwölbung des Nasenbeins. Wenn durch Unfall ein Horn abgerissen wird, wächst bald ein neues nach, das besonders bei jugendlichen Tieren wieder seine ursprüngliche Größe erreichen kann. Mittlerweile sind Nashörner so selten geworden, daß das Horn dieser Tiere einen höheren Preis erziehlt als Gold oder Elfenbein; und da das Nashorn in Asien beinahe ausgerottet ist, werden heutzutage die Hörner meist aus Afrika importiert.

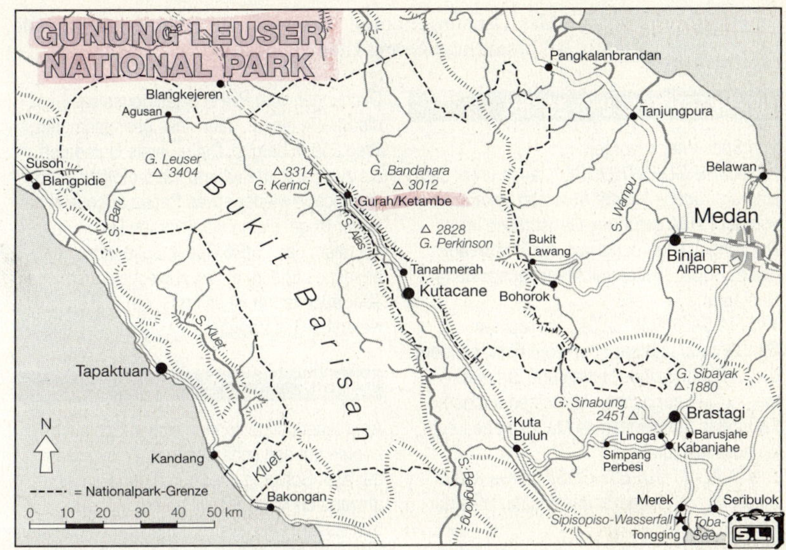

nisse und ihr Verständnis von tierischem Verhalten besonders ausgeprägt bewahrt haben. Neben Dschungeltouren im Gurah Tourist Forest (s.u.) können auch größere Trekking Touren unternommen werden. An die zwei Wochen muß für eine Besteigung des Gunung Leuser eingeplant werden. Ausgangspunkt ist das kleine Dorf Agusan, mehrere Stunden westlich von Blangkejeren. Der Gunung Kemiri kann in einem etwa 6tägigen Trek vom Weiler Gumpang erreicht werden. Östlich vom Alas River liegt mit 2828 m der vierthöchste Berg des Nationalparks, Gunung Perkinson, der von Tanah Merah in einer Woche bestiegen werden kann. Alle angegebenen Zeiten schließen Hin- und Rückmarsch ein, übernachtet wird im Dschungel, Guides sind notwendig, und Lebensmittel müssen mitgeschleppt werden. Zu empfehlen sind die Besteigungen nur für erfahrene Dschungelfreunde. Häufiger wird ein 6-Tage-Trek von Kutacane nach Bukit Lawang angeboten. Dabei muß man mit etwa 160 000 - 185 000 Rp p.P. rechnen.

Ketambe / Gurah

Der kleine Ort am Sungai Alas hat ein angenehm mildes Klima, mehrere Gästehäuser bieten einfache Zimmer an, und der Dschungel beginnt praktisch vor der Haustür. Eigentlich bezeichnet Ketambe nur die westlich vom Alas River gelegene biologische Forschungsstation, die für Touristen gesperrt ist. Hier wurde früher ein Orang Utan Rehabilitationszentrum betrieben, ... und Orang Utan halten sich noch immer in der Gegend auf. Gurah, benannt nach dem gleichnamigen Fluß, der hier in den Alas mündet, bezeichnet den 9200 ha großen Tourist Forest am östlichen Ufer.

Es wurden Trails angelegt, Schutzhütten und ein Aussichtsturm errichtet, man kann zu einer heißen Quelle wandern, am Ufer des Sungai Gurah zelten oder

ACEH

unter Führung von Guides Dschungeltouren verschiedener Schwierigkeitsgrade unternehmen. Häufig bekommt man Orang Utan zu Gesicht.

ÜBERNACHTUNG UND ESSEN

Von Süden nach Norden:
*KETAMBE GUESTHOUSE***, auch unter dem Namen *Pondok Wisata Ketambe* bekannt, ein von der PHPA geführtes Guesthouse im Dschungel, liegt rechts von der Straße auf einem Hügel, Hütten mit Mandi ausgestattet, Restaurant.
*WISMA SADAR WISATA**, am rechten Straßenrand und nur 50 m vom Fluß, saubere, doch anspruchslose Hütten und Zimmer: man schläft auf dünnen Matratzen auf dem Fußboden; gemeinsames Mandi, nette Leute, kleines Restaurant.
*CINTA ALAM GUESTHOUSE**, etwa 300 m nördlich vom Wisma Sadar Wisata, links der Straße.
*PHPA GUESTHOUSE**, liegt herrlich am Ufer des Sungai Alas unter mächtigen Bäumen, 150 m von der Straße entfernt.
*GURAH BUNGALOWS****-****, versteckt im Dschungel, vom PHPA Guesthouse ca. 1 km die Straße hinauf, dann links über schmalen Weg 500 m bergab. Die teuerste Unterkunft, die zwar erst im Frühjahr 1995 eröffnet wurde, aber schon wieder etwas Patina angesetzt hat.
In der Regel bieten die diversen Unterkünfte, vor allem das PHPA Guesthouse, nur sehr einfaches Essen, etwas abwechslungsreicher, aber auch teurer ist es im Gurah und im Ketambe Guesthouse.

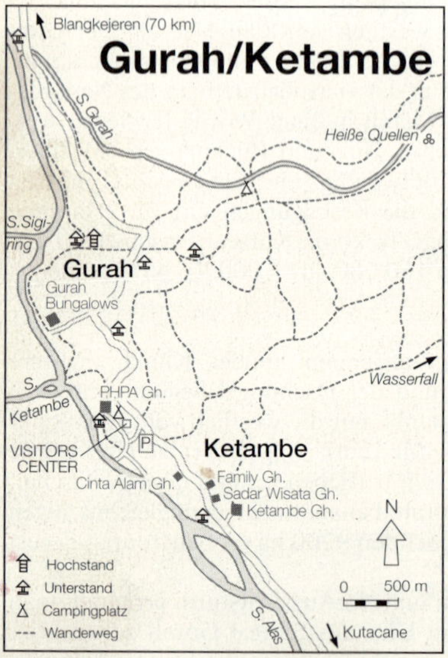

TOUREN

Abenteuerlustige können sich in Schlauchbooten auf den schäumenden Wildwassern der Alas-Schlucht quer durch den Park flußabwärts bis nach Singkil an der Mündung treiben lassen. Offizieller Veranstalter ist die internationale Abenteuerreise-Agentur *Sobek-Expedition,* Angels Camp, California, USA; in Zusammenarbeit mit *Pacto, Indonesia* – Infos und Buchung bei *Pacto*, z. B. in Medan, Jl. Brigjen. Katamso 35 D, ☎ 061-510081, fax 513669.
Eine 6tägige Tour kostet US$595.
Allerdings werden Rafting Touren inzwischen auch von Privat-Leuten organisiert; Infos dazu bekommt man in den Gästehäusern, die auch Guides für Dschungel-Touren vermitteln; Guides bekommen ca. 20 000 Rp pro Tag. Einige sprechen nur Indonesisch.

Kutacane

Die geschäftige, wenig interessante Kleinstadt hat ein deutlich heißeres Klima als Brastagi oder Ketambe und ist vom Dschungel noch ziemlich weit entfernt. Man sucht sich aber besser eine Bleibe in Ketambe, obwohl man hier eine Tour organisieren kann.

In **Tanah Merah**, ca. 3 km nördlich von Kutacane, befindet sich die Park-Verwaltung, wo Infos und Permit zu haben sind.

ÜBERNACHTUNG UND ESSEN

Die meisten Unterkünfte liegen entlang der Hauptstraße: *HOTEL GURU LEMAN*-****, Jl. T. Iskandar, ☎ 21519, Zimmer mit und ohne Mandi, einige mit Fan oder ac und TV, Fenster z.T. nur zum Flur, aber sonst o.k.; Restaurant.
*MAMASTA HOTEL***, Jl. A. Yani 41, ☎ 21359, einfache Zimmer mit Mandi und Balkon.
*WISMA RINDU ALAM**, Jl. A. Yani 7, ☎ 21289, schon etwas abgenutzte Räume mit Fan, gemeinsames Mandi und kleiner Garten.
*WISMA RENGGALI**, ein paar Häuser weiter, ähnlich, nahe Busbahnhof.
*BRU DIHE HOTEL***-*****, Jl. Cut Nyak Dhien 10, ☎ 21444, unterhalb der Moschee, 50 m abseits der Hauptstraße. Sauber und o.k.
Gegenüber vom Wisma Rindu Alam steht ein zwar nur einfaches, doch gutes und preiswertes Padang-Restaurant.

SONSTIGES

INFORMATIONEN – Ein privates *TOURIST INFO CENTER* gegenüber vom Wisma Rindu Alam gibt nicht nur Informationen, sondern bietet auch Wildwasserfahrten auf dem Sungai Alas und Trekking-Touren an, z.B. nach Bukit Lawang in 5 - 6 Tagen für 160 000 - 185 000 Rp.

PERMIT – Für den Besuch des Nationalparks, d.h. für Dschungel-Treks ist ein Permit notwendig, das man im Park-Hauptquartier in Tanah Merah erhält, gute 3 km nördlich von Kutacane. Die Gebühr beträgt 4000 Rp, vier Fotokopien des Reisepasses werden benötigt. Es ist allerdings auch möglich, sich das Permit später in Ketambe von den Park Rangers besorgen zu lassen.

POSTAMT / TELEFON – gegenüber Busbahnhof Richtung Norden.

VORWAHL – 0629.

TRANSPORT

Bus von BRASTAGI, 5000 Rp, 7 Std.; Bus / Minibus nach KETAMBE, 1500 Rp, 1 Std., 31 km; Minibus nach BLANGKEJEREN 5000 Rp, 106 km.

Andere Naturschutzgebiete

Lingga Isaq (80 000 ha) ist ein gebirgiges Jagdgebiet mit Höhen bis zu 2800 m, nordöstlich bis südlich vom Danau Tawar. Da seltene Tierarten vorkommen (Elefant, Tiger), soll es zum Tierschutzgebiet erklärt werden. Gleiches gilt für die Gegend (12 000 ha) rings um den **Gunung Seulawah Agam** (1762 m), einen Vulkan südöstlich von Banda Aceh.

An der Ostküste sind zwei Mangrovensümpfe geschützt worden: **Kuala Langsa** (7000 ha) ist eine wichtige Garnelen-Brutstätte; der Ort Langsa liegt auf halbem Weg zwischen Medan und Lhokseumawe. **Kuala Jambu Air** (10 000 ha) hat außer reicher Meeresfauna eine vielfältige Vogelwelt (auf der gleichnamigen Landspitze östlich von Lhokseumawe).

Singkil Barat (65 000 ha) ist ein relativ unberührter Sumpf- und Strandwald an der Südwestküste; gegenüber liegen die Banyak-Inseln, wo auf **Pulau Bangkaru** (8000 ha) ein ähnliches Biotop besteht und Meeresschildkröten an den Stränden ihre Eier ablegen. Geschützt werden ebenfalls die Korallenriffe um **Pulau Rubiah** und **Pulau Beras**, nördlich von Banda Aceh; und ein ca. 25 000 ha großes Gebiet im Nordwesten der Insel **Simeulue**, wo sich in Flachlandwäldern um einen kleinen See herum aufgrund millionenjahrelanger Isolation des Eilandes eine besondere Inselfauna und -flora entwickelt und erhalten hat, z.B. gibt es hier ein Zwergschwein und den Simalur-Makaken.

NORD-SUMATRA

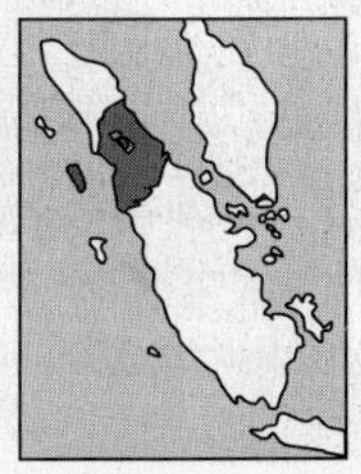

Nord-Sumatra

Die 70 787 km² große Provinz (11 Millionen Einwohner) ist eine der „reichsten" Indonesiens. Laut eigenen Angaben wird hier 30% des gesamten Nationaleinkommens Indonesiens erwirtschaftet (Gesamt-Sumatra 60%). Die erste Erdölindustrie des Landes entstand in Pangkalan Brandan, 60 km nordwestlich von Medan.

In einem etwa 250 km breiten Küstenstreifen wird auf beinahe 1000 km² Plantagenwirtschaft betrieben. Heute sind zwar viele dieser Großbetriebe in Staatsbesitz, doch ein erheblicher Teil gehört weiterhin den internationalen Multis wie Goodyear, Uni-Royal oder Harrisson & Crossfield. 38% der gesamten landwirtschaftlich genutzten Fläche werden für den Anbau von Kautschuk verwendet, etwa gleich viel für Ölpalmen. Tee, Tabak und Kakao sind weitere Produkte der Plantagen. Die Entstehung der extensiven Plantagenwirtschaft begann vor etwa 120 Jahren, fast zur gleichen Zeit wie in West-Malaysia. „Deli ist heute eine der blühendsten Colonien des Erdballs, und der Fremdling, wenn er in Belawan an Land steigt, und vom Dampfroß an den üppigen Fluren und Pflanzungen vorbei nach der Hauptstadt Medan sich tragen läßt, er ahnt nicht, wie viel Menschenleiber diesen Boden haben düngen müssen, ehe er solche Früchte trug", schreibt der deutsche Arzt und Ethnologe Hagen zu Beginn dieses Jahrhunderts.

In den breiten Ebenen der Ostküste Sumatras haben die Flüsse jahrtausendelang Sinkstoffe abgelagert, die fruchtbaren Boden bildeten. Das Gebiet war von dichtem Urwald bedeckt – die Landwirtschaft wurde im Brandrodungsfeldbau betrieben. Dabei mußten die Felder nach ein paar Jahren brach liegen, um sich zu erholen und später wieder Verwendung finden zu können. Diese Brachfeldwirtschaft gab der holländischen Kolonialregierung einen Grund, das traditionelle Bodenrecht vollständig zu verändern. Alles Brachland, das nicht bebaut wurde, kam in Staatsbesitz.

Pflanzerdorf

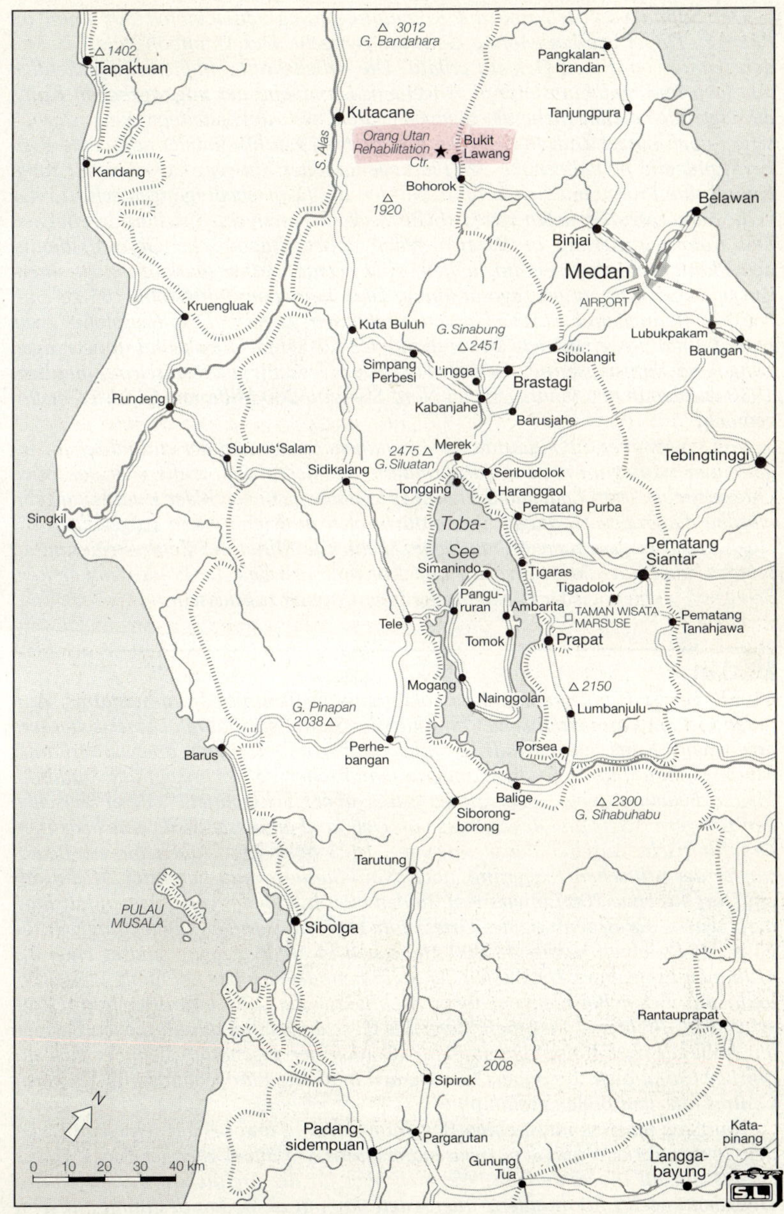

NORD-SUMATRA

Der Sultan von Deli und die Kolonialregierung verpachteten das Land an Pflanzer. Dabei wurden enorme Gewinne gemacht. Der Maimoon-Palast in Medan wurde von diesen Geldern erbaut. Die Arbeitskräfte mußten hauptsächlich aus Java und Südchina importiert werden. Das Elend der angeworbenen Kulis, die eigentlich kaum mehr als Sklaven waren, war unvorstellbar. Viele starben schon nach kurzer Zeit. In den 80er Jahren des 19. Jahrhunderts raffte eine Beri-Beri-Epidemie beinahe 80% der Plantagenarbeiter hinweg. Da man mit toten Kulis keine Profite machen konnte, wurden die Lebensbedingungen schrittweise verbessert. Trotzdem liefen viele Arbeiter weg und versteckten sich in den Bergen. Die Kolonialregierung in Batavia erließ daher drakonische Gesetze, die es den Plantagenbesitzern ermöglichten, eine eigene Gerichtsbarkeit einzurichten. Auspeitschen war an der Tagesordnung. 1926 betrug der Jahreslohn 163,20 Gulden für Männer und 145,20 Gulden für Frauen. Dieser „Erhaltungslohn", wie man ihn nannte, errechnete sich anhand der Kosten für die absolut notwendigen Dinge und Nahrungsmittel. Rentabel muß das Geschäft gewesen sein, denn allein 1930 wurden in den Plantagen von Nord-Sumatra 200 Millionen Gulden Gewinn gemacht.

Wer etwas über die Situation der Plantagenarbeiter und der europäischen Angestellten zu Beginn unseres Jahrhunderts nachlesen will, sollte sich das Buch „Tropenfieber" von Ladislao Székely (1937) besorgen. Nach der Unabhängigkeit wurden die großen Plantagen verstaatlicht oder an Kleinbauern aufgeteilt (1979 etwa 11% der gesamten Anbaufläche). Fehlende Mittel der Zentralregierung in Jakarta, aber auch Mißwirtschaft und Korruption ließen die Produktion sinken. Seit 1965 werden wieder ausländische Investitionen zugelassen.

Medan

Medan ist die Hauptstadt und das ökonomische Zentrum Nord-Sumatras. Auffallend ist der kosmopolitische Charakter der Stadt. Nachfahren chinesischer und javanischer Kulis, eingewanderte Sikhs, Araber und Tamilen, aber auch Batak, Minangkabau und Angehörige anderer malaiischer Völker prägen das Stadtbild. Medan bedeutet „Feld" oder „Platz", hier aber „Schlachtfeld", denn zwischen den Kriegern Acehs und des Sultans von Deli fand an dieser Stelle eine bedeutende militärische Auseinandersetzung statt. 1823 reiste John Anderson, ein Beauftragter der britischen Regierung, nach Nord-Sumatra und beschrieb Medan als ein Dorf mit etwa 200 Einwohnern. In den 60er Jahren des vergangenen Jahrhunderts wuchs die Bedeutung des Ortes, eine explosionsartige Entwicklung war die Folge. 1918 lebten bereits 43 900 Menschen in Medan, heute sind es etwa 2,3 Millionen Einwohner. Im Westen der Stadt befindet sich das koloniale Viertel Polonia mit vielen Beispielen schöner Architektur der 20er und 30er Jahre. Zwischen Deli-River und Eisenbahn liegt das Geschäftsviertel mit ähnlichen Beispielen holländischer Kolonialarchitektur. Östlich der Eisenbahn befindet sich die quirlige Chinatown. Besonders hier werden moderne Bürogebäude und Shopping Centres aus dem Boden gestampft.

Touristen machen meist einen Bogen um Medan, und bei der schwülen Hitze, dem lauten Verkehr und den Abgasen der Autos, vor allem aber der Becak Mesin, ist das nur allzu verständlich. Wer sich aber für die Architektur der ersten drei Dekaden unseres Jahrhunderts interessiert, kommt in Medan bestimmt auf seine

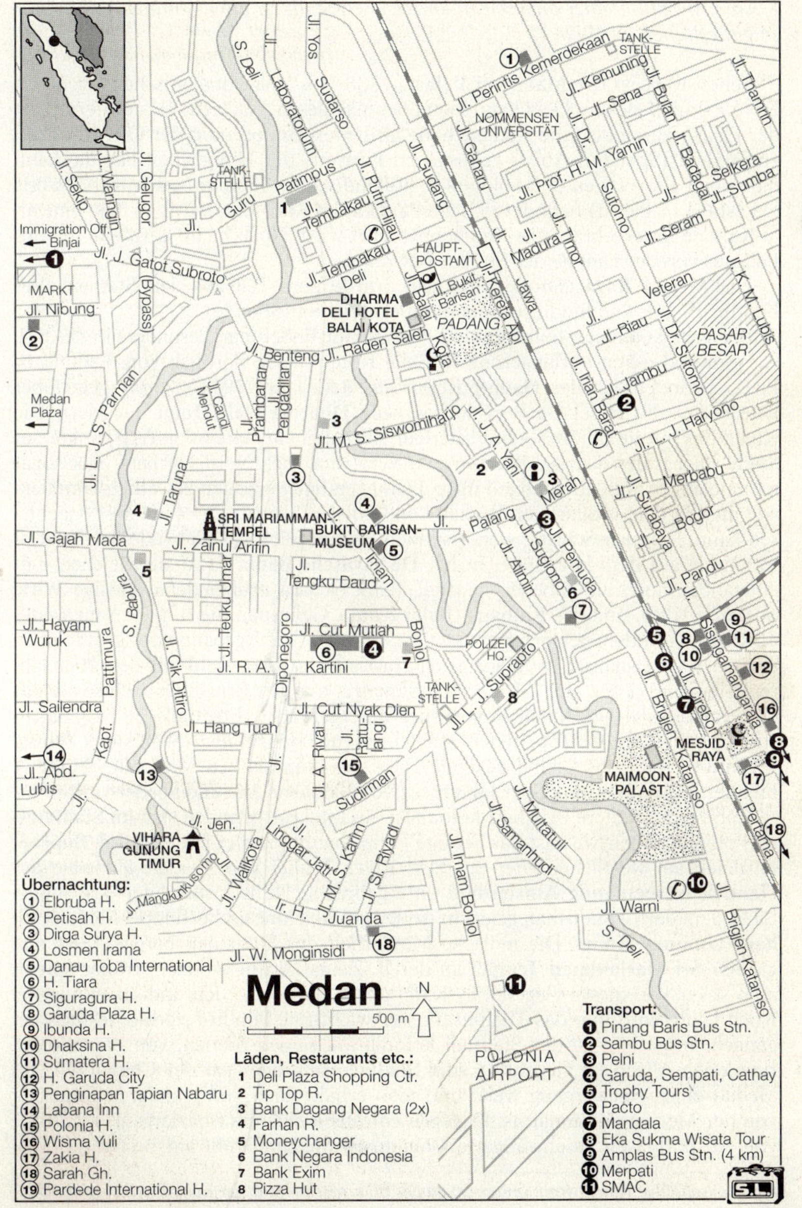
Medan
Übernachtung:
1 Elbruba H.
2 Petisah H.
3 Dirga Surya H.
4 Losmen Irama
5 Danau Toba International
6 H. Tiara
7 Siguragura H.
8 Garuda Plaza H.
9 Ibunda H.
10 Dhaksina H.
11 Sumatera H.
12 H. Garuda City
13 Penginapan Tapian Nabaru
14 Labana Inn
15 Polonia H.
16 Wisma Yuli
17 Zakia H.
18 Sarah Gh.
19 Pardede International H.
Läden, Restaurants etc.:
1 Deli Plaza Shopping Ctr.
2 Tip Top R.
3 Bank Dagang Negara (2x)
4 Farhan R.
5 Moneychanger
6 Bank Negara Indonesia
7 Bank Exim
8 Pizza Hut
Transport:
1 Pinang Baris Bus Stn.
2 Sambu Bus Stn.
3 Pelni
4 Garuda, Sempati, Cathay
5 Trophy Tours
6 Pacto
7 Mandala
8 Eka Sukma Wisata Tour
9 Amplas Bus Stn. (4 km)
10 Merpati
11 SMAC
0 500 m
N
POLONIA AIRPORT
MAIMOON-PALAST
MESJID RAYA
PASAR BESAR
PADANG
SRI MARIAMMAN-TEMPEL
BUKIT BARISAN-MUSEUM
DHARMA DELI HOTEL
BALAI KOTA
HAUPT-POSTAMT
NOMMENSEN UNIVERSITÄT
VIHARA GUNUNG TIMUR
POLIZEI HQ.
TANK-STELLE
MARKT
Immigration Off.
Binjai
Medan Plaza

Kosten. In kaum einer anderen indonesischen Stadt ist die koloniale Architektur so gut erhalten wie hier.

Sehenswert ist der **Maimoon Palast**, 1888 von einem italienischen Architekt erbaut – mit welchem Geld kann man oben nachlesen. Nach der Restaurierung ist der Palast, zumindest die Audienzhalle im Untergeschoß, nun der Öffentlichkeit zugänglich (Spende). Außer zahlreichen Portraits der königlichen Familie kann man auch alte Waffen und koloniales, holländisches Mobiliar besichtigen. Neben der Istana (= Palast) befindet sich ein Pavillon im Karo-Batak-Stil, in dem eine alte Kanone untergebracht ist, die hochverehrt wird. Noch heute wird ein Teil des Palastes von der Familie des Sultans bewohnt.

Die **Mesjid Raya** (Große Moschee) wurde zum Teil aus den Steinen alter buddhistischer und hinduistischer Tempel errichtet (Spende).

Beispiele kolonialer holländischer Architektur findet man besonders in der Jl. J. A. Yani und deren Verlängerung Jl. Balai Kota. Gleich nördlich vom Padang (= Platz) befindet sich das **Hauptpostamt** aus dem Jahre 1911. Schräg gegenüber wurde das alte Hotel De Boer in das neue **Dharma Deli Hotel** integriert. Die Kuala Bar mit ihrem 30er Jahre Interieur ist noch heute einer der Treffpunkte der Stadt. Hier trafen sich die Pflanzer und Verwalter nach meist wochen- oder sogar monatelangen Aufenthalten auf ihren Plantagen und versoffen gewaltige Summen, wie man in dem großartigen Roman von Ladislao Székely „Tropic Fever" nachlesen kann. Ein paar Schritte weiter südlich befindet sich das Gebäude der Bank of Indonesia aus dem Jahr 1907, früher **De Javasche Bank.** Etwa zur gleichen Zeit entstanden auch die daneben liegende Bank Negara, früher der exklusive **Witte Societeit Klub,** und das **Rathaus** (**Balai Kota**). Geht man die Jl. J. A. Yani weiter in Richtung Süden, gelangt man zum imposanten Granitgebäude des größten britischen Handelshauses in Südostasien **Harrisons & Crossfield** aus den 20er Jahren. Heute ist es Sitz der P.T. London Sumatra, und das British Council sowie das Generalkonsulat sind noch immer hier untergebracht. Ebenfalls in Originalzustand ist das **Cafe Tip Top**, in dem man einen guten Eiskaffee trinken kann. Schräg gegenüber steht das beeindruckende Haus des chinesischen Millionärs **Tjong A Fie**, der in den 20er und 30er Jahren ein Vermögen machte und wieder verlor.

Zahlreiche weitere Beispiele kolonialer Architektur befinden sich im Stadtviertel Polonia. Sehenswert ist das heutige Polizeihauptquartier in der Jl. L.J. Suprapto gleich am westlichen Ufer des Deli River. Früher war hier die Zentrale der **Handels Vereenigung Amsterdam** untergebracht. Hübsch, am Ufer des Sungei Babura an der Jl. Sudirman gelegen, ist der größte chinesische Tempel Medans **Vihara Gunung Timur**. Die indische Minderheit der Stadt ließ bereits 1884 den großen **Sri Mariamman Tempel** an der Jl. Zainal Arifin erbauen, früher sprach man sogar von dieser Gegend als Kampung Keling, also dem indischen Viertel. Noch heute wird hier das Thaipusam, der wichtigste Hindu-Feiertag, festlich begangen. Insgesamt ist der Stadtteil Polonia mit seinen breiten, von Bäumen bestandenen Alleen im Gegensatz zum Stadtzentrum oder gar der Chinatown von Medan einen Spaziergang wert, und man erhält einen völlig anderen Eindruck von der Metropole Sumatras. Dagegen empfiehlt sich ein Spaziergang durch die von Auspuffgasen geschwängerte Chinatown Medans wohl am besten am Wo-

Fotos - Vielfältige Kunst Nord-Sumatras: großes Bild: Maskentanz der Karo-Batak; kleines Bild: Holzschnitzerei von Nias

chenende oder gegen Abend. Der größte Markt der Stadt, **Pasar Besar**, wird immer mehr von modernen Shopping Centres und anderen Konsumpalästen umgeben. In den schmalen Seitenstraßen jedoch findet man noch immer die kleinen chinesischen Läden, und abgesehen von den wie überall in Indonesien abwesenden chinesischen Schriftzeichen, ist der Charakter des Stadtteils typisch für die Chinatowns Südostasiens. Den ältesten **Chinesischen Tempel** findet man übrigens in der Jl. Pandu.

In der Jl. Palang Merah befindet sich das **Bukit Barisan Militärmuseum**, geöffnet Mo - Do 8.00 - 15.00, Fr bis 11.00, Sa bis 12.00 Uhr, So geschlossen. Schwerpunkte sind hier, wie in jedem Militärmuseum Indonesiens, der Kampf um die Unabhängigkeit und die Auseinandersetzungen um die separatistischen Bewegungen Ende der 50er Jahre.

Das **Provinz-Museum** mit seinen interessanten geschichtlichen und völkerkundlichen Ausstellungen liegt nicht weit südöstlich von der großen Moschee in der Jl. H. M. Joni. Es ist Di - So 8.00 - 17.00 Uhr geöffnet. Eintritt.

Außerhalb

Acht Kilometer außerhalb von Medan, in Asam Kumbang, gibt es eine **Krokodilfarm**, wo etwa 500 Tiere leben; für Tierfreunde ein ziemlich deprimierender Anblick. Geöffnet tgl. von 9.00 - 17.00 Uhr; die Tiere werden um 16.30 Uhr gefüttert. Eine gute Straße (Mitra-Minibus 700 Rp, ab Jl. J. A. Yani) führt hinaus nach **Belawan**, dem Hafen von Medan. Auf dem Hafengelände selbst darf man nicht fotografieren. Im Ort findet man ein großes Angebot an chinesischem Porzellan.

Wer länger in der Stadt verweilen muß, kann einen Ausflug zum **Pantai Cermin** machen, dem „Spiegel-Strand", der etwa 50 km südöstlich von Medan liegt. Colt ab Jl. Sisingamangaraja.

ÜBERNACHTUNG

UNTERE PREISKLASSE – *LOSMEN IRAMA** ④, Jl. Palang Merah 112 S, ☎ 326416, in einer ruhigen Seitenstraße, auch Schlafsaal, sehr einfach.

*SIGURAGURA HOTEL** ⑦, Jl. Let. Jen. Suprapto 2/K, ☎ 323991, heruntergekommen und laut, auch Schlafsaal; mit Travel Agent.

*PENGINAPAN TAPIAN NABARU** ⑬, Jl. Hang Tuah 6, ☎ 512155, in einer ruhigen Gegend gelegen, aber sehr heruntergekommen.

WISMA YULI-**** ⑯, Jl. Sisingamangaraja, Gang Pagaruyung 79 B, ☎ 722413, in ruhiger Seitenstraße gegenüber der Mesjid Raya.

*ZAKIA HOTEL*** ⑰, Jl. Sipisopiso 10, ☎ 722413, in ruhiger Seitenstraße neben der großen Moschee; relativ saubere Zimmer mit und ohne Mandi, inkl. Frühstück, Balkon mit Aussicht, auch Dormitory*, freundliche Leute.

SARAH GUESTHOUSE-*** ⑱, Jl. Pertama 10, ☎ 719460, hinter Toyota, in einer ruhigen Wohngegend, sauber, familiär, Zimmer mit Fan, mit und ohne Mandi, auch Dormitory; das Guesthouse zahlt keine Komission an Becak-Fahrer!

In dieser Gegend liegt auch:

SHAHIBA GUESTHOUSE-***, Jl. Armada 1 A, ☎ 718528, mit Frühstück.

MITTELKLASSE – *HOTEL ELBRUBA* ① (US$30 - 40), Jl. Perintis Kemerdekaan 19, ☎ 530476, alle Zimmer mit ac, TV, Heißwasser und Badewanne; Bar und Restaurant.

*PETISAH HOTEL**-***** ②, Jl. Nibung 22, ☎ 522942, Zimmer mit und ohne ac, teilweise mit TV.

*IBUNDA HOTEL***** ⑨, Jl. Sisingamangaraja 33, ☎ 325874, alle Zi mit ac, TV, ☎ und Heißwasser, neu und sauber.

Fotos - Nias: oben: Holzschnitzer; unten: traditionelles Dorf

*DHAKSINA HOTEL***-***** ⑩, Jl. Sisingamangaraja 20, ☎ 720000, fax 740113, Fan oder ac und TV, relativ sauber.
*HOTEL SUMATERA***-***** ⑪, Jl. Sisingamangaraja 35, ☎ 718807, fax 721553, alle Zimmer mit ac, z.T. mit Heißwasser und TV.
*HOTEL GARUDA CITY***-***** ⑫, Jl. Sisingamangaraja 27, ☎ 717733, fax 714411, laut, viele Zimmer haben keine Fenster, aber ac und TV; mit Restaurant.
*LABANA INN***-***** ⑭, Jl. Abd. Lubis 67, ☎ 521686, ruhige, saubere Zimmer und Bungalows mit TV, ac und Heißwasser.

OBERE PREISKLASSE – *NATOUR DHARMA DELI HOTEL* (US$55 - 235), Jl. Balai Kota 2, ☎ 327011, fax 327153, das ehemalige holländische Hotel de Boer, mit 185 Zimmern im Neubau, Bar, Garten und Pool.
DIRGA SURYA HOTEL ③ (US$60 - 750), Jl. Imam Bonjol 6, ☎ 321555, fax 513327, liegt sehr laut, mit Pub, Bar und Restaurant.
DANAU TOBA INTERNATIONAL ⑤ (ab US$89), Jl. Imam Bonjol 17, ☎ 327000, fax 530553, mit großem Pool, Garten, Bars, Disco und guten Restaurants.
HOTEL TIARA ⑥ (ab US$115), Jl. Cut Mutiah, ☎ 516000, fax 510176, zentral, doch ruhig gelegen, 185 Zimmer, mit Pool.
GARUDA PLAZA HOTEL ⑧ (ab US$66), Jl. Sisingamangaraja 18, ☎ 716255, fax 714411, mit 154 Zimmern und Suites, Pool und Restaurant.
POLONIA HOTEL ⑮ (US$65 - 220), Jl. Jen. Sudirman 14, ☎ 535111, fax 519553, mit 200 Zimmern und Suites; Pool und gutes Restaurant.
PARDEDE INTERNATIONAL HOTEL ⑲ (ab US$40), Jl. Jr. H. Juanda 14, ☎ 543866, fax 553675; kleiner Pool, Restaurant und Bar mit entgegenkommenden jungen Damen.

ESSEN

Gutes Essen im stilvollen *TIPTOP*, Jl. J. A. Yani 92, ☎ 532042, geöffnet ab 10.00 Uhr morgens. Mi, Sa und So abends Live-Musik, meist mit Batak-Musikern, perfekter Service.
FARHAN, Jl. Taruna 94, ☎ 327564, geöffnet tgl. 11.00 - 22.00 Uhr; indische, vegetarische Gerichte und hausgemachte Joghurts.
Mehrere Padang-Restaurants liegen am Beginn der Jl. Sisingamangaraja ab Jl. Pandu.
Viele Restaurants sind auch in den modernen Shopping Centres, z.B. im *Deli Plaza* oder im *Prisai Plaza* untergebracht. Im 3. Stock des *Deli Plaza* gutes Dim Sum im *NALAYAN RESTAURANT*.
Wer ein ansehnliches Steak bei Oldies Musik essen möchte, sollte das *MUSICAFE* im gleichen Stock versuchen.
Im 4. Stock des *Medan Plaza Shopping Centre*, Jl. Iskandar Muda, findet man das *HOUSTON* und das *PLAZA INTERNATIONAL*.
Abends ab 18.00 Uhr werden in der Jl. Zainul Arifin **Essenstände** aufgebaut. Bis 1.00 Uhr morgens kann man hier gut und preiswert essen – ist nicht weit vom Danau Toba International.
Essenstände jeden Abend auch am Amusement Park *(Taman Ria)* in der Jl. Jen. Gatot Subroto.

EINKAUFEN

In der Jl. J. A. Yani viele Souvenir- und Antiquitätenshops, z.B. *TOKO ASLI*, Nr. 62, oder *TOKO SENI*, Nr. 2.
In den vergangenen Jahren sind riesige Shopping Centres entstanden, die im Warenangebot durchaus mit Penang oder Kuala Lumpur konkurrieren können, z.B. *GOLDEN SHOPPING CENTRE, MEDAN PLAZA* und *DELI PLAZA*.
Waren des täglichen Bedarfs gibt es im *CENTRAL OLYMPIA*, südlich des großen Marktes.

SONSTIGES

AUTOVERMIETUNG – für Selbstfahrer: Im Danau Toba International Hotel kann man Autos mieten, z.B. einen Toyota Kijang für 50 000 Rp pro Tag, wenn man für mindestens eine Woche mietet.
Wagen mit Fahrer vermieten für ca. 175 000 Rp viele Reisebüros in Medan.

EKA SUKMA WISATA TOUR & TRAVEL, Jl. Sisingamangaraja 92 A, ☎ 720421, fax 717522, bietet dazu noch die Möglichkeit, Übernachtungsgutscheine für 70 DM je DZ zu kaufen, die in sehr guten Hotels eingelöst werden können. Wagen mit Fahrer kosten hier 150 DM pro Tag.

GELD – gute Kurse in der *BANK NEGARA INDONESIA 1946,* Jl. Pemuda 12 (auch am Flugplatz),
BALI BANK, Jl. Balai Kota 10, oder in der *BANK DAGANG NEGARA,* Jl. J. A. Yani 109. Viele Money Changer betreiben ihr Geschäft in der Jl. J. A. Yani.
American Express: *PACTO,* Jl. Katamso 35G, ☎ 510081, fax 513669.

BIBLIOTHEK – an der *F. NOMMENSEN-UNIVERSITÄT,* Jl. Dr. Sutomo 44.

IMMIGRATION – Jl. Binjai 268 A, KM 6, ☎ 512112. Außer in Medan kann man in Nord-Sumatra ein 30-Tage-Visum auch in Pematang Siantar und Sibolga verlängern lassen.

INFORMATIONEN – Jl. J. A. Yani 107, ☎ 538 101, und am Airport. Hier gibt es einen Stadtplan und eine Karte vom Toba-See, geöffnet Mo - Do 8.30 - 15.00, Fr bis 13.00 Uhr.

KONSULATE – es gibt in Medan 12 ausländische Konsulate, z.B.:
Deutschland, Jl. S. Parman 217, ☎ 537108;
Malaysia, Jl. Diponegoro 11, ☎ 518053;
Niederlande, Jl. A. Rivai 22, ☎ 519025.

PHPA – Jl. Sisingamangaraja KM 5,5: Neubau auf der westlichen Straßenseite, geöffnet Mo - Do 8.00 - 14.45, Fr 8.00 - 11.30 Uhr.

POST – *KANTOR POS,* Jl. Balai Kota, geöffnet von Mo - Sa 7.30 - 20.00 und So 9.00 - 16.00 Uhr. Für Briefmarkensammler gibt es hier einen brauchbaren Philatelie-Schalter.

SWIMMING POOL – *Thamrin Plaza,* Jl. Asia (verlängerte Jl. Pandu).

TELEFON - *TELKOM* liegt schräg gegenüber von der Post in der Jl. Putri Hijau und ist für Telefonate rund um die Uhr geöffnet.

VORWAHL – 061.

NAHVERKEHRSMITTEL

MINIBUSSE – *Angkutan Kota,* fahren ab der zentralen Sambu Bus Station auf diversen Rundrouten durch die Stadt; sie kosten 300 Rp, egal wie weit *(jauh/dekat),* außer zur Pinang Baris Bus Station 500 Rp.

BECAK – Für kurze und mittlere Entfernungen ist ein *Becak Dayung* (Fahrradrikscha) für 500 - 1000 Rp am besten. Sie dürfen nicht auf Hauptstraßen fahren. Für größere Entfernungen ein *Becak Mesin* (Motorradrikscha) für 1000 - 1500 Rp.

TAXI – mit Taxameter und ac bieten:
METAX, Jl. Kapt. Pattimura 439, ☎ 524657;
KARSA, Jl. Kirana 21, ☎ 520952;
KOSTAR, Jl. Kapt. Pattimura 116, ☎ 528181;
VIP, Jl. Turi 74, ☎ 714997.
Die Einschaltgebühr beträgt 700 / 800 Rp, jeder weitere Kilometer 500 / 600 Rp.

TRANSPORT

BUSSE – Es gibt drei Busbahnhöfe in Medan: Die zentrale **Sambu** Bus Station ist für Minibusse im Stadtverkehr.
Die **Pinang Baris** Bus Station, ca. 10 km außerhalb nordwestlich der Stadt, ist für alle Ziele nördlich von Medan (Brastagi, Binjai, Banda Aceh u.a.) Zu erreichen mit dem Taxi ab Zentrum für etwa 6000 Rp (ab Airport 10 000 Rp) oder mit gelbem Minibus für 500 Rp. Die **Amplas** Bus Station, ca. 7 km außerhalb südöstlich der Stadt, ist für alle Ziele südlich von Medan (Prapat, Padang, Jakarta u.a.). Zu erreichen mit dem Taxi für etwa 4000 Rp ab Zentrum.
Öffentliche Minibusse verkehren von Pinang Baris über Sambu nach Amplas (500 und 300 Rp). Kauft man in Pinang Baris ein Ticket für

ein südliches Fahrtziel, dann bietet die Busgesellschaft einen kostenlosen Minibus-Transfer nach Amplas, und umgekehrt genauso.

Preisbeispiele: Ab **Pinang Baris** – BRASTAGI 1500 Rp (Minibus 2000 Rp),
BINJAI 300 Rp,
BUKIT LAWANG 1300 Rp,
BANDA ACEH 15 000 / ac 20 - 25 000 Rp, 12 - 15 Std.,
TAKENGON 12 000 / ac 16 000 Rp, 12 Std.,
KUTACANE 4000 Rp,
TAPAKTUAN 12 000 Rp, 12 Std.
Ab **Amplas** – PRAPAT 3500 Rp, SIBOLGA 9000 Rp, DUMAI 14 000 Rp, 12 Std., Abfahrt 19.00 Uhr (mit Anschluß an das Speedboot nach Batam).
Von beiden Bus Stationen:
BUKITTINGGI 18 000 / ac 22 000 Rp,
PEKANBARU 18 000 / ac 22 000 Rp, PADANG 20 000 / ac 25 000 Rp,
BENGKULU 37 000 / ac 42 000 Rp,
JAKARTA 50 000 / ac 80 000 - 125 000 Rp.
Tickets für Fernbusse gibt es außer an den Busbahnhöfen bei vielen Agenten in der Stadt, z.B. in der Jl. Sisingamangaraja, und bei den Büros der Busgesellschaften, u.a.
ALS, Jl. Amaliun 2 A, ☎ 231190;
P. M. TOH, Jl. G. Mada 57, ☎ 522546;
C. V. KURNIA und *ANUGERAH,* Jl. G. Mada 44, ☎ 520293;
MAKMUR, Jl. M. Joni 9, ☎ 711950.

TAXI – Überlandtaxis fahren direkt ab Airport oder den Büros verschiedener Taxigesellschaften nach BRASTAGI (35 000 Rp), PRAPAT (75 000 Rp), BUKIT LAWANG (75 000 Rp) oder nach SIBOLGA (120 000 Rp). Jeweils fünf Fahrgäste haben Platz.

EISENBAHN – Züge nach RANTAU PRAPAT (2. Kl. 7500 Rp), TANJUNG BALAI (3. Kl. 2500 Rp / 2. Kl. 5500 Rp) und PEMATANG SIANTAR (2000 / 4000 Rp) – umsteigen in TEBING TINGGI.

FLÜGE – Vom *Polonia Airport* sind es nur etwa 1 - 2 km in die Stadt. Taxi ist nicht notwendig – außerhalb des Flugplatzgeländes an der Jl. Ir. H. Juanda warten Becak, die ca. 1000 Rp kosten. Minibus 300 Rp.
Am Taxischalter kostet eine Fahrt in die Stadt 4500 Rp.
Airport Tax international 15 000 Rp, national 6600 Rp.
Tgl. Flüge mit MAS und Sempati nach PENANG; mit Silk Air nach SINGAPORE. Inlandsflüge mit Merpati, Garuda, Mandala, Sempati und SMAC. Gepäck nur gut verschlossen aufgeben, denn es wird geklaut.

Airlines: *GARUDA,* im Dharma Deli Hotel, Jl. Balai Kota 2, ☎ 516400, und im Tiara Convention Center, Jl. Cut Mutiah, ☎ 515277, geöffnet Mo - Fr 8.00 - 12.00 und 13.00 - 20.00, Sa 8.00 - 12.00 und 13.00 - 17.00, So und feiertags 9.00 - 14.00 Uhr.
CATHAY PACIFIC, im Tiara Convention Center, Jl. Cut Mutiah, ☎ 537088, geöffnet Mo - Fr 8.30 - 12.00 und 13.00 - 16.30, Sa 8.00 - 13.00 Uhr.
MANDALA, Jl. Brigjen. Katamso 37E, ☎ 513309, geöffnet Mo - Fr 8.00 - 18.00, Sa 9.00 - 13.00, So und feiertags 9.00 - 12.00 Uhr.
MAS, Jl. Imam Bonjol 17 (Hotel Danau Toba International), ☎ 519333, geöffnet Mo - Fr 8.30 - 16.30, Sa 8.30 - 15.00, So und feiertags 9.00 - 13.00 Uhr.
MERPATI, Jl. Brigjen. Katamso 72, ☎ 514057, geöffnet Mo - Fr 8.00 - 17.00, Sa 9.00 - 13.00, So und feiertags 9.00 - 12.00 Uhr.
SEMPATI, im Tiara Convention Center, Jl. Cut Mutiah, ☎ 551612, geöffnet Mo - Fr 8.00 - 12.00 und 13.00 - 20.00, Sa 8.00 - 12.00 und 13.00 - 17.00, So und feiertags 9.00 - 14.00 Uhr.
SIA und *SILK AIR* (Polonia Hotel), Jl. Jen. Sudirman 14, ☎ 325300, geöffnet Mo - Fr 8.00 - 17.00, Sa 8.00 - 13.00, So und feiertags 8.00 - 12.00 Uhr.
SMAC, Jl. Imam Bonjol 59, ☎ 537760, geöffnet Mo - Fr 8.00 - 17.00, Sa und So 8.00 - 13.00 Uhr.
THAI AIRWAYS, im Natour Dharma Deli Hotel, Jl. Balai Kota 2, geöffnet Mo - Fr 8.00 - 17.00 Uhr.

Preisbeispiele (ohne MwSt):
PENANG US$55 / 74 (MAS, SG),
PALEMBANG 227 000 Rp (MZ),
SINGAPORE 301 000 Rp (Silk Air / GA),
BANDA ACEH 108 000 Rp (GA),
PADANG 131 000 Rp (GA),
PEKANBARU 119 000 Rp (GA),
JAKARTA 300 000 Rp (GA, MDL, SG).
SMAC fliegt tgl. nach GUNUNGSITOLI (Nord-Nias) 100 000 Rp, SIBOLGA 68 000 Rp.
Di, Do und Fr nach TAPAKTUAN 68 000 Rp (an anderen Tagen zum Teil über Sibolga).
Di, Do und So nach MEULABOH (Aceh Barat) für 70 000 Rp.

SCHIFFE – Belawan, 26 km entfernt, ist der Hafen von Medan. *Mitra*-Minibusse ab Jl. J. A. Yani kosten 700 Rp.
PELNI, Jl. Kol. Sugiono 5 - 7, ☎ 518899, geöffnet Di - Do 8.00 - 12.00 und 13.00 - 16.00, Fr 8.00 - 12.00 und 14.00 - 16.00, Sa 8.00 - 11.00 Uhr.
Zwei Schiffe, die KM. Kambuna und die KM. Kerinci, verlassen abwechselnd jeden Mo um 13.00 Uhr Belawan.
Während die **KM. Kambuna** über Jakarta, Surabaya und Ujung Pandang nach Balikpapan, Palu, Toli Toli und Manado fährt, führt die Route der **KM. Kerinci** von Ujung Pandang weiter nach Bau Bau, Ambon, Manado und Ternate.
Preisbeispiele (Ekonomi Class; 1. Klasse):
JAKARTA 57 000 / 219 000 Rp (44 Std.),
SURABAYA 81 000 / 290 000 Rp (73 Std.),
UJUNG PANDANG 101 000 / 366 000 Rp (4 Tage),
BAU BAU 116 000 / 435 000 Rp (5 Tage),
AMBON 137 000 / 521 000 Rp (6 Tage),
BALIKPAPAN 113 000 / 411 000 Rp (5 Tage),
PALU 119 000 / 428 000 Rp (6 Tage),
MANADO 152 000 / 561 000 Rp (7 Tage).
Hafensteuer 2500 Rp.
Mi und So um 13.00 Uhr und Fr um 11.00 Uhr geht das Fährschiff **Perdana Express** nach PENANG (Malaysia) ab, Fahrzeit 4 1/2 Std. Kostet 81 000 Rp (90 RM). Bei Buchung von Hin- und Rückfahrt gibt es einen kleinen Discount.

die Mesid Raya in Medan

Agent in Medan:
TROPHY TOURS, Jl. Brigjen. Katamso 33 D, ☎ 514888, fax 510340.
Di, Do und Sa fährt tgl. 10.00 Uhr die **Express Bahagia** auf der gleichen Route zum gleichen Preis. Agent: *EKA SUKMA WISATA TOUR & TRAVEL,* Jl. Sisingamangaraja 92 A, ☎ 720421, fax 717522.
Dasselbe Reisebüro setzt jeden Mo den Luxusdampfer **Empress Cruise** auf der Strecke nach Penang ein. Kostet 120 RM. Rückfahrt jeden Mi.
Weitere Fährverbindungen bestehen von Belawan nach Lumut und Port Kelang in Malaysia. Infos bei *Trophy Tours.*

Bukit Lawang (Bohorok)

Es gibt nur noch 4000 freilebende Orang Utan, 2000 davon leben in Sumatra ausschließlich im Gunung Leuser Nationalpark, die restlichen 2000 in Kalimantan im Tanjung Puting Nationalpark u.a. Angeschlossen an die Nationalparks sind Orang Utan-Rehabilitationszentren. In den Reha-Zentren werden aus der Gefangenschaft befreite Orang Utan auf ein Leben in der Wildnis vorbereitet, in die sie nach einigen Jahren Rehabilitation entlassen werden.

Noch immer werden Orang Utan illegal als Haustiere gehalten (allein in Taiwan 700 Tiere). Trotz Jagd- und Ausfuhrverbot werden Muttertiere im Dschungel gejagt und erschossen, um die Säuglinge lebend fangen zu können. Diese enden dann an der Kette oder in winzigen Käfigen und bekommen nie Gelegenheit, ihren natürlichen Lebensraum und ihre natürliche Lebensweise kennenzulernen, ein jahrelanger Prozeß, bei dem die Mutter unerläßlich ist.

Im Bohorok Orang Utan Rehabilitation Centre bei Bukit Lawang am Rande des Gunung Leuser Nationalparks besteht die Gelegenheit, halbwegs rehabilitierte Orang Utan in ihrer normalen Umwelt und auch aus nächster Nähe zu erleben. Dazu bietet der Ort die Möglichkeit, ohne allzu großen Aufwand durch intakten tropischen Regenwald zu Höhlen und Wasserfällen zu wandern.

Allerdings wird Bukit Lawang auch von einheimischen Ausflüglern aus Medan häufig besucht, so daß es zumindest an Sonn- und Feiertagen mit der Ruhe vorbei ist. Mehr und mehr Hotels, Restaurants und Geschäfte werden gebaut, natürlich auf Kosten der umgebenden Natur; überall liegt Müll herum. Junge Guides bieten ihre Dienste an, und Moneychanger wechseln US$, natürlich zu schlechten Kursen.

Aber noch immer ist Bukit Lawang ein angenehmer Ort, wo man gut wohnen und ein paar Tage abschalten kann – inmitten üppiger, tropischer Vegetation am Ufer des Bohorok Rivers, dessen beruhigendes Rauschen ständig und fast überall zu hören ist.

In Bukit Lawang fährt man bis zur Endhaltestelle der Busse, etwa 3 km vom eigentlichen Dorfzentrum. Hier steht das PHPA-Büro und gleich nebenan ein Visitor Centre des WWF mit guten Infos.

Über Hängebrücken geht es zu Fuß zu einigen Bungalowanlagen, die hübsch am Fluß gelegen sind. Weitere Unterkünfte liegen in dem engen Flußtal am Fußweg, der zur Sampan-Anlegestelle führt.

Um die Orang Utan zu sehen, holt man sich zuerst vom PHPA-Büro ein Permit und läuft von hier ca. 30 Minuten auf einem Fußpfad am Fluß entlang bis zur Fähre (nur ein Sampan mit Seilzug). Auf der anderen Flußseite liegt im Dschungel in einer Flußschleife das Rehabilitationszentrum. Von den Gebäuden aus sind es noch einmal 500 m steil bergauf zum Reservat, wo die Tiere um 8.00 und 15.00 Uhr beobachtet werden können.

Bukit Lawang liegt an der Ostgrenze des großen Gunung Leuser National Parks (8500 km^2, davon 3/4 in der Provinz Aceh – s.S. 145). Von hier aus erreicht man nur mühsam das Innere des Parks, gewinnt aber auf Tageswanderungen oder einem 2-Tage-Trek einen guten Einblick in die Wildnis.

Ein kleiner Ausflug, der ohne Guide möglich ist, führt zur Fledermaushöhle **Gua Kampret**. Der Weg (1/2 Std.) ist ausgeschildert und führt ab Wisma Bukit Lawang Cottage flußabwärts durch Gummiplantagen. An einem kleinen Warung zahlt man 500 Rp für das Öffnen einer Tür. Dann klettert man etwa 200 m durch mehrere tunnelartige Höhlen steil auf und ab über scharfkantige Kalkfelsen – feste Schuhe und Taschenlampe nicht vergessen. Schon dieser kleine Ausflug gibt einen guten Einblick in die Schwierigkeiten, die einen auf ausgedehnteren Touren erwarten.

Der Orang Utan

Die Familie der Menschenaffen (Pongidae) unterteilt man in drei Gattungen: Gorilla, Schimpanse und Orang Utan. Während Gorilla und Schimpanse ausschließlich in Afrika beheimatet sind, ist der Orang Utan (Pongo pygmaeus) auf Südostasien beschränkt, wo er nur noch in zwei Unterarten vorkommt: Borneo Orang Utan (Pongo pygmaeus pygmaeus) und Sumatra Orang Utan (Pongo pygmaeus abeli).

Die Menschenaffen unterscheiden sich von allen anderen Affenarten nicht nur durch ihre Körpergröße, sondern auch durch ihr größeres Gehirn und die daraus resultierende größere Intelligenz. Sie sind überaus lernfähig und sogar in der Lage, einfache Werkzeuge zu gebrauchen. Sie sind die menschenähnlichsten aller Tiere; eine Verwandtschaft wird durch die Tatsache bestätigt, daß die inneren Organe, das Nervensystem und die Sinnesorgane der Menschenaffen ähnlich gebaut sind wie beim Menschen. Darüber hinaus haben blutserologische Untersuchungen ergeben, daß von den Menschenaffen der Orang Utan der urtümlichste ist; er hat sich früher als Schimpanse und Gorilla von der mit dem Menschen gemeinsamen Stammlinie abgespalten.

Der Orang Utan ist, wie es der indonesische Name „Waldmensch" schon ausdrückt, ein Bewohner der tropischen Wälder. Da er sich die meiste Zeit in den Wipfeln der Bäume aufhält, ist er ein hervorragender Kletterer; die Arme, die beim Klettern und Hangeln die Hauptlast des Körpers tragen, sind wesentlich länger und kräftiger als die Beine. Der Orang Utan ist ziemlich kälteempfindlich und klettert deshalb im Gebirge nur selten bis auf eine Höhe von zweitausend Meter. Urwaldflüsse kann er nur überqueren, wenn die Baumkronen eine natürliche Brücke über den Fluß bilden.

Das Fell des Orang Utan ist sehr langhaarig, dicht und von rötlichbrauner Farbe. Das Weibchen wiegt bis zu 40 kg, Männchen können mehr als doppelt so schwer und etwa 1,5 m groß werden. Die Armspannweite beträgt über 2,2 m. Seine Ernährungsweise zwingt den Orang Utan zu ständiger Wanderschaft durch die Baumwipfel, wobei er nicht an ein festes Revier gebunden ist. Fast jeden Abend baut er sich aus Zweigen ein neues Nest. Während erwachsene Männchen häufig als Einzelgänger umherziehen, bilden sowohl Muttertiere mit ihren Jungen als auch Jungtiere, die sich gerade erst von der Mutter getrennt haben, kleinere Gruppen.

Orang Utan brauchen eine vielseitige Ernährung. Auch wenn sie hauptsächlich pflanzliche Kost zu sich nehmen, wie verschiedene Früchte, Blätter, junge Triebe und Knospen, verschmähen sie auch tierische Nahrung nicht, wie Insekten, Vogeleier, Frösche und Eidechsen. Überhaupt sind Menschenaffen im allgemeinen nicht so starr an angeborene Instinkte gebunden und können sich deshalb auch leicht auf andere Nahrung umstellen.

Nach einer Schwangerschaft von 8 - 9 Monaten bringt eine Orangmutter ein einziges Orangbaby zur Welt, das für etwa drei bis vier Jahre bei der Mutter

bleibt. Erst dann ist es in der Lage, für sich selbst zu sorgen. Ein Orang Utan ist mit zehn Jahren geschlechtsreif und erreicht ein Alter von ca. 30 Jahren. Während der drei- bis vierjährigen Stillzeit ist die Orangmutter nicht empfängnisfähig. Sie kann im Laufe ihres Lebens also maximal nur fünf Kinder zur Welt bringen, von denen aber 40% schon im Säuglingsalter sterben.

Die körperliche Entwicklung und das Verhalten des Orangbabys unterscheiden sich im ersten Lebensjahr fast überhaupt nicht von der Entwicklung und dem Verhalten eines menschlichen Säuglings. Ohne seine Mutter, an deren Fell es sich ständig anklammert, ist es völlig hilflos; sie gibt ihm Nahrung, Schutz und Wärme. Fast alle Fertigkeiten, die der Orang Utan für seine tägliche Futtersuche braucht, bekommt er in jungen Jahren von seiner Mutter beigebracht; sogar das Klettern lernt das Orangkind nur unter Anleitung und mit Hilfe seiner Mutter. Orangbabys, die in menschliche Gefangenschaft geraten sind und keinen Mutterersatz zum Anklammern finden, sind später nicht in der Lage zu klettern. Sind sie in winzigen Käfigen oder an einer kurzen Kette gehalten worden, können sie noch nicht einmal laufen.

Trotz Fang- und Ausfuhrverbot, das schon von der holländischen Kolonialregierung erlassen und später vom indonesischen Staat übernommen wurde, geht der Handel mit Orangbabys, deren Mütter abgeschossen wurden, weiter. Diese Tiere enden dann meist in den „Privatzoos" wohlhabender Leute, wo sie aufgrund mangelnder Pflege und einseitiger Ernährung oft nur wenige Monate überleben. Noch vor ein- oder zweitausend Jahren lebten auf Sumatra und Borneo mehr Orang Utan als Menschen. Da sie schon damals gejagt wurden und auch heute noch weiterhin gejagt werden und da ihr Lebensraum durch Abholzen der letzten tropischen Wälder ständig weiter zusammenschrumpft, zählen Orang Utan heute zu den vom Aussterben bedrohten Tierarten.

ÜBERNACHTUNG

Fast alle Unterkünfte haben ihr eigenes Restaurant:

WISMA BUKIT LAWANG COTTAGE-**** ⑭, ☎ 545061, Zimmer und Bungalows mit Mandi und z.T. mit Moskitonetz, ruhig und empfehlenswert, mit gutem Restaurant.

WISMA LEUSER SIBAYAK-*** ⑬, ☎ 550576, hier geht es am Wochenende recht lebhaft zu, Zimmer und Bungalows, z. T. mit Heißwasser.

*MUTIARA INDAH GUESTHOUSE** ⑯, sehr einfach.

*RINDU ALAM HOTEL***** ⑮, ☎ 545015, ziemlich steril, inkl. Frühstück.

*YUSMAN GUESTHOUSE**, ⑫, Zi mit und ohne Mandi.

WISMA BUKIT LAWANG INDAH-**** ⑪.

*WISMA ANGGREK LEUSER**-**** ⑩, saubere Bungalows in einem Garten am Fluß.

*FARINA 53 GUESTHOUSE** ⑦, Zimmer mit Dusche in schöner Hanglage; Bar und Restaurant.

*QUEEN EMERALD RESORT** ⑥, ☎ 544259, einfache Zimmer, z. T. in Hanglage; nett eingerichtetes Restaurant; wer abends noch ausgehen will, sollte die Taschenlampe nicht verges-

sen, denn der Weg bis hierher ist nachts streckenweise nicht beleuchtet.
*BEVERLY HILL RESORT** ①, Zimmer in kleinen Bungalows, sehr ruhig und einsam; 15 Minuten von der Sampan-Anlegestelle über einen unbefestigten, nachts unbeleuchteten Fußpfad durch den Dschungel am Fluß entlang, vorbei an schönen Picknick-Plätzen.

SONSTIGES

INFORMATIONEN – Visitor Centre des WWF, täglich geöffnet 9.00 - 15.00 Uhr, außerdem Mo, Mi und Fr von 19.30 - 22.00 Uhr: ab 20.00 Uhr wird ein Film über die Orang Utan gezeigt.

PERMIT – Um die Orang Utan zu sehen, muß man sich zuerst ein Permit besorgen. Das geht schnell und unbürokratisch im PHPA-Office, täglich geöffnet 7.00 - 15.00 Uhr, und kostet 4000 Rp für 2 Tage, inkl. Sampan-Gebühr.
Fütterung ist täglich um 8.00 und 15.00 Uhr, Sampan verkehren nur bis gegen 16.00 Uhr.

TREKKING – Aus Sicherheitsgründen muß man einen Guide nehmen, der 20 000 Rp pro Tag und Person, bzw. 25 000 Rp pro Tag und Person für mehrere Tage kostet, inkl. Mahlzeiten und Trekking Permit.
Angeboten wird auch ein 3-Tage- bzw. 5-Tage-Trek nach Brastagi (90 000 / 150 000 Rp), wobei man aber nur streckenweise durch Dschungel wandert. Das Gepäck wird per Minibus von Bukit Lawang nach Brastagi transportiert.
Ebenso kann man in 6 Tagen nach Kutacane trekken (s.S. 149).
Kombinierte Rafting / Jungle Trekking Trips werden vom *Back to Nature Guest House* auf dem Sungei Wampu für 125 000 Rp (1 Tag Trekking, Übernachtung im Dschungel, 1 Tag Rafting) angeboten.

TUBE RAFTING – Bei mittlerem Wasserstand kann man sich mit aufgepumpten Schläuchen aus LKW-Reifen für 1000 Rp pro Schlauch den Sungai Bohorok hinabtreiben lassen – nicht ganz ungefährlich. Außerdem gibt es gute Bademöglichkeiten.

VORWAHL – 061.

TRANSPORT

BUSSE – Direktbus von MEDAN ab Pinang Baris Bus Station nach Bukit Lawang 1300 Rp, 3 Std., 85 km. Busse zurück nach MEDAN fahren zwischen 5.30 und 15.00 Uhr.

TAXI – Charterpreise: MEDAN 75 000 Rp, BELAWAN 105 000 Rp, BRASTAGI 135 000 Rp, LAKE TOBA 235 000 Rp.

TOURIST BUS – Täglich 7.30 Uhr nach BRASTAGI 12 000 Rp und PRAPAT 20 000 Rp; 3x wöchentlich BUKITTINGGI 45 000 Rp.

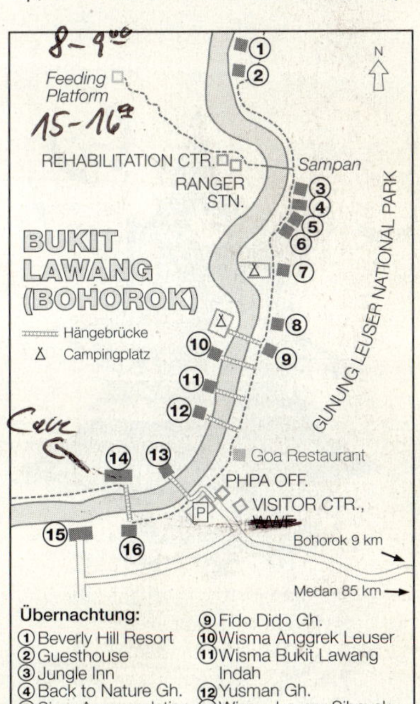

NORD-SUMATRA

Batak-Hochland und Toba-See

Das Hochland des nördlichen Bukit Barisan-Gebirges, in dessen Zentrum der Toba-See liegt, ist die Heimat verschiedener Batak-Stämme. In der Abgeschiedenheit der Berge lebten die Batak bis zur Mitte des 19. Jahrhunderts nahezu völlig isoliert und konnten so ihre eigene Kultur bewahren. Unter anderem hielten übertriebene Berichte über die kriegerischen, menschenfressenden Batak die Weißen davon ab, ins Hochland einzudringen. Man schrieb schon das Jahr 1853, als zum ersten Mal ein Europäer den Toba-See erblickte, und zwar der holländische Linguist Van der Tuuk, der später die Bibel in die Batak-Sprache übersetzte.

Die anschließenden Aktivitäten der Missionare und der holländischen Kolonialherren führten zu durchgreifenden Veränderungen in der Kultur der Batak. Inzwischen hat der Tourismus den Toba-See erobert, was weitere kulturelle Auswirkungen nach sich ziehen wird, deren Ausmaße noch nicht abzusehen sind. Traditionelle Häuser nutzt man als Touristenunterkünfte, Holzschnitzereien sind nur noch Massenprodukte für den Souvenirhandel. Traveller, die nur ihr eigenes Vergnügen suchen (Nacktbaden, Drogen) und keine Rücksicht auf die Menschen nehmen, deren Heimat der Toba-See ist, haben einen nicht zu unterschätzenden Anteil an den kulturellen Veränderungen.

Karo-Batak-Reisspeicher

Brastagi

Die Fahrt von Medan 66 km Richtung Südwesten führt hinauf in die Berge nach Brastagi, das 1320 m hoch liegt. Nach endlosen Kurven hat die steile Straße die Hochebene, die Heimat der Karo-Batak erreicht – ein hügeliges, weites Land, das von den beiden aktiven Vulkanen Sibayak (2300 m) und Sinabung (2451 m) eingerahmt wird. Schon in den 20er Jahren kamen die weißen Manager der in malariaverseuchten Sümpfen liegenden Plantagen hierher, um die kühle Bergluft zu genießen.

Heute stehen an den Hängen westlich der Hauptstraße die Wochenendvillen der wohlhabenden Bewohner von Medan. Man durchquert dieses Viertel auf dem Weg zum **Gundaling Hill**. Vom Hügel herab bietet sich eine schöne Aussicht über die Hochebene.

Im Zentrum von Brastagi, an der Hauptstraße, liegt der **Markt**, auf dem die Batak Obst und Gemüse verkaufen.

Zu ungünstigen Jahreszeiten wimmelt es hier von Fliegen. Am Denkmal an der Jl. Veteran werden in Souvenir- und Antiquitätenläden Gegenstände der Batak angeboten, außerdem befindet sich hier hinter dem Tourist Office ein großer **Obst- und Souvenirmarkt**. Abgesehen von der Gegend um den Gundaling Hill ist Brastagi keine besonders schöne Stadt; auf der breiten Hauptstraße herrscht reger LKW-Verkehr.

ÜBERNACHTUNG

UNTERE PREISKLASSE – *WISMA DIENG** ㉟, Jl. Udara 27, am Ortsende, einfache, kleine Zimmer, laut und schmuddelig.
*WISMA SIBAYAK** ㊱, Jl. Udara 1, ☎ 91104, lebhafter Traveller-Treffpunkt, viele Infos, einfach, aber sauber; großer Garten, Restaurant.
*SIBAYAK GUESTHOUSE** ㉝, Jl. Veteran 119, ☎ 91122, Zi mit und ohne Mandi, viele Infos, kleiner Bookshop, Restaurant.
*GINSATA HOTEL** ⑱, Jl. Veteran 27, ☎ 91441, gutes Padang-Restaurant; hinter dem Hotel das gleichnamige Guesthouse*, ruhig, sauber, familiär, Zi mit und ohne Mandi.
*TORONG INN** ㉘, Jl. Veteran, ☎ 91966, relativ sauber, mit gutem Restaurant.
LOSMEN MERPATI-*** ㉙, Jl. Trimurti 68, ☎ 91157, ruhig gelegen, mit Innenhof und kleinem Coffee Shop.
*KALIAGA BUNGALOW**** ⑰, Jl. Perwira, ☎ 91116, ruhig gelegen, mit Garten und Aussicht, etwas renovierungsbedürftige Zimmer, Heißwasser auf Anfrage, freundliche Leute.
*WISMA IKUT** ⑩, Jl. Gundaling 24, ☎ 91171, eine ruhig gelegene Kolonialvilla in einem großen Garten auf einem Hügel, 5 Min. vom Tourist Office; viele Infos, akzeptables Restaurant.
*DE MEREL GUESTHOUSE** ⑨, Jl. Gundaling 5, ☎ 91586, ruhig gelegene Kolonialvilla, sauber und freundlich.
*WISMA SIBAYAK MULTINATIONAL**-**** ②, Jl. Pendidikan 93, ☎ 91031, ziemlich außerhalb im Grünen gelegen, 20 Min. vom Zentrum, mit großem Garten.

MITTLERE UND OBERE PREISKLASSE – *BERE KARONA HOTEL* (US$12 - 45) ⑤, Jl. Pendidikan 148, ☎ 91888, fax 91513, am Weg zum Gunung Sibayak, schöne Bungalow-Anlage; Restaurant.
BRASTAGI COTTAGE ㉒ (US$35 - 45), Jl. Gundaling, ☎ 91345, fax 91456, große Zimmer mit Heißwasser; schöne Aussicht, Garten und Restaurant.
DANAU TOBA INTERNATIONAL COTTAGE ㉔ (US$35 - 45), Jl. Gundaling, ☎ 91347, fax 91346, mit Pool und schöner Aussicht.
HOTEL BUKIT KUBU ⑪ (US$22 - 50), Jl. Sempurna 2, ☎ 91524, war bisher eins der am besten erhaltenen Kolonialhotels, leider etwas runtergekommen und überteuert.
HOTEL RUDANG ⑫ (US$30 - 60), Jl. Sempurna 16, ☎ 91579, etwas sterile Atmosphäre, viele Reisegruppen.
ROSE GARDEN ⑬ (US$40 - 80), Jl. Peceren, ☎ 91777; Swimming Pool.
MUTIARA BRASTAGI HOTEL ⑭ (US$50 - 125), Jl. Peceren 168, ☎ 91555, fax 91384, 120 Zimmer, großer Swimming Pool.
SIBAYAK INTERNATIONAL HOTEL ⑥ (ab US$60), Jl. Merdeka, ☎ 91301, fax 91307, 3-Sterne-Hotel mit 113 Zimmern und geheiztem Swimming Pool, den auch Nicht-Gäste benutzen können, 3000 Rp pro Tag.

ESSEN

Die Restaurants und Rumah Makan konzentrieren sich auf der Jl. Veteran; von Nord nach Süd:
BRASTAGI SEAFOOD RESTAURANT, Jl. Veteran 23, ☎ 91339, zwar nur kleine Auswahl, aber sauber und gut, geöffnet 7.30 - 22.00 Uhr.
RUMAH MAKAN GADIS MINANG, mit gutem Nasi Padang.
ASIA RESTAURANT, chinesisch und gut, aber nicht billig.
TORONG INN GARUDA, gutes Padang Food.

BUDI AMAN KEDAI NASI ISLAM, preiswert und akzeptabel.
RUMAH MAKAN MUSLIMIN, bei Travellern sehr beliebt, große Portionen, guter Service; nicht durch das vergammelte Äußere abschrecken lassen.
RUMAH MAKAN SEHAT, ein sehr guter, preiswerter Chinese.
RUMAH MAKAN SEMPANA, hier wird *Babi Panggang* angeboten; das traditionelle Karo-Batak-Essen besteht aus gebratenem Schweinefleisch, Blutsoße und Reis.
ORA ET LABORA, ab 5.00 Uhr kann man zum Frühstück Kaffee und Kuchen bekommen.

SONSTIGES

AUTOVERMIETUNG – Minibusse mit Fahrer vermietet *MANTO BARUS,* Jl. Kejora 83, ☎ 91939, fax 91513; Manto ist auch über das *Wisma Ikut* zu erreichen.

GELD – *BANK RAKYAT,* Jl. Veteran.
Die besten US$-Wechselkurse für TC und Cash beim Money Changer *P. T. PURA BUANA INTERNATIONAL,* Jl. Veteran 55, ☎ 91514 (Warpostel).

INFORMATIONEN – *TOURIST OFFICE,* Jl. Veteran, am Denkmal, ☎ 91084, täglich geöffnet 8.00 - 18.00 Uhr; einige der Mitarbeiter sind sehr kompetent. Gute und verläßliche Infos bekommt man auch im *Sibayak Guesthouse,* Jl. Veteran 119, sowie Vermittlung von Guides für Bergbesteigungen.

POST / TELEFON – Post und *TELKOM* am Denkmal in der Jl. Veteran. Für Auslandsgespräche und Telefax gibt es auch das *WARPOSTEL BERASTAGI,* Jl. Veteran 55, ☎ 91514, fax 91513, tgl. 24 Std. geöffnet.

TOUREN / GUIDES – Das Tourist Office vermittelt erfahrene Guides (mit Lizenz) für Dschungel-Treks, die in der Regel von Kutacane aus für 3 Tage durch den Gunung Leuser-Nationalpark führen. Auch längere Touren, kombiniert mit Schlauchbootfahrt auf dem Alas River, sind möglich. Kostet US$60 - 80 p.P. für 3 Tage, alles inkl., bei 4 bis 8 Teilnehmern. Angeboten wird weiterhin der Trek nach Bukit Lawang, wobei man zwischen verschiedenen Wegen wählen kann (3 - 5 Tage).

VORWAHL – 0628.

TRANSPORT

Busse fahren regelmäßig ab MEDAN für 1200 Rp. Von PRAPAT: zuerst Bus nach PEMATANG SIANTAR (1000 Rp), weiter nach KABANJAHE (1900 Rp) und Brastagi 300 Rp. Alternative Route: Boot (Mo) von AMBARITA auf Samosir nach HARANGGAOL für 3000 Rp, 3 - 4 Std. Von da geht ein Bus über SERIBUDOLOK (1000 Rp) nach KABANJAHE (800 Rp). Oder man fährt von PANGURURAN über SIDIKALANG nach KABANJAHE.
Tgl. gegen 9.00 Uhr kommt ein Bus von Medan durch Brastagi, der direkt nach KUTACANE fährt, 4000 Rp, 6 Std.
Tgl. kommt auch ein Bus nach TAPAKTUAN durch, 9000 Rp, 10 Std.
Tourist-Bus nach PRAPAT 12 000 Rp, Abfahrt 13.00 Uhr, 4.5 Std.; nach BUKIT LAWANG 12 000 Rp, Abfahrt 13.00 Uhr, 5 Std.

Die Umgebung von Brastagi

Kabanjahe

Alle Ausflüge nach Süden und Westen führen zuerst ins 11 km südlich gelegene Kabanjahe (Bus 300 Rp), dem Sitz der Verwaltung *(Bupati)* der Karo-Batak-Region. Sehenswert ist der große Markt, wo man allgemein etwas billiger als in Brastagi einkaufen kann.

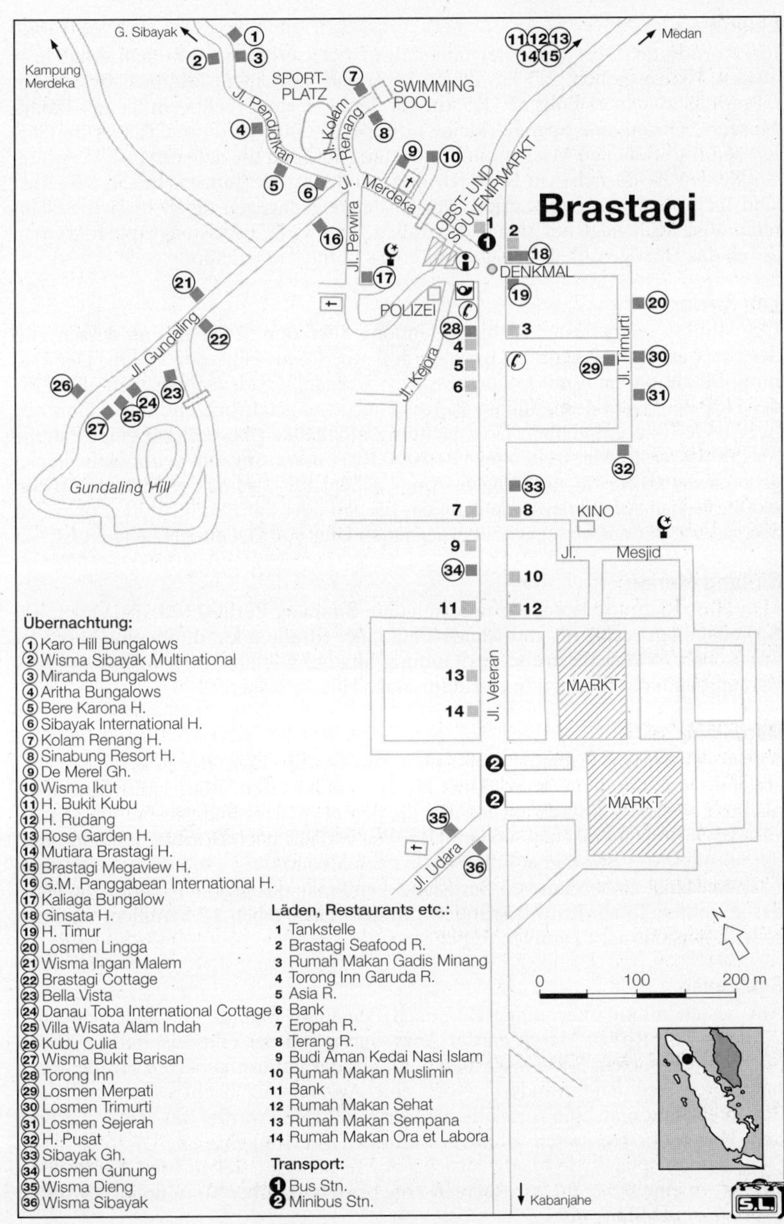
Brastagi
G. Sibayak
Kampung Merdeka
Medan
SPORT-PLATZ
SWIMMING POOL
Jl. Pendidikan
Jl. Kolam Renang
Jl. Merdeka
Jl. Perwira
OBST- UND SOUVENIRMARKT
DENKMAL
POLIZEI
Jl. Kejora
Jl. Gundaling
Gundaling Hill
Jl. Trimurti
KINO
Jl. Mesjid
Jl. Veteran
MARKT
MARKT
Jl. Udara
0
100
200 m
N
Kabanjahe
Übernachtung:
1 Karo Hill Bungalows
2 Wisma Sibayak Multinational
3 Miranda Bungalows
4 Aritha Bungalows
5 Bere Karona H.
6 Sibayak International H.
7 Kolam Renang H.
8 Sinabung Resort H.
9 De Merel Gh.
10 Wisma Ikut
11 H. Bukit Kubu
12 H. Rudang
13 Rose Garden H.
14 Mutiara Brastagi H.
15 Brastagi Megaview H.
16 G.M. Panggabean International H.
17 Kaliaga Bungalow
18 Ginsata H.
19 H. Timur
20 Losmen Lingga
21 Wisma Ingan Malem
22 Brastagi Cottage
23 Bella Vista
24 Danau Toba International Cottage
25 Villa Wisata Alam Indah
26 Kubu Culia
27 Wisma Bukit Barisan
28 Torong Inn
29 Losmen Merpati
30 Losmen Trimurti
31 Losmen Sejerah
32 H. Pusat
33 Sibayak Gh.
34 Losmen Gunung
35 Wisma Dieng
36 Wisma Sibayak
Läden, Restaurants etc.:
1 Tankstelle
2 Brastagi Seafood R.
3 Rumah Makan Gadis Minang
4 Torong Inn Garuda R.
5 Asia R.
6 Bank
7 Eropah R.
8 Terang R.
9 Budi Aman Kedai Nasi Islam
10 Rumah Makan Muslimin
11 Bank
12 Rumah Makan Sehat
13 Rumah Makan Sempana
14 Rumah Makan Ora et Labora
Transport:
1 Bus Stn.
2 Minibus Stn.
S.L.

Lingga

Ein Karo-Batak-Dorf (Eintritt) mit einigen noch erhaltenen Rumah Adat liegt etwa 4,5 km westlich. 2,5 km davon kann man mit einem Minibus für 300 Rp fahren, dann geht es links ab. 1,5 km vor dem Ort steht rechts ein kleines Batak-Museum. Gegen eine Spende (kleine Gruppe 10 000 Rp) führen Tänzer im Garten den traditionellen Masken- und Stocktanz auf, und die liebenswerte Verwalterin kleidet die Besucher in Karo-Kleidung und lehrt sie Tanzen. In Lingga selbst sind mehrere Häuser restauriert worden, andere dagegen fallen in sich zusammen. Viel Müll liegt auf den Dorfstraßen, und viele Touristengruppen werden durch das Dorf geschleust. Insgesamt etwas rauhe Atmosphäre!

Lau Kawar

Der Minibus fährt weiter Richtung Gunung Sinabung (2451 m), an dessen Fuß der See **Lau Kawar** liegt, ab Brastagi 500 Rp, 1 Std. Fahrzeit, 27 km. Der **Gunung Sinabung** kann mit Guide bestiegen werden, 4 Std. rechnet man allein für den Aufstieg. Die Besteigung ist allerdings nicht ungefährlich und nur erfahrenen Bergsteigern zu empfehlen. Übernachtungsmöglichkeit besteht bei einer Familie für 2000 Rp p.P., Mahlzeiten jeweils 1000 Rp. Im Warung am weiter östlich gelegenen See Lau Kawar nachfragen. Am Wochenende wimmelt es hier nur so von indonesischen Ausflüglern, die campen, fischen oder auf Bambusflößen über den See rudern, der auf dem gegenüberliegenden Ufer von Dschungel bedeckt ist.

Bintang Meriah

Man fährt Richtung Kutacane und steigt am **Simpang Perbesi** (28 km, Oplet 700 Rp) aus, biegt rechts ab und wandert auf einer Straße 6 km durch eine herrliche Landschaft an der Westseite des Gunung Sinabung entlang, wo in Bintang Meriah und anderen Dörfern noch traditionelle Häuser stehen.

Barusjahe

15 km östlich von Kabanjahe, mit dem Minibus für 1200 Rp zu erreichen, hat ebenfalls gut erhaltene Karo-Batak-Häuser aufzuweisen. Man kann hier übernachten; vielleicht interessant für die, die den etwa dreistündigen Fußmarsch zurück nach Brastagi machen wollen: Der Weg verläuft nach Nordwesten und mündet nördlich von Brastagi auf die Straße nach Medan.

In **Serdang**, etwa 5 km von Barusjahe, kann man das größte traditionelle Haus des gesamten Tanah Karo bewundern. In dem Haus leben 12 Familien, wo doch sonst höchstens acht Familien üblich sind.

Sipisopiso

Am besten nimmt man einen Bus nach Pematang Siantar und läßt sich nach 23 km (1000 Rp) in **Merek** an der Abzweigung mit der Hinweistafel *Air Terjun Sipisopiso* absetzen. 3 km muß man dann auf der gut asphaltierten Straße durch baumloses Hochland wandern. Noch eine Abzweigung nach rechts, und nach 300 m erreicht man eine Aussichtsplattform (400 Rp Eintritt) mit atemberaubendem Fernblick: Tief unten schmiegt sich das Dorf **Tongging** ans Ufer des Toba-Sees, dessen spiegelnde Fläche sich bis zur fernen und steilen Insel **Samosir** erstreckt. In eine Schlucht zur Rechten ergießt sich der über 80 m hohe Wasserfall (= *Air Terjun)* Sipisopiso.

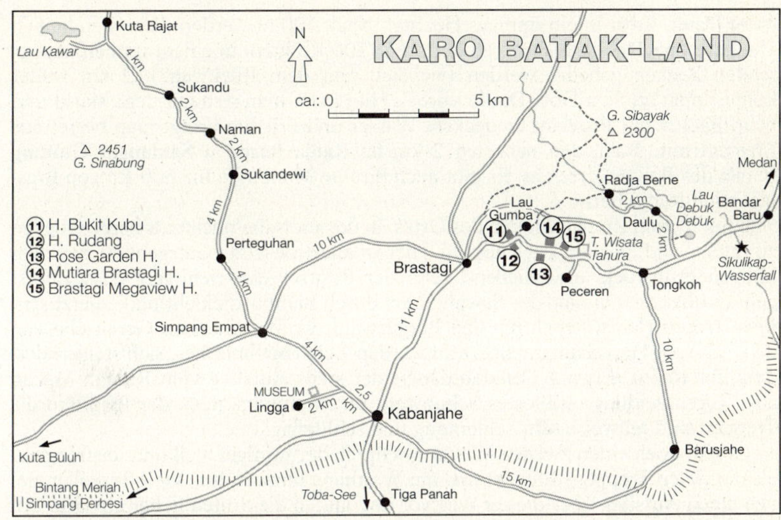

An Sonn- und Feiertagen sollte man diesen Platz meiden, sich ansonsten aber nicht von gelegentlich auftauchenden Touristenbussen abschrecken lassen. Nach den üblichen Gruppenfotos verschwinden sie auch genauso schnell wieder, wie sie gekommen sind. Die asphaltierte Straße windet sich bis Tongging (6 km) hinunter, Minibus 700 Rp. In Tongging wohnt man sehr ruhig im einfachen *Wisma Sibayak Guesthouse**, mit großem Garten an einem Fluß.

Pematang Purba

Zurück an der Hauptstraße kann man nochmals einen Bus Richtung Pematang Siantar stoppen. Nach 18 km, 10 km hinter **Seribudolok** (1000 Hügel), steht in Pematang Purba der **Rumah Bolon** (= Königspalast) der Simalungun Batak. Auf einer großen Lichtung, umgeben von mächtigen Bäumen, findet man hier noch acht von ehemals zwanzig Gebäuden des alten Königshofes, u.a. die Gerichtshalle, das Haus der Leibgarde und den Palast selbst: ein imposanter Pfahlbau, der schon 180 Jahre alt ist, bis 1945 bewohnt und 1964 restauriert wurde.

Hier lebte der König mit seinen Palasteunuchen und zwölf seiner häufig doppelt so vielen Frauen. Das langgestreckte Bauwerk, das ohne einen Nagel errichtet ist, enthält zwölf Feuerstellen – für jede Frau eine – in einem Gemeinschaftsraum, das private Gemach des Königs, ein Empfangszimmer und sogar eine Schatzkammer im Dachstuhl.

Die gesamte Anlage wurde zu einem Touristenpark entwickelt, mit Parkplatz, Souvenirshops, Toiletten usw. Eintritt 600 Rp.

Gunung Sibayak

Der 2300 m hohe Vulkan Sibayak kann an einem Tag bestiegen werden. Man fährt mit einem frühen Bus (300 Rp) gegen 6.00 Uhr in Richtung Medan, nach 8 km ist man am Startpunkt der Wanderung. Die Abzweigung Richtung Kampung Daulu führt in ein üppiges Hochtal. Nach 500 m werden die ersten heißen Quellen, **Lau Debuk Debuk**, erreicht. Für 300 Rp kann in einem großen, dampfenden Becken gebadet werden (vielleicht auf dem Rückweg?). 2 km weiter kommt man an dem Dorf **Daulu** vorbei. Hier kann man sich auf dem Markt und beim Bäcker mit Proviant eindecken. Wasser und Früchte bringt man besser aus Brastagi mit. Nach den nächsten 2 km ist **Radja Berne = Semangat Gunung** (Geist des Berges) erreicht. Es gibt auch direkte Minibusse für 600 Rp von Brastagi nach Radja Berne.

Beim letzten Rumah Makan des Ortes, in dessen Nähe nochmals heiße Quellen zu finden sind, beginnt der Fußpfad. Hier ist auch die letzte Gelegenheit zu einem billigen Frühstück, anschließend zeigt der Besitzer den richtigen Weg. Zuerst geht es über die Dämme der Sawah, dann durch Bambusdickicht und zuletzt steil über Treppen aufwärts durch den Bergurwald, wo die üblichen Geräusche von dem „Gesang" der Siamang übertönt werden – ein rhythmisches, sich steigerndes, dumpfes Rufen. Etwa 2 Stunden dauert der steile Aufstieg vom Rumah Makan aus. Regenkleidung und festes Schuhwerk sei empfohlen, denn der Pfad und die Treppen sind teilweise sehr schlammig und schlüpfrig.

Es gibt noch einen zweiten Weg zum Gipfel, der weniger steil und anstrengend als die vielen Treppenstufen ist und am Westhang hinaufführt. Viele Traveller ziehen einen Aufstieg über diesen Weg vor und laufen die Stufen lieber abwärts. Ab Brastagi muß man der Straße vom Denkmal zum Sportplatz folgen und sich immer Richtung Norden halten (Jl. Pendidikan). Die asphaltierte Straße macht nach etwa 2 km eine scharfe Kurve nach rechts, und links zweigt der Weg zum Sibayak ab. An einem kleinen Häuschen müssen 500 Rp Eintritt bezahlt werden.

Am Krater erwarten den Besucher Steinwüsten, Schwefel- und Wasserdämpfe – eine unwirkliche Atmosphäre. Hier wird Schwefelgestein abgebaut und durch eine Holzröhre zu Tal befördert. An anderen Stellen wird heißer, flüssiger Schwefel in Bambusrohre geschöpft, der abgekühlt und erhärtet nach dem Spalten des Bambus in runden, handlichen Stangen abtransportiert werden kann.

An besonders glücklichen Tagen kann es auch mal wolkenfrei sein. Dann überblickt man das gesamte Tana Karo im Süden und Westen und die glitzernde Küstenlinie mit Medan im Norden. Am Nordhang des Sibayak oberhalb von Bandar Baru sind 250 ha Bergwald unter Naturschutz gestellt – die Wälder sind relativ unberührt und Heimat vieler Vogelarten und des Siamang.

Für den Rückweg nach Brastagi ist es nicht schwierig, von Radja Berne aus den direkten Fußpfad über eine Bergkette zu nehmen. Nach etwa einer Stunde wird ein Aussichtspunkt mit schönem Blick auf den Vulkan erreicht. Nach einer weiteren knappen Stunde ist man zurück in Brastagi. Ein Guide ist für die Tour nicht nötig.

Richtung Medan

Sollte einmal eine dunkle, geschlossene Wolkendecke über Brastagi die Lust an Ausflügen nehmen, so bieten sich einige Orte an der Straße nach Medan an. Nach 2 1/2 km kommt man zu einem Dorf mit traditionellen Häusern, **Desa Peceren**.

Ein paar hundert Meter die Straße hinunter liegt links der **Taman Wisata Tahura**, ein Waldpark mit breiten Wegen, viel Müll und zwei müden Elefanten zum Reiten und zum Fotografieren. Einige Gebäude im traditionellen Batak-Stil beherbergen armselige Museen (Eintritt 1100 Rp).

8 km weiter, an der Grenze des Tana Karo, führen rechts ein paar Treppenstufen in den Dschungel. Folgt man dem Pfad, steht man nach 500 m unvermittelt vor dem 30 m hohen **Air Terjun Sikulikap**.

Weiter abwärts (7 km) liegt der Ort **Bandar Baru** am Hang des Gunung Sibayak. Man kann Bungalows, bzw. Zimmer mieten (ab 8000 Rp; in vielen Bungalows arbeiten Prostituierte) und die schöne Aussicht genießen. Spätestens hier ist die dunkle Wolkendecke verschwunden, Bus ab Brastagi 750 Rp.

In **Sibolangit**, 11 km von Bandar Baru, liegt gleich an der Straße nach Medan ein etwa 20 ha großes Naturreservat *(Cagar Alam)*. Ein Stück Urwald mit bequemen Wegen und kleinen Schildern mit den Namen der Bäume – leider viele Moskitos! Unterhalb des Parks befinden sich ebenfalls 90 ha geschützter Dschungel; allerdings ohne Wege. 2 km weiter, in **Sembahe**, kann man sich in zahlreichen Rumah Makan oder mit einem Bad im Fluß erfrischen. Bus zurück nach Brastagi (30 km) für 750 Rp.

Pematang Siantar

Auf direktem Weg von Medan zum Toba-See kommt man zuerst durch Goodyear-Country – endlos scheinende Palmöl-, Tabak-, Kaffee- und Gummibaumplantagen. Abseits der Straße liegen vereinzelt die Dörfer der Plantagenarbeiter und einige Villen der ehemaligen Besitzer. Bei einem Zwischenstop nach etwa 130 km kommt man nach Pematang Siantar, der zweitgrößten Stadt in Nord-Sumatra, Sitz der Regionalverwaltung und Zentrum der Simalungun Batak.

Neben einer Universität und einem guten Krankenhaus in der Jl. Dr. Sutomo besitzt die Stadt das kleine **Simalungun-Museum** in der Jl. Jen. Sudirman 8 – ausgestellt sind Kunstgegenstände und Waffen der Simalungun Batak. Im Ort ein Immigration Office und die Bank Bumi Daya.

ÜBERNACHTUNG

Die billigen Hotels findet man in der Jl. Merdeka. *SIANTAR HOTEL*, Jl. W. R. Supratman 3, ☎ 0622-21091, ist das Top-Hotel, liegt in einem Park und hat einen Swimming Pool.

TRANSPORT

Alle Busse halten am zentralen Busbahnhof, sammeln aber auch Fahrgäste unterwegs auf. Busse ab MEDAN 2000 Rp, BRASTAGI 2000 Rp, KABANJAHE 1700 Rp, PRAPAT 800 Rp.

Die Batak

Die sechs Stämme

In Nord-Sumatra leben weit über zwei Millionen Batak, die zu zwei Dritteln Christen sind; der Rest bekennt sich überwiegend zum Islam. Sie unterteilen sich in sechs ethnische Gruppen (Stämme) mit drei verschiedenen Sprachen. Die Sprachen teilen sich wiederum in mehrere Dialekte auf, haben aber einen gemeinsamen Ursprung.

Die *Toba*, die als die ursprünglichen Batak gelten, siedeln im Zentrum des Batak-Landes auf der Insel Samosir und an den Ufern des Toba-Sees, wo sie intensiven Naßreisanbau betreiben. Etwa 400 000 *Karo* leben in über 200 Dörfern nördlich vom Toba-See im Hochland um Brastagi und Kabanjahe; da die meisten Dörfer in einer Höhe von 1000 m oder mehr liegen, bauen die

Karo in erster Linie Gemüse an. Im Osten schließt sich das Land der *Simalungun* mit der Hauptstadt Pematang Siantar an. Im Nordwesten des Sees rings um Sidikalang siedeln die *Pakpak,* auch Dairi genannt, und im Süden die *Angkola* und die *Mandailing.*
Die Angkola- und die Mandailing-Batak wurden in der ersten Hälfte des 19. Jahrhunderts in den religiös motivierten Padri-Krieg verwickelt, der unter dem Nachbarvolk, den Minangkabau, ausgebrochen war. Aufgrund des Bekehrungseifers der Padri wurden diese beiden Stämme so weit islamisiert, daß sie ihre traditionelle Kultur verloren haben. Der frühere Versuch einer Islamisierung der Batak durch Aceh war dagegen vollständig fehlgeschlagen.
Die Toba- und Karo-Batak sind Christen überwiegend protestantischer, aber auch katholischer Glaubensrichtung, die noch viele Elemente ihrer alten Kultur bewahrt haben. Sie bilden die größte zusammenhängende Gruppe von Christen in Indonesien. Die Teilnahme an einem Batak-Begräbnis oder einem Gottesdienst in einer der vielen Kirchen überzeugt jeden von der großen Bedeutung der Religion für die Menschen.

Geschichte
Über die Geschichte der Batak gibt es keine Aufzeichnungen, so daß noch viel im dunkeln liegt. Es ist wissenschaftlich nachgewiesen, daß Menschen im Toba-See-Gebiet bereits vor über 6000 Jahren Wald rodeten. Allerdings sollen die Batak erst vor etwa 2500 bis 3000 Jahren aus Südchina, Nordthailand und Burma nach Süden gewandert sein. Die Insel Sumatra erreichten sie zuerst an der Westküste zwischen Barus und Sibolga. Doch als ehemalige Bergbewohner zogen sie schon bald hinauf in die gebirgigen Regionen, wo sie rings um das zuerst besiedelte Gebiet am Berg *Pusuk Bukit* weitgehend isoliert von den malaiischen Küstenbewohnern ihre Königreiche gründeten.
Die Kultur der Batak weist in vielen Bereichen frühhinduistische Einflüsse auf. Diese lassen sich sowohl im Vokabular, in den Schriftzeichen und der Religion belegen, als auch in den Kenntnissen des Schachspiels und der Baumwollweberei. Dagegen scheinen die Metallverarbeitung, der Reisanbau auf bewässerten Feldern, der Gebrauch von Pflug und Wasserbüffel usw. schon vor den Kontakten mit indischen Händlern bekannt gewesen zu sein.
Als erste Europäer besuchten Burton und Ward 1824 das südliche Batak-Land und fanden dort eine weit entwickelte Ackerbau-Kultur vor. 1864 begann die christliche Missionierung der Toba durch die protestantische Rheinische Missionsgesellschaft, geleitet von dem charismatischen Missionar Ludwig Nommensen, der noch heute als „Apostel der Batak" verehrt wird. Daraus ging in den 30er Jahren eine eigenständige Batak-Kirche (HKBP = Huria Kristen Batak Protestan) mit heute über 1 Mill. Mitgliedern hervor. Im Gegensatz zu den Toba wurden die Karo erst im 20. Jahrhundert zum Christentum bekehrt. Mit der Missionierung und der gleichzeitigen Kolonialisierung durch die Holländer erfuhr die jahrtausendealte Kultur tiefgreifende Veränderungen. Doch trotz der Annahme fremder Religionen spielen die Geister der Vorfahren noch immer eine wichtige Rolle im Leben der Batak.

Schöpfungsmythos
Über den Ursprung der Batak berichtet der folgende Mythos: Am Anfang gab

es nur den Himmel, in dem die Götter lebten, und das Meer, in dem der Drache der Unterwelt, *Naga Padoha,* hauste. *Mula Jadi Na Bolon,* der oberste Gott der Oberwelt, zeugte zuerst drei Söhne, die er *Batara Guru, Mangalabulan* und *Suripada* nannte. Anschließend schuf er einen Baum, in dem ein Huhn lebte, das drei riesige Eier legte. Drei Mädchen schlüpften aus den Eiern, die später jeweils einen Sohn Mula Jadis heirateten und mehrere Kinder hatten. Die Tochter Batara Gurus, *Si Boru Deak Parujar,* sollte den Sohn von Mangalabulan heiraten, der ihr aber zu häßlich war.

Toba-Batak-Reisspeicher

Das Mädchen weigerte sich und floh an einem langen, gesponnenen Faden hinab in die Mittelwelt, die nur aus Wasser bestand. Mula Jadi hatte Mitleid mit dem Mädchen und schickte ihr etwas Erde, die sie auf dem Meer ausbreitete. Im Wasser jedoch wohnt der Drache der Unterwelt. Als die Erde auf seinen Kopf fiel, versuchte er sie abzuwerfen, indem er sich im Wasser herumwälzte. Das Mädchen nahm ihr Schwert und nagelte ihn damit fest. Von Zeit zu Zeit, wenn der Drache heute wieder unruhig wird, bebt die Erde. Der häßliche Sohn nahm eine neue Gestalt an und heiratete das Mädchen. Zahlreiche Kinder wurden ihnen geboren, darunter ein Zwillingspaar. Bei einem großen Fest verkündete Mula Jadi den Zwillingen, daß sie für immer auf der Erde bleiben müssen. Danach kehrten alle Götter in die Oberwelt zurück, und der Spinnfaden wurde zerschnitten.
Nach vielen Generationen wurde als Nachkomme des Zwillingspaares *Si Raja Batak* geboren. Er lebte auf dem heiligen Berg *Pusuk Bukit* am Westufer des Toba-Sees und gilt als der erste Batak und als der Stammvater aller Batak; seine Brüder und Vettern sind die Urväter der Nachbarvölker.

Die Gesellschaft
Die Batak lebten in Dorfgemeinschaften, die eine hierarchische Gesellschaftsstruktur aufwiesen. Die Karo-Batak hatten einen *Sibayak,* der auch *Raja Urung* genannt wurde, denn er war das Oberhaupt eines *Urung,* einer aus mehreren Dörfern bestehenden Gemeinde. Ihm oblag die Rechtsprechung, und in Kriegszeiten hatte er das Oberkommando inne; ansonsten waren seine politischen Machtbefugnisse gering. Die Dörfer der Toba-Batak wurden von einem Dorfoberhaupt, dem *Raja,* geleitet, der immer aus der Adelsklasse stammte. Er mußte das Dorf nach außen repräsentieren, Recht sprechen und die Einhaltung des *Adat,* die von den Ahnen übernommenen, ungeschriebenen Gesetze und Verhaltensweisen, überwachen. Ein Raja konnte durch die Privilegien des Handels und des Sklavenbesitzes zu beachtlichem Wohlstand gelangen.
Die Toba hatten darüber hinaus noch eine Art „Priesterkönig", einen geistigen und politischen Führer, der den Titel *Si Singamangaraja* führte. Der letzte dieser Priesterkönige, Si Singamangaraja XII., ein erbitterter Gegner von Christentum und Kolonialismus, starb 1907 im Kampf gegen die Holländer und wird heute als Volksheld verehrt.
Der Raja, bzw. der Sibayak herrschte über eine Klassengesellschaft, die aus Adel, freien Bauern und Sklaven bestand. Der Adel wurde gebildet von Mit-

gliedern der Familie, die das Dorf gegründet hatte und der auch das gesamte das Dorf umgebende Land gehörte. Die Freien waren meist entfernt mit der Gründerfamilie verwandt und konnten von ihr das zeitlich befristete Recht erhalten, einen Teil des Landes zu bebauen. Kriegsgefangene und verschuldete Dorfbewohner schließlich waren die Sklaven.

Die Sozialstruktur der Batak basiert fast ausschließlich auf verwandtschaftlichen Bindungen. Das soziale Leben im Dorf wurde bestimmt durch ein System von Rechten und Pflichten, die sich aus sozialer Stellung und verwandtschaftlichen Beziehungen ergaben. Von großer Bedeutung für die Batak war die Einheit der Großfamilie. Bis zu zehn Großfamilien der väterlichen Verwandtschaft wohnten zusammen in einem Dorf und bildeten eine *Huta*.

Das Zusammenleben in dieser kleinsten sozialen Einheit wurde durch strenge Adat-Gesetze geregelt. Probleme und alle Fragen der Gemeinschaft wurden bei regelmäßigen Treffen auf dem Versammlungsplatz außerhalb des Dorfes, dem *Partukoan,* oder im *Bale,* dem zentralen Versammlungshaus, besprochen. Unter der Leitung des Dorfvorstehers nahmen alle Mitglieder der Gemeinschaft, außer den Sklaven, daran teil und hatten volles Mitspracherecht.

Über die Huta hinaus fühlt sich jeder Batak verwandtschaftlich einer größeren Familiengruppe, einem Clan (Toba: Marga, Karo: Merga), zugehörig; jeder Clan geht auf einen mythischen Urahnen zurück. Zu Begräbnissen oder anderen wichtigen Festen wird noch heute die Marga eingeladen. Während bei den Toba über die Anzahl der einzelnen Clans widersprüchliche Angaben vorliegen, haben die Karo fünf Merga, die *Sembiring, Karo-Karo, Perangin-Angin, Ginting* und *Tarigan,* die sich wiederum in viele Sub-Clans unterteilen.

Außer zu seinem eigenen Clan hat ein verheirateter Batak meist enge soziale Bindungen zu zwei anderen Marga, nämlich erstmal zu dem Clan, dem seine Frau angehört, und zweitens zu der Marga, in die seine Töchter einheiraten. Dabei war es nach dem Adat genau geregelt, welche Familiengruppen Heiratsbeziehungen untereineinder eingehen konnten. Denn eine Heirat innerhalb einer Marga war nicht erlaubt, d.h. ein Batak mußte sich seinen Ehepartner immer aus einem bestimmten anderen Clan aussuchen.

Der früher den Batak nachgesagte und in vielen Berichten wahrscheinlich übertrieben dargestellte Kannibalismus läßt sich auf ihr Weltbild zurückführen. Die Harmonie in der Mittelwelt (Sumatra war die Mittelwelt und der Toba-See deren Zentrum) wurde durch Mörder, Ehebrecher, Verräter und Spione, zu denen übrigens auch sämtliche Nicht-Batak zählten, die unerlaubt in deren Gebiet eindrangen, gestört. Sie alle verfielen der Strafe des Kannibalismus, denn erst ein Opfermahl konnte die gestörte Ordnung wiederherstellen.

Aufgrund ihrer christlichen Vergangenheit sind viele Batak mit westlichen Ideen, Kulturen und Techniken vertrauter als ihre muslimischen Landsleute. Zudem sind sie wegen der zum Teil ziemlich unfruchtbaren Böden, hohen Kinderzahl und wenigen außerlandwirtschaftlichen Erwerbsmöglichkeiten oft gezwungen auszuwandern. In der Regierung und der Armee sind sie überdurchschnittlich vertreten, ebenso in der indonesischen Musik-Szene, was wohl auf die große Vorliebe der Batak zur Musik zurückzuführen ist. Die Gitarre oder ein Kassettenrecorder ist immer dabei – ob bei Spaziergängen, unterwegs im Bus oder bei abendlichen Treffen. Angeregt von dem lokalen

Palmwein, dem *Toddy,* singen junge Männer melodische Batak-Lieder und westliche Pop-Songs. Die Frauen hingegen bestreiten überwiegend die musikalische Umrahmung der sonntäglichen Gottesdienste. Trotz vieler Einflüsse von außen und vieler rapider Veränderungen in den vergangenen 150 Jahren haben die Batak, vor allem die Toba und die Karo, ihre eigene Identität bewahrt. Einige der wichtigsten Aspekte ihrer traditionellen Kultur haben sich bis heute erhalten, z.B. Ahnenkult, komplexes Verwandtschaftssystem und die großen Zeremonien wie Hochzeiten und Beerdigungen.

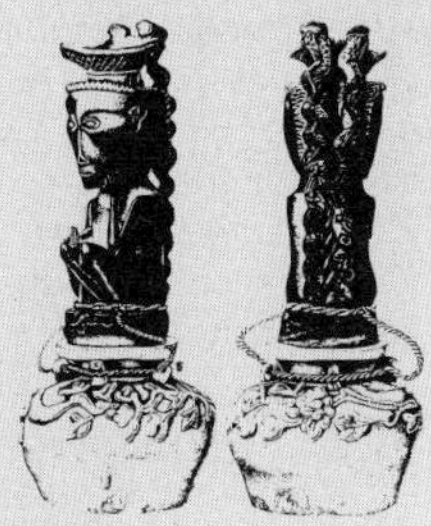

Gefäße für Zaubermittel

Einige Batak-Begriffe

Tondi – (Toba) oder *Tendi* (Karo); die Seele eines Menschen. Erkrankt ein Mensch, so bedeutet das, daß ihn sein Tondi vorübergehend verlassen hat.

Begu – Die Totenseele, die Seele eines verstorbenen Vorfahren. Begu können den Lebenden gefährlich werden, wenn sie sich vernachlässigt fühlen, d.h. wenn ihnen nicht genug Opfer dargebracht wurden. Werden für einen Begu die entsprechenden Feste und Zeremonien veranstaltet, kann man der Totenseele in der Totenwelt den höheren Status eines *Sumangot* verschaffen. Weitere Zeremonien machen aus einem Sumangot schließlich einen *Sombaon,* was die höchste Position in der Totenwelt darstellt.

Fast ebenso große Aufmerksamkeit wie den Begu schenkt der Batak den *Hantu,* den Naturgeistern, die in der Wildnis an unheimlichen Orten lauern.

Pustaha – Die Bücher der Batak, oft als Zauberbücher bezeichnet. Sie bestehen aus einem Streifen Rindenbast, der wie eine Ziehharmonika gefaltet und zwischen zwei Holzdeckel geklebt wird. Die Pustaha, die man auch die „Notizbücher" der Batak-Priester nennen kann, enthalten magische Formeln, Anleitungen zu magischen Ritualen, Rezepte für Medizin oder Zaubertrank und Anleitungen zu Astrologie, Wahrsagerei und Gebrauch des Kalenders. Außer in Büchern schreiben die Batak auch auf Bambusstöcken und Knochen, indem sie die Buchstaben mit einer Messerspitze einritzen und anschließend mit Ruß einschwärzen. Neben der geschriebenen gibt es noch die orale Literatur, *Turi-Turian,* wobei es sich meist um Mythen und Legenden handelt.

Datu – (Toba) oder *Guru* (Karo); Geisterpriester, Magier, Heiler, Wahrsager und Schamane in einer Person. Die Datu, bzw. Guru waren machtvolle Persönlichkeiten, die neben einer angesehenen Position auch eine wichtige Funktion in der Gesellschaft der Batak hatten. Denn sie konnten nicht nur Ereignisse voraussagen und die richtigen Tage für Feiern festlegen, sondern auch Krankheiten heilen, böse Geister austreiben und, was am wichtigsten war, nur sie konnten Kontakt zu den Geistern der Vorfahren aufnehmen. Ein unentbehrliches Werkzeug des Geisterpriesters war der Zauberstab, *Tongkat Malehat*

Zauberstäbe, unentbehrliche Werkzeuge der Zauberpriester

oder *Tunggal Panaluan,* den er eigenhändig aus einem speziellen Hartholz geschnitzt hatte. Die Spitze des Zauberstabs ziert entweder eine einzige menschliche Figur, oder sie besteht aus mehreren, übereinander stehenden und ineinander verschlungenen menschlichen und tierischen Figuren. In den Zauberstab hatte der Datu Öffnungen gebohrt, die er mit einem magischen Gebräu, genannt *Pupuk,* füllte. Erst dann war der Zauberstab magisch aufgeladen. Wenn man den Berichten früher Reisender glauben darf, dann muß der wichtigste Bestandteil des Pupuk ein Extrakt gewesen sein, der aus der Leiche eines vierjährigen Knaben gewonnen wurde.
Seine diversen Kräutermischungen sowie die Heil- und Zaubermittel bewahrte der Datu in kleinen, oft kunstvoll gearbeiteten Gefäßen auf, die *Perminaken* genannt werden und die aus chinesischer Keramik, Holz, Metall oder den Hörnern eines Wasserbüffels, bzw. aus den Hörnern der Waldziegenantilope Serau angefertigt wurden. Die Stöpsel der Gefäße bestehen oft aus einer aus Holz geschnitzten menschlichen Figur.
Rumah Adat – bei den Toba-Batak auch *Jabu,* das traditionelle Wohnhaus einer Großfamilie mit dem typischen sattelförmigen Dach (Toba), bzw. einem pyramidenförmigen Dach (Karo). Die Häuser sind aus Holz auf Pfählen ein bis zwei Meter über dem Boden errichtet. Die überdimensionalen Dächer sind mit Fibern der Zuckerpalme oder Holzschindeln gedeckt. Über eine steile Treppe gelangt man in das geräumige, dunkle Innere der Häuser. Im hinteren Bereich befindet sich die Küche mit einer offenen Feuerstelle. Der gesamte Innenraum ist nicht durch Wände unterteilt, obwohl in einem solchen Haus mehrere Kleinfamilien leben.
Die Bauweise mit ihren drei Ebenen repräsentiert die drei Ebenen des Kosmos. Die Wohnebene, auf Pfählen über dem Erdboden, symbolisiert die Mittelwelt. Unterhalb der Wohnebene zwischen den Pfählen werden die Haustiere gehalten. Das hohe Dach, in dem sich Vorratskammern und Opferaltäre für die Ahnen befinden, repräsentiert die Oberwelt. Vor allem bei den Häusern der Karo-Batak werden die Spitzen der Dachgiebel von stilisierten Büffelköpfen gekrönt.
Die Außenwände der Häuser, besonders die Frontseiten, sind mit eingeschnitzten Ornamenten bedeckt. Die Motive dieser traditionellen Schnitzereien – geometrische Muster und stilisierte Darstellungen von Menschen und Tieren – werden mit weißer, rostbrauner und schwarzer Farbe hervorgehoben. Die Farben symbolisieren wieder die Dreiteilung der Welt in Ober-, Mittel- und Unterwelt. Die Schnitzereien sollten das Haus und seine Bewohner vor dem verderblichen Einfluß bösartiger Geister schützen sowie Krankheit und Unglück abhalten.
Die alten Dörfer, vor allem am Toba-See, sind von hohen, meist mit Bambus bepflanzten Erdmauern umgeben und nur durch ein schmales Tor zugänglich. Wohnhäuser, Versammlungshaus (Bale) und Reisspeicher (Sopo oder Sapo) umgeben einen zentralen Platz, den *Alaman.*
Singa – Das Wort stammt aus dem Sanskrit und bedeutet Löwe; bei den Batak ist damit aber ein mythologisches Fabelwesen gemeint. Das Singa-Motiv spielt eine wichtige Rolle in der Kunst der Batak und taucht auf den verschiedensten Gebrauchs- und Ritualgegenständen auf. Große Singa-Köpfe schmücken die alten Steinsarkophage, die man nur auf Samosir und im Gebiet um den Toba-

See findet. An den Eckbalken der traditionellen Häuser der Toba-Batak sind oft aus Holz geschnitzte, dreifarbig bemalte Singa-Köpfe angebracht, die eine Schutzfunktion haben und böse Geister abwehren sollen.

Tugu – Das Wort stammt aus dem Javanischen und bedeutet Monument; die Batak bezeichnen so die neuzeitigen Grabmale, in denen die Gebeine ihrer

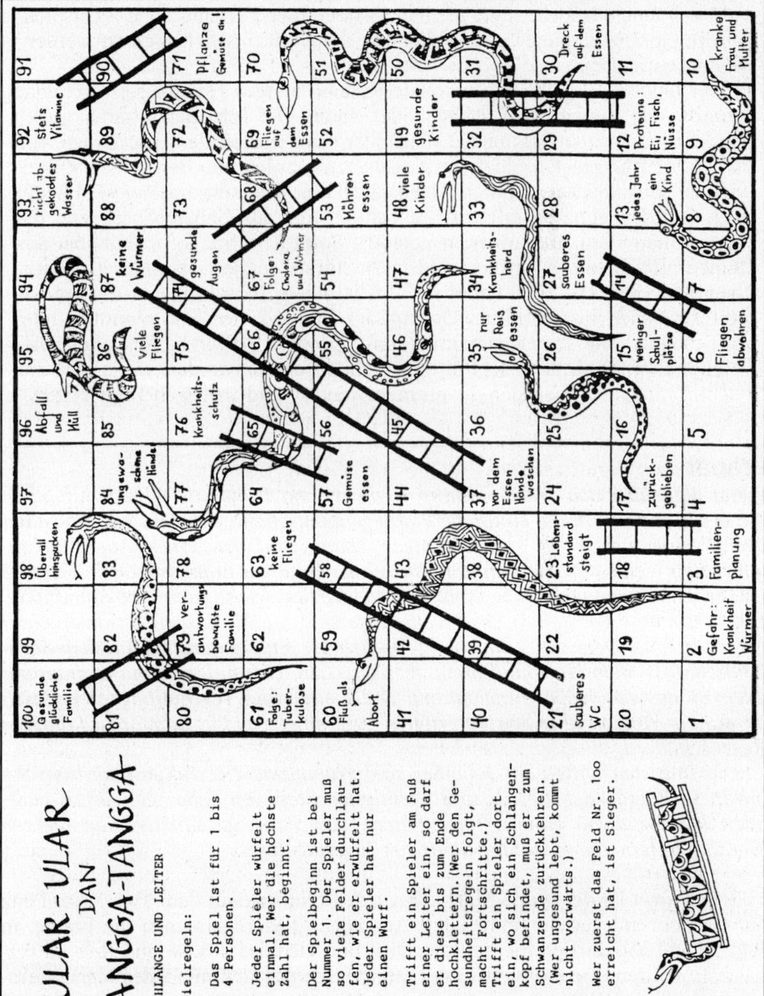

ein Batak-Spiel, nicht nur für Kinder, viel Spaß dabei!

Vorfahren zur letzten Ruhe gebettet werden. Ein Batak wird in der Regel bald nach seinem Tod im Verlauf einer mehr oder weniger aufwendigen Totenfeier in einem Holzsarg auf einem Platz außerhalb des Dorfes beerdigt. Bedeutende und hoch angesehene Vorfahren wohlhabender Familien gräbt man zwei bis drei Generationen später wieder aus, meist zusammen mit einigen ihrer nach ihnen verstorbenen Nachkommen. Natürlich findet man zu dem Zeitpunkt nur noch einige Knochen, die in einer länger dauernden und daher kostspieligen Zeremonie gereinigt und schließlich ein zweites Mal beigesetzt werden, diesmal endgültig.
Früher fanden die Gebeine ihre letzte Ruhe in kleinen Holzhäusern, genannt *Joro,* die den Rumah Adat nachgebildet waren. Die Toba-Batak hatten außer den Joro noch Steinsarkophage (Parholian) und runde steinerne Urnen, die aus einem einzigen Felsblock herausgehauen wurden und den selben Zweck wie die Gebeinhäuser erfüllten. Der Brauch der Wiederbestattung wird heute noch von den Toba praktiziert, nur benutzt man als Gebeinhäuser jetzt die sogenannten Tugu. Sie haben oft noch die Form der alten Joro, sind aber aus Zement und Beton konstruiert und meist stärker verziert, häufig mit christlichen Symbolen. Die Tugu findet man im gesamten Toba-Gebiet; vor allem auf Samosir stehen sie überall im Gelände herum, und ihre Zahl nimmt ständig zu. Besonders die Tugu neueren Datums sind sehr aufwendig und phantasievoll gestaltet, da sie auch als Prestigeobjekt angesehen werden. Denn nur sehr reiche Familien können sich die oft mehrstöckigen, turmartigen Tugu leisten.

Prapat

Wenn man über den Trans-Sumatra-Highway von Pematang Siantar hinauf in die Berge fährt, wird die eintönige Plantagenlandschaft verlassen. Kiefernwälder bedecken vereinzelt die steilen, kargen Hänge; auf den Wiesen der Vulkanlandschaft weiden Wasserbüffel. Kokosnüsse, Tapioka, Erdnüsse, Obst, Gemüse und in zunehmendem Maße Nelken sind hier die wichtigsten Anbauprodukte. Eine besondere Spezialität des Hochlandes sind die Markisa (Passionsfrüchte) und Avocados. Dennoch – ein wenig Ähnlichkeit mit der norditalienischen Seenlandschaft ist dem Hochland nicht abzusprechen. Das milde Klima erinnert vor allem morgens an heiße, mitteleuropäische Sommertage. Nachmittags ziehen sich oft dunkle Wolken über den Berggipfeln zusammen, und es kommt zu kräftigen Regenschauern.

Die Touristenzentren am Toba-See sind Prapat und Tuk Tuk auf der Insel Samosir. In Prapat, der größten und wichtigsten Stadt am Toba-See, gibt es viele, auch komfortablere Hotels. Busladungen von Pauschaltouristen übernachten hier und unternehmen von der Stadt aus Tagesausflüge.

Sehenswert ist der große **Markt**, der jeden Samstag auf dem Tiga Raja- Platz an der Bootsanlegestelle stattfindet. Aus allen Dörfern kommen die Frauen in Booten und Minibussen hierher, um Obst und Gemüse, Fische und Reis zu verkaufen. Während sie ihre schweren Lasten durch das Getümmel des Marktes tragen, genießen die Männer den frischen *Toddy.*

In der Jl. Haranggaol, die zum Markt hinunterführt, und in der Jl. Sisingamangaraja gibt es mehrere Antiquitäten- und Souvenirläden sowie Money Changer.

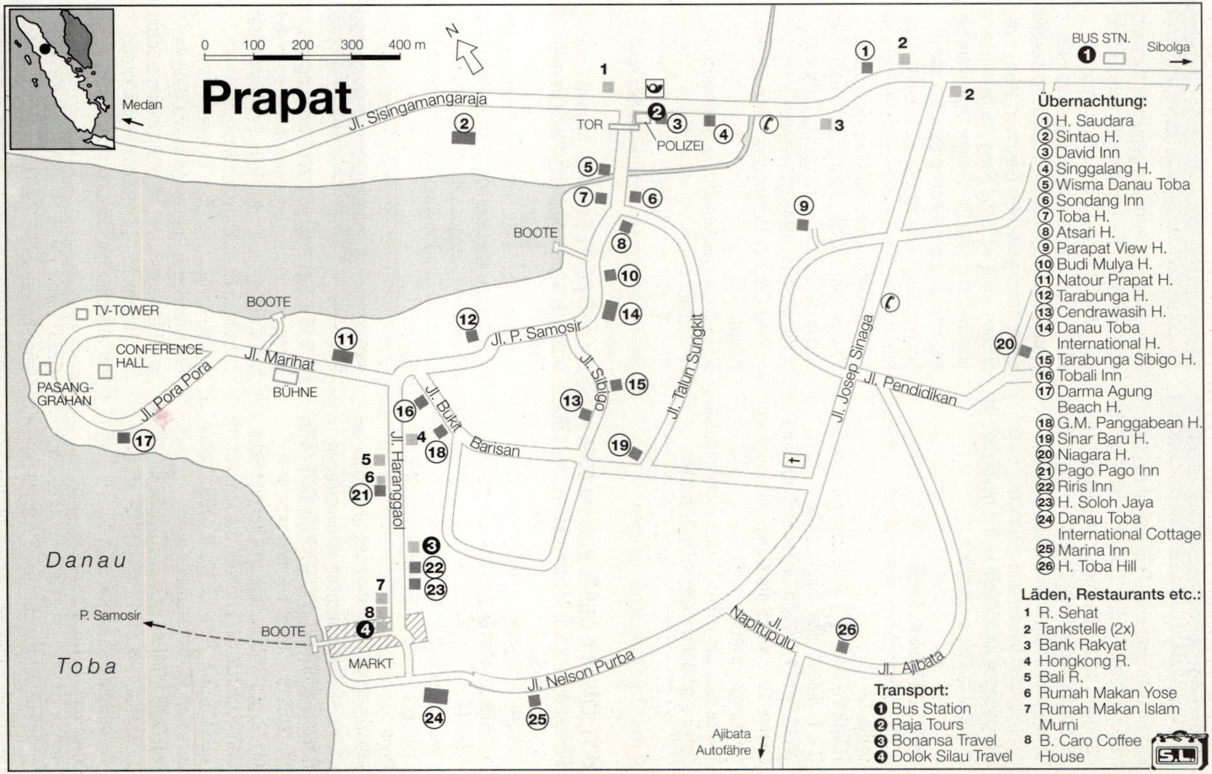

Prapat

0 100 200 300 400 m

Übernachtung:
1. H. Saudara
2. Sintao H.
3. David Inn
4. Singgalang H.
5. Wisma Danau Toba
6. Sondang Inn
7. Toba H.
8. Atsari H.
9. Parapat View H.
10. Budi Mulya H.
11. Natour Prapat H.
12. Tarabunga H.
13. Cendrawasih H.
14. Danau Toba International H.
15. Tarabunga Sibigo H.
16. Tobali Inn
17. Darma Agung Beach H.
18. G.M. Panggabean H.
19. Sinar Baru H.
20. Niagara H.
21. Pago Pago Inn
22. Riris Inn
23. H. Soloh Jaya
24. Danau Toba International Cottage
25. Marina Inn
26. H. Toba Hill

Läden, Restaurants etc.:
1. R. Sehat
2. Tankstelle (2x)
3. Bank Rakyat
4. Hongkong R.
5. Bali R.
6. Rumah Makan Yose
7. Rumah Makan Islam Murni
8. B. Caro Coffee House

Transport:
1. Bus Station
2. Raja Tours
3. Bonansa Travel
4. Dolok Silau Travel

BUS STN. Sibolga → Medan ↙ Ajibata Autofähre ↓

Jl. Sisingamangaraja, Jl. Josep Sinaga, Jl. Pendidikan, Jl. Ajibata, Jl. Napitupulu, Jl. Nelson Purba, Jl. Talun Sungkit, Jl. Sibigo, Jl. P. Samosir, Jl. Bukit Barisan, Jl. Haranggaol, Jl. Marihat, Jl. Pora Pora

TOR, POLIZEI, BOOTE, BÜHNE, MARKT, TV-TOWER, CONFERENCE HALL, PASANG-GRAHAN, P. Samosir

Danau Toba

ÜBERNACHTUNG

Kommt man spät abends in Prapat an oder muß einen sehr frühen Bus nach Sibolga / Bukittinggi / Padang nehmen, dann sollte man in der Stadt übernachten. Preiswerte Unterkünfte für einen längeren Aufenthalt sind auf der Insel Samosir besser und günstiger.
Wer dagegen luxuriösere Hotels bevorzugt, ist in Prapat besser aufgehoben.

UNTERE PREISKLASSE – *DAVID INN** ③, Jl. Sisingamangaraja, ☎ 41246, sehr einfach und laut.
*SONDANG INN** ⑥, Jl. P. Samosir 7, ☎ 41114, einfach, aber mit Aussicht.
*PAGO PAGO INN** ㉑, Jl. Haranggaol, nur 6 Zimmer, Gemeinschafts-Mandi, nett eingerichteter Eingangsraum.
HOTEL SOLOH JAYA-**** ㉓, Jl. Haranggaol, Zimmer mit Balkon, große Dachterrasse.
MARINA INN-**** ㉕, Jl. Nelson Purba 32 a, ☎ 41558, nicht so schön gelegen.

MITTLERE UND OBERE PREISKLASSE – *RIRIS INN**** ㉒, Jl. Haranggaol 43, ☎ 41392, inkl. Frühstück.
*TARABUNGA SIBIGO HOTEL***** ⑮, Jl. Sibigo 2, ☎ 41665, 41700, Zimmer mit Aussicht.
PARAPAT VIEW HOTEL ⑨ (ab US$30), Jl. Sidahapintu, ☎ 41375, Bar, Restaurant und Pool.
*HOTEL TOBA HILL***-***** ㉖, Jl. Ajibata, ☎ 41240, mit Disco, nicht so schön gelegen.
DANAU TOBA INTERNATIONAL COTTAGE ㉔ (US$15 - 55), Jl. Nelson Purba 4, ☎ 41172, gepflegte Anlage am Ufer des Sees.
DANAU TOBA INTERNATIONAL HOTEL ⑭ (US$40), Jl. P. Samosir 17, ☎ 41583, schön auf einem kleinen Hügel gelegen.
NATOUR PRAPAT HOTEL ⑪ (US$80 - 97), Jl. Marihat 1, ☎ 41012, fax 41019, am Seeufer gelegenes Luxushotel.
NIAGARA HOTEL ⑳ (US$60 - 328), Jl. Pembangunan 1, ☎ 41028, fax 41233, auf einem Hügel hoch über der Stadt, mit Swimming Pool, Tennisplatz und Golfplatz.

ESSEN

Wer experimentierfreudig genug ist, die exotische Batak-Küche zu probieren, sollte sich in den Warung rings um den Markt umsehen. Wie in den Nasi Padang-Restaurants kann man sich aus den großen Töpfen mit verschiedenen fertig gekochten Gerichten etwas aussuchen – wie wär's mit *Sang Sang* (Hundefleisch-Curry) oder für weniger Mutige *Naniarsik*, Fisch in einer scharfen Sauce gekocht. Nach unseren Erfahrungen ist allerdings das Essen in den normalen chinesischen oder den Padang-Restaurants der Stadt nicht besonders beeindruckend. Die meisten Restaurants sind in der Jl. Sisingamangaraja *(MINANG, ASIA, ISTANA, BRASTAGI* u.a.).
HONGKONG, Jl. Haranggaol, chinesisches Essen.
BALI, in der gleichen Straße, indonesisches Restaurant.
RUMAH MAKAN ISLAM MURNI, Jl. Haranggaol 84, bietet gutes und preiswertes Nasi Padang.
B. CARO COFFEE HOUSE, nebenan, mit schmackhaftem und preiswertem Traveller-Food.
In Prapat gibt es ebenso wie in Brastagi ausgezeichnete *Markisa* (Marquisa, Passionsfrüchte) und Mangos während der jeweiligen Saison an Straßenständen und auf dem Markt.

SONSTIGES

FESTE – Seit 1980 wird zur Förderung des Tourismus und zur Erhaltung der Kultur in einigen Orten rings um den Toba-See jährlich das Lake Toba Festival (Horas-Festival) veranstaltet – mit traditionellen Tänzen, Folklore, Bootsrennen in Prapat und Muara (Südufer) und Pferderennen in Siborongborong (südlich von Muara). Meist findet das Fest während der europäischen Sommermonate statt.

GELD – Eine *BANK RAKYAT* ist in der Jl. Sisingamangaraja 88. Zur Not kann man in den großen Hotels wechseln oder bei *ANDILO* an der Bus Station, der Cash sowie US$-Schecks zu einigermaßen günstigen Kursen akzeptiert. Weitere Money Changer mit allerdings nur mäßigen Kursen in der Jl. Haranggaol.

MIETBOOTE – An den Bootsstegen in der Jl. Marihat und der Jl. P. Samosir können stunden- oder tageweise Tret- oder Ausflugsboote gemietet werden – Preise siehe Anschlagtafel.

POST / TELEFON – Die Post liegt an der Jl. Sisingamangaraja, geöffnet Mo - Do und Sa 8.00 - 14.00, Fr bis 11.00 Uhr.
TELKOM in der Jl. Josep Sinaga 28; ein *WARTEL* befindet sich an der Jl. Sisingamangaraja, 24 Std. geöffnet.

VORWAHL – 0625.

TRANSPORT

BUSSE – Die Bus Station liegt etwas außerhalb an der Straße nach Sibolga; Minibus zur Bootsanlegestelle 300 Rp. Alle Fernbusse wie auch die lokalen Busse stoppen außer am Busbahnhof meist auch vor den Reisebüros an der Jl. Sisingamangaraja, einige auch an der Bootsanlegestelle zur Insel Samosir. Man braucht keine Tickets im voraus zu kaufen.
Die lokalen Oplet und Minibusse fahren von 7.00 bis 13.00 Uhr, z.B. nach PEMATANG SIANTAR 1000 Rp, BALIGE 1800 Rp, BRASTAGI (umsteigen in Pematang Siantar und Kabanjahe) 3000 Rp, Touristenbus 12 000 Rp; nach TARUTUNG 3400 Rp, 3 Std., Abfahrt 10.00 Uhr, weiter nach SIBOLGA 2500 Rp, 2 Std.
Buchungen für Fernbusse klappen leider meist nicht, denn in Prapat weiß natürlich niemand, wie voll die Busse schon sind, wenn sie hier durchkommen. Am besten einfach bei den Reisebüros, bzw. an der Bus Station warten.
Preisbeispiele:
MEDAN 3500 Rp, 4 1/2 Std.;
SIBOLGA 7500 Rp, Abfahrt 11.00, 12.00 und 13.30 Uhr;
BUKITTINGGI 18 500 / 25 000 Rp, Abfahrt 6.00, 12.00, 18.00 Uhr, 15 - 18 Std., 508 km;
JAKARTA 50 000 Rp, Abfahrt 14.00 Uhr, 50 Std. Fernbusse Richtung Bukittinggi fahren meist über Tarutung / Sipirok / Padangsidempuan und nicht über Sibolga.
Wer nach Nias will, muß aufpassen! Bis SIBOLGA (220 km) braucht man 5 Stunden. Hinter SIBORONGBORONG windet sich die Straße in Serpentinen über die Berge.
Nach BUKITTINGGI besser keinen Nachtbus nehmen, sondern einen der etwas langsameren Tagbusse; nachts kann man auf der kurvigen Strecke sowieso nicht schlafen. Der Nachteil der etwas längeren Fahrt wird aufgehoben durch die Ausblicke auf die Landschaft, durch häufigere Möglichkeiten zum Beinevertreten und durch höhere Sicherheit (nachts sind schon Busse im Abgrund gelandet).
Mo, Mi und Fr um 6.00 Uhr fährt ein Tourist Bus (30 000 Rp) nach Bukittinggi: der Service unterscheidet sich kaum von normalen Bussen, versprochene Zwischenstops werden oft vergessen, einziger Vorteil: man fährt tagsüber und hat einen festen Sitzplatz.
Wer in aller Ruhe nach Bukittinggi will, dem sei folgende 3tägige Tour empfohlen: Von PRAPAT nach BALIGE, traditionelle Häuser (2000 Rp), weiter nach TARUTUNG (2000 Rp) – PADANGSIDEMPUAN (2000 Rp) – KOTANOPAN (1500 Rp) – PANTI (1500 Rp), Gelegenheit, das Rimbo Panti Naturschutzgebiet zu besuchen – BUKITTINGGI (2000 Rp). Wo und wie man auf der Strecke übernachtet, hängt von den Abfahrts- und Ankunftszeiten der Busse ab.
Tickets für die Fähre von Medan nach PENANG sowie Flugtickets können auch in Prapat gebucht werden.
Da die Kommunikation mit der Stadt Medan jedoch nicht immer klappt, ist es besser, es selbst in Medan zu organisieren.

TAXEN – Von MEDAN nach Prapat kann man sich für 75 000 Rp ein Taxi oder ein privat angebotenes Auto mieten, das bereits in 4 Stunden am Toba-See ist.
Die Charterkosten für ein Taxi Sedan nach BUKITTINGGI, 11 Std., betragen 280 000 Rp, für einen Minibus 300 000 Rp.

BOOTE – Zu verschiedenen Anlegestellen auf der Insel Samosir fahren von 9.30 Uhr morgens bis etwa 19.00 Uhr ab Anlegestelle am Markt Boote in unregelmäßigen Abständen. Fahrpreis 800 Rp.
Die meisten Boote fahren nach TOMOK, TUK TUK und AMBARITA. Meist wird man zu der am nächsten gelegenen Anlegestelle der ausgesuchten Unterkunft gebracht. Die Überfahrt dauert etwa 30 - 45 Minuten, nach AMBARITA 15 Minuten länger, gleicher Preis! Das erste Boot ab Samosir geht morgens gegen 7.30 Uhr. Die nachmittags fahrenden Boote fallen manchmal wegen heftiger Gewitter aus.
Eine Autofähre verkehrt zwischen TOMOK und AJIBATA, 2 km südlich von Prapat. Außerdem gibt es Fähren von TIGARAS. Die Überfahrt kostet 450 Rp pro Person, ein PKW kostet 9600 Rp. Abfahrtszeiten sind auf einer Tafel angegeben (mindestens 5x tgl. zwischen 8.30 und 21.00 Uhr).

Die Umgebung von Prapat

Balige

Der Ort, zu erreichen mit dem Bus von Prapat für 2000 Rp, hat einen schönen Markt, wo man Batak-Tücher erstehen kann. Am Sungai Asahan, einem der Abflüsse des Toba-Sees, ist in den 80er Jahren mit japanischer Unterstützung ein Aluminiumwerk und das größte Wasserkraftwerk Sumatras, das auf allen 100 Rupiah-Banknoten abgebildet ist, entstanden. Die beiden riesigen Industrieprojekte waren dafür verantwortlich, daß vor einigen Jahren der Wasserspiegel des Toba-Sees in alarmierendem Ausmaße absank. In der Nähe von Balige kann man sich den **Sigura-Wasserfall** ansehen. In Balige findet man einige Losmen und ein Hotel, weitere Übernachtungsmöglichkeiten gibt es in Siborongborong und Tarutung.

Porsea

Östlich von Porsea wurde von PHPA das Tierschutzgebiet **Dolok Surungan** (22 800 ha) eingerichtet. In den Flachland- und Bergwäldern zwischen 200 und 2200 m leben Hirsche, Tapire, Wildschweine und einige Affenarten, auch die Flora ist reichhaltig. Zwischen Porsea und Prapat liegen, von Bambushecken umgeben, drei Toba-Batak-Dörfer, die noch recht gut erhalten sind. **Lumban Garaga** ist etwa 1 km von der Hauptstraße entfernt. Die beiden anderen Dörfer sind **Nanggar** und **Pitoluan**.

Pulau Samosir

Die Insel ist seit über 20 Jahren der Traveller-Treffpunkt in Sumatra, vor allem während der europäischen Sommermonate. Neben den einfachen, billigen Unterkünften direkt am Seeufer haben sich mittlerweile auch größere Hotels angesiedelt. Das Essen ist preiswert, wenn auch nicht allzu phantasievoll. Zu Fuß, mit Fahrrad oder einem gemieteten Motorrad kann man auf schmalen, wenig befahrenen Straßen durch eine abwechslungsreiche Landschaft die Dörfer der Insel erkunden.

Allerdings ist aufgrund des Tourismus von der ursprünglichen Lebensweise der Batak und ihren Traditionen in Tuk Tuk, Tomok oder Ambarita nicht mehr viel übriggeblieben. Der Tourismus hinterläßt seine Spuren!

Der Toba-See

Die geologisch einmalige Landschaft am Toba-See ist das Resultat eines gewaltigen Kesselbruchs. Bei einem der größten Vulkanausbrüche wurde vor 75 000 Jahren etwa 2000 km³ Asche unter enormem Druck in die Atmosphäre geschleudert. Diese verteilte sich über weite Teile Südostasiens bis nach Sri Lanka. Durch den Verlust dieser großen Menge an Magma fiel der Vulkan in sich zusammen. In dem riesigen Kratersee erschienen nach Tausenden von Jahren durch weitere Vulkanausbrüche und zunehmenden Druck zwei alte Kraterränder wieder an der Oberfläche, die heutige Insel Samosir und die Bergkette zwischen Prapat und Porsea.

Die ungeheure Naturkatastrophe, die zur Bildung des Sees führte, spiegelt sich auch in einer Legende der Batak wider: Ein Fischer fing in einem ehemals recht kleinen Gewässer einen großen Fisch, der sich in eine hübsche Frau verwandelte. Sie willigte in die Heirat mit dem Fischer ein, unter der Bedingung, daß dieser nichts über ihre Herkunft verraten dürfe. Als er in einem Moment der Schwäche das Verbot verletzte, erzürnte die Frau und schlug die Trommel. Darauf begann ein Unwetter mit Sturm und sintflutartigem Regen, begleitet von heftigen Erdbeben und Blitzen, die das Land in Stücke brachen. So sammelte sich an dieser Stelle das Wasser des heutigen Danau Toba. Die Frau stürzte sich in die Fluten und wird seit der Zeit als *Baru Saniang Naga,* die Drachenkönigin, verehrt, gefürchtet und mit Opfergaben besänftigt. So mancher Fischer, der in einem plötzlich aufgekommenen Sturm kenterte und ertrank, ist ihrem Zorn zum Opfer gefallen.

Der heutige See, dessen Wasseroberfläche etwa 900 m über dem Meeresspiegel liegt, ist mit 1146 km² Wasserfläche und einer Tiefe von mehr als 450 m der mit Abstand größte See Sumatras (Zum Vergleich: der Bodensee hat 539 km²). In der Mitte des 80 km langen und bis zu 26 km breiten Danau Toba liegt die 627 km² große Insel Samosir. Sie ragt im Osten steil aus dem Wasser (bis zu 500 m hoch) und fällt zum Westen hin sanft ab. Die gesamte Uferregion rings um den See ist ebenfalls recht abschüssig. Vier Vulkane, die sämtlich höher als 2000 m sind, umrahmen den See.

Tomok

Dieser Ort ist *das* Ausflugsziel der Insel. Zahlreiche Pauschaltouristen kommen von Prapat herüber, um die Königsgräber zu besichtigen. Entsprechend reihen sich von der Anlegestelle der Boote bis hinauf zum Grab des Königs *Sidabutar* Verkaufsstände, die so ziemlich alles anbieten, was an altem (echten) und neuem Kunstgewerbe der Batak zu haben ist. Man sollte nichts kaufen, wenn gerade eine große Touristengruppe gelandet ist. *Ulos,* die traditionellen Bataktücher, kosten je nach Qualität bis zu 80 000 Rp. Außerdem gibt es Holz- und Knochenschnitzereien, Batak-Kalender, Zauberstäbe, Musikinstrumente (Mandolinen, Xylophone), Zauberbücher, Textilien und anderes.

Rechts des Weges kommt man von der Hauptstraße zu einem etwas abseits gelegenen und weniger besuchten, freien Platz. Hier steht ein steinerner Tisch mit Stühlen neben dem Grab von König Sidabutar, das von zwei Elefanten bewacht wird. Das steinerne Grab, dessen Front eine hockende menschliche Figur ziert, die von einem maskenhaften, gehörnten Gesicht gekrönt wird, ähnelt dem weitaus berühmteren Grab weiter oben. Im Hintergrund sind steinerne Figuren aufgereiht, die wahrscheinlich ehemalige Herrscher darstellen. Dahinter stehen an einem freien Platz drei alte Batakhäuser und das als Museum gekennzeichnete Haus, das einmal das Haus des Königs gewesen sein soll. Im Wohnraum sieht man neben verschiedenen Haushaltsgeräten, Bildern, Beteldosen und anderen Kleinigkeiten auch eine *Si Gale Gale*-Figur. Die Familie erwartet eine Spende. Hier können ab und an Vorführungen der tanzenden hölzernen Puppen *(Si Gale Gale)* beobachtet werden.

Die Souvenirstände enden am Aufgang zu den Grabmälern anderer Familienmitglieder des Königs Sidabutar, seines Sohnes und Enkels. Neben den Gräbern wurden am Begräbnistag vor über 200 Jahren Hariars-Bäume gepflanzt. Einer der Bäume steht noch heute. Daneben findet man fünf weitere alte Batakhäuser und kreisförmig angeordnete steinerne Figuren, darunter auch mehrere Frauen.

Si Gale Gale
Die fast lebensgroßen hölzernen Marionetten wurden früher bei Totenritualen verwendet, um kinderlos gebliebenen Verstorbenen den Weg ins Jenseits zu ebnen. Die Augen, Schultern, Arme und Beine werden durch Schnüre bewegt, manche Puppen können ihre Zunge herausstrecken und Tränen vergießen.

Läuft man den Weg von den Gräbern aus weiter den Berg hinauf, gelangt man nach etwa 1 1/2 Stunden in ein Dorf, das auf dem Grat liegt. Von hier hat man bei gutem Wetter eine herrliche Sicht auf die Insel und den See. Von Tomok aus geht es zuerst an einzelnen Häusern vorbei, im letzten Haus kann man gegen ein kleines Entgeld einen Kaffee trinken. Am Wald wird der schmale Pfad etwas breiter und vor allem etwas schattiger.

Tuk Tuk

In dem ehemaligen kleinen Dorf auf der Halbinsel gegenüber von Prapat findet man überall am Ufer komfortable Hotels und einfache Unterkünfte in nachgebauten oder gar alten Batakhäusern. Man badet im See, und in kleinen Restaurants gibt es preiswerte Gerichte, zubereitet von der Chefin des Hauses. Einige Touristen sind im Laufe der Jahre hier hängengeblieben, Ehen zwischen Einheimischen und Westlern sind keine Seltenheit, so daß auch verschiedene europäische Spezialitäten auf der Speisekarte stehen.

Da die meisten Batak in Tuk Tuk vom Tourismus leben, sprechen viele Englisch (oder gar Deutsch) – wer indonesisches Flair sucht, sollte woanders hinziehen.

Die Halbinsel kann man in einer angenehmen Zweistundentour umrunden. Von Little Tuk Tuk führt der Feldweg durch Reisfelder und Wiesen vorbei an der katholischen Kirche. An der nördlichen Bucht kann man entweder einen Abstecher nach Ambarita (s.u.) machen oder die Straße rechts hinauflaufen. Vom am Hang gelegenen Losmen und Restaurants bietet sich ein guter Ausblick auf die Bucht. Die gesamte nördliche Spitze wird vom größten Hotel der Insel, dem *Toledo Inn* mit seinen Bungalows und Wohnquartieren für die Angestellten, eingenommen. Die Straße verläuft nun etwas weiter landeinwärts. Vorbei an einem Reisebüro, einer Buchausleihe, vereinzelten Losmen und Hotelneubauten kommt man in das eigentliche Dorf. Hier gibt es außer den Losmen eine Tankstelle, mehrere Souvenirshops und Geschäfte und einen Billardsalon. An der Polizeistation führt eine Abzweigung zu den Bungalows von *Carolina,* die mit schönen Batak-Schnitzereien verziert sind. Geht man die kurvenreiche Strecke zurück nach Little Tuk Tuk, vorbei am häßlichen *Hotel Dumasari* und den wenig bewohnten Losmen, eröffnet sich eine schöne Aussicht auf die südliche Bucht.

Ambarita

Die Uferstraße von der Halbinsel nach Ambarita führt an verschiedenen ruhiger gelegenen Losmen vorbei. Auf halbem Wege liegt das traditionelle Dorf Siallagan mit dem großen steinernen Königsgrab, das von drei annähernd lebensgroßen Figuren der bestatteten Siallagan-Herrscher gekrönt wird. Daneben, etwas weiter Richtung See, stehen die aus Stein gehauenen Stühle, Bänke und Tische, wo sich früher der König und die Vertreter der Dörfer versammelten, um ihr Palaver abzuhalten. Es wurde aber nicht nur diskutiert, sondern auch Recht gesprochen und hart geurteilt. Hinrichtungen fanden gleich nebenan statt, wo die Verurteilten auf einem großen Stein geköpft wurden.

Simanindo

Richtung Norden verläuft die Straße am Seeufer entlang durch eine hügelige, abwechslungsreiche Landschaft, über hölzerne Brücken und durch kleine Dörfer. 3 km nördlich von Ambarita kann man im *Vanesha Guesthouse** am Tolping Beach übernachten. Kurz hinter **Panggang** mit seinen vielen Goldfischfarmen sitzen Frauen in einer 15 m langen, kühlen Höhle (Sipayu Cave) und flechten Matten. 15 km nördlich von Ambarita, kurz vor Simanindo führt ein Weg rechts ab zu der in seiner traditionellen Form erhaltenen **Huta Bolon**, der alten Siedlung des früheren Königs Sidauruk. Sie ist zum Freilichtmuseum umfunktioniert worden, 3000 Rp Eintritt. Direkt gegenüber der Kasse stehen unter einem schützenden Dach die königliche Prahu *(Solu Bolon)* und das Museumsgebäude. Über eine Treppe geht es ins Innere, wo Holzschnitzereien, Waffen, Küchenutensilien, Messinggefäße und Ritualgegenstände der Batak ausgestellt sind.

Solu Bolon

Der Solu Bolon ist mit weiß, braun und schwarz gemalten Schnitzereien reich geschmückt. Um ein solches Kanu zu bauen, mußten zahlreiche Zeremonien befolgt werden. Das spezielle Holz wurde von einem Solu-Baumeister in einem weit entfernten Wald geschlagen, bearbeitet und vom zukünftigen Besitzer und seiner Familie nach Hause geholt – ein Weg, der mehrere Tage in Anspruch nehmen konnte. Ein großes Fest wurde ausgerichtet, wenn man das Kanu zum erstenmal in den See ließ.

Durch einen engen Durchgang in der Mauer gelangt man ins Freilichtmuseum. Rings um den großen Platz stehen verschiedene Gebäude, darunter fünf alte Häuser, deren Dächer leider zum Teil nicht mehr wie früher mit Palmfasern, sondern mit Wellblech gedeckt sind. Das ehemalige Haus des Königs Sidauruk (Rumah Bolon) ist mit besonders vielen Schnitzereien und Skulpturen verziert, die böse Geister fernhalten sollen. Gegenüber den Häusern stehen fünf Reisspeicher (Sopo). Eventuell wird man eingeladen, auch die Innenräume der anderen, zum Teil noch bewohnten Häuser gegen eine Spende zu besichtigen.

Jeden Morgen (10.30 - 11.15 und 11.45 - 12.30, So nur 11.45 - 12.30 Uhr) werden auf dem freien Platz vor den Häusern traditionelle Tänze aufgeführt – Eintritt 3000 Rp. Viele Touristengruppen! Übernachten im *Losmen** gegenüber dem Eingang zum Museum, die nette Familie hat aber nur ein Zimmer zu vermieten, oder im *Losmen** 500 m nördlich vom Museum. Schöner Blick über den See.

Vor Simanindo liegt die kleine Insel **Tao** – ein Strand im Norden und die *Pulau Tao Cottages* (US$30) laden zum totalen Abschalten ein. Fast stündlich von 6.00 - 17.00 Uhr geht ein Minibus nach Pangururan (1000 Rp).

Konkurrenz hat das Freilichtmuseum Huta Bolon vom etwa 2 km nördlich gelegenen **Desa Sinta Dame** bekommen. Traditionelle Tänze werden hier zu gleichen Preisen tgl. von 10.00 - 11.00 und von 11.15 - 12.15 Uhr aufgeführt.

Pangururan

Durch **Simarmata** (KM 23) und **Huta Bolon** (KM 27) mit schönen alten Batakhäusern, erreicht man nach 37 km (ab Ambarita) Pangururan, das durch einen Damm mit dem Festland verbunden ist. Der täglich von Ort zu Ort ziehende Inselmarkt findet an jedem Mittwoch vom späten Vormittag an etwa 1 km außerhalb von Pangururan an der Straße nach Süden statt. Rechts hinter der Brücke führt eine Straße etwa 3 km hinauf zu den heißen **Schwefelquellen**, die aus dem Felsen sprudeln, aber kaum den Weg lohnen. Der 1982 m hohe **Bukit Pusuk** kann in etwa 1 1/2 Stunden bestiegen werden. Die Straße von den Quellen weiter Richtung Nordwesten führt etwa 6 km gefährlich steil hinauf. Nordöstlich des Berges soll die erste Siedlung der Batak gelegen haben. Ein riesiger Steintisch, **Sianjur Sagala Limbung**, ist dort noch zu sehen. Etwas weiter kommt man zu den sieben Frischwasserquellen, die alle anders schmecken sollen. In kleinen Losmen kann man direkt bei den Quellen oder im Ort selbst übernachten (s.u.).

Ein Fahrweg führt ab Pangururan hinauf zum **Danau Sidihoni**. Da die Nadelwälder im Innern der Insel abgeholzt werden, ist ein Netz von Logging Roads entstanden, die zum Teil bis zur Ostküstenstraße führen.

Südhälfte der Insel

Die gut asphaltierte Straße verläuft durch ein Schwefelabbaugebiet kurz hinter **Rianate** (44 KM) durch das landschaftlich schönste Gebiet der Insel Samosir. Belohnt wird man mit phantastischen Aussichten auf die steilen Berge und abgelegenen Dörfer des Festlandes. Bei **Goratmogang** (56 KM) befindet sich ein großes Nelkenanbaugebiet, und im Süden der Insel gibt es kunstvoll angelegte Reisfelder, die bis in den See reichen.

Nainggolan (72 KM) liegt zwischen lieblichen Hügeln, die für den Reisanbau terrassiert wurden. Nach **Onan Bunggu** (84 KM) wird die Straße recht abenteuerlich und führt landeinwärts hinauf in die Berge. In den zerklüfteten Bergen wurden Reisterrassen angelegt und somit jedes Fleckchen bebaubaren Boden ausgenutzt. Bei gutem Wetter bieten sich atemberaubende Ausblicke auf das im Osten gelegene Festland und den See. Am KM 92 kann man auf die Küste bis nach Tuk Tuk sehen.

Bei KM 100 in **Jujungan** ist das Plateau erklommen, und tief unten erkennt man das kleine Dorf **Utiar**, wo die Küstenstraße nach Norden beginnt. Durch

Fotos - oben links: auf dem Markt von Brastagi; unten: Marktgebäude in Brastagi; oben rechts: ein Bauer mit seinen Wasserbüffeln

RAJA SIMARMATA

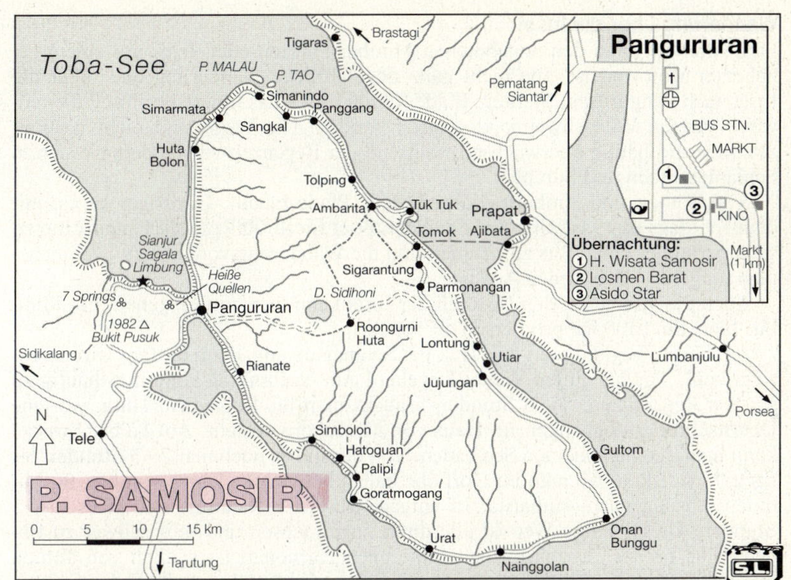

Kiefernwälder und Hochmoore kommt man bei KM 108 an die erste große Logging Road, die ins Innere der Insel führt. Nach einem letzten Blick auf die Bucht von Prapat führt die schlechte und unbefestigte, von Holztransportern arg in Mitleidenschaft gezogene Straße steil nach unten. Bei KM 118 ist Tomok erreicht.

Tips für eine Inselumrundung

Eine Rundfahrt mit dem Motorrad von Tomok in Richtung Süden hat mehrere Vorteile: Am Morgen ist es höchst unwahrscheinlich, daß es auf der landschaftlich aufregendsten Strecke auf dem Bergkamm entlang regnet. Fahrer mit wenig Geländeerfahrung legen die schwierigste Strecke auf der unbefestigten Straße hinauf in die Berge zuerst zurück. Normalerweise fahren die Holztransporter am Morgen von der Autofähre hinauf und am frühen Nachmittag etwa ab 14.00 Uhr vollbeladen wieder hinunter. Man fährt also mit den Trucks hinauf und muß kaum dem Gegenverkehr ausweichen.

Eine Rundfahrt gegen den Uhrzeigersinn hat den Vorteil, daß das Museum und die Tanzaufführungen in Simanindo gut eingeplant werden können. Allerdings muß man darauf vorbereitet sein, den schwierigsten Abschnitt, der auf etwa 10 km nur Platz für einen LKW bietet, am Nachmittag bei Regen und zusammen mit vollbeladenen Holztransportern, die selbstmörderisch nach unten rasen, zurückzulegen. Nur erfahrene Biker sollten das mit guten Maschinen versuchen. Die 124 km lange Strecke kann bequem mit Zwischenstops in 6 - 7 Stunden zurückgelegt werden; besucht man Simanindo, müssen weitere 1 1/2 Stunden eingeplant werden.

Fotos - Toba-See: oben: Tänzerinnen in Pangururan; unten: eine ungewöhnliche Grabstätte

Wanderung über die Insel

Eine Alternative zu den angebotenen Minibus-Fahrten oder Trips mit einem geliehenen Motorrad ist eine nicht ganz ungefährliche Wanderung quer über die Insel nach Pangururan. Mehrere Pfade führen durch das Innere der Insel, die teilweise für die Wildschweinjagd genutzt werden. Die Wege sind nicht gekennzeichnet und häufig überwachsen, während der Regenzeit verwandeln sie sich in Schlammgräben und Sümpfe.

Von Tomok und Ambarita führen steile Pfade hinauf. Günstiger ist es, mit dem sonntags um 9.00 Uhr verkehrenden Boot für 4000 Rp nach Pangururan zu schippern oder einen Bus zu nehmen und die Wanderung von dort zu beginnen – man umgeht so den steilen Aufstieg.

Auch die 40 km um den Nordteil der Insel kann man zu Fuß gehen. Ein Minibus fährt für 1500 Rp pro Person ab Tomok.

Am besten beginnt man den Trek bei Sonnenaufgang, denn mittags wird es extrem heiß. Nur bei gutem Wetter losgehen! Am Nachmittag kommt es häufig zu starken Regenfällen. 5 - 6 Stunden braucht man bis Roongurni Huta, wo eine Übernachtungsmöglichkeit im Haus von Mr. Siboro besteht. Auf halber Strecke kann man in einem kleinen See baden. Von da sind es noch mal 2 - 3 Stunden bis nach Partungkan, wo man im Dorf ebenfalls übernachten kann. Von hier 90 Minuten Abstieg nach Ambarita. In entgegengesetzter Richtung dauert es fast 3 Stunden. Dieser kurze Weg ist allerdings zugewachsen und sehr schwer zu finden. Eine breitere Logging Road führt nach Parmonangan südlich von Tomok und dann weitere 10 km hinunter (s.o.). Es empfiehlt sich auf alle Fälle, die neuesten Infos in Tuk Tuk zu besorgen.

ÜBERNACHTUNG

Einheitspreis für ein Doppelzimmer in den einfachen Batakhäusern ist zur Zeit 4000 Rp – aber es gibt auch teurere und besser ausgestattete Unterkünfte. Man sollte immer darauf achten, daß die Zimmer einbruchsicher sind und ein eigenes Vorhängeschloß benutzen (mehrere Leser berichteten über Diebstähle). In den letzten Jahren sind die meisten Häuser an das Stromnetz angeschlossen worden.

LITTLE TUK TUK – an der seichten Bucht, die bereits zu einem Teil versandet ist, stehen folgende Unterkünfte:
*BAGUS BAY HOMESTAY** ㊹, gutes Restaurant, jeden Abend Video-Filme, großer Garten.
*DUMASARI HOTEL**-**** ㊷, ☎ 41841, ein häßlicher Bau, der überhaupt nicht in die Landschaft paßt.
LINDA'S-*** ㊸, ganz angenehm, aber nahe dem Dumasari Hotel.

*CAROLINA COTTAGE**-***** ㊳, ☎ 41520, auf der südöstlichen Spitze der Halbinsel; stilvolle Batakbungalows und etwas hellhörige, komfortable Zimmer am Strand inmitten von Blumen und Bäumen, alle mit Bad oder Du/WC oft ausgebucht. Man überblickt vom Restaurant und den meisten Häusern aus die Bucht. Einige Traveller waren allerdings sowohl von den Cottages als auch vom Restaurant enttäuscht. Am eigenen Strand kann man baden und bootfahren, zudem hat das Carolina eine private Fähranlegestelle.

TUK TUK – hier gibt es die größte Auswahl an Unterkünften:
SILINTONG HOTEL ㊲ (US$20 - 50), ☎ 41345, herrliche Gartenanlage am Ufer des Sees.
Dicht beieinander liegen:
*ROSITA** ㉝, gut und zu empfehlen;
*MATAHARI** ㉜, nicht so besonders;
*BERNARD'S** ㉛, ☎ 41263, akzeptables Restaurant;

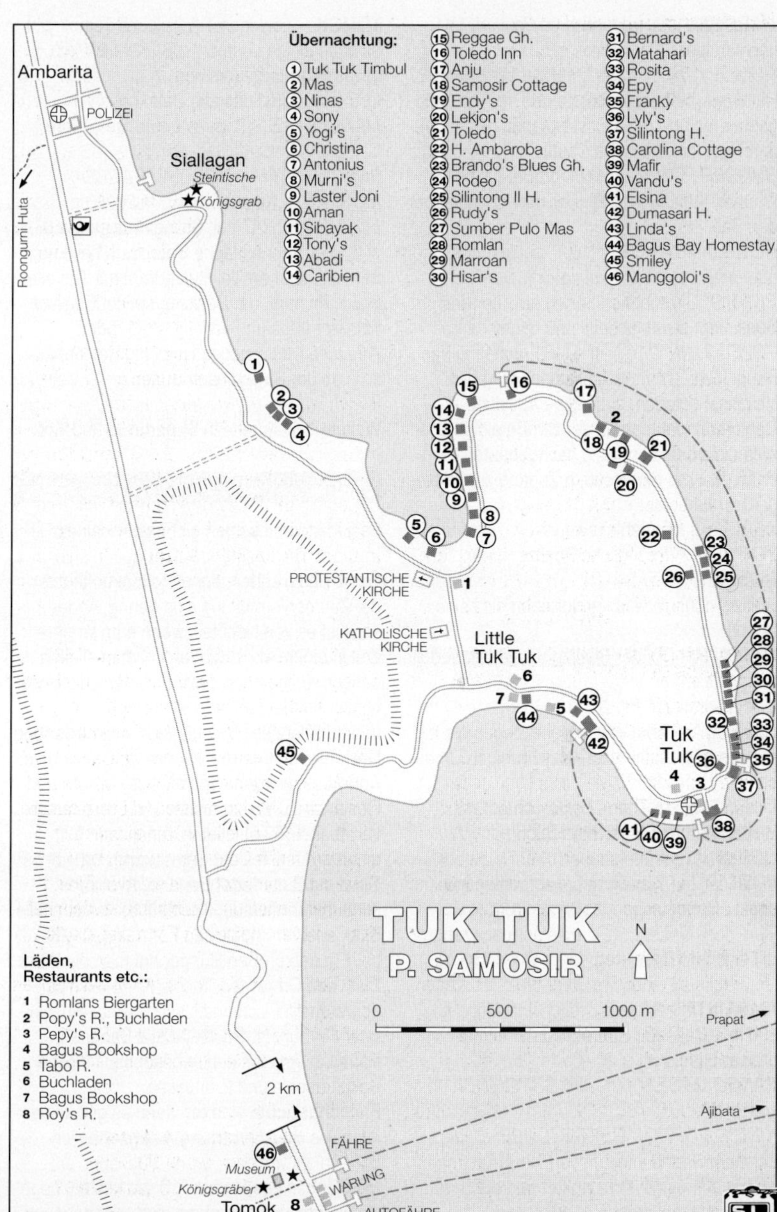

NORD-SUMATRA

*MARROAN** ㉙, freundlich und gut, oft übernachten hier LKW-Fahrer.
*ROMLAN** ㉘, ☎ 41557, auf der winzigen Halbinsel, nett eingerichtete und saubere Bungalows mit und ohne Privat-Mandi; hier kocht (sehr gut) die deutsche Chefin.
*SUMBER PULO MAS** ㉗, große, saubere Zimmer, Mandi / WC, Balkon mit Aussicht über den See.
*HOTEL AMBAROBA***** ㉒, fast luxuriös, aber etwas steril und wenig einladend.
*ENDY'S** ⑲, schöner Garten am Ufer des Sees, liegt etwas abseits und relativ ruhig.
*TOLEDO INN***** ⑯, ☎ 41181, mittelmäßige Bungalows, am nordwestlichen Hang der Halbinsel gelegen, großartige Aussicht.
Dahinter findet man an der Straße einige Losmen dicht beieinander in nachgebauten Batakhäusern mit direktem Zugang zum See, der hier tiefer ist.
*ABADI** ⑬, empfehlenswert.
*TONY'S** ⑫, freundliche Besitzerin, empfehlenswert.
AMAN-*** ⑩, etwas komfortabler als seine Nachbarn.
*ANTONIUS** ⑦, der Besitzer ist pensionierter Religionslehrer.

Richtung Ambarita etwas weiter liegen die folgenden Losmen in einer relativ ruhigen Umgebung:
*CHRISTINA** ⑥, neue Batak-Häuser mit Restaurant an der seichten Bucht;
*SONY** ④, gut und sauber;
*MAS** ②, bei Travellern beliebt, ruhig und direkt am Seeufer;
*TUK TUK TIMBUL** ①, auf einer Landzunge mit eigenem Bootssteg.

AMBARITA – 2,5 km nördlich von Ambarita, 200 m abseits der Straße findet man die großen Hotels
*SANGGAM BEACH**** und *SOPO TOBA****
sowie
KING'S GORDON GUESTHOUSE-***, mit eigenem Strand inmitten von viel Grün; man ist hier allerdings recht isoliert und auf das Restaurant im Losmen angewiesen.

TOMOK – Zwischen Tuk Tuk und Tomok gibt es auch einige Losmen, z.B. *SMILEY** ㊺, etwas heruntergekommen.
In Tomok selbst das alte Batakhaus von *MANGOLOI'S** ㊻, nette Leute, gute Tips.

PANGURURAN – *HOTEL WISATA SAMOSIR***, Jl. Kejaksaan 42, ☎ 20050.
*LOSMEN BARAT**, Jl. Sisingamangaraja 66, ☎ 20053, sehr einfache Unterkunft bei einer freundlichen Familie, Restaurant mit Traveller Food. Richard, der Besitzer, spricht Englisch, hat viele Infos und verleiht Motorräder.
*ASIDO STAR***, neues Hotel mit Reihenhäusern an der Straße nach Süden.

Weitere Unterkünfte in **Simanindo** und **Tao**.

ESSEN

Fast in jedem Losmen gibt es ein kleines Restaurant. Die Losmenbesitzer freuen sich, ihre Gäste oft zu sehen, denn die Einkünfte aus der Zimmervermietung sind gering. Andererseits ist es von Nachteil, wenn man längere Zeit in einem abgelegenen Losmen allein auf dessen Küche angewiesen ist, denn die Variationsbreite der Gerichte ist gering.
In der Hitliste der überwiegend **vegetarischen Gerichte** führt der Avocadosalat, Guacamole. Außerdem werden Avocados zu Salaten und Obstsalaten, Mixgetränken und Brotaufstrich verarbeitet. Toast in allen Variationen füllt einen großen Teil der Speisekarte. Da gibt es Toast mit Butter oder Banane, Avocados, Tomate, Marmelade, Knoblauch, Honig, sowie Ei in jeder nur möglichen Form und Kombination. Für den großen Hunger hat man die Wahl zwischen Omelettes, Tacos, Kartoffelchips, gebratenem Fisch und Nasi Goreng. Ein weiterer Favourit ist Obstsalat aus Bananen, Papayas, Ananas und Avocados mit frischen Kokosraspeln und Erdnüssen.
Fleischgerichte sind rar, denn es gibt keine intensive Haustierhaltung. Man sollte sich daher nicht wundern, wenn Hühnchen ein Mehrfaches des Medan-Preises kosten, denn sie werden von dort angeliefert. Hängebauch-

schweine werden meist an Festtagen geschlachtet und den zahlreichen Gästen aufgetischt. In einigen Restaurants kann man Spanferkel bestellen – das Fleisch ist extrem fett! Selbst **Fische**, die es eigentlich am See in Mengen geben müßte, werden wenig angeboten. Wenn man die Fischer beobachtet, wie sie mit ihren Einbäumen zum Fischfang fahren, kann man ahnen, daß sie nicht sehr lukrative Fänge machen.
Die umfangreichen **Getränkelisten** stehen denen der Speisen um nichts nach. Heißen oder kalten Tee pur, mit Zucker oder Milch, was den Preis verdoppelt bzw. verdreifacht, Kaffee und Mixgetränke erhält man fast überall. Beliebt ist Markisa-Saft, heiß oder mit Eis, als Milchmix oder mit lokalem Brandy verfeinert. Alle in Flaschen abgefüllten Getränke sind spürbar teurer als anderswo, da sie in Dutzender-Packs verschnürt auf die Insel gebracht werden müssen.
Ausgezeichnetes Essen bekommt man unter anderem im *ROMLAN,* außerdem täglich frisches, selbstgebackenes Brot.
Gutes Essen auch bei *BERNARD, ROHANDY* und *TONY*.
TABO RESTAURANT, vegetarische Gerichte und Kräutertees, zubereitet von der deutschen Chefin; köstliche Soja-Milch, gut zum Frühstücken und Abendessen.
ROMLANS BIERGARTEN, hier kann man angenehm in einem Garten sitzen und Bier vom Faß trinken.

SONSTIGES

BÜCHER – In Tuk Tuk und Little Tuk Tuk gibt es in einigen Buchläden, z.B. im *BAGUS BOOKSHOP,* gebrauchte Bücher – man sollte nichts Großartiges erwarten, sondern besser selbst etwas Literatur von zu Hause oder aus Singapore mitbringen! Es bleibt viel Zeit zum Lesen, denn abends ist nicht viel los.

GELD – mehrere Moneychanger in Tuk Tuk wechseln TC und Cash verschiedener Währungen zu schlechten Kursen. Günstigere Kurse bekommt man im *Toledo Inn.*

GESUNDHEIT – Puskesmas (Krankenstationen) gibt es in Tuk Tuk, Tomok und Ambarita. Da über unfähige Ärzte berichtet wurde, informiert man sich am besten vorher im Losmen oder Hotel.

MOTORRÄDER U. A. – in einigen Losmen und in Tuk Tuk selbst können Motorräder für etwa 20 000 Rp pro Tag inkl. Benzin gemietet werden, um damit die Insel Samosir zu erkunden. Allerdings sind sie sämtlich nicht versichert. Eine Durchquerung der Insel über die Berge ist mit dem Motorrad nicht möglich.
Für 5000 - 6000 Rp pro Tag werden **Kanus** vermietet. **Fahrräder** bzw. Mountain-Bikes kosten 10 000 Rp pro Tag.

WHITEWATER RAFTING – *TRANS TRAVEL,* Jl. Iskandar Muda 220, Medan, ☎ 523243, organisiert Trekking Trips und Rafting auf dem Asahan River. Eine 3tägige Tour kostet US$50 p.P., jeder Verlängerungstag US$15. Buchungen und Infos in Tuk Tuk bei Annette vom *Tabo Restaurant.*

VORWAHL – 0625. Außer Pangururan 0626.

TRANSPORT

Auf Samosir: Minibusse kosten von Tuk Tuk nach Tomok oder Ambarita 300 Rp. Wenn man weiter will, ist es besser, von Tuk Tuk vor zur Hauptstraße zu laufen, wo häufiger Minibusse verkehren.
Zwischen Tomok und Pangururan fahren in größeren Abständen teilweise völlig überladene Minibusse für 1500 Rp. Tuk Tuk – Simanindo kostet 500 Rp, Simanindo – Pangururan 1000 Rp.
Die Fähren nach Prapat verkehren von 7.30 - 16.30 Uhr ab diverser Anlegestellen.
Am Sonntag verkehrt ein Boot von Tomok über Ambarita und Simanindo für 4000 Rp nach Pangururan.
Ab Ambarita fährt Mo gegen 7.30 Uhr ein Boot für 3000 Rp zum Markt nach HARANGGAOL, eine schöne Tour. Ab hier über SERIBUDOLOK (1000 Rp), KABANJAHE (800 Rp)

nach BRASTAGI (300 Rp). Das Boot fährt um 15.00 Uhr von Haranggaol weiter nach TONGGING, 2500 Rp.
Ab Pangururan fährt ein Minibus über TELE, SIDIKALANG (3500 Rp, 3 Std.) nach MEREK (4 Std., 4500 Rp). Von da Anschluß nach BRASTAGI / KABANJAHE. 3 x tgl. fährt für 7000 Rp ein Bus direkt nach MEDAN (über Autofähre Tomok). Erste Abfahrt 8.00 Uhr, Ankunft 15.00 Uhr.

Ab Sidikalang Busse nach KUTACANE, SINGKIL (Boote zu den Banyak-Inseln) und TAPAKTUAN (s.S. 136).
Von Tele fahren Minibusse nach Süden über SIBORONGBORONG (kleiner Losmen am Bus Terminal) bis TARUTUNG, von dort Anschluß nach SIBOLGA (2500 Rp).
Tickets für Fernbusse ab Prapat (s.S. 183) bekommt man gegen Aufpreis auch in Tuk Tuk.

Der Westen Nord-Sumatras

Mit Ausnahme der vorgelagerten Insel Nias mit einer Megalithkultur und Surf-Stränden sind die Orte entlang der Westküste Durchgangsstationen der Touristen auf dem Weg nach West-Sumatra. Das Land der Angkola- und Mandailing-Batak hat nur wenige touristische Attraktionen.

Sibolga

Die nicht besonders stimulierende Hafenstadt ist Ausgangspunkt für Trips zur Insel Nias. Schöne Sonnenuntergänge – die Straße von Tarutung führt die letzten 8 km in steilen Serpentinen durch zum Teil in Felsen gehauene Tunnel zur Küste hinunter, und von hier oben kann man das Farbenspiel am besten genießen. Die beste Aussicht hat man vom Heldendenkmal auf dem 420 m ü.d.M. liegenden Puncak G. M. Panggabaen.

Muß man einige Tage auf das Schiff warten, lohnt sich eine Fahrt zu den Stränden von **Pandan** (10 km) oder **Kalangan** (600 Rp, 12 km) an der Straße nach Padangsidempuan. Hier gibt es guten, frischen Fisch, besonders in Pandan bei *Roy Ikan Bakar*. Guides in der Stadt organisieren auch Touren auf die vorgelagerten kleinen Inseln neben **Pulau Musala**. Man wohnt bei den Fischern, kocht sich sein Essen selbst und kann so einige ruhige Tage verbringen. Mehr Luxus findet man im neuen *Island Resort* auf Pulau Poncan (s.u.).

In den steilen, bewaldeten Kalksteinhügeln (bis 1250 m hoch) östlich von Sibolga liegt ein Tierschutzgebiet (20 000 ha), Heimat von Tapir, Tiger, Gibbon, Hirsch und der Waldziegenantilope Serau. An der Küste befindet sich das Cagar Alam Lau Tapus (8000 ha) mit unberührten, weil landwirtschaftlich wertlosen Strandwäldern und Torfmooren.

ÜBERNACHTUNG

UNTERE PREISKLASSE – *PENGINAPAN SARI AGUNG*** ②, Jl. Diponegoro 48, ☎ 21903, billig, aber laut und nicht sauber.
Drei Penginapan liegen nebeneinander gegenüber der großen Moschee:
*SUDIMAMPIR** ⑦, Jl. Mesjid 98, kleine Zimmer;
*GARUDA** ⑧, und vor allem
*CAHAYA INDAH** ⑨, sind etwas besser.
*LOSMEN SUBUR** ④, Jl. Diponegoro, nicht sehr sauber.
HOTEL PASAR BARU-**** ③, Jl. Suprapto

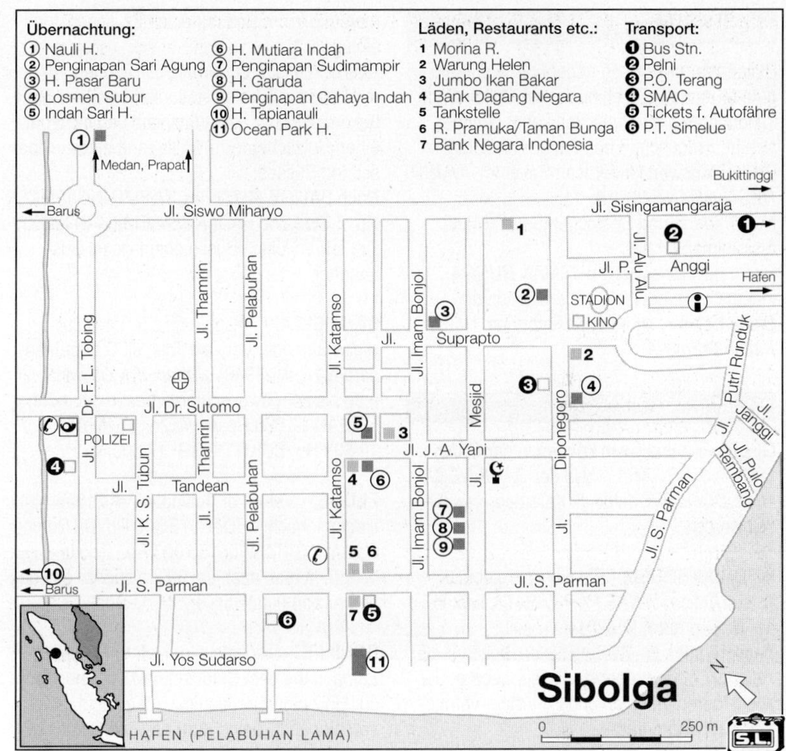

41, ☎ 22167, sauber, etwas laut, teurere Zi (ac, TV, Heißwasser) sind ganz angenehm.

INDAH SARI HOTEL-***** ⑤, Jl. J. A. Yani 29, ☎ 22208, relativ sauber.

HOTEL MUTIARA INDAH-*** ⑥, Jl. J. A. Yani 20, auch nicht schlechter als das Indah Sari.

Einige billige Hotels findet man am Hafen: *LOSMEN BUNDO KANDUANG** und *HOTEL KARYA SAMUDRA*-***.

MITTLERE UND OBERE PREISKLASSE – *HOTEL TAPIANAULI**-**** ⑩, Jl. S. Parman 5, ☎ 21816, altes holländisches Hotel mit riesigen Zimmern und Veranda, Neubau in Planung.

NAULI HOTEL ①, Jl. Dr. Sutomo 17, ☎ 22326, 200 m vom Kreisverkehr an der Straße nach Prapat. Zweistöckiges Gebäude, etwas abgewohnt.

OCEAN PARK HOTEL ⑪ (US$30 - 55), Jl. Yos Sudarso, ☎ 23688, fax 23988. Schönes, neues Hotel direkt am alten Hafen gelegen.

AN DEN STRÄNDEN – *HOTEL PURI NAULI***-*****, Pantai Kalangan.

SIBOLGA MARINE RESORT (US$65), Jl. Yos Sudarso 29, ☎ 23278, fax 23338. Die 25 Bungalows der Anlage liegen auf der Insel Poncang in der Bucht von Sibolga. Alle sind mit ac, TV, Telefon und Heißwasser ausgestattet. Schnorchel- und Tauchtrips werden organisiert, Tiefseefischen und Windsurfen wird angeboten.

ESSEN

Einige Warung stehen gegenüber vom Kino – gute Murtabak. Ein chinesischer Coffee Shop, in dem man gut frühstücken kann, befindet sich im Erdgeschoß des Pasar Baru Hotels. Empfehlenswert ist der Ikan Bakar im *JUMBO RESTAURANT*, Jl. J. A. Yani.
Nasi Padang und Seafood im *MORINA*, Jl. Sisingamangaraja.
Recht gut chinesisch im *TAMAN BUNGA*, einem Open Air Restaurant mitten in der Stadt. Bekannt ist es auch unter dem Namen *Kantin Pramuka*.

SONSTIGES

GELD – TC und Cash können in der *BANK DAGANG NEGARA* und in der *BANK NEGARA INDONESIA*, beide Jl. Katamso, gewechselt werden.

INFORMATIONEN – Ein wenig ergiebiges Tourist Office, *DINAS PARIWISATA*, liegt in der Jl. Suprapto, ☎ 22014.
Bessere Infos im *Warung Helen*, bekannt als *Helen's Coconut Agency*, Jl. Diponegoro, die auch Touren anbieten und Fahrräder vermieten. Nach Fuad fragen.

POST / TELEFON – Die Post und *TELKOM* liegen nebeneinander in der Jl. Sutomo.
Ein weiteres Telefon-Center ist in der Jl. Katamso.

VORWAHL – 0631.

TRANSPORT

BUSSE – Die Büros der Expressbus-Companies liegen am Bus Terminal, 1 1/2 km südöstlich vom Zentrum (Becak ca. 1000 Rp ab Zentrum).
Preisbeispiele: PRAPAT 7500 Rp, BUKITTINGGI 9500 Rp (12 - 14 Std.), PADANG 11 000 Rp (14 - 16 Std.).
Exakte Abfahrtszeiten sind meist unbekannt, da die Busse von Medan bzw. Padang kommen und in Sibolga nur einen Zwischenstop einlegen.
Ausnahme ist *P.O. Terang*, Jl. Diponegoro, deren Busse in Sibolga stationiert sind; d.h. man bekommt sicher einen Sitzplatz und nicht nur einen Holzschemel im Mittelgang eines vollbesetzten Busses.
Nach BALIGE (4000 Rp), TARUTUNG (2500 Rp, 2 Std.) und PADANGSIDEMPUAN (2000 Rp) fahren lokale Busse ebenfalls ab Busbahnhof.

SAMMELTAXI – kann man z.B. im *Hotel Indah* Sari oder bei *Taxi Tour*, Jl. Sisingamangaraja 11, ☎ 21948, buchen, am Ziel wird man bis zur gewünschten Adresse gebracht: MEDAN 17 000 Rp, 6 - 7 Std., PRAPAT 12 500 Rp, BUKITTINGGI 17 500 Rp.

FLÜGE – *SMAC*, Jl. Tobing 44, ☎ 21396, fliegt tgl. nach MEDAN, 78 600 Rp; Di, Do und Sa nach BATAM für 150 000 Rp. Tickets bekommt man auch am 30 km südlich gelegenen Airport (kostenloser SMAC-Bus).

SCHIFFE – Sibolgas alter Hafen, *Pelabuhan Lama*, nahe dem Stadtzentrum, wird nur noch zur Holzverladung genutzt, manchmal gehen von hier auch kleine Kutter zu den Batu-Inseln ab.
Alle anderen Schiffe, z.B. die nach Nias sowie die Pelni-Schiffe, legen im neuen Hafen an, der etwa 2 km südlich vom Zentrum liegt.

Zur Insel Nias fahren die Schiffe der **P.T. Simeulue**, Tickets erhält man in der Jl. Pelabuhan 9, nicht weit vom alten Hafen:
TELUKDALAM 12 000 Rp, Kabine 5000 Rp extra, Abfahrt tgl. außer So 20.00 Uhr, Fahrzeit 12 Std.
GUNUNGSITOLI 10 000 Rp, Kabine 5000 Rp extra, Abfahrt tgl. 20.00 Uhr, Fahrzeit 10 Std.
Es gibt keine Verpflegung an Bord. Man sollte einige Stunden vor Abfahrt da sein, denn ab 19.00 Uhr ist fast alles belegt.
Mehr Platz und Komfort bietet die **KMP. Poncan Moale,** eine Autofähre, die Mo, Mi und Fr um 21.00 Uhr nach GUNUNGSITOLI fährt

(zurück Di, Do, Sa); Tickets: Jl. S. Parman 34 B, ☎ 22721; 2. Kl. 10 000 Rp, 1 Kl. 17 500 Rp, Kabine 10 000 Rp extra.
Das moderne Passagierschiff **KM. Lawit** (s.S. 48 ff) legt an jedem zweiten Freitag (Ankunft: 16.00 Uhr, Abfahrt: 17.00 Uhr) in Sibolga an. Tickets bei *PELNI*, Jl. Patuan Anggi 39, ☎ 22291, fax 22927.
Fahrpreise (1. Kl. / Ekonomi.): PADANG 62 000 / 18 000 Rp, 16 Std., JAKARTA 232 000 / 61 000 Rp, 61 Std.; das Schiff fährt weiter über PONTIANAK und SEMARANG nach BANJARMASIN.
Weiterhin gibt es tgl. Schiffe nach SINABANG, Pulau Simeulue, sowie zu den BANYAK INSELN (15 000 Rp, 17 Std., 3x die Woche).

Padangsidempuan

Das südliche Tapanuli wird Padang Lawas, kahle Ebene, genannt. Das Land der Angkola-Batak weist Spuren früher Hinduisierung auf: Vier Backsteintempel aus dem 12. und 13. Jahrhundert, zum großen Teil in Ruinen, sind letzte Zeugen eines ehemals großen Kulturzentrums, über das wenig bekannt ist (s.u.).

Der Ort Padangsidempuan, ein wichtiger Verkehrsknotenpunkt am Trans-Sumatra-Highway, ist die größte Stadt zwischen Bukittinggi und Sibolga. Die Stadt ist bekannt für ihre Salak-Früchte und ist Ausgangspunkt für einen Besuch der Tempel. Am nördlichen Ortseingang befindet sich ein großer, neuer **Chinesischer Tempel**.

ÜBERNACHTUNG

*SAMUDERA HOTEL**-***, Jl. T. Umar 60 A, auch Schlafsaal.
*HOTEL DELI** und *HOTEL SURIYA**, beide auf der Jl. Diponegoro.
*NATAMA HOTEL***-****, Jl. Sisingamangaraja 100, ☎ 0634/22305, fax 21305, mit Frühstück.
*HOTEL MANINJAU**-**, Jl. Sudirman 44, im Zentrum der Stadt, heruntergekommen.
*HOTEL SUNTERPIDOLI****-****, Jl. Imam Bonjol 25, ☎ 22408, alle Zimmer mit Du / WC, die billigeren mit Fan, die teureren mit ac. Frühstück inklusiv.

TRANSPORT

Oplet von SIBOLGA 1500 Rp, 2 Std.; Bus von BUKITTINGGI 9000 Rp, 12 Std.; PANTI 4000 Rp, 5 Std.; TARUTUNG 3000 Rp, 3,5 Std.

Die Umgebung von Padangsidempuan

Padang Lawas

Von Padangsidempuan gelangt man mit einem Bus für 1200 Rp in 1 1/2 Stunden nach **Gunung Tua** (= alter Berg). Übernachtungsmöglichkeit ist vorhanden. Weiter geht es für 2000 Rp nach **Portibi** (20 km, 1.5 Std.) über eine sehr schlechte Straße.

Ab hier sind zumindest die ersten drei Tempel bequem zu Fuß zu erreichen. **Candi Biara** (= Candi Bahal I) ist am besten erhalten (restauriert) und hat schöne Reliefs aufzuweisen. Etwas versteckt hinter Bäumen stehen **Candi Batu Loting I** und **II** (Candi Bahal II und III). Der vierte Tempel, **Candi Sipamutung**, erfordert einen 4 - 5 km langen Fußmarsch über eine Hängebrücke, auf glitschigen Baumstämmen über kleine Flüsse und über die Dämme der Sawah. Er ist nicht leicht zu finden! Kinder aus dem Dorf bei der Hängebrücke zeigen den Weg und erwarten dafür ein paar 100 Rp.

Die Tempel von Padang Lawas

Die Tempel von Padang Lawas liegen über ein riesiges Gebiet verstreut am Oberlauf des Flusses Baruman und an einem seiner Nebenflüsse, dem Sungai Panai. Auch wenn die bisher freigelegten Ruinen aus dem 12. und 13. Jahrhundert stammen, vermutet man hier die Überreste des einst mächtigen Reiches von Panai, das schon im 6. Jahrhundert in chinesischen Manuskripten erwähnt wird. Um die Jahrtausendwende scheint das Reich auf dem Höhepunkt seiner Macht gewesen zu sein. Im 14. Jahrhundert fiel es unter die Oberherrschaft des Majapahit-Reiches von Java und verlor allmählich an Bedeutung, bis es schließlich ganz in Vergessenheit geriet.

Entdeckt wurden die Ruinen im Jahre 1845 von dem deutschen Arzt und Naturforscher Franz Wilhelm Junghuhn. Erste sporadische Ausgrabungen wurden um 1925 und nochmals um 1935 durchgeführt; inzwischen sind einige der Tempel restauriert worden. Die spärlich mit Reliefs und Skulpturen dekorierten Sakralbauten, fast ausnahmslos aus Backsteinen erbaut, stehen jeweils auf einer oder zwei Terrassen und sind von einer Stupa überdacht. Die rechteckigen Innenräume der Tempel, in denen einst Altäre und Statuen aufgestellt waren, haben in der Regel eine Grundfläche von nur 2 bis 2,6 m². Häufig wurden die Treppenaufgänge sowie die Eingänge zu den Tempeln von steinernen, keulenschwingenden Dämonen, Elefantenköpfen mit Menschenleibern im aufgerissenen Maul oder von Löwen flankiert. Die meisten Statuen sind allerdings im Laufe der Jahrhunderte verlorengegangen oder befinden sich noch verborgen im Erdboden und warten darauf, bei zukünftigen Ausgrabungen entdeckt zu werden.

Die bedeutendsten Tempel der gesamten Gruppe sind Sipamutung, Bahal I und Sangkilon. Im Candi Sangkilon, der einige Kilometer südlich vom Candi Sipamutung liegt, ist eine goldene Tafel mit einer Inschrift gefunden worden, die besagt, daß in diesem Tempel der buddhistische Dämon Yamari verehrt wurde, der für gewöhnlich eine Kette aus menschlichen Schädelknochen um den Hals trägt. Weiterhin wurde eine Statue des Heruka entdeckt, der ebenfalls zu den furchterregendsten Gestalten des buddhistischen Pantheons zählt und stets auf Leichen tanzend dargestellt wird.

Außer diesen Funden deuten noch andere Skulpturen und Reliefs darauf hin, daß in Padang Lawas wie zur gleichen Zeit in anderen Teilen Sumatras eine tantrische Form des Vajrayana-Buddhismus praktiziert wurde. Dieser Kult, der ursprünglich auf den tibetischen Buddhismus zurückgeht und auch Kala-Cakra-Buddhismus genannt wird, bediente sich, gemischt mit shivaitischen Elementen, mitunter recht blutiger Riten wie Menschenopfer und Kannibalismus – möglicherweise einer der Gründe, weshalb solch eine degenerierte Form des Buddhismus bei den kannibalistischen Batak großen Anklang fand.

Andere ausgegrabene Inschriften belegen Beziehungen zu ostjavanischen Reichen (Kediri, Singosari), die ab dem 11. Jahrhundert zu wichtigen Machtzentren wurden, nachdem das mitteljavanische Reich der Sailendra und Sri Vijaya in Süd-Sumatra ihren Niedergang erlebt hatten. Sogar Bronzefiguren, die eindeutig in Süd-Indien entstanden sind, hat man in den Candi von Padang Lawas gefunden. Die meisten Funde, vor allem diverse Ritualgegenstände aus Bronze, kann man jetzt im Nationalmuseum in Jakarta bewundern.

Naturschutzgebiete

Padang Lawas (69 000 ha), zur Zeit noch Jagdpark, soll einmal Tierschutzgebiet werden. Außer offenem Steppenland und Sekundärwald enthält das Reservat wertvollen Tieflandregenwald mit reicher Fauna und vor allem eine bedeutende Tapir-Population. Als Überlebender längst vergangener Erdzeitalter ist der Tapir ein sogenanntes „lebendes Fossil". Noch im Tertiär waren Nashornverwandte eine sehr formenreiche Großgruppe und fast über die ganze Welt verbreitet. Ein 7000 ha großes Cagar Alam ist **Dolok Sipirok**, westlich von Padang Lawas – der Ort Sipirok liegt ca. 30 km nördlich von Padangsidempuan an der Straße nach Prapat.

Nias

Die 4800 km² große Insel – 125 km lang und 40 km breit – liegt etwa 125 km südwestlich von Sibolga. Mehr als 200 000 Menschen leben heute auf Nias, neben den Niah viele eingewanderte Batak, Chinesen, Acehnesen und Minangkabau. Wichtigste Stadt ist Gunungsitoli, die SMAC täglich von Medan aus anfliegt. Bis zum Beginn der 50er Jahre gab es ein recht gutes Straßennetz. Seitdem sind viele Straßen im wahrsten Sinne des Wortes zugewachsen.

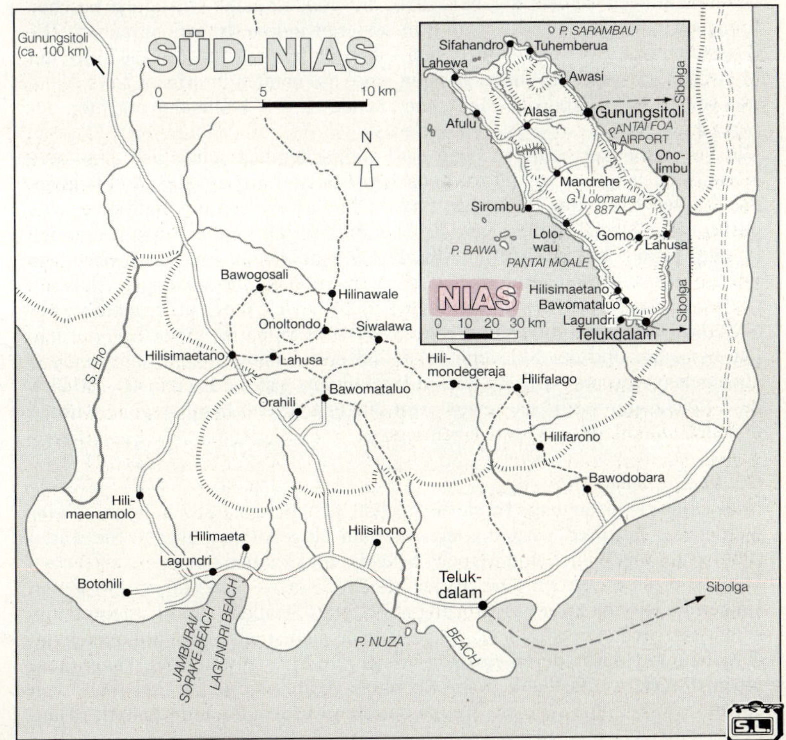

Die Bewohner der Insel Nias

Die Herkunft der Niah

Auch wenn Nias schon in alten Reiseberichten arabischer und persischer Händler erwähnt wird – 851 n. Chr. schrieb z.B. der Kaufmann Soleiman von den Kopfjägern von *Niyang* – ist die Insel geografisch gesehen immer ziemlich isoliert gewesen. Wegen der starken Meeresströmungen und der vorgelagerten Korallenriffe, vor allem vor der Westküste, sowie auch aus Furcht vor den kriegerischen Bewohnern haben die meisten Seefahrer stets die Insel gemieden. Häufige heftige Winde und dadurch bedingter hoher Seegang verhindern zumeist auch die Überfahrt von Sumatra mit kleineren Booten. Obwohl die Westküste Sumatras nur hundert Kilometer entfernt ist, sind die Einwohner von Nias doch sehr verschieden von den benachbarten Batak.

Denn die geografische Isolation bedingt auch eine relative kulturelle Isolation. Trotzdem hat Nias von allen Inseln vor Sumatras Westküste die am höchsten entwickelte Kultur und nebenbei auch die größte Bevölkerung. Ethnologisch ist die Herkunft der Bewohner von Nias unklar. Ihre Kultur ähnelt stark der Kultur der Naga, ein Volk im heutigen Assam; weitere Ähnlichkeiten deuten auf eine Verwandtschaft mit polynesischen Kulturen, und frühhinduistische Einflüsse lassen auf Kontakte zu den Batak schließen. Jüngste linguistische Untersuchungen haben ergeben, daß die Nias-Sprache mit polynesischen Sprachen näher verwandt ist als mit anderen indonesischen Sprachen. Die Bewohner von Nias bezeichnen sich selbst als *Ono Niha,* d.h. „Kinder der Menschen", womit die Ahnen gemeint sind. Sie nennen ihre Insel *Tano Niha,* was so viel wie „Land der Menschen" bedeutet. Die Holländer machten aus *Niha* dann Nias.

Die Vorfahren der heutigen Niah sind wahrscheinlich schon vor drei- oder viertausend Jahren vom südostasiatischen Festland aus auf die Insel gelangt. Sie kannten schon den Reisanbau und die Metallverarbeitung und hatten eine ausgeprägte Megalithkultur, die sich bis ins 20. Jahrhundert hinein erhalten konnte. Früher haben sich die Niha ihre Zähne gefeilt, aber Tätowierungen wie auf der südlichen Insel Siberut waren nie üblich. Das wichtigste Haustier war und ist auch heute noch das Schwein. Über viele Jahrhunderte blühte auf Nias der Handel mit Sklaven, die zur Westküste Sumatras exportiert wurden. Die Sklaverei und der Sklavenhandel sind erst Anfang des 20. Jahrhunderts aufgegeben worden. Noch im letzten Jahrhundert war die Insel in 40 - 50 kleinere Reiche unterteilt, die jeweils von einem Dorfoberhaupt regiert wurden und sich ständig untereinander bekriegten.

Die traditionellen Häuser

Nias ist eine sehr hügelige Insel, die höchste Erhebung ist 887 m hoch. Dörfer wurden zur besseren Verteidigung meist auf Hügelkuppen erbaut. Sie waren rundherum mit Wällen und Mauern befestigt und können nur über steile, enge Treppen erreicht werden. Die Dörfer bestehen nur aus einer langen Straße, in einigen Fällen aus zwei kreuzförmig angelegten Straßen, die mit Steinplatten gepflastert sind. Links und rechts der Straße stehen auf Pfählen die aneinandergebauten Häuser, deren einziger, in mehrere Ebenen unterteilte Innenraum oft mit Brettern und Planken aus Ebenholz getäfelt ist. Jedes Haus kann von außen nur über eine schmale Treppe betreten werden, die unterhalb des Hauses zwischen den Pfählen angebracht ist; als „Haustür" dient eine enge Klappe im Fußboden. Alle Häuser haben Verbindungstüren zu den Nachbarn, um bei einer Verteidigung des Dorfes im Schutz der Häuser mobil bleiben zu können. Mit Mauern befestigte Dörfer findet man hauptsächlich in Süd-Nias, wo auch allgemein eine höher stehende Kultur existierte und die Dörfer bis zu 5000 Einwohner haben konnten. Im Norden der Insel sind die Dörfer meist wesentlich kleiner und unbefestigt, wobei die traditionellen Häuser in der Regel einen ovalen Grundriß haben. Beim Bau der traditionellen Häuser waren Menschenopfer an der Tagesordnung; besonders bei der Errichtung des stets deutlich größeren Häuptlingshauses wurden Sklaven teilweise lebendig begraben – heute opfert man Schweine anstatt der Menschen. Das größte Häuptlingshaus der Insel steht in Bawomataluo, es ist 23 m hoch.

In Süd-Nias ist auch noch das „Steineüberspringen" bekannt, wobei eine etwa 2 m hohe Steinpyramide (manchmal auch ein Steinsockel) überwunden werden muß. Unverheiratete, junge Männer überspringen dieses Hindernis nach einem kurzen Anlauf von einem etwa 70 cm entfernten, 40 cm hohen Stein aus. Noch beeindruckender ist es, wenn der Springer mit gezogenem Schwert den Steinblock überwindet. Früher diente dieser Sport der Kampfertüchtigung für den Sturm über die Palisaden und Mauern feindlicher Dörfer. Heute wird er nur noch zu besonderen Anlässen und für Touristen aufgeführt.

Die traditionelle Gesellschaft

Die traditionelle Struktur der Gesellschaft differenzierte zwischen drei Klassen mit unterschiedlichen sozialen Stellungen und Funktionen. An der Spitze steht der Adel, dem auch der Häuptling angehört. Bei seinem Amt assistiert ihm der Rat der Dorfältesten. Unter dem Adel stehen die freien Normalbürger, die Gemeinen. Die unterste soziale Schicht bildeten die Sklaven, die zumeist die Haus- oder Feldarbeit verrichten mußten. Nur Adlige durften sich Sklaven halten, bei denen es sich entweder um Kriegsgefangene oder um verschuldete Dorfgenossen handelte. Einen eigenen Rang, etwa zwischen Adel und Gemeinen, haben die Priester, die die kultischen Handlungen und Opferzeremonien vollführen sowie Ahnenbilder und Abwehrzauber herstellen.

Die traditionelle Gesellschaft von Nias kannte nur ein Gesetz, nämlich das *Adat,* die überlieferten Weisheiten der Ahnen. Abweichungen vom Adat bringen die Lebenden in Konflikt mit den Toten, die folglich ihre Nachfahren durch Naturkatastrophen, Seuchen oder ähnliches Unheil strafen. Um dieses Unheil von der Gemeinde abzuhalten, hatten die Häuptlinge stellvertretend für die Ahnen das Recht und die Pflicht, jeden Bruch des Adat hart zu bestrafen.

Schwere Strafen trafen z.B. einen Mann, der eine Frau belästigt hat. Auf Ehebruch stand sowohl für den Ehebrecher als auch für die betroffene Frau die Todesstrafe. Denn die Ahnen waren natürlich daran interessiert, ihre Abstammungslinien zu erhalten und nicht durch uneheliche Kinder unterbrechen zu lassen. Mit Verbreitung des Christentums hat allerdings die sexuelle Moral etwas nachgelassen; die Furcht vor Strafe im Jenseits ist wohl doch nicht so groß wie die Furcht vor Bestrafung durch das Adat.

Obwohl Männer in der Nias-Gesellschaft eine dominierende Rolle spielen, nehmen die Frauen doch eine geachtete Stellung ein. Treffen z.B. auf einem

schmalen Pfad ein Mann und eine Frau aufeinander, so hat der Mann zur Seite zu treten. Schwere Feldarbeit wird nur von den Männern verrichtet.
Eine Heirat wird, da sie auch mit dem Ahnenkult verbunden ist, sehr ernst genommen. Eine große Rolle spielt dabei der Brautpreis, den der zukünftige Ehemann oder seine Familie an die Familie der Braut zahlen muß. Im Fall einer Scheidung, die allerdings selten vorkommt, muß der Brautpreis zurückbezahlt werden. Die eigentliche Hochzeitszeremonie wird von einem Priester und dem Dorfhäuptling persönlich geleitet. Die Zeremonie gilt als erfolgreich abgeschlossen, wenn Braut und Bräutigam nach einem gemeinsamen Essen ebenfalls gemeinsam Betel kauen.

Religion
Neben den Ahnengeistern verehrt und fürchtet man auf Nias auch Naturgeister und Götter. Die Götter sind z.T. Geister von Vorfahren, die zu Lebzeiten besonders mächtig und einflußreich waren und nach ihrem Tode vergöttlicht wurden. Andere Gottheiten tauchen schon in den zahlreichen Schöpfungsmythen der Niah auf. Die beiden wichtigsten und mächtigsten Götter, die zusammen die Welt und die Menschen regieren, sind *Lowalangi* und *Latura Dano*. Lowalangi lebt in der Oberwelt und hat überwiegend positive Eigenschaften, während Latura Dano als Herr der Unterwelt dem Menschen weniger freundlich gesonnen ist.
Über die Entstehung der Welt (= Nias) und der Menschen gibt es eine große Anzahl von Mythen, die teilweise sehr unterschiedlich und sogar widersprüchlich sind, aber in groben Zügen auf folgendes hinauslaufen: Am Anfang war das Chaos, aus dem eine weibliche Gottheit hervorgeht, die gleich zweimal Zwillingspaare zur Welt bringt, jeweils einen Jungen und ein Mädchen. Der Erstgeborene ist Latura Dano, der seine Zwillingsschwester heiratet und mit ihr die Herrschaft über die Unterwelt antritt. Der jüngere Sohn, Lowalangi, heiratet ebenfalls seine Zwillingsschwester und zieht mit ihr in den Himmel. Somit verkörpern diese zwei Götter den kosmischen Dualismus. Später kommt es zwischen den beiden Brüdern zum Streit. Darauf heiratet Lowalangi die Zwillingsschwester seines älteren Bruders. Diese bringt später ein kugelförmiges Wesen ohne Gliedmaßen zur Welt, das in zwei Teile zerschnitten wird; die eine Hälfte verwandelt sich in einen Mann, die andere in eine Frau. Mann und Frau heiraten und bekommen einen Sohn, genannt *Hulu,* den ersten Menschen auf der Welt, der zum Stammvater aller Niah wird.

Ahnenfiguren auf Nias

Die Kopfjagd war bei den Niah stets religiöser Natur. Köpfe wurden nur zu bestimmten Gelegenheiten und aus besonderen Anlässen erbeutet, z. B. aus Blutrache oder beim Bau eines Häuptlingshauses. Auch beim Tode eines Häuptlings sowie bei großen Totenfeiern wurden gejagte Köpfe benötigt, damit die darin enthaltenen Kräfte dem Verstorbenen im Jenseits dienen können.
Nur Nias-Krieger, die bei der Kopfjagd schon erfolgreich waren, durften die dicken, schwarzen Halsreifen tragen.

Megalithkultur
Kaum eine andere Insel Indonesiens hat so viele steinerne Skulpturen aufzuweisen wie Nias. Besonders in Süd-Nias stößt man überall auf Steinpyramiden, Menhire und Dolmen, von denen viele sogar bearbeitet sind. Große, stehende oder liegende Steinbänke, *Daro Daro* genannt, säumen die Dorfstraßen, die meisten stehen vor dem Häuptlingshaus. Ausschmückungen an den behauenen Steinen sind wie überhaupt in der Nias-Kunst selten. Neben einfachen Ornamenten findet man meist figürliche Darstellungen von Gerätschaften und Tieren, die allerdings eine hochentwickelte Form megalithischer Kunst darstellen.
Die Menge an Steinskulpturen macht deutlich, wie weit das soziale Leben von den megalithischen Steinsetzungen und den damit verbundenen Festen bestimmt wurde.
Viele der Steinbänke wurden anläßlich des Todes eines Häuptlings oder eines angesehenen Adligen aufgestellt; aufrecht stehende Daro Daro sind für männliche Tote bestimmt, liegende für weibliche.
Aber nicht nur für die Toten hat man Steine errichtet. Weitaus zahlreicher sind sogar noch die Megalithe, die sich einzelne Personen schon zu Lebzeiten aufstellen ließen. Diese Art von Steinsetzung wurde stets von einem großen Fest begleitet, *Owasa* genannt.
Nur Häuptlinge und Adlige konnten und durften ein Owasa veranstalten, bei dem sie ihren Reichtum in Form von Goldschmuck, ebenfalls ein Privileg des Adels, zur Schau stellten. Hunderte von Schweinen wurden geschlachtet, Sklaven wurden getötet und ein Megalith errichtet, um für immer an das denkwürdige Fest und vor allem an den großzügigen Gastgeber zu erinnern. Mit Hilfe eines Owasa konnte also ein Adliger Ruhm und Prestige ernten, was gleichzeitig auch einen Zuwachs an Macht bedeutet. Daraus folgt, daß die größte Macht bei den Häuptlingen lag, die über den größten Reichtum verfügten, denn nur sie konnten die üppigsten Feste finanzieren.
Eine wichtige Funktion in der Nias-Kultur hatten auch die hölzernen Statuen, *Adu* genannt. Einige der Figuren, meist die weniger sorgfältig gearbeiteten, stellen Schutzgeister dar, die Krankheiten vertreiben sollen. Weitaus eindrucksvoller sind die hölzernen Ahnenstatuen, in denen die Seelen der dargestellten Vorfahren weiterleben. Eine Ahnenstatue wird vier Tage nach dem Tode angefertigt, und der Geist des Toten wird aufgefordert, in seinem Adu Platz zu nehmen. Die Zeremonie war einst, besonders bei bedeutenden Verstorbenen, von einem großen Fest begleitet, zu dem Köpfe erbeutet und Sklaven geopfert werden mußten, um ihrem Herrn auch in der nächsten Welt dienen zu können.

Christentum
Ende des 17. Jahrhunderts richtete die Ostindische Handelscompagnie einen ersten Stützpunkt auf Nias ein, später wurde die Insel dem holländischen Kolonialreich angegliedert. Die (evangelische) Rheinische Missions-Gesellschaft ist seit 1865 auf Nias tätig, konnte aber in den ersten fünfzig Jahren nur spärliche Erfolge vorweisen. Noch bis in die erste Hälfte des 20. Jahrhunderts überlebte die alte Nias-Kultur, wurden traditionelle Feste gefeiert und megalithische Zeremonien durchgeführt. Um 1917/18 kam es dann plötzlich und bis heute unerklärt zu mehreren Massenbekehrungen, die als „das Wunder von Nias" und „die große Reue" in die Geschichte der Insel eingingen. Zu den evangelischen Missionaren gesellten sich später noch die katholischen Kollegen, die ebenfalls beachtliche Erfolge zu verzeichnen hatten, so daß sich heute fast die gesamte Bevölkerung von Nias zum Christentum bekennt.

Gunungsitoli

Die „Hauptstadt" der Insel wird von Touristen selten besucht. Außer etwas besseren Einkaufsmöglichkeiten als Telukdalam hat der Ort selbst wenig zu bieten. Wer es sich allerdings leisten kann, mit Guide und gechartertem Fahrzeug den Norden von Nias zu erkunden, wird sicherlich auf seine Kosten kommen (s.u.).

Täglich fahren Busse nach Telukdalam. Von Gunungsitoli fährt man Richtung Südwesten auf einer kurvenreichen Straße hinauf in die Berge. Vorbei an Reisfeldern, Kaffee-, Kakao- und Nelkenplantagen sieht man bereits nach 15 km die ersten traditionellen Nias-Häuser – Holzrundbauten auf Pfählen mit Palmblätter-Dächern. Für den zunehmend schlechteren Straßenzustand wird man durch das phantastische Panorama auf die Küste oder den tropischen Dschungel mit seinen Baumfarnen und Orchideen entschädigt.

Nach 30 km steht an einer Bananenplantage eine steinerne, männliche Figur, die ein Sohn für seinen verstorbenen Vater errichtet hat. In einem Dorf weiter südlich stellt ein weiterer Monolith einen Häuptling auf seinem Thron dar. Wenn man bei Lolowau die Südwestküste erreicht hat, wird die Straße wieder besser. Weiter südlich kommt man an einem schönen Strand vorbei, dem Pantai Moale.

ÜBERNACHTUNG

HOTEL HAWAII-***, Jl. Sirao 20, ☎ 21021, mit und ohne Mandi, Fan oder ac, zentral.
HOTEL WISATA-***, Jl. Sirao 2, ☎ 21858, mit und ohne Mandi, zentral, überteuert.
*GOMO INN***, Jl. Gomo 148, ☎ 21926, mit ac, zentral und laut.
WISMA SOLIGA-****, Jl. Diponegoro 432, ☎ 21815, das beste Hotel hier, an der Hauptstraße 4 km südlich der Stadt – nicht weit vom Meer, saubere, geräumige Zimmer (Fan oder ac); großer Garten, gutes Restaurant; Fahrräder, Motorräder und Autos werden vermietet.
*MIGA BEACH COTTAGES****, Jl. Diponegoro, km 5, ☎ 21460, fax 21188, südlich der Stadt; mit Dusche, Fan oder ac, sauber, gut, etwas überteuert; großer Garten, direkt am Meer, Restaurant; hier ein SMAC-Agent und eine Filiale der P. T. Nias Holidays, die Touren und Guides (30 000 Rp pro Tag) anbietet.

ESSEN

Empfehlenswert ist das Restaurant des *WISMA SOLIGA*, chinesisch und Seafood.
ASEAN, Jl. Sirao 110, zentral gelegenes Restaurant mit guten chinesischen Gerichten.

BAMBOO HOUSE, Pantai Laowomaru, Seafood-Restaurant 7 km südlich am Strand. *MOONLIGHT RESTAURANT*, liegt 500 m weiter, chinesisch und Seafood.

SONSTIGES

AUTOVERMIETUNG – Im *WISMA SOLIGA* kann man Minibusse und Jeeps chartern, pro Tag ca. 50 000 Rp + Benzin. Die Fahrt nach Telukdalam kostet 150 000 Rp.

GELD – *BANK NEGARA INDONESIA*, Jl. Imam Bonjol.

INFORMATIONEN – *DINAS PARIWISATA*, Jl. Sukarno 6, ☎ 21545, am Lapangan Merdeka, dem zentralen Platz nahe altem Hafen, geöffnet Mo - Do 8.00 - 15.00, Fr bis 11.30 Uhr.

POST / TELEFON – Das *KANTOR POS* liegt zentral an der Jl. M. Hatta, Ecke Jl. Gomo, am Lapangan Merdeka. *TELKOM* nebenan.

VORWAHL – 0639.

TRANSPORT

BUSSE – Der Bus Terminal liegt an der Jl. Diponegoro, der von Nord nach Süd verlaufenden Hauptstraße, 1 km südlich vom Zentrum. Nach TELUKDALAM 6000 Rp, Abfahrt zwischen 6.00 und 8.00 Uhr, Fahrzeit 6 Std. oder mehr (120 km).

FLÜGE – Vom Airport Binaka, 20 km südlich der Stadt, Flüge nach MEDAN mit SMAC für 116 000 Rp, 1 Std., nur 10 kg Freigepäck! *SMAC*, bei *P. T. Nias Holidays Tours & Travel*, Jl. Lagundri 46, ☎ 210210, fax 21188, bietet einen Minibus-Transfer-Service zum Airport.

SCHIFFE – Neben dem alten Hafen nahe dem Zentrum gibt es den neuen Hafen 2 km nördlich der Stadt, zu erreichen mit Becak oder Ojek für jeweils 1000 Rp. Im neuen Hafen legen die Fähren und Pelni-Schiffe an. Di, Do und Sa 21.00 Uhr legt die Autofähre **KMP. Poncan Moale** Richtung SIBOLGA ab; Fahrpreise: 2. Kl. 9000 Rp, 1. Kl. 16 000 Rp, Kabine 10 000 Rp extra; Tickets: Jl. Yos Sudarso, ☎ 21554, im Zentrum.
Täglich 20.00 Uhr geht eine Fähre der **P. T. Simeulue** nach SIBOLGA, 10 000 Rp, Kabine 5000 Rp extra, Fahrzeit 10 Std.; Tickets: Jl. Sirao, schräg gegenüber vom Hotel Hawaii.
Jeden zweiten Freitag legt Pelnis **KM. Lawit** (s.S. 48 ff) von 8.00 - 10.00 Uhr in Gunungsitoli an. Tickets bei *PELNI*, Jl. Cengkeh 10, ☎ 21846. Fahrpreise (1. Kl. / Ekonomi):
PADANG 67 000 / 15 000 Rp, 26 Std.,
JAKARTA 240 000 / 54 000 Rp, 71 Std.

Die Umgebung von Gunungsitoli

Traditionelle Häuser sieht man in **Tumori**, 7 km nördlich der Stadt; außerdem in **Hilibawodasalo**, 13 km südlich; 3 km weiter findet man einen schönen Strand bei **Foa**. Das Dorf **Talubaliku**, 15 km nördlich von Gunungsitoli, liegt in einer malerischen Bucht. Viele einsame Strände bietet die Nordküste von Nias zwischen Sifahandro und Lahewa, ca. 50 km von Gunungsitoli. Ein lohnendes Ziel ist auch die **Pulau Sarambau**, die man mit einem Boot in 1 Std. ab Tuhemberua erreicht. Die **Pulau Bawa** vor der Südwestküste, mit einem Boot zu erreichen ab Sirombu, bietet Surf-Strände und einen Losmen.

Telukdalam

(= tiefe Bucht). Der wichtigste Ort im Süden von Nias ist eine herrlich gelegene, kleine Hafenstadt an einer Bucht, die sogar bis zum Morgen mit elektrischem Strom versorgt wird. Das Tourist Office ist aber die meiste Zeit geschlossen.

Warnung:
Auf Nias ist die chloroquinresistente Malaria weiter verbreitet als in anderen Gebieten Sumatras. Reisende, die sich nicht rechtzeitig in einem Krankenhaus behandeln ließen, sind bereits daran gestorben. Deshalb sollte man sich mit einem Insektenschutzmittel einreiben, unter einem Moskitonetz schlafen, sein Zimmer aussprühen und bei den ersten Anzeichen von Malaria sofort ein Krankenhaus aufsuchen – am besten mit dem nächsten Flugzeug nach Penang oder Jakarta fliegen. Wegen mangelnder hygienischer Bedingungen kommt es immer wieder zu Ausbrüchen von Cholera. Anfang 1987 kostete sie Hunderten von Menschen das Leben. In der Nähe von Hilisimaetano gibt es ein von deutschen Missionaren geleitetes Krankenhaus, das Lukas Hospital.

ÜBERNACHTUNG

In Telukdalam findet man verschiedene Losmen, z.B. *WISMA JAMBURAI**, am Hafen, *HOTEL AMPERA***, einfach und sauber, mit Mandi. Besser wohnt man in den Unterkünften am Strand von Lagundri und Jamburai (s.u.).

SONSTIGES

GELD – Einige Läden an der Hauptgeschäftsstraße, Jl. J. A. Yani, wechseln US$ cash, z.B. *TOKO EMERITA,* Nr. 4, *TOKO SETIA KAWAN* und *TOKO MANA TAHAN,* beide nebenan.

POST / TELEFON – Das *KANTOR POS* liegt an der Hafeneinfahrt, geöffnet Mo - Do 8.00 - 14.00, Fr bis 11.00, Sa bis 13.00 Uhr. *TELKOM* findet man 150 m südlich vom Kantor Pos, tgl. 8.00 - 22.00 Uhr geöffnet.

VORWAHL – 0639.

TRANSPORT

Fähre nach SIBOLGA: tgl. außer So 20.00 Uhr, 12 000 Rp, 12 Std.; Tickets bei **P. T. Simeulue,** Jl. J. A. Yani 41. Von Telukdalam gibt es ein direktes Schiff nach PADANG (Zwischenstop auf SIBERUT) für 14 000 Rp. Die Reise dauert 2 - 2 1/2 Tage. Di und Sa fährt ein Schiff nach PULAU TELO auf den Batu-Inseln für 4500 Rp und dauert 6 Std. Ojek (Motorrad-Taxen) nach LAGUNDRI für 2500 Rp.

Lagundri / Jamburai

liegen an derselben Bucht und sind zur Hauptsaison, wenn die Wellen am höchsten sind, eine Hochburg der Surfer – im Juli 1994 fand hier ein internationaler Surf-Wettbewerb statt. Wenn die Wellen keinen Surfer mehr locken, stehen die meisten Unterkünfte leer, und die Preise sinken beachtlich. Außer der Brandung gibt es noch schöne Korallenriffe und kilometerlange Palmenstrände.

Kommt man von Telukdalam, erreicht man zuerst das Dorf Lagundri mit vielen Unterkünften am Strand. Da der Pantai Lagundri im Innern der Bucht liegt, kann man hier gefahrlos baden. Die Wellen brechen sich bereits vor der Bucht auf der Höhe des Pantai Sorake (Jamburai), der die Bucht im Südwesten begrenzt; auch an diesem Strand findet man viele Unterkünfte, man kann herrliche Spaziergänge unternehmen und die wagemutigen Surfer beobachten, aber wegen der sich direkt anschließenden Korallenbänke eignet er sich nicht zum Baden.

ÜBERNACHTUNG UND ESSEN

Die meisten Unterkünfte an den beiden Stränden gehören zur untersten Preisklasse (1000 - 3000 Rp) und unterscheiden sich kaum; gut ist z.B. *LOSMEN AMAN**, Lagundri Beach.

Die Losmen haben oft ein angeschlossenes Restaurant, doch ist das Essen nicht immer sehr abwechslungsreich; allerdings gibt es viel frischen Fisch und anderes Seafood. Komfortabler ausgestattet sind folgende Anlagen:
In **Lagundri**: *LANTANA INN****, nicht so schön gelegen. *JAN'S LOSMEN**, mit Mandi. *LAGUNDRI HOLIDAY COTTAGE**-****. *LOSMEN HARUS DAMAI**-****.
In **Jamburai**: am Ende der Straße die neue luxuriöse Bungalowanlage *SORAKE BEACH RESORT* (US$80 - 95).

TRANSPORT

Kommt man aus GUNUNGSITOLI, sollte man sich gleich an der Abzweigung auf halber Strecke zwischen Telukdalam und Lagundri absetzen lassen, wo schon Ojek warten, die für 1500 Rp eine Person bis zum gewünschten Losmen bringen. Share Taxi für 5 Pers.: 10 000 Rp p.P. Busse verkehren nur am Sa, dem Markttag, auf den 12 km von und nach TELUKDALAM für 400 Rp, Ojek 2000 Rp. Motorradvermietung: 10 000 Rp pro Tag.

Bawomataluo

Lohnend ist ein Ausflug von Telukdalam oder Lagundri nach Bawomataluo, etwa 14 km von Telukdalam entfernt. Man fährt mit einem Bus nach **Orahili**, von wo aus das Dorf über eine alte Steintreppe von 480 Stufen erreichbar ist. Hier findet man die traditionellen, mit Palmblättern bedeckten **Pfahlhäuser** (sog. Schiffshäuser), die beiderseits des mit Steinplatten gepflasterten Dorfplatzes stehen. Das Größte am Platz ist *Omo Namada Laowa,* das Häuptlingshaus, dessen Boden in mehreren Ebenen abgestuft ist, auf denen die Gefolgschaft des Häuptlings nach ihrer Rangfolge Platz nimmt, wobei die höchste Ebene dem Häuptling vorbehalten bleibt. Auf dem Dorfplatz stehen steinerne Throne und Bänke, die zu traditionellen Zeremonien benutzt werden. Ca. 1,80 m hohe „Springsteine" findet man hier. Für viel Geld führen junge Männer in alter Kampfausrüstung das „Steinspringen" und Kriegstänze vor. Einfache Übernachtungsmöglichkeiten sind vorhanden. Eine Fotoerlaubnis bekommt man beim Häuptling gegen eine geringe Gebühr. Von vielen Bewohnern werden Kunstgewerbeartikel und andere Souvenirs angeboten.

Bawomataluo ist das touristischste Dorf der Insel. Telukdalam wird regelmäßig von Kreuzfahrtschiffen angelaufen. Dann stürmen Hunderte von Touristen die Insel, belegen alle verfügbaren Transportmittel und schauen sich in Bawomataluo eigens für sie inszenierte Kriegstänze an. Nach dem Kauf überteuerter Souvenirs, d.h. noch am selben Nachmittag verschwinden die Touristenscharen dann wieder zusammen mit ihrem Schiff. Ähnlich interessant wie Bawomataluo sind die Dörfer **Botohili** an der Küste im Westen von Lagundri (weniger aufdringliche Leute, schöne Steinmetzarbeiten) und **Hilisimaetano** an der Straße nach Gunungsitoli, 16 km nördlich von Telukdalam (schöne Steinmetzarbeiten am Treppenaufgang).

Gomo

Im Bezirk Gomo, wo der Sage nach die Urahnen vom Himmel herunterstiegen, existieren noch eine Menge steinerne Bildnisse und Megalithen, die heute vom Urwald überwuchert sind. Gomo liegt etwa auf halber Strecke zwischen Gunungsitoli und Telukdalam. PHPA hat ca. 50 000 ha der letzten Waldgebiete von Nias um den höchsten Berg der Insel, den **Gunung Lolomatua** (887 m), nicht weit nördlich von Gomo, zum Tierschutzgebiet erklärt. Auf Nias leben mehrere endemische Unterarten von Säugetieren und Vögeln, z.B. der Nias-Beo (Mynah).

WEST-SUMATRA

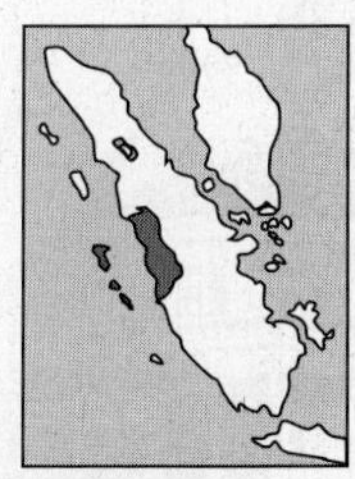

West-Sumatra

Über 4,2 Millionen Menschen leben im Tanah Minang, dem Land der Minangkabau. Von der 49 778 km² großen Provinz sind etwa 50% mit Wald bedeckt, und nur 15% werden landwirtschaftlich genutzt. Wichtige Exportartikel sind Kopra, Rotan, Harz und Gambir (Farbstoff). West-Sumatra ist heute von Reisimporten unabhängig und führt Reis in die Nachbarprovinzen Jambi und Riau aus. Seit 1969 wird deutsche Entwicklungshilfe geleistet – die Agrarökonomen der GTZ (Gesellschaft für Technische Zusammenarbeit) können zumindest darauf verweisen, daß die landwirtschaftliche Produktion seit Bestehen der deutschen Projekte gestiegen ist. Kunstdünger und Insektizide wurden eingeführt, eine Mechanisierung in Angriff genommen. Gleichzeitig entstanden Konflikte mit den Traditionen der Minangkabau, die ein matrilinear orientiertes Gesellschaftssystem haben und zudem Individualbesitz von Land nicht kennen.

Ackerland ist für die Minangkabau gemeinsamer, unveräußerlicher Gruppenbesitz. Alle Eigentümer müssen über die Verwendung gemeinsam entscheiden, was wiederum recht lange dauern kann. Das steht den ehrgeizigen Entwicklungsprojekten der Deutschen im Weg. So zerschlägt man den Gruppenbesitz und führt ein Grundbuchsystem ein, das zudem meist Männer als Eigentümer ausweist. Entwicklungshilfe geht eben in vielen Fällen von den Vorstellungen und vom Bewußtsein der „Helfer" und nicht von den Bedürfnissen und Traditionen der Menschen aus, denen man helfen möchte.

Ein altes Minang-Sprichwort sagte übrigens schon vor der Ankunft der Deutschen: „Steckt man in unserem Land einen Stock in die Erde, so wird er wachsen." Fruchtbar war das Hochland der Minangkabau schon immer aufgrund der vulkanischen Böden. Überall überragen Vulkankegel die üppig grüne Landschaft, die mit ihren zahlreichen kleinen Dörfern und blauen Seen ein abwechslungsreiches Bild bietet.

Sitten und Gebräuche
Dem *Adat* und der islamischen Tradition folgend, legen die Minangkabau auf ihre Kleidung großen Wert. Entsprechend wird ebenso von Touristen ein sauberes, gepflegtes Äußeres erwartet. Der Besucher, der so die hiesigen Sitten respektiert, wird auch seinerseits von den Menschen respektiert werden, und man wird ihm mit Höflichkeit und Freundlichkeit begegnen.

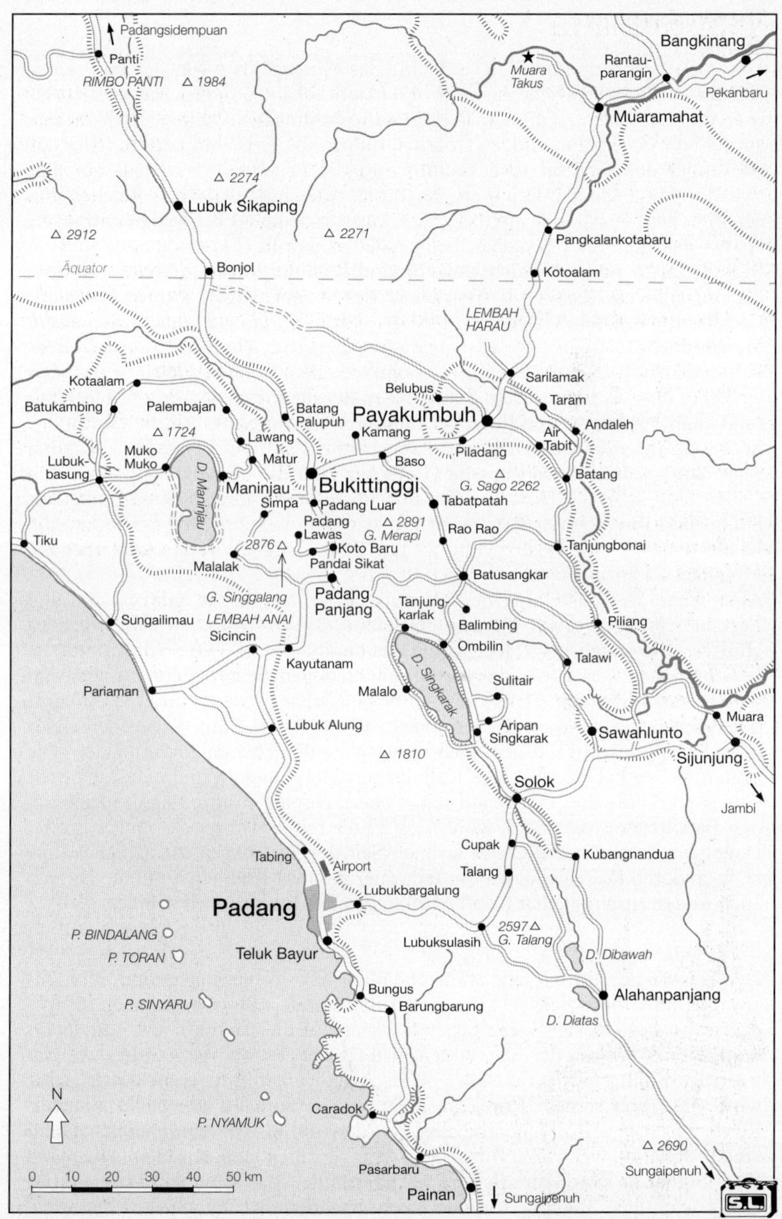
Padangsidempuan
Panti
RIMBO PANTI
1984
2274
Lubuk Sikaping
2912
2271
Äquator
Bonjol
Muara Takus
Bangkinang
Rantau-parangin
Pekanbaru
Muaramahat
Pangkalankotabaru
Kotoalam
LEMBAH HARAU
Sarilamak
Taram
Andaleh
Air Tabit
Batang
Kotaalam
Batukambing
Palembajan
Batang Palupuh
Payakumbuh
Belubus
Kamang
Piladang
1724
Lawang
Muko Muko
Lubuk-basung
Matur
D. Maninjau
Maninjau
Bukittinggi
Baso
G. Sago 2262
Tabatpatah
Simpa
Padang Luar
Padang Lawas
2891
G. Merapi
Rao Rao
Tiku
2876
Koto Baru
Pandai Sikat
Tanjungbonai
Malalak
Batusangkar
G. Singgalang
Padang Panjang
Tanjung-karlak
Balimbing
Piliang
Sungailimau
LEMBAH ANAI
Sicincin
Ombilin
Talawi
Kayutanam
D. Singkarak
Pariaman
Sulitair
Malalo
Aripan
Singkarak
Muara
Lubuk Alung
Sawahlunto
Sijunjung
1810
Solok
Jambi
Cupak
Kubangnandua
Tabing
Airport
Talang
Lubukbargalung
Padang
2597
G. Talang
P. BINDALANG
Lubuksulasih
P. TORAN
Teluk Bayur
D. Dibawah
Bungus
Alahanpanjang
P. SINYARU
Barungbarung
D. Diatas
N
Caradok
P. NYAMUK
2690
Pasarbaru
Sungaipenuh
0 10 20 30 40 50 km
Painan
Sungaipenuh
WEST-SUMATRA

Die Minangkabau

Mythen und Legenden

Über den Ursprung und die Geschichte des Minangkabau-Reiches und seiner Kultur sind nur spärliche historische Fakten bekannt, dagegen sind die Mythen und Legenden zu diesem Thema um so zahlreicher, wenn auch oft widersprüchlich. So wird in einigen Überlieferungen die Gründung des Reiches auf Alexander den Großen zurückgeführt, andere Legenden deuten darauf hin, daß das Minangkabau-Reich ein Nachfolger des hinduistischen Reiches von Malayu (Jambi) war, das um das 7. Jahrhundert seine größte Macht entfaltete, später aber dem Sri Vijaya-Reich eingegliedert wurde.

In kulturhistorischer Hinsicht aufschlußreich ist der folgende Mythos, in dem die matrilineare Gesellschaftsstruktur der Minangkabau begründet wird: Gleichzeitig mit dem Universum wird die Göttin *Bundo Kanduang* erschaffen, die an einem Ort namens Pagarruyung residiert. Sie trinkt Milch einer Elfenbein-Kokosnuß (Kelapa Gading), worauf sie einen Sohn zur Welt bringt, den sie *Dang Tuanku* nennt. Dem Sohn, der später die Prinzessin *Puti Bungsu* heiratet, steht als Helfer und Ratgeber *Cindua Mato* zur Seite. Als die Göttin, ihr Sohn und ihre Schwiegertochter in den Himmel auffahren, lassen sie Cindua Mato zurück und setzen ihn zum Herrscher über die Minangkabau ein. Nach seinem Tod schicken Dang Tuanku und Puti Bungsu ihren Sohn *Sutan Alam Dunia* und ihre Tochter *Puti Sri Dunia* vom Himmel zur Erde herab, um die Königsdynastie von Pagarruyung zu begründen und die Herrschaft über die Minankabau anzutreten.

Auch über die Entstehung des Namens der Minangkabau gibt es eine alte Legende: *Minang* (auch Menang) bedeutet „Sieg" – *Kabau* (heute Kerbau) „Büffel". Ein javanisches Heer wollte das Land erobern. Die Soldaten müssen so zahlreich gewesen sein, daß die Felsen, an denen sie ihre Schwerter gewetzt hatten, verschwanden. Der König der Minangkabau schloß eine Übereinkunft mit seinem javanischen Gegenspieler. Zwei Büffel sollten gegeneinander kämpfen, um dadurch Blutvergießen zwischen den Heeren zu vermeiden. Die Minangkabau ließen ein junges Kalb längere Zeit hungern und befestigten vor dem Kampf eine Speerspitze auf seiner Nase. Durstig stürzte sich das Kalb auf den Bauch seines Gegners, wo es den Euter seiner Mutter zu finden hoffte. Dabei tötete es den Büffel der Javaner. Seit der Zeit bauen die Minangkabau Häuser, deren Dachgiebel wie Büffelhörner geformt sind, ein Symbol, das sich auch in den traditionellen Kopfbedeckungen der Frauen wiederfindet.

König Adityawarman

Der Kampf der Büffel geht wahrscheinlich auf ein geschichtliches Ereignis zurück und könnte sich im 13. oder 14. Jahrhundert abgespielt haben. Möglicherweise bezieht sich diese Legende sogar auf die Ankunft des *Adityawarman*, womit wir wieder den Boden historischer Tatsachen betreten. Adityawarman, Sohn eines javanischen Adligen und einer Prinzessin aus Malayu, wird 1347 von seinem König ausgesandt, um Sumatra für das Majapahit-Reich zu erobern. In Sumatra, das im Altertum als *Suwarnadwipa*, „Goldland", bekannt war, wobei das Gold zum größten Teil aus dem Hochland West-Sumatras kam, hatte sich im 14. Jahrhundert das Minangkabau-Reich zu einem wichtigen Machtfaktor entwickelt, nachdem Sri Vijaya zu einem unbe-

deutenden Piratennest verkommen war. Adityawarman läßt sich folglich im Hochland der Minang nieder, wo er, da er das herrschende *Adat* respektiert, als König akzeptiert wird. Dieser Kompromiß könnte eine Folge des Büffelkampfes gewesen sein.
Aus der Zeit des Königs Adityawarman, der ein Anhänger des tantrischen Buddhismus war, sind zahlreiche Steininschriften in Sanskrit und Kawi, der altjavanischen Schrift, erhalten. Zudem taucht der Name Minangkabau zum ersten Mal in einem Manuskript auf, und zwar in dem aus dem Jahre 1365 stammenden *Negara Kertagama,* in dem die Majapahit-Herrscher von Java alle ihnen tributpflichtigen Staaten und Reiche auflisten ließen.
Unter der Herrschaft Adityawarmans erreichte die Minangkabau verstärkt hindu-buddhistisches Gedankengut, das sich zwar mit dem älteren Animismus und dem Ahnenkult der Minangkabau vermischte, aber weder das *Adat,* die von den Ahnen übernommenen, ungeschriebenen Gesetze und Verhaltensweisen, noch die matrilineare Gesellschaftsordnung beeinträchtigte. Sogar der Islam, der sich später in West-Sumatra etablierte, konnte die matrilineare Sozialordnung nicht verdrängen und mußte sich dem Adat unterordnen.
Schon kurz nach Adityawarmans Tod entglitt seinen Nachfolgern allmählich die politische Macht, und die Dorfstaaten (Nagari) wurden wieder wie früher relativ unabhängig von gewählten Dorfältesten (Penghulu) geleitet. Die Könige, die weiterhin in Pagarruyung residierten, hatten nur noch eine rituelle, bzw. spirituelle, die Religion und das Adat betreffende Funktion. Ihren entgültigen Untergang erlebte die Königsdynastie von Pagarruyung im 19. Jahrhundert, als die *Padri* das Land in einen Krieg stürzten.

Der Padri-Krieg

Es ist unklar, wann genau der Islam die Minangkabau erreichte. Das Königshaus und die Bewohner des Hochlandes scheinen schon im 15. Jahrhundert von der Ostküste aus Kontakte mit Moslems gehabt zu haben. Die Hafenstädte an der Westküste wurden dagegen erst im 16. und 17. Jahrhundert von Aceh aus islamisiert, das gleichzeitig den Pfefferhandel entlang der Küste monopolisiert hatte.
Wie schon erwähnt, mußte sich der bekanntlich stark patriacharlisch geprägte Islam dem Adat der matrilinear orientierten Minangkabau beugen, was im 19. Jahrhundert zu einem blutigen Konflikt führte, der als „Padri-Krieg" in die Geschichte Sumatras eingegangen ist. Die Padri waren orthodox islamische Minangkabau, die, nachdem sie in Mekka inspiriert worden waren, die Absicht hatten, den Islam in seiner reinen, ursprünglichen Form in West-Sumatra durchzusetzen. Um die Lehre des Propheten vom Adat und allen animistischen Ritualen zu befreien, waren die Padri bereit, wenn nötig auch von den Waffen Gebrauch zu machen, d.h. zum *Jihad,* dem Heiligen Krieg, aufzurufen. Zwar gelang es den Padri, viele der armen Kleinbauern mit Versprechungen größeren Wohlstands auf ihre Seite zu ziehen, aber die Verfechter des Adats, auch Adat-Partei genannt, die zumeist wohlhabenderen Bevölkerungsschichten angehörten, leisteten energisch Widerstand, und es kam zu einem Bürgerkrieg, der siebzehn Jahre andauerte (1821 - 38). Die königliche Familie, die als Hüter des Adat auf der Liste der Gegner der puritanischen Padri ganz oben stand, wurde fast komplett ermordet, Pagarruyung wurde zerstört. Überleben-

de Mitglieder der Königsfamilie baten daraufhin die Holländer um militärischen Beistand, die sich die Gelegenheit nicht entgehen ließen, ihren Einflußbereich zu erweitern. Nach und nach konnten die holländischen Truppen die Kämpfe unter Kontrolle bringen. Mit der Einnahme von Bonjol, der letzten Zuflucht der Padri, war der Krieg beendet und die koloniale Herrschaft über die Minangkabau gefestigt.
Obwohl die Padri den Krieg verloren hatten, war es ihnen trotzdem gelungen, den Islam im Land der Minangkabau zu konsolidieren. Zudem fühlten sich die orthodoxen Moslems ebenso wie die Anhänger des Adat gleichermaßen von der holländischen Oberherrschaft unterdrückt, worauf sich die beiden Parteien enger zusammenschlossen. Letztendlich wurden so die Padri in die traditionelle Adat-Gesellschaft integriert. Heute zählen die Minangkabau zu den überzeugtesten Moslems des indonesischen Archipels, die es aber dennoch geschafft haben – trotz Aufnahme fremder Religionen, trotz Kolonialismus und modernen Einflüssen des 20. Jahrhunderts – ihr überliefertes Adat und die matrilineare Kultur zu erhalten.

Gesellschaft und Adat
Das gesellschaftliche System der Minangkabau ist verhältnismäßig komplex. Vier Clans (Suku) werden heute als die ältesten Volksgruppen bezeichnet. Die *Bodi, Caniago, Koto* und *Piliang* leben über das gesamte Land verstreut. Jeder Clan hat ein männliches Oberhaupt, einen auf Lebenszeit gewählten *Penghulu,* der den Titel *Datuk* trägt und seinen Clan im überregionalen Adat-Rat vertritt. Innerhalb seines Suku hat ein Datuk hauptsächlich die Aufgabe, bei Familien- oder Clan-Problemen Ratschläge zu erteilen, er hat aber keine Entscheidungsgewalt. Entscheidungen, wie z.B. auch die Wahl des Datuk selber, trifft man durch gemeinsame Beratungen, ein demokratischer Auswahlprozeß, bei dem weibliche und männliche Clan-Mitglieder oft monatelang diskutieren. Die wichtigste soziale Einheit ist das Dorf (Nagari) mit den dazugehörenden Feldern und Ländereien. Ein *Nagari* ist nur vollständig, wenn die vier *Suku* darin vertreten sind. Gemäß dem Adat wird von einem Minangkabau erwartet, daß er sich seinen Ehepartner zwar aus dem selben Nagari, aber aus einem anderen Suku aussucht.
Faszinierend ist die Vermischung zweier an sich so gegensätzlicher Kulturen, auf der einen Seite der Islam mit seiner Überbetonung der Rolle des Mannes und demgegenüber die traditionelle Minangkabau-Kultur mit ihrem matrilinearen Gesellschaftssystem. Matrilinear bedeutet nicht unbedingt Matriarchat, also Mutterherrschaft, sondern charakterisiert die Erbfolge. Die Frauen der Minangkabau besitzen die Reisfelder sowie die Häuser. Im Erbfolgesystem geht, materiell wie geistig (z.B. in der Namensgebung), der Besitz immer von der Mutter auf die Tochter über. Die von den Ahnen übernommenen Gesetze und Verhaltensweisen, die man *Adat* nennt, bestimmen das gesamte Leben.
Männer haben nach dem Adat die Funktion, das System zu beschützen. Im Haus der Frau gilt der Mann als Gast. Seine Arbeitszeit muß er zwischen seiner Mutter und seiner Frau aufteilen. Nur von den Erträgen seiner Mutter bekommt er einen bestimmten, nach dem Adat genau geregelten Anteil. Der Teil seiner Arbeitskraft, den er für seine Frau aufwendet, kommt allein der Frau und den Kindern zugute. Ist er der älteste Sohn, verwaltet er das Vermö-

gen seiner Mutter. Für die Kinder ist danach der wichtigste männliche Verwandte nicht der leibliche Vater, sondern der älteste Bruder der Mutter, der *Ninik Mamak*. Bis zur Heirat bleibt ein Sohn im Haus seiner Mutter, wo sich die mütterlichen Verwandten um die Erziehung kümmern. Heiratet er, lebt er mit seiner Frau in der Familie ihrer Mutter. Männer sind nach dem Adat der Minangkabau keineswegs unterdrückt. Entscheidungsgewalt und materieller Besitz sind nur für uns Attribute, die in unserer patriarchalisch organisierten Gesellschaft immer auf Männer bezogen werden.
Die Minangkabau leben nicht nur von der Landwirtschaft. Neben den Bugis und Makassaresen in Süd-Sulawesi und den Banjaresen in Süd-Kalimantan sind die Minangkabau das wichtigste indonesische Händlervolk und die einzigen, die für die Chinesen im Handel eine nennenswerte Konkurrenz darstellen. Schon vor Jahrhunderten begannen sie, ausgedehnte Handelsreisen zu unternehmen und sich auf anderen Inseln des Archipels niederzulassen. Heute leben etwa 5 Millionen Minangkabau in anderen Teilen Indonesiens, vor allem in Jakarta, aber auch im Ausland, und nur knapp 4 Millionen siedeln in West-Sumatra. Der Handel brachte ihnen Wohlstand, wovon die sauberen Städte mit den gut gekleideten Menschen zeugen.

Einige Minangkabau-Begriffe

Rumah Gadang – Das traditionelle „Große Haus" eines Clans oder einer Großfamilie. Charakteristisch sind die auffälligen, verschachtelten Dächer. Die Anzahl der wie Büffelhörner spitz nach oben gebogenen Dachgiebel entspricht der Anzahl der einzelnen Räume im Haus. Die Rückseite des Hauses besteht aus Bambus, um eine gute Durchlüftung des ansonsten dunklen Hauses zu gewährleisten. Die hölzernen Wände, Pfähle und Decken sind mit feinen Holzschnitzereien verziert.
Eine offene Plattform, *Anjung*, an einem Ende des Hauses dient als Aufenthaltsort für alle Mitglieder des Clans. Ein „Großes Haus" hat mindestens 4 - 5

Wohnräume, genannt *Bilik,* für jeweils eine Großfamilie, es kann aber bis zu 50 Personen in 20 Räumen beherbergen. Direkt an den *Anjung* schließen sich die Wohn- und Schlafräume der Familienältesten an, während die jüngsten Familienmitglieder nahe der Eingangstreppe wohnen. Nur hohe Gäste genießen das Privileg, nahe dem *Anjung* sitzen zu dürfen.

Rangkiang – Gegenüber dem *Rumah Gadang* stehen in der Regel kleine, schlanke Vorratshäuser, Scheunen für die Reisernte, die eine ähnliche Dachform haben und ebenfalls mit feinen Holzschnitzereien verziert sind.

Balai Adat – Das Versammlungshaus, ein zentrales Gebäude der demokratisch strukturierten Minangkabau-Gesellschaft. Ein etwa 300 Jahre altes Haus steht in Limakaum in der Nähe von Batusangkar.

Pencak Silat – Die traditionelle Kunst der Selbstverteidigung, graziöser als Judo, aber dennoch sehr gefährlich. Schaukämpfe mit und ohne Messer sind während einiger lokaler Feste zu sehen. Es gibt verschiedene Meister, jeweils mit einem eigenen Stil.

Baju Kurung – Überliefertes Kleidungsstück der Frauen, ein Kleid, das die Arme bedeckt und bis über die Knie reichen kann. Darunter tragen die Frauen einen langen *Sarong.* Ein weiteres Tuch wird über Kopf und Schultern drapiert. Zu festlichen Anlässen tragen die Frauen ihre kostbarsten Stücke, oft mit Gold- und Silberfäden durchwirkte Satin- oder Seidentücher.

Bundo Kanduang – Die Muttergöttin oder Erdgöttin, auch die ursprüngliche Clan-Mutter, und in neuerer Zeit der Name einer Frauen-Organisation.

Rantau – Die Randgebiete des Minangkabau-Hochlandes, im Gegensatz zum *Darat,* dem zentralen Kernland; folglich bedeutet das Verb *merantau,* sich ins Rantau zu begeben, auf Auslandsreise zu gehen oder eine Handelsreise zu unternehmen.

Ulama – Ein religiöser, d.h. islamischer Führer, der eine hohe, geachtete Stellung bei den Minangkabau einnimmt. Eine mindestens ebenso wichtige Rolle spielt vor allem in der bäuerlichen Gesellschaft der *Pawang,* auch *Dukun* genannt, ein mit spiritueller Macht ausgestatteter Mann, der Geister austreiben und Krankheiten heilen kann.

Padang

Die großflächig angelegte Provinzhauptstadt mit ihren etwa einer Million Einwohnern scheint ohne den für andere Städte typischen stickigen und unsympathischen Großstadtcharakter auszukommen. Schon zweimal wurde sie als „sauberste Stadt Indonesiens" ausgezeichnet. Die großen Verwaltungsgebäude wurden im modernen Minangkabau-Stil errichtet und prägen das Stadtbild.

Padang ist der wichtigste Hafen an der Westküste mit regelmäßigen Verbindungen nach Java, auf die Mentawai-Inseln und an die nördliche Westküste Sumatras.

Das riesige **Museum Adityawarman** in der Jl. Diponegoro mit seinen schönen Schnitzereien wurde einem großen Minangkabau-Haus (Rumah Gadang) nachgebaut. Im Untergeschoß werden neben Netzen und Reusen traditionelle Fischfangmethoden veranschaulicht sowie Textilien und Kleidung aus allen Teilen Sumatras, z. T. auch von anderen Inseln, ausgestellt. Im Obergeschoß werden traditionelle Minangkabau-Hochzeitsbräuche erklärt und Schmuck, Holzschnitzereien, Werkzeuge, Küchengegenstände und anderes Kunsthandwerk (Bronze, Rotan) ausgestellt. Insgesamt entspricht das Museum aber nicht den Erwartungen, die an ein Provinzmuseum eines so wichtigen Volkes Indonesiens gestellt werden. Geöffnet Di - So 8.00 - 15.00 Uhr. Eintritt 250 Rp, Eingang Jl. Bundo Kanduang.

Im gegenüber liegenden **Art Centre** (Taman Budaya) finden regelmäßig Tanz- und Musikveranstaltungen, Lesungen, Ausstellungen usw. statt. Geöffnet tgl. 8.00 - 14.00 Uhr, Eintritt.

Padangs **Chinatown**, hier *Kampung Cina* genannt, wird durch die Jl. Dobi, die Jl. Cokroaminoto und die Jl. Pondok begrenzt.

Im Westen grenzt die Stadt direkt ans Meer, im Süden an den Batang Arau. Hier am alten Hafen stehen noch einige Gebäude aus der holländischen Kolonialzeit, und kleine Küstenschiffe, die auch hinüber auf die Mentawai-Inseln fahren, liegen vor Anker. Wenn man einen Sampan (100 Rp) über den Fluß nimmt, kann man zum **chinesischen Friedhof** hinaufsteigen. Von der Sampananlegestelle am südlichen Ufer des Batang Arau führt ein Weg in Richtung Flußmündung, vorbei an einer alten holländischen Kanone auf den **Gunung Padang**. Die Aussicht auf die Stadt von hier oben wird nur noch vom Flugzeug übertroffen.

ÜBERNACHTUNG

In der Stadt gibt es eine große Auswahl an sauberen und preiswerten Mittelklassehotels – die meisten Hotels der unteren Preisklasse haben neben billigen 15 000 Rp Doppelzimmern auch komfortablere, die bis zu 40 000 Rp kosten können.

UNTERE PREISKLASSE – *HOTEL TIGA TIGA**-**** ⑨, Jl. Pemuda 31, ☎ 22633, gegenüber vom Busbahnhof, daher recht laut. Die billigsten Zimmer mit Gemeinschaftsmandi, die teuren mit ac, TV und Bad.
*HOTEL CENDRAWASIH*** ⑩, Jl. Pemuda 27, ☎ 22894, neben dem Tiga Tiga und ähnlich. Hier werden 7 - 10tägige Siberut-Trips und Touren auf andere vorgelagerte Inseln angeboten.
HOTEL SRIWIJAYA-*** ⑭, Jl. Alang Lawas I/15, ☎ 23577, sauber, nett, aber gleich neben einer Moschee.
JAKARTA HOTEL-**** ③, Jl. Belakang Olo 57, ☎ 23331, zentral, etwas laut, z. T. stickige Zimmer ohne Fenster.
GARUDA HOTEL-**** ⑥, Jl. Permindo 4, ☎ 22176, Zimmer mit Fan oder ac, an einer lauten Straße.
*L.A. HOMESTAY*** ⑤, Jl. Koto Marapak 7 B, inkl. Frühstück, auch Dormitory*, nur 5 Minuten zu Fuß vom Busbahnhof in der nördlichen Parallelstraße zur Jl. Hang Tuah.

MITTELKLASSE – *NEW TIGA TIGA HOTEL**-**** ②, Jl. Veteran 33, ☎ 22173, sauber, teure Zimmer hinten im Garten, sehr ruhig, relativ weit vom Zentrum.
*DIPO INTERNATIONAL HOTEL***-***** ⑫, Jl. Diponegoro 13, ☎ 34261, fax 34265, neues, sehr sauberes Hotel.
*HOTEL HANG TUAH**-**** ⑪, Jl. Pemuda 1, ☎ 26556, am besten sind die Zimmer nach hinten, zum Teil mit ac, inkl. Frühstück.
*HOTEL PUTI BUNGSU**-***** ④, Jl. Permindo 40, ☎ 23922, saubere Zimmer mit Fan oder ac.
*WISMA IMANUEL**-**** ⑳, Jl. Tanah Beroyo 1, ☎ 23917, gut und sauber, ruhig gelegen, 23 Zimmer.
*HOTEL PADANG**-***** ⑧, Jl. Bagindo Aziz Chan 28, ☎ 22563, in einer alten holländischen Villa mit einem schönen Innenhof, kleine Zimmer mit Veranda, inkl. Frühstück, sauber.
*BOUGAINVILLE HOTEL**-***** ⑮, Jl. Bagindo Aziz Chan 2, ☎ 22149.

*HOTEL BENYAMIN**** ⑦, Jl. Bagindo Aziz Chan 19, ☎ 22324, zweistöckiges, nettes Hotel in einer Gasse hinter dem Femina.
*FEMINA HOTEL**-**** ⑦, Jl. Bagindo Aziz Chan 15, ☎ 34309, fax 34388, nett eingerichtete Zimmer mit Fan oder ac, das beste Preis-Leistungsverhältnis in der mittleren Preislage.

OBERE PREISKLASSE – *SEDONA HOTEL* (ab US$150) ⑰, Jl. Bundo Kanduang 20 - 28, ☎ 37555, fax 37567, gegenüber vom kleinen Hotel von Madame Mariani wurde das Luxushotel errichtet. Neben einem großen Swimming Pool bietet es alle Annehmlichkeiten.
NATOUR MUARA HOTEL (US$40 - 50) ⑲, Jl. Gereja 34, ☎ 35600, fax 31163, lohnt nicht die Mehrausgabe.
HOTEL MARIANI INTERNATIONAL (um US$35) ⑯, Jl. Bundo Kanduang 35, ☎ 25466, fax 25410, empfehlenswert, trotz des schönen Namens hat Madame Mariani nur 30 Zimmer.
HOTEL PANGERAN (US$38 - 75) ⑱, Jl. Dobi 3 - 5, ☎ 31233, fax 27180, Hotel für Geschäftsleute im Zentrum der Stadt.
HOTEL HAYAM WURUK (US$35 - 45) ㉑, Jl. Hayam Wuruk 16, ☎ 21726, fax 38123, nettes neues Hotel mit kleinem Swimming Pool.
PANGERAN BEACH HOTEL (ab US$75) ①, Jl. Jr. H. Juanda 79, ☎ 51333, fax 54613, nördlich der Stadt am Strand gelegen, mit Swimming Pool, Restaurants.

ESSEN UND TRINKEN

Nasi Padang stammt, wie schon der Name sagt, aus West-Sumatra. Man bekommt den Tisch mit kleinen Schälchen der verschiedenen Gerichte vollgestellt. Bezahlt wird nur, was man tatsächlich gegessen hat (s.S. 42). Nasi Padang gibt es z.B. im *BOPET IRAMA,* Jl. Moh. Yamin 114, im *SERBA NIKMAT,* Jl. Agus Salim 20, oder im *SIMPANG RAYA,* Jl. Aziz Chan 24 (gegenüber vom Postamt).
TANPA NAMA, Jl. Rohana Kudus 87, und *RODA BARU,* Jl. Pasar Raya 6, streiten sich, wer die Nr. 1 ist. Im Roda Baru bekommt man große Portionen.
Nur wenige chinesische Restaurants sind im Kampung Cina, der Chinatown von Padang, z.B. *OKTAVIA,* Jl. Pondok. Gegenüber *CHAN'S* und *RI & RI.*
APOLLO MANDARIN, Jl. Cokroaminoto 36 A, und *NELAYAN,* nebenan, servieren empfehlenswerte Seafood-Gerichte.
Nicht schlecht ist auch das kleine Restaurant beim Hang Tuah Hotel, nur wenig Auswahl, aber gute chinesische Gerichte.
Viele Essenstände findet man auf der Jl. Samudra, Jl. Hayam Wuruk, direkt am Meer, abends werden noch mehr aufgebaut. Hauptsächlich Shrimp-Omelette, Sate und *Es Jendur.*
KENTUCKY FRIED CHICKEN in der Jl. Bundo Kanduang.
Im 2. Stock des *MATAHARI SHOPPING CENTRES* gibt es einen guten Food Court.
Empfehlenswert sind die Bäckereien *HOYA,* Jl. Cokroaminoto und *HOLLAND BAKERY,* Jl. Proklamasi.

SONSTIGES

EINKAUFEN – Einkaufsstraße ist die Jl. Imam Bonjol mit mehreren Department Stores. In der Nr. 6 A findet man auch einen Souvenir- bzw. Antiquitätenladen. Größtes Shopping Centre ist das *MATAHARI* in der Jl. Moh. Yamin.

FESTE IN WEST-SUMATRA – Mehrmals im Jahr wird der Batang Arau zum Schauplatz spannender **Bootsrennen**, z.B. am 17. August (Unabhängigkeitstag) oder am Ende des Ramadan (Idul Fitri). Ähnlich zelebriert man diese Feiertage in den Küstenorten Painan (südlich von Padang) und Pariaman (nördlich). Etwa 3 Monate nach Idul Fitri, im ersten Monat (Muharram) des Hidschra-Kalenders, hält man in Padang und Pariaman eine besonders exotische Zeremonie ab, um des **Todes der Märtyrer Hasan und Husain im Karbala-Krieg** zu gedenken. Die Seelen der beiden Enkel des Propheten Mohammed, Söhne seiner berühmten Tochter Fatima, wurden von einem Bouraq, einem beflügelten Pferd mit

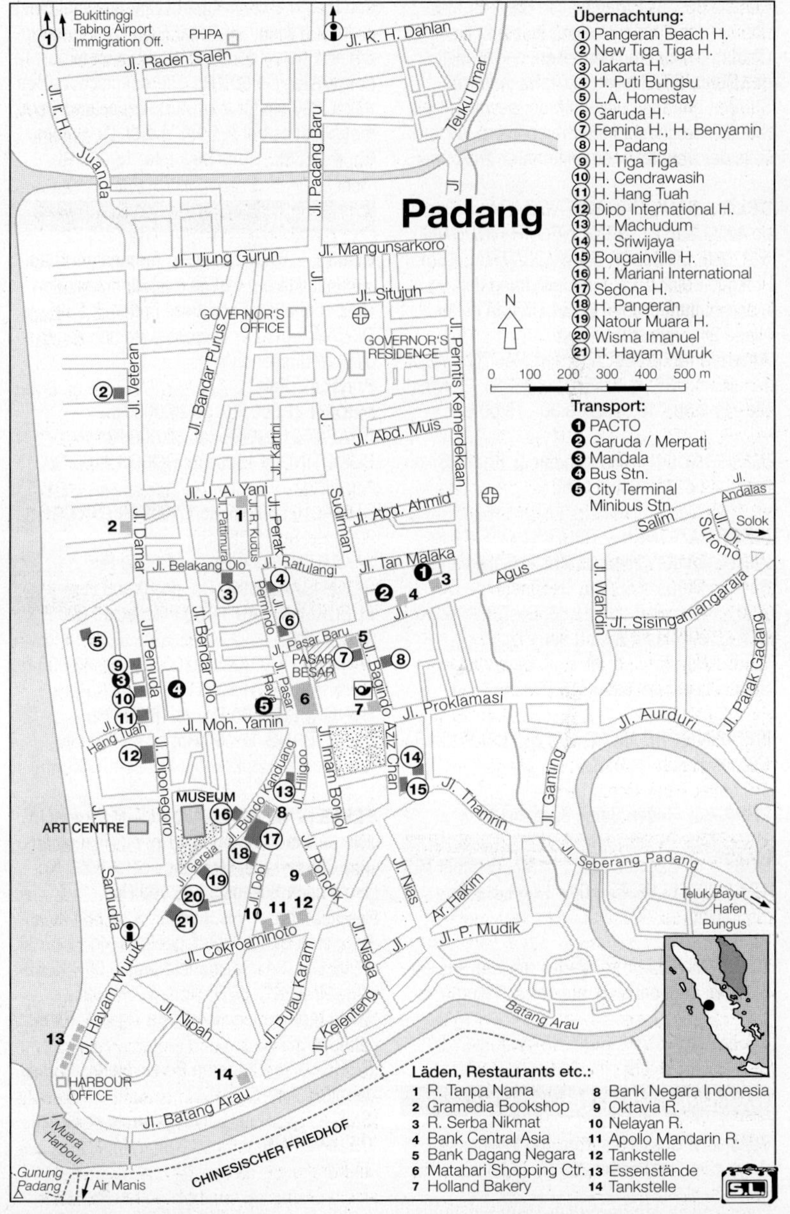
Padang
Übernachtung:
1 Pangeran Beach H.
2 New Tiga Tiga H.
3 Jakarta H.
4 H. Puti Bungsu
5 L.A. Homestay
6 Garuda H.
7 Femina H., H. Benyamin
8 H. Padang
9 H. Tiga Tiga
10 H. Cendrawasih
11 H. Hang Tuah
12 Dipo International H.
13 H. Machudum
14 H. Sriwijaya
15 Bougainville H.
16 H. Mariani International
17 Sedona H.
18 H. Pangeran
19 Natour Muara H.
20 Wisma Imanuel
21 H. Hayam Wuruk
0 100 200 300 400 500 m
Transport:
1 PACTO
2 Garuda / Merpati
3 Mandala
4 Bus Stn.
5 City Terminal Minibus Stn.
Läden, Restaurants etc.:
1 R. Tanpa Nama
2 Gramedia Bookshop
3 R. Serba Nikmat
4 Bank Central Asia
5 Bank Dagang Negara
6 Matahari Shopping Ctr.
7 Holland Bakery
8 Bank Negara Indonesia
9 Oktavia R.
10 Nelayan R.
11 Apollo Mandarin R.
12 Tankstelle
13 Essenstände
14 Tankstelle
Bukittinggi
Tabing Airport
Immigration Off.
PHPA
Jl. Raden Saleh
Jl. K. H. Dahlan
Teuku Umar
Jl. Ir. H. Juanda
Jl. Padang Baru
Jl. Ujung Gurun
Jl. Mangunsarkoro
Jl. Situjuh
GOVERNOR'S OFFICE
GOVERNOR'S RESIDENCE
Jl. Perintis Kemerdekaan
Jl. Veteran
Jl. Bandar Purus
Jl. Kartini
Jl. Abd. Muis
Jl. J. A. Yani
Jl. Pattimura
Jl. R. Kudus
Jl. Perak
Sudirman
Jl. Abd. Ahmid
Jl. Damar
Jl. Belakang Olo
Jl. Ratulangi
Jl. Tan Malaka
Agus Salim
Jl. Andalas
Solok
Jl. Dr. Sutomo
Jl. Wahidin
Jl. Sisingamangaraja
Jl. Parak Gadang
Jl. Permindo
Jl. Pemuda
Jl. Bendar Olo
Jl. Pasar Baru
PASAR BESAR
Jl. Pasar Raya
Jl. Bagindo Aziz Chan
Jl. Proklamasi
Jl. Aurduri
Jl. Hang Tuah
Jl. Moh. Yamin
Jl. Diponegoro
Jl. Bundo Kanduang
Jl. Hiligoo
Jl. Imam Bonjol
Jl. Thamrin
Jl. Ganting
MUSEUM
ART CENTRE
Jl. Samudra
Jl. Gereja
Jl. Dobi
Jl. Pondok
Jl. Nias
Jl. Seberang Padang
Teluk Bayur
Hafen
Bungus
Ar. Hakim
Jl. P. Mudik
Jl. Cokroaminoto
Jl. Hayam Wuruk
Jl. Niaga
Jl. Pulau Karam
Jl. Nipah
Jl. Kelenteng
Batang Arau
HARBOUR OFFICE
Jl. Batang Arau
Muara Harbour
CHINESISCHER FRIEDHOF
Gunung Padang
Air Manis
WEST-SUMATRA

Frauenkopf, ins Paradies befördert. So werden bei der Gedächtnisfeier hölzerne Gestelle (Tabut), die Bahren darstellen, und Modelle des Bouraq mit Musik und Tanz durch die Straßen getragen und ins Meer geworfen, worauf die Zuschauer hinterherspringen, um sich Teile der Dekorationen mitnehmen zu können.

GELD – *BANK DAGANG NEGARA,* Jl. Bagindo Aziz Chan 21; *BANK NEGARA INDONESIA 1946,* Jl. Dobi 1; *BANK CENTRAL ASIA,* Jl. Agus Salim 10 A. Für Cash kann der Money Changer *EKA YASA UTAMA* in der Jl. Niaga 241 versucht werden.
American Express: Agent ist *PACTO LTD,* Jl. Tan Melaka 25, ☎ 27780, fax 33335. Geöffnet Mo - Fr 8.30 - 16.00, Sa 8.30 - 13.00 Uhr.

IMMIGRATION – Office in der Jl. Khatib Sulaiman, ☎ 55113; nette Leute!

INFORMATIONEN – *TOURIST OFFICE* für West-Sumatra / Riau, Jl. Khatib Sulaiman 22, Padang Baru, ☎ 56006. Geöffnet Mo - Do 7.30 - 14.00, Fr 7.30 - 11.00, Sa 7.30 - 12.30 Uhr – Bis Kota 14 A fährt hin.
Städtisches *Tourist Office,* Jl. Samudra 1.
Sehr hilfreich ist auch *PACTO,* s.o.

MEDIZINISCHE HILFE – *R. S. YOS SUDARSO*, Jl. Situjuh, ☎ 33230.

PHPA – Jl. Raden Saleh 8, ☎ 25136.

POST – Jl. Bagindo Aziz Chan 7, geöffnet Mo - Do 8.00 - 16.00, Fr 8.00 - 12.00, Sa bis 13.00 Uhr.

TELEFON – mehrere Wartel, die zum Teil 24 Stunden geöffnet sind, auf der Jl. Veteran.

VORWAHL – 0751.

NAHVERKEHRSMITTEL

Städtische Busse *Bis Kota* und Minibusse *Angkutan Kota* kosten 250 Rp (egal wie weit) und fahren ab dem Oplet / City Terminal, Ecke Jl. Moh. Yamin / Jl. Pasar Raya, auf verschiedenen Routen durch die Stadt; zum Airport Tabing kosten sie 500 Rp. Pferdekutschen (Bendi) ca. 500 Rp für 2 km. Taxi mit ac und Taxameter gibt es bei *P.T. PATAX,* Jl. Dr. Sutomo 90, ☎ 26385, 1 Stunde kostet 15 000 Rp.

TRANSPORT

BUSSE – Außer dem City Terminal für Stadt- und Nahverkehr gibt es noch den zentralen Busbahnhof für Fernbusse in der Jl. Pemuda. Die Büros der Fernbusunternehmen liegen alle am Busbahnhof.
Preisbeispiele:
MEDAN 21 000 Rp, ac 30 000 Rp;
PRAPAT 21 000 Rp, ac 30 000 Rp;
BUKITTINGGI 1500 Rp; SOLOK 1100 Rp, 1 1/2 Std.;
DUMAI 10 500 Rp, ac 17 000 Rp; SIBOLGA 8000 Rp, ac 16 000 Rp;
JAKARTA 23 000 Rp, ac 48 000 Rp;
PEKANBARU 5000 Rp, ac 10 000 Rp;
LUBUKLINGGAU 11 000 Rp, ac 15 000 Rp, ca. 24 Std.;
TANJUNG KARANG 20 000 Rp, ac 40 000 Rp;
SUNGAIPENUH 5000 Rp, ac 9000 Rp;
BENGKULU 9000 Rp, ac 18 000 Rp;
PALEMBANG 17 000 Rp, ac 35 000 Rp.
Ein Taxi nach Bukittinggi kostet 45 000 Rp.

FLÜGE – Der Tabing Airport liegt 9 km nördlich der Stadt. Bemo 500 Rp, ein Taxi ab Airport-Counter nach Padang kostet 8000 Rp; direkt nach Bukittinggi 45 000 Rp.
GARUDA, Jl. Jr. H. Juanda 79, ☎ 58488, im Pangeran Beach Hotel, geöffnet Mo - Fr 7.30 - 17.00 Uhr, Sa, So und feiertags 9.00 - 13.00 Uhr; *MERPATI,* Jl. Sudirman 2, ☎ 32011.
MANDALA neben Hotel Tiga Tiga, Jl. Pemuda 29 A, ☎ 32773.
SEMPATI im Pangeran Beach Hotel, Jl. Jr. H. Juanda 79, ☎ 51612.
SILK AIR im Hotel Hayam Wuruk, ☎ 38122.
PELANGI AIR im Hotel Natour Muara, ☎ 34261.

Fotos - oben: Minangkabau-Frau; unten: javanische Jamu-Händlerin in Padang

Es besteht Mo, Di, Do und So eine direkte Flugverbindung nach SINGAPORE mit Merpati bzw. Silk Air für US$110.
Pelangi bzw. Sempati fliegen abwechselnd tgl. für US$107 nach KUALA LUMPUR (z.T. mit Zwischenstops in Pekanbaru und Johor Bharu).
Preisbeispiele (ohne Mehrwertsteuer): MEDAN 131 000 Rp (MZ), PALEMBANG 136 000 Rp (MZ), JAKARTA 215 000 Rp (GA, MZ, SG, MDL), BATAM 114 000 Rp (MZ, SG).

SCHIFFE – Padangs großer Hafen Teluk Bayur liegt 7 km südlich der Stadt, Minibus 400 Rp; hier legen sämtliche Pelni-Schiffe an. Vom kleinen Hafen Muara an der Mündung des Batang Arau fahren die Schiffe nach Siberut (s.S. 224).
Jeden zweiten Do um 17.00 Uhr fährt die **KM. Lawit** (s.S. 48 ff) nach GUNUNGSITOLI (Nias) und SIBOLGA. Zwei Tage später am folgenden Sa ist sie wieder in Padang und fährt um 14.00 Uhr nach JAKARTA, PONTIANAK, SEMARANG und BANJARMASIN.
Preisbeispiele (Ekonomi / 1. Kl.): Gunungsitoli 14 000 / 43 000 Rp, SIBOLGA 16 000 / 67 000 Rp, JAKARTA 38 000 / 126 000 Rp. Das Schiff ist eine empfehlenswerte Alternative zu den strapaziösen Busfahrten. Tickets bei *PELNI* direkt am Hafen Teluk Bayur, Jl. Tanjung Priok 32, ☎ 33624, fax 33428. In der Stadt bei den Agenturen sind Tickets um 2500 Rp teurer zu bekommen.
Außer den Pelni-Schiffen verkehren kleinere Kutter entlang der Westküste Sumatras. Informationen dazu im alten Hafen MUARA beim Hafenmeister (Syahbandar) oder in Teluk Bayur. Verbindungen nach Siberut s.S. 224.

Die Umgebung von Padang

Air Manis

Etwa 3 km im Süden der Stadt liegt das Fischerdorf Air Manis (= Süßwasser). Ruhig, recht idyllisch und direkt am Strand wohnt man in einer sehr einfachen Holzhütte (max. 8 Personen) bei Familie *Chili Chili**. Nach dem Tod von Papa Chili, der jahrelang eine Institution in der Travellerszene war, führt sein Sohn Ali das Guesthouse. Er spricht sehr gut Englisch und organisiert einwöchige Touren auf die Mentawai Inseln für US$130 p.P. Essenportionen sind immer noch von gewaltigen Ausmaßen, eine Privatsphäre existiert hier aber nicht, sondern man ist Teil des Kampung. Die beiden vorgelagerten Inseln sind **Pulau Pisang Besar** (= große Banane) und **Pulau Pisang Kecil** (= kleine Banane), obwohl man Bananen hier merkwürdigerweise vergeblich sucht. Die kleine kann man bei Ebbe zu Fuß erreichen. Der Weg von Padang nach Air Manis: Minibus 402 ab City Bus Terminal (500 Rp) bis nach Air Manis. Die Strecke führt sehr steil über einen Berg mit herrlichen Aussichten zuerst über Padang und dann auf den Ozean. Etwas abenteuerlicher: Sampan (100 Rp) über den Fluß. 4 km oder 1 Stunde Fußmarsch durch schöne Küstenlandschaft. Vom großen Hafen Teluk Bayur sind es 2 1/2 km oder 30 Minuten zu Fuß in nördlicher Richtung.

Pantai Karang Tirta / Taman Nirwana

liegt am KM 7 noch weiter im Süden. Der lange Sandstrand in einer flachen, versandeten Bucht liegt südlich von Teluk Bayur und ist aufgrund der Hafennähe recht verschmutzt. Die Straße windet sich weiter an der steil abfallenden Küste entlang, an einem Leuchtturm vorbei und bietet von einer Paßhöhe eine gute Aussicht auf die Bungus Bay.

Fotos - oben: Reisfelder am Danau Maninjau; unten: Holzschnitzerei an Minangkabau-Haus

Bungus Bay

Eine schöne, palmenumsäumte Bucht, die leider durch die Ansiedlung eines riesigen Sägewerks viel an Reiz verloren hat und schon sehr verschmutzt ist. Echte Strandatmosphäre kommt hier nicht auf. Allerdings gibt es eine Anlegestelle für Boote, die Gäste zur Pulau Sikuai (Pusako Island Resort) bringen. Mit einem gemieteten Boot gelangt man auch auf andere nahegelegene Inseln. Mr. Maas vom Carlos Homestay bietet z.B. eine Tour zur Pulau Sinkaru an, die allerdings nicht billig ist; außerdem ist die Insel total moskitoverseucht. Zu erreichen ist Bungus Bay mit Bus 437 Richtung Teluk Kabung.

ÜBERNACHTUNG

Übernachten kann man am Bungus Beach in mehreren Homestays bzw. Hotels, z.B.
*CARLOS** neben dem
*BUNGUS BEACH HOTEL**-****, ☎ 37829, ZImmer in einem Reihenhaus oder in etwas besseren Bungalows.
*PIT LOSMEN**, schräg gegenüber vom *Pesona Beach Restaurant.*
*CAROLINA BEACH HOTEL**-***, liegt neben dem Sägewerk und macht einen sehr verwahrlosten Eindruck.
PUSAKO ISLAND RESORT (ab US$60), Buchungen in Padang, Jl. Muara 38 B, ☎ 35311, fax 22895. 40 Bungalows für gehobene Ansprüche wurden auf der kleinen Insel Sikuai errichtet.

Strände nördlich von Padang

Zahlreiche Strände liegen im Norden der Stadt, z.B. Pantai Kata, Pantai Sunur und Pantai Arta bei Pariaman. Es gibt noch einiges zu entdecken.

Nur 20 km nördlich von Padang wohnt man recht angenehm am Jambak Beach im *Uncle Jack Guesthouse***. Am KM 12 des Padang – Bukittinggi Highway biegt links eine kleine Straße Richtung Pasir Jambak ab, dann sind es noch weitere 4,5 km. Angkutan Kota 423 für 400 Rp fährt bis zum Taman Wisata (300 Rp Eintritt), von hier entweder 1,5 km zu Fuß, oder man zahlt dem Angkutan Kota-Fahrer 100 Rp mehr und wird bis vor die Tür gefahren. Uncle Jack vermietet sieben DZ mit Mandi in einem Kokoshain nahe dem Strand. Schnorcheltouren zu einer kleinen Insel mit einem Riff werden für 7500 Rp p.P. von 9.00 - 16.00 Uhr durchgeführt. Familiäre Atmosphäre! Die Strände an diesem Küstenabschnitt sind in der Regel sauberer als die Strände südlich der Stadt, aber schon sind mehrere große Hotelanlagen in der Planung.

Pariaman

Der kleine Ort liegt 60 km nördlich von Padang und ist ein beliebtes Ausflugsziel. Jeden Sonntag verkehrt der letzte Passagierzug West-Sumatras von Padang hierher. 4500 Rp kostet die Fahrt, 9.00 Uhr morgens beginnt die Reise, 15.00 Uhr geht's wieder zurück. Der bekannteste Strand, **Pantai Gondariah**, liegt fast am Bahnhof, und hier befindet sich auch das *Nan Tongga Beach Hotel*****, ☎ 91166. Frühstück inklusiv. Die Anlage mit 42 großen, komfortablen Zimmern wurde 1987 erbaut und liegt in einem netten Parkgelände. Am Wochenende häufig ausgebucht. Einzige Alternative zum Übernachten ist *Homestay Anis*** mitten in der Stadt am Bus Terminal.

Weitere Strände befinden sich nördlich und südlich der Stadt: **Pantai Arta** mit einfacher Übernachtungsmöglichkeit in einem Warung 5 km nördlich, **Pantai Kata** 4,5 km südlich der Stadt.

Mentawai-Inseln

Die Inselgruppe vor der Westküste Sumatras hat an die 40 000 Einwohner. Größte Insel ist Siberut mit etwa 4500 km². Wichtigster Ort und Anlegestelle der Motorschiffe ist Muara Siberut im Süden der Insel. Südlich von Siberut liegen Sipora und, noch weiter im Süden, die zwei Inseln Pagai Utara und Pagai Selatan. Die Entfernung von Sumatra beträgt zwischen 85 und 135 km. Die Inseln sind die Spitzen eines im Meer versunkenen Gebirges, durch einen Tiefseegraben (bis 1500 m) schon seit einer halben Million Jahren von Sumatra isoliert. Aufgrund dieser Isolation von der dynamischen Evolution auf den Inseln des Sunda-Schelfs hat sich auf Siberut wie auf kaum einer anderen Insel der Welt eine sehr ausgeprägte Fauna und Flora mit vielen endemischen Arten erhalten. Darunter sind zehn Arten von Säugetieren. Allein vier Primaten-Arten (eine Gibbon-, eine Makaken- und zwei Languren-Arten), etliche Vögel, Reptilien und Schmetterlinge – sogar 15% der Pflanzen sind endemisch.

Unbekannt ist die Herkunft der Bewohner, die sich physisch, kulturell und sprachlich stark von den Völkern Sumatras, Nias inbegriffen, unterscheiden. Die meisten Anthropologen klassifizieren sie unter dem Begriff „Proto-Malaien", d. h. ihre Kultur und Entwicklungsstufe sind insgesamt jungsteinzeitlich mit einigen Bronzezeiteinflüssen, aber ohne jede Beeinträchtigung durch Hinduismus, Buddhismus oder Islam. Daraus kann man schließen, daß eine Einwanderung auf Siberut vor mehreren tausend Jahren stattgefunden hat. Die erste schriftliche Aufzeichnung über die Mentawai-Inseln kommt aus den Jahren zwischen 1749 und 1757, als einige britische Seeleute auf den Pagai-Inseln den Aufbau einer Pfefferplantage versuchten. Bis zum Beginn unseres Jahrhunderts beschränkte sich der Kontakt der Bewohner Siberuts auf indische und malaiische Händler, die Metallmesser, Stoffe und Glasperlen gegen Kopra, Rotan und Holz eintauschten. 1904 wurde die erste ständige holländische Garnison auf Siberut errichtet. Etwa zur gleichen Zeit kamen die ersten christlichen Missionare.

Soweit nicht missioniert, hat sich die traditionelle Lebensweise der Bevölkerung Siberuts als Waldbewohner erhalten. Man lebt von der Jagd (mit vergifteten Pfeilen), dem Fischfang, dem Sammeln von wildem Sago und dem Kultivieren von Taro und Bananen. Die Bewohner Siberuts schmücken sich mit Tätowierungen, kleiden sich mit Rindenbast, haben komplexe animistische Glaubensvorstellungen, praktizieren Tabu-Systeme in natürlicher Harmonie mit ihrer Umwelt – und das schon seit Tausenden von Jahren. Inzwischen sind mehr als die Hälfte der Mentawaier christianisiert, und die Inseln sind ein fast klassisches Beispiel für den unersetzlichen Schaden, den die Dekultivierung einem Volk von Animisten innerhalb von ein oder zwei Generationen zufügt.

Siberut ist nach dem neuen Entwicklungsplan in drei Zonen unterteilt worden: 2500 km² sind als Entwicklungszone ausgewiesen. Sie umfassen den größten Teil des Holzeinschlaggebiets, werden vom größten Teil der Bevölkerung bewohnt und besitzen das beste Potential für eine landwirtschaftliche Entwicklung. 1500 km² sind als Tierschutzgebiet ausgewiesen, dürfen aber von der Siberut-Bevölkerung in traditioneller Weise genutzt werden. 500 km² sind als absolutes Naturschutzgebiet vorgesehen. Der Gouverneur von West-Sumatra hat im Entwicklungsplan folgende allgemeine Aussagen bestätigt: Die ganze Insel soll in nur sehr begrenztem Ausmaß entwickelt werden, mit strikten Kontrollen bei der Waldausbeutung, Transmigrasi-Plänen und der touristischen Entwicklung, die glücklicherweise erst in den Anfängen steckt. Wie es in einigen Jahren in der Realität aussehen wird, muß sich noch zeigen.

Muarasiberut

Das Permit zum Besuch der Insel bekommt man bei der Polizei in Padang (Jl. Prof. M. Yamin). Außerdem kann man bei der PHPA in Padang vorbeischauen, die in Muarasiberut ein Guesthouse unterhält.

Man sollte unbedingt an Mittel zum Schutz vor der Anopheles-Mücke denken; wie Nias ist auch Siberut ein böses Malaria-Gebiet. Einige Touristen hat es schon erwischt!

ÜBERNACHTUNG UND ESSEN

Den bisher einzigen Losmen gibt es ebenfalls in Muarasiberut, *SIARUDDIN HOTEL**. In der Regel wohnt man bei Missionaren oder privat bei Familien. Nur hier gibt es auch einige Rumah Makan. Lebensmittel sollte man besser mitbringen.

SONSTIGES

INFORMATIONEN – Erste Info-Anlaufstelle ist das *TOURIST OFFICE* für West-Sumatra / Riau, Jl. Khatib Sulaiman, Padang Baru, ☎ 23231.

ORGANISIERTE TOUREN – Immer mehr Travel Agents (aber auch Privatpersonen) in Bukittinggi und Padang bieten Siberut Jungle Trekking Touren an. Nach Erfahrungsberichten scheinen viele Traveller mit den in Bukittinggi gebuchten Touren unzufrieden gewesen zu sein. Minang-Guides haben keine Ahnung von der Siberut-Kultur, sie sprechen nicht die Sprache der Inselbewohner und halten die Menschen für Primitive. Besucht wurden nur „schon zivilisierte" Dörfer, für jedes Foto mußte bezahlt werden, Essen und Unterkunft waren miserabel etc. In Padang organisierte Touren sollen etwas besser sein, falls sie von Mentawai-Guides geführt werden.
Informationen bei Ucok Sinaga im *Cendrawasih Hotel* in Padang, der 7- und 10-Tagestouren für US$100 bzw. US$125 anbietet und uns zuverlässig erschien. Möglich sind auch Touren auf eigene Faust, wobei lokale Guides in Muarasiberut angeheuert werden können, sie kosten 15 000 Rp pro Tag; Einbaum-Motorboot 60 000 Rp pro Tag.
Bevor man sich in die letzten „noch unberührten" Dörfer vorwagt, sollte man bedenken, daß auch diese Art von Tourismus zur endgültigen Zerstörung der Inselkultur beiträgt.
Und: Dschungel-Trekking ist auch in anderen Gebieten Sumatras möglich!

TRANSPORT

Je nach Nachfrage fliegt SMAC jeden Mi für ca. 50 000 Rp von Padang nach ROKOT auf Sipora, von wo es dann einen Bootsanschluß nach Siberut gibt.
Verläßlicher sind die Bootsverbindungen: Jeden Mo, Mi, Do, Fr und Sa, 20.00 Uhr, fährt ein Schiff, entweder die **KM. Semangat Baru** oder die **KM. Sumber Rezeki**, von MUARA nach Siberut, kostet 12 000 Rp Deck, 15 000 Rp Kabine, Fahrzeit 11 Std.; zusätzlich fährt die **KM. Gaya Baru** jeden Mi diese Strecke. Tickets bekommt man in Padang bei *P.T. SIMEULUE,* Jl. Batang Arau 79, und *P.T. RUSCO LINES,* Jl. Batang Arau 31. Gute Infos auch beim Syahbandar in Padang.
Schneller ist das Jet-Foil **Kuda Laut Express**, Abfahrt Di und Do, 13.00 Uhr, 16 000 / ac 22 000 Rp, Fahrzeit 3 Std.;
Tickets bei: *P.T. MENTAWAI INDAH,* Jl. Batang Arau 88, ☎ 28 200.

Bukittinggi

920 m ü.d.M. liegt der „hohe Hügel", eine wörtliche Übersetzung des Ortsnamens. Bis zur Unabhängigkeit hieß Bukittinggi „Fort de Kock", nach einem holländischen General, der in den Padri-Kriegen 1821-1838 hier eine wichtige Befestigung errichten ließ. Damals verbündete sich die Kolonialmacht mit den vom „Adat" geprägten Minangkabau-Fürsten gegen aggressive Reformer, die den Islam auch in West-Sumatra einführen wollten.

Bukittinggi (85 000 Einwohner) ist eine kühle und angenehme Stadt und Ausgangspunkt für zahlreiche Ausflüge. Touristen halten sich meist in der Altstadt auf, die sich um zwei Hügel herum bis zum Sianok Canyon erstreckt. Zwischen den beiden Hügeln verläuft die Jl. Jen. A. Yani. Alle Sehenswürdigkeiten sind von hier bequem zu Fuß zu erreichen. Südöstlich der Altstadt breiten sich Bukittinggis neue, unattraktive Vororte aus, die sich noch über einige Kilometer hinziehen.

Ein Abendspaziergang lohnt sich auf den westlichen Hügel hinauf zum **Fort de Kock**. Von der alten Befestigungsanlage ist allerdings nicht mehr viel zu sehen, stattdessen genießt man die schöne Aussicht und die Sonnenuntergänge.

Seit 1992 führt eine aufwendige Hängebrücke direkt vom Fort über die Jl. Jen. A. Yani hinweg auf den gegenüberliegenden Hügel. Hier findet man den **Taman Bundo Kanduang** mit einem kleinen, heruntergekommenen Zoo. Eintritt: 1000 Rp, für Fort und Park. In einem originalgetreu nachgebauten Minangkabau-Haus ist das älteste **Museum** West-Sumatras untergebracht. Eintritt 500 Rp, geöffnet Sa - Do. 8.00 - 18.00, Fr 8.00 - 11.00 und 14.00 - 18.00 Uhr. Es besitzt eine wertvolle Sammlung von Ausstellungsstücken von historischem und kulturellem Interesse, so z.B. traditionelle Kleidung, antiken Schmuck, Haushalts- und Küchengeräte und einige Modelle alter Minangkabau-Gebäude. Daneben gibt es auch Kuriositäten wie ausgestopfte, zweiköpfige Kälber. Teilweise sind die Erläuterungen in Englisch.

Der **Zoo** ist wie viele andere Zoos in Südostasien sehr heruntergekommen, trotzdem bekommt man einen kleinen Überblick über die Fauna Sumatras. Das angeschlossene **Aquarium** kostet nochmals 300 Rp Eintritt.

Vom **Jam Gadang**, dem großen Uhrturm, sind die beiden Vulkane im Süden der Stadt zu sehen, links der 2891 m hohe Gunung Merapi, der heute noch aktiv ist, und rechts der Gunung Singgalang mit 2877 m.

Gleich am Uhrturm steht auch das Gebäude des **Pasar Atas**, des oberen Marktes, mit seinen vielen Läden. Jeden Mittwoch und Samstag findet an und auf den Treppen, die von hier hinunterführen, ein großer Markt statt, einer der größten und faszinierendsten Märkte Indonesiens. Dorfbewohner aus der Umgebung kommen dann in die Stadt. Auf dem **Pasar Bawah**, dem unteren Markt, werden täglich an offenen Ständen Obst, Gemüse, Gewürze und Fisch verkauft. In den beiden Marktgebäuden am unteren Markt findet man zahlreiche Geschäfte, im südlichen werden u.a. auch kunsthandwerkliche Dinge verkauft (Minangkabau-Schmuck, Korbwaren usw.).

An der Jl. Panorama liegt das **Armeemuseum**. Neben zahlreichen Waffen kann man eine Bilddokumentation über die Prozesse gegen die Führer der PKI von West-Sumatra sehen. Ein Diorama stellt den Überfall holländischer Truppen auf republikanische Soldaten dar. Geöffnet Sa - Do 8.00 - 17.00, Fr 8.00 - 11.00 und 13.00 - 17.00 Uhr, Eintritt 500 Rp.

Von dem kleinen **Panorama-Park** (Eintritt 300 Rp) gegenüber vom Armee Museum kann man in den **Sianok Canyon** hinuntersehen und über einen schmalen Weg mit vielen Treppenstufen sogar hinabsteigen. Dieser Fußweg beginnt 50 m westlich vom Westende des Parks.

Die von japanischen Besatzungstruppen angelegten Munitionslager können auch besucht werden, der Eingang liegt innerhalb des Panorama-Parks. Die Stollen und Höhlen (**Lobang Jepang**) führen tief hinab bis an die Straße zum Cañyon. Eintritt 350 Rp. Trekking-Touren im Cañyon (3 - 5 Std.) macht man am besten mit einem Guide, der auch interessante Plätze abseits der Wege zeigen kann, z.B. *flying foxes.* Infos im Tourist Office.

ÜBERNACHTUNG

UNTERE PREISKLASSE – Viele billige Hotels liegen an der Jl. Jen. A. Yani. Kommt man mit dem Bus von Norden (Sibolga, Medan), sollte man sich bereits an der Kreuzung Jl. Pemuda / Jl. Jen. A. Yani absetzen lassen.

*SRIKANDI HOTEL*** ③, Jl. Jen. A. Yani 117, ☎ 22984, nett und sauber, aber renovierungsbedürftig.

*MURNI HOTEL** ④, Jl. Jen. A. Yani 115, ☎ 21824, kleines Familienhotel.

*NIRWANA HOTEL** ⑤, Jl. Jen. A. Yani 113, ☎ 21292, akzeptabel.

*BAMBOO HOUSE** ⑦, Jl. Jen. A. Yani 132, ☎ 23388, einfacher Homestay mit Innenhof, Dormitory und Zimmer mit und ohne Mandi.

*LOSMEN SINGGALANG** ⑧, Jl. Jen. A. Yani 130, ☎ 21576, laut.

GRAND HOTEL-*** ⑪, Jl. Jen. A. Yani 111, ☎ 21133, eines der ältesten Hotels der Stadt, ist kürzlich renoviert worden.

*TIGO BALAI HOTEL** ⑳, Jl. Jen. A. Yani 100, ☎ 31996, düster und schmuddelig.

*GANGGA HOTEL** ㉒, Jl. Jen. A. Yani 70, ☎ 22967, reichlich heruntergekommen.

*TINA GUESTHOUSE** ㉑, ☎ 32948, an der Treppe von der Jl. Jen. A. Yani zur Jl. Cidur Mato, billig, aber sehr einfach und laut.

D'ENAM HOMESTAY-*** ⑱, Jl. Yos Sudarso 4 (Jl. Benteng), ☎ 21333, angenehm, in ruhiger Lage, Dormitory und Zi mit und ohne Mandi.

*SUWARNI HOTEL*** ⑰, Jl. Benteng 2, sauber und ruhig, hübsch eingerichtet, familiäre Atmosphäre.

*SURYA HOTEL*** ㉖, Jl. A. Karim 7, ☎ 22587.

WISMA KARTINI-**** ㉗, Jl. Tengku Umar 21, ☎ 22885, mit und ohne Mandi, z.T. mit Heißwasser, inkl. Frühstück.

MERDEKA HOMESTAY-**** ⑨, Jl. Dr. A. Rivai 20, ☎ 21253, schöne Kolonialvilla am Rande des Parks um das Fort, Zimmer mit Mandi, z.T. mit Heißwasser und TV.

*MOUNTAIN VIEW HOTEL*** ⑮, Jl. Yos Sudarso 3, ☎ 21621; 4 Leute können sich 2 getrennte Schlafzimmer mit einem Badezimmer teilen.

MITTELKLASSE – *GALLERY HOTEL**-***** ㉙, Jl. H. Agus Salim 25, ☎ 23515, fax 31496, sehr sauber, nett eingerichtet, Dachterrasse mit großartiger Aussicht, teure Zimmer mit TV und Heißwasser. Viele Reisegruppen: oft ausgebucht.

*SARI HOTEL**-***** ㉘, Jl. Yos Sudarso 7, ☎ 22986, sehr sauber, alle Zi mit Bad, einige mit Heißwasser und TV, gemütlicher Aufenthaltsraum.

*HOTEL ORCHID***-***** ㉕, Jl. Tengku Umar 11, ☎ 32634, saubere, kleine Zimmer mit Balkon, inkl. Frühstück, z.T. mit TV und Heißwasser.

*HOTEL BENTENG**-***** ⑯, Jl. Benteng 1, ☎ 21115, fax 22596, ein modernisiertes Kolonialhotel aus den 30er Jahren, Zimmer mit TV, Tel, Heißwasser und schönem Blick über die Stadt.

*HOTEL FORT DE KOCK***-***** ⑭, Jl. Yos Sudarso 33, ☎ 33005, gepflegt, sauber und ruhig, mit Heißwasser, TV und z.T. mit Balkon, inkl. Frühstück.

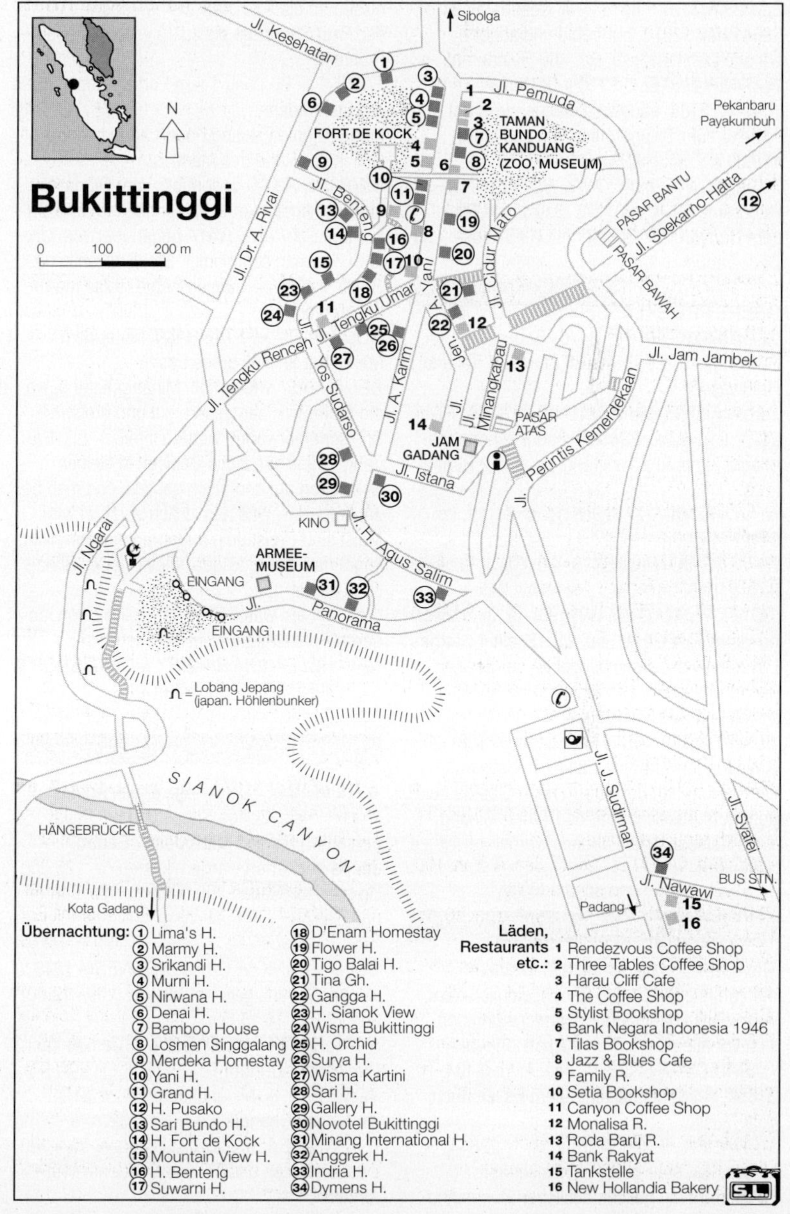
Bukittinggi
0 100 200 m
N
Sibolga
Jl. Kesehatan
Jl. Pemuda
Pekanbaru
Payakumbuh
FORT DE KOCK
TAMAN
BUNDO
KANDUANG
(ZOO, MUSEUM)
Jl. Benteng
Jl. Dr. A. Rivai
PASAR BANTU
Jl. Soekarno-Hatta
PASAR BAWAH
Jl. Cidur Mato
Jl. A. Yani
Jl. Tengku Umar
Jl. Tengku Renceh
Jl. Yos Sudarso
Jl. A. Karim
Jen.
Jl. Minangkabau
Jl. Jam Jambek
Jl. Perintis Kemerdekaan
PASAR
ATAS
JAM
GADANG
Jl. Istana
KINO
Jl. H. Agus Salim
ARMEE-
MUSEUM
Jl. Ngarai
EINGANG
EINGANG
Jl. Panorama
Lobang Jepang
(japan. Höhlenbunker)
SIANOK CANYON
HÄNGEBRÜCKE
Kota Gadang
Jl. J. Sudirman
Jl. Syafei
Jl. Nawawi
BUS STN.
Padang
Übernachtung:
1 Lima's H.
2 Marmy H.
3 Srikandi H.
4 Murni H.
5 Nirwana H.
6 Denai H.
7 Bamboo House
8 Losmen Singgalang
9 Merdeka Homestay
10 Yani H.
11 Grand H.
12 H. Pusako
13 Sari Bundo H.
14 H. Fort de Kock
15 Mountain View H.
16 H. Benteng
17 Suwarni H.
18 D'Enam Homestay
19 Flower H.
20 Tigo Balai H.
21 Tina Gh.
22 Gangga H.
23 H. Sianok View
24 Wisma Bukittinggi
25 H. Orchid
26 Surya H.
27 Wisma Kartini
28 Sari H.
29 Gallery H.
30 Novotel Bukittinggi
31 Minang International H.
32 Anggrek H.
33 Indria H.
34 Dymens H.
Läden,
Restaurants
etc.:
1 Rendezvous Coffee Shop
2 Three Tables Coffee Shop
3 Harau Cliff Cafe
4 The Coffee Shop
5 Stylist Bookshop
6 Bank Negara Indonesia 1946
7 Tilas Bookshop
8 Jazz & Blues Cafe
9 Family R.
10 Setia Bookshop
11 Canyon Coffee Shop
12 Monalisa R.
13 Roda Baru R.
14 Bank Rakyat
15 Tankstelle
16 New Hollandia Bakery
SL

*LIMA'S HOTEL***-**** ①, Jl. Kesehatan 34, ☎ 22641, fax 32570, gut, ruhig und sauber, schöne Dachterrasse, Bar und Restaurant.
*FLOWER HOTEL***-**** ⑲, Jl. Jen. A. Yani 104, ☎ 22186, saubere Zimmer, meist mit Fenster zum Treppenhaus, mit und ohne Mandi, z. T. mit Heißwasser und TV.
*MINANG INTERNATIONAL HOTEL***** ㉛, Jl. Panorama 20 A, ☎ 21120, Balkon mit Blick zum Canyon, alle Zimmer mit Heißwasser und Badewanne.

OBERE PREISKLASSE – *SARI BUNDO HOTEL* (US$20 - 50) ⑬, Jl. Yos Sudarso 7 A (Jl. Benteng), ☎ 22953, nur 36 Zi mit TV, Tel und Heißwasser.
DENAI HOTEL (ab US$41) ⑥, Jl. Dr. A. Rivai 26, ☎ 21511, fax 23490, 64 sehr schöne, gepflegte Zimmer, z.T. mit Balkon, und 2 Bungalows.
NOVOTEL BUKITTINGGI ㉚, ☎ 31122, fax 31123, 4-Sterne Hotel mit beheiztem Pool.
DYMENS HOTEL (US$35 - 60) ㉞, Jl. Nawawi 3, ☎ 21015, fax 21613, mit etwas Patina.
HOTEL PUSAKO (ab US$100) ⑫, Jl. Soekarno-Hatta 7, ☎ 22111, fax 21017, ein 4-Sterne-Luxushotel auf einem Hügel an der Straße nach Pekanbaru, 191 Zimmer und Suites, mit beheiztem Swimming Pool.
BUKITTINGGI VIEW HOTEL (ab US$38), Jl. Raya Medan KM 7, ☎ 22444, hübsch auf einem Hügel an der Straße nach Sibolga gelegen, gute Aussicht über das Tanah Minang. Viele Reisegruppen, abends werden oft Tänze aufgeführt.

ESSEN UND TRINKEN

Traveller-Food bekommt man in einem der zahlreichen Coffee Shops, die sich nicht wesentlich voneinander unterscheiden und sich vor allem zum Frühstücken lohnen.
HARAU CLIFF CAFE, Jl. Jen. A. Yani 134, ☎ 31850, hat neben akzeptablem Essen auch gute Musik.
MONALISA, Jl. Jen. A. Yani 58, ☎ 22644, ein kleines, sehr gutes chinesisches Restaurant mit geschmacklichen Zugeständnissen an die Touristen. Bemerkenswert ist der *Fruit Salad* aus bis zu 20 verschiedenen Früchten.
FAMILY, Jl. Benteng 1 (am Fort de Kock), gutes Nasi Padang.
Mehrere gute Padang Food-Läden befinden sich in der Nähe des Marktes.
SIMPANG RAYA, gegenüber vom Gloria Kino über der Apotheke (Jl. Minangkabau) und ein zweites *SIMPANG RAYA* gegenüber vom Uhrturm, wo man schön im 1. Stock sitzen kann.
Belud, kleine, geräucherte Aale, sollte man ausprobieren.
RODA BARU RESTAURANT, hinter dem Markt, hat ähnlich gutes Essen.
KEDAI NASI NIKMAT, Jl. Minangkabau 9, wo die Einheimischen essen, gut und preiswert.
Wie schon erwähnt, werden in allen Nasi-Padang-Läden sämtliche Speisen in kleinen Schälchen auf den Tisch gestellt, und man bezahlt nur das, was tatsächlich verzehrt wird. Meist sind Preistafeln angebracht, wenn nicht, kann man vorher fragen, wieviel jedes Schälchen kostet.
Wer Lust auf was Süßes hat, sollte einen längeren Spaziergang nicht scheuen:
NEW HOLLANDIA BAKERY & CAKE SHOP & ICE CREAM, Jl. J. Sudirman 18.

SONSTIGES

AUTOVERMIETUNG – Bei Travel Agents (auch Hotels, Coffee Shops und bei Privatpersonen) können **Minibusse** / **Sedan** / **Jeeps** gechartert werden; kosten ca. 125 000 Rp pro Tag (Sedan 200 000 Rp), inkl. Fahrer und Benzin.

GELD – *BANK NEGARA INDONESIA 1946,* Jl. Jen. A. Yani, geöffnet Mo - Fr 8.00 - 12.00 und 13.30 - 16.15 Uhr.
BANK RAKYAT INDONESIA, Jl. Jen. A. Yani 3 (gegenüber Uhrturm).
TOKO EKA, Jl. Minangkabau 51, ☎ 21247, ein Money Changer.
P. T. TIGO BALAI INDAH, Jl. Jen. A. Yani 100, wechselt Cash und TC verschiedener Währungen.

INFORMATIONEN – ein *TOURIST OFFICE,* ☎ 22403, befindet sich gegenüber dem Uhrturm, geöffnet Mo - Do 8.00 - 16.00, Fr 8.00 - 11.30 und 14.00 - 15.30 Uhr, Sa und So geschlossen.

MOTORRÄDER – (z.B. bei *P. T. TIGO BALAI INDAH,* Jl. Jen. A. Yani 100, ☎ 31996) kosten 15 000 - 20 000 Rp pro Tag, Reisepaß muß als Sicherheit hinterlegt werden.

POST – *KANTOR POS,* Jl. J. Sudirman, südlich der Altstadt, geöffnet Mo - Do 8.00 - 12.00 und 13.30 - 16.00, Fr 8.00 - 11.30 Uhr.
Eine kleine Post-Nebenstelle befindet sich am Pasar Atas, neben dem Tourist Office.

TÄNZE – Täglich um 20.30 Uhr tritt in der Jl. Lenggogeni 1, unterhalb vom Tourist Office, eine Tanzgruppe aus Bukittinggi auf: vier verschiedene Gruppen wechseln sich dabei ab und präsentieren jeweils in ihrem zweistündigen Programm „Minangkabau Traditional Arts" alte und neue Tänze, Volkslieder, Volkstheater und *Pencak Silat* – Eintritt 7500 Rp. Außerdem gibt es noch die weniger regelmäßig stattfindenden Tanzaufführungen vor dem Museum.

TELEFON – *TELKOM,* 24 Std. geöffnet, Jl. J. Sudirman, südlich der Altstadt.
Internationale Telefonate und Faxe sind auch möglich vom:
WARPARPOSTEL, Jl. Jen. A. Yani 111, tgl. 7.30 - 24.00 Uhr geöffnet.

TOUREN / GUIDES – Guides für Besichtigungsfahrten kosten 25 000 Rp pro Tag, für Trekking-Touren 40 000 Rp, wobei Essen oder Unterkunft für den Guide oft extra bezahlt werden müssen. Guides müssen eine Lizenz haben, die man sich im Zweifelsfall zeigen lassen soll.
Von den angebotenen „Siberut Jungle Trekking Tours" (10 Tage für US$125 p.P. bei mindestens 7 Personen) wird abgeraten, s.S. 224.
Die überall angebotenen Tagestouren mit Minibus für 22 500 Rp p.P. sind nur interessant, wenn man keine Zeit für Ausflüge auf eigene Faust hat; jeden Dienstag und Samstag stehen auch die Stierkämpfe auf dem Programm.
Die Qualität der Touren ist sehr unterschiedlich und hängt in erster Linie von der Kompetenz, aber auch von der Laune des Guides ab. Einen guten Eindruck macht der Guide Efi (Hanafi), anzutreffen im Golden Leaf Coffee Shop oder im Jazz & Blues Cafe gegenüber, der aus Payakumbuh stammt und lohnende Trekking-Touren ins Harau-Tal und ins Mahat-Tal unternimmt, sogar bis Muara Takus (10 - 12 Tage). Efi legt großen Wert darauf, daß man für den Besuch in den Dörfern gepflegte Kleidung mitnimmt.

VORWAHL – 0752.

EINKAUFEN

Antiquitäten und Souvenirs: Eine Riesenauswahl auf drei Etagen bietet
MINANG ART, Jl. Jen. A. Yani 51, ☎ 33008.
Kleinere Läden sind in der Jl. Jen. A. Yani 14, 38 und 44. Noch mehr Souvenir- und Antiquitätenläden findet man am Pasar Atas in der Jl. Minangkabau.
Gebrauchte Taschenbücher bekommt man im *TILAS BOOKSHOP,* Jl. Jen. A. Yani 124, sowie im
SETIA BOOKSHOP und im
STYLIST BOOKSHOP, beide ebenfalls in der Jl. Jen. A. Yani.
Auf dem **Markt** gibt es lotweise feingemahlenen Kaffee zu kaufen. Gewürzstände, die frische Nelken, Muskatnüsse, Zimt, Kardamon und Koriander verkaufen, findet man auf dem Pasar Bawah.

NAHVERKEHRSMITTEL

BENDI – Im Bereich der Altstadt kann alles zu Fuß erreicht werden. Innerhalb des Ortes verkehren zweirädrige Pferdekutschen, *Bendi.* Halteplätze sind am Pasar Bawah und in der Jl. Jen. A. Yani an der Abzweigung Jl. Tengku Umar. Die Fahrer verlangen häufig Touristenpreise. Richtpreis innerhalb der Stadt: 1500 Rp, nach außerhalb 3000 Rp.

BEMO – Die dreirädrigen Bemo sind selten geworden. Sie fahren von der Endhaltestelle am Pasar Bawah auf Rundkursen durch die Stadt und kosten 200 Rp, egal wie weit.

MINIBUSSE – Für 200 Rp pendeln Minibusse (dunkelrot) auf diversen Routen zwischen Busbahnhof und Pasar Bawah; mit großem Rucksack bezahlt man 100 Rp extra.

TAXIS – mit Taxameter bekommt man bei:
PATAX, Jl. Urip Sumoharjo, ☎ 21163;
BUANA TAXI, Jl. Sukarno-Hatta 8, ☎ 22803, 22748, 21042.
Kurze Strecken kosten 1000 Rp, Markt - Busstation 3000 Rp. Taxicharter nach PEKANBARU beträgt 125 000 Rp.

TRANSPORT

BUSSE – Die meisten Hotels und alle Reisebüros organisieren gegen einen Aufpreis die Weiterreise mit Fernbussen. Alle Bus-Companies haben ihre Büros am Busbahnhof **Aur Kuning**, 3 km südöstlich der Altstadt, wo man Tickets ohne Aufpreis bekommt.
Nach SIBOLGA fährt *P. O. TERANG* tgl. 16.00 Uhr, 9500 Rp non ac, 12 Std.
Weitere **Preisbeispiele:** MEDAN 18 000 / ac 22 000 - 27 500 Rp, PRAPAT 18 000 / 25 000 Rp, 16 Std., PADANG 1500 / ac 2000 Rp, PEKANBARU 4500 / ac 8000 Rp, 6 - 8 Std., DUMAI 9000 / ac 13 000 Rp, JAKARTA 27 000 / ac 45 000 / 60 000 Rp, LUBUKLINGGAU 17 000 / ac 25 000 Rp, TANJUNG KARANG 27 000 / ac 45 000 Rp, 30 - 40 Std., BENGKULU 18 000 Rp, PALEMBANG 16 000 / ac 19 000 Rp, JAMBI 8000 Rp.
Dreimal die Woche fährt ein **Tourist Bus** nach PRAPAT, 30 000 Rp; Tickets bekommt man bei Travel Agents und in den meisten Hotels.
Lokale Minibus-Preise: PADANG PANJANG 450 Rp, PAYAKUMBUH 600 Rp, SOLOK 1500 Rp (2 Std.), BATUSANGKAR 1200 Rp, MANINJAU 800 Rp, PANTI 1900 Rp, BATANG PALUPUH 600 Rp, BONJOL 1200 Rp.

SCHIFFE – Tickets für Pelnis **KM. Lawit** ab Padang werden z.B. von *P.T. MAJU INDOSARI TRAVEL SERVICE,* ☎ 21671, am Uhrturm mit einem Aufschlag von 3000 Rp verkauft. Diese Extragebühr wird oft von Reisebüros berechnet.

FLÜGE – *P. T. TIGO BALAI INDAH,* Jl. Jen. A. Yani 100, ☎ 31996, ist Agent für *Pelangi Air* und *MAS. Pelangi Air* bzw. *Sempati* fliegen 12.00 Uhr von Padang z.T. über Pekanbaru nach KUALA LUMPUR, US$107.

Die Umgebung von Bukittinggi

Kota Gadang

Der direkte Weg von Bukittinggi nach Kota Gadang führt durch den **Sianok Cañyon** (s.o.), der sich bis zu 100 m tief in die Landschaft einschneidet. Vom Panorama-Park führt ein steiler Fußweg über viele Stufen hinunter in den Cañyon, wo man auf einer Hängebrücke einen Fluß überquert. Auf der anderen Seite der Brücke führen wieder steile Stufen hinauf nach Kota Gadang.

Kota Gadang ist Geburts- und Wohnort vieler Persönlichkeiten des öffentlichen Lebens Indonesiens. Heute stehen zahlreiche Häuser im Ort leer, denn die wohlhabenden Familien haben ihren Wohnsitz in Padang oder Jakarta.

In Kota Gadang produziert man in den Häusern Stickereien und verarbeitet Silber aus Palembang zu kunstvollen Filigranarbeiten. Der Souvenirladen *Amai Setia*, der auch Silberarbeiten verkauft (geöffnet tgl. 9.00 - 17.00 Uhr), liegt an Straße in den Cañyon. Außerdem gibt es noch *Asia Silver Work* und *Denny &*

Dessy, beide am Fußweg in den Canyon. Gegenüber der Moschee steht ein schmuckes traditionelles Minang-Haus. Bis Sianok ist es nicht weit (1 1/2 km Richtung Westen), und von hier führt ein abenteuerlicher Pfad über eine steile Treppenanlage wieder hinunter in den Cañyon. Dort erreicht man wieder die Straße, die von Bukittinggi durch den westlichen Teil des Cañyon führt.

Haji Agus Salim, geboren 1884 in Kota Gadang, war nationalistischer und religiöser Führer der Unabhängigkeitsbewegung. Er genoß eine holländische Schulbildung, wurde holländischer Konsul in Saudi-Arabien, schloß sich 1915 der *Sarekat Islam* an und gehörte bald zu den führenden Persönlichkeiten der Bewegung. Seine gewaltlose Einstellung im Kampf gegen den Kolonialismus ließ ihn auch bei den Holländern akzeptabel erscheinen. Agus Salim betonte als Führer der Sarekat Islam mehr den panislamischen Charakter der Bewegung. 1946/47 war er Vizeaußenminister, 1954 starb er in Yogyakarta.

Mohammad Hatta, geboren 1902 in Kota Gadang. Während des Studiums in den Niederlanden von 1922 - 32 war er Vorsitzender der fortschrittlichen indonesischen Studentenvereinigung. 1934 verhafteten ihn die Kolonialbehörden und internierten ihn im berüchtigten Konzentrationslager Boven Digul auf West-Neuguinea. 1935 wurde er nach Bandaneira (Molukken) verbannt, wo er bis zum Einmarsch japanischer Truppen lebte. Hatta, wie auch Sukarno, kooperierte mit Japan und beschwichtigte andere indonesische Nationalisten, die einen Aufstand gegen die Besatzungsmacht planten. Am 17. August 1945 erklärten Hatta und Sukarno die Unabhängigkeit. Bis 1956, als er Sukarnos politische Linie nicht mehr vertreten wollte, war er Vizepräsident. Von 1966 bis zu seinem Tod 1980 war er Berater von Präsident Suharto.

Adam Malik, Außenminister und Vizepräsident unter Suharto, wurde zwar in Pematang Siantar geboren, wuchs aber in Kota Gadang auf. In den 30er Jahren wurde er mehrere Male verhaftet. Seit der Unabhängigkeit war er Botschafter in der UDSSR, später Chefdelegierter in Washington während der Irian-Auseinandersetzung. Von 1966 bis 1983 war er Außenminister unter Suharto und Motor einer neuen indonesischen Außenpolitik.

Stierkämpfe

Außer im Ramadan finden in **Koto Baru** (Dienstag) und in **Batagak** (Samstag) um 17.00 Uhr Stierkämpfe statt, bekannt als *Adu Kerbau*. Die beiden Orte liegen 9 bzw. 10 km südlich von Bukittinggi an der Hauptstraße nach Padang, der Eintritt kostet 500 Rp. Die Atmosphäre ist äußerst spannend, zwei Stiere kämpfen gegeneinander, bis einer die Flucht ergreift. Der Kampfplatz wird dabei von den umstehenden Männern gebildet, die schon lange vorher gewaltige Beträge setzen. Ein Kampf kann eine halbe Stunde dauern oder auch nur 30 Sekunden, wenn einer der beiden eine Flucht dem Kampf vorzieht.

Andere sportliche Betätigungen der Minang-Männer sind Pferderennen in den größeren Orten (Padang, Payakumbuh, Batusangkar, Bukittinggi, Padang Panjang) und die sonntägliche Jagd mit Hunden auf Wildschweine, die häufig Felder und Äcker verwüsten.

Koto Baru

Mit dem Bus Richtung Padang Panjang bis Koto Baru. Kurz vor der Abzweigung der Straße nach Pandai Sikat steht eine **Moschee**, die sich in einem kleinen Teich spiegelt – im Hintergrund erhebt sich der Gunung Singgalang.

Der Ort ist Ausgangspunkt für die Besteigung des Gunung Merapi. Der **Gunung Singgalang** kann ebenfalls von hier aus bestiegen werden. Da diese Tour jedoch schwieriger ist und länger dauert, sollte man sie nicht ohne einen Führer machen. Die kleinen Dörfer westlich von Koto Baru an den Hängen des Gunung Singgalang eignen sich recht gut für Wanderungen.

Gunung Merapi

Um den Gunung Merapi ohne Übernachtung auf dem Berg zu besteigen, nimmt man den ersten Bus um 5.00 Uhr nach Koto Baru. Etwa 200 m nach der Abzweigung nach Pandai Sikat muß man sich bei der Polizei anmelden. Da es keine Wegemarkierungen gibt, sollte man sich vor dem Aufstieg genau informieren oder besser einen Guide nehmen. Schon mehrere Leute sind am Merapi spurlos verschwunden oder bei einem Ausbruch getötet oder verletzt worden. Im Sommer 1995 war der Merapi vollständig gesperrt.

Nach einer Stunde erreicht man die Reste des alten Forsthauses, und etwa 10 Minuten vor diesem kann man in einer Hütte übernachten. Nach weiteren zwei Stunden Dschungelmarsch ist die Waldgrenze erreicht. Hinter dem Graben muß man den Zick-Zack-Weg nehmen, der links hinauf durch das Lavageröll führt. Nach einer weiteren Stunde ist man auf dem 2891 m hohen Gipfel, der leider häufig von Wolken verhüllt ist.

Pandai Sikat

Das Dorf der Holzschnitzer und Weber. In mehreren Häusern werden kunstvolle Holzfassaden, Möbel und kleinere Gegenstände geschnitzt und bemalt. Direkt an der Straße steht ein besonders schönes Haus, dessen Fassade und Innenräume vollständig mit Schnitzereien bedeckt sind. Es gehört einer der Weberfamilien, die im Manufakturbetrieb die traditionellen *Kain Songket* der Minangkabau herstellen.

Batang Palupuh

12 km nördlich von Bukittinggi am Trans-Sumatra-Highway blüht die größte Blume der Welt, die *Rafflesia arnoldi*. Batang Palupuh ist zwar nur ein kleines Cagar Alam (3,4 ha), grenzt aber an einen ausgedehnten, geschützten Wald, in dem Tapire, Wildschweine und andere Tiere beheimatet sind. Zuerst sollte man im Tourist Office in Bukittinggi nachfragen, ob die Blume tatsächlich blüht.

Man nimmt einen Minibus (600 Rp) bis zum Ort Batang Palupuh. Vom Dorf aus geht es etwa 1/2 Stunde in ein schmales Tal hinein, an dessen Ende das Naturschutzgebiet liegt. Im Dorf bekommt man einen Guide, der an verschiedenen, verborgenen Stellen nach der seltenen Blume sucht – und der bei Erfolg neben seinem Honorar ein kleines zusätzliches Trinkgeld erwartet.

Baso

Man nimmt einen Minibus (600 Rp) in Richtung Payakumbuh / Pekanbaru und steigt 11 km hinter Bukittinggi aus. Von hier sind es noch etwa 3 km Richtung

Norden zum **Sungai Janiah** (Minibus 300 Rp). Die großen Fische in dem Teich gelten als heilig und sind recht zahm. Eine schmale Straße führt Richtung Süden über **Tabatpatah** (schöne Landschaft, Zimtanbaugebiet) und **Rao Rao** (hübsche Moschee) nach Batusangkar (s.S. 239).

Danau Maninjau

Einer der schönsten Seen Sumatras! Besonders beeindruckend ist der Blick auf den See und die ihn umgebenden Berge von **Puncak Lawang**. Mit einem frühen Bus vom Aur Kuning Terminal in Bukittinggi kommt man für 700 Rp nach **Pasar Lawang**. Von hier sind es 40 Min. Fußmarsch, vorbei an Zuckerrohrfeldern, nach Puncak Lawang, 760 m über dem See; oder mit Minibus für 300 Rp von Lawang zum Aussichtspunkt. Eintritt 300 Rp. Ein Fußpfad führt vor dem Schlagbaum durch den Dschungel hinunter nach **Bayur**. Besonders im oberen Bereich ist er sehr zugewachsen und nicht allzu leicht zu finden. Nach 45 Min. Abstieg erreicht man *Losmen Anas** mitten im Wald (einfache DZ und Dorms; freundliche Familie). Der Abstieg dauert 2 Std. – von Bayur sind es 3 km bis zum Dorf **Maninjau**. Ca. 300 m vor Maninjau steht links der Straße ein Badehaus mit warmem Wasser.

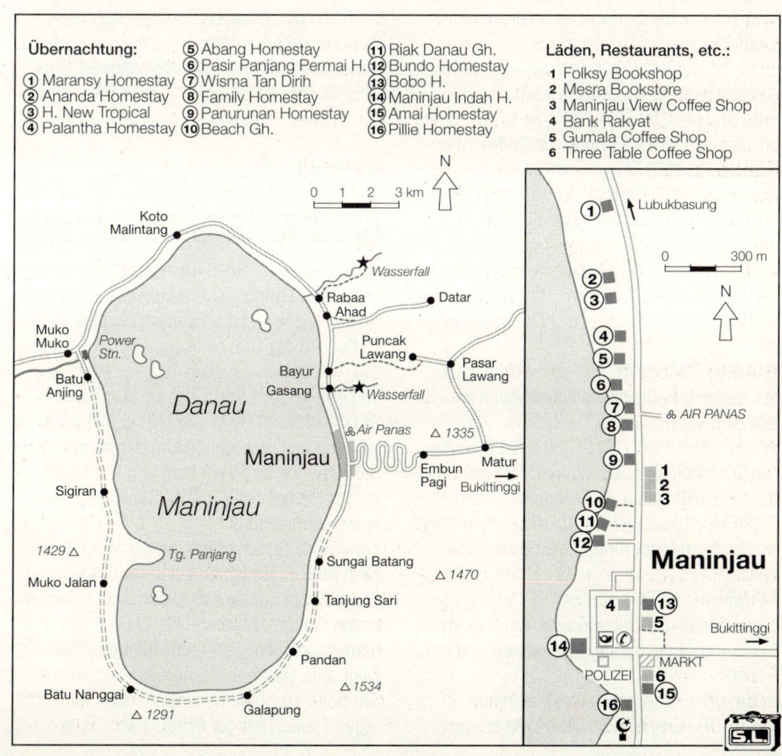

Es lohnt sich, im ruhigen Maninjau einige Tage zu verbringen. Man kann im See baden und die reizvolle Landschaft genießen. Der letzte Bus zurück nach Bukittinggi fährt gegen 16.00 / 17.00 Uhr (800 Rp, 36 km). Die asphaltierte Straße führt über 45 Haarnadelkurven steil nach oben – auch von hier hat man gute Aussicht, wenn der Bus nicht völlig überbesetzt ist.

Südlich und östlich des Sees sind über 22 000 ha Wald unter Naturschutz gestellt worden. Die Rufe der dort lebenden Siamang sind noch in Maninjau zu hören, selbst Tiger werden gelegentlich gesichtet.

ÜBERNACHTUNG

*BEACH GUESTHOUSE** ⑩, ☎ 61082, freundliche Leute, preiswert und vor allem hübsch und sehr ruhig am See gelegen, etwas heruntergekommen.
*RIAK DANAU GUESTHOUSE** ⑪, etwas besser als der Beach Homestay.
Weitere einfache Losmen stehen südlich vom Markt: *PILLIE HOMESTAY** ⑯, Jl. Hudin Rahman 91, ☎ 61048, macht einen akzeptablen Eindruck.
Einfache Homestays findet man auch nördlich von Maninjau an der Straße nach Bayur:
*PALANTHA HOMESTAY** ④, ☎ 61061, direkt am See, kostenlose Boote, mit Coffee Shop.
*ABANG HOMESTAY** ⑤, ☎ 61073.
HOTEL NEW TROPICAL-*** ③, ☎ 61089.
*ANANDA HOMESTAY** ②, freundlich, liegt am See.
*MARANSY HOMESTAY** ①, am Seeufer.
*PANURUNAN HOMESTAY*** ⑨, direkt an der Straße nach Norden und nicht so schön gelegen.
*FAMILY HOMESTAY**** ⑧, ☎ 61037, sauberes, kleines, freundliches Guesthouse mit viel Komfort.
*WISMA TAN DIRIH***** ⑦, ☎ 61263, sauberes Guesthouse, nur 6 Zimmer, nett eingerichtet, TV, Heißwasser, Badewanne.
*PASIR PANJANG PERMAI HOTEL***-***** ⑥, ☎ 22111, zu teuer für den gebotenen Standard.
*MANINJAU INDAH HOTEL**-*****, (14), Zimmer unterschiedlicher Qualität, am See, mit teurem, enttäuschenden Restaurant und Bootsvermietung.
In **Bayur**, 4 km nördlich von Maninjau:
*RIZAL BEACH HOMESTAY**, sehr einfach, aber nette Leute und mit eigenem Strand.
BAYUR PERMAI BEACH HOMESTAY, ☎ 61215, mit Strand.
In **Batu Anjing** am gegenüberliegenden Seeufer, südlich von Muko Muko, 15 Min. zu Fuß von der Power Station, der sehr ruhig gelegene *LOSMEN CINTO MANIH**.
Oberhalb des Sees in **Embun Pagi** vor den Haarnadelkurven und mit toller Aussicht, das *MANINJAU VIEW RESORT* (US$33 - 50), ☎ 61355, in den teureren Cottages können 4 Personen übernachten.
Gegenüber, mit einer ebenso schönen Aussicht *WISMA ANGGREK****, ☎ 61282, 10 Zimmer in zwei Häusern.

VORWAHL – 0752.

TRANSPORTMITTEL UND TOUREN

Im Losmen oder Hotel kann man nachfragen, wenn man Fahrzeuge chartern will. Etwa 4000 Rp pro Tag kostet ein Fahrrad; ein Motorrad 15 000 Rp pro Tag; ein Kanu 5000 Rp pro Tag bzw. 4000 Rp pro halben Tag; ein Minibus um den See kostet 25 000 Rp; ein Motorboot 25 000 / 35 000 Rp pro Std. Eine Motorradfahrt um den See (ca. 60 km) dauert etwa 3 Std., der See ist 16 km lang und 8 km breit, die Straße um das südliche Seeufer ist stellenweise miserabel.
Für Wanderungen durch die Berge am See kann man im Beach Guesthouse oder im *Three Table Coffee Shop* nach Zal fragen, einem Guide, der versteckte Wasserfälle und herrlich gelegene, selten besuchte Dörfer zeigt, z.B. Datar.
Am Sonntag ist Markt in Ahad, dann herrscht reges Treiben auf der Straße nach Datar.

Payakumbuh

Entlang der Straße von Bukittinggi wird in Piladang, 9 km vor Payakumbuh, in mehreren „Fabriken“ Sanjai, ein Knabbergebäck aus Tapioka, hergestellt. Die in der Sonne trocknenden, roten und weißen Scheibchen weisen den Weg.

In der nicht besonders stimulierenden Stadt Payakumbuh (ca. 86 000 Einwohner, 514 m ü.d.M.) findet an jedem Sonntag ein großer **Markt** statt. Entlang der Hauptstraße in Richtung Bukittinggi kommt man (ab Zentrum) nach etwa 1 km zu einem herrlichen **Rumah Gadang**. In dem etwa 300 Jahre alten Gebäude residierte einst der Sultan, seine Nachfahren laden Besucher gern zu einer Besichtigung ein. Nicht weit vom Sultanspalast befindet sich auf dem Gelände einer alten Moschee das Grab des letzten Sultan.

5 km vor Payakumbuh liegt rechts der Straße die ausgeleuchtete Höhle **Ngalau Indah**. 300 Rp Eintritt für den Taman Wisata, 200 Rp für die Höhle. Am Ende des 2 km langen, steilen Wegs, der zur Höhle hinaufführt, gibt es Erfrischungsstände. Der Blick von hier oben auf das weite Tal ist eigentlich faszinierender als die Tropfsteinhöhle selbst.

ÜBERNACHTUNG

*RIZAL'S HOUSE** ③, Parit Rantang 71, am schmalen Fußweg hinter dem Hotel Wisata. Ruhig, familiäre Atmosphäre, einfache Zimmer mit Gemeinschaftsmandi, der Besitzer Rizal spricht sehr gutes Englisch und organisiert Trekking-Touren.

*ZURNI BOER'S HOUSE** ⑤, Labuh Baru 6, an der Jl. Pacuan. In dem kleinen Haus werden vier Zimmer vermietet. Die Besitzerin spricht Englisch und arbeitet im Tourist Office von Payakumbuh. Im Preis von 10 000 Rp p.P. sind Frühstück und Dinner enthalten, Coffee Shop, Kochkurse werden organisiert.

*WISMA FLAMBOYANT*** ②, Jl. Ade Irma Suryani 11, ☎ 92333, Zimmer Nr. 11 mit Terrasse, großzügig, empfehlenswert

*HOTEL WISATA II** ④, Jl. Soekarno Hatta 140, Zimmer mit Mandi.

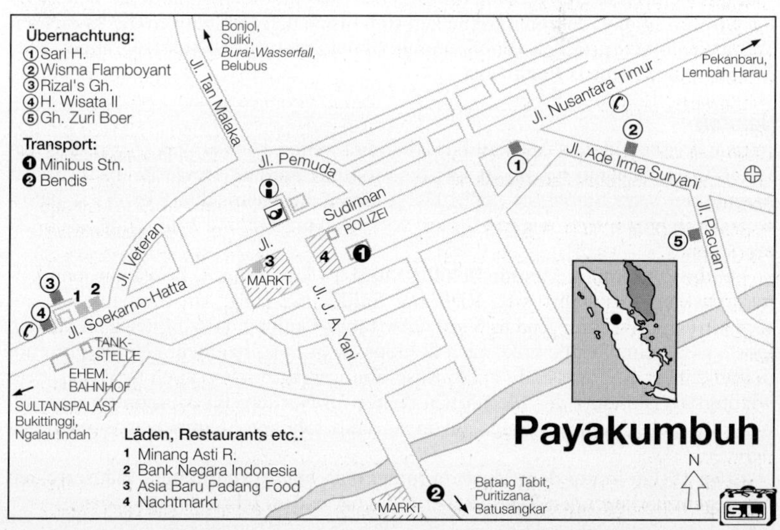

HOTEL WISATA I liegt etwa 4 km außerhalb an der Straße nach Bukittinggi.
*SARI HOTEL**-*** ①, Jl. Sudirman 13, ☎ 92406, teure Zimmer im hinteren Bereich.

ESSEN

MINANG ASTI, neben der Bank Negara Indonesia, ist ein großes Nasi Padang Restaurant. Nasi Padang auch im *ASIA BARU* im zentralen Markt.

SONSTIGES

INFORMATIONEN – kleines informatives *TOURIST OFFICE* in der Jl. Olah Raga 31, ☎ 92907, zu erreichen von der Hauptstraße durch eine schmale Gasse zwischen Postamt und Bank. Geöffnet Mo - Fr 7.30 - 16.00 Uhr.

VORWAHL – 0752.

TRANSPORT

Der Busterminal liegt 3 km außerhalb der Stadt an der Straße nach Bukittinggi, Minibusse in die stadt kosten 200 Rp, Bendi können für 1500 Rp gechartert werden.
Regelmäßige Busse von BUKITTINGGI, 33 km, 600 Rp.
Zudem stoppen alle Busse in Richtung PEKANBARU in Payakumbuh.

Die Umgebung von Payakumbuh

Taram-Tal

Hinter Air Tabit in **Batang Tabit** (6 km von Payakumbuh) kann man unterhalb der Straße in einem natürlichen Swimming Pool baden (500 Rp Eintritt). Parallel zu dieser Straße verläuft weiter im Norden das landschaftlich herrliche Taram-Tal mit einem Stausee.

Man erreicht es entweder von der Hauptstraße Richtung Pekanbaru aus über die Abzweigung vor Harau Richtung Osten oder über die Abzweigung hinter Batang nach **Andaleh**. Kilometerlang ziehen sich blumengeschmückte Dörfer an der Straße entlang, dahinter erstrecken sich bis zu den Berghängen die Reisfelder. Wenige Kilometer südlich vom Swimming Pool Batang Tabit steht ein imposantes Minang-Haus namens **Puritizana**.

Belubus

In dem weiten Tal von Payakumbuh, das auch unter dem Namen *Limapuluh Kota* (50 Orte) bekannt ist, findet sich die größte Ansammlung von prähistorischen Megalithen West-Sumatras, deren Herkunft bis heute ungeklärt ist. Viele befinden sich in einem Umkreis von 25 km von Payakumbuh und sind relativ leicht zu erreichen.

Belubus (**Komplek Menhir Belubus**) liegt 13 km entfernt. Bekommt man keinen direkten Bus, fährt man Richutng **Suliki** und steigt am Simpang Kuranji (3,5 km) aus. Von hier sind es 5 km nach Tabek Panjang, kurz hinter dem kleinen Dorf zweigt eine Straße links nach Belubus ab (4 km). In einem kleinen Museum dokumentiert eine Ausstellung die Ausgrabungsarbeiten u.a. auch in Mahat, dem wichtigsten Standort der Megalithen weiter im Norden. Im Museumsgarten stehen zahlreiche Menhire, einige davon sind mit schönen Steinmetzarbeiten versehen.

Etwa 100 m hinter dem Museum findet man einige traditionelle Häuserreihen mit gegenüberliegenden Reisspeichern, die bis zu 300 Jahre alt sein sollen.

Burai-Wasserfall

Der Burai-Wasserfall mit seinen fünf Kaskaden liegt 19 km nordwestlich der Stadt. Zu erreichen mit dem Bus bis **Mungka** (16 km, 700 Rp), danach muß man 3 km durch die Reisfelder laufen – eine schöne Wanderung am Flußufer entlang oder den Hang hinauf.

Gunung Sago

Südlich von Payakumbuh, an den Hängen des 2262 m hohen Berges, gibt es ein Waldreservat (5500 ha), wo man ebenfalls viele *Rafflesia arnoldi* findet. Infos im Tourist Office.

Lembah Harau Naturschutzgebiet

15 km nordöstlich von Payakumbuh liegt ein wunderschönes Tal, das von steilen Felswänden begrenzt wird. Von den 300 ha des Reservats sind 10 % zu einem Erholungspark ausgebaut worden mit Spazierwegen, Rastplätzen und Aussichtsplattformen. Dieses Gebiet soll um 23 500 ha geschützen Wald auf den Bergen im Osten (Richtung Riau) erweitert werden, wo Tiger, die Waldziegenantilope, Siamang und andere bedrohte Tierarten leben.

Man erreicht das Tal mit einem Bus bis Payakumbuh sowie einem weiteren Minibus für etwa 10 km bis nach **Sarilamak** (300 Rp) am Anfang des Tales. Von dort geht es zu Fuß 90 Minuten die schnurgerade Straße entlang bis zum Information Office. Samstags am Markttag verkehren mehrere Busse für 300 Rp. Nur am So fahren Busse direkt zum Harau Valley.

2 km weiter nach rechts kommt man zu einem schönen, 50 m hohen Wasserfall, in dessen Bassin man seine müden Füße kühlen kann. Ein weiterer Wasserfall liegt 1 km links vom Office. Rizal bietet Ein- und Zweitagetreks für 20 000 Rp bzw. 50 000 Rp an, darin enthalten sind Transport, Verpflegung und Unterkunft in einem abgelegenen Dorf.

Muara Takus

Aus der gleichen Zeit wie die Tempel von Padang Lawas (s.S. 197) stammen die Candi von Muara Takus, bei denen es sich um buddhistische Stupen handelt. Man erreicht sie von Muara Mahat, das halbwegs zwischen Payakumbuh und Pekanbaru liegt. Übernachten kann man im Losmen *Arga Sonja*.

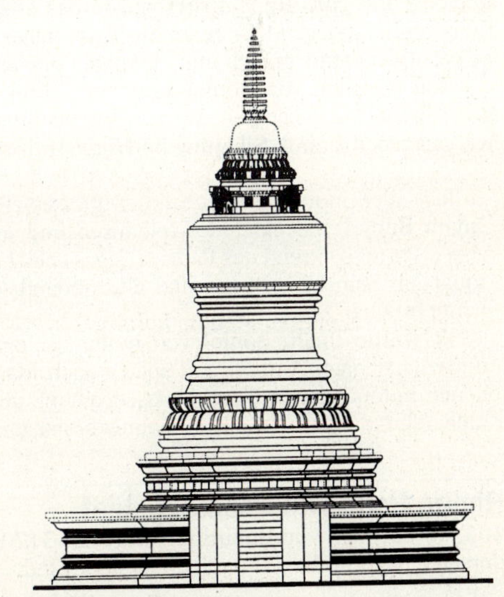

Chedi in Muara Takus

Die Ruinen von Muara Takus

Am Ufer des Flusses Kampar Kanan, einem der Zuflüsse des mächtigen Sungai Kampar, wurden von Archäologen im Jahre 1935 Ruinen aus dem 11. und 12. Jahrhundert freigelegt. Die Ruinen stellen eine Gruppe buddhistischer Stupen dar, die möglicherweise auch als Grabstätten vergöttlichter Könige dienten. Eine Mauer aus Sandsteinen umgibt einen Tempelhof, in dem sich ursprünglich mindestens sechs Sakralbauten befanden. Von den Gebäuden am besten erhalten ist die kleine, schlanke Maligai-Stupa, die an der Südseite des Tempelhofes steht. Das größte, wenn auch nicht das höchste Bauwerk des Komplexes ist der Candi Tua an der Westseite des Hofes. Die Stupen sind überwiegend aus Sandstein erbaut worden, es wurden aber auch Backsteine verwendet.

Die Ruinen von Muara Takus waren einst Teil einer Stadt, die von einem Erdwall umgeben war. Man vermutet, daß diese Stadt das Zentrum eines kleineren Königreiches war. Wenn man den alten Legenden, die sich um Muara Takus ranken, glauben kann, unterhielt das Königreich freundschafliche Beziehungen zu dem Reich der Minangkabau, scheint aber in einen Krieg gegen die Batak von Padang Lawas verwickelt gewesen zu sein.

Von Bukittinggi nach Norden

Bonjol

Auf dem Weg nach Rimbo Panti überquert man am Nordende des Ortes Bonjol den Äquator (Minibus ab Bukittinggi 1200 Rp, 57 km). Quer über die Straße wurde ein Torbogen errichtet, rechts befindet sich ein großer Globus. In einen kleinen Park (500 Rp Eintritt) wurde das alte Äquator-Denkmal versetzt. Alle Touristenbusse legen hier einen Stop ein, daher sind die Äquator-T-Shirt-Verkäufer besonders aufdringlich und verlangen horrende Preise für ihre Produkte.

4 km nördlich von Bonjol kann man direkt am Trans-Sumatra-Highway im *Hotel Agung** übernachten. Weiter Übernachtungsmöglichkeiten im 16 km nördlich gelegenen **Lubuk Sikaping** im *Hotel Mawar*** oder *Penginapan Anda.**

In fast allen indonesischen Städten gibt es eine Jalan Imam Bonjol. **Tuanku Imam Bonjol** war einer der religiösen und militärischen Führer der islamischen Partei während des Padri-Krieges (1821 - 38). In Bonjol war sein Hauptquartier. Sein Gebetshaus und alte holländische Kanonen findet man noch heute im Ort.

1837 wurde Imam Bonjol von holländischen Truppen gefangengenommen und zuerst nach Ambon und später nach Manado ins Exil geschickt. In der neuen indonesischen Geschichtsschreibung gilt er als einer der ersten Nationalhelden, die gegen die Kolonialmacht gekämpft haben.

Rimbo Panti-Naturschutzgebiet

103 km nördlich von Bukittinggi liegt das 3120 ha große Naturschutzgebiet beiderseits der Straße. Um einen ersten Eindruck vom Sumatra-Dschungel zu

bekommen, eignet sich Rimbo Panti recht gut. Der Highway wird auf beiden Seiten von Primärdschungel umgeben. Am Parkeingang befindet sich ein kleines Informationsbüro (Konservasi Sumber Daerah Alam), einfache Gerichte und Getränke im Coffee Shop nebenan, Übernachtungsmöglichkeit. Busse ab Bukittinggi kosten 1900 Rp. Auf verschiedenen markierten Pfaden kann man durch den Regenwald wandern und den unverkennbaren Rufen der Siamang folgen.

Auf der gegenüberliegenden Seite der Straße wurde an einer heißen Quelle ein Badehaus errichtet (500 Rp Eintritt). Nach einem schweißtreibenden Dschungeltrek eine empfehlenswerte Sache!

In dem Reservat wie auch in den Wäldern südlich zwischen Bonjol und Lubuk Sikaping und an den Hängen des **Gunung Talaimu** (= Mt. Ophir, 2912 m) blüht, als zweiter floristischer Rekord West-Sumatras, eine der höchsten Blumen der Welt, *Amorphophallus titanum* – der Name sagt eigentlich schon alles (s.S. 315). Übernachten kann man in Panti in einem Losmen am Busbahnhof.

Das südliche Tana Minang

Batusangkar

60 km südöstlich von Bukittinggi liegt das Zentrum der Minangkabau-Kultur Batusangkar. Sehenswert ist das neue **Balai Adat**.

Nur etwa 30 Minuten Fußmarsch (1 1/2 km) führen nach **Pagarruyung**. Im Ort steht direkt an der Straße ein 1,50 m hoher Stein mit Sanskrit- und Kawi-Inschriften aus der Zeit des Königs Adityawarman (14. Jahrhundert). Weitere *Batu Tulis* (= beschriebene Steine) entdeckt man in den nahegelegenen Dörfern **Bendang**, **Saruaso** und **Limakaum**; in Saruaso gibt es außerdem Königsgräber mit Steinphallus.

Nach weiteren 2,5 km erreicht man den originalgetreu nachgebauten **Istana**. Das Innere des riesigen Königspalastes ist mit bunten Stoffen dekoriert. Einige Königsgräber werden noch heute von deren Nachfahren gepflegt. Alte Versammlungshäuser stehen in **Limakaum** und **Pariangan**.

An der Straße von Batusangkar zum Singkarak-See kommt man zur Abzweigung nach **Balimbing** (ca. 2 km), einem Dorf mit mehreren alten Rumah Adat, z.T. über 150 Jahre alt.

Geht man die Straße am Balai Adat vorbei weiter nach hinten, erreicht man das älteste Haus des Ortes, das **Rumah Adat Kampainan Panjang**, das unter Denkmalschutz steht. Noch fünf Personen bewohnen das große Haus – eventuell kann man hier auch übernachten. Eine besonders schöne Bergstrecke führt am Ombilin-Fluß entlang hinunter zum See.

ÜBERNACHTUNG UND INFORMATIONEN

HOTEL PAGARRUYUNG-***, Jl. Prof. Hamka 4, nebenan *HOTEL PARMA*-**; HOTEL YOHERMA*-****, Jl. Prof. Hamka 15, ☎ 71130. Ein kleines *TOURIST OFFICE* gibt es in der Jl. Pemuda 1.

TRANSPORT

Zu erreichen ist der Ort Batusangkar ab BUKITTINGGI mit einem Minibus für 1200 Rp. Der Bus Terminal befindet sich 2 km östlich der Stadt, ein Minibus ins Zentrum kostet 200 Rp.

Danau Singkarak

Der große Hochlandsee südlich von Bukittinggi ist fast genau so schön gelegen wie der Danau Maninjau. Die Hauptstraße Bukittinggi – Solok führt am Ostufer des Sees entlang. In **Ombilin**, wo man den Abfluß des Sees überquert, kann man Boote mieten. Der Zufluß ist beim Dorf Singkarak. Man kann im See baden, das Wasser ist kühl und klar. *Idul Fitri,* das Ende des Ramadan, wird in den Orten am See u.a. mit Bootsrennen gefeiert. In **Sulitair** steht eines der am besten erhaltenen Minangkabau-Häuser, etwa 70 m lang. 20 Familien leben darin.

ÜBERNACHTUNG

Nördlich von Ombilin kann man am Seeufer in **Batu Tebal** übernachten:

*MINANG HOTEL**-***,*
*HOTEL SUMPUR****,* komfortabel,
*HOTEL JAYAKARTA**-***,* ☎ 21279.

TRANSPORT

Von Singkarak fährt gegen Mittag der letzte Bus nach Sulitair (14 km). Der allerletzte Bus zurück zur Hauptstraße verläßt Sulitair gegen 15.00 Uhr. 500 Rp kostet der Bus von Singkarak nach PADANG PANJANG und von da 400 Rp nach BUKITTINGGI.

Padang Panjang

Die Stadt zieht sich endlos an der steil ansteigenden Hauptstraße entlang. Es regnet hier wesentlich häufiger als in Bukittinggi, was der Stadt den Beinamen *Kota Hujan* eingebracht hat. Zwischen üppigem Grün und vielen Blumen steht noch eine Reihe alter Minangkabau-Häuser der als traditionsbewußt geltenden etwa 45 000 Einwohner. Mit einem Bendi kann man vom Busbahnhof an der zentralen Kreuzung über die Jl. Puti zur **Aski**, Jl. Bungsu 35, der Minangkabau-Akademie für Tanz und Musik, fahren. Wochentags außerhalb der Schulferien wird hier bis 14.00 Uhr musiziert und zum Teil in traditionellen Kostümen getanzt. Die Schulleiter haben nichts dagegen, wenn man vorbeikommt, um den Unterricht zu beobachten; nur sollte man in ordentlicher Kleidung erscheinen.

Am Ortseingang wurde ein traditionelles Minangkabau-Haus erbaut und zu einem Museum gestaltet (**Rumah Gadang & Taman**). Im Obergeschoß können zahlreiche alte Fotos und andere Dokomente besichtigt werden, im Untergeschoß wurde ein Hochzeitszimmer eingerichtet. Wer möchte, kann sich hier in Minang-Kleidung fotografieren lassen. Geöffnet tgl. 9.00 - 13.00 Uhr und 14.00 - 17.00 Uhr, Eintritt 400 Rp. Wenige Kilometer hinter Padang Panjang liegt das **Lembah Anai Naturschutzgebiet** an der Hauptstraße nach Padang. Das 221 ha große Reservat besteht aus dichtem Regenwald und einem 40 m hohen Wasserfall, der direkt am Trans-Sumatra-Highway liegt. Eine alte Eisenbahnbrücke führt hier über den Fluß. Das Naturschutzgebiet grenzt an 96 000 ha geschützte Waldfläche, insgesamt eine spektakuläre Landschaft mit Tigern und Siamangs.

Ausgangspunkt für eine Tour durch das Anai-Tal ist das Dorf **Kandang Ampat**, das 1 km südlich vom Anai-Tal bzw. 31 km südlich von Bukittinggi liegt.

ÜBERNACHTUNG

Direkt in der Stadt: *HOTEL SINGGALANG INDAH**-***,* Jl. Soekarno Hatta 19, ☎ 82213.

9 km südlich, an der Straße nach Padang, liegt *TAMAN WISATA MALIBOU:* Zimmer und Bungalows****, alle mit WC/ Du, einige mit Blick auf das Anai Valley. Eintritt 1200 Rp.

Danau Diatas / Danau Dibawah

Südlich des Danau Singkarak Richtung **Alahanpanjang** liegen 6000 ha geschützter Wald am Hang des **Gunung Talang** (2597 m) mit den zwar kleinen, doch attraktiven Seen Danau Diatas und Danau Dibawah. Einen schönen Blick auf beide Seen hat man von einem Aussichtspunkt (300 Rp Eintritt), der 1 km bergaufwärts an der Hauptstraße Alahanpanjang – Lubuksulasih ausgeschildert ist. Hier, im kühlen Hochlandklima gedeihen die besten Markisa. Ist gerade Saison, werden die saftigen Früchte an zahlreichen Ständen zu Spottpreisen angeboten.

In der Nähe beginnt der nördliche Teil des riesigen Kerinci Seblat Nationalparks (s.S. 273).

ÜBERNACHTUNG

Übernachten kann man in **Alahanpanjang** in einem *Guesthouse**, Bukit Cangang 346, etwa 2 km von der Hauptstraße.

TRANSPORT

Ein Bus von PADANG kostet 1800 Rp und braucht etwa 3 Stunden bis nach Alahanpanjang. Bukittinggi über SOLOK 2800 Rp.

Muara Labuh

Der hübsche Ort liegt 135 km südöstlich von Padang an der Straße von Alahanpanjang nach Sungaipenuh an den Ufern des Sungai Aro. Charakteristisch für Muara Labuh ist die große Zahl von traditionellen Minangkabau-Häusern, die zum Teil schon mehrere hundert Jahre alt sind. Ja sogar neue Gebäude werden hier aufwendig im alten Baustil errichtet. Touristen sind eine Seltenheit, allenfalls legen die Busse von Padang nach Sungaipenuh einen kurzen Stop ein. Es lohnt sich, die schmalen Straßen entlangzugehen und die Architektur der Minangkabau der letzten 200 Jahre zu studieren. Übernachten im *Zamzam** oder *Sulit Indah** an der Hauptstraße.

Schon die Fahrt von Alahanpanjang in das von Bergketten und Reisterrassen gesäumte, tief eingeschnittene Tal des Sungai Aro ist ein landschaftlicher Höhepunkt. Die Straße von Padang bis Sungaipenuh ist zwar zum Teil recht schmal und kurvenreich, aber durchgehend asphaltiert.

Lunang

Ein ungewöhnliches Biotop sind die Lunang-Torfsümpfe und -wälder an der Küste im Südzipfel der Provinz (Tg. Batu) – zu erreichen von Tapan, wo die Straße nach Sungaipenuh, Danau Kerinci, abzweigt.

In dem kleinen Dorf Lunang (Karte s.S. 275) lebt eine Frau, die in direkter Linie von der ersten, legendären Minangkabau-Königin abstammt. Leute aus nah und fern pilgern zu ihrem heiligen Haus (Rumah Gadang), bringen Geschenke und hoffen, ihren Segen zu empfangen. Doch die Frau ist recht scheu und zeigt sich nicht jedem.

RIAU

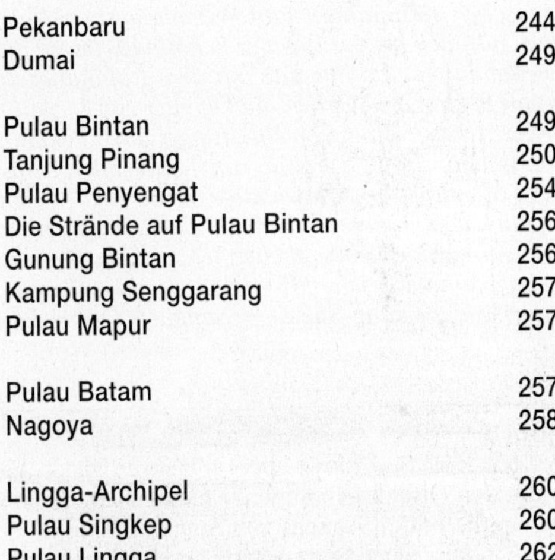

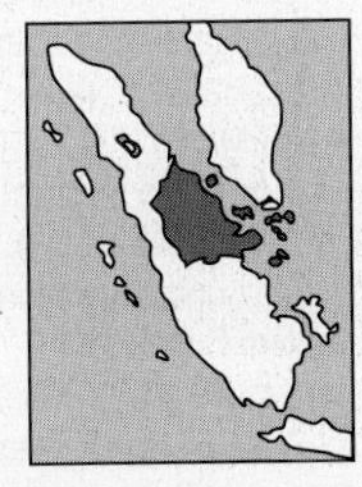

Riau

Etwa 3,8 Millionen Menschen leben in der Provinz Riau (94 562 km²), die sich über einen großen Teil der Ostküste Sumatras und die Inselarchipele Riau und Lingga erstreckt. Außerdem gehören die Anambas- und Bunguran- (= Natuna) Inseln zwischen Kalimantan und Westmalaysia dazu. Reich ist Riau aufgrund des Erdöls; nördlich der Hauptstadt Pekanbaru liegen die Ölfelder von Minas und Duri – beide durch eine Pipeline mit dem Raffineriezentrum Dumai verbunden. Südlich von Pekanbaru werden die Ölfelder von Lirik und Pudu ausgebeutet.

Allwetterstraßen führen von Bukittinggi nach Pekanbaru und weiter nach Dumai; eine andere Straße verläuft von Jambi über Rengat, Pekanbaru und Duri nach Nord-Sumatra. Andere wichtige Verkehrsadern sind die breiten Flüsse, die zum Teil auch von größeren Schiffen weit flußaufwärts befahren werden können.

Im Lingga-Archipel leben ebenso wie an den Flüssen der nahen Ostküste Sumatras einige ethnologische Minderheiten als Halbnomaden, bzw. Seenomaden, beispielsweise die Orang Sakai (= Sankai), Orang Laut, Orang Benua, Orang Mantang.

Pekanbaru

Die Stadt (ca. 350 000 Einwohner) mit ihren vielen Verwaltungs- und Bankgebäuden läßt den Ölreichtum ahnen. Entsprechend hoch sind die Preise. Hier gibt es außerdem die besten Ananas von Sumatra. Der Hafen und die Hausboote am Sungai Siak lohnen einen Spaziergang abseits der Hauptstraße. Will man sich den Ölmulti Caltex mal ansehen, kann man mit einem Oplet hinausfahren.

In Sebanga bei Duri, 140 km nördlich von Pekanbaru, findet man ein Elefanten-Trainingscenter (= Pusat Latihan Gajah).

ÜBERNACHTUNG

UNTERE PREISKLASSE – *LOSMEN MUSLIM** ⑯, Jl. Agus Salim 21, zentral gelegen, aber vergammelt.

*LOSMEN NIRMALA** ③, und *PENGINAPAN RINA** ②, nebeneinander in der Jl. Yatim am Hafen, für Anspruchslose.

*WIDYA HOTEL**-**** ⑦, Jl. Kampar Lama 49, ☎ 21880, Zi mit und ohne Mandi, Fan oder ac, nicht weit vom Hafen.

DHARMA UTAMA HOTEL-*** ⑰, Jl. Sisingamangaraja 6, laut und renovierungsbedürftig.

PENGINAPAN LINDA-**** ㉓, Jl. Nangka 133, ☎ 22375, Zi mit und ohne Mandi, z.T. mit ac, gegenüber vom Bus Terminal, laut und sehr einfach.

*TOMMY'S PLACE** ㉒, Jl. Nangka, Gang Intan Korong 7, 500 m vom Busbahnhof, spartanisch, aber der Traveller-Treffpunkt, ruhig gelegen, in dörflicher Umgebung; Infos. Nicht den Leuten am Busbahnhof glauben, die behaupten, Tommy´s sei geschlossen!

*WISMA SINDA**-**** ㉑, Jl. Pepaya 73, ☎ 23719, relativ saubere Zimmer mit Mandi, Fan oder ac und TV; Restaurant.

*GEMINI GUESTHOUSE**-**** ㉔, Jl. Taskurun 44, ☎ 32916, nur 300 m vom Busbahnhof in einer ruhigen Seitenstraße, Zi mit Mandi, Fan oder ac, nette Besitzerin.

*WISMA MUARA TAKUS**-**** ㉖, Jl. Cempedak 17, ☎ 21045, mit und ohne Mandi, Fan oder ac.

*WISMA UNEDO**-**** ㉗, Jl. Cempedak 1, ☎ 23396, alle Zi mit Mandi, Fan oder ac, eine ruhige Seitenstraße.

*POPPIES HOMESTAY** ㉕, Gang Cempedak II / 20, ☎ 33863.

Naturschutz in Riau
Noch sind ca. 50% der zweitgrößten Provinz Sumatras von Dschungel bedeckt, fast ausschließlich Sumpf- und Tieflandwald. Das Landschaftsbild wird geprägt von vier großen Flußsystemen, die zu den längsten der Insel zählen; von Nord nach Süd: *Sungai Rokan, Sungai Siak, Sungai Kampar, Sungai Indragiri (= Sungai Kuantan).* Inzwischen sind auf Grund von Erdölförderung, Holzindustrie, Ölpalmenplantagen, planlosem Ansiedeln und umfangreichen Transmigrasi-Projekten (trotz relativ unfruchtbarer Böden) auch bisher abgelegene Wildgebiete von Straßen und Pipelines zerschnitten.
Obwohl Riau seit der Jahrhundertwende als ein Eldorado der Großwildjagd berühmt ist, begann man erst 1968 mit der Einrichtung von Reservaten. Außer Primaten sind Großsäuger wie Elefant, Tiger, Tapir, Bär und Wildhund noch häufig – sogar Nashörner sollen vorkommen, und an Reptilien begegnet man Krokodilen, Python und großen Flußschildkröten. Ein ganzes System von Schutzgebieten, teils geplant, teils schon angelegt, zieht sich von Nord nach Süd in einem 50 - 100 km breiten Streifen über die Küstensümpfe; um zu retten, was noch zu retten ist.
Pulau Berkeh, Tanjung Sinebu, Pulau Alang Besar – 15 000 ha – Mangroven mit Seevögelkolonien und Fischlaichplätzen an der Mündung des Sungai Rokan.
Bakau Selat Dumai – 60 000 ha – Mangroven *(= Bakau)* gegenüber P. Rupat, im Schatten der Ölraffinerien von Dumai.
Siak Kecil, Sungai Bukit Batu – 118 000 ha – eine Gruppe von Seen und Torfmooren, nördlich von Pekanbaru / Sungai Siak, Heimat des seltenen Sunda-Gavial, ein bis 5 m langes Krokodil mit auffällig langer, schmaler, zahnbewehrter Schnauze.
Danau Bawah, Danau Pulau Besar, Danau Belat, Danau Besar Sekak, Danau Sarang Burung – 35 000 ha – eine zweite Seenplatte östlich von Pekanbaru, gegenüber P. Tebingtinggi; Torfmoore und Sumpfwälder mit reicher Fauna – Danau Pulau Besar hat, wie der Name sagt, eine Insel; Danau Sarang Burung ist Brutplatz vieler Wasservögel.
Pulau Burung, Muara Guntung, Bakau Muara Kampar – 96 200 ha – Mangroven und Sumpfwälder mit Vogelkolonien, Krokodilen, Primaten an und zwischen den Mündungen des Sungai Guntung und des Sungai Kampar, östlich von Pekanbaru.
Kerumutan – 120 000 ha – gutes Beispiel für Inland-Sumpfwald mit angrenzenden Trockenland-Wäldern, Heimat der meisten Großsäuger Sumatras; nördlich von Rengat, südlich des Sungai Kampar.
Geplant sind Reservate um den Oberlauf des Sungai Indragiri, Tieflandwälder und für Riau seltene Bergwälder mit wertvoller und reichhaltiger Fauna und Flora: **Seberida, Peranap** (über 200 000 ha) südlich von Rengat, **Bukit Baling Baling, Air Sawan** (über 200 000 ha) westlich von Rengat.
Ein etwa 6000 ha großes Schutzgebiet soll auf der Insel **Natuna Besar** (nördlich von Sarawak, Malaysia) entstehen. Es umfaßt die bewaldeten Hänge des Gunung Ranai, mit 1035 m der höchste Berg der Inselgruppe, und enthält (typisch für eine isolierte Inselfauna) endemische Arten, deren nächste Verwandte auf Kalimantan zu suchen sind. Meeresschildkröten besuchen hier wie auch im Riau-Lingga-Archipel einige Strände zur Eierablage.

MITTELKLASSE – *AFRI HOTEL****** ④, Jl. Dr. Setia Budi 5, ☎ 22090, Zimmer mit ac, nahe dem Hafen.
*HOTEL ANGKASA***-***** ⑤, Jl. Dr. Setia Budi, ☎ 22178, fax 34095, Zimmer mit Fan oder ac und TV, etwas ungemütlich.
*HOTEL BUNDA**-***** ⑨, Jl. Prof. M. Yamin 104, ☎ 21728, sehr sauberes und gutes Familienhotel, Zimmer z.T. mit ac, TV und Tel.
HOTEL RAUDA (US$25 - 40) ⑫, Jl. Tangkuban Prahu 4, ☎ 33372, fax 33211, zentral, doch ruhig und gepflegt.
*HOTEL ANOM**** ⑬, Jl. Gatot Subroto 3, ☎ 36083, inkl. Frühstück, sauber, aber etwas dunkel, viele Zimmer haben nur Fenster zum Hof.
*BADARUSSAMSI HOTEL***-***** ⑮, Jl. Sisingamangaraja 71, ☎ 22475, ruhig gelegen und sauber.
*KENDEDES SRI HOTEL***** ⑱, Jl. Hang Tuah 46, ☎ 22795, fax 31097, mit Disco und deshalb laut, aber guter Service, nett eingerichtete, aber schon ziemlich abgewohnte Zimmer mit ac und TV, zudem ein teures Restaurant.
*HOTEL RIAU***-***** ⑳, Jl. Diponegoro 34, ☎ 35479, alle Zimmer mit ac, inkl. Frühstück, schöner Garten, ruhig gelegen, älteres, renovierungsbedürftiges Gebäude.
*WISMA YANI**-***** ⑲, Jl. Pepaya 17, ☎ 23647, etwas abgewohnte, aber relativ saubere Zimmer mit und ohne Mandi, Fan oder ac und TV, inkl. Frühstück.

OBERE PREISKLASSE – *FURAYA HOTEL* (US$42 - 145) ⑥, Jl. Sudirman 72, ☎ 26688, fax 22653, inkl. Frühstück, Restaurant und Coffee Shop.
INDRAPURA INTERNATIONAL HOTEL (US$45 - 155) ⑪, Jl. Dr. Sutomo 86, ☎ 36233, fax 38906, zu teuer für das Gebotene, mit Swimming Pool.
TASIA RATU HOTEL (US$48 - 140) ⑩, Jl. K. H. Ashari 10, ☎ 33225, fax 38912, zentral.
GRAND DYAN HOTEL (US$60 - 150) ⑭, Jl. Gatot Subroto 7, ☎ 26600, fax 31630, inkl. Frühstück; Swimming Pool.
HOTEL MUTIARA MERDEKA (US$85 - 242) ①, Jl. Yos Sudarso 12, ☎ 31272, fax 32959, das Top-Hotel der Stadt mit 142 Zimmern und Suites; Swimming Pool.

ESSEN

Die meisten Restaurants liegen zentral in der Jl. Sudirman und in den Seitenstraßen zwischen Markt und Hafen.
RESTAURANT SARI BUNDA, Jl. Gatot Subroto 8, eine Seitenstraße der Jl. Sudirman, gutes Nasi Padang, im 1. Stock mit ac.
HOLLAND BAKERY, Jl. Sudirman, bietet Backwaren in bewährter Qualität an.
In der Jl. Ir. Juanda, nicht weit vom Hafen, befinden sich die sehr guten chinesischen Restaurants *JUMBO* (Seafood) und *MEDAN* (Riesenauswahl und mit ac).
Wer etwas tiefer in die Tasche greifen will, findet die besten Restaurants der Stadt im Mutiara Merdeka und im Grand Dyan Hotel.
Am Abend ißt man ausgezeichnet in den Warung am Markt in der Jl. Imam Bonjol, die eine große Auswahl an Gerichten anbieten.

SONSTIGES

ENGLISCH-UNTERRICHT – Kontakte zu einheimischen Familien können über den *AM-ENGLISH COURSE,* Jl. Riau 61, geknüpft werden.

GELD – Geldwechsel in der *BANK NEGARA INDONESIA 1946,* Jl. Sudirman 63, oder in der *BANK DAGANG NEGARA,* Jl. Sudirman 450. Einen Money Changer findet man am Markt in der Jl. Cokroaminoto.

INFORMATIONEN – *TOURIST OFFICE,* Dinas Pariwisata, Jl. Gajah Mada 200, ☎ 25301, wenig ergiebig.

PHPA – Office, Jl. Pemasarakatan 8.

POST / TELEFON – Das Hauptpostamt und *TELKOM* liegen in der Jl. Sudirman, südlich vom Markt.

Pekanbaru
0 500 m
N
Übernachtung:
① H. Mutiara Merdeka
② Penginapan Rina
③ Losmen Nimala
④ Afri H.
⑤ H. Angkasa
⑥ Furaya H.
⑦ Widya H.
⑧ Pekanbaru City H.
⑨ Bunda H.
⑩ Tasia Ratu H.
⑪ Indrapura International H.
⑫ Rauda H.
⑬ H. Anom
⑭ Grand Dyan H.
⑮ Badarussamsi H.
⑯ Losmen Muslim
⑰ Dharma Utama H.
⑱ Kendedes Sri H.
⑲ Wisma Yani
⑳ H. Riau
㉑ Wisma Sinda
㉒ Tommy's Place
㉓ Penginapan Linda
㉔ Gemini Gh.
㉕ Poppies Homestay
㉖ Wisma Muara Takus
㉗ Wisma Unedo
Läden, Restaurants etc.:
1 Medan R.
2 Jumbo R.
3 AM-English Course
4 Bank Negara Indonesia
5 Holland Bakery
6 Money Changer
7 R. Sari Bunda
8 Bank Central Asia
9 Bank Dagang Negara
10 Bank Bumi Daya
Transport:
❶ Tickets f. Boote → Batam
❷ Pelangi Air / SMAC
P.T. Cendrawasih
❸ Kencana Tours & Travel
❹ Sempati Airlines (2x)
❺ Garuda / Merpati
❻ Bus Stn.
S. Siak
HAFEN
BOOTE → BATAM
Dumai, Duri, Medan
Jl. Yos Sudarso
Jl. Perdagangan
Jl. Senapelan
Jl. Kesehatan
MESJID RAYA
Jl. Saleh Abas
Yatim
Jl. Ir. Juanda
Karet
Jl. Riau
Jl. Melur
Jl. Kampar Lama
Jl. Sam Ratulangi
Jl. Prof. M. Yamin
Jl. Tg. Karang
Jl. Tg. Datuk
Jl. Dr. Setia Budi
Jl. Ikhlas
Jl. Hasanuddin
Jl. Tengku Umar
Jl. Kuantan
Syarif Kasim
Sultan
Jl. K. H. Ashari
Jl. Cokroaminoto
Jl. Tangkuban Prahu
Jl. Gatot Subroto
Jl. Bintara
MARKT
Jl. Imam Bonjol
Jl. Sisingamangaraja
Jl. Agus Salim
Jl. Dr. Sutomo
HANG TUAH STADION
MESJID ANNUR
Jl. Kamboja
Jl. Jen. A. Yani
Sudirman
Jl. Hang Tuah
Jl. P. Hidayat
Jl. Mustika
Jl. Cik Ditiro
Diponegoro
Jl. R. A. Kartini
POLIZEI
Jl. Gajah Mada
KANTOR GUBERNUR
TANKSTELLE
Jl. Ronggowarsito
Jl. Mangga
Pepaya
Jl. Utama
Sumatera
UNIVERSITÄT
Jl. Pattimura
Jl. Dagang
Gg. Kartonggo
Jl. Pelajar
Nangka
Jl. Kembang Sari
Sudirman
Jl. Pandan
Jl. Manggis
Taskurun
Jl. Cempedak
TANKSTELLE
Bukittinggi
Jl. Paus
Jl. Rambai
Jl. Pinang
Jl. Belimbing
Jl. Cendrawasih
AIRPORT
MUSEUM, CULTURAL PARK
S.L.
RIAU

Wie *Telkom* haben auch einige Wartel 24 Std. geöffnet, z.B. in der Jl. Riau, in der Jl. Sudirman, Ecke Jl. Gatot Subroto, und in der Jl. Sudirman, Ecke Jl. Cik Ditiro.

VORWAHL – 0761.

NAHVERKEHRSMITTEL

In Pekanbaru kann man die meisten Wege bequem zu Fuß bewältigen, vom Busbahnhof zum Hafen sind es etwa 4 km.
Minibusse (Oplet) fahren auf verschiedenen Routen ab Busbahnhof für 250 Rp, egal wie weit.
Taxi erreicht man bei:
GARUDA TAXI, Jl. Jen. A. Yani 49, ☎ 22151; und *KOPSI,* Jl. Sudirman 426, ☎ 25050.

TRANSPORT

BUSSE – Der Fernbusbahnhof liegt an der Jl. Nangka. Hier sind auch die Büros der Busgesellschaften.
Preisbeispiele:
BUKITTINGGI 4500 Rp (6 - 8 Std.),
PADANG 6500 Rp,
MEDAN 18 000 / ac 25 000 Rp,
DUMAI 4000 Rp,
TANJUNG KARANG 35 000 Rp.

FLÜGE – Der Simpang Tiga Airport liegt 10 km südlich der Stadt. Reisebüros und Airlines haben einen Minibus-Service. Taxi kostet 9000 Rp. Vom Airport in die Stadt geht man zuerst 1 km zur Hauptstraße und nimmt von da einen Minibus zum Busbahnhof, 500 Rp.
Büros der Fluggesellschaften: *GARUDA / MERPATI,* Jl. Sudirman 343, ☎ 33026.
SEMPATI, Jl. Sudirman 384, ☎ 21612. Außerdem ein Agent: *P.T. KOTA PIRING KENCANA TRAVEL,* Jl. Sisingamangaraja 1, ☎ 34970.
PELANGI AIR / SMAC, c/o *P.T. INDORAYA MULIA,* Jl. Sudirman 106, ☎ 32622.
SILK AIR, im Hotel Mutiara Merdeka Jl. Yos Sudarso 12, ☎ 31272.
Silk Air / Merpati fliegen Mo, Mi, Do und Sa für US$146 nach SINGAPORE.
Pelangi Air / Sempati fliegen tgl. für US$70 nach KUALA LUMPUR, außerdem fliegt Pelangi Air Di und Sa für US$55 nach MELAKA.
SMAC fliegt für 146 000 Rp nach DABO (P. Singkep) und nach TANJUNG BALAI (P. Karimun) für 85 000 Rp .
Weitere Preisbeispiele (ohne Mehrwertsteuer):
BATAM 79 000 Rp (MZ, SG),
JAKARTA 218 000 Rp (MZ, SG),
TANJUNG PINANG 98 000 Rp (MZ, SG),
MEDAN 119 000 Rp (MZ),
PADANG 51 000 Rp (MZ),
PALEMBANG 134 000 Rp (MZ).
Ein guter Travel Agent ist *P.T. CENDRAWASIH KENCANA TOURS & TRAVEL,* Jl. Imam Bonjol 32, ☎ 22286, sehr hilfsbereite Leute!

SCHIFFE – Tickets bekommt man am Hafen in den Büros verschiedener Gesellschaften und gegen Aufpreis auch bei Tommy.
Die Verbindungen nach BATAM: zuerst Schiff nach SELATPANJANG, Abfahrt tgl. 17.00 Uhr, 12 Std., kostet 12 500 Rp. Dort direkter Anschluß um 7.30 Uhr mit Speedboat nach Batam, 3 Std., 16 000 / 20 000 Rp.
Oder: Täglicher Bus um 8.00 Uhr von Pekanbaru nach BUTUN, 3 Std., weiter um 12.30 Uhr mit dem Speedboat nach Batam, 3 1/2 Std.
2x die Woche gegen 18.00 Uhr geht ein direktes Boot nach BATAM, 40 Std., 27 500 / 30 000 Rp.
Täglich fährt ein direktes Expressboot den Sungei Siak hinunter bis nach TANJUNG PINANG. Abfahrt zwischen 16.00 und 18.00 Uhr. Preise: 25 000 Rp Deck (nicht zu empfehlen) oder 32 000 Rp Kabine. Der Trip dauert 28 Std. Die Boote sind häufig total überfüllt, und Deck-Passagiere finden kaum Platz. Essen sollte man selbst mitbringen, an Bord gibt es nur Reis und kleine, gebratene Fische. Getränke mitnehmen! Vor allem nachts gut auf das Gepäck aufpassen! Angelegt wird manchmal in SELATPANJANG (Pulau Tebingtinggi). Von den landschaftlichen Eindrücken sehr empfehlenswert, sonst nur für Leute, die anstrengende Trips gewohnt sind.

Außerdem fährt ein Schiff nach TANJUNG BALAI (Pulau Karimun), 2x wöchentlich um 16.00 Uhr, Fahrzeit 28 Std., 18 000 Rp Kabine / 12 000 Rp Deck. Von Tanjung Balai kann man ein Speedboat nach Batam nehmen, in 2 Std., 18 000 Rp.

Dumai

Diese Ölstadt ist nur interessant für Leute, die mit der Fähre weiter nach Melaka (in Malaysia) wollen.

Das ist zwar der kürzeste Weg von Zentral-Sumatra nach Malaysia, doch leider ist die Ein- und Ausreise nur mit Visum möglich. Eine Alternative dazu ist das tägliche Speedboat nach Batam.

ÜBERNACHTUNG

*PENGINAPAN ANDYS NUR***, Jl. Jen. Sudirman 147, kleine, sehr saubere Zimmer mit Fan.
*TIP TOP HOTEL***, Jl. Jen. Sudirman, heruntergekommenes Hotel – nicht so empfehlenswert.
*TASIA HOTEL*****, in einer kleinen Seitenstraße der Jl. Jen. Sudirman, das „beste Hotel am Ort“.

TRANSPORT

Busse nach BUKITTINGGI über Pekanbaru brauchen 11 - 12 Std. und kosten 9000 Rp.
Busse nach PEKANBARU kosten 4000 Rp.
MEDAN 14 000 Rp, 12 Std.
Ein Becak vom Busbahnhof zum Markt, wo die meisten Hotels zu finden sind, kostet 500 Rp.
Tgl. fährt eine Fähre um 10.00 Uhr in 4 Std. nach MELAKA (ca. 65 000 Rp oder 95 RM plus 1250 Rp Hafengebühr). In Dumai bekommt man das Ticket direkt am Hafen (Becak vom Markt zum Hafen 800 Rp) in einem großen, grünen Gebäude.
Außer der Fähre gibt es noch Boote nach SELATPANJANG (P. Tebingtinggi); von da Anschluß mit Booten nach PEKANBARU und TANJUNG PINANG.
Tägliches Speedboat nach BATAM, 35 000 Rp, 8 - 9 Std., Abfahrt 8.00 Uhr.

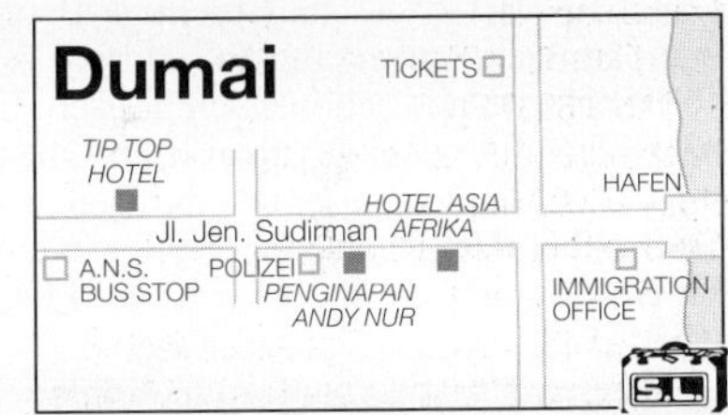

Pulau Bintan

Traditionell besiedeln Chinesen die Insel – die ursprünglichen Bewohner, die Orang Laut, sieht man nur noch selten, meist kommen sie zum Einkaufen in die Stadt. Chinesisch, nämlich auf Handel, ist die Insel orientiert, aber auch viele Arbeitskräfte aus anderen Landesteilen suchen ihr Auskommen. Schließlich ist Singapore nicht weit, das Fernsehen bringt die Konsumbotschaften übers Meer und die Schmuggelboote die entsprechenden Waren.

Die 1075 km² große Insel ist kaum noch von Dschungel bedeckt, ein Ergebnis einer intensiven Landwirtschaft. Bauxitminen in der Nähe von Tanjung Pinang und Kijang haben riesige Areale in eine Mondlandschaft verwandelt, andererseits sind die Strände an der Ost- und Nordküste der Insel noch recht jungfräulich.

Tanjung Pinang

Pinang = Betelnußpalme (Arekapalme) – die wichtigste Stadt im Riau-Archipel ist nur 80 km Luftlinie oder zwei bis drei Stunden Bootsfahrt von Singapore entfernt und ein zentraler Verkehrsknotenpunkt zwischen Sumatra, Riau und Lingga, Kalimantan und vor allem Singapore. Das Investitionsfieber, das die Nachbarinsel Batam infiziert hat, scheint auch auf die größere Insel Bintan überzugreifen. Noch liegt die Stadt im Übergangsfeld zwischen der reichen, chinesischen Gesellschaft Singapores und dem bodenständigen, armen Sumatra.

Am Freitag Mittag erwartet die Stadt den Ansturm der spendierfreudigen, vergnügungssüchtigen Wochenendausflügler aus den Nachbarländern Singapore und Malaysia. Die Imigrasi-Beamten haben viel zu tun, die Hotels erhöhen die Preise, und die Mädchen und Taxifahrer taxieren die eintreffenden Besucher. Am Sonntag ist der Spuk wieder vorbei, und eine behäbige Ruhe kehrt in die Stadt zurück.

Ein großer Teil Tanjung Pinangs ist auf Pfählen ins Meer gebaut; die modernen Pfahlbauten stehen heute auf Betonsäulen, und die schmalen, von Geschäften gesäumten Zugangsstraßen zum Meer, hier *Pelantar* genannt, sind auch schon asphaltiert. Die verschachtelten Wohnhäuser rechts und links sind aber nur über wacklige Plankenwege zu erreichen. Am Ende des Pelantar II steht der chinesische Tempel **Cetya Bodih Sasan**. Das neu errichtete Gebäude bietet auch Platz für Theateraufführungen und Begräbniszeremonien und wird von vielen Chinesen aus Singapore besucht. Gleich daneben liegen kleinere Handelsschiffe und Frachter vor Anker und werden von Kulis oder Uraltkränen be- oder entladen. Daneben warten geschäftstüchtige Bootsleute auf Passagiere, um sie auf ihren Sampan nach Senggarang zu rudern.

Der älteste und schönste chinesische Tempel der Stadt, **Vihara Bhatra Sasana**, liegt gegenüber dem Obstmarkt im Einkaufsviertel. Nur zeitweilig öffnen sich die schweren Gittertore, um Gläubigen und Bettlern Einlaß zu bieten. In einem Teich, über dem Kuan Yin, die Göttin der Barmherzigkeit, thront, werden Schildkröten gehalten, Symbole für langes Leben. Hier erlebt man chinesisches Tempelleben pur.

Sehenswert sind ebenfalls die zahlreichen Märkte der Stadt. Am großen **Pasar Ikan** wird täglich Frischfisch verkauft, zu Preisen, von denen die reichen Brüder und Schwestern aus Singapore nur träumen. Gleich davor im **Pasar Baru** werden Textilien und Haushaltsgegenstände angeboten, der große **Obst- und Gemüsemarkt** liegt an der Jl. Gambir. Interessant ist ein Gang durch die Einkaufsstraßen Jl. Merdeka und Jl. Pos. Auch hier ist das erste moderne Shopping Centre entstanden. Oberhalb der Märkte und Geschäftsstraßen erhebt sich die **Moschee,** und nicht weit entfernt steht eine christliche **Kirche**. Auf den ersten Blick scheint die Stadt nicht allzu viel zu bieten, schaut man hinter die Kulissen, entdeckt man allerdings viel Interessantes, Neues und Traditionelles.

ÜBERNACHTUNG

Hotels sind teuer, besonders am Wochenende – werktags kann man min. 30%, in den teuren Hotels auch mehr Discount heraushandeln.

UNTERE PREISKLASSE – *BONG'S HOMESTAY** ⑤, Jl. Lorong Bintan II, 20, ☎ 25624, Seitengasse der Jl. Bintan, nur 300 m vom Hafen, eine nette chinesische Familie, die 3 winzige, aber saubere Zimmer mit Fan zu ver-

mieten hat, Gemeinschaftsmandi, Schlafsaal.
*JOHNNY'S GUESTHOUSE** ⑥, Jl. Lorong Bintan II, 22, ist ähnlich wie Bong's und gleich nebenan.
*ROMMEL GUESTHOUSE** ④, Jl. M. Yusuf Kahar 12, in einer Seitengasse neben dem Hotel Wisma Riau.
*LOBO'S GUESTHOUSE** ⑫, Jl. Diponegoro 8, relativ saubere Zimmer mit Fan; Garten.
*HOTEL SURYA*** ⑧, Jl. Bintan 49, ☎ 21811, fax 21293, einfache Zimmer mit und ohne Mandi in zwei Häusern, etwas muffig; kleiner Innenhof mit Sitzmöglichkeit im Freien, Prostituierte.

MITTLERE UND OBERE PREISKLASSE –
*SAMPURNA INN HOTEL***-***** ⑩, Jl. Yusuf Kahar 6, ☎ 21555, 21883, etwas vergammelte Zimmer mit und ohne Fenster, Fan oder ac, teilweise mit TV, Tel und Balkon.
*HOTEL TANJUNG PINANG***-***** ②, Jl. Pos 692, ☎ 21236, fax 21379, schon etwas heruntergekommen und muffig, aber o.k., zentral, einige Zimmer ohne Fenster, mit ac, TV, Heißwasser, große Freitreppe. So - Do bekommt man eine Suite für 3 Personen schon für 42 000 Rp. Viele Mädchen.
*WISMA RIAU***-***** ⑨, Jl. Yusuf Kahar 8, ☎ 21023, 21133, fax 24082, einige große Zim-

mer mit TV, ac, Heißwasser, Kühlschrank und Tel, relativ sauber, etwas laut, Zimmer nach hinten sind ruhig.

BINTAN ISLAND INDAH HOTEL (US$25 - 40) ⑭, Jl. Bakar Batu 22, ☎ 21946, fax 23616, meist kleine Zimmer, aber mit TV, ac, Tel, Heißwasser und Frühstück, sauber; Restaurant und Disco.

DYNASTY HOTEL (US$30 - 45) ⑬, Jl. Tambak 117, ☎ 23707, fax 23554, saubere, meist kleine Zi mit den üblichen Annehmlichkeiten, 2 große Deluxe-Zimmer auf der Dachterrasse.

SANNO BINTAN PERMAI HOTEL (US$35 - 60) ③, Jl. Pos 25, ☎ 27730, fax 22058, inkl. Frühstück, sauber, gepflegt und zentral, schöne Terrasse am Meer, große Zimmer, Deluxe Zimmer mit Aussicht aufs Meer. Von der (leider) ungenutzten Dachterrasse im 4. Stock kann man die phantastischen Sonnenuntergänge beobachten.

RIAU HOLIDAYS INDAH HOTEL (US$25 - 32) ①, Jl. Pelantar II, 53, ☎ 22644, 22573, Zi mit und ohne Teppich, relativ sauber und gepflegt, mit ac, TV usw., große Terrasse am Meer. Am Wochenende voll mit Singaporeanern.

SAMPURNA JAYA HOTEL (US$25 - 40) ⑪, Jl. Yusuf Kahar 15, ☎ 21555, fax 21269, z.T. große Zimmer, die Economy-Zimmer sind muffig, die Deluxe-Zimmer sind in Ordnung, aber klein, schöne Aussicht vom 4. Stock. Prostituierte.

PARADISE HOTEL (US$50 - 90), Jl. Potong Lembu 58 B, Seitenstraße der Jl. Bakar Batu, ☎ 21831, 24213, fax 22335, sehr gutes, luxuriöses Hotel etwa 1 km vom Zentrum; gutes Restaurant und schöne Aussicht vom 5. Stock (Lift).

PINANG ISLAND COTTAGE (US$40 - 50), Jl. Gudang Minyak 133, Komplek Rimba Jaya, ☎ 21307, fax 22099, 1,2 km vom Zentrum; Garten, Restaurant und Fahrradvermietung.

SHANGRILA HOTEL (US$30 - 60), Jl. Gudang Minyak, ☎ 22202, 1,2 km vom Zentrum, gut und sauber, Zimmer mit und ohne Fenster; Restaurant, Bar und Karaoke.

Etwas **weiter außerhalb** liegen:

HOTEL HALIM, (US$32 - 35), Jl. D. I. Panjaitan KM 6, ☎ 23719, sehr gut, sauber, nett eingerichtet, Restaurant.

RAINBOW HOTEL (US$35 - 45), Jl. D. I. Panjaitan KM 6, ☎ 21982, fax 25982, sehr gut und sauber; kleiner Garten, Restaurant und guter Service, kostenloser Shuttle-Service zum Laden an der Jl. Pasar Ikan 27 A, wo Zimmer gebucht werden können.

HOTEL KARTIKA (US$42 - 60), Jl. M. T. Haryono KM 3,5, ☎ 22446, fax 22518, klein, akzeptabel, kleiner Pool, Sauna, Fitness-Raum, Nachtclub und kleiner Garten, an der Hauptstraße.

GARDEN HOTEL (US$35 - 40), Jl. Gatot Subroto 282, KM 5, ☎ 22344, ☎ 22470, sehr gut und sauber; großer Garten und Restaurant.

BINTAN BEACH RESORT (US$45 - 85), Jl. Pantai Impian 1, etwa 3,5 km vom Zentrum, ☎ 23661, fax 23995, sehr gutes und sehr sauberes Luxushotel am Meer (kein Sandstrand), einige Zi mit Balkon, großer Pool, Restaurant, Bar, Disco, Tennis etc.

Wer länger bleiben will, sollte auch die Unterkunftsmöglichkeiten am Pantai Trikora (s.u.) mit in Betracht ziehen.

ESSEN

Gutes Essen bekommt man auf dem chinesischen Nachtmarkt in der Jl. Pos.

Nach Sonnenuntergang erwacht der unscheinbare Parkplatz neben der Bank Dagang Negara in der Jl. Teuku Umar zum *FOOD MARKET*, malaiische und chinesische Gerichte, Saté, Nasi Padang, Gado Gado, Chicken Rice und Austernomelette und Seafood im Angebot. Empfehlenswert.

SEAFOOD CENTRE, Teluk Keriting, Jl. Usman Harun 16, ☎ 23215, fax 21631. Eine reichliche Auswahl an Seafood bietet dieses außerhalb gelegene Restaurant. Es ist relativ teuer, ein mittelgroßer Garupa kostet 22 000 Rp. Zu erreichen mit Angkutan Kota 750 Rp.

Fotos - Riau: oben: Blick zurück nach Singapore; Mitte links: Tradition und Moderne auf Batam; Mitte rechts: von einem Banyanbaum überwachsener chinesischer Tempel auf Bintan; unten links: Fischerdorf; unten rechts: Bootsanlegestelle in Tanjung Pinang

BCA

大夫第

BAK KUT TE, Jl. Pos 66, billiges chinesisches Essen, u.a. Mee Pangsit.
RUMAH MAKAN PAGI SORE, Jl. Merdeka, indisches Frühstück, Roti Gula, guter Kaffee.
SAMPURNA INN, neben dem gleichnamigen Hotel, Jl. Yusuf Kahar 6, bietet gutes und preiswertes Padang Food.
SUNKIST und *FLIPPER* Restaurants, vor der großen Sporthalle an der Jl. Yusuf Kahar.

SONSTIGES

GELD – *BANK DAGANG NEGARA,* Jl. Teuku Umar 23, ☎ 21007, wechselt US$, DM, Sfr u.a., cash, aber keine Amex-TC, geöffnet Mo - Fr 8.00 - 16.00, Sa 8.00 - 12.30 Uhr.
BANK NEGARA INDONESIA, Jl. Teuku Umar 630, ☎ 21432, wechselt TC und cash, geöffnet Mo - Fr 8.00 - 16.15 Uhr.
Money Changer: *P.T. NETRA SERVICE JAYA*, Jl. Pos 2, ☎ 21384, nur für US$, RM und S$ bar, keine TC. Weitere in der Jl. Pos und der Jl. Merdeka.

IMMIGRATION – *KANTOR IMIGRASI*, Jl. J. A. Yani KM 4,5.

POST – *KANTOR POS*, Jl. Merdeka 17, geöffnet Mo - Sa 8.00 - 20.00, So 8.00 - 13.00 Uhr.

TELEFON – Für Internationale Telefonate, Fax, Telegramme und Telex ist *TELKOM* zuständig, Jl. Hang Tuah 11, ☎ 23183, fax 22115, tgl. 24 Std. geöffnet.
Ähnlichen Service bieten:
WARTEL KEMUSUK, Jl. Mawar 232, ☎ 219 00, fax 22467, geöffnet tgl. 6.00 - 24.00 Uhr.
WARTEL IRA, Jl. Bakar Batu 46, ☎ 24355, fax 22304, tgl. geöffnet 7.00 - 24.00 Uhr.
WARPOSTEL TRASCO MADYA, Jl. Tugu Pahlawan 1A, 1,5 km vom Zentrum, ☎ 24155, fax 24084, tgl. geöffnet 7.30 - 24.00 Uhr.

VORWAHL – 0771.

NAHVERKEHRSMITTEL

MINIBUSSE – *Angkutan Kota,* haben keinen festen Standplatz; man kann sie überall in der Stadt anhalten, nach der Richtung fragen und sein gewünschtes Fahrtziel nennen. Sie kosten 300 Rp *jauh/dekat,* also egal wie weit, d.h. nur bis 5 km; 5 - 8 km kosten 750 Rp.

MOTORRAD-TAXEN – *Ojek,* stehen an fast jeder Straßenecke und kosten etwa 500 Rp/km; zum Trikora Beach 20 000 Rp.

SAMPAN – kleine Boote, gerudert oder mit Außenborder, zu finden am Hafen oder am Pelantar I und II, kosten 1000 Rp p.P. zur Insel PENYENGAT oder über die Bucht nach SENGGARANG, falls man sie mit anderen Fahrgästen teilt; zwischen den Pelantar in der Stadt ebenfalls 1000 Rp p.P. Charter 20 000 Rp pro Std.

TAXI – z.T. uralte Limousinen, durchweg ohne Taxameter, stehen meist am Hafen und dort, wo sich die Jl. Merdeka zu einem breiten Platz erweitert; sie kosten 6500 Rp nur für die 500 m vom Hafen ins Zentrum (!), 6500 Rp für die 5 km vom Hafen/Zentrum zum Pelni-Office, zum Airport 15 000 Rp, zum Pantai Trikora 25 000 Rp; Charter kostet 15 000 Rp pro Stunde.

TRANSPORT

BUSSE – Der Bus Terminal liegt etwa 7 km außerhalb vom Zentrum an der Jl. D. I. Panjaitan, zu erreichen mit einem Minibus für 500 Rp. Tgl. zwischen 7.00 und 12.00 Uhr fahren ca. 5 Busse nach KIJANG, 700 Rp; tagsüber stündlich nach TG. UBAN, 2500 Rp; ca. 5 Busse zwischen 7.00 und 11.00 Uhr zum TRIKORA BEACH, 2000 - 2500 Rp.

FLÜGE – Der Kijang Airport liegt 12 km außerhalb der Stadt; Taxi ab Jl. Merdeka für 15 000 Rp.

Fotos - Pulau Penyengat: oben: Moschee; unten: malaiische Kinder

MERPATI, Jl. Bintan 44, ☎ 21267, 22002, fax 21269, geöffnet Mo - Do + Sa 7.30 - 16.00, Fr 7.30 - 11.00, 13.30 - 16.00, So 7.30 - 14.00 Uhr. *SEMPATI*, Jl. Bintan 9, ☎ 21377, 21042, fax 22116, geöffnet Mo - Sa 7.00 - 16.00, So 7.00 - 11.00 Uhr.
SMAC, Jl. Jen. A. Yani KM 5, ☎ 22798, tgl. geöffnet 7.30 - 16.30 Uhr. SMAC fliegt Mi und Sa nach RANAI (P. Natuna), 184 000 Rp, Sa auch nach MATAK (P. Anambas), 84 000 Rp, außerdem nach BATAM und SINGAPORE.
Weitere Flüge: JAKARTA 195 000 Rp (SG nur über Pekanbaru; MZ Di, Fr und So direkt), PEKANBARU 98 000 Rp (MZ Mo, Do und Sa; SG tgl. außer Mo). Mehr Verbindungen mit allen innerindonesischen Airlines ab Batam.

SCHIFFE – *Pelni-Office*, Jl. Jen. A. Yani KM 5, ☎ 21513, fax 23427, geöffnet Mo - Do 8.00 - 12.00, Fr 8.00 - 11.30 Uhr.
Jeden zweiten Freitag fährt das Pelni-Schiff **KM. Rinjani** von Kijang, einem Hafen an der Ostküste von Pulau Bintan, nach DUMAI. Auf dem Rückweg ist sie am folgenden Sonntag wiederum in Kijang und fährt weiter über MUNTOK (P. Bangka) und JAKARTA nach SURABAYA, UJUNG PANDANG, BAU BAU, AMBON und SÜD-MOLUKKEN.
An jedem anderen Freitag (alle 2 Wochen) fährt die **KM. Umsini** nach DUMAI und am folgenden Sonntag über JAKARTA, SURABAYA und UJUNG PANDANG nach BALIKPAPAN, PALU, KWANDANG und MANADO.
Am selben Freitag wie die Umsini fährt die **KM. Binaiya** über die ANAMBAS- und NATUNA-Inseln nach BILITON und JAKARTA, am folgenden Fr fährt sie über KUALA ENOK nach Jakarta.
Preisbeispiele (Ekonomi / 1. Kl.):
DUMAI 22 000 / 71 000 Rp,
JAKARTA 39 000 / 142 000 Rp

Tickets für alle anderen Boote und Fähren bekommt man bei vier Agenten am Hafentor; weitere Agenten in der Jl. Pelantar I. Ein Sampan (200 / 300 Rp) ist erforderlich, falls die Schiffe draußen in der Bucht ankern.
SINGAPORE: 9.30, 9.45, 13.00 und 14.00 Uhr (2 Boote) tgl., 48 000 - 54 000 Rp, 2 - 3 Std.
JOHOR BHARU (Malaysia): tgl. ein Expressboot für 55 000 Rp.
PEKANBARU: tgl. gegen 11.00 Uhr, 28 Std., evtl. mit Zwischenstop in SELATPANJANG auf Pulau Tebingtinggi. Kostet nach Pekanbaru: Deck 25 000 / Kabine 32 000 Rp. Von Selatpanjang auch Boote nach Dumai.
TEMBILAHAN, am Sungei Indragiri: Di, Do und Sa, gegen 10.00 Uhr, Schnellboot in 4 - 5 Std., 55 000 Rp ab Pelantar II. Von Tembilahan auf dem Sungei Indragiri nach RENGAT; Speedboat 20 000 Rp, 5 Std. Von Rengat Bus nach Pekanbaru 4500 Rp. Oder von Tembilahan Schiff nach Jambi. Zum Unabhängigkeitstag (17. August) finden in vielen Orten am Sungai Indragiri spannende Bootsrennen statt.
PULAU SINGKEP: tgl. Expressboot in 3 Std. für 20 000 Rp nach DABO.
PULAU LINGGA: Anschlußboot von Dabo nach DAIK, 5000 Rp.
TELAGA PUNGGUR, P. Batam: halbstündlich ab 7.30 bis 17.00 Uhr, 7500 - 10 000 Rp. Damri-Bus für 750 Rp nach Sekupang bzw. Nagoya. JAMBI, unregelmäßig einmal die Woche, 25 000 Rp oder ab Selatpanjang (s.o.)
PANGKALPINANG, P. Bangka: Di und Fr 8.00 Uhr mit dem Luxus-Express-Boot **M.V. Bintan Permata** (ac) in 9 Std. für 51 500 Rp; das Schiff fährt weiter nach JAKARTA: insgesamt 22 Std. für 91 500 Rp.
Zuverlässige Infos zu allen Bootsverbindungen ab Tanjung Pinang bekommt man bei *OSAKA FERRY SERVICE*, Jl. Merdeka 43, ☎ 21829, nach Raymond Chin fragen.

Pulau Penyengat

ist eine kleine Insel von etwa 2 1/2 km² direkt vor Tanjung Pinang, auf der ausschließlich Malaien leben. Es gibt bisher noch keine Autos, aber einige Motorräder und Becak, und die Menschen sprechen Riau-Malaiisch, eine Art malaiische Hochsprache. Zu erreichen ist die kleine Insel für 1000 Rp mit einem Sampan (mit Außenborder), falls man diesen mit anderen Fahrgästen teilt; ansonsten Charter 3000 Rp *one way*.

Viele Bewohner der Insel sind Nachfahren der Sultane der mächtigen Dynastie Johore-Riau. Auf Pulau Penyengat befand sich im 18. Jahrhundert die wichtigste Stadt des Sultanats, das auf dem Höhepunkt seiner Macht den gesamten Riau-Lingga-Archipel, große Teile Sumatras sowie die heutigen malaysischen Staaten Johore und Pahang beherrschte. Bis 1819 gab es nur einen Sultan von Johore-Riau, dann schloß Großbritannien (Stamford Raffles) einen Vertrag über die Abtretung der Insel Singapore mit Sultan Hussein als rechtmäßigem Erben. Sein Bruder Abdul Rahman hatte den Thron widerrechtlich in Besitz genommen und paktierte offen mit den Holländern. 1824 wurde zwischen Großbritannien und Holland die Situation vertraglich geregelt. Hussein wurde Sultan in Johore, Abdul Rahman in Riau. Die Einflußsphären der Großmächte waren abgesteckt, das Sultanat Johore-Riau war auseinandergebrochen. Die Gräber der einstigen Sultane findet man auf der Insel Penyengat, die zu ihrem ursprünglichen, dörflichen Leben zurückgefunden hat.

Ein bequemer, mehrstündiger Rundgang könnte folgendermaßen aussehen: Man läßt sich am Bootsanleger an der Moschee absetzen und läuft auf dem rechten Weg hinauf zur alten Festung. Nach etwa 100 m trifft man auf die **Pulverkammer** aus dem 18. Jahrhundert, die eigentlich mehr an ein weißgetünchtes Gefängnis erinnert. Hier wurde das Schießpulver für die Kanonen der drei Befestigungsanlagen der Insel aufbewahrt. Kurz danach kommt man zur gepflegten **Grabstätte von Raja Abdurrahman**. Von der einst mächtigen **Festung** sind nur noch die Grundmauern und tiefen Gräben zu sehen, zwei alte Kanonen wurden aufgestellt, und die Aussicht über das Meer hinüber nach Tanjung Pinang und Pulau Bintan ist einmalig. Zurück auf dem Hauptweg biegt man nach rechts ab zum **Palast von Raja Ali**. 1992 wurden einige Gebäudeteile restauriert, darunter ein großer Torbogen. Folgt man dem Weg weiter hinunter an die Südküste der Insel, so erblickt man links die überdachten **Grabstätten von Raja Jaafar** und **Raja Ali**. Zurück auf dem Hauptweg gelangt man zu einem von mächtigen Baumwurzeln eingeschlossenen, zweistöckigen Gebäude, das leider wieder restauriert und damit wahrscheinlich den alten Charme verlieren wird. Am Meer angekommen, kann man nach rechts gehen und das im traditionellem Stil errichtete **Balai Adat**

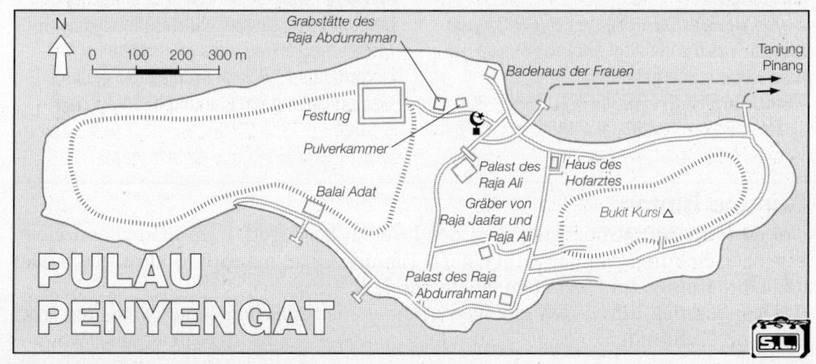

besichtigen. Folgt man dem Weg an der Südküste nach Osten, gelangt man zu den Ruinen des Palastes von **Raja Abdurrahman.**

Zurück über die Insel kommt man an den Ruinen des **Hauses des Hofarztes** vorbei zur **Königlichen Moschee** aus dem Jahr 1844. Das gelbgrüne Gebäude mit vier Minaretten und dreizehn Kuppeln wurde vollständig restauriert. In den holzgeschnitzten Schränken am Eingang der Moschee werden wertvolle alte Schriften aufbewahrt, in einem Glaskasten ist ein Koran aus dem 17. Jahrhundert zu bestaunen.

Die Strände auf Pulau Bintan

Mehrere schöne, einsame Strände liegen im Osten, Norden und Süden der Insel Bintan. **Pantai Berakit** im Nordosten kann mit einem Bus erreicht werden. **Pantai Trikora** ist einer der schönsten Strände. Man fährt auf einer neuen Straße Richtung **Kijang** und biegt bei Batu (Kilometerstein) 10 hinter der Moschee links ab. Von hier sind es weitere 18 km bis **Kawal**. Im Dorf geht es links ab, und nach weiteren 9 km ist man am Strand. Pantai Trikora besteht aus mehreren, hintereinanderliegenden Stränden (Pantai Trikora 1 - 4), wo man einige Übernachtungsmöglichkeiten findet. An verschiedenen Strandabschnitten muß man mit Moskitos und Sandfliegen rechnen.

Im gesamten Norden der Insel sollen Mega-Resorts à la Club Med, Banyan Tree usw. für Singaporeaner errichtet werden. Kleinere Anlagen sind bereits in Betrieb. Direkte Expressfähren verkehren von Teluk Sebong auf Pulau Bintan nach Singapore und haben die Fahrtzeit erheblich verkürzt.

ÜBERNACHTUNG

*YASIN'S GUESTHOUSE***, Pantai Trikora, Teluk Bakau KM 36, spartanische Holzhütten an einem schmalen Sandstrand, mit und ohne Mandi, 3 Mahlzeiten inbegriffen; ca. 100 m vorm Strand liegt eine winzige Insel; Maske, Schnorchel und Flossen sind kostenlos, die Wasserqualität ist aber nicht überzeugend.

*BUKIT BERBUNGA CHALETS (BBC)*** südlich von Yasin's verlangt ähnliche Preise, ist aber etwas runtergekommen.

TRIKORA BEACH RESORT (US$50 - 80), Jl. Teluk Bakau KM 37, ☎ 24454, fax 27784, luxuriöse Bungalowanlage mit Bar, Restaurant und kleinem Pool; Schnorchelausrüstung, Boote, Fahrräder, Jeeps und Motorräder können hier gemietet werden.

*TRAVELLER'S LODGE***, KM 42,5, nicht so gut wie

*MATAHARI GUESTHOUSE*** (inkl. 3 Mahlzeiten), Malang Rapat KM 43, an einem schmalen weißen Sandstrand, einfache, saubere und nett eingerichtete Hütten mit Moskitonetzen, ein deutsch-indonesisches Unternehmen. Soll im Frühjahr 96 nach Galang Batang am Gunung Kijang verlegt werden.

Gunung Bintan

Um den mit 360 m höchsten Berg der Insel zu besteigen, muß man zuerst einen Bus nach **Sekuning** an der Straße nach Tanjung Uban nehmen. 3 km südlich liegt das Dorf **Kapur**. Im Dorf nach einem Guide fragen.

Der Aufstieg durch den einzigen erhaltenen tropischen Regenwald der Insel dauert 2 - 3 Stunden.

Kampung Senggarang

Auf der gegenüberliegenden Seite der Bucht von Tanjung Pinang liegt Senggarang. Sampan kosten 1000 Rp und fahren ab Anlegestelle Jl. Pelantar II. Das Wasserdorf wird seit vielen Generationen zu 80% von Chinesen bewohnt. Am Ende des Plankenwegs, der auf das Festland führt, findet man rechts einen kleineren chinesischen Tempel. Geht man 50 m nach links, kommt man zu drei großen Banyan-Bäumen mit einem dazwischenstehenden, alten, chinesischen Haus, das jetzt als Tempel genutzt wird. 300 m weiter steht eine riesige chinesische Tempelanlage, die der Göttin Kuan Yin gewidmet ist, ein beliebtes Ausflugsziel der Besucher aus Singapore.

Wer eine sehr extravagante Unterkunft sucht, kann im Wasserdorf im *Wisma Senggarang Jaya - Kelong Resort* (US$45), ☎ 23921, fax 24401, übernachten. Alle Zimmer mit ac, Hotelbar etc. Das hell erleuchtete Gebäude mit der hohen Leuchtreklame ist von den diversen Bootsstegen in Tanjung Pinang auf der anderen Seite der Bucht gut zu sehen.

RIAU

Pulau Mapur

Die 17 km lange und 5 km breite Insel hat ca. 300 Einwohner und noch viel unberührte Natur: Dschungel, Höhlen, Sandstrände und Korallengärten. Wohnen kann man in *Ronny's Guesthouse**-**im Nordwesten der Insel. Man erreicht die Insel mit einem täglichen Boot ab Kijang, 2500 Rp, 2 1/2 Std, Abfahrt jeden Morgen ab Barek Motor, südlich der Pelni-Anlegestelle.

Pulau Batam

Batam – eine Insel im Aufbruch – riesige Bulldozer schlagen Schneisen in die Wälder, um das hervorragende Straßennetz zu erweitern und neue Gebiete zu erschließen. Strom- und Telefonkabel werden verlegt, Sümpfe trockengelegt und dschungelbedeckte Berge in Golfplätze verwandelt. Der riesige Industriepark mitten auf der Insel, nur einer unter vielen, scheint aus einer anderen Welt zu stammen – hier hat sich die arbeitsintensive Industrie aus aller Welt angesiedelt: Philips, Shimano, Epson, Thompson, Bayer, Gold Star, Panasonic, JVC, ICI ... – umgeben von den Gemeinschaftsschlafquartieren und Häusern der Arbeiter, die für einen Bruchteil des Lohnes arbeiten, der in Singapore gezahlt werden muß. Die Menschen stammen aus allen Landesteilen Indonesiens, vor allem aus den überbevölkerten Städten wie Jakarta. Der alte Banyanbaum an der Abzweigung zum Industriepark, der von den Kettensägen verschont blieb, scheint die einzige historische Dimension an diesem Ort zu bilden. Alles andere ist durch Arbeitszeit und -verträge geregelt. Man bleibt, um Geld zu verdienen, auch wenn es kaum mehr als 4000 Rp pro Tag sind.

Auch einige hundert Expats, d.h. weiße Führungskräfte, die den Vorteil besserer Wohnquartiere und höherer Mobilität genießen. Singapore liegt schließlich in Sichtweite vor der Tür, und wer sich nicht mit den sehr basisorientierten Vergnügungen der Insel zufriedengeben möchte, flieht in den wohlhabenden Nachbarstaat, dem großen Vorbild, dem es innerhalb weniger Jahre nachzueifern gilt. Schon stehen die ersten Glas-Beton-Paläste, protzige Banken und Verwaltungsge-

bäude. Resorts, Golfclubs und Hotels hoffen auf den Singapore Dollar, der vor allem am Wochenende für großen Umsatz sorgt. Glücksritter versuchen von dem großen Geld etwas abzubekommen, die Prostitution blüht, und ein endloser Schwarm legaler und illegaler Taxis durchkreuzt auf der Suche nach Fahrgästen die Insel.

Ab und an sieht man sie noch, kleine Fischerdörfer versteckt in schwer zugänglichen Buchten, denen der Ruf von Piratennestern nachhängt. Was mögen die Menschen dort über die Entwicklung denken, oder haben sie ihre Möglichkeiten bereits erkannt, ihre Claims abgesteckt und neue Einkommensquellen erschlossen?

Nagoya

Batam ist die Abkürzung von Batu Ampar. Die Insel ist visafreier Ein- und Ausreiseort und neben Tanjung Pinang der wichtigste Verkehrsknotenpunkt im Riau-Archipel. Der Hauptort der Insel heißt Nagoya (oder Batam Center), eine neue Stadt, die noch einen unfertigen Eindruck macht. Hier findet man Geschäfte, Kinos und teure Hotels. Batam Center erreicht man per Bus (Colt oder Bemo gibt es nicht), 800 Rp von Sekupang, dem wichtigsten Fährhafen der Insel. Boote in alle Richtungen sind häufig genug, so daß man nur wenige Stunden auf Batam zu bleiben braucht, denn Sehenswürdigkeiten gibt es nicht, und Preise sind für indonesische Verhältnisse sehr hoch.

Nach Möglichkeit sollte man die Ein- oder Ausreise von / nach Singapore an Samstagen sowie Sonn- und Feiertagen vermeiden, wenn Singaporeaner und Malaysier in Scharen auftreten und stundenlanges Schlangestehen und Gedrängel bei der Paßkontrolle verursachen.

ÜBERNACHTUNG

Wer sich die durchweg teuren Hotels der Insel nicht leisten kann, sollte sich bei Taxifahrern erkundigen, die einige private Homestays** kennen. Immer nach Discount fragen, an Wochentagen bis zu 40%.

HOTELS – Nagoya: Preise in S$ angegeben:
BUKIT MUTIARA HOTEL (S$55 - 65), Jl. G. Bromo, Nagoya, ☎ 458481, fax 456234, angenehme Zimmer mit ac, TV und tel, guter Service.
NEW HOLIDAY HOTEL (ab S$85), Jl. Iman Bonjol, Nagoya, ☎ 459308, fax 459306, neues, modernes Hotel, zentral gelegen, Swimming Pool, mehrere Restaurants.
BATAMJAYA HOTEL (ab S$45), Jl. Imam Bonjol, Nagoya, ☎ 458707, fax 458057, mit kleinem Swimming Pool, an der Hauptstraße, Zimmer nach hinten ruhig.
NAN TONGGA VIEW HOTEL (ab S$95), Jl. Raja Ali Haji, Jodoh, an der Uferstraße von Nagoya, ☎ 459796, fax 459670, 136 Zimmer mit ac, TV, Minibar usw. Aus den oberen Stockwerken gute Sicht auf die Skyline von Singapore.
NAGOYA PLAZA HOTEL (ab S$125), Jl. Imam Bonjol, Nagoya, ☎ 459888, fax 457880.

Sekupang: *HILLTOP HOTEL* (ab S$100), Jl. Ir. Sutami 8, Sekupang, ☎ 322482, fax 322211, mit Pool.

Resorts am Strand: *TURI BEACH RESORT* (ab US$85), Batu Ampar, ☎ 321543, fax 323740, Bungalows im balinesischen Stil, großer Swimming Pool, Bars, Restaurants, Sauna, Tennis, Wassersport und vieles mehr wird geboten.
NONGSA BEACH COTTAGES (ab US$60), Nongsa, ☎ 422652.

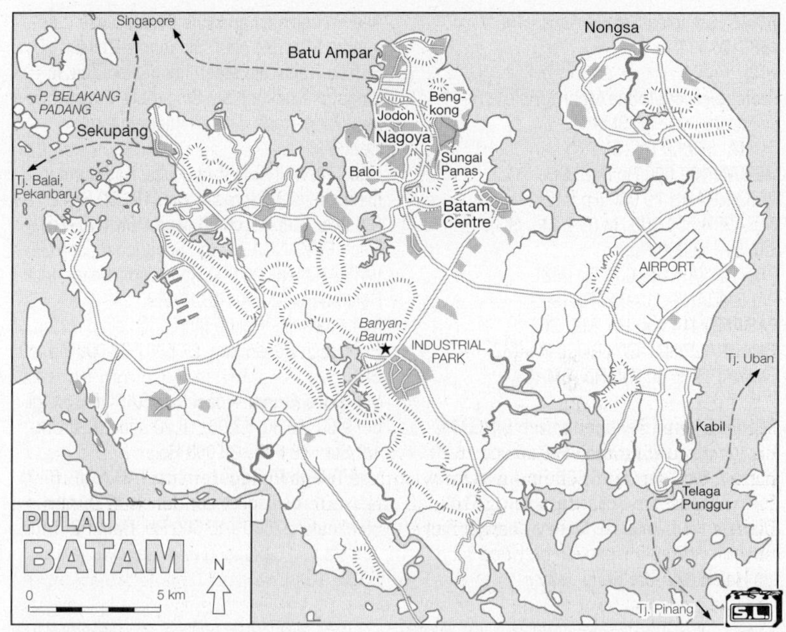

BATAM FANTASY RESORT (ab US$55), Tanjung Pinggir, Sekupang, ☎ 322825, fax 322850.

ESSEN

PURI GARDEN, Jl. Teuku Umar, riesiges Restaurant in Nagoya.
GOLDEN PRAWN SEAFOOD, Bengkong (nordöstlich von Nagoya), großes Seafood-Restaurant, ins Meer gebaut, mäßige Preise.
FLAMINGO LOUNGE mit Oldies-Life Music im New Holiday Hotel, Nagoya. Ab 17.00 Uhr Happy Hour.
Die großen Fast Food-Ketten sind fast alle in den Geschäftsstraßen Nagoyas vertreten.

SONSTIGES

GELD – *BCA*, Jl. Imam Bonjol; *BANK DAGANG NEGARA*, Jl. Imam Bonjol, in der gleichen Straße auch mehrere Money Changer.

TAXIS – das schnellste Verkehrsmittel der Insel. Preisbeispiele in S$ ab Nagoya: BATU AMPAR S$5, SEKUPANG S$12, KABIL S$13, AIRPORT S$13, TELEGA PUNGGUR S$20.

VORWAHL – 0778.

TRANSPORT

FLÜGE – Am Airport Hang Nadim findet man nur Taxis; von / nach SEKUPANG 20 000 Rp. Es gibt am Airport keine Möglichkeit zum Geldtauschen.
GARUDA, Pesero Bldg., 2nd Fl., ☎ 458510, Batu Ampar.
MERPATI, Jodoh Square, Blok A # 1, Nagoya, ☎ 457288.
SEMPATI, Jl. Imam Bonjol, Gedung Astek, Nagoya, ☎ 451612, fax 453301.
BOURAQ, Jl. Raden Patah 6, Nagoya, ☎ 458344.

SMAC, Complex Sakura Aspan 10, ☎ 458710.

Preisbeispiele (ohne Mehrwertsteuer):
DABO 76 000 Rp (SMAC),
DUMAI 85 000 Rp (SMAC),
MEDAN 169 000 Rp (MZ, SG),
PEKANBARU 79 000 Rp (MZ),
JAKARTA 204 000 Rp (GA, MZ, SG),
JAMBI 110 000 Rp,
PONTIANAK 148 000 Rp (MZ),
PALEMBANG 113 000 Rp (MZ),
PADANG 114 000 Rp (MZ, SG),
PANGKALPINANG 159 000 Rp (MZ),
SINGAPORE 60 000 Rp (SMAC).

SCHIFFE – von **Sekupang** nach SINGAPORE: tgl. bis zu 25x zwischen 8.20 und 18.20 Uhr, 1/2 Std., um die 25 000 Rp – man kann auch in Singapore Dollar bezahlen (S$16). Ticketverkauf, Imigrasi, Money Changer (nur bar), ein Restaurant und ein *duty free shop* am Hafen bzw. der Ferry-Jetty.

Alle Fähren sind absolute Luxusklasse (bequeme Sitze, ac etc.). Singapore-Zeit ist 1 Stunde weiter als West-Indonesien-Zeit. In Singapore Ankunft am Singapore Cruise Center (World Trade Center); hier ein Money Changer.
Nach TANJUNG BALAI (Pulau Karimun): tgl. mindestens 2 Expressboote, 18 000 Rp, 2 Std.; von hier Anschluß nach PEKANBARU.
Nach PEKANBARU: tgl. Speedboat nach SELATPANJANG 20 000 Rp, 3 Std., weiter nach Pekanbaru 12 500 Rp, 12 Std.
Mehrmals die Woche fährt auch ein direktes Boot nach Pekanbaru, 27 500 / 30 000 Rp, 40 Std.
Von **Batu Ampar** – nach SINGAPORE 5x tgl. um 9.00, 10.30, 13.30, 16.20 und 19.30 Uhr; 1/2 Std., 18 000 / 22 000 Rp.
Von **Telaga Punggur** – nach TANJUNG PINANG halbstündlich ab 7.30 bis 17.00 Uhr in 50 Minuten, 7500 - 10 000 Rp. Damri-Bus für 750 Rp von Sekupang bzw. Nagoya, Taxi S$20.

Lingga-Archipel

Pulau Singkep

Die südliche Insel des Lingga-Archipels birgt mit Bangka und Belitung (Süd-Sumatra) die bedeutendsten Zinnvorkommen Indonesiens. Ein Zinngürtel zieht sich von Thailand über die malaiische Halbinsel bis hier herunter. Schon vor hundert Jahren begannen die Kolonialherren mit der Ausbeutung dieser Schätze, und Holländer waren auch an RITIN beteiligt, der Riau Tin Mining Co., die erst vor einigen Jahren ihre Tore schließen mußte. Zum einen hatte die indonesische Regierung die Zinnausfuhr des Landes auf tausend Tonnen jährlich beschränkt, da die Weltmarktpreise gefallen waren; weiterhin war die Ausbeute auf Singkep ebenso wie auf der nahen Pulau Cebia (Pulau Tujuh) in letzter Zeit nicht ergiebig genug gewesen, so daß die Förderung auf diesen zwei Inseln 1986 eingestellt wurde. Zurück blieben einige hundert Arbeitslose und ihre Familien, die inzwischen zum großen Teil nach Batam und anderen Inseln abgewandert sind. Hauptort der Insel ist **Dabo**, meist Dabosingkep genannt. Morgens am Hafen von Dabo bringen die Fischer ihre Beute an Land, meist Haie und Rochen.

Zinnabbau beschränkte sich nur auf einen sehr kleinen Teil der Insel, die also noch genug landschaftliche Schönheiten bietet. Öffentliche Transportmittel, d.h. Minibusse, sind allerdings ziemlich selten, doch werden häufig Lifts auf Motorrädern angeboten. Ein schöner, kilometerlanger, weißer Sandstrand ist **Pantai Batu Perdaun** (= beblätterter Stein), 3 km südlich von Dabo.

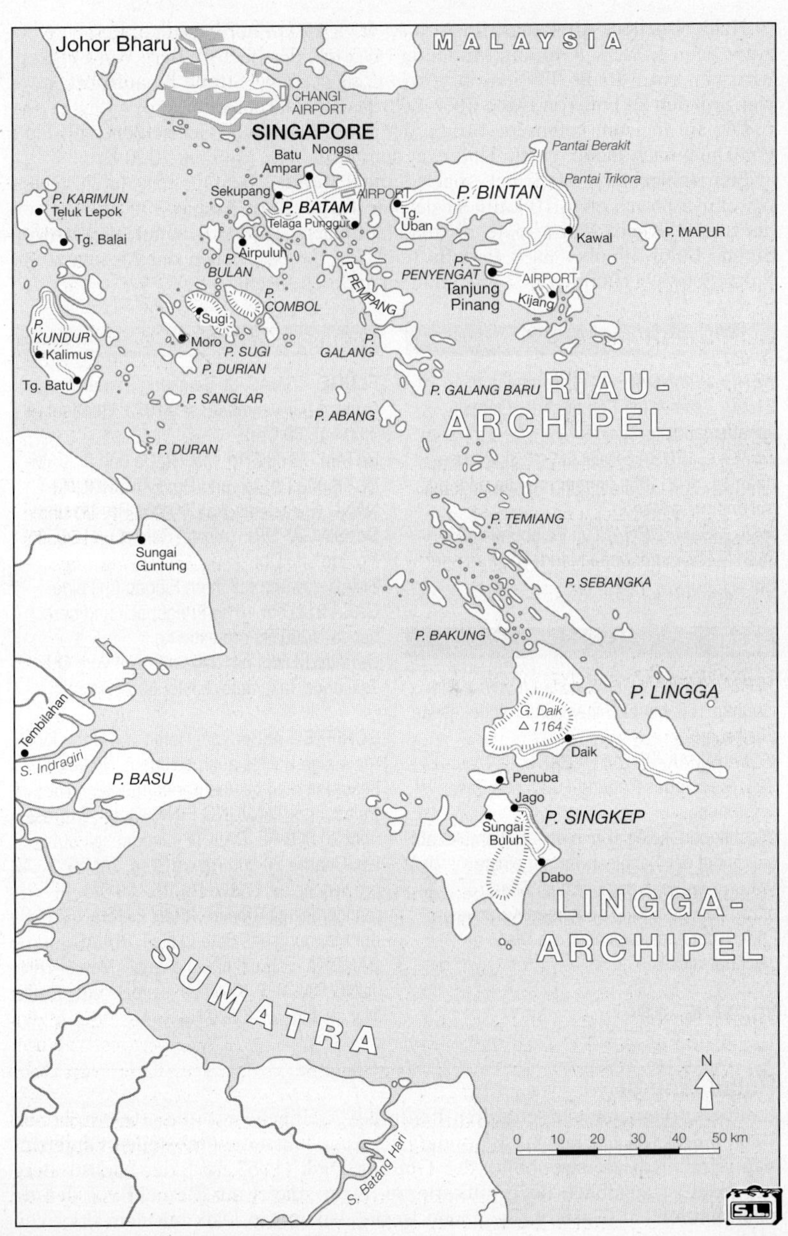
Johor Bharu
MALAYSIA
CHANGI
AIRPORT
SINGAPORE
Batu
Ampar
Nongsa
Pantai Berakit
Pantai Trikora
Sekupang
P. BATAM
AIRPORT
P. BINTAN
Tg.
Uban
Telaga Punggur
P. KARIMUN
Teluk Lepok
Tg. Balai
Airpuluh
Kawal
P. MAPUR
P.
BULAN
P. REMPANG
P.
PENYENGAT
AIRPORT
Tanjung
Pinang
Kijang
P.
COMBOL
Sugi
P.
KUNDUR
Kalimus
Moro
P. SUGI
P.
GALANG
P. DURIAN
Tg. Batu
P. SANGLAR
P. GALANG BARU
RIAU-
ARCHIPEL
P. ABANG
P. DURAN
P. TEMIANG
Sungai
Guntung
P. SEBANGKA
P. BAKUNG
P. LINGGA
G. Daik
1164
Tembilahan
Daik
S. Indragiri
P. BASU
Penuba
Jago
P. SINGKEP
Sungai
Buluh
Dabo
LINGGA-
ARCHIPEL
SUMATRA
N
0 10 20 30 40 50 km
S. Batang Hari
S.L.

RIAU

Heiße Quellen, **Air Panas**, findet man etwa 15 km nordwestlich; der Weg beginnt beim E-Werk. **Gunung Muncung** (475 m), der höchste Berg von Singkep, wird von einer Radio-TV-Station gekrönt, zu der eine Straße hinaufführt; etwa vier Stunden zu Fuß von Dabo über mehr als 30 Haarnadelkurven.

Die am meisten befahrene Straße der Insel, was nicht viel heißen will, läuft von Dabo nach **Jagoh**, einem Hafen an der Nordküste, Minibus 2000 Rp.

Sehr schlecht ist die Strecke nach **Sungai Buluh**, ebenfalls ein Hafen an der Nordküste. Nach etwa 10 km liegt der **Air Terjun Batu Ampar** 500 m links von der Straße. Kleine Motorboote, die man lautmalend *Pompong* nennt, tuckern von Sungai Buluh hinüber nach **Penuba** (ein *Guesthouse** neben der Moschee) auf Pulau Selayar (1000 Rp, 1/2 Std.) und zu anderen Inseln.

ÜBERNACHTUNG

PENG. SRI INDAH-***, Jl. Perusahaan 10, ☎ 21099, Zimmer mit Fan oder ac, Gemeinschaftsmandi.
PENG. GAPURA SINGKEP-***, Jl. Perusahaan 14, ☎ 21136, Zimmer mit Fan oder ac, mit und ohne Mandi.
*PENG. SAMPURNA***, Jl. Pelabuhan 168, ☎ 21144, Zimmer ohne Mandi, mit Fan oder ac.

ESSEN

RUMAH MAKAN GONCANG LIDAH, Jl. Pelabuhan 168, bietet chinesische Küche, etwas überteuert.
RUMAH MAKAN KARYA BARU, Jl. Merdeka 295, preiswertes Padang-Food, das Essen ist in Ordnung.
„Nachtleben" spielt sich in der Jl. Pramuka ab: hier findet der Nachtschwärmer einige Warung, wo man gemütlich im Freien sitzen kann, ein Kino und einen Karaoke-Laden, der samstags auch als Disco bezeichnet wird.

VORWAHL – 0776.

TRANSPORT

FLÜGE – *SMAC*, Jl. Belakang Pemandian, hinterm Schwimmbad, ☎ 21073. Geöffnet tgl. 7.00 - 16.00 Uhr:
BATAM, 76 000 Rp, Mo, Di, Do und Fr; JAMBI, 58 000 Rp, Mo und Do; PANGKAL PINANG (Pulau Bangka), 80 000 Rp, Mo und Do; SINGAPORE (Airport Seletar), 112 000 Rp, Mo und Do.
SMAC gewährt auf ihren Flügen (mit einer CASA 212) nur 10 kg Freigepäck und berechnet ca. 1000 Rp pro extra kg.
Der Airport liegt nur 3 km nördlich vom Ort, Taxi ohne Taxameter kostet 5000 Rp.

SCHIFFE – Außer vom Hafen von Dabo fahren einige Schiffe auch ab Jagoh; Tickets bekommt man bei mehreren Agenten in der Jl. Pelabuhan. TANJUNG PINANG: tgl. Expressboot 20 000 Rp. DAIK (P. Lingga): tgl. 5000 Rp. Charter 20 000 Rp ein Weg. JAMBI: 3 - 4x pro Woche für 17 500 Rp, 15 - 30 Std., manchmal mit Stop in NIPAH PANJANG an der Mündung des Batang Hari. PULAU BANGKA: unregelmäßig einmal / Monat. TANJUNG BALAI, P. Karimun: einmal / Wo., meist Mo, ab Jagoh, 16 500 Rp.

Pulau Lingga

Landschaftlich eine der schönsten Inseln des Archipels, mit über 1000 m hohen Bergen und viel Dschungel. Besonders ins Auge fallen die drei steilen Gipfelzinnen (eine niedrige, zwei hohe) des **Gunung Daik** (1163 m) – der höchste Berg der Insel ist angeblich noch unbestiegen, nicht zuletzt aus Respekt vor den da oben hausenden Geistern. Spannend ist die Ankunft in Daik mit dem Boot von

Insel im Lingga-Archipel

Singkep, ein vorsichtiges Manövrieren einen schmalen Fluß (Sungai Daik) hinauf, der an seiner Mündung nur bei Flut zu überwindende Schlammbänke ins Meer hinausschiebt. **Daik**, häufig Daik Lingga genannt, Hauptort der Insel, ist nichts weiter als ein Dorf aus Pfahlbauten im Schlamm der Mangroven, mit nur einer Straße, auf der neben einigen Motorrädern etwa ein Dutzend Becak auf und ab fahren.

Folgt man dem befahrbaren Weg Richtung Gunung Daik, sieht man nach 1 1/2 km eine über 100 Jahre alte **Moschee** und die Gräber des Sultans Mahmud I. (1761 - 1812) und seiner Familie.

Nochmals 1 1/2 km weiter findet man rechts in der Strauchwildnis das ehemals prächtige **Mausoleum** des Sultans Abdul Rahman (1812 - 1830) und die Gräber seiner Nachfolger Sultan Mahmud II. (1830 - 1851), Sultan Sulaiman (1851 - 1883) und ihrer engsten Familienmitglieder. Die Stätte thront auf einem Hügel mit den Zinnen des Gunung Daik als malerische Kulisse.

4 km weiter erreicht man die schon ziemlich von der Vegetation zurückeroberten Ruinen eines Sultanpalastes. Nach starken Regenfällen steht hier alles knietief unter Wasser.

ÜBERNACHTUNG UND ESSEN

Ein *PENGINAPAN** im Zentrum des Dorfes, außerdem ein *GUESTHOUSE**** (inkl. 3 Mahlzeiten) etwa 2 1/2 km außerhalb; weiterhin zwei Rumah Makan im Dorf.

TRANSPORT

Expressboote fahren täglich für 5000 Rp nach DABO (P. Singkep) und ab hier tgl. für 20 000 nach TANJUNG PINANG, einmal im Monat geht es direkt nach JAMBI.

JAMBI UND BENGKULU

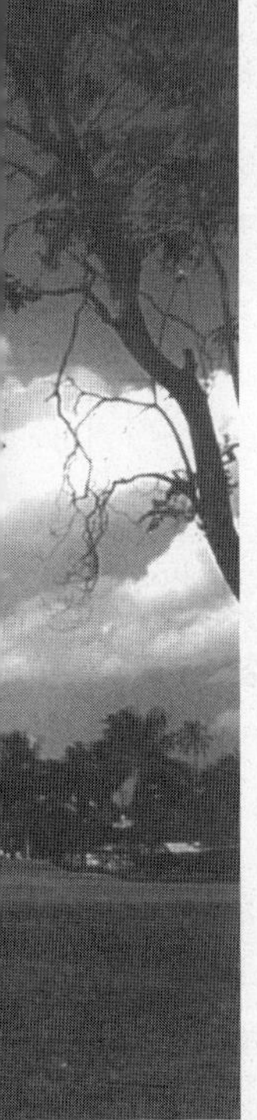

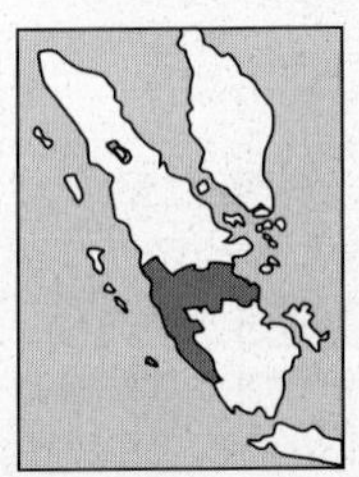

Jambi

Etwa 2,4 Millionen Menschen (1995) leben in der 44 800 km² großen Provinz, die mit Riau die geringste Bevölkerungsdichte Sumatras aufweist. Allerdings konzentrieren sich die Siedlungen entlang der Ufer des Batang Hari, so daß die Küstensümpfe und Gebirgsdschungel nahezu unbewohnt bleiben. Noch 45 % der Provinz sind bewaldet, extrem wichtig für den Wasserhaushalt dieser Gegend, und es existieren Pläne, die Holzindustrie stark einzuschränken. Leider ist es bisher nur bei Plänen geblieben.

Immerhin hat Jambi einen großen Anteil an Sumatras größtem Nationalpark (Kerinci Seblat). Das dicht besiedelte Tal um den Danau Kerinci liegt wie eine Enklave innerhalb des Reservats, landschaftlich der reizvollste Teil der Provinz.

Jambi

Die Hauptstadt der Provinz heißt ebenfalls Jambi, auf alten Landkarten mitunter *Telanaipura*. Ihre 300 000 Einwohner – Javaner, Sundanesen, Bugis, Chinesen u.a. – sprechen eine eigene Sprache. Die Stadt liegt an Sumatras längstem Fluß,

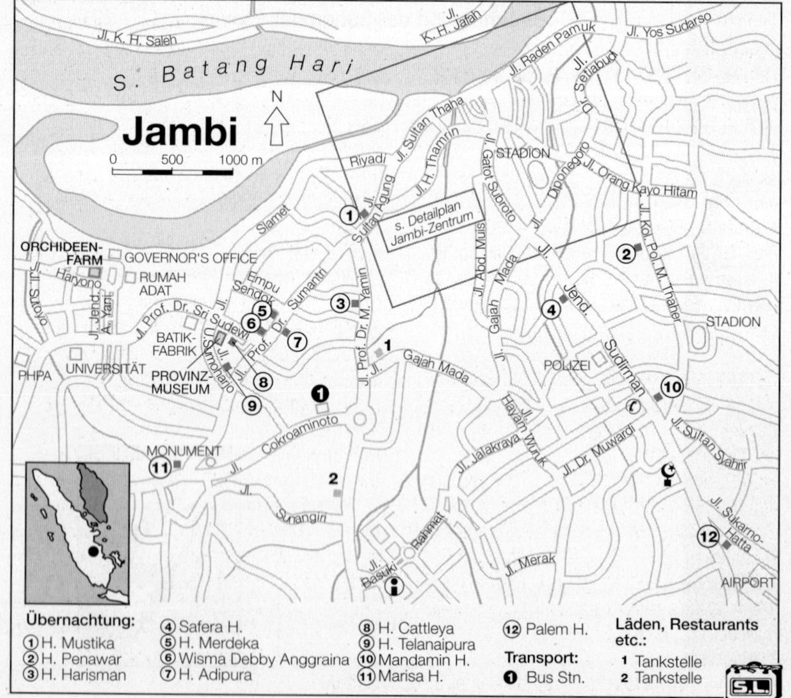

dem Batang Hari, auf dem man mit kleinen Booten Touren unternehmen kann. Ein großer, interessanter Markt befindet sich an der Anlegestelle der Passagierschiffe, westlich der Mündung des Sungai Asam in den Batang Hari.

Einige Ausflugsziele liegen im Westen der Stadt: Gut bestückt ist das **Provinz-Museum**, Jl. Urip Sumoharjo 1, ☎ 26845, geöffnet Mo - Do 7.30 - 14.00 Uhr, Sa bis 13.00 Uhr, So 9.00 - 14.00 Uhr, Fr und feiertags geschlossen. Ganz in der Nähe kann man bei der Herstellung von **Jambi-Batik** zuschauen und diese natürlich auch einkaufen, *Batik PKK,* Jl. Prof. Dr. Sri Sudewi 18 A, ☎ 24743.

Nicht weit vom Kantor Gubernur am Ende der Jl. J. A. Yani steht der Nachbau eines traditionellen Hauses, **Rumah Adat Jambi**, in dem kleinen Park Taman Mayang Mangurai. In der nahen Jl. M. T. Haryono ist in einem schönen Park (2,5 ha) mit Fischteichen eine **Orchideen-Farm** eingerichtet, wo bis zu 170 verschiedene Orchideen-Arten gehegt werden.

ÜBERNACHTUNG

UNTERE PREISKLASSE – *PENGINAPAN ANDA JAYA** ⑬, Jl. Sultan Thaha 135, ☎ 25839, mit und ohne Mandi, mit Fan, laut und sehr einfach.
*HOTEL MUTIARA** ⑱, Jl. Sultan Agung 21, ☎ 23595, nicht allzu saubere Zimmer mit Mandi und Fan.
*HOTEL MUSTIKA*** ①, Jl. Sultan Agung 81, ☎ 24672, mit Fan und Mandi, sehr einfach.
*HOTEL PENAWAR**-**** ②, Jl. Col. Pol. M. Thaher 55, ☎ 22650, mit Fan oder ac und TV, sehr gut, sauber und ruhig, mit mehreren kleinen Innenhöfen.
*WISMA DEBBY ANGGRAINA**-**** ⑥, Jl. Prof. Dr. Sri Sudewi 1, ☎ 25187, kleines, familiäres Hotel, nur 8 Zimmer mit Fan oder ac und TV, relativ sauber, etwas heruntergekommen.

MITTELKLASSE – *HOTEL SEDERHANA**-***** ⑮, Jl. Dr. Sutomo 46 A, ☎ 24365, zentral gelegen, relativ saubere Zimmer mit Fan oder ac, TV; mit Balkon.
*HOTEL SURYA***-***** ⑯, Jl. Husni Thamrin 48, ☎ 26558, dunkle, ziemlich vergammelte Zimmer mit ac, TV, Tel; laut und zentral, mit Restaurant.
*HOTEL MAKMUR**-***** ⑭, Jl. Husni Thamrin 14, ☎ 23226, relativ saubere Zimmer mit Fan oder ac, TV, Heißwasser, Badewanne und Kühlschrank.
*MAYANG SARI HOTEL***** ⑳, Jl. Camar 3, ☎ 20695, fax 20889, saubere Zimmer mit ac, TV, Tel und Kühlschrank, aber ohne Fenster.
HOTEL MATAHARI (US$14 - 55) ㉑, Jl. Sultan Agung 67, ☎ 24610, ein 5stöckiges 1-Stern-Hotel, gut und sauber, mit Fan oder ac etc.; mit Restaurant.
*SAFERA HOTEL***-***** ④, Jl. Jen. Sudirman 8, ☎ 26271, fax 32133, preiswert für den gebotenen Standard, sauber und akzeptabel.
*MANDAMIN HOTEL**** ⑩, Jl. Jen. Sudirman 24, ☎ 20150, einfache, aber saubere Zimmer ohne Fenster, mit Frühstück.
*PALEM HOTEL**-***** ⑫, Jl. Sukarno-Hatta 45, ☎ 26992, nur 500 m vom Airport, sauber und gut, mit großem Garten und Orchideen-Zucht.
HOTEL HARISMAN (US$17 - 55) ③, Jl. Prof. Dr. Mohd. Yamin, ☎ 24677, mit Pub und Restaurant, etwas vergammelt.
*HOTEL CATTLEYA***** ⑧, Jl. Katelia 1/22, ☎ 22256, Seitenstraße der Jl. Prof. Dr. Sri Sudewi; kleines, familiäres Hotel, ruhig gelegen, ziemlich sauber, mit ac und TV, inkl. 3 Mahlzeiten.
*HOTEL MERDEKA**-***** ⑤, Jl. Prof. Dr. Sumantri 33, ☎ 24570, etwas vergammelt und mit Prostituierten.
*HOTEL ADIPURA***** ⑦, Jl. Prof. Dr. Sumantri 119, ☎ 22873, fax 32869, kleines, sauberes und gutes Hotel, komfortabel ausgestattet.
*HOTEL TELANAIPURA**-***** ⑨, Jl. Prof. Dr. Sumantri 125, ☎ 23827, Fan oder ac und TV, sauber und o.k., mit Restaurant und kleinem Garten.

*MARISA HOTEL***-***** ⑪, Jl. Kol. Abun Jani 12, ☎ 23533, sauber und relativ ruhig, Fan oder ac, TV, Tel, Kühlschrank und Heißwasser, mit Balkon und Garten.

OBERE PREISKLASSE – *HOTEL ABADI* (US$25 - 110) ⑰, Jl. Gatot Subroto 92, ☎ 25600, fax 23065, etwas verblichener Glanz, soll aber ausgebaut und modernisiert werden; zentral gelegen.
HOTEL ANGSO DUA ⑲, Jl. Gatot Subroto, zentrales 9stöckiges 3-Sterne-Hotel mit Pool.

ESSEN

Abends stehen einige Warung an der Jl. N. M. Assaat; preiswerte Rumah Makan befinden sich am Oplet Terminal und ein Obstmarkt in der Jl. Cipto.
Gutes Padang-Food bekommt man im *RUMAH MAKAN SAFARI,* Jl. Veteran 29, ☎ 31123.

SONSTIGES

GELD – *BNI,* Jl. Dr. Sutomo 20.
BDN, Jl. K. H. Wahid Hasyim 8.
BANK BUMI DAYA, Jl. Dr. Sutomo.

IMMIGRATION – *KANTOR IMIGRASI,* Jl. Sam Ratulangi 2, ☎ 23380.

INFORMATIONEN – *DINAS PARIWISATA,* Jl. Basuki Rahmat 11, ☎ 25330, geöffnet Mo - Do 7.00 - 14.00 Uhr, Fr bis 11.00 Uhr.

PHPA – Jl. Arief Rahman Hakim 10, 2. Stock, ☎ 26451.

POST – Jl. Sultan Thaha 5, geöffnet Mo - Sa 7.00 - 20.00, So und feiertags 8.00 - 14.00 Uhr.

TELEFON – *TELKOM,* Jl. Rd. Mattaher 2, tgl. 24 Std. geöffnet.
WARTEL MANDALA, Jl. Rd. Mattaher 43, ☎ 25233, tgl. 8.00 - 22.00 Uhr geöffnet.
WARTEL PALAPA, Jl. Sultan Agung 3, ☎ 23711, fax 33997, tgl. 7.00 - 24.00 Uhr geöffnet.
WARTEL SABANG, Jl. Orang Kayo Hitam 23, ☎ 33135, fax 32859, tgl. 8.00 - 23.00 Uhr geöffnet.
WARPOSTEL MAYANG, Jl. Jen. Sudirman 36, ☎ 33120, fax 32869, tgl. 8.00 - 23.00 Uhr geöffnet.

VORWAHL – 0741.

NAHVERKEHRSMITTEL

BOOTE – Am Ende der Jl. Sutami an der Mündung des Sungai Asam findet man viele kleine Boote für Touren auf dem Batang Hari: kleine überdachte **Speedboats** mit 40 PS kosten ca. 15 000 Rp pro Std. oder ca. 25 000 Rp für 2 Std.;
Etwas größer und langsamer sind die **Ketek**, mit 5 PS und ohne Dach, die ca. 5000 Rp pro Std. kosten; bis zu 10 Pers. haben darin Platz.

DOKAR – (= Sado) stehen an der Jl. Cipto im Zentrum; sie fahren nur kurze Strecken innerhalb der Stadt und nicht auf Hauptstraßen; Preis muß man aushandeln, etwa 500 Rp pro km. Für Ziele weiter außerhalb vom Zentrum kann man ein **Ojek** nehmen.

OPLET – Minibusse kosten 250 Rp, egal wie weit *(jauh - dekat)*; sie fahren ab zentralem Oplet Terminal auf diversen Rundkursen durch die Stadt und haben je nach Route unterschiedliche Farben: die Roten fahren zum Airport.

TAXI – stehen an der Jl. N. M. Assaat; es gibt sie mit und ohne ac; da sie nicht über ein Taxameter verfügen, muß man den Preis aushandeln; 1 Std. kostet ca. 7000 Rp, Minimum 2 Std.

TRANSPORT

BUSSE – Der Bus Terminal für Fernbusse, Simpang Kawat, liegt an der Jl. Cokroaminoto. *P. O. PALAPA* fährt nach PADANG, 13 Std.,

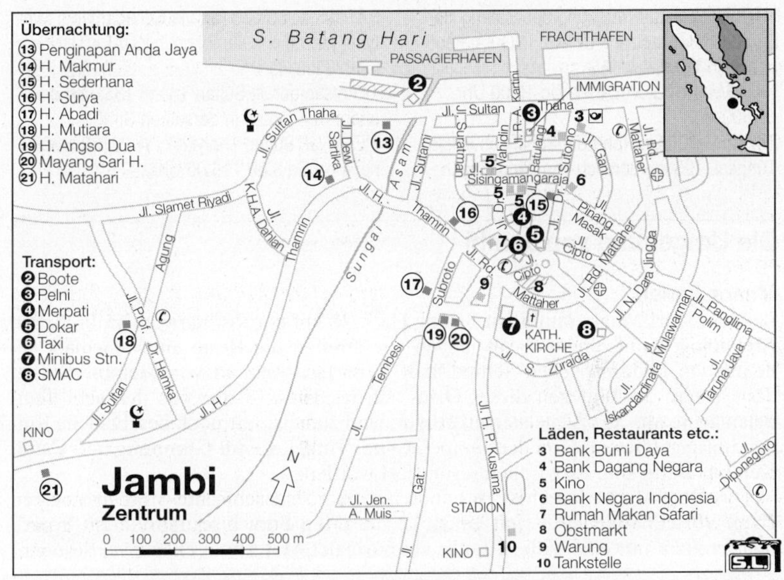

non ac 8500 Rp, Abfahrt 15.00 Uhr, ac 11 500 Rp, Abfahrt 16.00 Uhr; nach BUKITTINGGI nimmt man zum selben Preis ebenfalls einen dieser Busse, steigt aber in Padang Panjang in einen anderen Bus oder Minibus um, was im Preis enthalten ist. Nach SUNGAIPENUH am Kerinci-See fahren tgl. mehrere Direktbusse für 7500 Rp, die ca. 12 Std. unterwegs sind.

Weitere **Preisbeispiele:**
PALEMBANG 6000 Rp / ac 12 000 Rp;
TANJUNG KARANG 20 000 Rp / ac, WC 45 000 Rp;
JAKARTA 25 000 Rp / ac, WC 55 000 Rp;
MEDAN 25 000 Rp / ac 35 000 Rp.

FLÜGE – Der Sultan Thaha Airport liegt 6 km südöstlich vom Zentrum am Stadtrand. Ein Coupon-Taxi (ohne Meter, ohne ac) in die Stadt kostet 5500 Rp. Oder man nimmt von der Straße ein rotes Oplet, 250 Rp.
GARUDA / MERPATI, Jl. Dr. Wahidin 95, ☎ 22303, fax 22041; geöffnet Mo - Fr 7.30 - 21.00 Uhr, Sa, So, feiertags 9.00 - 14.00 Uhr.

Preisbeispiele:
JAKARTA 152 000 Rp,
PALEMBANG 52 000 Rp.
SMAC, Jl. Orang Kayo Hitam 26, ☎ 22804; geöffnet Mo - Fr 7.30 - 16.00, Sa bis 14.00 Uhr.
SMAC fliegt: Mo nach Singkep und nach Pekanbaru; Di und Fr über Rengat, Pekanbaru und Dumai nach Medan; Mi über Singkep, Batam, Tg. Balai Karimun und Dumai nach Pekanbaru; Do über Singkep und Batam nach Singapore, Seletar Airport.
RENGAT 81 900 Rp, PEKANBARU 113 800 Rp, MEDAN 197 400 Rp, DUMAI 175 600 Rp, SINGKEP 68 700 Rp, TG. PINANG 143 500 Rp, BATAM 125 900 Rp, SINGAPORE 197 600 Rp, TG. BALAI KARIMUN 167 700 Rp, PANGKALPINANG 156 700 Rp.

SCHIFFE – Die Anlegestelle der (kleinen) Passagierschiffe befindet sich am zentralen Markt, Jl. Sultan Thaha.
SINGKEP: 3 - 4x die Woche für 17 500 Rp, 15 - 30 Std., manchmal mit Stop in NIPAH

PANJANG an der Mündung des Batang Hari. Einmal im Monat zur PULAU LINGGA, häufiger nach TEMBILAHAN.
BATAM und TG. PINANG, Do 16.00 Uhr, 17 500 Rp.
Tgl. um 10.30 Uhr fährt ein Schiff von Kuala Tungkal, 125 km nördlich von Jambi, nach BATAM, ac 50 000 Rp, via Selatpanjang; Minibus (Travel) von Jambi nach KUALA TUNGKAL, 6000 Rp.
Tickets in der Jl. Sultan Thaha 135; und bei anderen Agenten in derselben Straße.
PELNI, Jl. Sultan Thaha 17, ☎ 22102, geöffnet Mo - Sa 8.00 - 16.00 Uhr.

Die Umgebung von Jambi

Muara Jambi

Bei dem Dorf Muara Jambi am Batang Hari, 28 km nordöstlich von Jambi, haben Archäologen auf einem 7 km langen Uferstreifen die Reste einer ehemals bedeutenden buddhistischen Tempelstadt freigelegt. Anhand von Steininschriften datiert man die Blütezeit dieses Ortes auf das 10. - 13. Jh. Von den acht Tempelanlagen, alle aus Ziegelsteinen erbaut, sind zumeist nur noch bescheidene Ruinen übrig geblieben. Drei der Tempel, **Candi Tinggi**, **Candi Gumpung** und **Candi Kembar Batu**, sind inzwischen restauriert worden.

Das Dorf Muara Jambi ist zu Lande nur über sehr schlechte Straßen zu erreichen. Vorteilhafter ist es, mit einem gecharterten Boot hinzufahren; ein Speedboat braucht nur eine halbe Stunde, ein normales Motorboot etwa zwei Stunden.

Die Ruinen von Muara Jambi

Die schon im Jahre 1820 am Ufer des Batang Hari entdeckten und 1936 zum ersten Mal freigelegten Tempelruinen sind wahrscheinlich die Überreste einer Stadt, die einst zum Sri Vijaya-Reich gehörte. Einige Archäologen vermuten sogar, daß sich hier die Hauptstadt des alten Hindureiches von Malayu befand, dem Vorläufer des Minangkabau-Reiches. Wie zeitgenössische Quellen berichten, entfaltete das Reich von Malayu im 6. und 7. Jahrhundert seine größte Macht, wurde aber schon bald von Sri Vijaya erobert und beherrscht.
Muara Jambi war vor allem eine wichtige kulturelle und religiöse Stätte, dank seiner Lage am Fluß möglicherweise aber auch ein bedeutendes Handelszentrum. Einer der hier freigelegten Tempel, der inzwischen restaurierte Candi Tinggi, ist bisher die größte in Sumatra gefundene Tempelanlage; die Seitenlänge des Tempelhofes beträgt 150 m. Man datiert den Candi Tinggi auf das 11. bis 12. Jahrhundert, aber es scheint, daß einige der Tempel von Muara Jambi älteren Datums sind. Hier ausgegrabene Buddha-Statuen sowie in Stein gehauene Inschriften gehen sogar auf das 6. und 7. Jahrhundert zurück, womit sie die ältesten Relikte aus Sumatras früher hindu-buddhistischen Zeit darstellen. Weitere Funde wie z.B. die Figur eines Nandi belegen, daß neben dem Buddhismus auch ein Shiva-Kult praktiziert wurde.
Von der einstigen Größe und Pracht dieser Stadt künden heute nur noch einige Legenden. Da wird erzählt von mächtigen Königen, die sogar Kriege gegen Siam geführt haben. Und man erfährt von dem mit übernatürlichen Kräften ausgestatteten Helden *Orang Kayo Hitam,* der sich erfolgreich gegen die Oberherrschaft der Majapahit-Dynastie (Java) zur Wehr gesetzt hat. Nach diesem Helden ist übrigens in Jambi eine Straße benannt worden.

Sungaipenuh

In einem weiten Hochtal des Pegunungan Barisan liegt umgeben von Reisfeldern der Hauptort des *Tanah Kerinci,* Sungaipenuh (bedeutet: voller Fluß). Im Nordwesten schließt der mächtige Gunung Kerinci das Tal ab, mit 3800 m der höchste Berg Sumatras und ein noch tätiger Vulkan. Das tiefer liegende südöstliche Talende wird von dem flachen Danau Kerinci ausgefüllt.

Es gibt mehr als 300 000 *Orang Kerinci,* ein Drittel davon lebt in Sungaipenuh. Sie sprechen *Bahasa Kerinci*(= Kincai) und zählen zu den älteren Völkern Sumatras; schon vor mehreren tausend Jahren ließen sie sich im Kerinci-Tal nieder. Enge Beziehungen bestehen zu den Minangkabau, wie auch einige Gebäude des Ortes, darunter sogar eine Moschee, mit ihren unverkennbaren Dächern beweisen.

Die Kerinci-Gegend ist eines der größten Zimt-Anbaugebiete der Welt. Die Plantagen bedecken ein Areal von 42 500 ha, jährlich werden an die 13 000 t geerntet, was etwa 70% der gesamten Zimtproduktion Indonesiens ausmacht.

Im Oktober 1995 wurde Sungaipenuh durch ein Erdbeben stark in Mitleidenschaft gezogen. Es gab zahlreiche Tote, und viele Gebäude der Stadt wurden zerstört. Die Zufahrtstraßen waren für mehrere Tage unpassierbar, da Brücken eingestürzt waren.

ÜBERNACHTUNG

*ANAK GUNUNG HOTEL** ②, Jl. H. Agus Salim 43, ☎ 21269, ziemlich heruntergekommen.
*CAVERA HOTEL** ③, und *JAYA HOTEL** ④, beide in der Jl. Martadinata und sehr anspruchslos.
*AROMA HOTEL**-**** ⑤, am Ende der Jl. R. A. Kartini, ☎ 21142, mit Restaurant, etwas heruntergekommen.
*YANI HOTEL**-**** ①, Jl. Muradi 1, inklusive Frühstück.
MATAHARI HOTEL-*** ⑥, Jl. Jend. Basuki Rahmat 25, ☎ 21061, familiär, sauber und empfehlenswert. Informationen und Guides. Der Besitzer spricht holländisch.
*BUSANA HOTEL**-**** ⑦, Jl. Depati Parbo, ☎ 21122, das „beste" Hotel der Stadt, ruhig im Grünen am südlichen Stadtrand gelegen, ist auch heruntergekommen.

ESSEN

Empfehlenswert ist die lokale Gaumenfreude *dendeng batokok*, dünne Rindfleischscheiben, die frisch gegrillt werden. Ein kleiner, familiärer Rumah Makan, der diese Spezialität anbietet, befindet sich an der Straße nach Tapan, etwa 500 m vom Matahari entfernt. Nach *dendeng batokok* fragen, da kein Schild angebracht ist. Im *MINANG SOTO* neben dem Yani Hotel gibt es gutes Nasi Padang.

SONSTIGES

GELD – *BANK NEGARA INDONESIA,* Jl. Jend. Basuki Rahmat, wechselt TC und Cash.

VORWAHL – 0748.

TOUREN

Für alle größeren Unternehmungen, wie Bergbesteigungen, Dschungeltouren usw., wende man sich an die Leute von *ECO-RURAL TRAVEL,* im Desa Kersik Tua bei Kayuaro, mit denen man über das örtliche Büro des *WWF*, Jl. Depati Parbo 31, ☎ 21124, Kontakt aufnehmen kann. Eco-Rural Travel ist eine gemeinnützige Kooperative von Einheimischen, unterstützt von WWF, die eine Reihe von Touren sowie Führer- und Trägerdienste anbieten. Weitere Infos und Unterstützung bietet das Visitor Centre des *PHPA*, Jl. Arga Selebar Daun 11, ☎ 21692. Hier erhält man auch das Permit zum Besuch des Kerinci Seblat-Nationalparks.

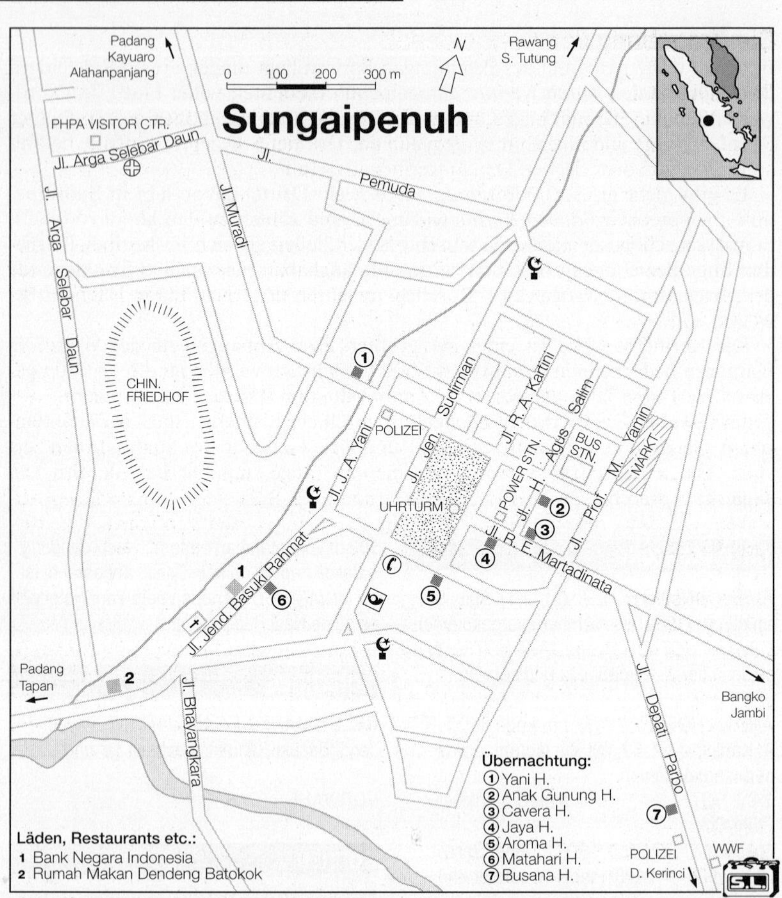

TRANSPORT

Mehrere Direktbusse tgl. von JAMBI, 450 km, in 12 Std. für 7500 Rp.
Von PADANG aus setzen mehrere Gesellschaften *(Gunung Kerinci, Alam Kerinci, Caya Kerinci, Safa Maruwa u.a.)* tgl. ihre Busse auf der 277 km langen Strecke via TAPAN ein (8 Std., 5500 Rp). Abfahrt 9.00 Uhr und 16.00 Uhr in beide Richtungen. *Usaha Murni* fährt tgl. gegen 9.00 Uhr über ALAHANPANJANG in 14 Std., 5500 Rp. Mehrere Busse tgl. ab BANGKO in 5 - 6 Std. für 4500 Rp. Von BENGKULU via TAPAN über die Küstenstraße fährt *Safa Maruwa,* 12 000 Rp, 16 - 18 Std., strapaziös - besser über Bangko. Interessant für die Weiterreise ist die direkte Strecke nach BUKITTINGGI: Von Sungaipenuh um 7.00 Uhr mit *Caya Kerinci* für 8500 Rp in 12 Std. via LUBUKSULASIH und SOLOK. Man bleibt dabei immer im Gebirge, durchquert den nördlichen Teil des Kerinci-Seblat-Nationalparks und kommt an einigen Vulkanen und 3 Seen vorbei, Danau Diatas, Dibawah und Singkarak.

Die Umgebung von Sungaipenuh

Danau Kerinci

Der 4200 ha große und bis zu 110 m tiefe See liegt 10 km südlich der Stadt. Der Fischfang, eine wichtige Einnahmequelle der um den See liegenden Dörfer, ging in den vergangenen Jahren ständig zurück, da ein immer größerer Teil des Sees von Wasserhyacinthen (Eichhornia crassipes) bedeckt wird. Haupteinnahmequelle der Bewohner ist aber nach wie vor der Naßreisanbau.

Mit öffentlichen Verkehrsmitteln ist eine Umrundung (46 km) möglich, Teilabschnitte der Strecke kann man auch laufen. Eine besonders schöne Aussicht auf den See hat man zwischen den Dörfern **Keluru** (KM21) und **Tanjung Batu** (KM 24) im Süden des Sees.

Keluru wurde 1993 mit dem wichtigsten Umweltpreis der Republik Indonesien, dem *Kalpataru Award*, ausgezeichnet. Unter Anleitung und Hilfe des lokalen WWF-Büros in Sungaipenuh wurde ein 23 ha großes Waldgebiet außerhalb der Nationalparkgrenzen in Selbstverwaltung übernommen. Nach dem überlieferten Glauben der Bewohner Kelurus ist der Wald ein integraler Bestandteil ihrer Gemeinschaft und ermöglicht das Sammeln von Heilpflanzen, Bambus und Rotan und dient gleichzeitig der Bewässerung ihrer Reisfelder. Ein sinnloses Abholzen, wie es in vielen anderen Gebieten geschieht, ist hier von vornherein ausgeschlossen.

Heiße Quellen

Mit dem Minibus fährt man nach **Semurup** (8 km) an der Straße nach Alahanpanjang. Im Ort stehen noch einige traditionelle Langhäuser (Rumah Panjang), im Nachbarort **Siulak Gedang**, 3 km weiter, findet man sogar noch mehr. Am Ortsende von Semurup geht es links durch einen Torbogen. Bademöglichkeit ist vorhanden. Aber nicht in den kleinen Teich mit dem kochenden Wasser springen: Dieser Platz ist Selbstmördern mit gebrochenem Herzen und Liebeskummer vorbehalten.

Kerinci Seblat-Nationalpark

Der größte Nationalpark Sumatras (15 000 km²) erstreckt sich über einen 350 km langen Abschnitt des Barisan-Gebirges und reicht über vier Provinzen. Das Herzstück (663 500 ha) liegt in Jambi, das restliche Gebiet in West-Sumatra (327 000 ha), Süd-Sumatra (213 000 ha) und Bengkulu (236 000 ha).

Benannt ist der Park nach den Bergen Gunung Kerinci (3800 m) und Gunung Seblat (2383 m), nur zwei von vielen über 2000 m hohen Gipfeln. Bemerkenswert ist der Gunung Tujuh (2732 m) mit seinem spektakulären Kratersee. Vom Tieflanddschungel über Bergwald bis hin zur alpinen Region reichen die verschiedenen Biotope, wo die Fauna Sumatras fast komplett vertreten ist.

Ausnahmen sind z.B. der Orang Utan und andere Primaten, die nur im Norden der Insel auftreten. Etwa auf Höhe des Danau Toba verläuft eine zoogeographische Grenze. Anscheinend hat die immense Naturkatastrophe des Kesselbruchs vor langer Zeit eine gewaltige Bresche zwischen die Wälder des Nordens und des Südens geschlagen und zu unterschiedlichen Fauna-Entwicklungen geführt.

Das vom Nationalpark umschlossene Kerinci-Tal dient als Ausgangspunkt für Ausflüge in die nördliche Hälfte des Reservats. Gleichzeitig kommt aus dem überbevölkerten Kerinci-Tal auch die größte Gefahr für den Nationalpark. 1995 hatte der Kabupaten Kerinci etwa 300 000 Einwohner und ein Wachstum von 2,2%. Durch das starke Bevölkerungswachstum steigt der Druck, neue Nutzflächen für die Landwirtschaft anzulegen. Die kaum markierten Grenzen des Nationalparks werden dabei nicht wahrgenommen. Tatsächlich ist der Nationalpark schon heute praktisch in zwei Teile aufgespalten. Ein kleines Gebiet östlich des Kerinci-Tals ist durch die Fernstraße Bangko – Sungaipenuh – Muara Labuh abgetrennt, und im Süden und Osten reichen einige Flußtäler weit in den Nationalpark hinein. Einige WWF-Mitarbeiter sehen die Situation auch schon ziemlich pessimistisch.

Der WWF unterstützt seit 1989 mit Zuschüssen und Vermittlung von Know-how den Kerinci Seblat-Nationalpark. Aufklärungskampagnen unter den Dorfbewohnern haben das Ziel, ein neues Bewußtsein zu schaffen. Ein Beispiel dafür ist das Projekt Keluru. Ein weiterer Schwerpunkt ist die Entwicklung eines umweltverträglichen Tourismus.

Der Süden ist dank seiner Wildnis weniger zugänglich. Einheimische wollen hier einige recht mysteriöse Lebewesen beobachtet haben: den *Orang Pendek* (= kurzer Mensch), ein behaarter, ca.1,50 m großer Hominid, ein furchteinflößendes Wildpferd *(Kuda Liar)* und den *Cigau,* eine Raubkatze, halb Löwe, halb Tiger!

Permits und weitere Infos zum Besuch des Nationalparks in den PHPA-Büros in den jeweiligen Provinzhauptstädten oder besser gleich beim Parkhauptquartier in Sungaipenuh, Jl. A. Selabar Daun 11; außerdem auch vor Ort in Kersik Tua oder in Pelompek.

Kersik Tua

Der kleine Ort liegt inmitten einer riesigen Teeplantage 42 km nördlich von Sungaipenuh. Mit tatkräftiger Unterstützung des WWF wurde hier die *Eco-Rural Travel Co-operative* gegründet. Übernachtungsmöglichkeiten in sechs sauberen, einfachen Homestays werden vermittelt und Touren zu den touristischen Highlights des nördlichen Teils des Kerinci Seblat-Nationalparks organisiert. Drei Guides sprechen Englisch, und in einem kleinen Büro an der Hauptstraße bekommt man Informationen. Besichtigungen der Tee-Plantagen werden ebenfalls organisiert. Ein, wie wir meinen, gelungenes Projekt für sanften Tourismus. Die Übernachtungen in den Homestays kosten 6000 Rp inkl. Frühstück.

Sonntags findet in Kayuaro, 7 km südlich von Kersik Tua, ein großer, sehenswerter Markt statt, dann wimmelt das Städtchen nur so von Menschen. Auf dem Weg dahin kommt man an weitläufigen Zimtplantagen vorbei.

Gunung Kerinci (= Gunung Indrapura)

Der Vulkan kann mit Hilfe eines Führers in 2 - 3 Tagen bestiegen werden. Ausgangsort ist **Kayuaro** bzw. **Kersik Tua**, 35 / 42 km von Sungaipenuh an der Straße nach Muara Labuh (s.S. 241). 8 Stunden dauert der Aufstieg, übernachtet wird in einem Zelt. Am nächsten Morgen sind es noch einmal 3 1/2 Stunden bis zum Gipfel. Der gesamte Rückweg dauert 6 Stunden.

1982 fand der letzte Ausbruch des Kerinci statt, der Lavafluß ist noch deutlich sichtbar. Für die Übernachtung unterhalb des Kraters sollte man ein Zelt und

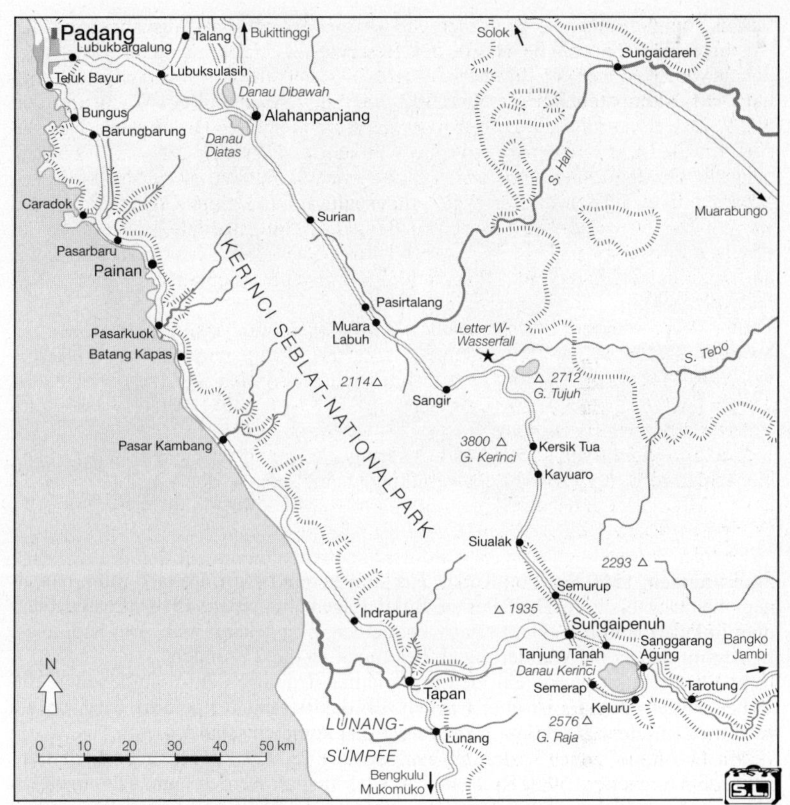

einen warmen Schlafsack dabeihaben, denn die Temperaturen können auf 6°C fallen und es kann extrem windig werden. Beim Aufstieg werden unterschiedliche Vegetationszonen durchwandert, Tiger und Tapire wurden bereits gesichtet. Kosten: Zelt 4000 Rp, Schlafsack 4000 Rp, Träger / Guide: 25 000 /30 000 Rp p.T.

Danau Gunung Tujuh / Letter W Wasserfall

Der Kratersee von 960 ha ist auf allen Seiten von den steilen, bewaldeten Hängen des Gunung Tujuh umgeben, der sieben Gipfel besitzt. Der höchste erreicht 2732 m. Der See selbst liegt auf 1950 m Höhe, ist 4,5 km lang und 3 km breit und wahrscheinlich einer der wenigen großen Seen Sumatras, der aufgrund seiner Abgelegenheit keinerlei Umweltprobleme aufweist. Oft werden am See oder auf dem Weg zum See Siamang und andere Primaten gesichtet.

Der Weg zum Danau Gunung Tujuh ist zwar relativ einfach zu finden, doch sollte man nicht auf einen Guide verzichten, der zudem noch viele Infos liefern kann. Zuerst fährt man mit einem Minibus von Sungaipenuh nach Pelompek,

zwei Stunden, 1500 Rp. Von Kersik Tua sind es nur 14 km. Danach muß man einem Feldweg bis zum Dorf Pesisir Bukit folgen; bei einem PHPA-Posten biegt man links ab, und auf einem relativ bequemen Weg gelangt man zum Kratersee. Insgesamt dauert die Wanderung ab Pelompek an die 2 Stunden.

In Pesisir Bukit wurde ein kleines Elefanten-Training Centre aufgebaut – mit bisher 3 Elefanten. Es ist aber fraglich, ob das Projekt fortgeführt wird, da die Elefanten mit dem Bergklima nicht zurecht zu kommen scheinen.

Mit *Eco-Rural Travel* kostet der Tagesausflug 25 000 Rp, für einen Elefantenritt muß man weitere 5000 Rp bezahlen. Übernachtet werden kann auch in einem kleinen Guest House (5000 Rp p.P.) vor dem Wald, keine Elektrizität, eigenes Essen mitbringen!

Meist wird bei einem Besuch des Danau Gunung Tujuh der 50 m hohe Letter W Wasserfall (Air Terjun Telun Berasap) besucht, der nur 100 m abseits der Hauptstraße liegt.

Ladeh Panjang Hochmoor

Das höchstgelegene Moor Sumatras auf 1950 m! Aufgrund seiner Unberührtheit sind hier relativ häufig Großsäuger anzutreffen. Das Moor liegt westlich vom Gunung Kerinci und umfaßt etwa 150 ha.

Besucher sprachen von einer gespenstigen Atmosphäre, die von den kurzen, verkrüppelten Bäumen mit ihren herabhängenden Flechten und Moosen ausgeht. Ein Guide ist bei dieser 3 - 4tägigen Tour unbedingt erforderlich. Infos bei *Eco-Rural Travel.*

Der Sumatra-Tiger

Die Gattung der Großkatzen (Panthera) weist vier Arten auf: Leopard, Jaguar, Löwe und Tiger. Der Tiger (Panthera tigris), vor allem seine sibirische Variante, ist die größte aller Katzen. In zahlreichen Unterarten war er einst in weiten Teilen Asiens beheimatet. Heute gelten die letzten noch existierenden fünf oder sechs Unterarten als sehr gefährdet, teilweise stehen sie kurz vor der Ausrottung.

Der Sumatra-Tiger (Panthera tigris sumatrae) ist in den verschiedensten Formen des tropischen Waldes zuhause. Da er sowohl Kälte als auch Hitze gut verträgt, erstreckt sich sein Lebensraum von den Mangrovenwäldern an der Küste bis in die nebelfeuchten Bergurwälder in 3000 m Höhe. Er ist ein guter Schwimmer; mühelos überwindet er breite Ströme und Meeresarme und sucht auch schon mal küstennahe Inseln auf. Dagegen ist er, wahrscheinlich wegen seines beträchtlichen Körpergewichts, kein besonders guter Kletterer.

Tiger sind im allgemeinen Einzelgänger. Nur zur Paarung treffen Männchen und Weibchen zusammen, und natürlich bleiben auch die Jungen, bis sie voll ausgewachsen sind, immer in der Nähe ihrer Mutter. Eine Tigerin bringt etwa alle drei bis vier Jahre drei bis vier Junge zur Welt, die 2-3 Jahre mit der Mutter zusammenbleiben. Auch wenn die Jungtiere schon im Alter von einem Jahr zum ersten Mal allein jagen, müssen ihnen die Jagdtechniken noch von der Mutter beigebracht werden. Tiger erreichen ein Alter von 20 - 25 Jahren.

In der Regel ist der Tiger sehr ortstreu. Die Größe seines Jagdreviers, das er durch an Bäumen und Sträuchern abgesetzten Kot und Urin markiert, ist abhängig von der vorhandenen Futtermenge und beträgt meist viele Quadratkilometer. In seinem Revier verfügt der Tiger über eine ganze Reihe von unter umgestürzten Bäumen, in Höhlen oder im Dickicht verborgenen Schlupfwinkeln, wo er sich von seinen Jagdzügen ausruht.

Der Tiger ist ein Raubtier und bevorzugt Großwild als Beute; er jagt aber auch Kleinwild und verzehrt sogar Reptilien, Frösche und Fische. Ein erwachsenes Tier benötigt täglich etwa 8 kg Fleisch. Bei der Jagd ist ein Tiger auf ausreichend Deckung angewiesen, damit er sich möglichst nah an seine Beute heranschleichen kann. Mit wenigen Sätzen versucht er dann, sein Opfer zu erreichen, um dem Tier schnell die Kehle oder den Nacken durchzubeißen. Gelingt dieser Überraschungsangriff nicht, weil das Beutetier den Tiger noch rechtzeitig gewittert hat und flüchtet, wird es meist nicht weiter vom Tiger verfolgt, da ihm lange Verfolgungsjagden offenbar nicht zusagen. Starken, gesunden Beutetieren gelingt es oft zu entkommen. Somit beschränkt sich seine Jagdbeute weitgehend auf alte, schwache und kranke oder auch ganz junge Tiere. Wenn der Wildbestand in seinem Revier so gering geworden ist, daß sich der Tiger nicht mehr davon ernähren kann, wagt er sich in die Nähe menschlicher Siedlungen und stellt den Haustieren, meist Ziegen und Rindern, nach. Dem Menschen selbst weicht die Großkatze normalerweise aus – nur alte und kranke Tiger machen Jagd auf Menschen, da diese meist eine leichte Beute darstellen. Experten schätzen, daß es vom Sumatra-Tiger nur noch etwa 800 Exemplare gibt. Der letzte Bali-Tiger wurde erst in den 30er Jahren dieses Jahrhunderts erlegt, und der Java-Tiger scheint wohl auch ausgestorben zu sein: schon seit vielen Jahren sind noch nicht mal mehr seine Fußspuren entdeckt worden – Anfang der 70er Jahre soll es noch 6 - 12 Tiere gegeben haben.

Andere Naturschutzgebiete

Weitere Naturschutzgebiete in der Provinz Jambi: Der **Berbak Nationalpark** (190 000 ha) besteht aus Mangrovensümpfen und Torfmooren an der Ostküste, die sich bis in die Provinz Süd-Sumatra erstrecken. **Bukit Besar** (200 000 ha) umfaßt das einzige Hügelland (bis 600 m) in der Tiefebene Südost-Sumatras, an der Grenze zu Riau.

Einen letzten Flecken seltener, unberührter Eisenholzwälder (*Kayu Ulin*) schützt das Cagar Alam **Singkati Kahidupan** (5000 ha), nördlich von Muara Tembesi, dem Zusammenfluß von Batang Tembesi und Batang Hari.

Bengkulu

Die mit 21 168 km² und ca. 1,4 Millionen Einwohnern kleinste Provinz Sumatras, früher Teil von Sumatra Selatan, wurde erst im Jahre 1968 eingerichtet. Sie zieht sich als schmaler Streifen die südliche Westküste entlang und besteht zum größten Teil aus den Gebirgsketten des Pegunungan Barisan Selatan. Das junge, vulkanische Gebirge sorgt für fruchtbare Böden in den Tälern und im Küstentiefland und ermöglicht einen intensiven Reisanbau auf Terrassenfeldern. Noch sind 50% der Provinz bewaldet, extrem wichtig für die Wasserversorgung, auf der die Landwirtschaft basiert, und um die steilen Berghänge vor totaler Erosion zu schützen. Schon seit Kolonialzeiten berühmt wegen ihres Reichtums an seltenen Pflanzen und Tieren, lohnt sich auch heute noch der Besuch der Provinz für Liebhaber unberührter Natur. Und historisch Interessierte werden in der gleichnamigen Provinzhauptstadt mit ihrer britischen Vergangenheit fündig.

Bengkulu

Der mittelgroße, freundliche Ort an der Westküste Sumatras war bis in die 70er Jahre hinein einer der abgelegensten Flecken in Indonesien. Eine gute Straßenverbindung über Curup nach Bangko existierte nur auf Landkarten, das übliche Verkehrsmittel waren Küstenschiffe.

Doch bereits 1685 besetzte die British East India Company den unwirtlichen Landstrich an der Südwestküste Sumtaras, im Glauben, das Monopol Hollands, das bereits länger im Archipel Fuß gefaßt hatte, im Gewürzhandel zu brechen. Es war kein beliebter Außenposten der Company, Malaria raffte viele hinweg, und der erwartete Schiffsverkehr an der Westküste Sumatras entlang verlief doch in der Straße von Malacca.

Sir Stamford Raffles wurde zwischen 1818 und 1824 zum Gouverneur der britischen Besitzungen in Sumatra ernannt, ein frustrierendes Erlebnis für den Ostasien-Strategen des Empire, der bis 1816 Generalgouverneur Niederländisch-Ostindiens gewesen war. Eine persönliche Tragödie auch deshalb, da vier seiner Kinder hier starben (siehe Singapore). 1824 wurde Bencoolen von England aufgegeben und mit den Niederlanden gegen Malacca getauscht. Trotz der vor 160 Jahren beendeten britischen kolonialen Vergangenheit ist diese heute in der Stadt präsent und wird sogar zur Vermarktung für den Tourismus genutzt.

1933 wurde Sukarno von der Kolonialmacht für neun Jahre nach Bengkulu verbannt. Untätig war er bestimmt nicht, denn nach 1945 konzentrierte sich in Bengkulu der Widerstand gegen die Holländer, die ihr altes Kolonialreich wieder in Besitz nehmen wollten. Sukarnos Exil-Villa, **Rumah Bung Karno**, in der Jl. Sukarno Hatta ist täglich von 8.00 - 16.00 Uhr zur Besichtigung geöffnet, 500 Rp Eintritt. In der Eingangshalle stehen das verrostete Fahrrad Sukarnos und zwei Bücherschränke, u.a. mit holländischen, englischen und deutschen Werken. Außerdem zu sehen sind viele verblichene Fotos mit seinen Frauen, Freunden und der Adoptivtochter. Anscheinend hatte der spätere Präsident Langeweile, denn er betätigte sich sogar als Architekt: Nach seinen Entwürfen entstand die **Jamik Moschee** am Ende der Jl. Jen. Sudirman, der breiten Allee mit den von Holländern angepflanzten Mahagoni-Bäumen.

Einen besseren Einblick in die Geschichte der Provinz gewährt das **Museum Negeri**, Jl. Pembangunan, ☎ 22098, geöffnet Di - Do und So 8.00 - 13.00 Uhr, Fr 8.00 - 10.30 Uhr, Sa 8.00 - 12.00 Uhr, Mo und feiertags geschlossen.

1685 errichtete England die erste Festung, Fort, York, an der Südwestküste Sumatras an der Mündung des Sungai Bengkulu. Der Standort war nicht sehr günstig, so daß man sich nach einem neuen Platz umsah. Wo einmal Fort York aufragte, rauschen heute die Wellen des Indischen Ozeans. In den Jahren 1713 - 1719, unter dem Gouverneur Joseph Collet, entstand auf einem Hügel eine neue, größere Festung, strategisch optimal gelegen: **Fort Marlborough**. Da man den Einheimischen nicht traute – ein früherer Befehlshaber war vergiftet worden – holten sich die Engländer indische Arbeiter aus Calcutta. Ursprünglich war das Fort von einem breiten Graben umgeben, wie man noch heute sehen kann, der bei Bedarf durch einen Kanal mit Meerwasser durchflutet wurde. Auch einen Notausgang hat es gegeben: ein unterirdischer Geheimgang, der direkt zum Strand führte.

Von 1818 bis 1824, bevor Holland Bengkulu übernahm, kommandierte als letzter englischer Gouverneur auf Fort Marlborough der junge, energische und allgegenwärtige Sir Thomas Stamford Raffles (lebte von 1781 bis 1826). Inzwischen unter Denkmalschutz gestellt und erfolgreich restauriert, ist die Festung zu folgenden Zeiten zur Besichtigung geöffnet: tgl. außer Mo und Feiertagen von 8.00 - 14.00, Fr bis 11.00, Sa bis 12.00 Uhr, manchmal auch länger, Eintritt 500 Rp. In einer kleinen Ausstellung neben der Kasse sind Dokumente, alte Stiche, Gemälde und Fotos vom Wiederaufbau des Forts zu besichtigen.

Nicht weit vom Fort am Beginn der Chinatown Bengkulus steht die Ruine der **Residenz der British East India Company**. Heute ist das einst herrschaftliche Gebäude von runtergekommenen Lagerhallen umgeben, und die einstige Glorie läßt sich nur erahnen. Interessant ist auch die einmalige Architektur der Chinatown in der Jl. Panjaitan. Die aus Holz errichteten, zweistöckigen Gebäude wurden 1926 nach einem Erdbeben neu aufgebaut. In den ersten Stockwerken wurden kunstvoll geschnitzte Balkone mit Fenstern angebracht, die der Straße einen für Chinatowns in Südostasien untypischen Charakter verleihen. Am Beginn der Straße steht ein kleiner chinesischer Tempel.

An die englische Geschichte der Stadt erinnert ebenfalls der **Friedhof** an der Jl. Veteran. Er befindet sich hinter der Batak-Kirche und wurde 1988 - 91 von der britischen Botschaft einigermaßen in Ordnung gebracht. Dennoch fehlen schon wieder zahlreiche Grabsteine, und Kinder nutzen den Friedhof als Spielplatz.

Trotzdem sehenswert sind die alten Grabdenkmäler, die meist im 18. und 19. Jahrhundert errichtet wurden. Bemerkenswert ist das imposante Grab eines Hundes.

Zum Sonnenuntergang trifft sich täglich die Jugend von Bengkulu bei *Bakso* und *Es Campur* auf einem kleinen Hügel hinter dem Fort, von dem man eine gute Sicht über die Bucht von Bengkulu und den **alten Hafen** und die Berge im Norden hat. Der steile, spitze Kegel, der da allein aus der Ebene im Nordosten ragt, ist der Gunung Bungkuk, der „Bucklige" (1034 m). Schon von den Seekapitänen der Kolonialmächte wurde dieser auffallende Berg als Landmarke benutzt, um die Einfahrt in den Hafen nicht zu verpassen. Der alte Hafen (Pelabuhan Lama) ist inzwischen versandet und nur noch für kleine Fischerboote (Prahu) zugänglich.

Gleich hinter der Altstadt, südlich vom alten Hafen, beginnt ein mehrere Kilometer langer Sandstrand, **Pantai Nala**, bzw. **Pantai Panjang** – bei Ebbe kann man über die Korallenbänke laufen. In Strandnähe liegt ein modernes, großes Schwimmbad: **Kolam Renang Citra Tirta**. Vom Strand aus zu sehen ist die kleine Insel **Pulau Tikus** (= Mäuse-Insel), wo man in Korallengärten schnorcheln kann. Boote, die 1 1/2 - 2 Stunden brauchen, kann man beim alten Hafen oder in der Bucht 300 m östlich davon chartern (ca. 40 000 Rp); mit Glück kann man mit Bewohnern der Insel übersetzen.

Der **neue Hafen** ist Pelabuhan Samudera Pulau Baai in einer idealen Bucht ca. 20 km südlich vom Ort, mit getrennten Anlegeplätzen für kleine Küstenkutter und größere Ozeandampfer. In der Nähe, Richtung Mündung des Sungai Jenggalu, gibt es einen schönen Strand: **Pasir Putih**.

Von den alten lokalen Herrschaftshäusern sind noch spärliche Ruinen erhalten: **Kerajaan Sungai Lemau** (= Sungai Serut), 9 km nördlich der Stadt, **Kerajaan Selebar**, 2 km vom neuen Hafen.

ÜBERNACHTUNG

UNTERE PREISKLASSE – *PENGINAPAN AMAN** ①, Jl. Pendakian 320, Zimmer mit und ohne Fan, Gemeinschaftsmandi, etwas schmuddelig, z.T. ohne Fenster, Zimmer im 1. Stock sind zwar heißer, aber ruhiger.

LOSMEN SAMUDERA-*** ②, Jl. Benteng 213, ☎ 21231, gegenüber dem Fort, Zimmer mit und ohne Mandi, z.T. mit Fan, nicht allzu sauber.

*LOSMEN SURYA** ⑥, Jl. K. Z. Abidin 26, ☎ 21341, nicht weit vom Markt, Zimmer mit Mandi und Fan, mit und ohne Fenster, laut und etwas unsauber, am besten sind noch die Zimmer im 2. Stock.

*LOSMEN DAMAI** ⑦, Jl. K. Z. Abidin 18, ☎ 22912, etwa 20 Minuten vom Fort, am Pasar Minggu, ähnlich Losmen Surya.

*LOSMEN HAYANI** ⑮, Jl. S. Parman 5, ☎ 20718, einfach, aber o.k., Zimmer mit und ohne Mandi, ruhige Zimmer nach hinten.

WISATA HOTEL-**** ⑯, Jl. S. Parman 115, ☎ 22379, Fan oder ac, hilfsbereiter Besitzer.

*HOTEL LINTAS ALAM** ㉔, Jl. M. J. Sutoyo 74, ☎ 21459, Zimmer mit und ohne Mandi, einfach und familiär, etwas finster.

HOTEL GUMAY-**** ㉓, Jl. M. J. Sutoyo 93, ☎ 21603, in der oberen Preisklasse mit ac und TV, laut und nicht so sauber.

*GUESTHOUSE RAGIL KUNING*** ⑱, Jl. Kenanga 99, ☎ 22682, einfache Zimmer mit Frühstück und Mandi, ruhig und sauber, nette Leute, sehr schöner Garten und preiswertes Restaurant; zwar weit vom Zentrum, aber nur 10 Minuten vom Strand; mit Tour und Travel Service.

BUMI ENDAH GUESTHOUSE-*** ⑩, Jl. Fatmawati 29, ☎ 31665, sauber und ruhig, kleines Haus, 400 m von Simpang Lima.

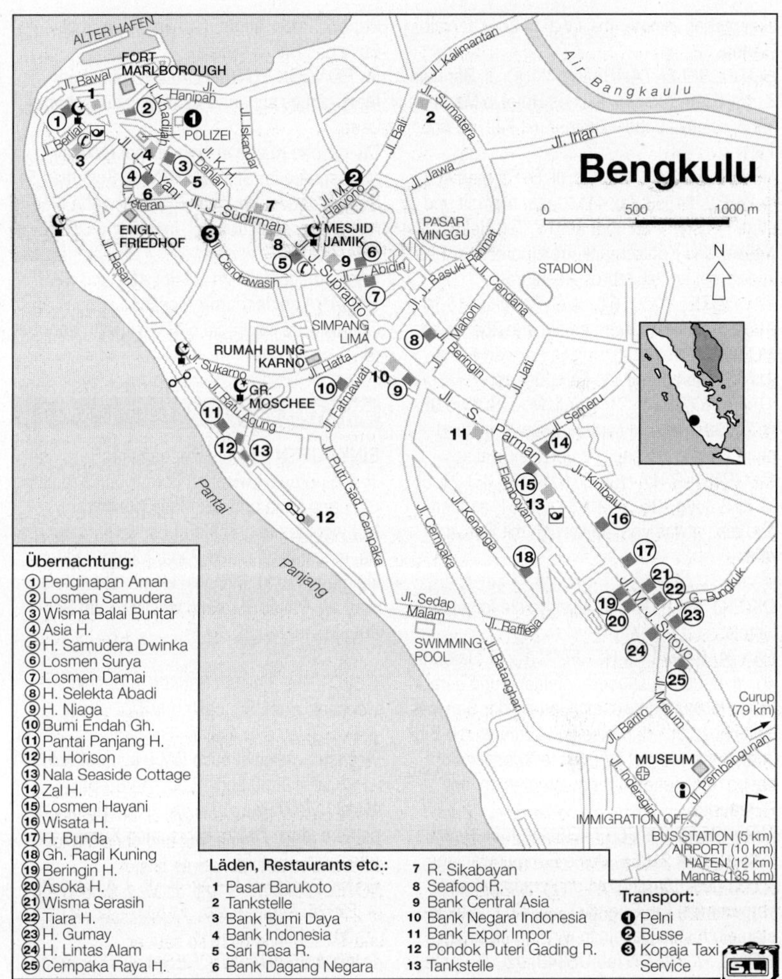

MITTLERE UND OBERE PREISKLASSE – *WISMA BALAI BUNTAR**** ③, Jl. Khadijah 122, ☎ 21254, nicht weit vom Fort in einer ruhigen Seitenstraße, empfehlenswert, gemütlich eingerichtet, große Räume mit ac, TV und Heißwasserdusche (Aufpreis 1500 Rp). Preise einschließlich Frühstück. Der Besitzer, Jack Zakaria Kamidan, ein Oberst der indonesischen Armee im Ruhestand spricht sehr gut Englisch und kann stundenlang Stories aus der Geschichte der Republik erzählen.

ASIA HOTEL (US$12 - 50) ④, Jl. J. A. Yani 922, ☎ 21901, mit Fan oder ac, TV, Heißwasser und Tel, Zimmer im Vorderbau neu und sauber, z. T. mit Balkon, der hinten gelegene Altbau ist heruntergekommen, aber mit Garten.

*HOTEL SAMUDERA DWINKA***-**** ⑤, Jl. J. Sudirman 246, ☎ 21604, fax 23128,

akzeptabel, Zimmer mit TV, Fan oder ac, mit Garten.
*HOTEL SELEKTA ABADI***-*** ⑧, Jl. Beringin 8, ☎ 20319, ruhiges, kleines Hotel in Marktnähe, relativ sauber, Zimmer mit Fan, ac und TV.
*HOTEL NIAGA****-**** ⑨, Jl. S. Parman 408, ☎ 24852, 24853, fax 41140, Zimmer mit und ohne Fenster, Fan oder ac, TV, Tel, Heißwasser und Kühlschrank, trotz pompöser Fassade nicht so toll; teures Restaurant.
*ZAL HOTEL****-**** ⑭, Jl. S. Parman 116, ☎ 21265, mit Restaurant; muffig und überteuert.
*HOTEL BUNDA**** ⑰, Jl. S. Parman 57, ☎ 21755, Zimmer mit TV, Fan oder ac.
*TIARA HOTEL****-**** ㉒, Jl. M. J. Sutoyo 96, ☎ 21098, neu und sauber, Zimmer mit und ohne Fenster, mit ac, TV und Heißwasser.
CEMPAKA RAYA HOTEL (US$15 - 35) ㉕, Jl. M. J. Sutoyo 135, ☎ 21034, 21661, sauber und o.k., etwas vernachlässigt, mit Restaurant.

DIREKT AM STRAND – liegen die folgenden Hotels:
*PANTAI PANJANG HOTEL**** ⑪, Jl. Samudra 40, ☎ 24002-5, saubere, einfache und gemütliche Holzbungalows, mit Garten; der Service ist nicht so gut, teilweise funktionieren die Einrichtungen wie ac, TV und Heißwasser nicht, davon abgesehen aber zu empfehlen; mit Restaurant.
*NALA SEASIDE COTTAGE**** ⑬, Jl. Pantai Nala 133, ☎ 21855, kleine Bungalowanlage, schon über 15 Jahre alt und entsprechend vergammelt. Ein Seeadler und ein Makak fristen ein tristes Dasein in winzigen Käfigen.
HOTEL HORISON (ab US$48) ⑫, Jl. Pantai Nala 142, ☎ 21722, fax 22072, das beste Hotel der Stadt; mit großem Swimming Pool (Nichtgäste 4000 Rp, So und Fei 5000 Rp), Billardsalon und Coffee Shop.

ESSEN

Gutes Padang Food bekommt man im *SIMPANG RAYA*, Jl. J. Suprapto 380 A, ☎ 21475.
Preiswerte Warung, ebenfalls meist mit Padang Food, findet man an der östlichen Ecke des Pasar Minggu.
Im *PONDOK PUTERI GADING* direkt am Meer gibt es sundanesische Küche, schöne Lage.
Die gleiche Küche in gemütlicher Openair-Atmosphäre im *SI KABAYAN*, Jl. Sudirman 51.
Schräg gegenüber gute und preiswerte Meeresfrüchte, auch Lobster, im *SEAFOOD RESTAURANT*.
Seafood ebenfalls im *SARI LAUT* und *SARI SEGARA* an der Jamik Moschee.
Chinesische Küche im *SARI RASA* in der oberen Jl. J. A. Yani.

SONSTIGES

EINKAUFEN – Hauptgeschäftsstraße ist die Jl. J. Suprapto zwischen der großen Kreuzung Simpang Lima und der Mesjid Jamik.
Nur wenige hundert Meter östlich liegt der große, geschäftige Markt Pasar Minggu. Einen kleineren Markt und viele kleine Läden findet man am Pasar Burukoto westlich vom Benteng Marlborough.

GELD – Die meisten Banken in Bengkulu wechseln nur US$, cash und TC.
BANK BUMI DAYA, Jl. R. H. Hadi 1, ☎ 21430, wechselt vielleicht auch DM u.a.; geöffnet Mo - Fr 8.00 - 12.30 und 13.30 - 14.30 Uhr.
BANK CENTRAL ASIA, Jl. J. Suprapto, wechselt u.a. auch DM zu schlechten Kursen; geöffnet Mo - Fr 8.00 - 14.30 Uhr.
BANK DAGANG NEGARA, Jl. J. A. Yani 60, ☎ 22585, geöffnet Mo - Fr 8.00 - 12.00 und 13.00 - 14.30 Uhr.
BANK NEGARA INDONESIA, Jl. S. Parman, ☎ 21132, geöffnet Mo - Fr 8.00 - 12.30 und 13.30 - 15.00 Uhr.

INFORMATIONEN – *DINAS PARIWISATA*, Jl. Pembangunan 14, ☎ 21272, geöffnet Mo - Do 7.30 - 15.30, Fr 7.30 - 11.00 Uhr.

PHPA – Jl. Mahoni 11, ☎ 31697 – Infos und Permit zum Besuch des südlichen Teils des Kerinci-Seblat-Nationalparks.

POST – Das Hauptpostamt ist in der Jl. S. Parman 111; eine kleine Post liegt auch in der Altstadt, Jl. J. A. Yani 38; beide sind geöffnet Mo - Do und Sa 8.00 - 14.00 Uhr, Fr 8.00 - 11.00 Uhr; die Hauptpost hat auch noch einen Außenschalter, der werktags 14.00 - 20.00 Uhr geöffnet ist.

TELEFON – *TELKOM,* Jl. Kol. Berlian 51, ☎ 20777, fax 20037, tgl. 24 Std. geöffnet; *WARPOSTEL CITRA,* Jl. J. Suprapto 155, ☎/fax 41966, tgl. geöffnet von 7.00 - 1.00 Uhr nachts.

VORWAHL – 0736.

Village House in Bengkulu

SPORT

SCHWIMMEN – Am Pantai Panjang, dem langen Strand von Bengkulu, liegt das große Schwimmbad *CITRA TIRTA*; Eintritt 700 Rp, Sa, So und feiertags 800 Rp.

NAHVERKEHRSMITTEL

BECAK und **DOKAR** – in Bahasa Bengkulu nennt man die kleinen, zweirädrigen, von einem Pferd gezogenen Wagen *Sado* (manchmal auch Delman). Sie verkehren nur zwischen Altstadt und Simpang Lima und zum Strand, sie kosten ca. 1000 Rp pro km.

MIKROLET – Minibusse (Angkutan Kota) fahren auf diversen Rundrouten durch die Stadt und kommen auch fast alle am Pasar Minggu vorbei; man kann sie überall anhalten, auf Wunsch fahren sie auch Umwege; sie kosten 300 Rp im Zentrum, nach außerhalb 500 Rp.

TAXI – Es gibt nur wenige Taxen in der Stadt; sie haben kein Taxameter und keinen festen Standplatz, können aber über ein Hotel bestellt werden. Wer es selbst versuchen will, wende sich an *KOPAJA TAXI SERVICE*, Jl. J. Sudirman 1, ☎ 22366.
Ein Taxi in der Stadt zu chartern kostet ca. 7000 Rp pro Stunde, bzw. 60 000 Rp pro Tag. Wer im Guesthouse Ragil Kuning wohnt, kann dort ein Taxi für 6500 Rp pro Stunde chartern (zum Airport gleicher Preis).

TRANSPORT

BUSSE – Der **Terminal Bis Air Sebakul** liegt 12 km außerhalb vom Zentrum in Kg. Bali, zu erreichen mit einem Mikrolet vom Pasar Minggu für 500 Rp; Taxi 7000 Rp.
Vom Bus Terminal Air Sebakul fahren Mikrolet für 1000 Rp in die Stadt zum Hotel nach Wahl. Die meisten Fernbusse fahren allerdings direkt ab Büro des jeweiligen Unternehmens, die fast alle in der Jl. M. J. Haryono und in der Jl. Bali liegen. Es lohnt sich, die Preise zu vergleichen! Gut ist *BENGKULU INDAH*, Jl. Bali 57, ☎ 22640.
Preisbeispiele (non ac):
PAGARALAM, 174 km, 4 Std., 4000 Rp;
BUKITTINGGI 17 000 Rp;
PADANG 17 500 Rp;
PRAPAT 30 000 Rp;
MEDAN 32 000 Rp;
BANDA ACEH 51 000 Rp;
BATURAJA 14 000 Rp, 14 Std.;
CURUP 2500 Rp;
BANDAR LAMPUNG, 679 km, 19 000 Rp (Super VIP 44 500 Rp), 18 Std.;
JAKARTA 28 000 Rp (VIP 55 000).
MUKO MUKO, 256 km, 6500 Rp; hier umsteigen nach TAPAN (direkt 9500 Rp) und PADANG; oder gleich bis SUNGAIPENUH (Kerinci), 16 - 18 Std., 12 500 Rp, mit *ANAK GUNUNG*, strapaziös. Von Bengkulu Richtung Süden entlang der Küste fahren Busse auf verhältnismäßig guter Straße über MANNA, BINTUHAN (6000 Rp), in der Nähe der Provinzgrenze zu Lampung, bis nach KRUI (1x tgl., 12 000 Rp). Einige Busse nach Bandar Lampung fahren ebenfalls über Krui, die meisten aber über den Trans-Sumatra-Highway.

FLÜGE – *MERPATI*, Jl. J. Sudirman 246, ☎ 42337, fax 23105, im Hotel Samudera Dwinka; geöffnet Mo - Fr 7.30 - 16.45 Uhr, Sa, So und feiertags 9.00 - 13.00 Uhr. PALEMBANG 77 000 Rp, Mo, Di und Do; JAKARTA 142 000 Rp, tgl.; nach MEDAN, PADANG etc. nur über Palembang. Der Airport Padang Kemiling liegt in Richtung des neuen Hafens, 17 km südlich der Stadt. Mikrolet (selten) vom Pasar Minggu 1000 Rp, Taxi 7000 Rp.

SCHIFFE – *PELNI*, Jl. Khadijah 10, ☎ 21013, fax 21029; geöffnet Mo - Do 8.00 - 13.00, Fr 8.00 - 12.00 Uhr.
Vom neuen Hafen Pelabuhan Samudera Pulau Baai fahren unregelmäßig Pelni-Frachter, und es bestehen Verbindungen mit Pulau Enggano. Den neuen Hafen erreicht man mit einem Microlet für 1000 Rp vom Taxi Terminal Pasar Minggu, bzw. Charter 7000 Rp.

Fotos - großes Bild: Orang Rajang nahe Muara Aman; kleines Bild: Frauen aus Bengkulu

Von Bengkulu nach Curup

Danau Dendam Tak Sudah

Botaniker sollten sich den „See der endlosen Rache“ nicht entgehen lassen. Er liegt etwa 5 km östlich der Stadt an der asphaltierten Straße nach Curup. Der Moorsee mit braunem Wasser, nach dem Dorf in seiner Nähe auch *Danau Dusun Besar* genannt, ist umgeben von einer fast undurchdringlichen Wildnis, einem Naturschutzgebiet (440 ha). An seinen sumpfigen Ufern wachsen insektenfressende Kannenpflanzen und eine seltene Orchideenart, *Anggrek Air* (= Wasserorchidee), *Vanda hookeriana*. Auch die Rafflesia ist vertreten.

Kepahiang

Nach 35 km erreicht man kurz vor dem Ort **Taba Penanjung** einen 700 m ü.d.M. gelegenen Aussichtspunkt mit einem phantastischen Panoramablick auf die von Bergketten umrahmte Reisterrassenlandschaft. An der Straße nach Curup liegen im dichten Primärwald die Reservate **Taba Penanjung**, **Pungguk Dingin** und **Gunung Kepahiang** zum Schutze der hier recht häufigen *Rafflesia arnoldi*. Zu erreichen sind die Schutzgebiete von dem Ort Kepahiang, zu dem man mit einem Minibus von Bengkulu aus gelangt, 1500 Rp, 59 km.

In Kepahiang zweigt die landschaftlich abwechslungsreiche Gebirgsstraße nach Pagaralam und dem Pasemah Hochland ab. Der erste Teil der Strecke folgt in einem Tal dem Oberlauf des Sungai Musi, der bei Palembang ins Meer mündet.

Oberhalb vom großen Markt in Kepahiang ist das *Hotel Mutiara***.

JAMBI UND BENGKULU

Curup / Rejang Lebong

Das kleinste *Kabupaten* (Distrikt) der Provinz, relativ dicht besiedelt mit über 300 000 Einwohnern, ist ein landschaftlich reizvolles Bergland mit fruchtbaren Hochtälern und Hochebenen. Nach Bengkulus Mischbevölkerung trifft man hier die *Orang Rejang* an, ein freundliches Volk von wohltuender Zurückhaltung, das sich in Physiognomie und Sprache deutlich von seinen Nachbarn, den *Orang Muko Muko* und *Orang Kerinci* im Norden und *Orang Pasemah* im Südosten, unterscheidet. Ihre noch überall zu sehenden traditionellen Häuser fallen auf wegen der breiten Frontbalkone im ersten Stock, einem wichtigen Teil der Wohnung; darunter im Erdgeschoß liegen die Lagerräume und Stallungen. Balken und Geländer der Balkone sind ebenso wie die Dachgiebel mit feinen Holzschnitzereien verziert – ein Stil, wie man ihn ähnlich noch in der Architektur der Bugis (Süd-Sulawesi) findet.

Etwas fehl am Platz scheinen hier in den Bergen wie auch im Pasemah-Hochland manche Ortsnamen, die Begriffe enthalten wie *Pulau* (= Insel), *Muara* (= Mündung), *Tanjung* (= Kap), *Teluk* (= Bucht) und *Pelabuhan* (= Hafen).

Hauptstadt von Rejang Lebong ist **Curup**, 85 km von Bengkulu (Bus 2500 Rp, 2 Std.), an der Straße nach Lubuklinggau, ein großer weitläufiger Ort.

ÜBERNACHTUNG

Mehrere Penginapan sind nahe des Bus Terminals: *KINANTAN**, *SELUPU**, *SRIWIJAYA**, *DIOBAGITE**. *PENG. NUSANTARA***, Jl. Merdeka 91, ☎ 21213, liegt an der Hauptstraße.

Fotos - oben: Reisterrassen am Sungai Ketahun Hulu; unten: traditionelle Bengkulu-Hochzeit

*PENG. WIJAYA KESUMA**, gleich um die Ecke.
*PENG. GARUDA***, Jl. Kartini, mit Garten.
WISMA SARINA-****, Jl. Basuki Rahmat 99, bietet den größten Komfort.
*HOTEL AMAN JAYA****, Jl. Dr. A. K. Gani 10 (Straße nach Muara Aman im Stadtzentrum), ☎ 21365, gute Zimmer im 1. Stock mit WC, Badewanne, TV, ohne ac.

TRANSPORT

Die Büros sämtlicher Transportgesellschaften befinden sich am Busbahnhof. 2 Busse nach JAKARTA kommen aus Bengkulu um 11.45 und 15.00 Uhr durch Curup. Abfahrt PALEMBANG 9.35 Uhr, 15 000 Rp. BENGKULU, MUARA AMAN und LUBUKLINGGAU kosten jeweils 2500 Rp.

Die Umgebung von Curup

Richtung Osten an der Straße nach Lubuklinggau: bei KM 5 (Minibus 250 Rp) entdeckt man ein Schild **Suban Air Panas**, heiße Quellen und Becken zum Baden (Eintritt 100 Rp), 15 Minuten zu Fuß von der Straße.

Die erste Brücke überspannt einen Wasserfall im kleinen Naturreservat **Gabang** (0,18 ha). Von den heißen Quellen gelangt man über einen steilen Pfad zu einem zweiten Wasserfall.

Ein Stop lohnt auch bei km 16, wo man die Szenerie des **Pematang Danau Tales** genießen kann, bei Spaziergängen durch feuchte Wiesen vorbei an Goldfischteichen und Sumpfseen wie dem **Danau Emas**.

Nicht weit im Südosten ragt der **Bukit Kaba** (1938 m) auf, ein isoliert stehender Vulkan mit einer ganzen Reihe kleiner Krater und Schwefelfumarolen. 25 000 ha Wald an seinen Hängen stehen unter Naturschutz. Hier haben schon die Engländer ihren obligatorischen Tiger geschossen. Tiger soll es noch immer geben, mittlerweile geschützt, außerdem Affen, Hirsche und Wildschweine. Holländer betrieben hier früher eine Chinin-Plantage, die inzwischen verwildert ist. Wieder zurück an der Hauptstraße findet man bei **Kepala Curup** einen 70 m hohen Wasserfall.

Etwas weiter nordöstlich am **Bukit Sunur** wird seit einigen Jahren Braunkohle abgebaut.

Lembah Sungai Ketahun Hulu

Die attraktivste Region des Kab. Rejang Lebong ist zweifellos das Tal des oberen Sungai Ketahun, nordwestlich von Curup. Nach ca. 25 km erreicht man bei dem Dorf **Air Dingin** eine wichtige Wasserscheide. Alle Flüsse nordwestlich von hier münden wie der Sungai Ketahun in den Indischen Ozean, während die südöstlichen Wasserläufe mit dem Sungai Musi an der Ostküste ins Meer gelangen.

Im Westen beginnt beim **Bukit Daun** (2493 m) ein großes zusammenhängendes Waldgebiet (76750 ha) mit vielen Rafflesia-Reservaten. Bukit Daun ist auch der Name einer alten, jetzt verwilderten Kaffeeplantage.

Will man die Gegend erwandern, sollte man sich in **Muara Aman**, einem netten, kleinen Ort mit kühlem Klima, einquartieren.

Danau Tes

Schon auf dem Wege von Curup nach Muara Aman kommt man an diesem herrlich gelegenen See vorbei, dessen Abfluß mit Unterstützung eines kleinen Stau-

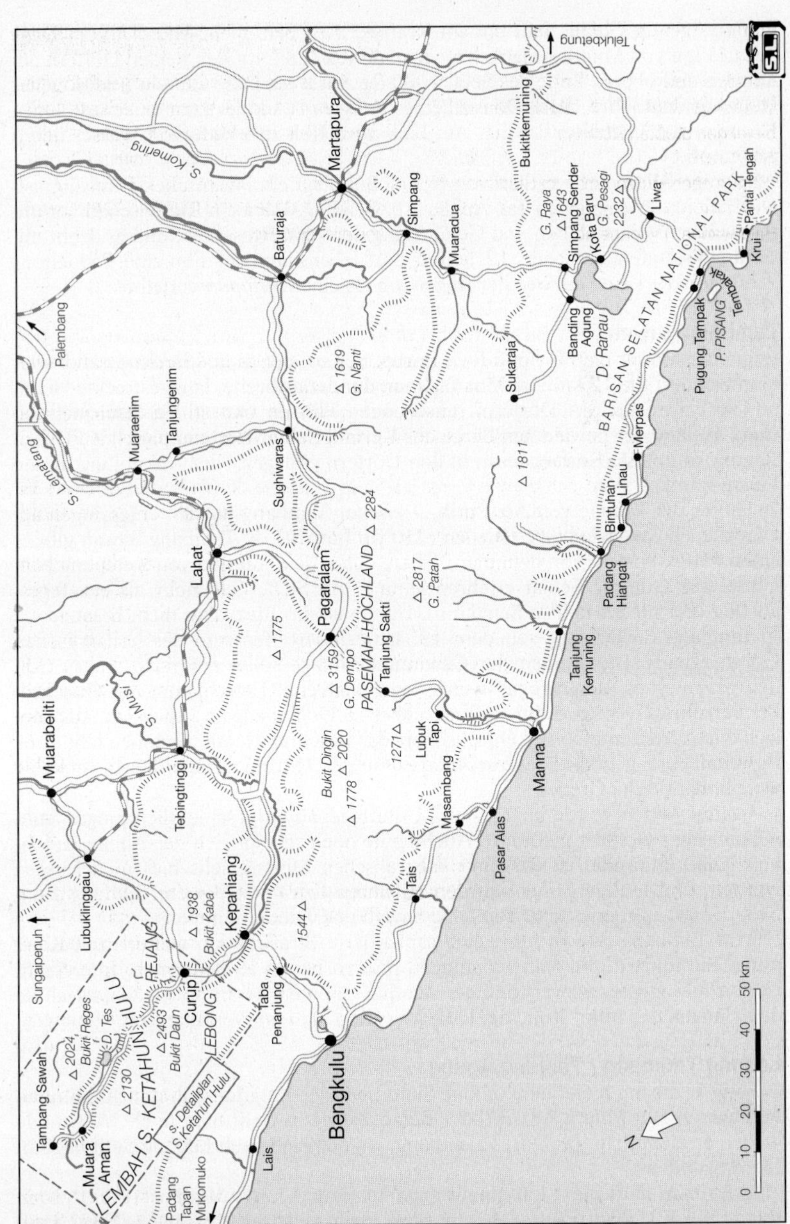
Telukbetung
Bukitkemuning
Martapura
S. Komering
Baturaja
Simpang
Muaradua
G. Raya
1643
Simpang Sender
Kota Baru
G. Pesagi
2232
Liwa
Pantai Tengah
Krui
BARISAN SELATAN NATIONAL PARK
Tembakak
P. PISANG
Pugung Tampak
Banding Agung
D. Ranau
Sukaraja
Palembang
1619
G. Nanti
Tanjungenim
Muaraenim
S. Lematang
Sughiwaras
1811
Merpas
Linau
Bintuhan
Padang Hiangat
2284
PASEMAH-HOCHLAND
2817
G. Patah
Lahat
Pagaralam
1775
3159
G. Dempo
Tanjung Sakti
Tanjung Kemuning
Muarabeliti
S. Musi
Tebingtinggi
Bukit Dingin
2020
1778
1271
Lubuk Tapi
Manna
Masambang
Pasar Alas
Lubuklinggau
Kepahiang
Tais
Sungaipenuh
1938
Bukit Kaba
REJANG
1544
Curup
Taba Penanjung
Tambang Sawah
2024
Bukit Reges
D. Tes
LEMBAH S. KETAHUN HULU
2130
2493
Bukit Daun
LEBONG
s. Detailplan S.Ketahun Hulu
Bengkulu
Muara Aman
Lais
Padang
Tapan
Mukomuko
N
0
10
20
30
40
50 km

dammes genug Gefälle hat, um ein Kraftwerk zu betreiben. Microlet zum **Desa Tes** (23 km von Muara Aman), bzw. **Kotadonok** (28 km), den beiden Dörfern am unteren und oberen Ende des Sees, 1000 Rp. Im Desa Des steht ein traditionelles Haus aus dem Jahre 1918, Domizil eines *Pangeran* (Adliger), mit einer auffälligen Krone in der Giebelverzierung. Am Fluß wird Reis mit Hilfe von Wasserrädern gestampft.

Wenige Kilometer westlich von Kotadonok liegt ein javanisches Transmigrasi-Dorf, nicht das einzige im Tal. An der Abzweigung warnt ein Riesenschild vor ungesetzlichem Bäumefällen und Gefährdung der Wasserreserven, und es droht mit Gefängnisstrafen zwischen 12 Jahren und lebenslänglich! Für eine Paddeltour kann man die Leute am Seeufer fragen, ob sie einen *Sampan* verleihen.

Tambang Sawah

Entweder nimmt man für 600 Rp ein Microlet auf der aspahltierten Straße, oder man wandert die 12 km von Muara Aman durch das breite, langgestreckte Hochtal, vorbei an kleinen Dörfern, rauschenden Flüssen und stillen Fischzuchtteichen, entlang der bewaldeten Berge des **Kerinci Seblat-Nationalparks**. Zur Erfrischung kann man Kaffeepausen in den Dörfern einlegen oder Abkühlung in den Flüssen finden.

Hinter der Brücke von **Air Putih**, 2 km vor Tambang Sawah, entspringen am Ufer des Flußes viele heiße Quellen (250 Rp Eintritt). In Tambang Sawah gibt es einen PHPA-Posten, von dem man Näheres über den Fußpfad von Ketepung zum Gipfel des Gunung Seblat erfahren kann – mit Sicherheit mehr als ein Tagesausflug (Permit bei PHPA, Bengkulu). Häufig ist das Büro aber nicht besetzt.

Tambang Sawah war seit dem 19. Jahrhundert Zentrum des holländischen Goldbergbaus. Die Ruinen der Gewinnungsanlage sollte man sich ansehen; in den gemauerten Riesentrögen wurde feingemahlener Erzschlamm mit Quecksilber verrührt. Gold wird durch Quecksilber zu Goldamalgam gebunden, aus dem sich durch Verdampfen des Quecksilbers das begehrte Metall gewinnen läßt. Eine Barrengießerei gehörte auch zur Anlage. Auf den Hügeln darüber liegen verstreut viele holländische Gräber.

In fünf Minen wurde im Tag- und Untertagebau erdgeschichtlich junges, subvulkanisches Golderz gefördert. Auch heute noch scheint sich der Abbau zu lohnen: **Lebong Tandai** ist von einer australischen Minengesellschaft modernisiert worden, und andere Minen wurden auf ihren Ertrag untersucht: Lebong Tambang-Donok, Lebong Sulit, Tambang Sawah und Lebong Simpang.

Von Tambang Sawah führt eine asphaltierte Straße 7 km weiter nach **Ketepung**. Sie führt durch Kaffeeplantagen und vorbei an Riesenfarnen. Interessant ist von hier ein etwa zweistündiger Ausflug zu einem 40 m hohen Wasserfall an den Hängen des Bukit Runeing. Den Weg kann man im Dorf erfragen.

Lebong Tambang / Tanjung Agung

Lebong Tambang bietet eine schöne Sicht über das Ketahun-Tal, nur 30 Minuten Fußmarsch von Muara Aman (oder Bemo 250 Rp). Geht man noch 1/2 Stunde weiter, erreicht man das Dorf Palembang, wo der Pfad nach Lebong Sulit beginnt (5 - 6 Stunden).

Oder man läuft die 5 km hinauf nach Tanjung Agung (Minibus 1000 Rp) am Rande eines kleinen Hochplateaus; rundherum führt eine Straße (15 1/2 km).

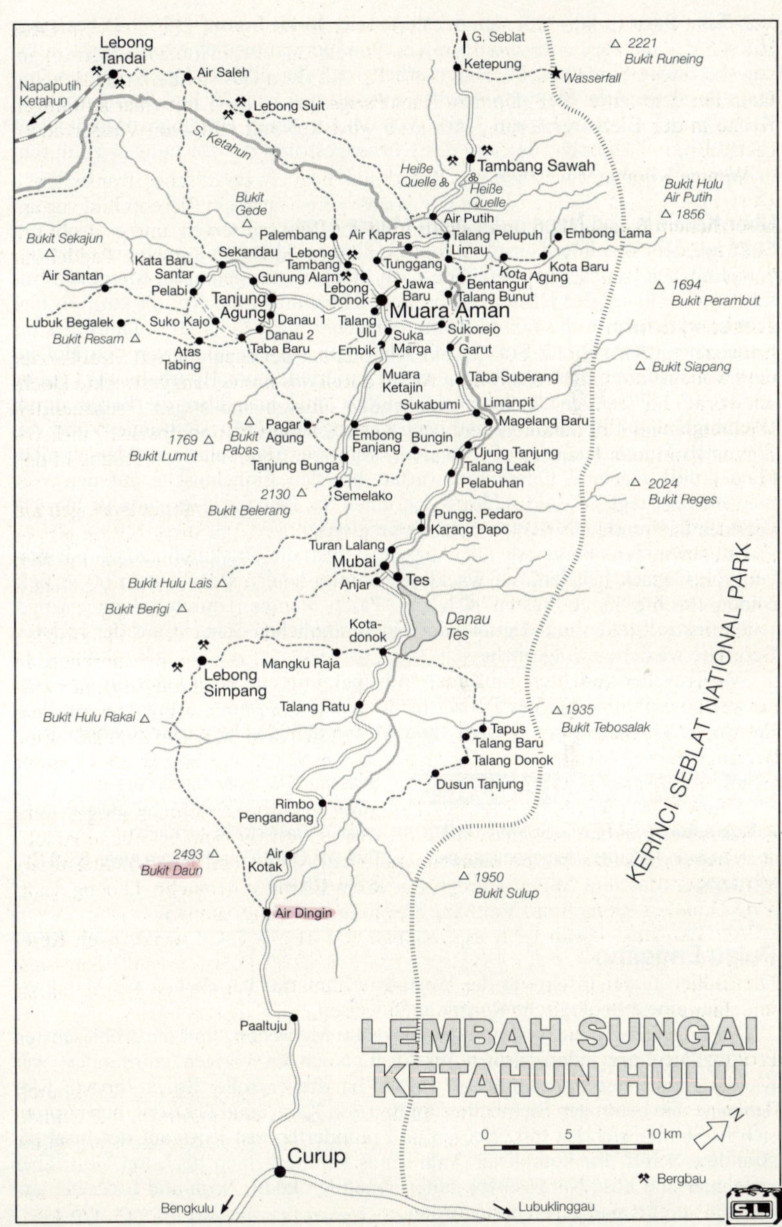
LEMBAH SUNGAI KETAHUN HULU
Lebong Tandai
Napalputih Ketahun
Air Saleh
Lebong Suit
S. Ketahun
G. Seblat
Ketepung
Wasserfall
2221
Bukit Runeing
Tambang Sawah
Heiße Quelle
Heiße Quelle
Bukit Hulu Air Putih
1856
Bukit Gede
Bukit Sekajun
Air Putih
Palembang
Air Kapras
Talang Pelupuh
Embong Lama
Sekandau
Lebong Tambang
Limau
Kota Baru
Kata Baru
Tunggang
Kota Agung
Santar
Gunung Alam
Air Santan
Lebong Donok
Bentangur
Pelabi
Jawa Baru
Talang Bunut
1694
Bukit Perambut
Tanjung Agung
Muara Aman
Lubuk Begalek
Suko Kajo
Danau 1
Talang Ulu
Sukorejo
Bukit Resam
Danau 2
Atas Tabing
Taba Baru
Embik
Suka Marga
Garut
Bukit Siapang
Muara Ketajin
Taba Suberang
Sukabumi
Limanpit
Magelang Baru
Pagar Agung
1769
Bukit Lumut
Bukit Pabas
Embong Panjang
Bungin
Ujung Tanjung
Tanjung Bunga
Talang Leak
Pelabuhan
2130
Semelako
2024
Bukit Reges
Bukit Belerang
Pungg. Pedaro
Karang Dapo
Turan Lalang
Mubai
Tes
Anjar
Bukit Hulu Lais
Bukit Berigi
Danau Tes
Kota-donok
Lebong Simpang
Mangku Raja
Talang Ratu
Bukit Hulu Rakai
1935
Bukit Tebosalak
Tapus
Talang Baru
Talang Donok
Dusun Tanjung
KERINCI SEBLAT NATIONAL PARK
Rimbo Pengandang
2493
Bukit Daun
Air Kotak
1950
Bukit Sulup
Air Dingin
Paaltuju
0
5
10 km
N
Curup
Bergbau
Bengkulu
Lubuklinggau
S.L.

Von **Taba Baru** (5 km) läßt sich der Gipfel des **Bukit Lumut** (1769 m) besteigen (ca. 4 Std.), der Rest eines alten Kraters. Von hier hat man eine tolle Aussicht bis zur Westküste Sumatras, im Süden erhebt sich der ebenmäßige Kegel des Gunung Besar bei Arga Makmur. Am besten kauft man vor der Besteigung in einem *Toko Besi* (= Eisenladen) am Markt von Muara Aman ein langes Buschmesser (5000 Rp, mit Holzscheide), um das Dornengestrüpp des Dschungels zu durchdringen.

Über Ketahun und Napalputih nach Muara Aman

Statt mit dem Bus über Curup zu fahren, können Abenteurer auch auf einer ungewöhnlichen Strecke von Bengkulu nach Muara Aman gelangen. Mit einem Bus fährt man entlang der Küste ins nördliche Ketahun (4000 Rp, 85 km); ab hier geht es mit einem Kanu mit Außenborder den Sungai Ketahun flußaufwärts bis Napalputih (9000 Rp, 3 Std.); dann fährt man auf der alten, von den Holländern konstruierten und von Australiern reparierten Schmalspurbahn bis Lebong Tandai (2 1/2 Std., vielleicht gratis); zuletzt muß man über die Berge, durch Dschungel und Flußtälern folgend nach Lebong Sulit (15 - 18 Stunden) und von dort nach Muara Aman (6 - 7 Stunden) wandern. Man sollte den Marsch nicht ohne Guide machen! Oder man wartet, bis sich Einheimische auf den Weg machen (fast täglich), und schließt sich ihnen an. Beinahe jedermann ist hier ein Goldschürfer und hat die Waschpfanne im Gepäck.

Um gewundene Bergpfade abzukürzen, steigen die Ortskundigen, oft mit Bergen von Gepäck beladen, auf wackligen Bambusleitern senkrecht in 60 m tiefe Minenschächte hinab, tasten sich mit Taschenlampen durch kilometerlange, feuchtfinstre Stollen und klettern aus einem ähnlichen Schacht auf der anderen Bergseite wieder ans Tageslicht.

Wie Traveller berichten, muß man in Napalputih ein *Surat Jalan* für den Trek vorweisen, das man bei der Polizei in Bengkulu bekommt. Außerdem wird ein Permit der Goldminengesellschaft verlangt, um den Zug benutzen zu können.

ÜBERNACHTUNG UND TRANSPORT

In **Muara Aman** der *PENG. SUKMA JAYA**, Jl. Pelabuhan 14/5, heruntergekommen und schmutzig.

Besser und familiäre Atmosphäre im *LOSMEN SOPONYONO*-***, Jl. Balai Pertemuan (Parallelstraße zur Kirche).

Bus von CURUP nach Muara Aman 2500 Rp, 3 Std. (75 km).

Pulau Enggano

Die südlichste der Inseln vor der Westküste Sumatras hat ebenso wie Mentawai und Nias eine ethnologische Rarität aufzuweisen.

Die Engganesen, ein Volk von gerade 1000 Menschen, sind die archaischsten Protomalaien der indonesischen Inselwelt. Noch im vorigen Jahrhundert war Kleidung bei ihnen unbekannt, bis auf ein handtellergroßes Stück *Tapa* (= Rindenbast). Sie benutzten Steinbeile zum Bau von Kanus und Häusern, bekämpften sich in Stammesfehden mit Speeren und plünderten fast jedes auf der Insel gestrandete Schiff. Ihr komplexer Animismus kannte keinen höchsten Gott, aber viele gute und böse Naturgeister, unter denen Krokodil, Naga und Erdbeben am meisten verehrt und gefürchtet wurden.

Mittlerweile „zivilisiert“ und zum Islam bzw. Christentum bekehrt, unterscheiden sie sich äußerlich kaum von den anderen Malaien. Zu sehen sind noch ihre einzigartigen Rundhäuser, nur 2 - 3 m im Durchmesser, aber auf Eisenholzpfählen 5 bis 6 m über dem Erdboden „schwebend“. Im Süden von Enggano im Jagdrevier **Nanu'ua** (10 000 ha) werden Wildschweine gejagt. Die wilden Wasserbüffel stehen unter Naturschutz. Freunden des Tauchsports bieten sich rund um die Insel fast unberührte Korallenriffe an.

Manna

Die Hauptstadt des Kabupaten Bengkulu Selatan, 142 km von Kota Bengkulu, Bus 4000 Rp, ist eine gute Basis für Ausflüge im Süden der Provinz. Außer ein paar Extremsurfern verirren sich kaum Traveller in den unerwartet geschäftigen Ort.

Das Dorf **Lubuk Tapi**, 25 km nordöstlich von Manna, erlangte Berühmtheit in Botanikerkreisen, als 1818 zur Zeit der Kommandatur von Raffles ein gewisser Dr. Arnold hier die größte Blume der Welt für die Wissenschaft entdeckte, die stinkende Schmarotzerpflanze *Rafflesia arnoldi.*

Von Lubuk Tapi kommt man über Tanjung Sakti nach Pagaralam und dem Pasemah-Hochland mit 2000 Jahre alten Megalith-Skulpturen (s.S. 304).

ÜBERNACHTUNG UND ESSEN

*OMIKO GUESTHOUSE***, Jl. Jen. Sudirman 65, ☎ 21026, Zi mit Mandi, schöner Garten, großer Aufenthaltsraum. Nebenan *RUMAH MAKAN SUMBER REJEKI.*

Weitere Unterkünfte in der gleichen Straße: *LOSMEN SEDERHANA**, Nr. 77; *LOSMEN DARMANADA**, gleich daneben, und *LOSMEN SINAR SELATAN**.

Bintuhan und der Süden der Provinz

Die schönsten Strände der Provinz findet man südöstlich von Manna zwischen der Mündung des Sungai Kedurang und dem Dorf **Tanjung Kemuning** (30 km) und in der Bucht von **Bintuhan** und **Linau** (75 km). An den respekteinflößenden Brandungswellen könnten Surfer Gefallen finden.

Der kleine Ort Bintuhan bietet sich als Ausgangspunkt für Stranderkundungen an. Seit der Fertigstellung der Straße nach Krui bestehen gute Busverbindungen nach Süden und Norden.

Hinter dem kleinen Küstenort **Merpas,** kurz vor der Provinzgrenze mit Lampung, führt die Straße ins Hinterland und für 16 km durch den Barisan Selatan-Nationalpark (s.S. 303).

ÜBERNACHTUNG

Es gibt mehrere einfache Hotels und Losmen in **Bintuhan**, z.B. *LOSMEN EKA NURZA**, kein fließendes Wasser und die dünnen Wände sind mit Gucklöchern gespickt.

In einer ruhigen Seitenstraße hinter dem Sportplatz etwa 400 m von der Hauptstraße *CHANTIO HOTEL**-***, einfache Zi, Dreibettzimmer mit Mandi.

TRANSPORT

Bus von Bintuhan nach BENGKULU (213 km), 5000 Rp, 6 Stunden. MANNA 2500 Rp. 10x tgl. fahren Busse nach KRUI, 6000 Rp.

SÜD- SUMATRA UND LAMPUNG

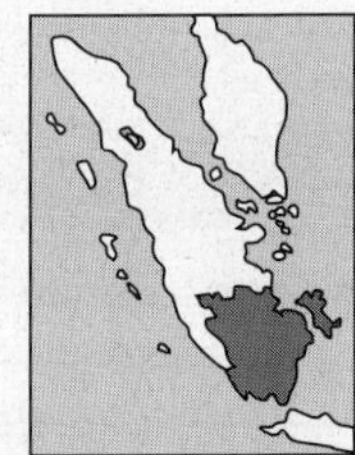

Süd-Sumatra

Mit 103 688 km² ist Sumatra Selatan (Sulsel) größte Provinz der Insel. Ihre 7 Millionen Einwohner (1994) leben überwiegend im trockenen Tiefland im Zentrum der Provinz bis hinauf in das Pasemah-Hochland. Noch sind 40% der Landfläche bewaldet, hauptsächlich von ausgedehnten, menschenleeren Sumpfwäldern an der Ostküste und geschützten Bergwäldern im Barisan-Gebirge im Westen. Dicht besiedelt sind die Zinn-Inseln Pulau Bangka und Pulau Belitung. Touristische Attraktionen, bisher noch so gut wie „unentdeckt", bietet die Provinz mit dem Pasemah-Hochland und dem Danau Ranau, einem großen See, der an Schönheit durchaus mit seinen Brüdern im Norden Sumatras konkurrieren kann.

Java-Nashörner bevölkerten früher die Sümpfe Sumatras. Das letzte bekannte Exemplar wurde 1933 von einem Großwildjäger erlegt. Die seltenen Tiere leben heute nur noch im viel zu kleinen Ujung Kulon Nationalpark (West-Java), und es existieren Pläne, sie wieder in Süd-Sumatra anzusiedeln, wenn die stetig wachsende Nashorn-Population von Ujung Kulon die Kapazität des Nationalparks übersteigen sollte.

Palembang

Über eine Million Bewohner hat die expandierende Hauptstadt Süd-Sumatras heute. Alle wichtigen Straßen und zwei Eisenbahnlinien führen nach Palembang, dem Verkehrsknotenpunkt im Süden. Eine große Ölraffinerie liegt in der Nähe, deren Produkte über den Erdölhafen am Musi-Fluß verschifft werden.

Im 7. Jahrhundert entstand das Sri Vijaya-Reich in Süd-Sumatra, und man nimmt an, daß die Hauptstadt in der Nähe Palembangs gelegen haben muß. Wahrscheinlich bestand die Metropole aus Holzhäusern, daher findet man keinerlei Mauerreste oder ähnliches mehr. Im 10. Jahrhundert stand Sri Vijaya im Zenit seiner Macht – Kaufleute aus aller Welt lebten in der Stadt. In den großen Bibliotheken und Universitäten wurden Buddhismus und Sanskrit studiert, chinesische Gelehrte kamen hierher, um alte Schriften zu übersetzen. Zu Beginn des 14. Jahrhunderts zerfiel Sri Vijaya in viele kleine Fürstentümer, und Malacca wurde zum wichtigsten Handelsplatz der Region.

Wasserschüssel aus Palembang

Bereits 1640 baute die Ostindische Handelscompagnie einen Handelsstützpunkt an den Ufern des Musi-Flusses auf, um den Pfeffer- und Zinnhandel zu kontrollieren. Zu Beginn des 19. Jahrhunderts versuchte England sich die Provinz zwischen ihren Besitzungen in Bengkulu und Malaya einzuverleiben. Am Ende der Auseinandersetzun-

gen, in deren Folge das Land im Chaos versank, und die Sultane nach Gutdünken der Kolonialmächte entmachtet und eingesetzt wurden, einigten sich 1815 Engländer und Holländer. Verlierer war der Sultan, der mit seinen Truppen 1819 die Holländer vertrieb, die jedoch nach langer Belagerung 1821 die Stadt zurückeroberten.

Sehenswert ist das **Balaputra Dewa Museum** (Provinz-Museum), Jl. Sudirman KM 6. Hier sind die ethnologischen, archäologischen und zoologischen Sammlungen untergebracht. Wer sich für die Skulpturen des Pasemah-Hochlands (s.S. 303) interessiert, kann sich hier schon die am besten erhaltenen Exemplare anschauen. Geöffnet Di - Do 8.00 - 14.00, Fr 8.00 - 11.00, Sa und So 8.00 - 12.00 Uhr.

Das Museum für Stadtgeschichte, **Museum Sultan Mahmud Badaruddin**, ist in einem Sultanspalast aus dem Jahre 1780 in der Jl. Benteng am nördlichen Ufer des Sungai Musi nicht weit von der großen Brücke Jembatan Ampera untergebracht. Geöffnet Mo - Do 8.00 - 16.00, Fr 8.00 - 12.00 und 14.00 - 16.00, Sa 8.00 - 12.00 Uhr. Außerdem findet man hier einen kleinen Informationsstand des Tourist Office.

Auch die verschiedenen Märkte Palembangs sind einen Besuch wert. In **Pasar Ilir**, der alten Chinatown am Nordufer des Musi, reiht sich Laden an Laden. Das Batik- und Songket-Angebot ist recht groß. Vereinzelt findet man auch noch traditionelle Schmuckarbeiten aus Gold oder Silber. Viele interessante Läden lohnen den Weg in die Jl. Guru, z.B. *Kud Mawar Melati,* 30 Ilir, Jl. Tl. Kerangga 276, mit alten Textilien und Gemälden.

Auch das holländische Fort von 1780, **Benteng Kuto Besak**, steht noch. Die indonesische Armee hat es in Beschlag genommen.

Jedes Jahr am 17. August finden auf dem Fluß Bootsrennen statt. Die *Bidar,* so nennt man die Boote, sind phantasievoll wie Tiere geformt und werden gleich von 40 Männern gerudert.

Einige Leser scheinen in Palembang keine guten Erfahrungen gemacht zu haben: Es soll zu Diebstählen und regelrechten Raubüberfällen gekommen sein. Andere fanden die Stadt deprimierend.

ÜBERNACHTUNG

UNTERE PREISKLASSE – *HOTEL SEGARAN** ⑰, Jl. Segaran 15, ☎ 355134, mit Fan und Gemeinschaftsmandi, laut, schmuddelig und finster.

*PENGINAPAN RIAU** ⑫, Jl. Dempo Luar 409, ☎ 352011, einfache Zimmer, nicht allzu sauber, aber zumindest mit Fenster, gemeinsames Mandi.

*HOTEL SUMATRA** ④, Jl. Mayor Ruslan 351, ☎ 352603, sehr spartanische Zimmer mit und ohne Fenster, mit kleinem Frühstück.

HOTEL PURNAMA-*** ⑤, Jl. Mayor Ruslan 7, ☎ 351400, am besten in der unteren Preisklasse, einigermaßen saubere, helle Zimmer mit und ohne Mandi.

MITTLERE PREISKLASSE – *WISMA PERDANA**** ⑮, Jl. Letkol. Iskandar 911, ☎ 356684, leicht vergammelte Zimmer mit ac, TV und kleinem Frühstück, an einer lauten Straße.

*HOTEL NUSANTARA**-**** ⑭, Jl. Letkol. Iskandar 17, ☎ 353306, etwas laut, aber saubere Zimmer mit und ohne Fenster, Fan oder ac, TV und Tel.

*HOTEL SRIWIDJAJA**-***** ⑬, Jl. Letkol. Iskandar 31, ☎ 354193, bei Indonesiern beliebt, relativ sauber, aber etwas muffig; die

SÜD-SUMATRA UND LAMPUNG

Fenster der Zimmer öffnen sich alle zum Flur; Fan oder ac, z.T. mit TV, Tel, Heißwasser und Kühlschrank.
*HOTEL PURI INDAH***-***** ⑩, Jl. Merdeka 38 - 40, ☎ 356912, sauber und nett eingerichtete Zimmer in einer alten holländischen Villa; schöner, kleiner Innenhof und kleiner Garten; einige Zimmer ohne Fenster, alle mit ac, z.T. auch mit TV, Heißwasser und Badewanne; Restaurant, Disco und Bar.
*KENANGA INN**** ⑧, Jl. Bukit Kecil 76 (Jl. K. H. A. Dahlan), ☎ 358166, relativ saubere Zimmer mit ac, Badewanne, Frühstück und z.T. mit Fenster.
*ARJUNA HOTEL**** ⑦, Jl. Kapten A. Rivai 219, ☎ 356719, Fan oder ac, TV und Heißwasser, einige Zimmer mit Balkon, renovierungsbedürftig.
LE PARADIS HOTEL (US$23 - 36) ①, Jl. Kapten A. Rivai 58, ☎ 356707, etwas heruntergekommen, aber sauber und o.k.; kleiner Garten.
SARI HOTEL (US$15 - 37) ③, Jl. J. Sudirman 1301, Ecke Jl. Kapt. A. Rivai, ☎ 313320, z.T. große Zimmer, alle mit ac, TV, Heißwasser, Badewanne und Kühlschrank, etwas vergammelt, aber sonst o.k. und sauber; angeschlossen ist das Padang Restaurant *Sari Bundo.*

OBERE PREISKLASSE – *LEMBANG HOTEL* (ab US$50) ⑯, Jl. Kol. Atmo 16, ☎ 363333, 313476, fax 352472; Bar, Disco, Coffee Shop (24 Std.) und Restaurant mit Live Musik; Zimmer mit Aussicht im 7. Stock.
KING'S HOTEL (ab US$54) ⑪, Jl. Kol. Atmo 623, ☎ 310033, fax 310937, 7 Stockwerke; sehenswert ist die mit kunstvollen Holzschnitzereien ausgestattete Sriwijaya Suite, die aber auch satte US$480 pro Nacht kostet.
HOTEL SWARNA DWIPA (ab US$45) ⑨, Jl. Tasik 2, ☎ 313322, fax 362992, ruhig gelegen; Garten, Swimming Pool und gutes Restaurant.
HOTEL SANDJAJA (ab US$78) ②, Jl. Kapt. A. Rivai 35, ☎ 310675, 350634, fax 313693, mit Swimming Pool und einer Sailendra Presidential Suite für US$600 pro Nacht.

ESSEN

RESTAURANT INDAH, Jl. Veteran 433 A, bietet indonesisch-chinesische Küche.
RESTAURANT PAGI SORE, Jl. J. Sudirman 96, ☎ 352783, gutes Padang Food.
RESTAURANT GEMBIRA, Jl. J. Sudirman 195.
RESTAURANT PALAPA RAYA, Jl. J. A. Yani 68.
Köstliches Gebäck kann man in der *NEW HOLLAND BAKERY,* Jl. J. Sudirman, kaufen; weiterhin in der *HAWAII MODERN BAKERY,* Jl. Letkol. Iskandar 902 F, ☎ 350184.

SONSTIGES

EINKAUFEN – Ein gutes Sortiment an **Landkarten und Stadtplänen** hat der *TOKO BUKU GRAMEDIA,* Jl. Kol. Atmo 45, ☎ 353493.

GELD – *BANK NEGARA INDONESIA,* Jl. J. Sudirman 689, ☎ 352316.
BANK BUMI DAYA, Jl. J. Sudirman 1779, ☎ 358571.
BANK DAGANG NEGARA, Jl. Kapten A. Rivai 57, ☎ 352644.
BANK CENTRAL ASIA, Jl. Kapten A. Rivai 22, ☎ 358244.

INFORMATIONEN – *DINAS PARIWISATA,* Jl. POM IX, ☎ 357348, geöffnet Mo - Do 8.00 - 14.00, Fr 8.00 - 11.00 Uhr, bietet relativ gute Informationen über die Provinz und einen Stadtplan.
DINAS PARIWISATA, Jl. Benteng, ☎ 358450, im Museum Sultan M. Badaruddin, geöffnet Mo - Do 8.00 - 16.00, Fr 8.00 - 12.00 und 14.00 - 16.00 Uhr; Informationen über Palembang.

PHPA – Jl. Kol. H. Berlian, Ponti Kayu KM 6,5; ☎ 411476.

POST – Die Hauptpost steht in der Jl. Merdeka, geöffnet Mo - Do 8.00 - 20.00, Fr 8.00 - 12.00 und 14.00 - 20.00, Sa 8.00 - 15.00 und 16.00 - 20.00, So 7.00 - 13.00 und 14.00 -

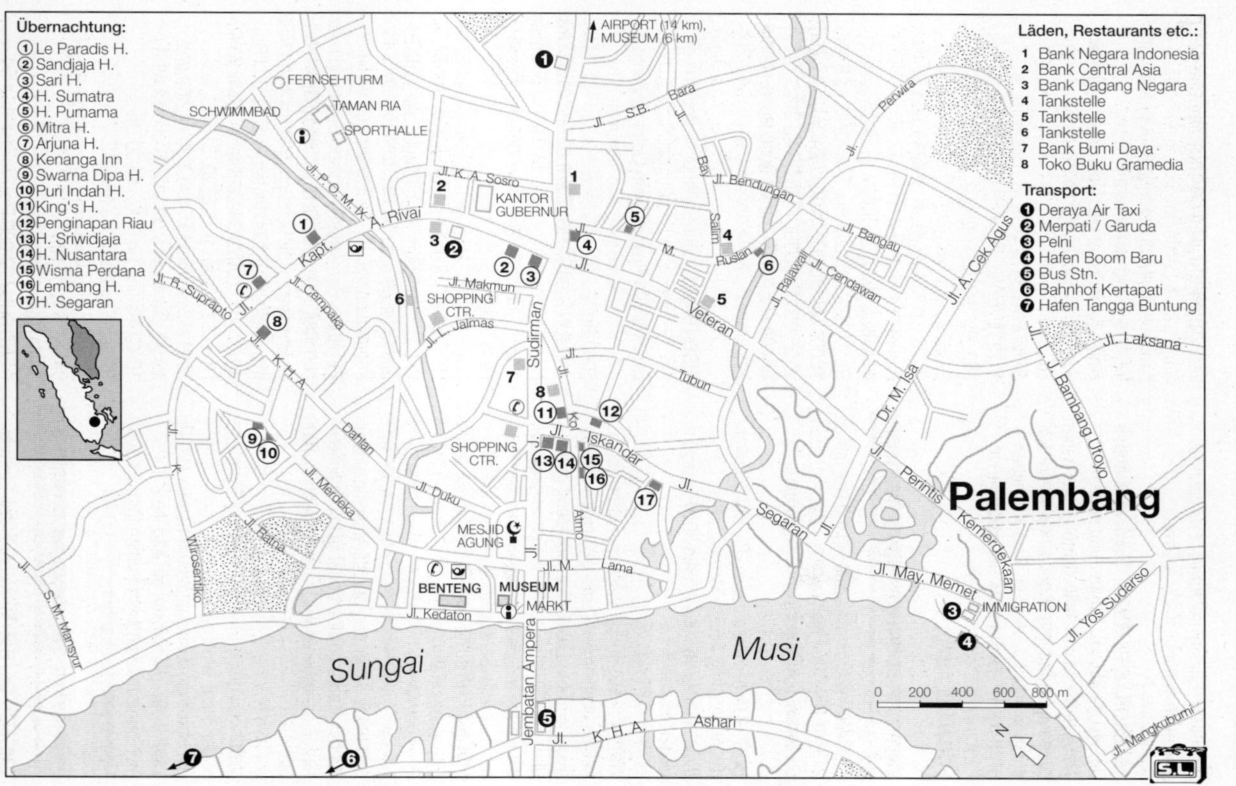
Palembang
Übernachtung:
1 Le Paradis H.
2 Sandjaja H.
3 Sari H.
4 H. Sumatra
5 H. Pumama
6 Mitra H.
7 Arjuna H.
8 Kenanga Inn
9 Swarna Dipa H.
10 Puri Indah H.
11 King's H.
12 Penginapan Riau
13 H. Sriwidjaja
14 H. Nusantara
15 Wisma Perdana
16 Lembang H.
17 H. Segaran
Läden, Restaurants etc.:
1 Bank Negara Indonesia
2 Bank Central Asia
3 Bank Dagang Negara
4 Tankstelle
5 Tankstelle
6 Tankstelle
7 Bank Bumi Daya
8 Toko Buku Gramedia
Transport:
1 Deraya Air Taxi
2 Merpati / Garuda
3 Pelni
4 Hafen Boom Baru
5 Bus Stn.
6 Bahnhof Kertapati
7 Hafen Tangga Buntung
AIRPORT (14 km), MUSEUM (6 km)
FERNSEHTURM
SCHWIMMBAD
TAMAN RIA
SPORTHALLE
KANTOR GUBERNUR
SHOPPING CTR.
MESJID AGUNG
BENTENG
MUSEUM
MARKT
IMMIGRATION
Sungai
Musi
Jembatan Ampera
0 200 400 600 800 m
Jl. S.B. Bara
Jl. Bay Salim
Jl. Bendungan
Jl. Perwira
Jl. K. A. Sosro
Jl. P. O. M. IX
Kapt. A. Rivai
Jl. R. Suprapto
Jl. Cempaka
Jl. Makmun
Jl. L. Jalmas
Sudirman
Jl. M. Ruslan
Veteran
Jl. Bangau
Jl. Rajawali
Jl. Cendawan
Jl. A. Cek Agus
Jl. Laksana
Jl. L. J. Bambang Utoyo
Tubun
Dr. M. Isa
Jl. K. H. A. Dahlan
Jl. Kol. Iskandar
Jl. Perintis Kemerdekaan
Jl. Segaran
Jl. Merdeka
Jl. Duku
Jl. Ratna
Jl. K. Wirosentiko
Jl. S. M. Mansyur
Atmo
Jl. M. Lama
Jl. Kedaton
Jl. May. Memet
Jl. Yos Sudarso
Jl. K. H. A. Ashari
Jl. Mangkubumi

20.00 Uhr. Ein kleines *Kantor Pos* befindet sich auch in der Jl. Kapt. A. Rivai.

TELEFON – *TELKOM,* Jl. Merdeka 5, neben der Hauptpost, tgl. 24 Std. geöffnet.
Außerdem gibt es einige Wartel: Eines neben dem Hotel Lembang in der Jl. Kol. Atmo, ein anderes in der Jl. Kapt. A. Rivai 47, neben dem Arjuna Hotel, tgl. 24 Std. geöffnet.

VORWAHL – 0711.

NAHVERKEHRSMITTEL

BECAK – kosten etwa 500 Rp pro km, fahren in der Regel aber nicht auf den Hauptstraßen, vor allem nicht auf der Jl. J. Sudirman.

BUS – DAMRI-Stadtbusse, *Bis Kota,* verkehren nur entlang einiger Hauptstraßen, haben feste Haltestellen und kosten 300 Rp, egal wie weit.

OPLET – Minibusse *(Angkutan Kota)* haben keinen bestimmten Terminal, kommen aber fast alle früher oder später am Markt gegenüber dem Stadtmuseum, Jl. Benteng, vorbei; sie kurven auf verschiedenen variablen Routen durch die Stadt, man kann sie überall anhalten und sollte vor Fahrtantritt mit dem Fahrer das Fahrtziel klären; sie kosten 300 Rp, egal wie weit.

SAMPAN – Wer den Sungai Musi mit einem kleinen Kahn, gerudert oder mit schwachem Motor, überqueren will, zahlt dafür 500 - 1000 Rp.

TAXI – Es gibt nur wenige Taxi mit Taxameter in der Stadt, am besten bestellt man sie über ein Hotel; die Einschaltgebühr beträgt 800 Rp, jeder weitere km kostet ca. 400 Rp.
Taxi ohne Taxameter kann man für ca. 6500 Rp pro Stunde chartern.

TRANSPORT

BUSSE – Der Bus Terminal für den Fernverkehr, **Tujuh Ulu**, liegt am südlichen Ufer des Sungai Musi bei der modernen, von Japan erbauten Hebebrücke *Jembatan Ampera*. Vorsicht, hier wird viel geklaut!
Einige Fernbusse, z.B. nach Jakarta, fahren vom Office des jeweiligen Busunternehmens ab.
BENTENG JAYA, Jl. K. S. Tubun 19, ☎ 312211.
P.O. PUTRA REMAJA, Jl. Veteran 4887 F, ☎ 353029.
A.L.S., Jl. Kol. Atmo, ☎ 356235, und Jl. Basuki Rahmat, ☎ 411114.
Preisbeispiele: JAKARTA 21 000 / ac 40 000 Rp; MEDAN 40 000 Rp; TANJUNG KARANG 11 000 Rp; BUKITTINGGI / PADANG 16 000 / ac 25 000 Rp; LUBUKLINGGAU 9000 / ac 17 000 Rp; PAGARALAM 6000 Rp, 6 1/2 Std., 293 km.

EISENBAHN – Der Bahnhof *Kertapati* liegt am südlichen Ufer des Sungai Musi, zu erreichen für 300 Rp mit einem Oplet ab Zentrum; oder mit einem Taxi (ohne Taxameter) für 5000 Rp.
TANJUNG KARANG: Tgl. 9.00 und 21.00 Uhr; 4500 Rp Economy Class, 18 000 Rp Business Class, 28 000 Rp Executive Class; Fahrzeit ca. 8 Std.
LUBUKLINGGAU: Tgl. 8.00, 10.00 und 20.00 Uhr; 9000 / 22 000 Rp; Fahrzeit ca. 7 Std.
Wie in Java bekommt man auch hier ISIC-Ermäßigungen.

FLÜGE – Der Sultan Mahmud Badaruddin Airport liegt 15 km nördlich der Stadt. Oplet ab Stadtmuseum, Jl. Benteng, 500 Rp, dann muß man die letzten 2 km laufen; Taxi 12 000 Rp.
MERPATI / GARUDA, Jl. Kapt. A. Rivai 35 (im Hotel Sandjaja), ☎ 312790, 311029, fax 312131; geöffnet Mo - Do 7.30 - 12.00 und 13.00 - 16.45, Fr 7.30 - 11.30 und 13.45 - 16.45, Sa und So 9.00 - 13.00 Uhr.
Preisbeispiele (ohne MwSt):
SINGAPORE US$125,
JAMBI 52 000 Rp,
JAKARTA 117 000 Rp,
BENGKULU 77 000 Rp,

Mangrovenwald

PANGKALPINANG 50 000 Rp,
PEKANBARU 134 000 Rp,
MEDAN 227 000 Rp,
PADANG 136 000 Rp,
TANJUNG PANDAN 98 000 Rp,
BATAM 113 000 Rp,
RENGAT 110 000 Rp.
Zum selben Preis wie Merpati fliegt auch tgl. Deraya nach TANJUNG PANDAN:
DERAYA AIR TAXI, Jl. J. Sudirman 2954, ☎ 353700, 356462, geöffnet Mo - Fr 8.00 - 16.00, Sa und So 8.00 - 13.00 Uhr.

SCHIFFE – Vom Hafen BOOM BARU am Nordufer des Sungai Musi, östlich vom Zentrum, fahren tgl. 2 Expressboote nach MUNTOK (Pulau Bangka), 20 000 Rp, 3 Std.; Abfahrtzeiten ändern sich laufend. Einmal tgl. fährt eine Autofähre zur Pulau Bangka ab dem westlich vom Zentrum gelegenen Hafen TANGGA BUNTUNG, 10 000 Rp, 12 - 14 Std. Tickets für die KM. Rinjani und die KM. Umsini ab Muntok, Pulau Bangka, bekommt man bei Pelni, Jl. Yos Sudarso 7, am Hafen Boom Baru, ☎ 311334, fax 311335, geöffnet Mo - Do 8.00 - 12.00, Fr 8.00 - 11.00 Uhr.

Pulau Bangka

Die Insel Bangka ist mit Pulau Belitung Indonesiens wichtigster -Zinnlieferant. Auf dem kieselsauren Boden gedeiht eine seltene Waldform, eine Art Heidewald *(Hutan Kerangas).* Viel ist davon nicht mehr übrig. Gründe sind die Zinnminen und die Bevölkerungsdichte (mit einem hohen Prozentsatz Chinesen).

In den Dörfern auf Bangka feiert man jedes Jahr im Anschluß an die Pfefferernte (August / September) traditionelle Massenhochzeiten, bei denen in einem Dorf zwischen 10 und 20 Paare verheiratet werden. Hauptort der Insel Bangka ist **Pangkalpinang** (= Wurzel der Arekapalme).

Die Strände auf Pulau Bangka

Im Norden der Insel in der Nähe des kleinen Hafenortes **Belinyu** gibt es eine ganze Reihe von attraktiven Sandstränden. Noch mehr schöne Sandstrände liegen in der Umgebung von **Sungailiat**, einem kleinen Hafenort an der Ostküste und dem Verwaltungszentrum des Kabupaten Bangka, halbwegs zwischen Belinyu und Pangkalpinang.

Hier soll einmal ein größeres Touristen-Resort mit mehreren Luxushotels entstehen. Eines, das Parai Beach Hotel (s.u.), ist auch schon fertig.

ÜBERNACHTUNG

PANGKALPINANG – Untere Preisklasse:
*PENGINAPAN MARAS**, Jl. J. Sudirman 69, spartanische Zimmer ohne Fan, gemeinsames Mandi.
*PENGINAPAN SABAR**, Jl. Kapt. Suraiman Arief 93, ☎ 21372, Parallelstraße der Jl. Mesjid Jamik; Fan, gemeinsames Mandi, kleines Frühstück; sehr einfach und familiär.
PENGINAPAN SEDERHANA-***, Jl. Kapt. Suraiman Arief, dürftige Zimmer mit und ohne Mandi.
*BUKIT SHOFA HOTEL***, Jl. Mesjid Jamik 43, ☎ 21062, kleine Zimmer mit Fan und Mandi, die meisten ohne Fenster, sauber und o.k.
*PENGINAPAN SRIKANDI***, Jl. Mesjid Jamik 42, ☎ 21884, einfache, relativ saubere Zimmer mit Fan, mit und ohne Fenster sowie mit und ohne Mandi; Balkon.
*PENGINAPAN MELATI***, Jl. Bioskop Surya 5, ☎ 24419, Nebenstraße der Jl. Mesjid Jamik; helle, saubere Zimmer mit Fan und Mandi, inkl. Frühstück.
Mittelklasse: *MENUMBING HOTEL* (US$14 - 50), Jl. Gereja 5, am Bus Terminal im Zentrum; ☎ 22991, fax 24485, die Auswahl reicht von einfachen Zimmern mit Fan und Mandi bis hin zur Suite mit ac, TV, Tel, Heißwasser und Kühlschrank; relativ sauber, aber man riecht den nahen Fischmarkt; Swimming Pool und Restaurant.
SABRINA HOTEL (US$15 - 45), Jl. Diponegoro 73, ☎ 22424, fax 22300, am Sportplatz, 900 m vom Zentrum; sauber und empfehlenswert, fast alle Zimmer mit ac, Tel, TV, Heißwasser, Badewanne und Kühlschrank, nur im 1. Stock mit Fenster; gutes Restaurant.
NEW WISMA JAYA (US$30 - 40), Jl. Mangkol 10, ☎ 21656, fax 23066, etwa 1 1/2 km nördlich vom Zentrum; reizvolle Architektur und saubere, hübsch eingerichtete Zimmer mit ac, Tel, TV, Kühlschrank, Heißwasser und Badewanne, inkl. Frühstück; schöner, kleiner Garten mit vielen Vögeln (in Käfigen); Restaurant.
*HOTEL PALAPA****, Jl. Depati Amir 4, ☎ 21607, Mandi und Fan oder ac, relativ sauber und o.k., aber etwas heruntergekommen.
*WISMA JAYA 1*****, Jl. Depati Amir 8, ☎ 21696, etwas ungepflegte Zimmer mit ac, TV, Heißwasser und Kühlschrank; Gartenrestaurant.
*HOTEL KARYA BHAKTI 1***-*****, Jl. J. Sudirman 11, ☎ 22007, z.T. große, hohe Räume in einer alten Kolonial-Villa, leicht vergammelt, sonst o.k., schöner Innenhof.
*HOTEL KARYA BHAKTI 2***-*****, ein paar Häuser weiter, ähnlich.

BELINYU – Ca. 15 km nördlich vom Ort wohnt man sehr angenehm in den *REMODONG SEA VIEW COTTAGES* (US$25 - 50), rustikale, doch saubere und gepflegte Holzbungalows unter Palmen an einem weißen Sandstrand. Reservierung in Pangkalpinang, Jl. Bukit Intan 147, ☎/fax 21573. Ein Taxi direkt vom Airport kostet etwa 40 000 Rp.

SUNGAILIAT – *PARAI BEACH HOTEL* (ab US$67), ☎ 92335, nördlich des Ortes am Pantai Parai Tenggiri. Große, luxuriöse Bungalowanlage an einem schönen weißen Strand, mit Swimming Pool. Das Hotel liegt 7 km abseits der Hauptstraße und wird nicht von öffentlichen Bussen oder Minibussen angefahren. Ein Taxi von Pangkalpinang direkt zum Hotel kostet ca. 30 000 Rp.

SONSTIGES

GELD – Die wichtigsten Banken, *BDN, BNI, BCA* und *BANK BUMI DAYA*, liegen alle im Zentrum an Pangkalpinangs Hauptstraße, der Jl. J. Sudirman.

IMMIGRATION – *KANTOR IMIGRASI*, Jl. Selindung, 5 km nördlich vom Zentrum.

INFORMATIONEN – Ein kleines Tourist Office ist in der Jl. J. A. Yani 57; die Leute hier haben aber nur wenige Informationen.
Ein neues Tourist Office soll in der Jl. Bukit Intan II, 2 km westlich vom Zentrum, eröffnet werden.

POST – *KANTOR POS*, Jl. J. Sudirman 18, geöffnet Mo - Do und Sa 8.00 - 17.00, Fr 8.00 - 11.00 und 14.00 - 17.00, So 8.00 - 11.00 Uhr.

TELEFON – *TELKOM*, Jl. J. Sudirman 6, ☎ 23000, tgl. 24 Std. geöffnet.

VORWAHL – 0717.

NAHVERKEHRSMITTEL

BUSSE – Pangkalpinang hat einen zentralen Bus Terminal am Markt, Jl. Pasar Lama, 200 m östlich von der Jl. J. Sudirman, wo man neben Fernbussen auch Mikrolet und Taxi findet.

MIKROLET – Minibusse (Angkutan Kota) kosten in der Stadt 250 Rp, egal wie weit.

TAXI – Die Taxi (ohne Taxameter) in Pangkalpinang sind nicht näher bezeichnete PKW, aber zu erkennen an ihren gelben Nummernschildern. Man kann sie für ca. 5000 Rp pro Stunde chartern.

TRANSPORT

BUSSE – Der Busbahnhof liegt am Markt im Zentrum von Pangkalpinang. Nach BELINYU 1750 Rp, 86 km; SUNGAILIAT 750 Rp, 32 km; MUNTOK 2500 Rp, 136 km, 3 Std.

FLÜGE – Der Airport liegt etwa 10 km südlich vom Zentrum, zu erreichen mit einem Taxi für 5000 Rp.
MERPATI, Jl. J. Sudirman 45, tel/fax 21131; geöffnet Mo - Do 7.30 - 12.30 und 13.30 - 16.30, Fr 7.30 - 11.30 und 13.30 - 16.30, Sa, So und feiertags 9.00 - 13.00 Uhr.
BOURAQ, Jl. J. Sudirman 36, ☎ 22268; geöffnet Mo - Sa 7.00 - 16.30, So 7.00 - 13.00 Uhr.
SMAC und *DERAYA AIR TAXI*, Agent: *P.T. PRIAVENTURE TOURS & TRAVEL*, Jl. J. Sudirman 10, ☎ 21002.
Preisbeispiele:
JAKARTA 119 000 Rp (MZ, BO);
PALEMBANG 65 000 Rp (MZ);
BATAM 141 000 Rp (SMAC);
DABO, P. SINGKEP 103 000 Rp (SMAC);
TANJUNG PINANG 140 000 Rp (SMAC);
TANJUNGPANDAN 57 000 Rp (Deraya).

SCHIFFE – Pangkalpinangs Hafen, Pangkal Balam, liegt 4 km südöstlich vom Zentrum.
Nach TANJUNG PINANG: Do und So, 6.00 Uhr, mit dem Expressboot MV. Bintan Permata, 50 000 Rp, 9 Std.
Nach JAKARTA: Di und Fr, 18.00 Uhr, mit MV. Bintan Permata, 55 000 Rp, 12 Std.
Nach PALEMBANG: Tgl. 2 Expressboote gegen Mittag ab Hafen Muntok, 20 000 Rp, 3 Std. - Muntok (136 km von Pangkalpinang)

erreicht man mit einem Damri-Bus (non ac) für 2500 Rp in 3 Std. Einige Travel Agents wie auch einige Hotels (z.B. H. Sabrina) bieten einen Minibus-Transfer nach Muntok ab Hotel für 5000 Rp (ac). Muntok, auch Mentok (Losmen vorhanden), ist ebenfalls der Hafen für die **KM. Rinjani** und die **KM. Umsini** (s.S. 48 ff).

Tickets bei *PELNI* in Pangkalpinang, Jl. Depati Amir 67, ☎ 22743, fax 21304; geöffnet Mo - Do 8.15 - 11.30, Fr 8.15 - 11.00 Uhr.
Preisbeispiele (Ekonomi / 1. Klasse):
TANJUNG PRIOK 26 000 / 88 000 Rp,
KIJANG 19 000 Rp / 63 000 Rp,
DUMAI 33 000 Rp / 119 000 Rp.

Lubuklinggau

An diesem wichtigen, geschäftigen Verkehrsknotenpunkt in Süd-Sumatra treffen mehrere Hauptverkehrsstraßen aufeinander. Zudem endet in Lubuklinggau die Eisenbahn aus Palembang bzw. Bandar Lampung. Auf dem großen zweistöckigen **Markt** gegenüber dem Bahnhof herrscht ein buntes Treiben. Überraschend modern präsentieren sich die überwiegend chinesischen Geschäfte entlang der Hauptstraße. Dazwischen stehen zahlreiche große Hotels.

ÜBERNACHTUNG

Preiswerte Hotels und Losmen gibt es reichlich, z.B.
*HOTEL LINTAS SUMATRA***-***, Jl. Yos Sudarso 21, ☎ 733 - 21730, saubere Zimmer unterschiedlicher Kategorie mit Komfort, einschließlich Frühstück.

ESSEN

Das *SAKURA,* schräg gegenüber, serviert recht gutes chinesisches Essen.
Zudem befinden sich auf der Hauptstraße mehrere Padang-Restaurants.

TRANSPORT

Die großen Busgesellschaften haben Büros außerhalb des Zentrums an der Jl. Jen. A. Yani, dem Trans-Sumatra-Highway Richtung Norden. Busse nach BENGKULU fahren ab Jl. Yos Sudarso hinter dem Bahnübergang.
Um 9.00, 11.00 und 21.00 Uhr fährt ein Zug in 7 Std. nach KERTAPATI (Palembang) für 9000 Rp Economy, 22 000 Rp Executive.
Die billigste Methode ist auf einen der Güterzüge aufzuspringen, was sehr verbreitet zu sein scheint. Großeinkäufe und sogar ganze Wohnungseinrichtungen finden auf den mit Latex beladenen Waggons ihren Platz.

Pagaralam

Als Ausgangspunkt für Exkursionen durchs Hochland von **Pasemah** eignet sich die zentral gelegene Kleinstadt Pagalaram (= umzäunte Erde). Die Leute, vor allem die männliche Jugend, sind zwar schon manchem Besucher auf die Nerven gegangen, aber die landschaftliche Schönheit der Umgebung entschädigt dafür.

ÜBERNACHTUNG

*HOTEL TELAGA BIRU**-**, Jl. Vandrik Karim 224, ☎ 21081, liegt zentral, ist aber heruntergekommen.
*PENG. BOROBUDUR**, Jl. Serma Wanar, billig und finster.
*HOTEL DHARMA KARYA***, Jl. Mayor Ruslan 220, ☎ 21297, ca. 2 km außerhalb an der Straße Richtung Bengkulu, einigermaßen sauber, mit schönem, großen Garten.
*HOTEL MIRASA**-**, Jl. Mayor Ruslan 62, ☎ 21266, ca. 1,5 km außerhalb an der Straße nach Bengkulu; sauber, mit schönem Garten und gutem Restaurant, umgeben von Reisfeldern; nette Leute. Guides.

SONSTIGES

POST – *KANTOR POS*, Jl. Mayor Ruslan 37, geöffnet Mo - Do und Sa 8.00 - 14.00, Fr 8.00 - 11.00, So und feiertags 9.00 - 12.00 Uhr.

TELEFON – *TELKOM*, Jl. Mayor Ruslan 36, tgl. 24 Std. geöffnet; für Telegramme nur 7.30 - 16.30 Uhr.

VORWAHL – 0730.

NAHVERKEHRSMITTEL

MINIBUSSE kurven tagsüber ständig durch die wenigen Straßen des Ortes oder stehen am zentralen Markt. Sie kosten auf Kurzstrecken 200 Rp, sonst 300 Rp, Charter 2000 Rp.

TRANSPORT

Fernbusse, **Oplet** und **Minibusse** zu den Dörfern fahren ab dem Bus Terminal, der 2 km vom Zentrum entfernt ist.

Preisbeispiele:
LAHAT 1800 Rp;
PALEMBANG 6000 Rp (7 Std., 293 km);
BATURAJA 9100 Rp;
MARTAPURA 10 000 Rp;
JAKARTA 25 000 Rp, ac 37 500 Rp, VIP Exclusive 45 000 Rp;
TANJUNG KARANG 15 000 Rp.
Nach BENGKULU gibt es eine landschaftlich reizvolle, direkte Bergstrecke immer am Oberlauf des Sungai Musi entlang, 4000 Rp (6 Std., 174 km).
Oplets: JARAI 300 Rp (9 km);
TANJUNG SAKTI 1500 Rp (45 km);
KOTA AGUNG 1500 Rp (52 km).

Pasemah-Hochland und Gunung Dempo

Tiefe Schluchten mit malerischen Wasserfällen haben sich in die Hochebene eingegraben, auf der die *Orang Pasemah* (sie sprechen *Bahasa Pasemah*) Kaffee-, Tee- und Cengkeh-Plantagen angelegt und ganze Wälder von Durian-Bäumen gepflanzt haben.

Die Landschaft wird vom 3159 m hohen Vulkan Gunung Dempo beherrscht. Die Naturschutzbehörde PHPA hat mehrere große Waldgebiete zu Reservaten erklärt: Gumai (45 880 ha), Isau-Isau (12 114 ha) und Gunung Dempo / Dingin (38 050 ha), die an 64 400 ha geschützten Wald (Bukit Hitam) in der Provinz Bengkulu grenzen. Hier blühen Rafflesia und viele seltene Orchideen, hier leben

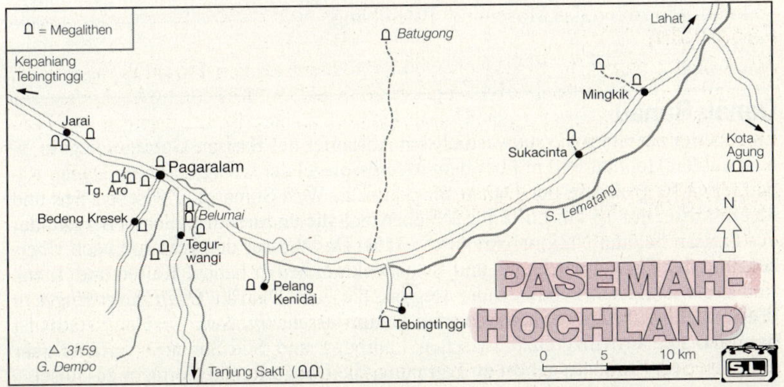

noch Elefant, Tiger, Siamang, Nashornvogel, die Waldziegenantilope *Serau* und der scheue Argusfasan.

Besteigung des Gunung Dempo

Mit einem frühen Minibus (7.00 Uhr) fährt man Richtung **Talang Beduk Atas** (500 Rp), dem Dorf der Angestellten der Teeplantagen, und steigt bei der ersten Teefabrik Tangsi I aus. Man kann versuchen, mit Trucks oder Landrovern über Tangsi II nach Tangsi III oben am Berg zu trampen, von wo man noch einen etwa sechsstündigen Marsch bis zum Gipfel und Krater vor sich hat. Auf dem Weg sieht man schlanke Bäume, die die Indonesier *Kayu Panjang Umur* bzw. *Kayu Panjang Usia* nennen. Die Früchte dieser Bäume, kleine, schwarze Beeren, schmecken süß und sollen das Leben verlängern.

Megalithsteine

Manchmal genauso schwer zu finden wie die Tiere sind die megalithischen Monumente, die ein unbekanntes, bronzezeitliches Volk vor mehr als 2000 Jahren in großer Zahl auf dem Hochland errichtet hat. Weit verstreut über das riesige Gebiet liegen die Megalithen meist irgendwo versteckt in Wäldern, Plantagen oder Reisfeldern und sind nur über schmale, schlammige und rutschige Fußpfade zu erreichen. Zwar stehen gelegentlich Hinweisschilder an den Straßen, trotzdem sind einheimische Führer oft unentbehrlich (Infos bekommt man im *Kantor Kebudayaan)*.

Frühgeschichtler unterscheiden stilistisch zwischen einer frühen, primitiven Megalithgruppe, zu der Menhire und hockende Figuren gehören, und einer späten, entwickelten Gruppe, die Einflüsse fremder Hochkulturen aufweist. Dazu zählen Steinplattengräber mit zum Teil bemalten Innenwänden, wie man sie ähnlich aus der frühen Han-Dynastie Chinas kennt, und plastische Skulpturen voller Dynamik: kämpfende Krieger mit Waffen und Helmen, die Bronzefunden aus der Dong-Son-Kultur (Vietnam) gleichen, mit Büffeln und Schlangen ringende Männer, sich paarende Tiger und Reiter auf Elefanten (gezähmte Elefanten deuten auf indischen Kulturkreis).

Die 2000 Jahre sind nicht spurlos vorübergegangen: manchmal braucht man reichlich Phantasie, um die Einzelheiten zu erkennen. Gut erhaltene Pasemah-Skulpturen zieren das Museum in Palembang.

Danau Ranau

Eingebettet zwischen die südwestlichsten Ausläufer des Barisan-Gebirges liegt in einem kühlen Hochtal 540 m über dem Meeresspiegel der wenig besuchte Danau Ranau, etwa so groß wie der Danau Singkarak in West-Sumatra. Zwischen See und Meeresküste, nur 15 km Luftlinie, schieben sich die undurchdringlichen Bergwälder des Barisan Selatan Nationalparks (s.S. 315). Das Wasser des Sees soll nach Überzeugung der Einwohner Haut- und Knochenkrankheiten heilen. Kaffee und Tabak sind die wichtigsten Produkte der Region, die zum Distrikt *Ogan Komering Ulu* (OKU) gehört, benannt nach den zwei Hauptflüssen; *Ibu Kota* (= Hauptstadt) ist Baturaja. Die Provinzgrenze zwischen Lampung und Süd-Sumatra verläuft quer über den See, Kotabatu gehört zu Lampung, die Danau Ranau Cottages zu Sulsel.

ÜBERNACHTUNG

Mit der Fertigstellung des Flugfelds werden viele neue Unterkünfte, v.a. in der gehobenen Preisklasse entstehen.

KOTABATU – hier nur der *PENGINAPAN / RUMAH MAKAN SEMINUNG JAYA**, für Anspruchslose; netter Besitzer.

OSTUFER – *DANAU RANAU COTTAGES**-**** (Sa/So 50% teurer), sind auch unter dem alten Namen *Wisma Pusri* bekannt. 1,8 km nördlich von Pilla ist an der Hauptstraße die Abzweigung hinab zum See ausgeschildert. Die Bungalows über dem Seeufer könnten von der Lage und Ausstattung her die beste Unterkunft am Ranau-See sein. Seit der frühere Manager nicht mehr da ist, läßt der Service zu wünschen übrig, vor allem das Restaurant ist kaum länger als einen Tag erträglich.
WISMA PUTRI GUNUNG, am Weg zum Wasserfall, scheint nicht mehr in Betrieb zu sein.

SIMPANG SENDER – ein uninteressanter Ort, aber es gibt drei Penginapan* an der Hauptstraße für alle, die früh mit dem Bus weiterfahren wollen, die Büros der Fernbusgesellschaften und ein Postamt.

BANDING AGUNG – In diesem netten Ort am Seeufer ist die Auswahl größer:
HOTEL SEMINUNG PERMAI-***, direkt am See, freundliche Leute.
*PENG. DANAU INDAH**, befindet sich in einer Seitenstraße hinter dem *Seminung Permai* am Seeufer.
*PENG. EMBUNPAGI**, liegt 100 m vom Seeufer entfernt mit schönen Balkonen aber kleinen Zimmern.
*PENG. CEMPAKA PUTIH***, liegt unweit davon.
*HOTEL SURYA INDAH***, am oberen Ende der Hauptstraße, mit Privat-Mandi.

TRANSPORT

Direkte Minibusse von BATURAJA nach SIMPANG SENDER 3500 Rp.
Von MARTAPURA nach MUARA DUA 1800 Rp. Weiter nach SIMPANG SENDER 2000 Rp (1 Std., 41 km). Von hier entweder nach BAN-

Warung am Danau Ranau

DING AGUNG, größter Ort am See, 500 Rp, 15 km; oder nach KOTABATU, 500 Rp, 13 km. Von Kotabatu nach LIWA kostet der Bus 1500 Rp, von LIWA nach KOTABUMI 3000 Rp, 5 Std. oder nach KRUI für 2000 Rp. Täglich um 9.00 Uhr fährt ein direkter Bus nach BANDAR LAMPUNG für 6500 Rp in 6 Std.

Rings um den Danau Ranau

Das Ostufer

Von Süden kommend durchfährt man zuerst die Orte **Sukajaya, Kotabatu** und **Tanjung Jati.** Sie erstrecken sich beiderseits der Einmündung des Sungai Wartuk in den See, der nur auf einer unbefestigten Straße zu erreichen ist. Am Seeufer liegen mehrere einfache Restaurants. Von einer Anlegestelle legen vor allem vormittags Boote ab, die zwischen Kotabatu und Banding Agung für 1000 Rp verkehren – zur Rückfahrt kann man den Bus über **Simpang Sender** nehmen.

Häufiger fahren sie an Markttagen: Kotabatu (Mi), Banding Agung (Fr), Simpang Sender (So), und zu den abgelegenen Dörfern Lombok und Sukabanjar, jeweils 1300 Rp von Banding Agung / Kotabatu. Charter für eine Rundfahrt ca. 25 000 Rp.

Die schmale Straße am Ostufer entlang nach **Kotabatu** windet sich in zahlreichen Kurven an den Berghängen entlang bis zu 100 m über den Wasserspiegel des Sees hinauf. Nur an wenigen Stellen bietet sich eine großartige Aussicht auf den Gunung Seminung den See.

Hinter **Pilla** liegen links die Danau Ranau Cottages. An der Schranke sind 300 Rp Eintritt zu zahlen. Am Parkplatz beginnt ein 500 m langer Fußpfad mit schönen Ausblicken auf die Reisfelder und den See zum **Air Terjun Subik**, einem von Wald umgebenen kleinen Wasserfall.

Kurz nach dem Abzweig erreicht man **Tanjung Kemala**, ein traditionelles Dorf mit schönen alten Lampung-Häusern. **Simpang Sender**, das Verkehrszentrum der Gegend, ist kein besonders stimulierender Ort.

Eine gut augebaute Straße führt von hier nach **Banding Agung** (15 km), ein netter Ort direkt am See. Am Ufer wurde eine 3 km lange Straße angelegt, die an Badeplätzen mit Pondoks und Bootsanlegestellen vorbeiführt. Eine neue Landepiste für kleine Flugzeuge 2 km außerhalb des Ortes nahe der Straße soll mehr gutbetuchte Touristen herbeilocken.

Gunung Seminung

Den Danau Ranau in seiner ganzen Pracht überblickt man vom Gipfel des Gunung Seminung (1881 m) nach einem 6stündigen Aufstieg, 4 Stunden sind es zurück. Zu den **Heißen Quellen** am Fuße des Vulkans gelangt man über schwierige Pfade am See entlang oder mit einem Motorboot von Kotabatu. Reguläre Boote zu den Heißen Quellen kosten 500 Rp p.P., Charter nach Handeln 10 000 Rp p.P., zu den Quellen und der Insel Marisa 20 000 Rp. p.P. Die *Danau Ranau Cottages* organisieren ebenfalls Fahrten zu den Heißen Quellen und Pulau Marisa für 25 000 Rp.

Nach **Lombok** am Südufer des Danau Ranau führt eine asphaltierte, schmale Straße mit zum Teil extrem starken Steigungen an den südlichen Hängen des kegelförmigen Gunung Seminung entlang. Hier leben die Ureinwohner der Region, die Orang Semindo, die Brandrodung betreiben und Kaffee anbauen. Sie unterscheiden sich in der Physiognomie stark von den anderen malaiischen Bevölkerungsgruppen der Region. Der kleine Ort Lombok ist von einer malerischen Reisterrassenlandschaft umgeben, die stark an Bali erinnert. Im Dorf selbst findet man noch einige traditionelle Lampung-Häuser, die leider nicht besonders gepflegt werden. Eine weitere unbefestigte Straße führt weiter bis **Sukabanjar**.

Gunung Raya

Am Hang des Gunung Raya (2232 m) östlich vom See tummeln sich die wichtigsten Vertreter der Fauna Sumatras in einem 39 500 ha großen Naturreservat, das wegen seines Orchideenreichtums bekannt ist. Ein PHPA-Posten ist in **Setenkol**, 6 km nördlich von Simpang Sender, stationiert. Einfacher ist die Anreise ab Pilla am Ostufer des Sees. Hier zweigt eine 6,5 km lange Stichstraße nach **Kg. Gunung Raya** ab. 5 - 6x tgl. fahren total überladene Kleinbusse ab Kota Batu für 500 - 1000 Rp zu dem relativ großen, bereits unter der holländischen Kolonialverwaltung gegründeten Ort hinauf. In Kg. Gunung Raya befindet sich eine Schule, Polizei- und Krankenstation.

Beim *Departemen Kehutanan* am Fußballplatz, ein Posten der Forstverwaltung, erhält man von Akromi, dem Chef, gute Informationen. In seinem Haus am anderen Ortsende kann man übernachten und von dort aus Ausflüge in die Umgebung unternehmen. Ein Fußpfad führt nach **Kg. Lalu Lintas** (3 km) und weiter nach **Telaga Pohon** (5 km). Hier beginnt das Cagar Alam, das nur mit Genehmigung der PHPA-Behörde in Palembang betreten werden darf.

Mit Guide kann auch das **Elefantencamp**, etwa 15 km bzw. 3 Std. zu Fuß von Kg. Gunung Raya aus, besucht werden. Etwa 60 Elefanten stehen unter der Obhut ihrer Trainer, und mehrere Hundert leben wild im Cagar Alam. Da sich durch die Rodung der Wälder ihr Lebensraum einengt, wehren sich die Tiere, überfallen Dörfer, zerstören Häuser und Felder und töteten Ende der 80er Jahre sogar mehrere Siedler. Akromi kann von diesen Vorfällen beeindruckende Fotos zeigen.

Eisenholz

(indonesisch. *Kayu Ulin*, lateinisch *Eusideroxilon zwageri*)
Um den Eisenholzbaum vor dem Aussterben zu bewahren, sind im Norden der Provinz Süd-Sumatra östlich der Mündung des Sungai Banyuasin zwei Gebiete mit Wäldern dieser seltenen und kostbaren Baumart unter Schutz gestellt: Bentayan (19 300 ha) und Dangku (29 000 ha).
Die Bäume werden durchschnittlich 50 m hoch und messen in Brusthöhe 2,20 m Umfang, besitzen eine rotbraune Rinde, große Blätter und bis zu 300 g schwere Früchte. Das Holz *(Kayu Ulin)* verfault nicht im Wasser, eignet sich also gut für Pfahlbauten, wird aber auch beim Brücken- oder Bootsstegbau verwendet.
Nach jahrzehntelangem Raubbau mußte man allerdings feststellen, daß es kaum noch Nachwuchs gibt, denn *Kayu Ulin* wächst extrem langsam und reproduziert sich erst nach Jahrhunderten. Ausgewachsene Bäume bringen nur wenige Samen hervor.

Lampung

Die südlichste und mit 33 307 km² zweitkleinste Provinz Sumatras ist dank ihrer relativ fruchtbaren Böden mit 6,6 Millionen Einwohnern – hauptsächlich eingewanderte Sundanesen und Javaner – relativ dicht besiedelt. Wald bedeckt weniger als 20% von Lampung, das zur Kolonialzeit noch Tummelplatz der Großwildjäger war. Die Reste der ehemals reichen Fauna werden in zwei Nationalparks konserviert, die aber beide durch Holzindustrie und illegales Ansiedeln unübersehbare Schäden davongetragen haben.

Die ursprünglichen Bewohner der Provinz waren Orang Abung, kopfjagende Dschungelnomaden, die sich in die Berge zurückzogen, als die Orang Pablan, ein Mischvolk aus Abung, Sundanesen und Javanern, sich in der Ebene ausbreiteten und eine überlegene Kultur entwickelten. Heutzutage sind die Unterschiede zwischen den letzten Abung, den Pablan und den neu hinzugekommenen Javanern nahezu verwischt. In der Geschichte des Landes findet Lampung Erwähnung, als das benachbarte sundanesische Reich von Banten an der Eroberung des Landes für den Pfefferanbau Interesse zeigt. Durch die Vergabe von Titeln und harter Währung an die Stammeshäuptlinge gewinnt es die Kontrolle über das Land. Im Jahre 1684 überträgt Sultan Haji von Banten offiziell das Pfeffermonopol der V.O.C.

Bandar Lampung

Die Hauptstadt der Provinz am Ende der großartigen Lampung Bay, aus den drei Städten **Tanjung Karang, Teluk Betung** und **Panjang** zusammengewachsen, zählt 700 000 Einwohner. Jede der drei Städte hat ihr eigenes Zentrum mit Einkaufs-

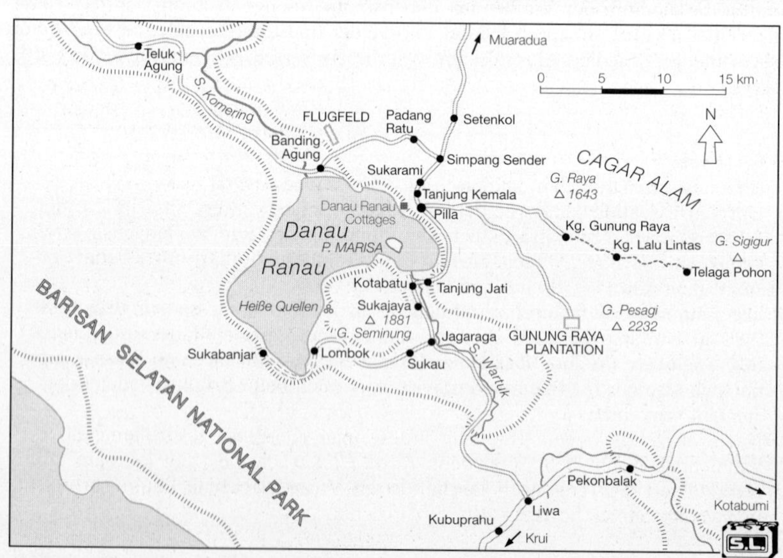

straßen, Märkten, Banken usw. Die Zentren liegen gut 5 km auseinander, so daß sich Bandar Lampung ziemlich weitläufig entlang der Bucht und über die steilen Hügel des Hinterlandes erstreckt.

Die schönste Stadt, Tanjung Karang, zieht sich die über 100 m über dem Meeresspiegel gelegenen Hügel hinauf und bietet einen wunderbaren Ausblick über die Bucht, an deren Ufer Teluk Betung liegt. Am Abend lohnt ein Besuch des Nachtmarkts **Pasar Mambo** in der Jl. Hasanuddin, wo in vielen Warung gutes Seafood zubereitet wird.

In der Jl. Teuku Umar, 7 km nördlich vom Zentrum Tanjung Karangs, nicht weit vom Busbahnhof Raja Basa, steht das **Lampung Museum**. Ausgestellt sind traditionelle Haushaltsgeräte der Provinz, Keramiken aus China und Siam, alte handgewebte *Tapis*-Stoffe usw. Geöffnet Di - Do 9.00 - 14.00, Fr 9.00 - 11.00 und 13.00 - 15.00, Sa und So 9.00 - 15.00 Uhr.

ÜBERNACHTUNG

UNTERE PREISKLASSE – Das Angebot ist äußerst beschränkt; aber auch Hotels der mittleren Preisklasse bieten manchmal preiswerte Zimmer.

*LOSMEN BAHAGIA** ⑳, Jl. Bawal 72, Teluk Betung, ☎ 42220, ungemütlich, spartanisch.

*HOTEL MINI 1*** ②, Jl. Kartini 72 (Jl. Dwi Warna 7), Tg. Karang, ☎ 55928; Zimmer mit Fan und Mandi; zentral, schmuddelig und laut.

*HOTEL WIJAYA KUSUMA*** ⑭, Jl. Way Besai 26, Teluk Betung, ☎ 52163; nicht sehr saubere Zimmer mit Fan in schöner Hanglage.

*LUSY HOTEL*** ⑲, Jl. Diponegoro 186, Teluk Betung, ☎ 45695; einfache Zimmer mit Mandi, Fan oder ac.

MITTELKLASSE – *RIA HOTEL**-**** ①, Jl. Kartini 79, Tg. Karang, ☎ 53974; mit und ohne Mandi, mit Fan oder ac, Fenster zum Flur, zentral und laut.

*GARDEN HOTEL**-**** ③, Jl. Kartini 72, Tg. Karang, ☎ 55512; kleine Zimmer mit und ohne Fenster, mit Mandi, Fan oder ac, zentral, laut und nicht allzu sauber.

*HOTEL KURNIA DUA**-**** ⑤, Jl. Raden Intan 75, Tanjung Karang, ☎ 52905; Zi mit und ohne Mandi, Fan oder ac, meist ohne Fenster.

*HOTEL PURNAMA**-***** ⑥, Jl. R. Intan 77, Tg. Karang, ☎ 51447; Fan oder ac, TV und Heißwasser, sauber, aber an einer lauten Straße.

*KURNIA CITY HOTEL***-***** ⑧, Jl. R. Intan 114, Tg. Karang, ☎ 62030, fax 62924; saubere Zi mit Fenster, ac, TV, Tel und Heißwasser, etwas laut; Karaoke und kleines Restaurant.

*HOTEL ANDALAS***-*****, (7), Jl. R. Intan 89, Tg. Karang, ☎ 63432; sauber und gut, mit Fan oder ac, TV und Heißwasser, nahe der Moschee.

*NUSA INDAH HOTEL***-***** ⑨, Jl. R. Intan 132, Tg. Karang, ☎ 53029, fax 64820; sauber und gut, alle Zimmer mit ac, TV und Tel, etwas schmucklos eingerichtet.

*HOTEL MAHLIGAI PURI**** ④, Jl. Cokroaminoto 29, Tg. Karang, ☎ 53694; etwas vergammelt, aber noch akzeptabel, Zimmer mit und ohne Mandi, Fan oder ac und TV; grüner Innenhof und viele Antiquitäten im Vorraum.

*PONDOK WISATA LAMPUNG INN**** ⑪, Jl. W. Monginsidi 73, Teluk Betung, ☎ 45652; kleines Hotel, einfache Zimmer mit Fan und Mandi, nicht allzu sauber.

OBERE PREISKLASSE – *SRIKANDI GUESTHOUSE* (US$36 - 48) ⑫, Jl. Diponegoro 54, Teluk Betung, ☎ 52154; große Zi, sauber, gepflegt und komplett ausgestattet, inkl. Frühstück. Großer Parkplatz im Innenhof.

*HARTONO HOTEL**** ⑮, Jl. Ir. Hi. Juanda, Teluk Betung, ☎ 62525, 62345; alle Zi mit ac, TV, Tel und Kühlschrank, inkl. Frühstück; ruhig, sauber, preiswert und sehr gut, in Hanglage mit großartigem Panoramablick über die Stadt.

*RAREM HOTEL**-**** ⑯, Jl. Way Rarem 23,

Teluk Betung, ☎ 61380, 61241; Fan oder ac, TV und Heißwasser, sauber und o.k.; Balkon mit Aussicht, kleiner Garten.
*KEMALA HOTEL**-***** ⑰, Jl. G. Subroto 73, Teluk Betung, ☎ 62548, 54676; Zi mit Fan oder ac, meist ohne Fenster, etwas heruntergekommen.
*SRIWIJAYA HOTEL**** ㉔, Jl. Ikan Kakap 25, Teluk Betung, ☎ 41046; einfache, akzeptable Zimmer, Fan oder ac, mit Balkon.
*KENANGA HOTEL**** ㉑, Jl. Cumi Cumi 8, ☎ 41888, Teluk Betung; muffig und vergammelt.
*HOTEL PACIFIC**** ㉒, Jl. Yos Sudarso 3, Teluk Betung, ☎ 46874; nichts Besonderes.
*LAMPUNG INN****, Jl. Yos Sudarso 1, Teluk Betung, ☎ 31917; vergammelte und finstere Cottages am Meer.
INDRA PALACE HOTEL (ab US$77) ⑩, Jl. Wolter Monginsidi 70, ☎ 62766, fax 62399; z.T. mit Aussicht über die Lampung Bay; guter Service, Swimming Pool.
MARCOPOLO HOTEL (US$24 - 54) ⑬, Jl. Dr. Susilo 4, ☎ 62511, fax 54419; preiswert und daher oft voll, mit herrlicher Aussicht und großem Pool (öffentlich).
SHERATON INN (ab US$97) ⑱, Jl. Wolter Monginsidi 175, ☎ 486666, fax 486690, das z.Zt. beste Hotel in Lampung; Pool und schöner Garten; am Wochenende gibt es mitunter einen Discount.
SAHID KRAKATAU HOTEL (ab US$55) ㉓, Jl. Yos Sudarso 294, ☎ 488888, fax 486589, schön am Meer gelegen; Swimming Pool, guter Service, Restaurant.

ESSEN

RESTAURANT SETIA, Jl. R. Intan 3, Tg. Karang, ☎ 51945; gutes, preiswertes Padang Food.
RESTAURANT BEGADANG, Jl. Diponegoro 164, ☎ 53201. Padang-Food in stilvoller Umgebung, empfehlenswert.
RESTAURANT SIMPANG RAYA, Jl. Diponegoro 1, ☎ 54549, großes Minangkabau-Haus.
KENTUCKY FRIED CHICKEN, Jl. J. Sudirman 11, ☎ 43723.

EINKAUFEN

Die traditionellen handgewebten **Stoffe**, für die Lampung berühmt ist, werden u.a. im *TOKO / SANGGAR RUWAJURAI* verkauft. Es gibt zwei Läden mit diesem Namen, die nicht weit voneinander entfernt im Zentrum Tanjung Karangs liegen: in der Jl. Kartini 70 (Jl. Dwi Warna 1), ☎ 53353 und in der Jl. Imam Bonjol 34, ☎ 52791; hier kann man im Hinterzimmer beim Besticken der Stoffe mit Goldfäden zuschauen.

Übernachtung:
① Ria H.
② H. Mini 1
③ Garden H.
④ H. Mahligai Puri
⑤ H. Kurnia Dua
⑥ H. Purnama
⑦ H. Andalas
⑧ Kurnia City H.
⑨ Nusa Indah H.
⑩ Indra Palace H.
⑪ Pondok Wisata Lampung Inn
⑫ Srikandi Gh.
⑬ Marco Polo H.
⑭ H. Wijaya Kusuma
⑮ Hartono H.
⑯ Rarem H.
⑰ Kemala H.
⑱ Sheraton Inn
⑲ Lusy H.
⑳ Losmen Bahagia
㉑ Kenanga H.
㉒ H. Pacific
㉓ Sahid Krakatau H.
㉔ Sriwijaya H.

Läden, Restaurants etc.:
1 Bank Negara Indonesia
2 Toko / Sanggar Rawajurai
3 Toko / Sanggar Rawajurai
4 R. Setia
5 King Supermarket
6 Bambu Kuning Plaza
7 Bank Central Asia
8 Bank Dagang Negara
9 Bank Negara Indonesia
10 Tanjung Karang Plaza
11 Tankstelle
12 Gelael Supermarket, Kentucky Fried Chicken
13 R. Begadang
14 R. Simpang Raya
15 Tankstelle
16 Bank Negara Indonesia
17 Bank Bumi Daya
18 Bank Dagang Negara
19 Bank Central Asia

Transport:
❶ Mikrolet Stn. Pasar Bawah
❷ Merpati / Garuda
❸ Mikrolet Stn. Teluk Betung

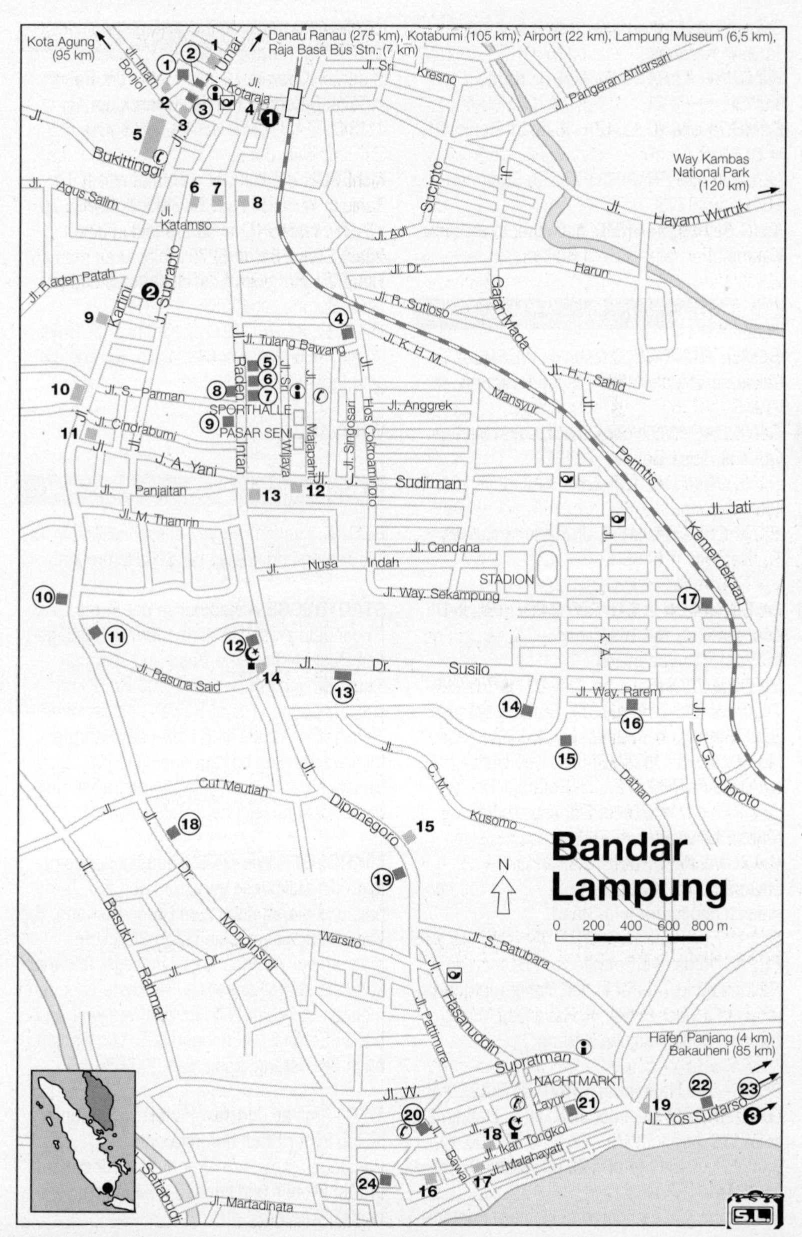

SÜD-SUMATRA UND LAMPUNG

Die größten **Einkaufszentren** findet man in Tanjung Karang:
TANJUNG KARANG PLAZA, Jl. Kartini 21, ☎ 64413;
BAMBU KUNING PLAZA, Jl. Imam Bonjol 21, ☎ 61760;
GELAEL SUPERMARKET, Jl. J. Sudirman 11/15, ☎ 43723.
KING SUPERMARKET, Jl. Suprapto an der Jl. Katamso.

SONSTIGES

GELD – *BANK NEGARA INDONESIA,* Jl. Laksamana Malahayati 18, Teluk Betung, ☎ 41946.
BANK DAGANG NEGARA, Jl. Laks. Malahayati 138, Teluk Betung, ☎ 42290.
BANK BUMI DAYA, Jl. Laks. Malahayati 30, Teluk Betung.
BANK CENTRAL ASIA, Jl. Raden Intan 98, Tg. Karang, ☎ 51986.

IMMIGRATION – *KANTOR IMIGRASI,* Jl. Diponegoro 24, ☎ 41697.

INFORMATIONEN – bei *DINAS PARIWISATA,* Jl. W.R. Supratman 39, Gunung Mas, Teluk Betung, ☎ 482565, fax 482081; geöffnet Mo - Do 8.00 - 15.00, Fr bis 11.00 Uhr.
KANWIL PARPOSTEL, Jl. Kotaraja 12, Tanjung Karang, ☎ 51900; Öffnungszeiten wie Dinas Pariwisata.
WARUNG INFORMASI PARIWISATA, Jl. Majapahit, Tg. Karang, ☎ 63272; ein nur sporadisch geöffneter Info-Stand.

PHPA – Infos und Permits zum Besuch der Nationalparks (außer in den Parkhauptquartieren vor Ort) bei *PHPA,* Jl. Raya Haji Mena 1 B, ☎ 73882, Tanjung Karang.

POST – Die Hauptpost, *KANTOR POS DAN GIRO BESAR,* ist in der Jl. K. H. A. Dahlan 21, ☎ 52125; geöffnet Mo - Do 8.00 - 20.00, Fr 8.00 - 11.00 und 14.00 - 20.00, Sa 8.00 - 15.00 Uhr.
Außerdem gibt es noch drei kleinere Postämter, die aber meist nur vormittags geöffnet sind: in Tg. Karang in der Jl. J. Sudirman und in der Jl. Kotaraja 11, nicht weit vom Bahnhof; in Teluk Betung in der Jl. Hasanuddin 41, ☎ 41134.

TELEFON – *TELKOM,* Jl. Majapahit 1, Tg. Karang, ☎ 53105; tgl. 24 Std. geöffnet.
WARTEL MAHKOTA, Jl. Ikan Hiu 69, ☎ 46590, Teluk Betung.
WARTEL RIANDIKA, Jl. Hasanuddin 58 B, Teluk Betung, ☎ 46259.
WARTEL KOPEGTEL, Jl. Kartini 1 (Jl. Bukittinggi), ☎ 64901, fax 64904, Tg. Karang; geöffnet tgl. 8.00 - 22.30 Uhr.

VORWAHL – 0721.

NAHVERKEHRSMITTEL

BECAK – verkehren fast ausschließlich in Teluk Betung und kosten ca. 500 Rp pro km.

STADTBUSSE – Stadtbusse der Firma DAMRI pendeln zwischen dem außerhalb gelegenen Busbahnhof Raja Basa und Terminal Pasar Bawah am Bahnhof (200 Rp, 7 km) sowie zwischen Pasar Bawah und Terminal Telukbetung (200 Rp, 6 km) – der Fahrpreis für Kurzstrecken beträgt ebenfalls 200 Rp; die Busse fahren nur auf den Hauptstraßen und haben gekennzeichnete Haltestellen.

MIKROLET – Wie die Stadtbusse pendeln auch die Minibusse zwischen den drei Terminals und fahren noch zum Hafen Panjang. Sie verkehren auf verschiedenen Strecken, machen auf Wunsch auch Umwege, und man kann sie überall anhalten. Sie kosten auf den meisten Strecken 250 Rp, egal wie weit. Nur bei größeren Entfernungen, z.B. von Panjang nach Tg. Karang, zahlt man 500 Rp.

TAXI – (mit ac und Taxameter) sieht man selten in der Stadt herumfahren.
Sie stehen meist am Airport oder vor den großen Hotels und können telefonisch bestellt werden:

TAXI 333, Jl. Ikan Manyung 2, Teluk Betung, ☎ 45579;
TRANS BANDAR TAXI, Jl. Kartini 69, Tg. Karang, ☎ 63068.
Die Einschaltgebühr beträgt 800 Rp für den ersten km, jeder weitere km kostet 450 Rp. Ein Taxi kann man auch für 7000 Rp pro Std. chartern (min. für 2 Std.).

TRANSPORT

BUSSE – Der Terminal für Fernbusse, **Raja Basa**, liegt 7 km nördlich vom Zentrum Tanjung Karangs; zu erreichen mit einem Stadtbus für 200 Rp oder einem Minibus für 250 Rp ab Terminal Pasar Bawah. Alle großen Bus Companies haben ihr Ticket Office am Busbahnhof; es lohnt sich, die Preise (non ac/ac) zu vergleichen.
Preisbeispiele:
PALEMBANG 19 000 / 30 000 Rp;
BENGKULU 21 000 / 36 000 Rp;
JAMBI 27 500 / 43 500 Rp;
PADANG / BUKITTINGGI 30 000 / 48 000 Rp;
PEKANBARU 35 000 / 58 000 Rp;
SIBOLGA 42 000 / 67 000 Rp;
MEDAN / PRAPAT 44 000 / 69 000 Rp;
BANDA ACEH 54 000 / 87 000 Rp;
JAKARTA 12 500 / 24 500 Rp;
PAGARALAM 15 000 Rp;
KRUI 6000 Rp (287 km, 8 - 9 Std.).

EISENBAHN – 2x tgl. ab Bahnhof Tanjung Karang ein Zug nach KERTAPATI (Palembang), 4500 Rp Economy Class, 18 000 Rp Business Class, 28 000 Rp Executive Class; Fahrzeit ca. 8 Std.

FLÜGE – Der Airport Branti liegt 22 km nördlich von Tanjung Karang am Trans-Sumatra-Highway. Taxi vom Airport nach Tanjung Karang 10 000 Rp, nach Teluk Betung 12 000 Rp.
MERPATI / GARUDA, Jl. Kartini 90, Tg. Karang, ☎ 63226, fax 63041; geöffnet Mo - Do 7.00 - 16.00, Fr 7.00 - 11.00 und 13.00 - 16.00 Uhr, Sa, So und feiertags 9.00 - 13.00 Uhr. Merpati fliegt mehrmals tgl. nach JAKARTA, 59 000 Rp. Und einmal tgl. nach PALEMBANG, 65 000 Rp.

FÄHREN – Zum Hafen der Autofähre BAKAUHENI am äußersten Südostzipfel Sumatras (Tanjung Tua) fahren Busse rund um die Uhr ab Terminal Raja Basa, 1500 Rp, 65 km, 2 Std.
Tag und Nacht, alle 45 Min. geht eine Fähre nach MERAK (Java), 2 Std.; 3. Kl. 1300 Rp; 2. Kl. 1800 Rp, 1. Kl. ac 2300 Rp, PKW 23 000 Rp, Motorrad 8000 Rp.

Krui

Südlich vom Danau Ranau (Provinz Süd-Sumatra) in einer herrlichen Bucht an der Westküste wartet dieser ruhige, kleine Hafen mit seinen freundlichen Bewohnern auf einen Besuch. Der Ort erstreckt sich kilometerlang beiderseits der Hauptstraße, die parallel zum Strand verläuft.

Angebaut werden *Cengkeh* (Gewürznelke), Kaffee, Kokospalme und vor allem *Pohon Damar,* ein Agäthis-Baum aus der Familie der Coniferen, der dieser Gegend zu einer gewissen Berühmtheit verhilft. Der *Pohon Damar* ist ein säulenschlanker, kerzengerader Baum, mächtig und von gewaltiger Höhe, der sich hervorragend zu Bauholz und Schiffsmasten verarbeiten läßt und der ähnlich wie der Gummibaum angezapft wird, um das wertvolle *Getah* (Harz) zu gewinnen, das bei der Herstellung von Glas, Porzellan, Lack und Leim Verwendung findet.

Beiderseits des kleinen Hafens erstrecken sich über mehrere Buchten kilometerlange Sandstrände mit vorgelagerten Korallenriffs, die bei australischen Surfern als Geheimtips gehandelt werden. Südlich des kleinen **Hafens** findet man noch die Reste eines japanischen Bunkers unterhalb des Aussichtshügels **Selalu**

Krui, von dem man am besten den Sonnenuntergang bewundern kann. Nur Schwindelfreie sollten den Aufstieg auf den 40 m hohen, wackligen **Leuchtturm** wagen. Wer kein Indonesisch kann, hat große Schwierigkeiten, sich verständlich zu machen.

ÜBERNACHTUNG UND ESSEN

PENG. STABAS*, Pasar Baru 46, Zimmer mit großen Betten und Moskitonetzen, gut.
Sempana Lima**-***, Jl. Kesuma 708, % 40, zentral gelegen, kleine 1 - 3-Bett-Zi mit Privat-Mandi, inkl. Frühstück (Fried Rice). Guides, Fahrrad- und Motorradvermietung.
*LOSMEN GEMBIRA**, gegenüber vom Sempana Lima, nicht ganz so saubere Zi mit Gemeinschaftsmandi.
*HOTEL DWI PUTRI***, Pasar Tengah, am Ortsausgang Richtung Liwa, gegenüber der Moschee.
Neben dem Losmen Gembira im *RUMAH MAKAN ABU SUTARNO* erhält man Sate, Gado Gado und Nasi Goreng.

TRANSPORT

Zur PULAU ENGGANO fahren Schiffe nur noch von Bengkulu.
Tgl. um 9.00 und 19.00 Uhr fahren Busse nach BANDAR LAMPUNG (Terminal Raja Basa), 5000 Rp, 8 Std., 287 km.
Minibusse nach KOTABATU / DANAU RANAU 2100 Rp, 2 Std., 59 km. Die ersten 32 km bis LIWA führen durch die phantastischen Bergdschungel des Barisan Selatan-Nationalparks.
Colt von Krui nach LIWA 1500 Rp (mit dem Bus 1000 Rp), 1 1/2 Stunde.
Busse nach KOTABUMI 4000 Rp, 5 Std.
Bis zu 10x tgl. fahren Busse nach BINTUHAN für 6000 Rp, mindestens ein Bus tgl. für 12 000 Rp direkt nach BENGKULU.

Die Umgebung von Krui

Falls die See nicht zu stürmisch ist, fahren täglich kleine Kutter in 1 1/2 Std. zur **Pulau Pisang** (2000 Rp), einer bewohnten Insel, die man vom Strand aus sehen kann. Oder man nimmt einen Bus oder ein Taxi nach **Tembakak** (1/2 Std.), 17 km nördlich von Krui. Der winzige Ort liegt malerisch an einer felsenumrahmten Flußmündung. Von hier kann man in 20 Minuten mit einem traditionellen Boot mit Außenborder übersetzen. Übernachtungsmöglichkeit auf der Insel für 10 000 Rp p.P.

4 km landeinwärts von Tembakak wachsen in einem kleinen Schutzgebiet die bis zu 8 m Umfang messenden Dammar-Fichten *(pohon damar)*. Guides können im Sempana Lima Hotel organisiert werden.

Während die alte holländische Küstenstraße von Krui nach Norden (Bengkulu) vollständig ausgebaut wurde, ist die Straße nach Süden in Richtung Kota Agung eine von Schlaglöchern übersäte Piste, die sich irgendwann vollständig im Nichts verliert.

Hier liegen schöne Strände, die nach Meinung von australischen Surfern, zu den besten Sumatras gehören: **Lintik**, 7 km (direkt am Kilometerstein führt ein Weg zum Strand), **Pasir Tengah**, 12 km, ein völlig einsamer, kilometerlanger Sandstrand mit großartiger Brandung und **Biha**, 22 km, angeblich der beste Surfstrand. Colts fahren die Strecke ab Krui in Richtung Süden mindestens bis **Marang**.

In der Umgebung von Krui findet man an Flußufern und in ausgetrockneten Flußbetten Achate und andere Schmucksteine, z.B. bei **Gunung Kemala** (Colt 400 Rp, 8 km) an der Straße nach Liwa.

Barisan Selatan-Nationalpark

Die 356 800 ha des Reservats (davon 66 000 ha in Süd-Bengkulu) umfassen Berg- und Tieflandwälder, wo die Fauna Süd-Sumatras fast komplett vertreten ist. Vulkanische Böden und das feuchteste Klima der Insel sorgen für eine artenreiche Vegetation. An einigen Stränden legen Meeresschildkröten Eier ab.

Den nördlichen Teil des Nationalparks erreicht man vom Danau Ranau bzw. von **Krui** (s.o.) oder **Liwa** aus – in beiden Orten gibt es ein PHPA-Büro. Ein PHPA-Posten ist z.B. in **Kubuprahu** stationiert, 7 km südlich von Liwa. Einen guten Eindruck von der intakten Vegetation bekommt man auf der Fahrt von Liwa nach Krui, wo ein Teil des Nationalparks durchquert wird.

Amorphophallus titanum

ist eine der höchsten Blumen der Welt, die nur in Sumatra vorkommt, z.B. noch im Land der Minangkabau (West-Sumatra). Sie zählt zu der weltweit verbreiteten Familie der Aronstabgewächse, die Knollen als unterirdische Speicherorgane entwickeln. Die Knollen einiger Arten sind eßbar (z.B. *Taro*), andere liefern empfängnisverhütende Mittel.

Erst 1878 wurde *Amorphophallus titanum* für die Wissenschaft entdeckt, eigentlich erstaunlich bei den Ausmaßen: die Blume hat nur ein einziges Blatt, aber mit einem 5 m langen Stil, einen 2 - 3 m hohen Blütenstamm und eine bis zu 35 kg schwere Knolle. Der zentrale Blütenstamm bringt an zwei voneinander getrennten Stellen weibliche und männliche Blüten hervor, trotzdem kann ohne fremde Hilfe keine Befruchtung erfolgen. Zum Transportieren der Pollen lockt die Blume Aaskäfer an, indem sie wie verwesendes Fleisch riecht.

Im Deutschen trägt *Amorphophallus titanum* Namen wie „Leichenpflanze" und „Titanenwurz".

SÜD-SUMATRA UND LAMPUNG

Kota Agung

Das „Tor zum Süden" ist Kota Agung, der herrlich gelegene, kleine Hafenort in der Semangka-Bucht mit dem Kegel des aktiven Vulkans Gunung Tanggamus (2102 m) im Hintergrund. Hier befindet sich das Parkhauptquartier: Jl. Raya Terbaya. In Kota Agung kann man ein geländegängiges Fahrzeug organisieren oder ein Boot nach Belimbing oder Tampang am Kap Cina chartern, wo Beobachtungstürme aufgestellt sind.

ÜBERNACHTUNG

Übernachten kann man im *HOTEL JEMBAR MANAH*-***, **Liwa**, Jl. Adipati, ☎ 0728-21012. *SARIDJO HOTEL**, an der Straße zu den überdimensionierten Verwaltungsgebäuden Richtung Kota Batu.

In **Kota Agung** gibt es bislang nur *LOSMEN SETIA**, Jl. Samudera, ☎ 0722-21065.

TRANSPORT

Ein Bus vom Terminal Raja Basa in BANDAR LAMPUNG (92 km) nach Kota Agung kostet 1600 Rp, Fahrtzeit 2 - 2 1/2 Std.

Taman Purbakala Pugung Raharjo

Auf dem Weg von Bandar Lampung nach Way Kambas erreicht man nach 42 km das Dorf **Pugung**, in dessen Nähe eine archäologische Ausgrabungsstätte liegt. Im Ort zweigt hinter der Brücke eine Straße Richtung Norden ab, auf der man nach 1,4 km den *Rumah Informasi* erreicht, ein kleines Museum. Es vermittelt einen guten Überblick über die Ausgrabungsstätten und stellt einige Fundstücke, darunter eine polynesisch wirkende Steinfigur (Farbseite s.S. 381) und einige steinerne Skulpturen aus der hinduistisch-buddhistischen Periode aus. Auch Keramiken aus der Han-Dynastie wurden hier ausgegraben.

Der historische Park liegt 5 km entfernt. Zuerst auf der Straße, die am Museum vorbeiführt, weitere 3 km nach Norden. Vor der Moschee biegt eine unbefestigte Straße nach rechts ab, dann die 4. Querstraße wiederum nach rechts. Die gepflegte, großzügige Anlage liegt innerhalb einer quadratischen Befestigung von 1,2 km Seitenlänge. Neben einigen kreisförmig angeordneten Megalithen, können die Reste eines hinduistischen Candi besichtigt werden.

Way Kambas-Nationalpark

Der mit 125 000 ha kleinste Nationalpark Sumatras in der östlichen Küstenebene ist zum großen Teil seiner Primärwälder beraubt worden. Im 1989 gegründeten Nationalpark dominieren Mangroven, Sumpfwälder, Sekundärwälder und große, steppenähnliche Gebiete, die mit Alang Alang bewachsen sind. Die Grasebenen bieten optimale Gelegenheit, die reiche Vogelwelt zu belauschen, z.B. eine äußerst seltene, in Baumhöhlen nistende Glanzente. Insgesamt wurden mehr als 300 Vogelarten gezählt. Aber auch Großsäuger sind hier vertreten, so wandert regelmäßig während der Trockenzeit eine Population von 200 - 300 Elefanten aus den Bergen herab in die Sümpfe. Daneben sind Tiger, Malaienbären und sogar vereinzelt Sumatra-Nashörner hier beheimatet. Die Frischwassersümpfe, wo Krokodile und Gaviale lauern, lassen sich am besten mit einem Kanu während der Regenzeit (November - März) erforschen.

Die größte touristische Attraktion des Way Kambas Nationalparks ist jedoch das **Elefanten Training-Center** (ETC; Pusat Latihan Gajah, PLG). Seit 1986 wurden fast 70 Elefanten aus dem Süden Sumatras hierher gebracht, die ansonsten kaum eine Chance des Überlebens gehabt hätten. Erfahrene Mahouts aus Thailand arbeiteten bis 1992 in Way Kambas, um Indonesier mit der komplizierten Ausbildung von Arbeitselefanten vertraut zu machen. Shows finden tgl. um 10.00 und 14.00 Uhr statt, anschließend werden Touristen auf dem Rücken der Elefanten hin- und hergeschaukelt, für indonesische Besucher ein großes Spektakel. Sonntags spielen sogar die Dickhäuter auf einem großen Feld mit riesigen Fußbällen. Bei aller Kritik an derartigen Aufführungen kann man nicht leugnen, daß durch derartige Traning Center das Überleben der Elefanten gesichert wird. Zudem kann man auch außerhalb dieser Shows das Camp besuchen und die Elefanten beobachten.

Am Parkeingang, 16,5 km von Way Jepara, zahlt man 1500 Rp Eintritt. Snacks und Getränke können in einem kleinen Pondok gekauft werden. Anschließend gabelt sich die Straße. Rechts führt ein 8 km langer, befestigter Weg an der Gren-

Fotos - am Kerinci: oben: Zimt trocknet auf der Straße; unten links: Frauen beim Reispflanzen; unten rechts: Tee-Ernte

Abendstimmung am Meer

ze des Nationalparks entlang zum ETC. Rechts liegen die Maisfelder der Bauern, links Sekundärwald und Grasland. Um die Elefanten davon abzuhalten, die Maisfelder der Bauern regelmäßig abzuernten, wurden parallel zur Straße tiefe Gräben ausgebaggert und Wachtürme errichtet, denn auch an der Straße zum ETC werden häufig Elefanten gesichtet.

Nach links führt eine unbefestigte Straße 13 km nach Way Kanan, wo Übernachtungsmöglichkeiten bestehen. Man kann Trekkingtouren organisieren, in Hochständen am Fluß übernachten oder mit Booten das verzweigte Flußsystem befahren (2 Std. Speedboot für 80 000 Rp; bis zum Meer und zurück dauert es ca. 4 Std.). Elefanten werden häufig in der Trockenzeit, vor allem ab März gesichtet.

ÜBERNACHTUNG

WAY KIRI GUESTHOUSE, drei Bungalows (je 25 000 Rp) am Fluß, kein Restaurant.
Sie können bei *Dinas Pariwisata,* Jl. W.R. Supratman 39, Bandar Lampung, gebucht werden. Auch im Elefantencamp kann man notfalls übernachten. Verpflegung sollte man besser aus der Stadt mitbringen.

TRANSPORT

Busse fahren um 9.00, 11.00 und 15.00 Uhr ab Busstation Raja Basa in BANDAR LAMPUNG nach WAY JEPARA für 2500 Rp in 3 Std.
Letzter Bus zurück um 16.00 Uhr.
Ab hier kann man mit einem Ojek für 3000 Rp zum Parkeingang (16,5 km) bzw. weitere 8 km zum ETC (9 km) oder zum Way Kiri Guesthouse (13 km) fahren.
Ab Bandar Lampung werden von fast allen Hotels (z.B. Sahid Krakatau) für US$50 p.P. Touren in den Way Kambas Nationalpark angeboten.
In den allermeisten Fällen führen sie aber nur zum ETC.

Fotos - oben: ein selbstgebauter Drachen; unten: der Trans-Sumatra-Highway

Der Sumatra-Elefant

Zur Tertiärzeit bis hin zur letzten Eiszeit waren die Elefanten in zahlreichen Arten fast auf der ganzen Welt verbreitet. Heute existieren nur noch zwei Arten, der afrikanische und der asiatische Elefant.

Die nächsten Verwandten der schwersten und größten Landsäugetiere sind die Seekühe (Dugong) und die Schliefer, kleine, nagetierähnliche Baum- und Felsbewohner. Den asiatischen Elefant (Elephas maximus), der kleiner als sein afrikanischer Vetter ist und auch die kleineren Ohren hat, unterteilt man in vier Unterarten: indischer Elefant, Ceylon-Elefant, Malaya-Elefant (kommt auch in Thailand vor) und Sumatra-Elefant (Elephas maximus sumatranus). Eine auf Java beheimatete Art ist erst vor wenigen Jahrtausenden ausgestorben.

Der Sumatra-Elefant bewohnt den tropischen Regenwald vom Tiefland bis hinauf in die nebelfeuchten Mooswälder in 3000 m Höhe. Er wird bis zu sechs Meter lang, bis zu drei Meter hoch und bis zu fünf Tonnen schwer. Er ist ein reiner Vegetarier und verbringt den größten Teil seiner Zeit, d.h. täglich bis zu 18 Stunden, mit der Nahrungsaufnahme. Dabei kommt er aber auch mit nur drei bis vier Stunden Schlaf am Tag aus. Bei seiner Nahrungssuche kann er bis zu 30 km täglich zurücklegen und dabei mehrere Zentner Grünfutter verschlingen, die er mit hundert Litern Wasser hinunterspült. Während die Bullen oft einzeln umherziehen, leben die Weibchen und ihre Jungen in kleineren Herden (bis zu 20 Tiere) zusammen. Trotz ihres beträchtlichen Körpergewichts können sich Elefanten nahezu lautlos und erstaunlich leichtfüßig durch den Dschungel bewegen.

Herumwandernde Elefanten legen im Laufe von wenigen Wochen einige hundert Kilometer zurück, wobei hohe Gebirge und breite Flüsse mühelos überwunden werden. In besonders schwierigem Gelände folgen sie stets ihren bekannten Wechseln, die oft schon über mehrere Generationen im Gebrauch sind. Diese sogenannten „Elefantenstraßen“ sind mitunter so gut ausgetreten, daß sie mit Geländewagen befahren werden können. Schon öfters sind die Elefantenpfade später von Menschen zu richtigen Straßen ausgebaut worden.

Das auffälligste Merkmal des Elefanten ist sein Rüssel, der anatomisch gesehen zwar nur eine Verlängerung der Nase darstellt, darüber hinaus aber auch ein wichtiges Greif- und Tastwerkzeug bildet. Mit ihrem Rüssel können Elefanten sowohl kleinere Bäume ausreißen, als auch winzige Münzen aufheben. Sie benutzen ihn zum Trompeten wie auch zur Nahrungs- und Trinkwasseraufnahme. Will ein Elefant trinken, saugt er etwa 20 Liter Wasser in seinen Rüssel und spritzt sich anschließend das Wasser in den Mund. Die Stoßzähne, das begehrte Elfenbein, sind eine Ausbildung der oberen Schneidezähne; sie wachsen ständig nach. Die Elefanten-Haut ist empfindlicher, als es den Anschein hat. Deshalb pflegt der Elefant seine Haut täglich durch Massieren an Baumstämmen und regelmäßige Bäder in Wasserlöchern oder Flüssen.

Elefanten haben ein ausgezeichnetes Gehör; sie verständigen sich untereinander durch eine Reihe unterschiedlicher akustischer Signale. Arbeitselefanten können von ihrem Mahout (Elefantenführer) mit bis zu 30 verschiedenen Kommandorufen geleitet werden. Darüber hinaus haben die Tiere ein sehr gutes Erinnerungsvermögen, und sie sind sehr intelligent und lernfähig.

Wegen dieser Lernfähigkeit wurden Elefanten schon im frühen Altertum gezähmt und zu Arbeits- oder Kriegselefanten abgerichtet, in Indien oft auch zu „heiligen" Tempelelefanten. Sie sind als Zirkustiere beliebt und in fast allen größeren Zoos vertreten.

Es wäre an sich kein Problem, den Elefanten in Menschenobhut zu züchten. Besonders in den Lagern der Arbeitselefanten Asiens konnte immer wieder Nachwuchs großgezogen werden. Trotzdem verzichtet man zumeist darauf, denn die Aufzucht eines Arbeitselefanten ist wesentlich kostspieliger als der Ankauf schon ausgewachsener, in der Wildnis gefangener Tiere. Zuerst fällt die trächtige Kuh für über ein Jahr als Arbeitskraft aus, dann dauert es nochmals 10 Jahre, bis das Jungtier zur Arbeit eingesetzt werden kann. Dagegen werden in der Wildnis gefangene Tiere relativ schnell zahm und können schon nach wenigen Monaten Training voll mitarbeiten.

Elefanten erreichen in der Regel ein Alter von 35 - 40 Jahren, in seltenen Fällen können sie 65 Jahre alt werden. Elefantenkühe bringen meist mit zehn Jahren ihr erstes Kalb nach einer Tragzeit von ca. 21 Monaten zur Welt. Da eine Kuh bis ins Alter fortpflanzungsfähig bleibt, bringt sie im Laufe ihres Lebens durchschnittlich sieben bis acht Junge zur Welt, wovon aber wiederum nur knapp die Hälfte die ersten Lebensjahre überlebt. Elefanten pflanzen sich demnach nur sehr langsam fort; und da ihr Lebensraum durch den Menschen zunehmend eingeengt wird und sie wegen des begehrten Elfenbeins noch immer illegal gejagt werden, schrumpfen die Restbestände an Elefanten in der Wildnis mehr und mehr zusammen.

Auch wenn die Elefanten auf ihren Wanderungen riesige Gebiete durchstreifen, sind sie doch als ortstreu zu bezeichnen, da sie immer wieder, wenn auch oft erst nach Monaten, an denselben Orten aufzutauchen pflegen. Siedeln sich Menschen in diesen Gebieten an, liegen deren Plantagen nun an den angestammten Wanderwegen der Elefanten, die diese Plantagen folglich als willkommene Nahrungsquelle betrachten.

Wiederholt kann man in indonesischen Zeitungen lesen, daß eine Elefantenherde in Sumatra Dörfer und Plantagen vernichtet hat. Dabei handelt es sich oft um Neusiedlungen javanischer Transmigranten, für die erst kurz vorher ein beträchtliches Stück des Dschungels gerodet worden war. Liegen die Siedlungen an den traditionellen Wanderrouten der Elefanten, werden sich diese die Gelegenheit nicht entgehen lassen, im Vorbeimarsch die bei den Dörfern angelegten Plantagen gründlich zu plündern. Wenn dann die Dorfbewohner versuchen, die Riesen mit viel Lärm und brennenden Fackeln zu vertreiben, trampeln die Tiere in ihrer Panik auch schon mal die Hütten nieder. Da man Elefanten nur schwer umsiedeln kann, wissen sich die Behörden oft nicht anders zu helfen, als die zur Bedrohung gewordenen Großsäuger zum Fang oder gar zum Abschuß freizugeben.

Tiger

ANREISEORTE

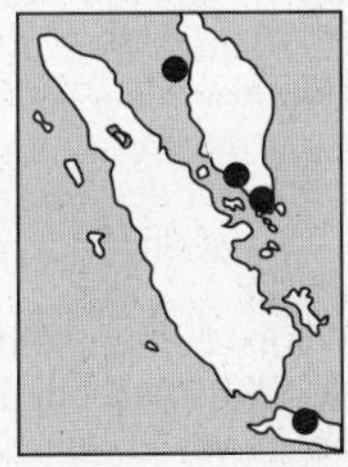

Jakarta

Die größte Metropole Indonesiens hat heute schätzungsweise 9 Millionen Einwohner. Und sie wächst weiter: Stadtplaner gehen davon aus, daß in 15 bis 20 Jahren eine neue Riesenstadt Jabotabek mit 25 Millionen Einwohnern entstanden sein wird. Jabotabek ist aus den Anfangsbuchstaben der Städte Jakarta, Bogor, Tangerang und Bekasi zusammengesetzt, die dann in etwa die Grenzen der neuen Metropole bilden werden. Die Hälfte des Bevölkerungszuwachses ist auf die Zuwanderung von Landbewohnern zurückzuführen, denen die Chancen auf einen Arbeitsplatz, eine Ausbildung oder ein Stückchen Wohlstand hier größer scheinen als daheim.

Die grelle Ausstrahlungskraft der Metropole verlockt vor allem junge Menschen dazu, aus dem monotonen Alltagsleben eines javanischen Dorfes auszubrechen. Der bekannte indonesiche Autor Pramoedya Ananta Toer schreibt in seinem „Brief an einen Freund vom Land": „...Jakarta ist ein Traum, der in der Provinz entsteht. Jeder will hierher kommen..." Doch wie sieht die Realität bei Ananta Toer aus? „Man ist nur darauf aus, sein Geld zu machen. Reiche Männer aus der Provinz kommen nach Jakarta mit einer einzigen Idee: Geld auszugeben. Kriminelle kommen aus der Provinz, um dasselbe Geld in ihre Hände zu bekommen. Jakarta ist auf Geld gebaut. Vor vier Jahrhunderten haben es die Holländer erbaut, und noch immer ist es eine Ansammlung von Dörfern ohne städtisches Flair. Alles ist aus den Provinzen oder aus dem Ausland gekommen: Tänze, Filme, Vergnügungen, Alkohol, verschiedenste religiöse Strömungen..."

Kraß und augenfällig sind die Gegensätze zwischen Armut und Reichtum. Slums beginnen häufig bereits dicht hinter manch prunkvollem Verwaltungspalast. Trotzdem versucht die Stadtverwaltung das Unmögliche – die Lebensqualität für die Millionen von Menschen zu erhöhen. Straßen, Brücken, Abwässersysteme, Frischwasserleitungen, Schulen, Gesundheitszentren, Bade- und Waschplätze verschlangen seit 1965 an die US$100 Millionen. Monotone Neubaugebiete mit x-stöckigen Wohnmaschinen, typisch z.B. für Singapore, sieht man hier allerdings selten. Stattdessen wurden an die 300 000 Billighäuser errichtet, die sich in die traditionellen „Kampung" Jakartas einfügen. „Kampung" nennt man die dorfähnlichen Stadtteile beiderseits der großen Straßen, die häufig nur auf schmalen Wegen, gerade so breit wie ein Motorrad, erreichbar sind. Ländliches Indonesien scheint sich hier, obwohl mitten in der Großstadt, erhalten zu haben.

Für den Besucher hat Jakarta, wie jede Großstadt, verschiedene Gesichter. Einerseits ist man mit allen Problemen einer Dritte-Welt-Metropole konfrontiert, andererseits aber hat man die Möglichkeit, sich mehr als in jeder anderen Stadt über Indonesien zu informieren. Zahlreiche Museen lohnen einige Tage Aufenthalt, ebenso der Besuch des Segelschiffhafens. Und zur Erholung kan man das Freizeitangebot der Stadt genießen – z.B. in Ancol oder im Taman Mini.

Geschichte

Aller Wahrscheinlichkeit nach war das Mündungsgebiet des Ciliwung-Flusses schon seit Jahrtausenden besiedelt. Ende des 15. Jahrhunderts entstand hier der Haupthafen des Hindu-Königreiches Pajajaran. Damals hieß die Stadt Sunda Kelapa. Der muslimische Prinz Fatahillah aus dem Königreich Demak zerstörte mit seinen Truppen 1527 die Stadt und errichtete an gleicher Stelle Jayakarta, auch Jacarta genannt. Gegen Ende des 16. Jahrhunderts legten immer mehr holländische Handelsschiffe hier an. 1619 nahm die holländische VOC unter Leitung von General Gouverneur Coen die Hafenstadt in Besitz. Schon bald wurde sie nach dem Fort „Batavia" genannt und lockte immer mehr unternehmungslustige Chinesen an, die sich bis zum Pogrom 1740 als Kaufleute, Bankiers, Konstrukteure und Schiffsbauer hier niederließen und von denen viele zu Wohlstand kamen.

Von Batavia aus kontrollierte Holland zu Beginn des 18. Jahrhunderts bereits ganz Java, Teile Sumatras und die Gewürzinseln (Molukken). Allerdings breiteten sich in der rasch wachsenden, tropischen Hafenstadt auch Krankheiten und Seuchen aus.

„Es wird ihnen hoffentlich nicht unangenehm seyn, noch etwas mehr davon zu hören…",

so beginnt ein Mitreisender auf Captain Cooks Weltumsegelung seine Beschreibung des holländischen Batavia um 1770:

„Es giebt in dieser Stadt wenig Straßen, durch welche man nicht einen ziemlich breiten Kanal geführt hätte; und außer diesen wird sie noch von fünf oder sechs Flüssen durchschnitten. Die Straßen sind durchgängig breit, und die Häuser groß; aus beiden Ursachen hat dieser Ort, nach Verhältniß der Zahl von Gebäuden, einen größeren Umfang, als irgend eine andere Stadt in Europa. … Die Kanäle, welche größtenteils ein stillstehendes, sehr verunreinigtes und faules Wasser enthalten, dünsten in der heißen Jahreszeit einen unausstehlichen Gestank aus, und die vielen Bäume hindern den freien Zufluß der Luft, wodurch jene schädlichen Ausdünstungen noch einigermaßen zerstreut werden könnten. In der nassen Jahreszeit … schwillt das Wasser in diesen unreinen Kanälen dermaßen an, daß es aus seinen Ufern tritt und in den niedrigen Gegenden der Stadt die unteren Stockwerke überschwemmt. Ist es wieder abgelaufen, so findet man da, wo es stand, eine unglaubliche Menge von Schlamm und Koth. … Von hundert Soldaten, die von Europa hierher geschleppt werden, sollen, wie man uns versicherte, am Ende des ersten Jahres kaum noch fünfzig am Leben seyn … In ganz Batavia ist uns nicht ein einziger Mensch vorgekommen, der recht frisch und gesund ausgesehen hätte!"

Jakartas früherer Name war Batavia

ANREISEORTE

Wer es sich leisten konnte, siedelte sich außerhalb der Stadtmauern weiter im Süden an, wo das neue Batavia entstand. 1799 übernahm der holländische Staat von der bankrotten VOC Batavia als Kolonie. Während der kurzen britischen Herrschaft 1811 - 1816 führte Stamford Raffles eine Reihe progressiver Reformen durch, gründete den Botanischen Garten in Bogor und erforschte die Geschichte des Landes. Im Laufe des 19. Jahrhunderts festigte Holland von Batavia aus seine wirtschaftliche und politische Macht über den Archipel. Mit der Eröffnung des Suezkanals 1869 verkürzten sich die Transportwege; das Handelsvolumen stieg, und immer mehr Europäer kamen nach Batavia. 1876 wurde ein neuer Hafen in Tanjung Priok gebaut. 1945 verkündete von hier aus Sukarno die nationale Philosophie „Pancasila", erklärte zusammen mit Hatta am 17. August die Unabhängigkeit und machte Jakarta zur Hauptstadt des unabhängigen Indonesiens. Ende der 40er Jahre überschritt die Einwohnerzahl die Millionengrenze, 15 Jahre später waren es bereits 4,5 Millionen. Slums breiteten sich aus, gleichzeitig ließ Sukarno trotz wirtschaftlicher Schwierigkeiten kolossale Denkmäler, prachtvolle Boulevards und Prestigebauten errichten.

Alt-Jakarta

Einen Rundgang durch Alt-Jakarta beginnt nördlich des Hauptbahnhofs, am Ende der Jl. Pintu Besar Utara. Da das frühe Batavia recht klein war, kann man alles gut an einem Tag zu Fuß bewältigen. Schon allein wegen der Atmosphäre, die von den Repräsentationsgebäuden ausgeht, lohnt ein Abstecher ins alte Batavia.

Taman Fatahillah

Rings um den alten Rathausplatz wurden mit Hilfe der UNESCO mehrere koloniale Gebäude restauriert. Im Zentrum steht das **Jakarta Museum** (Fatahillah Museum / City Hall Museum), das in einem der ältesten erhaltenen Gebäude untergebracht ist. 1710 erbaut, diente es als *Stadthuys* (Rathaus) der Verwaltung, später wurde es militärisches Hauptquartier und bis zum 2. Weltkrieg Sitz der Verwaltung West-Javas. Seit 1974 ist hier ein historisches Museum untergebracht. Wer Spaß an alten Landkarten, Waffen, Möbeln und anderen Relikten des holländischen Batavia hat, sollte es sich ansehen. Geöffnet: Di - Do 9.00 - 14.00, Fr 9.00 - 11.00, Sa 9.00 - 13.00, So 9.00 - 15.00 Uhr, Mo geschlossen.

Ein weiteres Museum befindet sich an der Westseite des Platzes, Jl. Pintu Besar Utara 27, das **Wayang Museum**. Das traditionelle Puppentheater ist in ganz Südostasien verbreitet. Im Museum sind meisterhaft gearbeitete Stabpuppen und Schattenspielfiguren sowie die dazugehörigen Instrumente und andere Gegen-

Übernachtung:
① Hilton Hotel

Läden, Restaurants etc.:
1 Duta Merlin Shopping Ctr.
2 Pasar Baru Shopping Ctr.
3 Botschaft der Philippinen
4 Pasar Burung
5 Goethe-Institut
6 Wisma Metropolitan
7 Indonesian Bazar
8 Ratu Plaza Shopping Ctr.
9 Botschaft der Niederlande

Transport:
❶ Kalideres Bus Stn.
❷ Grogol Bus Stn.
❸ Bouraq Airlines
❹ Merpati Airlines
❺ Pelni
❻ Kampung Rambutan Bus Stn.
❼ Sempati Airlines
❽ Mandala Airlines
❾ Pulo Gadung Bus Stn.
❿ Kebayoran Bus Stn.
⓫ Pasar Minggu Bus Stn.
⓬ Cililitan Bus Stn.

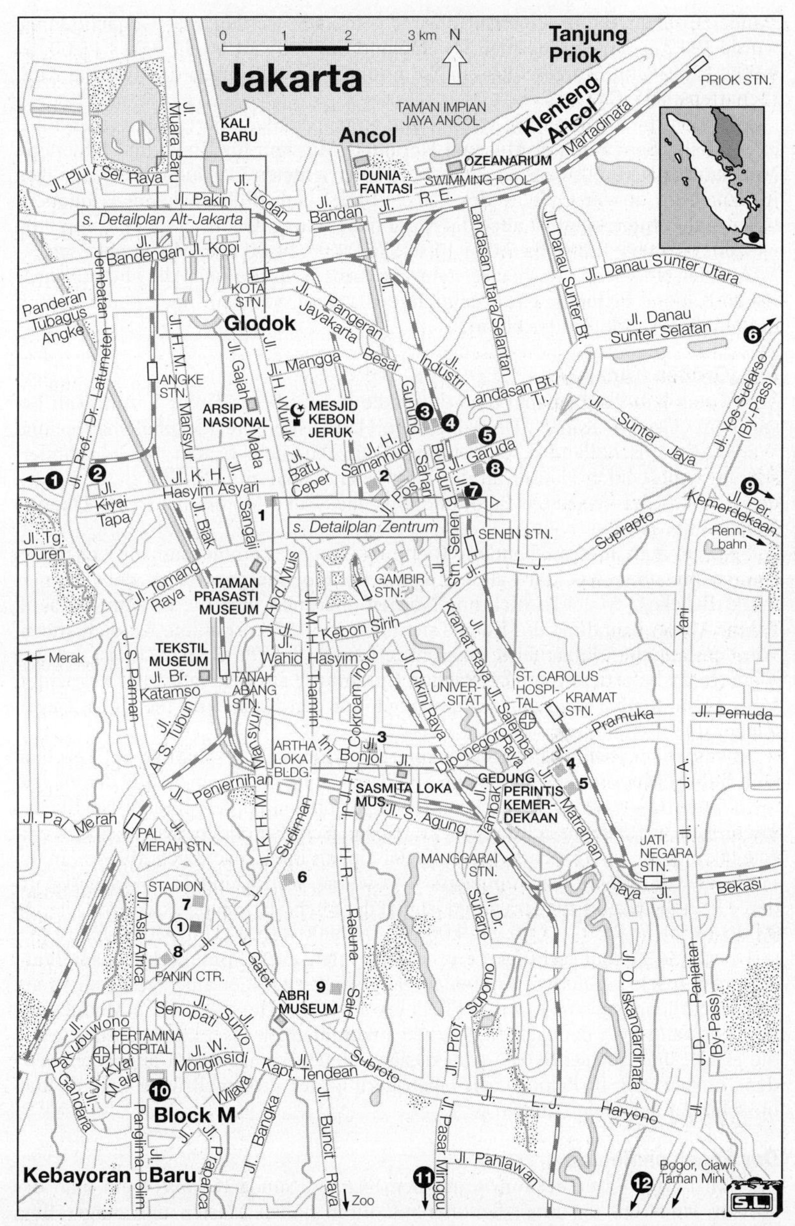

ANREISEORTE

stände zu sehen, die für eine Aufführung gebraucht werden. Das Gebäude selbst wurde 1912 errichtet. Geöffnet: Di - Do und So 9.00 - 14.00, Fr 9.00 - 13.00, Sa 9.00 - 12.00 Uhr, Mo geschlossen; So mitunter Aufführungen des Wayang Kulit (Schattenspiel), Eintritt.

Wer sich für indonesische Malerei und Keramik interessiert, sollte einen Blick in das **Balai Seni Rupa & Museum Keramik** (Museum für Kunst und Malerei & Museum für Keramik) werfen. In dem 1870 errichteten Gebäude des ehemaligen Justizpalastes an der Ostseite des Platzes findet man Bilder bekannter indonesischer Maler. Interessant ist auch die Keramikabteilung. Geöffnet Di - Do von 9.00 - 14.00, Fr 9.00 - 11.00, Sa 9.00 - 13.00, So 9.00 - 14.00 Uhr, Mo geschlossen.

Auf der Nordseite des Platzes steht gegenüber dem Rathaus die alte portugiesische Kanone **Si Jagur**, ein Fruchtbarkeitssymbol, vor dem noch heute Frauen um möglichst viele Kinder bitten.

Am „Großen Kanal“

Vom Fatahillah-Platz gelangt man durch die Jl. Kali Besar Timur V zum **Kali Besar**, dem „Großen Kanal“. Überall stehen Handelskontore, Geschäftshäuser und Warenlager aus holländischer Vergangenheit. Aus dem frühen 18. Jahrhundert stammen die beiden Häuser an der westlichen Kanalseite (Jl. Kali Besar Barat), das Eckhaus der Chartered Bank und das Haus Toko Merah, heute: PT Dharma Niaga in der Nr. 11.

Spaziert man am Kanal entlang Richtung Norden, kommt man zur letzten, restaurierten, über 200 Jahre alten Zugbrücke, **Hoenderpasarbrug**, der „Hühnermarkt-Brücke“. Weiter in Richtung Norden überquert man die verkehrsreiche Jl. Pakin. An der Mündung des Kanals steht der erst 1839 errichtete **Aussichtsturm**, von dem aus der Hafenmeister die eintreffenden Schiffe sichtete. Er ist auf den Mauern der Befestigungsanlage **Bastion Culemborg** aus dem Jahre 1645 errichtet. Vom Turm aus hat man einen guten Blick auf den Kanal und die roten Ziegeldächer der alten Häuser.

Etwas weiter Richtung Norden gelangt man durch die geschäftige Jl. Pasar Ikan zum **Bahari Museum**, einem kleinen Schiffsmuseum, das in einem Teil der ehemaligen Lagerhallen der Ostindischen Handelscompagnie untergebracht ist. Ebenso interessant wie die Ausstellungsstücke (Boote, Schiffsmodelle, Karten und Werkzeuge) sind die seit 1652 errichteten Gebäude mit ihren mächtigen Mauern, in denen früher die Waren der Compagnie – Gewürze, Kaffee und Tee – gelagert wurden. Die hohe Mauer zur Straße hin ist Teil der alten Stadtmauer. Geöffnet Di - Do 9.00 - 14.00, Fr 9.00 - 11.00, Sa 9.00 - 13.00, 9.00 - 15.00 Uhr, Mo geschlossen.

Über eine Fußgängerbrücke erreicht man den alten Fischmarkt, **Pasar Ikan**, auf einer Insel. Bereits vor Sonnenaufgang spielt sich hier ein reges Treiben ab. Der eigentliche, große Fischmarkt liegt etwa 3 km weiter westlich in Muara Angke. Hier kann man beobachten, wie die ankommenden Fischkutter entladen und die Fische und Schalentiere in zwei riesigen Hallen zum Verkauf angeboten werden. Zurück zur Jl. Pakin; nach Überquerung der großen Brücke kommt man links hinauf zur Mole (Eintritt).

Der Segelschiffhafen

Im Kali Baru, besser bekannt unter dem Namen Sunda Kelapa, kann man das Treiben rings um die Bugis-Schoner mit ihren hohen Masten und eingerollten

Segeln ansehen. Verwegene Gestalten entladen Holz aus Kalimantan, Kleinhändler verkaufen billiges Parfüm und Souvenirs an die Matrosen.

Mit einem Sampan kann man sich durch den Hafen rudern lassen – am besten erst auf dem Rückweg von der Mole, dann gehen die Preise automatisch herunter.

Ancol

Taman Impian Jaya Ancol nennt sich ein 137 ha großer Erholungs- und Vergnügungspark direkt am Meer. Da immer eine kühle Brise weht, ist es hier nicht so heiß wie in der Stadt. Da zudem der Weg hierher nicht weit ist, kann man sich nach einem anstrengenden Sightseeing-Tag einen erholsamen Nachmittag in Ancol gönnen. Zu erreichen mit einem Taxi (ca. 5000 Rp ab City) oder vom Bahnhof Kota mit dem Bus Nr. 64 oder 65, bzw. ab Lapangan Banteng mit dem Arion-Bus Nr. 60 in Richtung Tanjung Priok. Eintritt 800 Rp. Am Wochenende sollte man möglichst nicht hierher kommen, denn dann herrscht Hochbetrieb, und alles ist wesentlich teurer.

Vorbei am Golfplatz und der Bowlingbahn kommt man zur 1985 eröffneten Phantasie-Welt **Dunia Fantasi**, eine indonesische Mischung aus Disneyland und Rummelplatz mit Buden und Verkaufsständen im Baustil aller Epochen und Kontinente, einem großen Riesenrad (schöne Sicht!) und vielen Karussells. Geöffnet Mo - Fr 14.00 - 21.00, Sa 14.00 - 22.00, So 10.00 - 21.00 Uhr, Eintritt 9000 Rp.

Weiter Richtung Strand gelangt man zur **Marina**. Von diesem Yachthafen aus fahren Boote nach Kepulauan Seribu. Auf der Halbinsel gibt es verschiedene Seafood-Restaurants. Direkt am Meer ein luxuriöses Hotel, Bungalowanlagen, und an der Lagune der Bootsverleih. Südlich davon betritt man durch das überdimensionale Maul eines Wales den großen Swimming Pool mit Riesenrutschen, Wellenbad und einer runden Bahn mit Strömung – herrlich zum Schwimmen. Eintritt 6000 Rp, geöffnet tgl. 4.00 - 21.00 Uhr.

Gegenüber das Ozeanarium, wo täglich Shows mit dressierten Seelöwen, Fluß-Delphinen und anderen Tieren gezeigt werden. Weiter im Süden ein Kunstmarkt – Pasar Seni, mit Kunstgalerie und Verkaufsständen. Außerdem stehen zur Verfügung: Autokino (ab 19.00 Uhr), Kasino, Reitpferde, Nachtclubs für alle Bedürfnisse und mit allen Begleiterscheinungen, Wasserski, Strand, Spielplätze.

Da Bo Gong Miao

Hinter dem Vergnügungspark am Ende der Jl. Pantai Sanur, die von der Jl. Pasir Putih 3 abzweigt, steht einer der ältesten chinesischen Tempel, der Da Bo Gong Miao (Klenteng Ancol). Nach einer Legende soll er von dem chinesischen Eunuchen-Admiral Cheng Ho, bzw. seiner „rechten Hand" Admiral Wang Zhucheng (oder Wu Ping) errichtet worden sein, die von 1405 bis 1430 siebenmal mit ihrer Flotte im Auftrag des Ming-Kaisers Yung Lo den Archipel besuchten. Cheng Ho wird als der heilige Sampo Kong in einem Tempel in Semarang (Zentral-Java) verehrt. Im Hauptbau des Klenteng Ancol steht die Statue des Admirals Wang Zhu-cheng auf der rechten und die des Admirals Cheng Ho auf der linken Seite. Hinter dem Hauptgebäude mehrere alte Gräber. Wahrscheinlich wurde der Tempel erst um 1650 erbaut. Seitdem hat er als einziges Gebäude eine katastrophale Überschwemmung des Stadtteils Ancol überstanden, und man hält ihn für besonders heilig. Ungewöhnlich ist, daß sich hier sowohl Chinesen als auch Moslems zum Gebet versammeln.

Chinatown

Südlich vom Bahnhof, in der Jl. Pangeran Jayakarta 1, steht die älteste, 1693 - 95 errichtete Kirche der Stadt, **Gereja Sion**. Die sogenannte „Portugiesische Kirche außerhalb der Stadtmauer" wurde von Nachkommen der ersten portugiesischen Eroberer, ihren einheimischen Verbündeten und Sklaven genutzt, die von den Holländern in Indien und Malaya gefangen genommen und hierher verschleppt worden waren. Schöne Barock-Schnitzereien zieren den Altar, die Orgel und die Bänke. Eine Tafel in holländischer Sprache erinnert an die Eröffnung der Kirche am 19. Oktober 1695.

Weiter im Süden liegt das alte Chinesenviertel **Glodok**. Die typisch chinesische Atmosphäre mit den zur Straße hin offenen Läden, Restaurants und Werkstätten geht durch sterile Neubauten wie moderne Shopping Center (Glodok Shopping Center an der Jl. Pancoran und der Jl. Gajah Mada), Banken und Wohnblocks im Einheitsbetonstil immer mehr verloren. Nur abends erwacht vergangenes chinesisches Leben, wenn Foodstalls in den Straßen aufgebaut werden.

Etwa 250 m westlich vom Glodok Shopping Center steht in der Jl. Petak Sembilan der bedeutendste chinesische Tempel der Stadt, **Jin De Yuan** (auch Kim Tek I oder Wihara Dharma Bhakti genannt), der bereits 1650 vom chinesischen Leutnant Guo Xun Guan zu Ehren der Göttin der Barmherzigkeit errichtet wurde. Das Dach des Haupttempels ist mit Nagaschlangen und anderen Porzellanfiguren verziert, im Inneren stehen buddhistische und taoistische Figuren. Aus dem 17. Jahrhundert stammt die Figur des „Herrschers über die drei Welten" – San Yuan – über dem Haupteingang. Zu chinesischen Feiertagen, z.B. zum „Fest der hungrigen Geister" oder zum chinesischen Neujahr, versammelt sich die chinesische Gemeinde im Tempel.

Jalan Gajah Mada

Entlang beider Seiten eines Kanals verläuft die Jalan Gajah Mada von Glodok Richtung Süden. Vom Wasser geht ein Gestank aus, der sich seit Captain Cooks Zeiten nicht geändert hat. Heute vermischt sich dieser noch mit den Auspuffgasen der Autoschlangen. Deshalb sollte man sich für die 3 km bis zum Merdeka-Platz besser einen Bus (jedoch nicht den S.M.S. Bus Nr. 70, hier wird sehr häufig geklaut!) oder ein anderes Transportmittel nehmen.

Fährt man Richtung Süden, kann man am **Arsip Nasional** (Nationalarchiv) in der Jl. Gajah Mada 111 einen Zwischenstop einlegen. Das letzte noch erhaltene koloniale Landhaus steht wie zur Mitte des 18. Jahrhunderts inmitten eines großzügigen Gartens. Heute ist in dem vom Generalgouverneur Reiner de Klerk 1760 errichteten Gebäude das Nationalarchiv untergebracht.

Etwa 200 m weiter südlich, in der Jl. Hayam Wuruk neben der Bali Bank, steht eine Moschee aus dem Jahr 1786, die **Mesjid Kebon Jeruk**, oder Mesjid Peranakan; sie wurde von dem Moslem-Chinesen Chan Tsien Hwu (auch Kapten Tamien Dosol Seeng genannt) erbaut. Nach dem Pogrom 1740 versuchten viele Chinesen der Verfolgung zu entrinnen, indem sie zum Islam übertraten. Diese *Orang Cina Peranakan* mußten sich von der chinesischen Gesellschaft lossagen und hatten zeitweise sogar ihre eigenen Führer (= Kapten). Zu dem Moscheekomplex gehören kunstvolle Gräber, unter anderem das Grab der Fatima Hwu, Ehefrau des Erbauers. Die Grabsteine sind sowohl im chinesischen als auch im arabischen Stil verziert.

Rings um den Merdeka-Platz

Zu Beginn des 19. Jahrhunderts waren die meisten Verwaltungsgebäude aus der verseuchten Altstadt in das neue Batavia rings um den Koningsplain umgesiedelt worden. Heute überragt den nahezu 1 km² großen Merdeka-Platz (Unabhängigkeitsplatz) im Zentrum unübersehbar das 132 m hohe Prunkstück der Denkmalbaukunst Sukarnos, das **Nationaldenkmal** mit seiner Flamme, die mit 35 kg Gold überzogen ist. Ein kostenpflichtiger Fahrstuhl geht hinauf auf die Aussichtsplattform (115 m). Von hier hat man einen guten Blick über Jakarta und kann sich eine Übersicht über das koloniale Batavia des 19. Jahrhunderts verschaffen. Im Eintrittspreis enthalten ist der Besuch des im Keller gelegenen historischen Museums. Indonesische (Militär-) Geschichte bis zur Irian-Annexion wird in Schaukästen dargestellt. Die Unabhängigkeitshalle bietet als Höhepunkt die in Marmor gepackte Größe der Nation mit der Originalstimme Sukarnos von der Ausrufung der Unabhängigkeit. Geöffnet Di - Do und So 8.30 - 14.30, Fr 8.30 - 11.30, Sa 8.30 - 13.30 Uhr, Mo geschlossen. Den Eingang erreicht man über den nördlichen Merdeka-Platz, vorbei am Denkmal des Freiheitskämpfers Diponegoro und am Unabhängigkeits-Springbrunnen.

Der Osten des Platzes wird vom 1993 renovierten, zweistöckigen **Gambir-Bahnhof** dominiert. Auf der dem Bahnhof gegenüberliegenden Straßenseite liegt etwas zurückversetzt die **Emmanuel-Kirche**, ein runder Kuppelbau mit einem Eingangstor, das von einem dorischen Tempel stammen könnte. 1839 wurde die nach König Willem I. benannte *Willemskerk* als erste gemeinsame Kirche von Lutheranern und Reformierten eröffnet.

Spaziert man die Jl. Pejambon hinauf, kommt man hinter der Brücke zum **Gedung Pancasila**, dem Unabhängigkeitsgebäude, das um 1830 als Residenz des Militärbefehlshabers im klassizistischen Stil erbaut wurde. Seit 1918 residierte hier der Volksraad, dessen Mitglieder überwiegend aus der weißen Kolonialbevölkerung stammten und der nur geringe politische Machtbefugnisse hatte. 1945 arbeitete hier ein von den Japanern eingesetztes Komitee unter der Leitung von Sukarno die neue Verfassung aus. Am 1. Juni 1945 erläuterte Sukarno von hier aus die Pancasila-Staatsphilosophie.

Weiter geht es Richtung Nordosten, vorbei am luxuriösen Borobudur Hotel, zum **Finanzministerium**, mit dessen Bau 1809 unter Daendels begonnen worden war. Herman Daendels, Generalgouverneur von 1807 bis 1811, wollte mit straffer Hand das korrumpierte Kolonialsystem reorganisieren und das verseuchte alte Batavia erneuern. Er ließ zahlreiche alte Gebäude niederreißen, Kanäle und Befestigungsanlagen bauen und verlagerte die Verwaltung ins neue Batavia. Bereits zu Beginn des 18. Jahrhunderts hatte sich hier ein wohlhabender Bürger Batavias ein Landhaus errichten lassen, *Weltevreden* genannt, das später zum prächtigsten Gebäude von Batavia ausgebaut, Sitz der Generalgouverneure werden sollte. Diesen nach dem mittlerweile zerstörten Haus Weltevreden genannten Platz wollte Daendels zum Zentrum des neuen Batavia machen, doch der Krieg mit England und seine Versetzung beendeten diese Aktivitäten.

Nördlich vom Ministerium findet man den **Mahkamah Agung**, den Obersten Gerichtshof, der seit 1848 in diesem neoklassizistischen Gebäude tagt. Im Westen steht die katholische **Kathedrale**, 1900 im neogotischen Stil mit einigen indonesischen Einflüssen erbaut. Die 77 m hohen Türme wurden aus Teakholz errichtet, denn die frühere Kathedrale aus dem Jahre 1833 war 1880 unter dem Gewicht der Türme zusammengebrochen.

Die neue **Istiqlal Moschee** aus weißem Marmor, ein monumentales Bauwerk, gilt als die größte Moschee Südostasiens. Für Frauen und Besucher gibt es während der Gebetszeiten einen eigenen Eingang, Männer können allerdings auch die Haupthalle betreten. Von den oberen Galerien aus kann man die Gläubigen beim Gebet beobachten. Den riesigen, modernen Kuppelbau findet man zwischen Medan Merdeka und Lapangan Banteng.

Schlendert man die Jl. Merdeka Utara weiter Richtung Westen, gelangt man zum gut bewachten Präsidentenpalast, **Istana Merdeka**, in dem Präsident Suharto residiert. Der Bau war seit 1879 offizielle Residenz des holländischen Gouverneurs, der jedoch das kühle Klima von Buitenzorg (Bogor) bevorzugte.

Übernachtung:
② Borobudur H.
③ Mutiara H.
④ Wisma I.S.E.
⑤ Gondia Gh.
⑥ Menteng H.
⑦ Yannie Gh.
⑧ President H.
⑨ Indonesia H.
⑩ Mandarin Oriental H.

Läden, Restaurants, etc.:
10 Gunung Agung Bookstore
11 Gunung Mulia Bookstore
12 Immigration
13 Botschaft von Australien
14 Botschaft von Myanmar (Burma)
15 Art & Curio Restaurant
16 Oasis Restaurant
17 Deutsche Bank
18 Botschaft von Thailand
19 Deutsche Botschaft
20 Botschaft der Philippinen
21 Botschaft von Malaysia
22 Botschaft von Österreich

Transport:
⓭ Mandala Airlines
⓮ Lapangan Banteng Bus Stn.
⓯ Taxi 4848
⓰ Garuda Airlines

Museen

Das Nationalmuseum

Westlich des Merdeka-Platzes liegt das Nationalmuseum (Museum Pusat) oder Gedung Gajah (Elefantengebäude), so genannt wegen des dort stehenden,

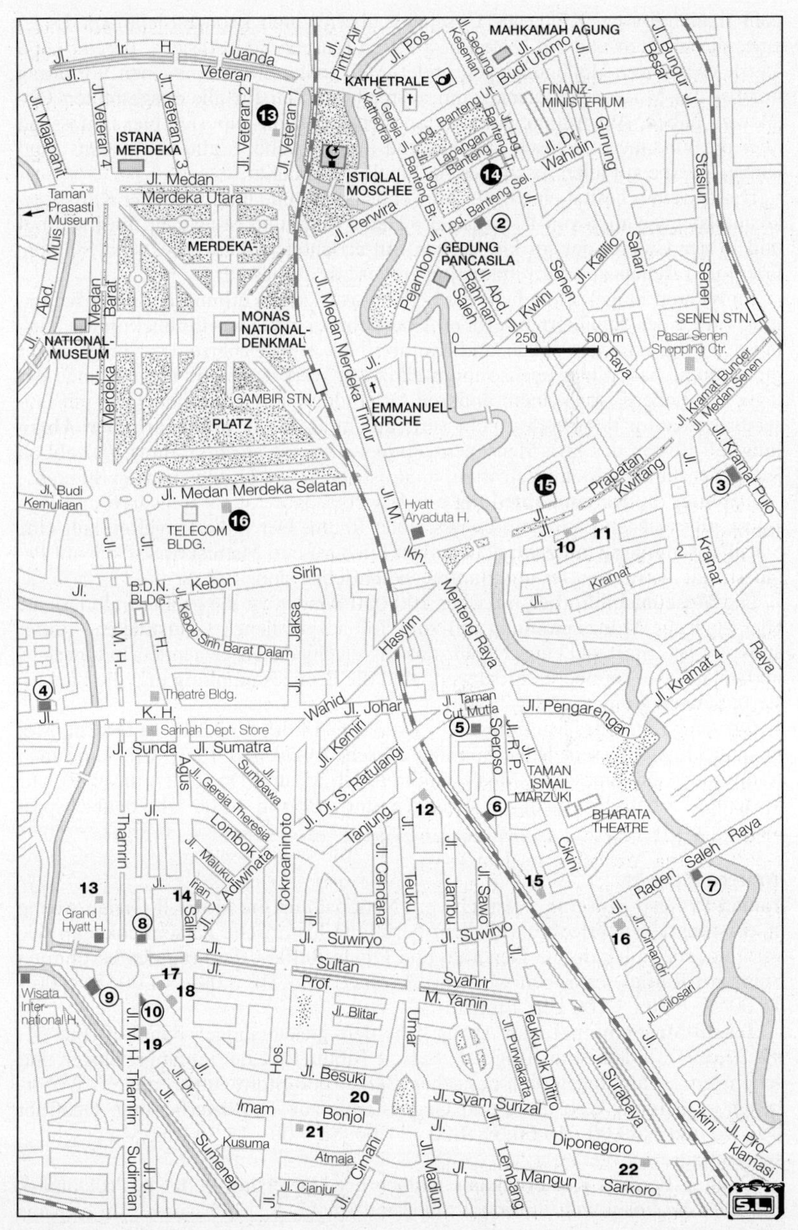

ANREISEORTE

vom thailändischen König als Geschenk überreichten Bronze-Elefanten. Es ist eines der größten und am besten bestückten Museen Südostasiens. Bereits 1868 wurde es von den Holländern gegründet. Man sollte mindestens einen Vormittag nur für das Museum einplanen, um ausreichend Zeit für alle ausgestellten Objekte zu haben. Am Anfang einer Indonesienreise kann man sich hier umfassend über die Vulkane und Inseln, Völker und ihre Bräuche, traditionelle Kunst und Kunstgewerbe auf allen Inseln des Archipels informieren.

Das Museum besitzt eine beeindruckende Sammlung hinduistischer Kunstwerke aus Java wie auch von Porzellan der Han-, Tang- und Ming-Zeit. Im Innenhof und in der Galerie des im klassischen Stil errichteten Bauwerkes sind Statuen, Friese und Reliefs aus der hinduistischen Periode ausgestellt.

Im rechten Flügel ermöglicht die regional gegliederte **ethnographische Sammlung** (mit einer detaillierten, großen Übersichtskarte) einen Einblick in die Vielfalt der indonesischen Völker und Kulturen. Die Kunstschätze der Königshäuser und Sultane haben hier ebenso ihren Platz wie Werkzeuge und Gegenstände des täglichen Lebens. An keinem anderen Ort Indonesiens wird einem die jahrtausendealte Kultur des Landes mehr verdeutlicht als in der **prähistorischen Abteilung** mit Resten des Java-Menschen *(Pithecanthropus erectus),* ihrer Vielzahl an Kultgegenständen, Steininschriften, hinduistischen und buddhistischen Statuen.

Dahinter die **Keramikabteilung** mit fast 2000 Jahre alten Tonwaren und Porzellan, überwiegend aus dem chinesischen Raum. Der linke Flügel enthält eine Schriftensammlung mit zahlreichen alten Büchern und Manuskripten, die auf Papier, Rinde, Lontarblätter und Bambus geschrieben sind.

Die **Museumsbibliothek** mit über 700 000 Bänden ist die größte Indonesiens. Hier auch die **Münzsammlung** mit zum Teil ausgefallenen Geldstücken – unter anderem ist „Stoffgeld“ ausgestellt, das in verschiedenen Gegenden Indonesiens im Umlauf war. Im oberen Stockwerk sind die **Bronzesammlung** und die klimatisierte **Schatzkammer** untergebracht.

Öffnungszeiten des Museums: Di - Do 8.30 - 14.30, So 8.30 - 14.00 Uhr, Mo, Fr und Sa geschlossen. Jeden Sonntag zwischen 9.30 und 10.30 Uhr kann man traditionelle sundanesische Musik anhören. Di, Mi und Do finden um 9.30 Uhr kostenlose, englischsprachige Führungen statt, Do um 10.00 Uhr deutschsprachige, Eintritt.

Weitere Museen

Taman Prasasti Museum, westlich vom Nationalmuseum in der Jl. Tanah Abang 1, ein ehemaliger Friedhof, auf dem berühmte historische Persönlichkeiten wie verschiedene holländische Generäle und Olivia Raffles, die Frau des berühmten Stamford Raffles, begraben wurden. Geöffnet Mo - Do 8.00 - 14.00, Fr 8.00 - 11.00, Sa 8.00 - 13.00 Uhr, Eintritt.

Tekstil Museum, in Tanah Abang nahe dem gleichnamigen Bahnhof (Bus 21, 92, 93, 201), Jl. Jembatan Tinggi, Jl. Satsuit Tubun. Eine der umfangreichsten und schönsten Sammlungen indonesischer Batik, Ikat-Stoffe und anderer Webarbeiten, außerdem Webstühle und Gegenstände zur Textilbearbeitung. Geöffnet Di - Do und So 9.00 - 15.00, Fr 9.00 - 11.00, Sa 9.00 - 12.20 Uhr, Mo geschlossen, Eintritt.

Gedung Perintis Kemerdekaan, südlich der Universität in der Jl. Proklamasi, war einst Wohnsitz von Präsident Sukarno. Am 17. 8. 1945 wurde von hier aus die Unabhängigkeit ausgerufen. Ein Monument erinnert an das Ereignis sowie an den Vizepräsidenten Hatta. Geöffnet tgl. ab 8.00 Uhr, Eintritt.

Sasmita Loka Museum, die frühere Residenz von General Achmad Yani, der 1965 während des Putsches ermordet wurde. Seine Uniform und Waffen kann man in der Jl. Latuharhary nahe Jl. Teuku Cik Ditiro, nicht weit vom Adam Malik Museum und dem Gedung Perintis Kemerdekaan, besichtigen. Geöffnet Di - So 8.00 - 17.00 Uhr Eintritt.

Adam Malik Museum, Jl. Diponegoro 29, Menteng. In der ehemaligen Residenz des verstorbenen indonesischen Vizepräsidenten sind seine umfangreichen Kunstsammlungen, vor allem Keramik, und seine auf der ganzen Welt gesammelten Souveniers und Kuriositäten ausgestellt. Geöffnet Mo - Fr 9.30 - 15.00, Sa bis 16.00 Uhr, Eintritt.

Abri Museum, das Militärmuseum Satria Mandala in der Jl. Gatot Subroto 16, Bus Nr. 37, 46, 403, 405 und 408. Die Ausstellung, in der Kampfszenen nachgestellt sind, glorifiziert die Rolle der indonesischen Armee im Kampf um die Unabhängigkeit. Geöffnet Di - So 9.00 - 15.00 Uhr, Eintritt.

Weitere Museen auch im Taman Mini (s.S. 344) und Alt-Jakarta (s.S. 324).

ÜBERNACHTUNG

BILLIGE UNTERKÜNFTE – Die Travellerszene trifft sich in der **Jl. Jaksa**, einer schmalen Seitenstraße südlich vom Merdeka-Platz. Die vielen billigen Losmen sind häufig voll. Am günstigsten für die Zimmersuche ist der Vormittag; abends wird es ziemlich aussichtslos.

*WISMA DELIMA*** (Schlafsaal*), Jl. Jaksa 5, ☎ 3147026, Ermäßigung mit JH-Ausweis, ziemlich heruntergekommen.

*JUSRAN HOSTEL***, Jl. Jaksa Gang 6 Nr. 9, ☎ 3140373, 12 Zimmer mit Fan, Du/WC außerhalb, ruhig, am Ende einer Sackgasse ca. 30 m abseits der Jl. Jaksa, familiäre Atmosphäre.

*PALM'S HOSTEL***, Jl. Jaksa 273, Gg. Kebon Sirih Timur 1, ☎ 3101058, einfache Zimmer, vergammeltes Klo.

*BLOEMSTEEN HOSTEL***, Jl. Kebon Sirih Timur Dalam, Gang 1, Nr. 173, eine Seitenstraße der Jl. Jaksa; eine anspruchslose, aber freundliche Pension.

*KRESNA HOUSE***, gleich nebenan in der Nr. 175, ähnlich.

*NOORDWIJK HOSTEL**-****, Jl. Jaksa 14, ☎ 3140392, teilweise mit ac, gut abgeschirmt hinter einem hohen Zaun.

*NICK'S CORNER HOSTEL***-*****, (Schlafsaal*), Jl. Jaksa 16, ☎ 3146754, fax 3107814, Zimmer mit ac, z.T. ohne Mandi, teure Zimmer mit TV und Kühlschrank; inkl. Frühstück.

*DJODY HOSTEL*** (Schlafsaal*), Jl. Jaksa 27, ☎ 3141732, fax 3142368, etwas heruntergekommen.

*DJODY HOTEL****, Jl. Jaksa 35, ☎ 3151404, fax 3142368, Zimmer mit Fan oder ac, etwas teurere mit Du/WC. Zudem gibt es 3-Bett Familienzimmer. Netter Innenhof mit kleinem Restaurant, gemütlich und sauber.

*TATOR HOSTEL**-****, Jl. Jaksa 37, ☎ 314 5124, mit gutem Restaurant (indisch und indonesisch), der Besitzer ist ein Toraja.

HOSTEL 36-***, in einer Seitengasse neben Karya Hotel, inkl. Frühstück, schöner Innenhof.

In der Seitenstraße Jl. Kebon Sirih Barat Dalam, gibt es mehrere, trotz einer kleinen Moschee etwas ruhiger gelegene Unterkünfte:

*BORNEO HOSTEL***, (Schlafsaal*), Jl. Kebon Sirih Barat Dalam 35, ☎ 320095; bessere Zimmer im Neubau, mit „Biergarten“.

*BINTANG KEJORA HOSTEL***, Jl. Kebon Sirih Barat Dalam, ☎ 323878, 14 saubere Zimmer, geflieste Du/WC außerhalb, sauber, ein kleines Frühstück ist im Preis inbegriffen.

PONDOK WISATA KEBON SIRIH 16-***, ☎ 3146747, nicht empfehlenswert.

PONDOK WISATA JAYA-****, Nr. 10, ☎ 3144135, 18 Zi, einige ac, Du/WC außerhalb.

ANREISEORTE

In der Jl. K. H. Wahid Hasyim, westlich der Jl. Thamrin:
WISMA I.S.E.***, Nr.168, ☎ 3143463, im 2. und 3. Stock mit schöner, großer Terrasse, wo man auch frühstücken kann; nette Atmosphäre, relativ große Zimmer, einfach und sauber.

MITTELKLASSE-HOTELS – in diese Kategorie gehören folgende Hotels **in der Jl. Jaksa und Umgebung**:
NEW KARYA HOTEL (US$42 - 67), Jl. Jaksa 32 - 34, ☎ 3140484, fax 3142781, alle 75 Zimmer mit ac und Bad, die teurere Kategorie ist zudem mit TV, Tel, Heißwasser und Kühlschrank ausgestattet.
MARGOT HOTEL (US$40), Jl. Jaksa 15 C, ☎ 3913830, fax 324641, ziemlich kleine, aber helle, saubere Zimmer, ac, Heißwasser, TV und Telefon.
CIPTA HOTEL (US$71 - 80), Jl. K. H. Wahid Hasyim 53, ☎ 3904701, fax 326531, alle 48 Zimmer mit ac, Heißwasser, Telefon und TV.
INDRA INTERNASIONAL HOTEL (US$35 - 55), Jl. K. H. Wahid Hasyim 63, ☎ 3152858, fax 323465, alle Zimmer mit ac, Heißwasser, TV, Tel und Kühlschrank, inkl. Frühstück; kleines, sauberes Hotel für gehobene Ansprüche.
Nördlich vom Merdeka-Platz in Gambir: von hier aus kann man die meisten Sehenswürdigkeiten gut zu Fuß erkunden.
SRI VIJAYA HOTEL****, Jl. Veteran 1, ☎ 370409, große, saubere Zimmer mit ac.
SURYA HOTEL***-****, Jl. Batu Ceper 44 - 46, ☎ 378108, fax 3808442. Neubau (Hotel Surya Bharu) in der Nr. 11A, ☎ 368108.
Nahe dem Kulturzentrum Taman Ismail Marzuki, dem Kramat Bahnhof und der Universität ist es etwas ruhiger:
MUTIARA HOTEL****, Jl. Kramat Pulo 17 - 21, ab Jl. Kramat Raya, ☎ 3141992.
GONDIA GUEST HOUSE, Jl. Gondangdia Kecil 22, ☎ 361961, fax 3107961, (US$35 - 40), alle Zimmer mit ac, DU/WC mit heißem Wasser, TV und Telefon, incl. Frühstück.
MENTENG 1 HOTEL***-****, Jl. R. P. Soeroso 28, ☎ 3145208, und die Filiale Menteng 2 in der Jl. Cikini Raya 105, ☎ 3146311, haben auch einen Swimming Pool. Ein drittes Menteng Hotel in der Jl. Matraman Raya 21, ☎ 8509872.
MATRUH HOTEL***-****, Jl. Raden Saleh 12, ☎ 3141319.
YANNIE GUEST HOUSE****, Jl. Raden Saleh 35, ☎ 320012, fax 327005, empfehlenswert, komfortable Zimmer, die auf einen Innenhof gehen, Frühstück ist im Preis inbegriffen.
Nahe Flughafen und nicht zu empfehlen, aber vielleicht günstig, wenn man einen ganz frühen Flug gebucht hat oder nur mal zwischen zwei Flügen eine Nacht in Jakarta verbringen muß:
CENGKARENG TRANSIT HOTEL (US$46 - 60), Jl. Jurumudi km 25, ☎ 771240, 712477; schmuddelig, aber hoteleigener, kostenloser Transport vom Airport zum Hotel und zurück. Buchung am Airport, Hotel Reservation Counter.

LUXUSHOTELS – bieten klimatisierte, komfortable Zimmer, Pool, Restaurants und vieles mehr. Zu den besten Hotels des Landes zählen **östlich des Merdeka Platzes**:
BOROBUDUR INTERCONTINENTAL, Jl. Lapangan Banteng Selatan, ☎ 370333, 3805555, fax 3809595.
HYATT ARYADUTA, Jl. Prapatan 44-48, ☎ 376008, fax 3809900.
Weitere internationale Hotels **in der Jl. Thamrin**:
GRAND HYATT, Jl. M. H. Thamrin Kav. 28 - 30, Plaza Indonesia, ☎ 3107400, fax 334321.
PRESIDENT HOTEL, Jl. M. H. Thamrin 59, ☎ 3140508, fax 333631.
MANDARIN ORIENTAL, Jl. M. H. Thamrin, ☎ 3141307, fax 3241669.
INDONESIA, ☎ 3140008, fax 3221508, das für die Asiatischen Spiele 1962 erbaut wurde und damals als das modernste, größte Luxushotel des Landes galt. Mittlerweile ist der Glanz etwas verblaßt.
Richtung Kebayoran Baru: *SAHID JAYA & TOWER*, Jl. Jen. Sudirman 86, ☎ 5704444, fax 583168.
HILTON, Jl. Gatot Subroto, ☎ 5703600, fax 583091.

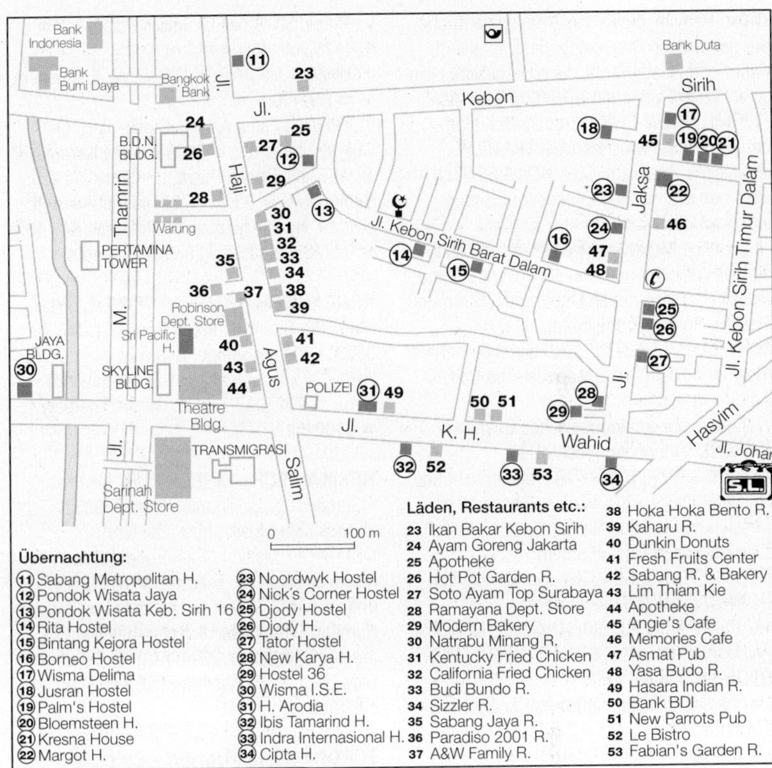

ESSEN UND TRINKEN

JL. JAKSA – Für alle, die hier wohnen und nicht viel Geld ausgeben wollen, bietet es sich an, in den Traveller Food-Restaurants zu essen. Sie bieten zwar nichts Besonderes, sind aber billig. Beliebt sind *ANGIE'S CAFE, MEMORIES CAFE* und *ASMAT PUB*.

Gewarnt sei vor den Sate-Ständen, die tagsüber ihr Fleisch in der Sonne liegen lassen, denn auf dem qualmenden Holzkohlenfeuer scheint nicht alles abzusterben, was sich mittlerweile angesammelt hat – einige Leute haben sich schlimme Magengeschichten geholt. Abends gibt es frische Sate in der Jl. Haji Agus Salim nördlich Jl. K. H. Wahid Hasyim.

Viele preiswerte Warung, die u.a. auch Padang Food anbieten, stehen in einer Gasse südlich vom BDN-Building, zwischen Jl. M. Thamrin und Jl. Haji Agus Salim.

RINGS UM DIE JL. HAJI AGUS SALIM – findet man eine große Auswahl verschiedenster Küchen:

LIM THIAM KIE, chinesisch, vor allem Seafood).

HOT POT GARDEN, ebenfalls chinesisch, Steamboat, Seafood u.a.

NATRABU MINANG, SOTO AYAM TOP SURABAYA und *BUDI BUNDO* bieten Padang-Küche an.

FABIAN'S GARDEN RESTAURANT, Jl. K. H.

Wahid Hasyim, serviert internationale Küche der gehobenen Preiskategorie, klimatisiert.
Fast-Food Restaurants, die nicht gerade billig sind, bieten Hühnchen *(KENTUCKY, CALIFORNIA FRIED CHICKEN)*, Steaks, Hamburger und Sandwiches *(A&W FAMILY)*, japanische Snacks *(HOKA HOKA BENTO)* – alles den islamischen Essensvorschriften entsprechend *halal*.
Nur wenige Meter weiter westlich sind auch die internationalen Ketten *McDONALDS* und *PIZZA HUT* im Sarinah Department Store und Theatre Building beheimatet.
IKAN BAKAR KEBON SIRIH bietet Ikan Bakar (gegrillten Fisch), eine indonesische Spezialität.
Weiterhin gibt es indonesisches Essen im *KAHARU* (Hühnchengerichte), im *AYAM GORENG JAKARTA* (vegetarisch) und bei *PARADISO 2001*, in einer Gasse 10 m westlich der Jl. Agus Salim.
Zum Nachtisch Obst aus dem *FRESH FRUITS CENTER* oder Donuts von *DUNKIN DONUTS* gegenüber.
MODERN BAKERY, SABANG RESTAURANT AND BAKERY und *SARINAH DEPARTMENT STORE* verkaufen Kuchen und Torten in allen Farben und Größen, außerdem Snacks und Eiscreme.

SEAFOOD – *RED LOBSTER,* Wisma Metropolitan 2, 16. Stock, Jl. Jen. Sudirman 31, ☎ 5711659.
SEAFOOD TERRACE, Grand Hyatt, Jl. M. H. Thamrin, ☎ 3107400, erstklassiges Gartenrestaurant im balinesischen Stil, mit traditioneller Musik.
TUNG LOK, Metro Plaza, 3. Stock, Jl. H. Samanhudi, ☎ 374038.
BNI TOWER RESTAURANT, Wisma BNI, Jl. Jen. Sudirman Kav. 1, 32. Stock, ☎ 5702741.
JUN- NJAN, in der Nr. 69 am nördlichen Ende der Jl. Batu Ceper, ☎ 364063, serviert gutes Seafood.

JAPANISCH – *KOBE,* Dewan Press Bldg., 3. Stock, Jl. Kebon Sirih 32, ☎ 352030.
YAKINIKU DAIDOMON, BBD-Bldg., Bumi Daya Plaza, 30. Stock, Jl. Imam Bonjol 61, ☎ 320775, mit toller Aussicht.
YOSHIKO JAPANESE GARDEN, Jl. Museum 1, ☎ 353478.
TORIGIN, Wisma Aria, 3. Stock, Jl. H. O. S. Cokroaminoto 81, ☎ 3106555, mit Karaoke.
SUMIBIAN, Chase Plaza, 25. Stock, Jl. Jen. Sudirman Kav. 25, ☎ 5706405, mit Aussicht.
SHIMA, Hyatt Aryaduta, Jl. Prapatan 44 - 46, ☎ 377263, erstklassig und sehr beliebt.

KOREANISCH – *KOREAN TOWER,* BBD-Bldg., 30. Stock, Jl. Imam Bonjol 61, ☎ 330311, mit großartiger Aussicht.
ARIRANG, Jl. Mahakam 1/28, Kebayoran Baru, ☎ 7397032, und Jl. Gereja Theresia 1, ☎ 3100151.

MEXIKANISCH – *GREEN PUB,* Jakarta Theater Bldg., Jl. Thamrin 9, ☎ 359332, abends Live-Musik (Jazz, Country).
DEL TACO, Mexican Fast-Food, Plaza Indonesia, 3. Stock, Jl. Thamrin, ☎ 3107609, und im *AMIGOS* (mit abendlicher Live-Musik), Kemang Club Villas, Jl. Kelurahan Bangka, Jakarta Selatan, ☎ 7994754, und Setiabudi Bldg. 2, Jl. H. R. Rasuna Said, Kuningan, ☎ 5207938.

EUROPÄISCHE KÜCHEN – Ein europäisches Restaurant im holländischen Kolonialstil mit viel 50er Jahre Atmosphäre und Musik, das zudem große Portionen serviert, ist das *ART & CURIO,* Jl. Kebon Binatang III 8a, ☎ 322879, neben der Bahnlinie.
OASIS, Jl. Raden Saleh 47, ☎ 327818, Reservierungen ☎ 326397, ist ein Nobelrestaurant mit kolonialer Atmosphäre (gepflegte Kleidung erwünscht – wer im T-Shirt kommt, bekommt ein Hemd ausgeliehen). Empfehlenswert ist die Rjistafel, die von einem Dutzend junger, traditionell gekleideter Kellnerinnen aufgetragen wird. Dazu gibt es ab 21.00 Uhr Batak-Musik.
Französische Küche im *LE BISTRO,* Jl. K. H. Wahid Hasyim 75, ☎ 364277,
CAFE DE PARIS, Jl. Kapt. Tendean 5, ☎ 5793429,

LA ROSE, Garden Plaza, The Landmark Center, Jl. Jen. Sudirman 1, ☎ 5710909.
Italienische Küche im *AMBIENTE,* Hyatt Aryaduta, ☎ 376008, in jeder Beziehung erstklassig.
PINOCCHIO, Wisma Metropolitan 1, Top Floor, Jl. Jen. Sudirman Kav. 29, ☎ 514736.
Deutsche Gerichte in der *GASTSTUBE,* Indocement Bldg., Jl. Jen. Sudirman, ☎ 5712734, auch schweizer und österreichische Küche, So und feiertags geschlossen.
Italienisches **Speiseeis** wird bereits seit Generationen von der *RAGUSA GELATERIA* hergestellt. Große Portionen gibt es in der Duta Merlin Shopping Arcade, im Hayam Wuruk Plaza und in der Jl. Veteran 1/10. Wer amerikanische Eiscreme bevorzugt, findet sie bei *SWENSEN'S,* z.B. im Glodok Plaza, Jl. Pinangsia Raya, oder Plaza Indonesia, Jl. Thamrin.

ANDERE – Typische **West-Java-Küche** im *SARI KURING,* Jl. Batu Ceper 55A, ☎ 3841542; Jl. Silang Monas Timur, ☎ 352972, und Jl. Raya Matraman, ☎ 8583968.
Neben weiteren billigen Restaurants in Glodok hier der beste **Chinese** zum Geldausgeben, *CAHAYA KOTA,* Jl. K. H. Wahid Hasyim 9, ☎ 332434.
Vietnamesische Gerichte im *PARE'GU,* Jl. Sunan Kali Jaga 64-65, Kebayoran Baru, ☎ 717097.
Indische Spezialitäten im nicht so besonderen, überteuerten *SHALIMAR NORTH INDIAN RESTAURANT,* Jl. Kebon Sirih 40, ☎ 359962, und im *AKBAR PALACE,* Grand Wijaya Centre, Block H 37-39, ☎ 7206818.
Weitere **Spezialitäten- und Nobel-Restaurants** findet man in den diversen 4- und 5-Sterne-Hotels der Stadt.

WARUNG – werden gegen Abend in verschiedenen Bezirken der Stadt aufgebaut. Chinesisch und Seafood in der Jl. Pecenongan (Querstraße zur Jl. Ir. H. Juanda nicht weit von der Moschee). Weitere Essenstände in Glodok in der Jl. Mangga Besar (ab Jl. Hayam Wuruk, hier besonders chinesisch, indisch und Nasi Padang) oder im Blok M in Kebayoran Baru, dem neuen Stadtviertel im Südwesten. Nach Einbruch der Dunkelheit werden auch auf dem Parkplatz des Sarinah Kaufhauses, Jl. Thamrin, Foodstalls aufgebaut.
Im Untergeschoß vom Sarinah Jaya Kaufhaus am Blok M in Kebayoran Baru kann man sich an zahlreichen Essensständen Gerichte aus ganz Indonesien und Europa zusammenstellen – bezahlt wird mit Coupons.
Hier, im Zentrum der neuen Stadt, gibt es entlang der Jl. Melawai viele indonesische, europäische und chinesische Restaurants.

AKTUELLE INFORMATIONEN – liefert der *Dining Out Guide* im *Jakarta Program – What's On,* ein monatlich erscheinendes Magazin, erhältlich an den Kiosken der großen Hotels, in größeren Buchhandlungen und einigen Supermärkten.

KULTUR UND UNTERHALTUNG

Das Kulturzentrum **Taman Ismail Marzuki** liegt in der Jl. Cikini Raya 73, ☎ 3154087. Jeden Tag von 8.00 - 20.00 Uhr und oft auch noch spät abends wird etwas geboten: Musik, Theater (wie wär's mit Büchners Woyzeck in Bahasa Indonesia?), Lesungen einheimischer und ausländischer Autoren, aber auch Kino und Ausstellungen.
Das Monatsprogramm liegt meist im VIC aus.
Weitere Kulturveranstaltungen im *TAMAN MINI INDONESIA INDAH,* ☎ 8400400, und *ANCOL DREAMLAND,* ☎ 681511. Die jeweiligen Veranstaltungen werden in der Presse bekanntgegeben und in monatlich erscheinenden Programmheften veröffentlicht.

GAMELAN-MUSIK – Regelmäßige Aufführungen So 9.30 - 10.30 Uhr im Nationalmuseum und So mittags im Taman Mini.

GEMÄLDE-AUSSTELLUNGEN – *BALAI SENI RUPA,* Jl. Taman Fatahillah 2, ☎ 676090: Di - Do, So 9.00 - 15.00, Fr 9.00 - 11.00, Sa 9.00 - 14.00 Uhr.

TAMAN ISMAIL MARZUKI, ☎ 3154087: tgl. 8.00 - 20.00 Uhr.
BALAI BUDAYA, Jl. Gereja Theresia, tgl. 9.00 - 15.00 und 17.00 - 20.00 Uhr.

WAYANG KULIT – Aufführungen So 10.00 - 12.00 Uhr im *WAYANG MUSEUM*, ☎ 679560, jeden 2. und 4. Samstag im Monat im Nationalmuseum und einmal monatlich in Ancol.
WAYANG WORKSHOP, Jl. Agus Salim 80, ☎ 368231, Do 20.00 - 22.00 Uhr.

WAYANG GOLEK – im *GEDUNG KESENIAN*, Jl. Gedung Kesenian 1, ☎ 3808283, So 20.00 - 22.00 Uhr, und einmal monatlich in Ancol.

VOLKSTÄNZE – aus verschiedenen indonesischen Provinzen So 9.00 - 14.00 Uhr im *TAMAN MINI INDONESIA*; Fr abends im Hotel Borobudur sowie Sa abends oder So morgens im *ANCOL DREAMLAND*.

PLANETARIUM – im Taman Ismail Marzuki, Jl. Cikini Raya 73, ☎ 3154087, geöffnet Di - So bis 20.00 Uhr. Regelmäßige Veranstaltungen So um 10.00, 11.30 und 15.00 Uhr.

PFERDERENNEN – auf der *PULO MAS-RENNBAHN* im Osten der Stadt. Rennen finden normalerweise an jedem Wochenende von Mai bis Oktober statt, Infos über ☎ 352191-6. P.P.D.-Bus Nr. 41 ab Lapangan Banteng-Bus Station.

DISCOS UND LIVE-MUSIK – das Nachtleben spielt sich in der Jl. Gajah Mada, Jl. Hayam Wuruk, Jl. Thamrin und um Blok M in Kebayoran Baru ab – Kinos, Discos, Pubs und andere, eher basis- und männerorientierte Vergnügungen. Nachtclubs und Discos in fast allen großen Hotels – aber teuer!
NEW PARROTS MUSIC PUB, Jl. K. H. Wahid Hasyim 88, im modernen Gebäude der BDI-Bank, nahe Jl. Jaksa, ☎ 324117. Jeden Abend Live-Musik, man kann auch essen. Geöffnet bis 2.00 Uhr.
JAYA PUB, Jaya Bldg., Jl. Thamrin 12, ☎ 325633, gegenüber vom Sari Pacific Hotel; angemessene Preise (man kann hier auch essen), Live-Musik, geöffnet bis 2.00 Uhr, empfehlenswert.
THE JAZZ CLUB, Sabang Hotel, Jl. H. Agus Salim, ☎ 354031. Meist spielt die sehr gute, hauseigene Band, angenehme Atmosphäre. Geöffnet tgl. 18.00 - 1.00 Uhr, außer So.
JAMZ Jazzclub, Jl. Panglima Polim Raya 11, ☎ 7206046, Live-Musik.
NEWS CAFE, Setiabudi Bldg., Jl. H. R. Rasuna Said, ☎ 517361. Jeden Abend Live-Musik, internationale Küche. Zur Ausstattung des Lokals gehören zahlreiche TV-Monitore, auf denen sich die Gäste jederzeit die aktuellsten Weltnachrichten (Reuter) ansehen können. Geöffnet tgl. 11.00 - 1.00 Uhr.
Die englischsprachige Tageszeitung *Jakarta Post* informiert über die ständig wechselnden Programme und Live-Shows der wichtigsten Nachtlokale. Weitere aktuelle Tips findet man im *Jakarta Program – What's On*, ein monatlich erscheinendes Magazin, erhältlich in den großen Hotels, einigen Buchläden und Supermärkten.

EINKAUFEN

KUNSTGEWERBE – Überall in Indonesien kann man schöne Kunstgewerbeartikel einkaufen – in Jakarta gibt es eine Auswahl von allen Inseln: Batak-Kalender aus Sumatra, Batik und Wayang-Figuren aus Java, Ikat-Decken aus Sumba und Flores, Schnitzereien aus Irian Jaya, geflochtene Taschen und Körbe aus Kalimantan und vieles mehr.
Hier kann man bereits eine Souvenir-Rundreise durch den ganzen Archipel unternehmen, doch wer nicht nur einkaufen, sondern auch reisen will, der sollte besser vor Ort einkaufen, denn dort ist alles viel billiger.
Eine große Kunstgewerbe- und Batikabteilung findet man im Warenhaus *SARINAH*, einmal in Blok M, ein weiteres in der Jl. Thamrin, geöffnet tgl. 9.00 - 18.00 Uhr. Man kann nicht handeln und es ist teurer als in den kleinen Läden.
PASAR SENI ANCOL, auf dem großen Kunstgewerbemarkt im Vergnügungspark Ancol wird

Kunsthandwerk wie Schnitzereien, Bilder, Flecht- und Webarbeiten produziert und verkauft. Eine Kunstausstellung im angrenzenden, zweistöckigen Gebäude.
INDONESIAN BAZAR, Jl. Gatot Subroto nahe der großen Kreuzung mit der Jl. Sudirman, nördlich vom Hilton Hotel, ist eine große Kunstgewerbeausstellung, in der man tgl. von 10.00 - 18.00 Uhr einkaufen kann.

ANTIQUITÄTEN – Antiquitäten chinesischer oder holländischer Herkunft findet man in den Läden entlang der Jl. Majapahit und der Jl. Kebon Sirih Timur Dalam. Eine gute Auswahl auch in Kebayoran Baru in vielen Läden entlang der Jl. Palatehan.
In der **Jl. Surabaya** (gelber Bus Nr. 59 ab Jl. Kebon Sirih oder Jl. Thamrin) kann man tgl. von 9.00 - 17.00 Uhr Souvenirs und Antiquitäten einkaufen. Zahlreiche Buden haben ähnliche Angebote – ist man gut im Handeln, kann man leicht einen vernünftigen Preis erzielen.

Kultstätten werden nur geplündert, seltene Tiere nur gejagt und alte Erbstücke nur verkauft, wenn sich dafür ein Käufer findet. Durch unser Verhalten können wir mit dazu beitragen, daß Indonesien nicht schon bald seiner wichtigsten Kultur- und Naturschätze beraubt ist.

MÄRKTE – sind nicht nur interessant, wenn man etwas einkaufen will. Neben dem schon erwähnten Fischmarkt *KALI BARU* kann man sich mal auf dem *BIRD'S MARKET* (Pasar Burung) südlich der Jl. Pramuka, am Beginn der Stadtautobahn, umsehen (Gelber Bus Nr. 59 ab Jl. Kebon Sirih oder Jl. Thamrin).

SHOPPING CENTRES – Lebensmittel, Luxusartikel u.a. bieten die Einkaufszentren Pasar Baru, Glodok, Hayam Wuruk und Gajah Mada Plaza, Pasar Senen, Ratu Plaza in der Jl. Jend. Sudirman und Blok M in Kebayoran Baru.
Ein **Supermarkt**, in dem man unter an derem auch ein großes Angebot an westlichen Lebensmitteln findet, ist *GOLDEN TRULY*. Die zentral gelegene Filiale im Jakarta Theatre Building besitzt – zum Vergnügen der einheimischen Kunden – sprechende Kassen.
GELAEL SUPERMARKET, Jl. Hayam Wuruk 103, hat rund um die Uhr geöffnet.

BUCHHANDLUNGEN – Man sollte sich besser schon vor der Reise nach Indonesien mit Büchern eindecken. Es gibt nur wenige Buchhandlungen, die englischsprachige Bücher verkaufen.
GUNUNG AGUNG BOOKSTORE, Jl. Kwitang 6 und Nr. 38, ist ein staatlicher Laden. Im Angebot auch Landkarten. Filiale u.a. im Ratu Plaza, Jl. Sudirman, und
GRAMEDIA, Jl. Gajah Mada 109, Jl. Pintu Air 72 und Blok M. Die beste Buchhandlung mit dem breitesten Angebot.
Eine gute Buchabteilung auch im Kaufhaus *SARINAH*, Jl. Thamrin.
Weitere interessante englischsprachige Bücher kann man eventuell im Souvenirstand des Nationalmuseums entdecken.
Oder man versucht die Buch- und Zeitschriftenläden in den großen Hotels oder im *ARTHALOKA BLDG.*, Jl. Jen. Sudirman.

FILME – Beim Einkauf von Filmen sollte man darauf achten, daß sie richtig gelagert wurden, deshalb Geschäfte mit ac bevorzugen. Preise liegen über denen von Singapore. Papierabzüge kann man in Jakarta viel billiger als in Deutschland machen lassen.

SONSTIGES

AMERICAN EXPRESS – Zentrale: ☎ 5216000, fax 5216888, Telex 60900 AMEXCO IA, Kreditkarten: Exchange House in der Jl. H. R. Rasuna Said Blok X, Kuningan, an der Schnellstraße Richtung Süden, Kreditkarten-Service (auch bei Verlust) ☎ 5216238/42.
Reiseschecks und der Postservice von Amexco über *PACTO LTD.* im Hotel Borobudur, ☎ 3848634, fax 3810837, bei Verlust von Schecks ☎ 5216666 anrufen. Pacto ist Repräsentant für ganz Indonesien und eines der

größten Reisebüros mit Filialen in Sanur (Bali), Surabaya, Bandung, Ujung Pandang, Medan, Padang und Yogyakarta.

AUTOVERMIETUNG – *AVIS*, Jl. Diponegoro 25, ☎ 334495, 332900, fax 331845.
BUDGET, Jl. Gelong Baru 35, ☎ 5602954, fax 5603550.
INDORENT, Jl. Hayam Wuruk 6, ☎ 3456560, 3855460; fax 3810062.
NATIONAL, Kartika Plaza Hotel, Jl. Thamrin 10, ☎ 333423.
THRIFTY, Jl. Pluit Raya Selatan 110, ☎ 6602177, fax 6602180.
TOYOTO RENT A CAR, Jl. K. H. Hasyim Ashari 31, ☎ 361861, 4300622.
Die großen Gesellschaften bieten auch die Möglichkeit, gegen eine Rückführungsgebühr, den Wagen in Jakarta zu mieten und in Sumatra abzugeben, s.S. 55.

ANREISEORTE

GELD – Schlechte Kurse am Airport. In der Stadt gibt es nahezu an jeder Ecke eine Bank. Zentral liegt die *BANK DAGANG NEGARA*, Jl. Thamrin 5, Ecke Jl. Kebon Sirih, ☎ 321707, werktags außer Sa geöffnet bis 14.00 Uhr.
P. T. SENOPATI JASATAMA VALUTA, Jl. K. H. W. Hasyim 17, ☎ 3104334, ist ein Moneychanger, der auch bis abends geöffnet hat. Wechselt aber nur Bargeld verschiedener Währungen und US$-Traveller Cheques.
DEUTSCHE BANK hat eine Filiale im Deutsche Bank Building, Jl. Imam Bonjol 80, ☎ 331092, fax 335252, Telex 61524 db ia. Sie akzeptiert auch Euroschecks der Deutschen Bank.

GOETHE-INSTITUT – In der etwa 10 000 Bücher umfassenden Bibliothek mit ihrer umfangreichen Südostasien- und Indonesien-Abteilung kann man mal wieder deutsche Zeitungen und Bücher lesen. Deutsche Filme und andere kulturelle Veranstaltungen werden in Zeitungen und in eigenen Broschüren angekündigt. Gut zum Kennenlernen von Indonesiern, die Deutsch lernen.
Adresse: Jl. Matraman Raya 23, ☎ 850 9132 und 8509719. Geöffnet Mo - Fr 9.00 - 16.30 Uhr, die Bibliothek Mo, Di, Fr und Sa 9.00 - 13.00 Uhr und Mo, Di und Do 15.00 - 18.00 Uhr. Im Juni und Juli ist das Institut geschlossen.

IMMIGRATION – Verlängerungen von Touristen und Geschäftsreise-Visa werden in der Jl. Teuku Umar 1, Eintritt durch den Nebeneingang, ☎ 349811, 349812, erledigt. Geöffnet Mo - Do 8.00 - 15.00, Fr bis 11.00 Uhr.
Obwohl seit der Einführung der visafreien Einreise nur noch wenige Ausländer hierher kommen, muß man sich in Geduld fassen, mehrere Formulare ausfüllen und mindestens zwei Tage warten.

INFORMATIONEN – *VISITORS INFORMATION CENTER* (VIC) im Theatre Building, Jl. Thamrin 9, geöffnet Mo - Do 8.30 - 15.00 Uhr, Fr bis 14.30 Uhr. Zwischen 13.00 und 14.00 Uhr machen die Angestellten Mittagspause und schließen das recht informative Büro, ☎ 344117.
Das Office am Airport ist außerdem So von 8.00 - 20.00 Uhr offen.
DINAS PARIWISATA JAKARTA (Städtisches Tourist Office), Jl. Gatot Subroto, ☎ 586053, 586045.
DIRECTORATE GENERAL OF TOURISM, Jl. Kramat Raya 81, ☎ 3103117, fax 3101146.

KRIMINALITÄT – In der Stadt sind schon mehrere Touristen, zum Teil mit Messern, überfallen worden. Besonders gefährlich sind nachts der Gambir-Bahnhof und die Jl. Agus Salim.
Aber auch im Gedränge eines Stadtbusses oder im *Bajaj*, das während des Stoßverkehrs an einer Ampel wartete, gab es schon Überfälle und Diebstähle. Besonders berüchtigt für Taschendiebe ist Bus Nr. 70, in dem routinierte Profibanden arbeiten, die sich auf Ablenkungsmanöver und Rasierklingentricks spezialisiert haben.

MEDIZINISCHE HILFE – *CENTRAL JAKARTA EMERGENCY SERVICE*, 24 Std.-Dienst, oder 334030.

ST.CAROLUS HOSPITAL, Jl. Salemba Raya 41, Menteng, ☎ 3904437.
PERTAMINA HOSPITAL, Jl. Kyai Maja 43, Kebayoran Baru, ☎ 7200289, Notfall ☎ 707211.
Deutschsprechender Arzt: *DR. MANGASA TOBING,* Jl. Panglima Polim IX, ☎ 7702137 (südlich Blok M).
Bei Zahnschmerzen: *STEPHANIE DENTAL CLINIC,* Tira Bldg., Jl. H. R. Rasuna Said Kav. B3, Jakarta Pusat, ☎ 512579 / 512595.
Apotheken *(Apotik)* mit 24 Std.-Dienst:
RADEN SALEH, Jl. Raden Saleh 2, ☎ 353807.
TITI MURNI, Jl. Kramat Raya 128.
JAYA, Jl. Panglima Polim 4/12, Jakarta Selatan.

POST – GPO in der Jl. Lapangan Banteng Utara, ☎ 350004. Geöffnet Mo - Fr 8.00 - 16.00 und Sa bis 13.00 Uhr. Zu erreichen mit Bus Nr. 40. Weitere Postämter u.a. in der Jl. Gajah Mada (nahe Merlin Shopping Centre), am Fatahillah Platz, im Sarinah Kaufhaus, Jl. Thamrin, und versteckt in einer Seitenpassage zwischen Bürohochhäusern an der Jl. Kebon Sirih.

STADTPLÄNE – im *VISITORS INFORMATION CENTER* gibt es einen recht brauchbaren Stadtplan. Am besten ist jedoch der Falk-Stadtplan Jakarta im Maßstab 1 : 17 500, etwas für Leute, die länger in der Stadt bleiben wollen, kostet 19 000 Rp. Gut ist auch der Stadtplan aus dem Münchner Nelles Verlag im Maßstab 1 : 22 500.

TELEFON – Innerhalb von Jakarta wechseln nicht nur die Telefonnummern recht schnell, es kann auch lange dauern, bis eine Verbindung zustande kommt.
TELECOMMUNICATION OFFICES (24 Std. geöffnet) im Jayakarta Tower Hotel, Jl. Hayam Wuruk 126, und im Skyline Bldg., Jl. Thamrin 9. Von hier kann man Ferngespräche in alle Welt führen – geht recht schnell über Satellit.
WARPARPOSTEL RTG, Jl. Jaksa 25, ☎ 390-4501, fax 3904503, bietet Post- und Telefon-Service, nebenbei auch ein Travel Agent, tgl. geöffnet 6.00 - 24.00 Uhr.
R-Gespräche sind nur mit der Schweiz, den NL, NZ, USA, GB, Kanada, Australien und Malaysia möglich. **Ortsgespräche** von öffentlichen Fernsprechern kosten 100 Rp für 5 Min.

TRADITIONELLE MASSAGE UND KOSMETIK – im *MARTHA TILAAR SALON,* Jl. Cikini Raya 83, ☎ 337616, nur für Frauen, Ganzkörpermassage mit indonesischen Kräutern (Jamu), Aromatherapie u.a. Eine Ganzkörpermassage mit Bad in angenehmer Umgebung kostet allerdings um 35 000 Rp.

VORWAHL – 021.

ZEITUNGEN – Ausländische Blätter, z.B. „Der Spiegel“, findet man in den internationalen Hotels. Berichte über Indonesien und anstößige Bilder sind häufig hinter schwarzen Balken verschwunden oder herausgerissen. Englischsprachige indonesische Zeitungen sind *INDONESIA TIMES, JAKARTA POST* und *INDONESIAN OBSERVER.*

NAHVERKEHRSMITTEL

BAJAJ – Günstigstes Transportmittel für kürzere und mittlere Entfernungen sind die kleinen, roten Motorroller mit Platz für zwei hinter dem Fahrer. Für 1000 bis 2000 Rp kann man in der Stadt herumfahren. Preis immer vorher aushandeln.

BUSSE – Für 300 Rp kann man in Jakarta von einem Ende zum anderen fahren. Auf verschiedenen großen Straßen fahren neue, recht bequeme Busse – auf anderen Uraltklapperkisten.
Die Busse der Patas-Linie kosten 550 Rp, ac 1300 Rp, sollen dafür aber sicherer sein als die anderen Stadtbusse – und schneller, da sie nicht überall halten.
In den vollen Stadtbussen wird viel gestohlen, vor allem im blauen S.M.S.-Bus Nr. 70, der zwischen Kota Bahnhof und Blok M verkehrt, außerdem in Bus 1, 11 und 700.

TAXIS – Sind die bequemsten Transportmittel innerhalb der Stadt, verhältnismäßig billig und überall zu finden. Einige Fahrer bestehen darauf, einen festen (überhöhten) Fahrpreis auszuhandeln. Dennoch sind alle Wagen mit Taxameter ausgestattet, was auch Nachteile haben kann, da Umwege die Uhr klicken lassen. Sofern man den richtigen Preis nicht kennt, sollte man darauf bestehen, daß das Taxameter eingeschaltet wird. Im Zweifelsfall kann man sich mit aufgeschlagenem Stadtplan neben den Fahrer setzen und die Route verfolgen. Die Einschaltgebühr plus einem zusätzlichen Kilometer beträgt 900 Rp, jeder weitere Kilometer kostet 500 Rp.
Etwa 30 000 Rp kostet die Fahrt vom Airport zur Jl. Jaksa und für 25 000 Rp kann man bereits die gesamte Hauptstadt durchqueren.
BLUE BIRD, Jl. H. O. S. Cokroaminoto 107, ☎ 325607, 333000, fax 7999102. Die blauen Bluebird-Taxis sind am zuverlässigsten, auch bei telefonischen Vorbestellungen. Man kann sie zudem stundenweise mieten. Auch Luxuslimousinen mit Chauffeur.
METROPOLITAN TAKSI, ☎ 4204444, für Beschwerden ☎ 418885.
JAKARTA INTERNATIONAL TAXI, ☎ 333777, für Beschwerden ☎ 3103344.

TRANSPORT

BUSSE – Es gibt mehrere Busbahnhöfe in Jakarta; **Fernbusse** fahren ab:
- Kalideres Bus Stn.,
- Kampung Rambutan Bus Stn.,
- Pulo Gadung Bus Stn.

Die anderen Busbahnhöfe werden nur von **Stadtbussen** angefahren:
- Kebayoran Bus Stn.,
- Pasar Minggu Bus Stn.,
- Cililitan Bus Stn.,
- Grogol Bus Stn.,
- Lapangan Banteng Bus Stn.

Die normalen Überlandbusse sind häufig überfüllt – zur Hauptreisezeit werden eintreffende Busse regelrecht gestürmt; je nach Company, Fahrtroute und Ausstattung variiert der Preis.
Busse **nach Westen** (vor allem **Sumatra**) fahren vom im Westen der Stadt liegenden **Kalideres** Busbahnhof ab (der Doppeldeckerbus 913 fährt raus):
MERAK 2000 Rp,
BUKITTINGGI 27 000 / ac 60 000 Rp,
PALEMBANG 15 000 / 25 000 Rp,
BANDA ACEH 45 000 / 75 000 Rp.
Für längere Strecken nimmt man besser **Expressbusse** mit Liegesitzen; Tickets sind bei einschlägigen Travel Agents erhältlich.

ÜBERLANDTAXEN – Die folgenden Gesellschaften fahren mit großen, alten Limousinen zwischen 6.00 und 21.00 Uhr in 4 Std. nach Bandung, sobald sich 5 Passagiere eingefunden haben. Man wird an der gewünschten Adresse abgesetzt, kann aber auch unterwegs am Puncak Paß aussteigen, muß aber immer den vollen Preis von 11 000 Rp p.P. bezahlen.
4848 (Empat Delapan Empat Delapan), Jl. Prapatan 34, ☎ 364488, nur 10 Min. zu Fuß von der Jl. Jaksa; *MEDIA TAXI,* Jl. Johar 15, Menteng, ☎ 330868, 343643 und *PARAHIYANGAN,* Jl. Johar 18, ☎ 323831.

EISENBAHN – Von Jakarta gibt es Zugverbindungen nach Zentral- und Ost-Java sowie nach Süd-Sumatra.
Die Abfahrtszeiten der Züge ändern sich wie überall, deshalb erkundigt man sich am besten vorher am Kota- oder Gambir-Bahnhof nach Abfahrtszeiten und Dauer der Fahrt.
Studentenermäßigung, die es meist nur für billige Tageszüge gibt, wurde in Jakarta häufig erst nach Rücksprache mit dem Bahnhofsvorsteher gewährt.
Tickets gibt es auch in vielen Reisebüros, z.B. in der Jl. Menteng Raya 24 (nahe Jl. Jaksa).
Nach PALEMBANG (über MERAK): Züge ab Tanah Abang 3x tgl. nach Merak für 1400 Rp (3. Kl.). Fähre 1000 / 2000 Rp, tgl. zwei Züge nach Palembang für 3800 / 9000 Rp.

INTERNATIONALE FLÜGE – Auf dem Flughafen Soekarno-Hatta in Cengkareng, 23 km westlich von Jakarta, werden alle nationalen und internationalen Flüge abgefertigt.

Er ist von der City aus über eine Schnellstraße zu erreichen. Die Busgesellschaft *DAMRI,* ☎ 414823, setzt Mercedes-**Busse** ein (weiß mit blauen Streifen), um die Passagiere für 3000 Rp von und zum Airport zu transportieren. Abfahrt von folgenden Endstationen: Blok M, Gambir Bahnhof, Kemayoran Airport, Rawamangun Bus Terminal, alle 30 Min. Damri operiert vom frühen Morgen (ca. 3.00 Uhr) bis späten Abend (ca. 22.30 Uhr – bei Nachtflügen nicht zu sehr darauf verlassen, denn häufig fahren bereits nach 21.30 Uhr keine Busse mehr!), Fahrzeit 45 Min. bis 2 Std. während der Rush-hour.

Taxi vom Zentrum Jakartas 30 000 / 35 000 Rp.

Einige Unterkünfte in der Jl. Jaksa haben einen **Minibus**-Service, mit dem nach Voranmeldung 1 - 8 Pers. für 30 - 35 000 Rp nach Cengkareng fahren können.

Mit **öffentlichen Bussen** sollte man mindestens 2 1/2 Std. rechnen, zuerst mit Bus 913 bis Kalideres, dann umsteigen in Bus 214 bis Airport.

Der Airport Soekarno-Hatta verfügt über zwei sich gegenüberliegende Terminal-Gebäude, in denen jeweils drei Subterminals untergebracht sind:

Terminal 1:

A) Charterflüge und einige Sempati-Inlandsflüge,

B) Merpati-Inlandsflüge,

C) Sempati-, Bouraq-, Mandala-Inlandsflüge.

Terminal 2:

D) internationale Flüge,

E) Garuda u. a. internationale Flüge,

F) Garuda-Inlandsflüge.

Airport-Tax: nationale Flüge 8000 Rp; internationale Flüge 21 000 Rp.

Hier noch eine Aufstellung der wichtigsten **internationalen Fluggesellschaften**, die Jakarta anfliegen:

AIR INDIA, Hotel Sari Pacific, Jl. Thamrin 7A, ☎ 325470.

BRITISH AIRWAYS, Wisma Metropolitan 1, 10. Stock, Jl. Jen. Sudirman Kav. 29, ☎ 5703742, fax 516252.

CATHAY PACIFIC, Hotel Borobudur, Jl, Lapangan Banteng Selatan, ☎ 3806660, fax 3806533.

CHINA AIRLINES, Wisma Dharmala Sakti, Jl. Jen. Sudirman 32, ☎ 5704003, fax 5704147.

JAPAN AIRLINES, MID Plaza, Jl. Jen. Sudirman Kav. 10-11, ☎ 5703883.

KLM, Plaza Indonesia, Jl. Thamrin, ☎ 320053 / 3107667, fax 336636.

LUFTHANSA, Panin Centre Bldg., Jl. Jen. Sudirman 1, ☎ 7396767 / 7205713.

MAS, Hotel Indonesia, Jl. Thamrin, ☎ 320909.

PHILIPPINES AIRLINES, Hotel Borobudur, ☎ 370108 / 3810949.

QUANTAS, BDN Building, Jl. Thamrin 5, ☎ 327707 / 327218, fax 3105788.

SINGAPORE AIRLINES, Chase Plaza, Jl. Jen. Sudirman Kav. 21, ☎ 584041 / 5704213, fax 5704207.

SWISSAIR, Hotel Borobudur, Jl. Lapangan Banteng Selatan, ☎ 373608.

THAI AIRWAYS INTERNATIONAL, BDN Bldg., Jl. Thamrin 5, ☎ 320607.

UTA FRENCH AIRLINES, Summitmas Tower, 9. Stock, Jl. Jen. Sudirman Kav. 61-62, ☎ 5202262 / 5202270.

NATIONALE FLÜGE – ebenfalls ab Sukarno – Hatta Airport.

GARUDA (GA), Head Office: Danareksa Bldg., Jl. Merdeka Selatan 13, 11. Stock, ☎ 3801901, 3806276; hier kein Ticket-Verkauf etc. besser geht man in eine der Filialen:

➛ BDN Bldg., Jl. Thamrin 5, ☎ 334425, 334-429, 334434;

➛ Hotel Borobudur, ☎ 3100568 / 69 / 70;

➛ Hotel Indonesia, ☎ 325288, 3100568 / 69 / 70;

➛ Wisma Dharmala Sakti, Jl. Jen. Sudirman 32, ☎ 5701292 / 5780014 / 5781110.

MERPATI (MZ), Jl. Angkasa 2, ☎ 417404 / 413608, fax 418936.

MANDALA (MDL), Jl. Veteran 1/34, ☎ 368107; Head Office: Jl. Garuda 76, ☎ 416100 / 4206645.

BOURAQ (BO), Jl. Angkasa 1, ☎ 6295150 / 6595179.

SEMPATI (SG), Head Office: Jl. Merdeka Timur 7, ☎ 3848760 / 3843323, fax 367743.

Ticketing Service 24 Std.: Jl. Bungur Besar 23, ☎ 4205555 / 418011.
Mandala und Sempati haben auf verschiedenen Flügen Sonderpreise.
Preisbeispiele (hinzu kommen noch 10% Mwst, Airport-Tax und eine geringe Versicherungsgebühr):
BANDA ACEH 394 000 Rp (GA),
BENGKULU 142 000 Rp (MZ),
BATAM 204 000 Rp (GA, MZ, SG),
JAMBI 152 000 Rp (MZ),
MEDAN 300 000 Rp (GA, MZ, MDL, SG),
PALEMBANG 117 000 Rp (MZ),
PANGKALPINANG 119 000 Rp (MZ, SG),
PADANG 215 000 Rp (MZ, MDL, SG),
TANJUNGPANDAN 84 000 Rp (MZ),
TANJUNG PINANG 195 000 Rp (MZ, SG).

SCHIFFE – *PELNI*, die staatliche Gesellschaft, hat ihr Head Office in der Jl. Gajah Mada 14, ☎ 3843307, 3854177, 3844342, fax 3810341.
Tickets in der Jl. Angkasa 18, ☎ 4217406.
Von den z.Zt. 15 regelmäßig in alle Richtungen des Archipels fahrenden Passagierschiffen halten zehn auch in **Tanjung Priok**, dem Hafen von Jakarta. Details und Preise s.S. 48 ff.
Weitere Schiffe fahren nur unregelmäßig und halten keinem Vergleich mit dem Standard der neuen Schiffe stand.
Vom Pelni-Pier ist es 1 km bis zum Hafenausgang: dazwischen verkehren Traktoren mit zwei Hängern, auf deren Ladefläche man für 100 Rp mitfahren kann.
Am Tor fahren Stadtbusse zum Zentrum ab, 300 Rp - die Patas-Busse für 550 Rp sind schneller.
Ein fast luxuriöses Schnellboot, die **MV. Bintan Permata**, fährt Mi u. Sa 16.00 Uhr über PANGKALPINANG, P. Bangka (51 000 Rp), nach TG. PINANG 91 500 Rp;
Tickets bei *ADMIRAL LINES*, Jl. Raya Pelabuhan 21, Tg. Priok.

Die Umgebung von Jakarta

Taman Mini

Etwa 20 km außerhalb Jakartas an der Straße nach Bogor liegt dieser Park. Zuerst mit einem Bus nach Cililitan, z.B. mit dem P.P.D.-Bus 401 ab Haltestelle Emmanuel Church, gegenüber Gambir Bahnhof, und dann mit dem Metro Minibus T 55. Geöffnet tgl. 9.00 - 17.00 Uhr.

Auf 160 ha ist Indonesien im Miniformat nachgebaut, um den Besuchern einen Eindruck von der Vielfalt des Landes zu vermitteln. Das Zentrum bildet ein künstlicher See mit den nachgebildeten indonesischen Inseln. Mit einer Seilbahn kann man über Kalimantan, Sulawesi und die anderen Inseln schweben oder mit kleinen Booten an ihnen vorbeifahren. Rings um den See finden sich typische Häuser aus den 27 Provinzen. In ihnen werden Produkte aus Industrie, Handwerk und Landwirtschaft ausgestellt.

Lohnenswert ist es, die folgenden Häuser auch von innen zu besichtigen: **Java-** und **Sumatra-Provinzen**, **Bali**, **Irian Jaya**, **Nusa Tenggara Timur**, **Kalimantan Timur** und **Timor Timur** – und natürlich die Provinzen, die man bereist. In einigen sind regionale Museen untergebracht, die Kostüme, Werkzeuge, Musikinstrumente und Fotos zeigen. Häufig kann ein landeskundiger Angestellter Fragen beantworten. In den Häusern einiger Provinzen erhält man zudem Informationsmaterial oder kann lokale Souvenirs erwerben. Außerdem ist jede Weltreligion mit einem eigenen Gebäude vertreten, in denen religiöse Veranstaltungen stattfinden.

In dem im balinesischen Stil errichteten **Museum Indonesia** findet man eine umfassende Ausstellung von Kunsthandwerk, Kleidung und Gebrauchsgegenständen aus allen Teilen Indonesiens. Der riesige Komodo-Waran beherbergt in seinem Inneren das **Museum Komodo** – eine zoologische Ausstellung mit präparierten und ausgestopften Tiere des Archipels auf zwei Stockwerken.

Philatelisten können sich im **Museum Prangko** eine umfangreiche Briefmarkensammlung ansehen. Auf einem Freigelände sind alte Dampflokomotiven ausgestellt. Zudem gibt es einen Orchideengarten, einen großen Kinderspielplatz und einen Vogelpark zu besichtigen.

In einem riesigen, schneckenförmigen Kino, **Teater Imax Keong Emas**, werden verschiedene Filme, u. a. auch über Indonesien gezeigt. Recht beeindruckend wirken die phantastischen Aufnahmen von Vulkanen und Menschen auf der überdimensionalen Leinwand, die vom Guiness-Buch der Rekorde als die größte der Welt bezeichnet wird. Geöffnet tgl. 11.00 - 17.00 Uhr (am Wochenende länger), außer Mo. Am Sonntag kommen viele indonesische Besucher hierher. Dann treffen sich die Molukker oder Timoresen in *ihren* Häusern, spielen Bands aus Nord-Sumatra ihre Batak-Musik und führen Tanzgruppen aus Bali oder Borneo ihre Tänze auf. Man picknickt auf den großen Rasenflächen. An zahlreichen Warung und in Restaurants kann man essen und trinken. Besucht man den Taman Mini sonntags, kann ein volles Tagesprogramm absolviert werden.

Ragunan Zoo

16 km südlich der Stadt gelegen, zuerst nach Blok M fahren, dann mit Bus Nr. 19 oder Metro Mini S 77 zum Zoo; Bus Nr. 87 fährt direkt ab Jl. Cikini Raya, Jl. Rasuna Said. Der 185 ha große Zoo eignet sich gut, um der Hektik Jakartas für einige Zeit zu entfliehen. Er beherbergt über 3600 Tiere, darunter Tiger, Komodo-Waran, Anoa und Banteng. Geöffnet tgl. von 8.00 - 18.00 Uhr, Eintritt. Am Wochenende voll.

Singapore

Singapore – wer erinnert sich beim Klang des Namens nicht an Bilder aus alten Filmen oder an die Geschichten von Somerset Maugham? Singapore, das ist ein Zaubername wie Casablanca, da riecht es nach Hafen und Schlick, nach Laster und Opium. Da drängen sich Rikscha-Kulis und Lastträger in engen Gassen, gehen Schieber und Perlenhändler ihren zwielichtigen Geschäften nach. Da sehen wir verschlagene Gesichter unter rotierenden Ventilatoren, Kellner in weißen Jacketts und Ava Gardner auf der Suche nach ihrer Vergangenheit durch die Straßen der Slums irren. So oder ähnlich muß es wohl gewesen sein, das Singapore der Engländer, das Singapore der Kolonialzeit. Obwohl – so lange ist das alles noch gar nicht her.

Als Sir Stamford Raffles 1819 im Auftrag der East India Company seinen Fuß auf die Insel setzte, fand er außer einem kleinen Piratennest, einem malaiischen Kampong und einer winzigen Chinesensiedlung nur Dschungel vor. Reste älterer Bauwerke ließen den Schluß zu, daß sie unter dem Namen Temasik im 14. Jahrhundert einmal zum javanischen Majapahit-Reich gehört haben mochte. Das brüchige Sultanat von Johor, dem die Insel unterstand, war gerade mit Erbfolge-

auseinandersetzungen beschäftigt, Teile der Familie fraternisierten mit den Holländern. Es war höchste Zeit, den englischen Handelsinteressen in der Region einen festen Brückenkopf zu schaffen. Ein großer Hafen sollte entstehen, ein Warenumschlagplatz, der dem florierenden Batavia (heute Jakarta) Paroli bieten und das Handelsmonopol der holländischen Konkurrenz im südostasiatischen Raum aufbrechen sollte.

Nur fünf Jahre später hatten Raffles und seine Mannen den Temenggong kaltgestellt und den Briten die volle Souveränität über Singapore vertraglich gesichert. Der Aufbau eines Handelszentrums rund um das Fort an der Flußmündung schritt zügig voran, Pläne für die neue Stadt hatte Raffles schon 1822 entwerfen lassen: säuberlich getrennte Bezirke für Chinesen, Inder, Araber, Malaien.

Das ehrgeizige Projekt funktionierte. 1822 hatte Singapore bereits Penang überflügelt, 1869 brachte die Eröffnung des Suezkanals einen weiteren, entscheidenden Aufschwung im internationalen Seehandel. Die Zeit der Dampfschiffe kam, und die englische Kolonie entwickelte sich in rasantem Tempo zum bedeutendsten Warenumschlagplatz der Region. Der Hafen mit seinen Werften und Zinnschmelzereien lockte unzählige Arbeitskräfte an. Verarmte Bauern verließen in Scharen ihre südchinesische Heimat und verdingten sich als „Kulis“ in der neuen Metropole – faktisch rechtlos und am unteren Ende der Gesellschaftspyramide. In klassizistischen Bankhäusern, luxuriösen Geschäften und kolonialen Villen pflegte eine dünne Oberschicht derweil den gehobenen britischen Lebensstil – so gut das eben ging im feuchtheißen, malariaverseuchten Klima an der Südspitze der malaiischen Halbinsel.

Aber das Singapore von heute hat sich weit von dem der Kolonialzeit entfernt. Als der Zweite Weltkrieg und die japanische Besetzung kam, war das koloniale Gefüge bereits in seinen Grundfesten erschüttert. 1965, wenige Jahre nach der Unabhängigkeit, trat Singapore aus der frisch gegründeten malaysischen Föderation aus und ging unter der autoritären Führung seines Premiers und Landesvaters Lee Kuan Yew seinen eigenen Weg. Ein beispielloses Wirtschaftswunder, genährt von der dynamischen, profitorientierten buying & selling-Mentalität seiner Bewohner, ließ den kleinen, 2,8-Millionen-Stadtstaat praktisch ohne natürliche Ressourcen zum größten Handels-, Finanz- und Industriezentrum zwischen Hong Kong und dem Persischen Golf heranwachsen. Lee und seine PAP (People's Action Party) können stolz darauf verweisen, daß Singapore heute das zweithöchste Pro-Kopf-Einkommen in ganz Asien hat und damit den Lebensstandard mancher europäischer Länder genießt. Bei der mehrheitlich chinesischen Bevölkerung sitzt die PAP trotz neuerlicher oppositioneller Umtriebe fest im Sattel.

Das fremde, geheimnisvolle, exotische Singapore von damals, das wir Touristen suchen, läßt sich nur bruchstückhaft erahnen. Wolkenkratzer, Shopping Centres, Autobahnen und Wohnsilos von gigantischen Ausmaßen beherrschen das Stadtbild. Die Slums sind verschwunden, die Straßen gefegt, und kein obdachloser Bettler verschandelt die gepflegten Grünanlagen. Die verbliebenen sozialen Probleme hat man unter den Teppich gekehrt – mit Erfolg, wie es scheint. Viele Westler beginnen sich nach ein paar Tagen in Singapore zu langweilen: Das ist alles zu bekannt – fast schon wie bei uns. Mehr noch – wenn wir bei Raffles City in die vollklimatisierte U-Bahn steigen, überkommt uns eine Ahnung: hier wächst die Großstadt des 21. Jahrhunderts heran. Aber um das zu sehen, sind wir ja nicht nach Asien gekommen – oder?

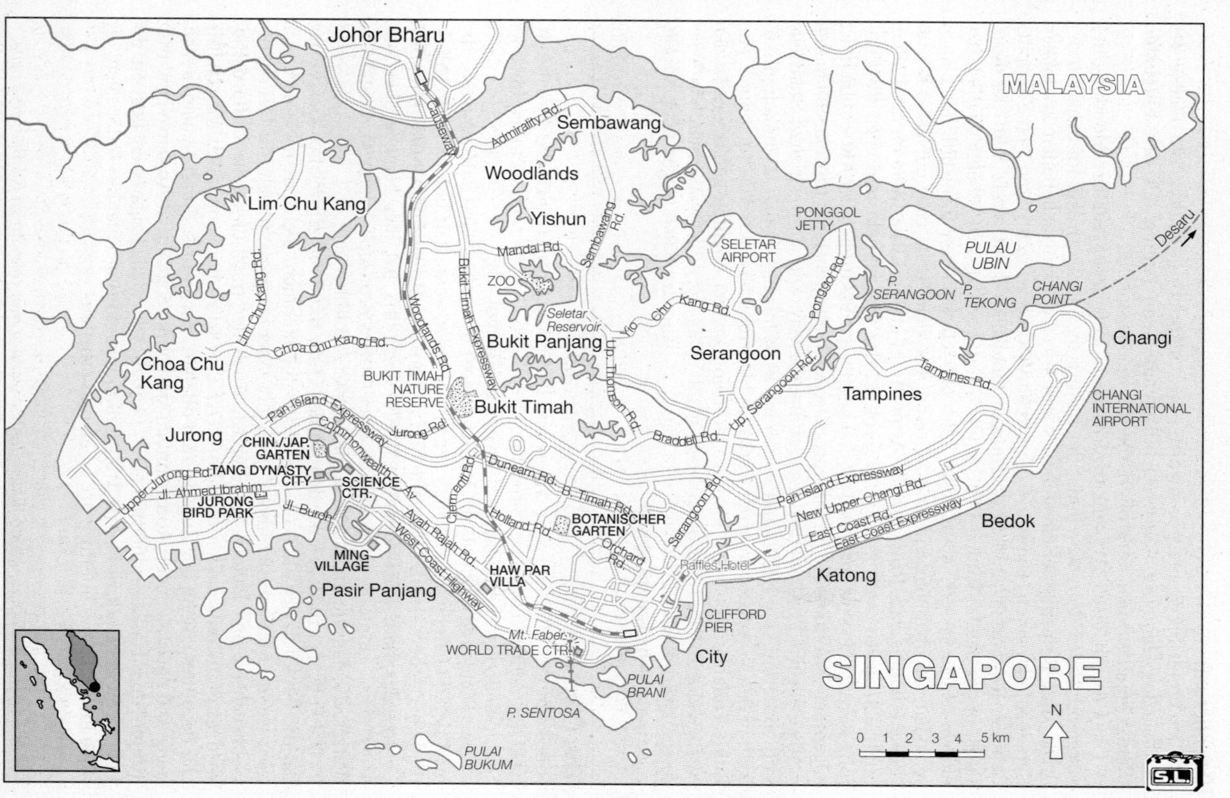
Johor Bharu
MALAYSIA
Causeway
Admiralty Rd.
Sembawang
Woodlands
Lim Chu Kang
Yishun
Sembawang Rd.
Mandai Rd.
ZOO
Seletar Reservoir
PONGGOL JETTY
SELETAR AIRPORT
PULAU UBIN
Desaru
P. SERANGOON
P. TEKONG
CHANGI POINT
Changi
Lim Chu Kang Rd.
Choa Chu Kang Rd.
Woodlands Rd.
Bukit Timah Expressway
Bukit Panjang
Yio Chu Kang Rd.
Up. Thomson Rd.
Serangoon
Ponggol Rd.
Up. Serangoon Rd.
Tampines Rd.
Tampines
CHANGI INTERNATIONAL AIRPORT
Choa Chu Kang
BUKIT TIMAH NATURE RESERVE
Bukit Timah
Pan Island Expressway
Jurong Rd.
Braddell Rd.
Jurong
CHIN./JAP. GARTEN
Commonwealth Av.
TANG DYNASTY CITY
Upper Jurong Rd.
Jl. Ahmed Ibrahim
JURONG BIRD PARK
SCIENCE CTR.
Jl. Buroh
Clementi Rd.
Dunearn Rd.
B. Timah Rd.
Holland Rd.
BOTANISCHER GARTEN
Orchard Rd.
Serangoon Rd.
New Upper Changi Rd.
East Coast Rd.
East Coast Expressway
Bedok
Ayah Rajah Rd.
West Coast Highway
MING VILLAGE
HAW PAR VILLA
Raffles Hotel
Katong
Pasir Panjang
CLIFFORD PIER
Mt. Faber
WORLD TRADE CTR.
City
SINGAPORE
PULAI BRANI
P. SENTOSA
N
0 1 2 3 4 5 km
PULAI BUKUM
S.L.

Orientierung

626 km² mißt Singapore gegenwärtig, das entspricht etwa 80% der Fläche des Stadtstaates Hamburg. Landaufschüttungen, beim Anflug auf den **Flughafen Changi** gut erkennbar, vergrößern die Inselfläche ständig.

Die **City** mit ihren Wolkenkratzern erhebt sich beiderseits der Mündung des Singapore River, dort, wo einmal der historische Stadtkern lag. Im Schatten der Bank- und Firmenimperien stehen vereinzelt die übriggebliebenen kolonialen Repräsentativbauten. Rings um die **Orchard Road** konzentrieren sich Shopping Centres, Restaurants und internationale Hotels, eine glitzernde Welt des Konsums, in der das Einkaufen Lebenszweck geworden zu sein scheint. Südlich des Flusses erstreckt sich **Chinatown**, das alte chinesischen Zentrum mit seinen schmalen Geschäftshäusern und Märkten, von dem heute aber nur noch Bruchstücke erhalten sind. Rund um die **Arab Street** und in **Little India** im nördlichen Stadtzentrum ist noch immer ein Großteil der indisch-pakistanischen Bevölkerung zuhause. Der Unterschied zu den gepflegten Stadtteilen der Mittelschicht ist augenfällig. Wohnblöcke im Stil europäischer Trabantenstädte türmen sich in den nordwestlichen Vororten entlang des Expressway. Die südwestlichen Stadtteile sind wiederum vom **Hafen** und seinen Industrieanlagen geprägt. Dennoch gibt es auch in den Vororten vereinzelt **Parks und Gärten**, die einen Ausflug lohnen. Am **Bukit Timah** ist sogar ein kleines Naturschutzgebiet erhalten geblieben. In den Norden der Insel ist die Stadt noch nicht völlig vorgedrungen, zwischen Wasserreservoirs und gepflegten Parks liegen entlang der Küste sogar noch vereinzelte malaiische Kampongs.

The City

Rings um die Mündung des Singapore River konzentriert sich die Innenstadt, einst das Zentrum des alten Singapore. Heute schießen hier mit atemberaubender Geschwindigkeit die Wolkenkratzer in den Himmel.

Der Rundgang beginnt am **Raffles Place**, dem alten Geschäftszentrum, das man sich hier freilich nicht mehr vorstellen kann, denn statt kolonialer Architektur beherrschen Hochhäuser mit Büros, Banken, Airline Offices und Shopping Centres das Bild. Rücksichtslose Kahlschlagpolitik hat hier beinahe alles Alte wegsaniert – sinnfällig dargestellt in einer großen Bronzeplastik im Nordosten des Platzes, die das alte und das neue Singapore gegenüberstellt.

Die Fußgängerbrücke über den **Raffles Quay** mit ihren zahlreichen Geschäften hat die Funktion der alten *Change Alley* übernommen, die es dem Namen nach zwar wenige Meter weiter immer noch gibt, aber längst nicht mehr die Heimat der Geldwechsler und kleinen Händler ist. Auch der traditionsreiche **Clifford Pier** wird von Einkaufsarkaden umrahmt. Der Pier selbst hat kaum noch wirtschaftliche Bedeutung, denn der Zugang zum offenen Meer wurde durch Neulandgewinnung und nachfolgenden Autobahnbau stark eingeengt. Er ist Ausgangspunkt für Touren und Hafenrundfahrten. Der Geruch von Nelkenzigaretten liegt in der Luft, denn der Clifford Pier ist Treffpunkt junger Gastarbeiter aus Indonesien, die ohne ihre Familien in Singapore leben und arbeiten.

Fotos - am Danau Ranau: kleine Bilder: der See wandelt sein Gesicht; großes Bild: eine neue Straße mit großen Steigungen

SUZUKI
B 2580 LB

Stamford Raffles

Stamford Raffles (1781 - 1826) trat im Alter von 14 Jahren als *office clerk* in die Dienste der *East India Company.* Im Hauptbüro in London wurde man schnell auf ihn aufmerksam und sandte ihn 1805 als *assistant secretary* nach Penang. Eine Reise in den Fernen Osten war damals noch ein mehrmonatiges Unternehmen, und Raffles nutzte die Überfahrt zu einem intensiven Studium der malaiischen Sprache und der Kultur.

Schnell anvancierte Raffles zum anerkannten Spezialisten. 1808 war er bereits am Gerichtshof in Penang tätig, 1810 ging er nach Calcutta und wurde dort vom britischen Generalgouverneur zum Gouverneur von Java ernannt. Britische Truppen besetzten zu dieser Zeit die holländischen Kolonien in Asien, da Holland dem Französischen Kaiserreich einverleibt worden war. Raffles versuchte in Java liberale Reformen durchzusetzen und beschäftigte sich intensiv mit Sprache und Kultur. Er gilt u.a. als Wiederentdecker der Tempelanlage von Borobudur in Zentral-Java.

Seine größte wissenschaftliche Leistung ist das zweibändige Werk *A History of Java,* das für die damalige Zeit die umfangreichste Arbeit über Geschichte, Kultur, Ethnologie, Zoologie und Botanik der Insel war.

Bereits 1816 wurden die Kolonien an Holland zurückgegeben und Raffles nach Bencoolen (Sumatra) versetzt. Seine Versuche, neue Stützpunkte für den englischen Seehandel zu erwerben, unterstützte London nur halbherzig, so daß er zum Teil auf eigene Faust operierte.

Am 29. Januar 1819 landete er zusammen mit dem britischen Residenten von Malacca, William Farquhar, auf der Insel, die heute Singapore heißt. Durch einen Vertrag mit dem rechtmäßigen Sultan von Johor, Hussein, konnte sein Traum von einem neuen Handelshafen verwirklicht werden. Schon am 6. Februar des gleichen Jahres wurde auf der Insel der Union Jack gehißt.

Farquhar war zwar der erste britische Resident in Singapore, dennoch wird Raffles, dessen Planung und Initiative die Stadt ihre Entstehung verdankt, als Gründungsvater angesehen. Er selbst lebte noch wenige Jahre in Bencoolen, aber Krankheit und ein unglückliches Familienschicksal zwangen ihn 1823 zur Rückkehr nach England, wo er 1826 starb.

Das wuchtige **Hauptpostamt (GPO)** weiter im Norden ist auch als *Fullerton Building* bekannt, denn bis 1874 standen hier die Befestigungen und Geschütze des Fort Fullerton. Massive Proteste der Bevölkerung verschonten das alte Kolonialgebäude vor dem Abriß, obwohl sich nur wenige Meter weiter die Büro- und Verwaltungstürme in schwindelerregende Höhen erheben.

Vor der Brücke über den Singapore River steht rechts auf einer Landzunge die Figur des **Merlion**, eine acht Meter hohe, wasserspeiende Statue, halb Löwe, halb Fisch – das Wahrzeichen der Stadt.

Noch bis 1983 herrschte auf dem Singapore River geschäftiges Treiben. Große Schiffe lagen vor der Insel auf Reede, ihre Fracht wurde mit Lastkähnen, sogenannten tongkangs, den Fluß hinauf gebracht und am **Boat Quay** entladen.

Fotos - oben: Landschaft am Danau Ranau; unten links: kurz vor dem Regen wird die Kaffee-Ernte eingebracht; Mitte rechts: Touristenbungalows; unten rechts: Kaffee und Nelken liegen an der Straße zum Trocknen aus

Raffles Hotel

Das „Raffles" an der Beach Road, Ecke Bras Basah Road, wurde 1886 erbaut und zählt zu den wenigen weltberühmten asiatischen Kolonialhotels, die noch erhalten sind (wie z.B. das Oriental in Bangkok). Kaum zu glauben, daß das Raffles einmal direkt am Meer lag – das Gelände auf der gegenüberliegenden Straßenseite wurde später aufgeschüttet.

Das Raffles war der Treffpunkt der europäischen Oberschicht, hier residierten schon so erlesene Gäste wie Rudyard Kipling, Joseph Conrad, Noel Coward und Somerset Maugham. Aus diesem Grund gibt es im Hause noch immer eine Writer's Bar. An der Long Bar (im ehemaligen Marmorspeisesaal) wurde 1915 der *Singapore Sling* erfunden, ein Cocktail, der vom Raffles aus um die Welt ging. Für 15 S$ darf er hier nach wie vor geschlürft werden, allerdings hat man die Long Bar inzwischen in einen anderen Flügel des Hotels verlegt.

Den Gebrüdern Sarkie, die das Hotel lange Zeit bewirtschafteten, gehörten auch das *E & O* in Penang und das *Strand* in Rangoon, ebenfalls Renommierabsteigen der *upper class*. Asiaten hatten keinen Zutritt und auch Weiße nur in entsprechender Garderobe – man blieb unter sich. Cooler Kommentar eines englischen Gentleman, als man ihn beim Billardspielen im Raffles darauf aufmerksam machte, daß unter dem Billardtisch ein Tiger säße: *„Oh, it's the second one this week"* So geschehen 1902 – der Tiger war freilich nur ein altersschwaches Zirkustier.

Ende der Achtziger Jahre war das Raffles heruntergekommen, stand vor der Pleite und wäre um ein Haar abgerissen worden. Aber die Behörden entschieden anders. Drei Jahre dauerte es, den gesamten Raffles-Komplex für 160 Millionen Dollar zu restaurieren und neu zu gestalten. 1991 wurde neu eröffnet, aber die Meinungen über das „neue" Raffles gehen auseinander. Sicher – man hat nicht gespart, erlesene Hölzer verwendet, und das Messing glänzt, als würde es ständig frisch poliert. Aber irgendwie hat man durch die allzu gründliche Überarbeitung auch den altertümlichen Charme des Raffles wegsaniert. Heute wirkt es gediegen und elegant, fast schon kühl. Es ist eben nicht mehr das „alte" Raffles – leider. Ein kleines, hauseigenes Raffles-Museum ist im Aufbau.

Vom alten Hafenviertel stehen vor der neuzeitlichen Wolkenkratzerkulisse am südlichen Flußufer nur noch einige frisch restaurierte alte Chinesenhäuser und bilden eine beliebte Restaurantmeile (s.S. 369, 373).

Die alten Lagerhäuser im **Clarke Quay**-Viertel, etwas weiter westlich am Singapore River, hat man ebenfalls restauriert. Auch hier ist man dabei, ein Flanier- und Amüsierviertel zu schaffen, das am Abend bereits viele Besucher anzieht.

Für das **Empress Place Museum** am nördlichen Boat Quay hat man das alte Gerichtsgebäude von 1854 eindrucksvoll restauriert. Es werden wechselnde Ausstellungen von Kunstschätzen aus China gezeigt. Geöffnet tgl. 9.00 - 19.00 Uhr, Eintritt 6 S$. Nördlich von Empress Place steht eins der zahlreichen **Stamford Raffles-Denkmäler** an der Stelle, wo er 1819 gelandet sein soll.

Nicht weit von Raffles' Landungsstelle finden sich weitere viktorianische Bauten: **Parlament** (*Parliament House)*, **Victoria Memorial Hall** (erbaut 1905; heute

Sitz des *Singapore Philharmonic Orchestra*), **Supreme Court** und **Rathaus**. Stilvoll auch die **St. Andrew's Cathedral** – eine anglikanische, neogotische Kirche, erbaut in den Jahren 1856-61. Der **Cricket Club** ist noch immer einer der vornehmeren Clubs der Stadt. Auf der großen Rasenfläche, dem *Padang*, wird tatsächlich Cricket gespielt.

Unübersehbar und silbrig glitzernd erhebt sich im Nordosten **Raffles City**, ein großes, klimatisiertes Einkaufszentrum. Von der Bar im 70. Stock des **Westin Stamford**, des höchsten Hotels der Welt, hat man einen wunderschönen Blick über die Stadt, freilich nur bei entsprechendem Mindestverzehr. Leider erschlägt der ganze Komplex allein schon durch seine Dimensionen das alte **Raffles Hotel**, eines der sorgsam gehegten Wahrzeichen der Stadt.

Nur wenige Straßen nördlich vom Raffles verläuft zwischen North Bridge Road und Victoria Street die kleine Seitenstraße **Bugis Street**. Bugis war einmal eine erstklassige Amüsiermeile, deren kleine Restaurants und Essenstände die ganze Nacht geöffnet waren, und zu später Stunde flanierten hier Tunten, Transvestiten und andere Nachtschwärmer. Vor einigen Jahren hat man das Karée gründlich „saniert", d.h. völlig neu aufgebaut, nur ein paar Arkaden sind von der alten Bugis Street übriggeblieben. Ob sich die früherer Atmosphäre jemals wieder einstellen wird, ist fraglich. Jedenfalls ist nun wieder von Mittag bis 4.00 Uhr morgens geöffnet, man sitzt vor den Restaurants auf der Straße und bummelt zwischen den Ständen hindurch, aber die „alte" Bugis Street ist es eben doch nicht mehr – sagen die Singaporeaner. Die Touristen stört das wenig, sie kommen trotzdem.

Chinatown

oder was davon übriggeblieben ist.

Als Chinatown gilt das Viertel südlich des Flusses, begrenzt von der New Bridge Road, Maxwell Road und Cecil St. Die alten chinesischen Wohnviertel mit ihren traditionellen Ladenhäusern haben seit den Siebziger Jahren immer mehr Bürohochhäusern und Wohnsilos Platz machen müssen. Viele waren verrottet, entsprachen nicht mehr den hygienischen und stadtplanerischen Ansprüchen, und Worte wie „Denkmalschutz", „Urbanität" oder „Ensembleschutz" kamen im Vokabular der damaligen Behörden noch nicht vor. Das hat sich mittlerweile geändert. An Chinatown läßt sich diese Wende am deutlichsten ablesen. Heute restauriert man zumindest die Fassaden der noch verbliebenen Häuser – nicht zuletzt, weil man auch den touristischen Wert der alten chinesischen Viertel erkannt hat. Oft wird des Guten auch zuviel getan – mit dem Erfolg, daß teure Schickeria-Zonen entstehen, in denen die angestammte Bevölkerung von noblen Boutiquen und *fancy restaurants* verdrängt wird.

Echte traditionelle Chinatown-Atmosphäre kommt nur noch in vereinzelten Seitenstraßen auf, besonders gegen Abend. Mittags, aber auch nachts, wirkt das Viertel eher verschlafen, ganze Häuserzeilen werden derzeit umgebaut, hinter vielen Fassaden wohnt niemand. Dennoch kann man sich hier die quirlige Betriebsamkeit des alten Singapore noch am ehesten vorstellen. Kaum zu glauben, was z.B. in den Apotheken der China Street als Medizin angeboten und wieviele unbekannte Lebensmittel es in den kleinen Spezialitätenläden noch immer zu entdecken und zu probieren gibt. Daß Chinatown allerdings jemals wieder das Zentrum der kleinen Geschäfte, Handwerker und Restaurants werden wird, ist nicht zu erwarten. Restauriert werden hier nur die Kulissen – aber auch die sind sehenswert, vor allem für Asien-Neulinge.

Ein Rundgang

Unsere Tour beginnt am **People's Park Complex**, einem der ersten, bereits 1970 errichteten großen Einkaufszentren, und geht zunächst durch die Seitenstraßen (von W nach O: Smith Street, Temple Street, Pagoda Street). Zwei große Wohn- und Shopping-Komplexe haben die alten Gebäude der Sago Lane und der Sago Street verdrängt. Im Keller des **Chinatown Centre** hat sich ein großer Markt etabliert. Am Abend ist ein großer Teil der Läden geöffnet, und viele Essenstände bieten Gerichte an, deren Qualität der guter Restaurants nicht nachsteht.

An der Pagoda Street, Ecke South Bridge Road, kann man einen der wichtigsten Hindutempel der Stadt besichtigen. Der **Sri Mariamman Temple** wurde 1843 anstelle einer Tempelhütte erbaut, die auf das Jahr 1827 zurückgeht. Über dem Haupteingang erhebt sich ein farbenprächtiger Turm, auf dem sich dicht an dicht bunt bemalte hinduistische Figuren drängen. Vor dem Betreten des Tempelinneren sollte man die Schuhe ausziehen und sich zurückhaltend benehmen. Geöffnet tgl. von 6.00 - 12.00 Uhr und 16.30 - 20.30 Uhr Etwas weiter nördlich liegt noch ein ein islamisches Heiligtum, die **Jamae Moschee**, die 1830 - 1835 erbaut wurde.

Tanjong Pagar

Das Viertel Tanjong Pagar um die Tanjong Pagar Road und Duxton Road ist ein gutes Beispiel für die neuerliche Edel-Sanierung. Mit der Renovierung haben sich hier neben Galerien und Spezialgeschäften auch ein paar gute Pubs und Restaurants angesiedelt. Einen Besuch lohnt auch eines der Teehäuser, z.B. das *Tea Chapter*, 11A Neil Rd.

An Kreuzung von Maxwell Road und South Bridge Road liegt der **Maxwell Market** mit seinen zahlreichen Essenständen, der um die Mittagszeit am schönsten ist und zu einem leckeren Imbiß einlädt. In der sogenannten *food alley*, eine Verlängerung der Tras Street, ißt man etwas komfortabler, aber nicht unbedingt besser.

Weiter Richtung City

Lohnenswert ist ein Spaziergang durch die Ali Lane, China Street, Club Street und die engen Gassen, die nach Süden zur Amoy Street verlaufen. Einer der ältesten chinesischen Tempel, der **Thian Hock Keng Temple**, befindet sich zwischen Amoy Street und Telok Ayer Street. Der „Tempel der himmlischen Glückseligkeit“ wird hauptsächlich von Taoisten aus Hokkien besucht und ist der Göt-

Übernachtung:
① Dragon Cityview H.
② Damenlou H.
③ Inn of Sixth Happiness
④ Majestic H.
⑤ The Duxton
⑥ Amara H.

Läden, Restaurants, etc.:
1 Hill St. Centre
2 Annalakshmi R.
3 Suzie Wong
4 Party Doll
5 House of Sundanese Food
6 Ban Seng R.
7 Harry's
8 Mövenpick
9 Tai Tong Hoi Kee R.
10 Nam Thong Tea House
11 Tea Chapter
12 Pagi Sore Nasi Padang
13 Duxton's Chicago
14 Elvis Bar
15 Hua Tuo Guan R.
16 Moi Kong R.
17 Pine Tree R.
18 Mayarani R.
19 Thanying R.

Transport:
❶ Singapore Airlines
❷ Thai Airways
❸ Bahnhof

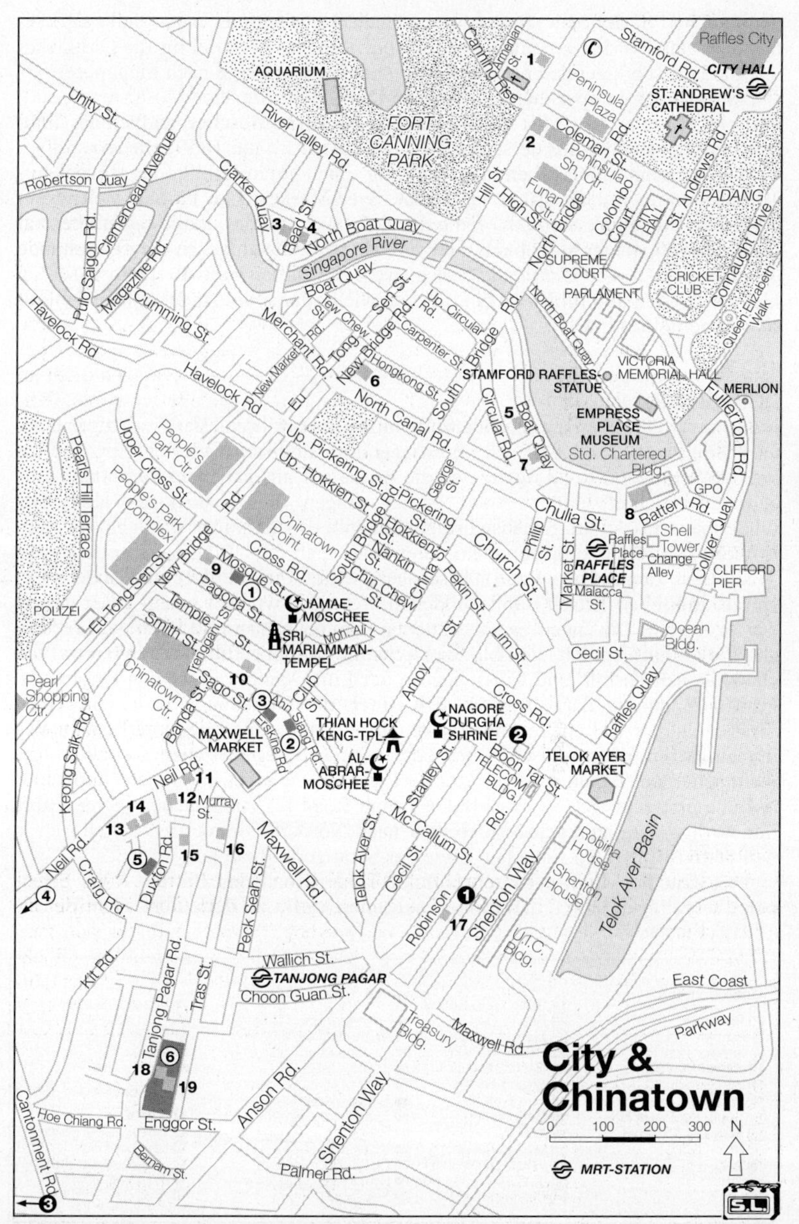
City & Chinatown
MRT-STATION
AQUARIUM
FORT CANNING PARK
Raffles City
CITY HALL
ST. ANDREW'S CATHEDRAL
PADANG
CRICKET CLUB
SUPREME COURT
PARLAMENT
VICTORIA MEMORIAL HALL
STAMFORD RAFFLES-STATUE
MERLION
EMPRESS PLACE MUSEUM
Std. Chartered Bldg.
GPO
RAFFLES PLACE
CLIFFORD PIER
JAMAE-MOSCHEE
SRI MARIAMMAN-TEMPEL
THIAN HOCK KENG-TPL
AL-ABRAR-MOSCHEE
NAGORE DURGHA SHRINE
MAXWELL MARKET
TELOK AYER MARKET
TANJONG PAGAR
POLIZEI
Telok Ayer Basin
East Coast Parkway
Singapore River

tin Ma-Cho-Po, der Schutzpatronin der Seeleute, gewidmet. 1840 ließ man chinesische Handwerker kommen und transportierte das Material für die Granitsäulen, die Holzschnitzereien und die Götterstatuen, von China nach Singapore.

Nördlich des Tempels liegt der **Nagore Durgha Shrine**, eine Moschee, die südindische Moslems um 1830 errichteten. Die **Al-Abrar-Moschee**, südlich des Tempels gelegen, stammt aus derselben Zeit, wurde jedoch um 1850 erneuert.

Wer noch ein Stück gehen mag, kann für einen guten Imbiß oder ein leckeres Mittagessen auch nach Osten zum **Telok Ayer Market (Lau Pa Sat)** weiterwandern. Die Umgebung ist zwar wenig attraktiv, die alte Markthalle selbst aber hat man liebevoll wieder aufgebaut, nachdem sie vor einigen Jahren dem U-Bahnbau weichen und in ihre Einzelteile zerlegt werden mußte. Man sitzt zum Essen an kleinen Tischen und fühlt sich ein bißchen wie in Paris, das Angebot ist jedenfalls sehr appetitanregend.

Little India

Indische Arbeiter kamen in größeren Schüben erst während der Zwanziger Jahre nach Singapore. Sie ließen sich überwiegend im „indischen Viertel" rings um die heutige Serangoon Road nieder, wo die Briten auf unwirtlichem Sumpfland eine Ziegelei errichtet hatten. Noch immer prägen die einstöckigen alten Geschäftshäuser das Bild. Sehenswürdigkeiten gibt es kaum, aber das lebhafte, bunte Viertel ist schön zum Bummeln. Hier kauft man die besten Sari-Stoffe (große Auswahl in der Buffalo Road), frisch gemischtes Curry-Pulver und andere Gewürze, indischen Kitsch, Götterbildchen, Tee oder wonach einem sonst gerade der Sinn steht. Die engen Läden, in denen man nach Lust und Laune mit redseligen Verkäufern handelt, sind bis zur Decke mit Waren gefüllt. Der Duft von Räucherstäbchen, Jasmin und Curry liegt in der Luft. Männer in weißen Dhotis und Frauen in bunten Saris drängen sich durch die schmalen Arkaden, in denen Straßenhändler Zeitungen und Zigaretten anbieten. Unterwegs stärkt man sich mit einem kräftigen indischen Tee oder würzigen vegetarischen Gerichten, die nicht selten auf Bananenblättern serviert werden (Näheres im „Essen"-Teil). Little India erstreckt sich von der Bukit Timah Road bis zur Lavender Street, aber nur wenige Touristen wandern so weit nach Norden. Die meisten halten sich in den Seitenstraßen am südlichen Ende der Serangoon Road auf.

Das **Zhu Jiao Centre** zwischen Bukit Timah Road und Buffalo Road beherbergt seit einigen Jahren den großen indischen Markt, in dem Obst, Gemüse und

Übernachtung:

⑦ Palace H.
⑧ Kam Leng H.
⑨ International H.
⑩ Hawaii Gh./Goh's
⑪ Sun Sun H.
⑫ Why Not
⑬ South East Asia H.
⑭ New 7th Storey H.
⑮ New Backpackers Lodge
⑯ Lido
⑰ Beach H.
⑱ Lee's
⑲ Soon Leng Son
⑳ Shang Onn
㉑ Metropole H.
㉒ Peony Mansion
㉓ Bencoolen H.
㉔ Strand H.
㉕ San Wah H.
㉖ Bayview Inn
㉗ YMCA
㉘ Westin Plaza
㉙ Westin Stamford H.
㉚ YWCA
㉛ Mayfair City H.

Läden, Restaurants, etc.:

20 Lavender Food Square
21 Muthu's Curry House
22 Banana Leaf Apolo
23 Komala Vilas R.
24 New Madras Woodlands
25 Sabar Menanti
26 Singapore, Zam Zam, Victory
27 Rex R.
28 Kwan Yim R.
29 Boom Boom Room
30 Swee Kee R.
31 Yet Con R.
32 Imperial Herbal R.
33 TGI Friday's
34 Hisatomo R.
35 Inagiku R.
36 Satay Club

Transport:

❶ Singapore Airlines
❹ Golden Mile Tower
❺ Lavender Bus Terminal
❻ Ban San Bus Terminal
❼ Airpower Travel
❽ Philippine Airlines

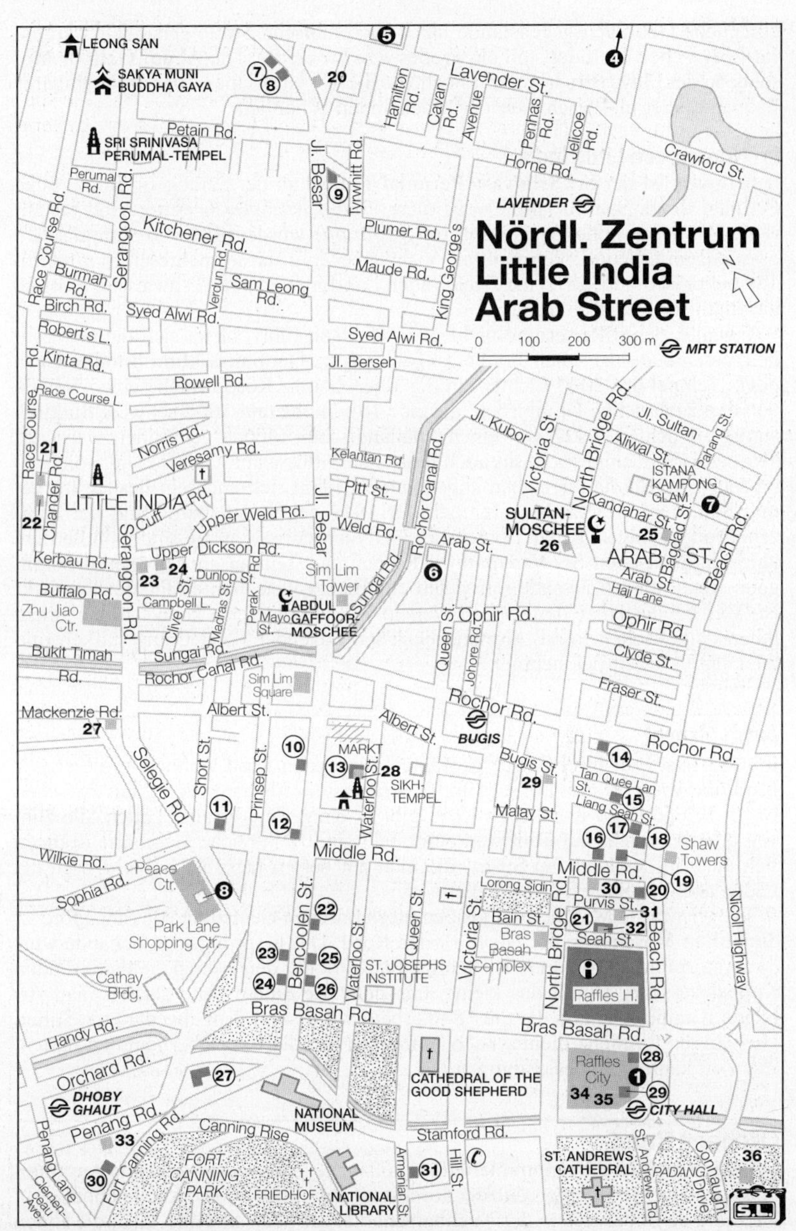

ANREISEORTE

alltägliche Gebrauchsgegenstände, aber auch indische Stoffe gehandelt werden. Im Erdgeschoß befindet sich ein großes *hawker centre*. Die **Abdul Gaffoor Moschee** in der Mayo Street stammt noch von 1910 – ein kleines, eher unscheinbares Bauwerk, aber malerisch in seiner bröckelnden Schönheit.

Im Norden von Little India

Sehenswert ist der **Sri Srinivasa Perumal Tempel** an der Serangoon Road, Ecke Perumal Road. Seit 30 Jahren wird dieser Tempelkomplex erweitert und restauriert. Die 12 m hohe Eingangspforte (*gopuram*) wurde 1979 von südindischen Spezialisten erneuert. Perumal, als Vishnu bekannt, ist in mehreren Statuen im Tempel präsent, ebenso seine zwei Frauen Lakshmi und Andal sowie sein Reittier, der mythische Vogel Garuda.

Für alle, deren Reiseroute nicht über Thailand führt, bietet sich die Gelegenheit, einen buddhistischen Tempel zu besichtigen. Der **Sakya Muni Buddha Gaya** oder „Tempel der 1000 Lichter" in der Race Course Road erhielt seinen Namen von den zahlreichen Glühbirnen, die eine 15 m hohe und 300 t schwere Buddhastatue erleuchten. 1927 von einem thailändischen Mönch gegründet, weist der Tempel sowohl chinesische als auch indische Einflüsse auf. Geöffnet tgl. von 7.30 - 16.45 Uhr. Einmal hier oben angekommen, lohnt sich auch ein Besuch im **Leong San**, dem Drachenberg-Tempel, der 1917 gegründet wurde und der achtzehnarmigen Göttin Kuan Yin geweiht ist. Nur wenige Schritte sind es außerdem zum hinduistischen **Sri Vadapathira Kaliamman Tempel** an der oberen Serangoon Road, dessen Fassade mit vielen eindrucksvollen, bunten Figuren bestückt ist. Wer bei der Hitze den ganzen Weg zu Fuß gegangen ist, kann sich bei einem guten chinesischen Imbiß im nahegelegenen Lavender Food Court stärken und die Jalan Besar zurück nehmen.

Arab Street

Im Gegensatz zur hinduistisch geprägten Serangoon Road wohnen in dieser Gegend überwiegend moslemische Inder, Araber und Malaien. Vor allem zwischen North Bridge Road und Beach Road gibt es einige interessante Läden, die zum Teil allerdings sehr auf Touristen eingestellt sind. Zahlreiche Geschäfte drängen sich auch in der Baghdad Street, die man am besten tagsüber besucht, weil die Läden abends relativ früh schließen.

Die wichtigste Moschee der großen moslemischen Gemeinde von Singapore ist die **Sultan Moschee** in der North Bridge Road. Das ursprüngliche Gebäude wurde zerstört und 1924 durch das heutige Bauwerk mit den großen, goldglänzenden Kuppeln ersetzt. Durch das kleine, unscheinbare Sultan Gate gelangt man zur **Istana Kampong Glam**, die um 1840 erbaut wurde und dem abgedankten Sultan Hussein als Residenz diente, nachdem die Briten die Insel übernommen hatten. Zur Zeit kann nicht besichtigt werden.

Orchard Road

Gut 2 km lang ist die renommierte Einkaufsmeile, eine beeindruckende Ansammlung protziger *shopping centres,* durchsetzt mit Büro- und Hotelhochhäusern. Hier und da findet sich in der Nachbarschaft sogar noch eine alte Villa, die ahnen läßt, wie der Boulevard früher einmal ausgesehen haben mag. Kulturelles gibt es kaum, hier regiert der Konsum, und das so massiv, daß man sich unwillkürlich fragt, wer denn das alles kaufen soll, was da hinter endlosen vollklimatisierten Schaufensterfronten feilgeboten wird.

Tatsächlich tobt auf der Orchard Road ein knallharter Verdrängungswettbewerb, ständig hört und liest man von Pleiten, Übernahmen und neuen, ehrgeizigen Projekten. Letztes Highlight: **Ngee Ann City**, ein super-eleganter Riesenkomplex, der den anderen *Centres* der Luxuskategorie schon einige Kopfschmerzen bereitet hat.

Die Stadt der Shopping Centres
Noch immer schießen die Denkmäler der modernen Konsumgesellschaft wie Pilze aus dem Boden. Auf dem Nährboden des wirtschaftlichen Booms der vergangenen Jahre wurden aber auch einige Überkapazitäten geschaffen, d.h. einer gleichbleibenden Zahl von Geschäften steht ein Überangebot an Räumlichkeiten gegenüber.
Zudem büßen die älteren Gebäude, von denen der Lack schon ein wenig ab ist, schnell ihre Anziehungskraft ein – Kunden bleiben aus und die Händler schauen sich nach „besseren" Adressen um. Nur die prächtigsten der neuen Konsumhallen in bester Lage können ihre Verkaufsräume noch mit attraktiven Geschäften füllen.
Also wird geklotzt: Marmor und Glas, Kunstwerke, Brunnen, Spiegelwände und Lichteffekte verwandeln die riesigen Innenräume in faszinierende künstliche Welten, die von Stockwerk zu Stockwerk mit Rolltreppen und plexiglasverkleideten Aufzügen er-„fahr"-bar gemacht werden.
Wen wundert es, daß viele Singaporeaner mittlerweile beim Shopping den größten Teil ihrer knapp bemessenen Freizeit verbringen? Ob es draußen in Strömen gießt oder die Sonne erbarmungslos vom Himmel brennt – hier kann die ganze Familie bei luxuriösen 21°C bummeln, essen gehen, sich in Spielhallen vergnügen und nebenbei die neusten *sales* ausfindig machen. Vor allem jugendliche Cliquen haben die *shopping complexes* zu ihren Treffpunkten erkoren, teilweise haben die Gruppen auch ihre eigenen Moden entwickelt, die einen deutlichen Einfluß der Boutiquen und Friseure des jeweiligen Complexes erkennen lassen.
Aber was gibt es ansonsten auch in der Stadt zu tun?

Über das Einkaufen gibt es ein paar Seiten weiter ein ausführliches Kapitel. Wer nur aus Neugier hier entlanggeht, kann sich – außer den architektonischen Eskapaden der Shopping Centers – den **Peranakan Place**, 180 Orchard Rd., ansehen. *Peranakans* nannte man die Chinesen der *Straits Settlements,* die schon im 16. Jahrhundert außerhalb ihrer alten Heimat einen eigenen Lebensstil entwickelt hatten und sich in einer malaiisch beeinflußten Sprache verständigten. Geöffnet Mo - Fr 10.30 - 15.30 Uhr, Eintritt 4 S$.

Emerald Hill Road und die zwei Seitenstraßen Hullet Road und Saunders Road, sowie die Restaurantmeile Cuppage Terrace sind Beispiele für die erfolgreiche Bewahrung und Restaurierung alter Straßenzüge. Übrigens eine gute Gegend für einen abendlichen Drink.

Botanischer Garten

Am oberen Ende der Orchard Road / Napier Road, in der Cluny Road, wurde schon 1874 der Botanische Garten eröffnet. 1877 pflanzte man hier die ersten Gummibaumsetzlinge, die in London aus gestohlenen brasilianischen Samen gezogen worden waren. Damit war die Grundlage für die ersten Gummiplantagen gelegt, die schon bald große Teile British Malayas bedecken sollten. Heute umfaßt der Park immerhin 52 ha, Attraktionen sind die schöne Orchideenzucht und ein Stück Primärdschungel, durch den asphaltierte Wege führen. Junge Leute lieben den abendlichen Bummel durch den Park unter Flutlicht. Am frühen Morgen kann man Chinesen bei ihren Taichi-Übungen zusehen.

Zu erreichen mit Bus Nr. 106 ab Bencoolen Street, 7 oder 14 ab Raffles City und 174 ab Chinatown, geöffnet tgl. von 5.00 - 23.00 Uhr; Eintritt frei.

Fort Canning Park

Ein Spaziergang führt durch die hügelige Landschaft der 40 ha großen grünen Lunge mitten in der City hinauf zum ehemaligen **Fort Canning**, von dem außer den massiven Toren, einigen Erdwällen und einem zerfallenen Wachhaus nichts übriggeblieben ist. Von 1857 bis 1860 erbaut, wurde es bereits 1907 wieder geschleift, denn der militärische Wert der Befestigung war von Anfang an umstritten. Den größten Teil nimmt heute das Fort Canning Reservoir ein. An der Cox Terrace, nicht weit vom Reservoir, befindet sich das Grab des letzten Herrschers des alten malaiischen Temasik, Sultan Iskandar Shah – einziger spärlicher Hinweis darauf, daß die Geschichte Singapores weiter zurückreicht als bis 1819.

Durch ein neogotisches Eingangstor (am Fort Canning Rise etwa auf der Höhe der *National Library*) kommt man zum ältesten christlichen **Friedhof** der Stadt. Hier gibt es noch alte Gräber europäischer Siedler ab 1820. Am Fuß des Hügels steht das **Aquarium** mit mehr als 500 Arten tropischer Fische. Geöffnet tgl. 9.30 - 20.30 Uhr, Eintritt 4 S$. Auf der anderen Seite des Parks an der Stamford Road ist in einem viktorianischen Gebäude von 1887 das großartige **National Museum** untergebracht. Die historischen, archäologischen und ethnologischen Sammlungen stammen u.a. aus Indonesien, Malaysia und China. Außerdem wird ein Überblick über die Geschichte Singapores geboten, u.a. anhand von 20 Dioramen in einem Extra-Raum. In der **Art Gallery** sind wechselnde Ausstellungen einheimischer Künstler zu sehen. Geöffnet Di - So von 9.00 - 17.30 Uhr, Eintritt 5 S$.

Mount Faber und Sentosa

Mount Faber

Von mehreren Aussichtspunkten der 91 m hohen Erhebung hat man einen schönen Blick auf den Keppel-Hafen, die Werft, die City und die umliegenden Inseln bis hin zum Riau Archipel. Auf dem Gipfel gibt es ein Restaurant, ein kleines Café und die Kabinenbahn-Station, von der aus man in einer Gondel nach Pulau Sentosa hinüberschweben kann (s.u.). Aus 60 m Höhe bietet sich unterwegs eine gute Aussicht über die Hafenanlagen. Eine weitere Kabinenbahn-Station befindet sich am World Trade Centre. Die Bahn fährt tgl. von 9.30 - 21.00 Uhr. Zu erreichen mit dem Bus Nr. 145 von der MRT-Station Redhill.

Pulau Sentosa

Die 5 km lange Insel vor den Toren Singapores hat man im Laufe der vergangenen Jahre zu einem riesigen Freizeitgelände ausgestaltet, das stark am Konzept amerikanischer Themenparks orientiert ist. Touristen aus Europa sind in der Regel wenig beeindruckt, aber die Besucher aus den Nachbarländern strömen in Scharen und für Singaporeaner ist Sentosa ein beliebtes Familienausflugsziel.

Da gibt es zunächst das **Fort Siloso**, das die Briten um 1890 zum Schutz der Hafeneinfahrt anlegten und das während des Zweiten Weltkriegs auch von den Japanern intensiv genutzt wurde – Kanonen und militärisches Gerät veranschaulichen das Leben in der Festung. Geöffnet tgl. 9.00 - 19.00 Uhr, Eintritt 1 S$.

Pioneers of Singapore thematisiert anhand von berühmten Personen und typischen Szenen aus dem Alltag der verschiedenen Kulturen die frühe Stadtgeschichte. Zahlreiche Fotos, Filmaufnahmen und andere Dokumente berichten vom Leben während des Krieges und von den traumatischen Jahren der japanischen Besetzung und der Rückeroberung durch die Briten. In lebensgroßen Wachsfiguren ist die Unterzeichnung der britischen Kapitulation und später die der Japaner nachgestellt. Geöffnet tgl. 9.00 - 21.00 Uhr, Eintritt 3 S$.

Für Naturfreunde gibt es einen **Butterfly Park**, an den eine beeindruckende Insektensammlung angeschlossen ist (tgl. 9.30 - 17.30, 4 S$), ein **Coralarium** (tgl. 9.00 - 19.00 Uhr, 1,50 S$) einen **Orchideengarten** (tgl. 9.30 - 18.30 Uhr, 3 S$) und ein **Rare Stone Museum** (tgl. 9.00 - 19.00 Uhr, 2 S$). Am lohnendsten ist **Underwater World**, wo die Besucher sich auf einem Laufband durch einen 100 m langen Acryltunnel „unter Wasser" bewegen und Rochen, Muränen und allerlei anderes Meeresgetier sozusagen hautnah erleben können. Geöffnet tgl. 9.00 - 21.00 Uhr, Eintritt 10 S$ – Kamera nicht vergessen!

Badestrände, Wanderwege, gepflegte Parkanlagen und allerlei gastronomische und touristische Einrichtungen runden das Bild ab. Ein Monorail-System und zwei Buslinien verbinden alle Sehenswürdigkeiten miteinander, ihre Benutzung ist mit dem Insel-Eintrittsgeld von 5 S$ abgegolten.

Seitdem Sentosa nun auch über eine Brücke vom Festland her zugänglich ist, kann man vom World Trade Centre entweder mit dem Bus oder mit der Fähre übersetzen (6 S$ inkl. Eintrittsgeld). Für 7 S$ (inkl. Eintrittsgeld) fährt auch ein Bus von der Orchard Road („Service E") nach Sentosa. Die Schweizer Kabinenbahn ist natürlich teurer, sie kostet 5 S$ + Eintritt vom World Trade Centre, vom Mount Faber aus 5,50 S$.

Busse zum World Trade Centre ab Orchard Road Nr. 66 oder 145, von Raffles City (North Bridge Road) Nr. 61, 84, 143 und 166, die auch durch Chinatown fahren. Von der MRT-Station Tiong Bahru verkehrt außerdem ein Pendelbus zum WTC.

Der Westen

Der Hafen und seine Industrieanlagen prägen den westlichen Teil der Insel. Ab Clifford Pier werden Hafenrundfahrten, sogenannte *junk cruises*, angeboten, Näheres s. unter Praktische Tips, Touren. Ansonsten keine Gegend für touristische Spaziergänge, aber hier und dort gibt es ein paar Sehenswürdigkeiten, die man allerdings gezielt anfahren sollte, um unnötige Fußwege durch langweilige Vorortstraßen zu vermeiden.

Vogelsingwettbewerbe

Singvögeln eindrucksvolle Melodien zu entlocken ist ein beliebter chinesischer Zeitvertreib. Die Vogel-„Liebhaber" treffen sich jeden Sonntagmorgen etwa ab 8.00 Uhr an der Tiong Bahru Road, Ecke Seng Poh Road, und lauschen bei einer Tasse Kaffee oder Tee fachmännisch den Ergebnissen ihrer Bemühungen. Es gehört zum Ritual, daß die verschiedenen Vögel in entsprechend gestylten Käfigen vorgeführt werden.

Von der nächstgelegenen MRT-Station Tiong Bahru geht man auf der Tiong Bahru Road ein Stück stadteinwärts.

Haw Par Villa (Tiger Balm Garden)

Der chinesische Millionär und Geschäftsmann Aw Boon Haw ließ ursprünglich diesen Park anlegen. Er vermarktete u.a. den berühmten *Tiger Balm*, ein Allheilmittel gegen Kopfschmerzen und andere Krankheiten, das man auch in Europa kaufen kann.

Überall stehen groteske Figuren aus Zement, die in grellen Farben angemalt sind und etwas an Disneyland erinnern. Sie stellen Szenen aus der Mythologie und Geschichte Chinas dar, beeindruckend sind vor allem die diversen Höllen-Visionen! Inzwischen hat man das Programm mit Theater- und Tanzaufführungen, Puppentheater und 3D-Shows angereichert und zu einem Vergnügungspark aufgerüstet. Europäer haben wahrscheinlich Schwierigkeiten, sich an derlei Spielereien zu erfreuen, aber Kinder finden es meistens toll.

Haw Par Villa liegt an der Pasir Panjang Road im gleichnamigen Stadtteil, geöffnet tgl. von 9.00 - 18.00 Uhr, an Wochenenden und Feiertagen bis 21.00 Uhr, Eintritt 16 S$. MRT bis Buona Vista, von dort Bus Nr. 200, oder MRT bis Clementi und von dort Bus Nr. 10.

Ming Village

Nur interessant, wenn man sich für chinesisches Porzellan begeistern kann. Hier soll an die gediegenen Techniken der Ming- und Qing-Dynastie angeknüpft werden. Man kann den Herstellen bei der Arbeit zusehen und – natürlich – viel wertvolles Porzellan kaufen. Geöffnet tgl. 9.00 - 17.30 Uhr, kein Eintritt. Adresse: 32 Pandan Rd., zu erreichen mit Bus Nr. 78 von der MRT-Satation Clementi.

Jurong

Die Wohn- und Industriegebiete von Jurong, der ältesten *New Town* von Singapore, sind vor allem in den 60er und 70er Jahren entstanden. Einige Gebäude sind für Kenner moderner Architektur interessant, z.B. die futuristische *Jurong Town Hall* von 1979. In ihr ist das **Singapore Science Centre** untergebracht, in dem Naturwissenschaften besonders jüngeren Besuchern nahegebracht werden. Anhand von Versuchen und Objekten können alltägliche und ausgefallene Phänomene nachvollzogen werden. Sehr unterhaltsam! Das Science Centre ist tgl. außer Mo von 10.00 - 18.00 Uhr geöffnet, Eintritt: Erwachsene 2 S$, Kinder 50 ¢, das 3D-Omni Theatre und die Planetarium-Show kosten extra. Zu erreichen von der MRT-Station Jurong East aus mit dem Bus Nr. 336 bzw. zu Fuß.

Zwei große Parkanlagen in Jurong sind nicht nur für Freunde der Landschafts- und Gartenarchitektur interessant. Der **Chinesische Garten** *(Yu Hwa Yuan)* mißt allein 13,5 ha. Das Hauptgebäude ist dem Pekinger Sommerpalast der Sung-

Dynastie nachempfunden. Der **Japanische Garten** *(Seiwaen)* soll mit seinen 13 ha die größte japanische Gartenanlage außerhalb Nippons sein. Adresse: Yuan Ching Road. Beide Gärten liegen nebeneinander, geöffnet tgl. 9.00 - 19.00 Uhr, sonn- und feiertags von 8.30 - 19.00 Uhr. Eintritt: 4 S$ für beide Parks. Es gibt eine MRT-Station Chinese Garden.

Tang Dynasty City ist ein weiterer Themenpark, der in Filmkulissenmanier das China der Tang-Dynastie aufleben läßt. Er liegt am unteren Ende der Yuan Ching Road, die nächste MRT-Station ist Lakeside, von dort kommt man mit Bus Nr. 154 oder 240 hin. Geöffnet tgl. 9.30 - 18.30 Uhr, Eintritt 15 S$.

Jurong Bird Park und Crocodile Paradise

Der Jurong Bird Park wurde auf einem 22 ha großen, hügeligen Gelände westlich vom Jurong Hill angelegt und soll der größte Vogelpark der Welt sein. In einem riesigen Freifluggehege, für das am Hang des Jurong Hill 2 ha Fläche mit einem Netz abgedeckt wurden, tummeln sich insgesamt 5000 Vögel 450 verschiedener Arten. Geöffnet tgl. von 9.00 - 18.00 Uhr, Eintritt 9 S$. Nächste MRT-Station ist Boon Lay, von dort fährt Bus Nr. 251, 253 oder 255.

In natürlich wirkender Umgebung werden nebenan im Jurong Crocodile Paradise 2500 Tiere gehalten. Außerdem sind große Aquarien aufgebaut worden. Geöffnet tgl. von 9.00 - 18.00 Uhr, Eintritt 4,50 S$. Shows tgl. um 11.45, 14.00 und 16.00 Uhr. Adresse: 241 Jl. Ahmad Ibrahim. Verkehrsverbindung wie beim Bird Park.

Der Norden

Bukit Timah Nature Reserve

Am Bukit Timah, mit 177 m die höchste Erhebung der Stadt, ist das letzte 60 ha große zusammenhängende Dschungelgebiet der Insel erhalten geblieben. Es wurde bereits 1883 unter Naturschutz gestellt und ist seither nicht verändert worden. Wer noch nie im Dschungel war, hat hier Gelegenheit, auf asphaltierten Wegen einen Eindruck vom Regenwald zu bekommen, mit etwas Glück sind Schmetterlinge, allerlei Vögel und Makaken zu sehen. Das Reservat liegt etwa 12 km außerhalb der City am Hindhede Drive, nahe Upper Bukit Timah Road. Eine Karte mit vier Wanderwegen bekommt man am Informationsstand hinter dem Parkplatz. Der Eintritt ist frei. MRT nur bis Newton, von dort aus fährt Bus Nr. 67, 170 oder 171.

Der Zoo

Im Gegensatz zu anderen Anlagen in Südostasien besitzt das 28 ha große, sehr gepflegte Gelände viele Bäume, Büsche, Blumen und zahlreiche weitläufige Freigehege, unter anderem für Orang Utan. Neuste Attraktion ist der angrenzende **Night Safari Park**, für den nochmals 40 ha Sekundärwald am Seletar Reservoir bereitgestellt wurden. Hier kann man im Rahmen einer nächtlichen Tour zahlreiche Spezies in quasi-natürlicher Umgebung beobachten

Der Zoo liegt im Norden der Insel, Zufahrt über die Mandai Lake Road. Geöffnet tgl. 8.30 - 18.00 Uhr, Eintritt 9 S$. Der Nachtsafari-Park öffnet um 18.30 Uhr und schließt um Mitternacht, Eintritt 15 S$, Kinder 10 S$. Die MRT fährt bis Yishun, von dort weiter mit Bus Nr. 171, der auch ab Orchard Road (YMCA) oder North Bridge Road (Raffles City) verkehrt. Ein Zoo Express Service holt auf Wunsch auch Gäste im Hotel ab; ☎ 2352111 oder 7322123.

ÜBERNACHTUNG

Singapore hat ein riesiges Angebot an Hotelzimmern aller Kategorien. Wir haben sie in folgende Preiskategorien eingeteilt, wobei der Preis für ein Doppelzimmer gilt:

*	**bis 30 S$**
**	**bis 60 S$**
***	**bis 100 S$**
****	**bis 150 S$**

Bei den durchweg hohen Hotelpreisen ist es sinnvoll, sich schon im Voraus Gedanken über eine günstige Übernachtungsmöglichkeit zu machen.
Viele Fluglinien bieten verbilligte Hotelzimmer oder Stopover-Programme an, mit denen sich bei Vorausbuchung eine Menge Geld sparen läßt, freilich nur in der Mittel- und Luxusklasse. Per Fax kann man auch von Europa aus Zimmer buchen und sich nach einen Discount erkundigen. Die billigen Hotels können freilich nur vor Ort selbst gebucht werden.
Wer im **Changi Airport** landet, kann sich bei der Zimmervermittlung in der Ankunftshalle ein Hotel reservieren lassen und spart dabei in der Regel einige Prozent (gilt nicht für Billigunterkünfte). Außerdem liegen zahlreiche Prospekte und Pläne zum Mitnehmen aus, auf denen die Adressen wichtiger Hotels verzeichnet sind, vielleicht auch die Broschüre *Guide To Hotels,* die die Quartiere näher beschreibt. Die Broschüre *Budget Hotels*, sollte sie denn hier zu haben sein, ist leider nicht sehr verläßlich, v.a. was die Preisangaben betrifft.
Wer eines von den bei uns aufgeführten Hotels favorisiert, kann auch von den (kostenlosen!) City-Telefonen vor der Gepäckausgabe aus schon mal anrufen und nachfragen.

UNTERE PREISKLASSE – Billigste Übernachtungsmöglichkeiten bieten einfache **Gästehäuser**, die in Privatwohnungen zum Teil ohne Konzession betrieben werden, weswegen sie schwer zu finden sind. Hier sind junge Rucksackreisende meist unter sich. Die Zimmer, sofern vorhanden, sind spartanisch ausgestattet und kosten für 2 Personen 20 - 40 S$. Oft gibt es nur *dormitories*, Schlafsäle verschiedener Größe, in denen das Bett für 8 - 10 S$ vermietet wird. Richtig gemütlich ist es in keinem dieser Etablissements, auch mit der Sauberkeit ist es vielfach nicht weit her. Dafür bietet sich die Gelegenheit, mit anderen Travellern Informationen auszutauschen.
Gästehäuser erscheinen und verschwinden ständig, es ist durchaus möglich, daß sich inzwischen wieder neue Adressen aufgetan haben. Wir können hier nur die paar auflisten, die sich vermutlich über einen längeren Zeitraum halten werden.
Eine Alternative wären die etwas teureren alten **Chinesenhotels**, viele sind allerdings nicht mehr im besten Zustand.

Bencoolen Street und Umgebung ist schon seit langer Zeit eine Traveller-Gegend. Von Changi Airport fährt Bus Nr. 16(E) bis zum nahegelegenen YMCA, von der Lavender Bus Station geht man bis zur Jl. Besar und nimmt dort den Bus Nr. 97 oder 103 zur Bencoolen St. Vom Bahnhof aus mit dem Bus Nr. 97 oder 131 zur nahegelegenen Selegie Rd. (Peace Centre). Bus Nr. 97 fährt auch vom World Trade Centre.
*SAN WAH HOTEL***, 36 Bencoolen St., ☎ 3362428. Typisches altes Chinesenhotel, sieht von außen schon etwas brüchig aus, ist innen aber noch ganz o.k. Liegt etwas zurückversetzt, daher nicht ganz so laut. Zimmer mit Gemeinschaftsbad.
PEONY MANSION, 46-52 Bencoolen St., beherbergt mehrere Traveller-Herbergen, deren Namen häufig wechseln. Zuletzt gab es hier *LEE'S TRAVELLER CLUB**, 4. Etage, und *LEE BOARDING HOUSE**, 7. Etage, ☎ 338 3149, sowie

ANREISEORTE

*BACKPACKERS LODGE**, 9. Etage, ☎ 3344203. Alle vermieten DZ und Schlafsaalbetten (manche mit ac, dann wird's teurer), auch seine Sachen kann man waschen. Der Lift befindet sich hinten im Hof.
*WHY NOT HOMESTAY**, 127 Bencoolen St., ☎ 3388838. Unten gibts ein Straßenlokal zum Essen und Trinken, oben einen Schlafsaal und ein paar Zimmer. Keine ruhige Ecke, auch mit der Sauberkeit gibt's manchmal Probleme.
*SUN SUN HOTEL***, 260 A Middle Rd., ☎ 338 4911, 3381366, hat saubere Zimmer mit Fan bzw. ac – ein Lichtblick im Vergleich mit den anderen Etablissements der Gegend.
*HAWAII GUEST HOUSE***, 173 Bencoolen St., 2. Etage, ☎ 3384817, und
*GOH'S HOMESTAY***, ☎ 3396561, im selben Haus in der 6. Etage, haben ebenfalls saubere Räumlichkeiten. Auch hier Schlafsaalbetten, die DZ kosten allerdings etwas mehr als in den anderen Gästehäusern.
WHY NOT HOMESTAY-***, 189 Selegie Center, 6. Etage, ☎ 3380162. Die Filiale dieser Kette liegt ein Stückchen weiter nördlich. Schlafsaal und DZ, anspruchslos.

Beach Road (nördlich vom Raffles) liegt nicht weit von der Bencoolen Street. Bus Nr. 16 fährt vom Changi Airport in die Bras Basah Road, die silbernen Türme von Raffles City sind eine gute Orientierung.
*SHANG ONN HOTEL***, 37 Beach Rd., ☎ 3384153. Anspruchslose, verschlagartige Zimmer, nur anlaufen, wenn nichts mehr zu bekommen ist.
*SOON LENG SON**, 26 Middle Rd., ☎ 3376318 und
*LIDO**, 54 Middle Rd., ☎ 3371872, sind 2 weitere billige Chinesenhotels in dieser Gegend. Beide vermieten einfachste DZ ohne Bad.
*LEE'S TRAVELLER CLUB**, 75 Beach Rd., 6. Etage. Vermietet akzeptable DZ und Schlafsaalbetten, möglicherweise ist unten im Haus kein Schild angebracht.
*NEW BACKPACKERS LODGE**, 18 Liang Seah St., ☎ 3348042, hat saubere, spartanisch eingerichtete kleine Zimmer und billige Schlafsaalbetten.

Orchard Road und Umgebung: In dieser teuren Gegend gibt es nur ein Guesthouse, aber das wiederum ist ein guter Tip:
NEW SANDY'S PLACE-***, ☎ 7341431, liegt unweit der Scotts Rd., nahe der MRT-Station Newton, von deren westlichen Ausgang man nur über die große Wiese zu gehen braucht. Am besten ist es, vorher anzurufen und sich den Weg beschreiben zu lassen. Sandy bietet DZ und Schlafsaalbetten, das Haus ist freundlich, familiär und hat sogar einen kleinen Garten.
MITRE HOTEL-***, 145 Killiney Rd., ☎ 7373811, liegt südlich der Orchard Road in einem Garten hinter dem modernen Wohnblock. Ein völlig heruntergekommenes, altes Haus, das trotzdem oft voll ist. Nicht sehr vertrauenerweckend, aber billig.
*MARIO-VILLE BOARDING HOUSE***, 64 Lloyd Rd., ☎ 7345342. Windschiefes, altes Chinesenhotel, aber die Zimmer sind sauber und haben z.T. sogar ac und Telefon. Wie lange wird sich so etwas in dieser Gegend noch halten können? Nächste MRT-Station: Somerset.

Nahe Lavender Bus Station: Wer spät mit dem Bus angekommen ist, mag vielleicht nicht mehr so weit fahren – und schlecht ist diese Gegend auch nicht.
PALACE HOTEL-***, 407 Jl. Besar, ☎ 2983 108, ist von der Lavender St. Bus Station auch zu Fuß erreichbar. Laut und sehr einfach, lieber ein Zimmer nach hinten nehmen.
KAM LENG HOTEL-***, 385 Jl. Besar, ☎ 298 2289, liegt nur ein paar Häuser weiter. Hellhöriges, anspruchsloses, altes Chinesenhotel, leider sind die leiseren Zimmer nach hinten auch sehr dunkel.
*INTERNATIONAL HOTEL***, 290 Jl. Besar, ☎ 2939238, ist ein Stück weiter im Süden. Abgewetztes Chinesenhotel, DZ ohne Bad mit ac, aber für den Preis o.k. Wegen der Straßenkreuzung auch hier lieber nach hinten hinaus schlafen.

MITTELKLASSE – in Singapore eine problematische Kategorie, denn zwischen 60 und

100 S$ gibt es nur wenige Quartiere, die es wert sind, empfohlen zu werden. Wer nicht in Billighotels wohnen möchte, sollte überlegen, ob es nicht auch ein paar Dollar mehr sein dürfen, zumal wenn es sich nur um wenige Tage (Nächte) handelt. Hier trotzdem ein paar Adressen, alle haben Zimmer mit ac:

City: *YMCA*** (International House)*, 1 Orchard Rd., ☎ 3366000, fax 3373140. Die Ausnahme! Absolut zentral am unteren Ende der Orchard Rd. gelegen, DZ mit TV, ac und Bad, außerdem diverse Annehmlichkeiten im Hause. Es gibt auch (teure) Schlafsaalbetten. Häufig ausgebucht, daher besser vorher reservieren. Bus Nr. 16 von Changi Airport hält vor der Haustür.
*MAYFAIR CITY HOTEL****, 40 Armenian St., ☎ 3374542, fax 3371736. Kleines City-Hotel, sehr zentral und nahe am Nationalmuseum, DZ mit Bad.

Chinatown: *MAJESTIC HOTEL****, 31 Bukit Pasoh Rd., ☎ 2223377, fax 2230907. Altes Chinesenhaus in einer ruhigen Seitenstraße am südlichen Ende der New Bridge Rd. (MRT-Station Outram Park). DZ mit und ohne Bad.
*DRAGON CITYVIEW HOTEL****, 18 Mosque St., ☎ 2239228, fax 2218198. Mitten in Chinatown gelegen, ruhige DZ mit Bad und TV.

Nördliches Zentrum: *STRAND HOTEL****, 25 Bencoolen St. ☎ 3381866, fax 3363149. Uninteressanter Hotelkasten, aber mit allen *facilities.*
*HOTEL BENCOOLEN****, 47 Bencoolen St., ☎ 3360822, fax 3364284. Sieht von außen wenig einladend aus, aber die Zimmer sind o.k., Frühstück im Preis inbegriffen.
*SOUTH EAST ASIA HOTEL****, 190 Waterloo St., ☎ 3382394, fax 3383480. Neues Gebäude, Zimmer mit ac und Bad, in der Nähe der Bencoolen St., gleich neben dem Tempel.
*BEACH HOTEL****, 95 Beach Rd., ☎ 3367712, fax 3367713. Liegt zwar nicht am Strand, hat aber komfortable Zimmer unter 100 S$.
*NEW 7TH STOREY HOTEL****, 229 Rochor Rd., ☎ 3370251, fax 3343550. Mehrstöckiges Allerweltshotel, nur wenige Straßen nördlich vom Raffles. Zimmer mit TV und Bad, etwas abgewohnt und karg, dafür auch nicht ganz so teuer.

Orchard Road und Umgebung: *HOTEL SUPREME****, 15 Kramat Rd., ☎ 7378333, fax 7337404. Noch das preisgünstigste, wenn man nahe an der Orchard Road wohnen will. Bietet den üblichen Mittelklasse-Standard, und damit hat sich's auch schon.
*LLOYD'S INN****, 2 Lloyd Rd., ☎ 7377309, fax 7377847. Liegt in einer ruhigen Wohngegend südlich der MRT-Station Somerset. Nette Zimmer im Motel-Stil. Zu empfehlen.
*NEPLODGE****, 336 River Valley Rd., ☎ 7332395, fax 7332382, ganz in der Nähe. Saubere Zimmer in einem modernen Wohnblock.

Andere Gegenden: *METROPOLITAN YMCA****, 60 Stevens Rd., ☎ 7277755, fax 2355528. Sauber, aber nicht ganz so gut ausgestattet wie das *International*, liegt etwas weit vom Schuß nordwestlich der Orchard Rd. DZ mit TV, Bad und ac. Zu erreichen mit Bus Nr. 124 oder 190 (Orchard. Rd.).

GEHOBENE MITTELKLASSE – hier ein paar Hotels, die zwischen 100 und 150 S$ kosten, aber guten Standard bieten. Beim Anrufen empfiehlt es sich grundsätzlich, nach *discount* oder *package offers* zu fragen.

Nördliches Zentrum: Zwei Hotels, die noch recht zentral liegen sind *METROPOLE HOTEL*****, 41 Seah St., ☎ 3363611, fax 3393610. Gleich hinter dem Raffles, modern und komfortabel.
*BAYVIEW INN*****, 30 Bencoolen St., ☎ 337 2882, fax 3382880. Hochhaus mit Swimming Pool auf dem Dach.

Orchard Road und Umgebung: *LADYHILL HOTEL*****, Ladyhill Rd., ☎ 7372111, fax 737 4606. Gutes, freundliches Hotel mit nettem Pool in grüner Wohngegend nahe dem oberen Ende der Orchard Rd. Mit dem Bus etwas

kompliziert zu erreichen, dafür gibt es für Gäste einen kostenlosen *shuttle* vom Hotel in die Stadt. Empfehlenswert.
*RELC INTERNATIONAL*****, 30 Orange Grove Rd., ☎ 7379044, fax 7339976, liegt in derselben Gegend. Modernes Hochhaus, die Buchstaben stehen für *Regional English Language Centre*. Von den oberen Stockwerken hat man einen schönen Blick, Frühstück ist im Preis inbegriffen.
*PREMIER*****, 22 Nassim Hill, ☎ 7339811, fax 7335595, ebenfalls in dieser Gegend. Das kleine Haus wird von der *Hotel Association* als *Training Centre* betrieben – der Service ist dementsprechend aufmerksam.
*GRAND CENTRAL*****, 22 Cavenagh Rd., ☎ 7379944, fax 7333175. Bietet den für die Preisklasse üblichen Standard, liegt aber mitten im Geschehen, was die Orchard Rd. betrifft.

Chinatown: *DAMENLOU HOTEL*****, 12 Ann Siang Rd., ☎ 2211900, fax 2258500. In einer ruhigen, hübschen Seitenstraße in Chinatown gelegen, bietet dieses kleine Hotel familiäre Atmosphäre und einen schönen Dachgarten. Ein Pub und ein gutes Restaurant sind im Hause. Zu empfehlen!

OBERE PREISKLASSE – Daran herrscht in Singapore kein Mangel, vor allem rings um die Hotelmeile Orchard Rd. Dennoch, *discount* und *package rates* sind gerade in dieser Preislage gang und gäbe! Hier nur eine kleine Auswahl erwähnenswerter Häuser, die aus dem üblichen Einerlei hervorstechen.

City und Marina: *RAFFLES HOTEL*, 1 Beach Rd., ☎ 3371886, fax 3397650. Von diesem Juwel aus der Kolonialzeit war ja bereits die Rede (s.S. 350). Das Haus verfügt über diverse stilvolle Restaurants, Bars und Geschäfte und wird abends von Touristen wie Singaporeanern gleichermaßen gern besucht. Die 104 Suiten werden allerdings nicht unter 650 S$ vermietet.
WESTIN PLAZA und *WESTIN STAMFORD*, 2 Stamford Rd., ☎ 3388585, fax 3382862 bzw. 3371554, gehören zum Raffles City-Komplex, also absolut zentral gelegen und mit allen Annehmlichkeiten ausgestattet. Das Stamford gilt mit 73 Stockwerken als das höchste Hotel der Welt. Von oben hat man eine herrliche Aussicht. Unter 260 S$ ist nichts zu wollen.
MARINA MANDARIN, 6 Raffles Blvd., Marina Square, ☎ 3383388 fax 3394977. Architektonisch ganz imposante Riesenanlage auf der neu aufgeschütteten Marina gegenüber vom Raffles. Ab 350 S$.

Orchard Road und Umgebung: *GOODWOOD PARK HOTEL*, 22 Scotts Rd., ☎ 7377411, fax 7328558, liegt zwischen Orchard Rd. und Newton Circus. Der 1899 erbaute *Teutonia Club* war früher das Zentrum der Deutschen in Singapore. Nach dem Ende des Ersten Weltkriegs wurde er als Feindvermögen beschlagnahmt und zu einem Hotel umgestaltet. Zum Haus gehören 6 ha gepflegter Garten, 2 Pools und diverse Restaurants, der Preis für's DZ beginnt allerdings bei 400 S$.
SHERATON TOWERS, 39 Scotts Rd., ☎ 737 6888, fax 7371072. Mitten in der Einkaufsgegend und bei Geschäftsleuten wegen des guten Service sehr beliebt, hat schon mehrere Preise gewonnen. Ab 360 S$.
DYNASTY HOTEL, 320 Orchard Rd., ☎ 734 9900, fax 7335251. Schon von weitem an dem merkwürdigen Pagodenturm zu erkennen. Protziges, chinesisch aufgemachtes City-Hotel, schöner Pool auf dem Dach. Ab 300 S$.
SHANGLI-LA, 22 Orange Grove Rd., ☎ 7373644, fax 7337220. Sicher eines der besten Hotels, eine riesige Anlage mit viel Grün in einer Seitenstraße am oberen Ende der Orchard Rd. Alle erdenklichen Annehmlichkeiten, kostet ab 330 S$.
HILTON INTERNATIONAL, 581 Orchard Rd., ☎ 7372233, fax 7322917. Liegt am oberen Ende der Orchard Rd., hat u.a. einen Dachgarten-Pool mit toller Aussicht sowie Dampfbad und Whirlpool auf jedem Zimmer. Ab 300 S$.

Chinatown: *THE DUXTON*, 83 Duxton Rd., ☎ 2277678, fax 2271232, liegt im restaurierten Tanjong Pagar-Viertel von Chinatown. Acht koloniale Chinesenhäuser hat man für dieses

kleine Prunkstück zu einem „Boutique-Hotel“ umgebaut. Stilvoll eingerichtete Zimmer, Suiten und Maisonettes, und ein erstklassiges Restaurant. Wohl das netteste, was man für den Preis bekommen kann, ab 290 S$.
INN OF SIXTH HAPPINESS, 9-37 Erskine Rd., ☎ 2233266, fax 2237951. Ähnlich wie das Duxton in alte *shop houses* hineingebaut, nur nicht ganz so elegant und daher etwas preiswerter: ab 150 S$.

Andere Gegenden: *GARDEN HOTEL,* 14 Balmoral Rd., ☎ 2353344, fax 2359730. In der grünen Wohngegend westlich des Newton Circus gelegen, mit *shuttle service* zur Orchard Rd. Pool auf dem Dach, ruhige Lage, Zimmer mit Balkon. Ab 160 S$.

ESSEN UND TRINKEN

Essen gehen ist in Singapore fast schon ein Volkssport. Wo es wann was am besten und schmackhaftesten zu essen gibt, ist das Thema enthusiastischer Diskussionen und aufwendiger Publikationen. Ständig kursieren Geheimtips über besonders gute Foodstalls, ausgefallene Restaurants oder spezielle Angebote. Und die Auswahl ist riesig: chinesische Küche der verschiedensten Regionen, südindisch, nordindisch, indisch-moslemisch, indonesisch, malaiisch-moslemisch, thai, koreanisch, japanisch, vietnamesisch und natürlich auch europäisch bzw. amerikanisch. Dabei sind die Preise durchweg moderat, und es sind nicht nur die weiß eingedeckten Spitzenrestaurants, die die besten Gerichte anbieten, sondern gerade auch die unscheinbaren Foodstalls oder die kleinen Lokale an der Ecke.
Gut muß in Singapore also nicht teuer sein. Selbst in besseren Restaurants kann man bei einem guten Abendessen durchaus unter 20 S$ p.P. bleiben (Getränke nicht mitgerechnet). Auch in der Spitzenklasse erreichen die Prei-

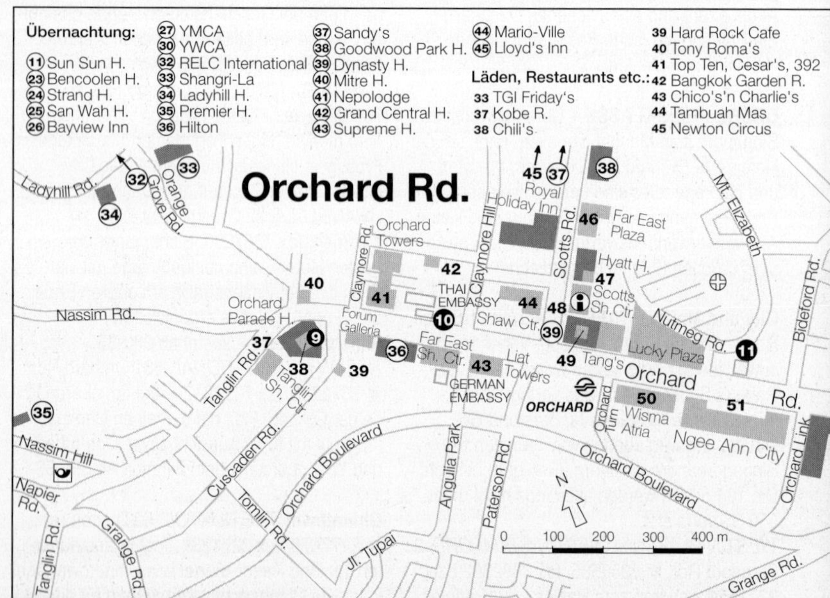

se selten das europäische Niveau. In den Coffeeshops der Hotels bekommt man oft ausgezeichnetes lokales Essen zu annehmbaren Preisen. Und in den *hawker centres* ist man schon um die 10 S$ dabei, wobei gerade deren Qualität oft erstaunlich ist.
Trinkgelder sind bei Restaurants, die normalerweise 10% *service charge* berechnen, nicht üblich, es sei denn, der Service war wirklich außerordentlich. Für Neuankömmlinge ist Singapore die beste Einstimmung in die vielschichtige Welt der asiatischen Küchen. Und wer gerade die monotonen Speisekarten abgelegener Regionen Indonesiens hinter sich gelassen hat, kann hier endlich einmal wieder richtig zuschlagen. Die Essensangebote Singapores in den Griff zu bekommen, wäre freilich ein Lebenswerk. Wir haben ein paar gute Adressen aufgelistet, die thematisch und nach Stadtteilen geordnet sind. Aber natürlich kann man auch zu einer der mittlerweile an jeder Straßenecke vorhandenen McDonalds, Burger King – und wie sie alle heißen – Filialen gehen und sich eine Rinderboulette reinziehen. Selber Schuld. Guten Appetit!

HAWKERCENTRES UND MÄRKTE – Die preiswerteste Art, sich durch die lokale Küche zu essen, bieten viele Essenstände *(foodstalls)* in den *food centres,* auch *hawker centres* genannt. Schon seit längerem wurden die *street hawkers* von der Straße verbannt und in größeren Einheiten zusammengefaßt. Etwas steriler ist die Atmosphäre dadurch geworden, zumal in den meisten *hawker centres* auch noch Einweg-Geschirr aus Styropor und Wegwerf-Stäbchen aus Holz benutzt werden – für umweltbewußte Europäer völlig unverständlich. Inspekteure vom Gesundheitsministerium kontrollieren regelmäßig die Stände. jeder Betreiber eines *foodstalls* muß sich einer medizinischen Untersuchung unterziehen. Die Qualität der angebotenen Speisen ist aber unverändert – einfach großartig.

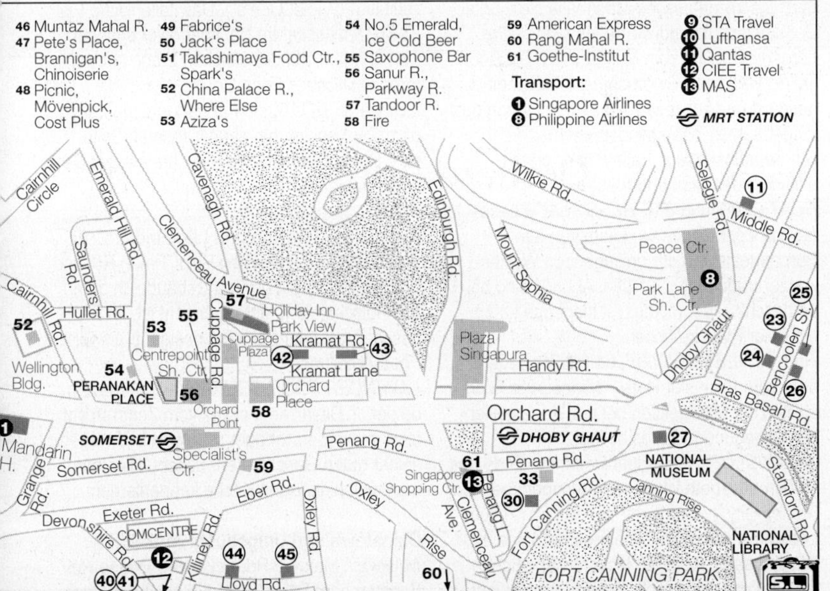

In den größeren Zentren herrscht reges, munteres und lautes Treiben. Man sitzt auf kleinen Hockern mitten im Gewühl, und es ist völlig egal, von welchem der Stände die Speisen geordert werden. Bezahlt wird sofort, Trinkgeld ist nicht üblich.
Ein Menübeispiel (selbst zusammenstellen!): *beef noodle soup* (Nudelsuppe mit Rindfleischbrühe und kleinen Rindfleischstückchen), dann *hokkien fried mee* (gebratene Nudeln mit Schweinefleisch, kleinen Shrimps, Rührei und Sojabohnensprossen) oder *oyster omelette* (Austernomelett), zum Abschluß *pisang goreng* (gebratene Bananen) oder *chendol* (Kokosnußmilch mit gestoßenem Eis, *gula melaka* und roten Bohnen), sehr lecker! Das Ganze kostet zusammen etwa 10 - 12 S$, teuer wird es eigentlich nur, wenn man ein Bier (5 S$) dazu trinken will. Hier ein paar bekannte *hawker centres:*

City und Marina: *TELOK AYER MARKET (LAU PA SAT)*, Boon Tat St., mitten im Business District nahe dem Raffles Quay gelegen. Die viktorianische Markthalle steht unter Denkmalschutz und wurde als *food centre* hergerichtet. Gut zum Mittagessen. Die Boon Tat St. wird nach Einbruch der Dunkelheit gesperrt und zur *food alley* erklärt. Neben den aufgebauten Essenständen treten Straßenkünstler auf – alles merklich touristisch, aber nicht übertrieben.
BOAT QUAY und *EMPRESS PLACE* haben *hawker centres*, die vor allem von den Büroangestellten der umliegenden Wolkenkratzer frequentiert werden. Abends sind beide geschlossen, mittags ist hingegen kaum ein freier Platz zu finden.
HILL STREET CENTRE, 64 Hill St., gegenüber vom Excelsior Hotel. Chinesische Foodstalls, zum Mittagessen bei den Angestellten der umliegenden Büros beliebt.
SATAY CLUB, Connaught Drive, am Ende des Queen Elizabeth Walk, schräg gegenüber von Raffles City, erwacht erst abends richtig zum Leben. Es gibt mehr als nur das würzige malaiische *satay*, aber die leckeren Spießchen sind einfach vorzüglich. Sehr zu empfehlen! Nebenan, im chinesischen *hawker centre*, gibt es noch eine andere Art von Spießen: *steamboat.*

Orchard Road und Umgebung: *NEWTON CIRCUS*, MRT Newton, Bukit Timah Rd., Ecke Clemenceau Ave., ist wohl das von Touristen am meisten besuchte *hawker centre.* Auch bei Singaporeanern ist der Platz beliebt, denn hier gibt es selbst spät nachts noch etwas leckeres zu essen. Die Preise sind im Vergleich zu anderen *hawker centres* etwas höher.
PICNIC, Orchard Rd., Ecke Scotts Rd. Der acgekühlte *food market* unter dem Scotts Centre bietet eine Auswahl aller Küchen Südostasiens, auch Vegetarier und Freunde des *frozen yoghurt* kommen auf ihre Kosten. Geöffnet von 10.30 - 23.00 Uhr.
NGEE ANN CITY beherbergt auch das japanische Kaufhaus Takashimaya. Im Takashimaya-Tiefgeschoß, neben dem *Cold Storage* gibt es einen vorzüglichen Food Court mit verschiedenen asiatischen Küchen, u.a. preiswerte japanische Gerichte und Nyonya-Spezialitäten („Violet Oon's"). Das italienische Eis ist Spitzenklasse! Im Nachbartower befindet sich übrigens auf der gleichen Etage ein weiteres asiatisches Food Centre.
CUPPAGE ROAD, die Fußgängerzone neben dem Centrepoint, hat auf der rechten Seite eine Reihe Essenstände, die gute *claypot*-Gerichte anbieten.

Nördliches Zentrum und Little India: *ZHU JIAO CENTRE,* zwischen Bukit Timah Rd. und Buffalo Rd., ist ein großes Gebäude, in dem der indische Markt untergebracht ist. Im Erdgeschoß befindet sich eine riesige, preiswerte Food-Abteilung.
LAVENDER FOOD SQUARE, am oberen Ende der Jl. Besar, liegt etwas vom Zentrum entfernt im Norden, ist aber preiswert und wegen seiner guten Gerichte sehr beliebt. Hier kann man die chinesische Küche kennenlernen!

Chinatown und Umgebung: *MAXWELL MARKET,* Maxwell Rd. Ecke New Bridge Rd. Schöner alter Essensmarkt in einer gut erhal-

tenen Ecke von Chinatown. Am besten um die Mittagszeit hingehen.
CHINATOWN COMPLEX, Sago St., soll ausgezeichnete chinesische Foodstalls beherbergen, die selbst unter alten Restaurantlöwen als Tip gehandelt werden. Welche die besten sind, konnten wir noch nicht mit Sicherheit feststellen.

Andere Gegenden: *TAMAN SERASI,* Cluny Rd., Ecke Napier Rd., am botanischen Garten westlich vom Zentrum, ist bekannt für seine malaiische Küche. Am späten Abend geschlossen.
GEYLANG SERAI MARKET, Changi Rd., nicht weit von der Kreuzung mit der Joo Chiat Rd. Ein bißchen außerhalb in Katong gelegen, bietet hauptsächlich malaiisches Essen: *nasi melayu* mit einer reichhaltigen Auswahl an Beilagen, *beef rendang* (Rindfleischstückchen in scharf gewürzter Kokosmilchsoße), *sayur lodeh* (Gemüse in milder Kokosmilchsoße), *sotong* (Tintenfisch) und gebratenen Fisch. Am besten vormittags hinfahren.

OPEN AIR-RESTAURANTS – **Boat Quay** und **Clarke Quay** sind zwei neu entstandene Amüsierzentren am Singapore River, an denen sich ein Freiluftrestaurant neben dem anderen drängt. Nicht alle sind ihr gutes Geld wirklich wert, aber man sitzt schön, genießt die Skyline und kann sich von den verschiedenen Speisekarten inspirieren lassen.
Draußen sitzen kann man auch auf den Fußgängerzonen **Cuppage Road** und **Emerald Hill**, beides Seitenstraßen der Orchard Road. Viele Touristen verbringen hier den Abend.

CHINESISCHE RESTAURANTS – wo anfangen bei der unglaublichen Fülle?
Es gibt einfach zu viele, und davon sind einfach zu viele gut. Unsere Auswahl ist also völlig lückenhaft und mehr oder weniger zufällig entstanden. Was uns in Deutschland im allgemeinen als chinesische Küche verkauft wird, hat mit den ausgezeichneten Kochkünsten aus dem Reich der Mitte kaum etwas gemein.

Die Mehrzahl der China-Restaurants in Singapore kochen kantonesisch, aber es gibt auch Hainan-, Hakka-, Hokkien-, Hunan-, Peking-, Szechuan-, Teochew- und Shanghai-Küche.
Vegetarier sind in chinesischen Restaurants gut aufgehoben, es gibt sogar eine ganze Reihe rein vegetarischer China-Restaurants.

City, Beach Road und Bencoolen Street: *BAN SENG,* 79 New Bridge Rd., ist ein kleines, ac-gekühltes Teochew-Restaurant in der City. *Steamed fish* in verschiedenen Varianten ist eine Spezialität. Mittags meist voll mit Geschäftsleuten aus den umliegenden Büros.
IMPERIAL HERBAL, im Metropole Hotel, 41 Seah St., ☎ 3370491, ist kein gewöhnliches Restaurant, sondern bietet Gerichte an, die mit medizinischen Kräutern zubereitet werden. Man muß nicht krank sein, um von den Spezialitäten zu probieren.
YET CON, 25 Purvis St., nördlich vom Raffles. Hier bekommt man ausgezeichnetes *steamboat* oder *chicken rice*, wenn man sich von der unfreundlichen Bedienung nicht vertreiben läßt.
SWEE KEE, 53 Middle Rd. Bekanntes, preiswertes China-Restaurant, das neben *chicken rice* u.a. auch gute Suppen anbietet.
KWAN YIM, 190 Waterloo St., heißt das vegetarische Restaurant im Erdgeschoß des South East Asia Hotel.

Chinatown: Selbstverständlich die richtige Gegend für chinesisches Essen. Typische preiswerte, kleine Chinatown-Restaurants gibt es z.B. entlang der Mosque Street und am unteren Ende der Craig Road. Zwischen Maxwell Road und Tras Street verläuft die Food Alley (= Murray Terrace), eine kleine, etwas teurere Restaurantmeile.
Mehrere kantonesische Restaurants befinden sich im People's Park Complex an der Eu Tong Sen St. (New Bridge Rd.). Hier auch das *KINGSLAND,* 3. Etage im People's Park Complex, ein beliebtes vegetarisches Restaurant.
NAM THONG TEA HOUSE, 8-10 Smith St. Preiswert ist das *dim sum* (manchmal auch *dian xin* geschrieben) zur Mittagszeit.

TAI TONG HOI KEE, 3 Mosque St., chinesisches Teehaus und morgens wie mittags ein beliebtes *dim sum*-Restaurant.
MOI KONG, 22 Murray Terrace (Food Alley). Die Hakka sind bekannt für ihren selbstgemachten Wein. Hier serviert man z.B. *fried prawns in red wine* oder gedünstetes Huhn in Wein. Ein typisches Hakka-Gericht ist auch gebratener Sojabohnenkäse mit Hackfleisch oder Fisch.
HUA TUO GUAN, 22 Tanjong Pagar Rd., südliche Chinatown. Das kleine Restaurant im restaurierten Tanjong Pagar-Viertel bietet *herbal food* an, das bedeutet, daß das Essen nach Gesichtspunkten der chinesischen Medizin mit speziellen Kräutern und Heilsubstanzen zubereitet wird. Nicht von der ausschließlich chinesischen Beschriftung abschrecken lassen, es gibt auch eine englische Karte.
HAPPY REALM, 3. Etage im Pearl Shopping Centre, Eu Tong Sen St. (südlich der New Bridge Rd.). Einfaches, klassisch vegetarisches China-Restaurant. Nur bis 20.30 Uhr.
PINE TREE, 51 Robinson Rd. (südliches Ende). Schickes *nouvelle Hong Kong vegetarian*-Restaurant. Man sieht, vegetarische Kost liegt auch in Singapore im Trend. Teuer.

Übrigens: **In ac-Restaurants wird generell nicht geraucht!** Wer unbedingt rauchen möchte, muß sich beim Essengehen auf die einfachen Straßenrestaurants und Märkte beschränken.

Orchard Road: *CHINA PALACE,* Wellington Building, zwischen Bideford Rd. und Cairnhill Rd., ☎ 2351378, ist kein billiges, aber gut besuchtes Restaurant. Vorwiegend Szechuan-Küche, Spezialität ist *camphor-smoked duck.*
GOODWOOD PARK HOTEL, Scotts Rd., beherbergt das beste Szechuan-Restaurant der Stadt. Die goldene Kreditkarte mitnehmen, es wird ein bißchen teurer.

Andere Gegenden: *DRAGON CITY,* Novotel Orchid Inn, Dunearn Rd. ☎ 2547070, nordwestlich der Orchard Road. Scharfe Szechuan-Küche, Hotel-Preise.
GOLDEN PHOENIX im Equatorial Hotel, 429 Bukit Timah Rd., Ecke Stevens Rd., ☎ 7320431, liegt gleich gegenüber. Bekannt und beliebt wegen seiner Szechuan-Küche, aber nicht billig.

Seafood-Restaurants in den Vororten: Für gutes, einigermaßen preiswertes Seafood muß man sich schon ein bißchen aus der Innenstadt herausbewegen, aber die Anreise lohnt sich – was gibt es besseres als frische Fische, Krabben, Shrimps, Krebse oder Muscheln?
UDMC SEAFOOD CENTRE, East Coast Parkway, Katong, direkt am Meer, etwa in Höhe Still Rd. / Marine Parade Fly-over. Die beste Gelegenheit, Seafood zu moderaten Preisen zu genießen. Acht *open air*-Restaurants stehen hier zur Auswahl, und die Kenner streiten sich, welches nun das beste ist (bei unserer letzten Recherche stand das *CHIN WHA HENG* hoch im Kurs). Taxistand vor der Tür, jeder Taxifahrer kennt diese Adresse.
PONGGOL POINT, am Ende der Ponggol Road im Norden der Insel, ist eine beliebter Seafood-Treffpunkt. *CHOON HING* soll hier der beste Tip sein. Wem das Taxi zu teuer ist: Bus Nr. 82 (Beach Road) und 83 (Bencoolen St) fahren nach Ponggol.

INDISCHE RESTAURANTS – grob unterscheidet man nordindische (meist etwas teurer und nobler) und südindische Küche (scharfe Gerichte, häufig vegetarisch), außerdem indisch-muslimische Restaurants.

City: *ANNALAKSHMI,* im 2. Stock des Excelsior Hotels, 5 Coleman St., Ecke Hill St. Strikt vegetarisch, Nikotin- und Alkoholverbot einschließt, ruhige Atmosphäre, schöne Dekoration und gutes südindisches Essen. Auch der Geldbeutel wird nicht zu sehr strapaziert. Geöffnet bis 22.00 Uhr, Do nur bis 15.00 Uhr.

Orchard Road: *MUNTAZ MAHAL,* Far East Plaza Shopping Centre, Scotts Rd., 5. Etage.

Etwas kitschig aufgemacht, serviert aber sehr gute nordindische Küche. Vernünftige Preise. *TANDOOR,* im Holiday Inn Park View, 11 Cavenagh Rd., ist ein nordindisches Restaurant der Spitzenklasse. Unter 40 S$ p.P. wird man hier allerdings nicht herausgehen.
RANG MAHAL, im Imperial Hotel, 1 Jl. Rumbia ist ein weiteres nordindisches 5-Sterne-Restaurant, das auf der Skala ganz oben rangiert.

Little India: Selbstverständlich eine gute Gegend, v.a. für die scharfe, südindische Küche. In der Race Course Road, die parallel zur Serangoon Road verläuft, gibt es z.B. eine ganze Reihe nette Restaurants. Spezialität: *fish head curry.* Sehr gut auch der frisch gepreßte Limonensaft.
BANANA LEAF APOLO, 56 Race Course Rd., serviert u.a. gute Sri Lanka-Krebse und natürlich auch allerlei Gerichte vom Bananenblatt. Mittlere Preislage, bis 22.00 Uhr geöffnet.
MUTHU'S CURRY HOUSE, 76 Race Course Rd. Würzige Curries, wer es gerne etwas milder möchte, sollte das *chicken koma* probieren. Bis 22.30 Uhr geöffnet.
KOMALA VILAS, 76/78 Serangoon Rd., ist ein bekanntes, schlichtes, südindisch-vegetarisches Restaurant, das immer gut besucht ist.
NEW MADRAS WOODLANDS, 14 Upper Dickson Rd., gleich um die Ecke von Komala Vilas), die Konkurrenz – fast noch besser. Diverse preiswerte Bananenblatt-Restaurants auch an der Selegie Rd., Ecke Bukit Timah Rd. Hier auch Snacks wie *samosas* und *curry puffs.*
REX, 21 MacKenzie Rd., ist bekannt für besonders leckere *curry puffs.*

Arab St.: Südindisch-islamisch ist das Essen in den drei bekannten, einfachen Restaurants gegenüber der Sultan-Moschee in der North Bridge Rd. Hier gibt es v.a. gute *murtabaks* und gutes, würziges *chicken biryani.*
SINGAPORE, Nr. 786, *ZAM ZAM,* Nr. 788, *VICTORY,* Nr. 790. Alle drei sind bis Mitternacht geöffnet und sehr preiswert.

Chinatown: *MAYARANI,* im Amara Hotel, 165 Tanjong Pagar Rd., ist ein paar Preisklassen höher angesiedelt, aber die Menüs sind nicht überteuert. Gute nordindische Tandoori-Spezialitäten, Live-Musik.

MALAIISCHE UND INDONESISCHE RESTAURANTS – Malaiische und indonesische Küche sind sich sehr ähnlich.

Orchard Road: *AZIZA'S,* 36 Emerald Hill, ☎ 2351130, hinter Peranakan Place. Ein kleines malaiisches Restaurant mit familiärer Atmosphäre, ruhig, schön dekoriert, von sehr guter Qualität. Gehobene Preislage. Geöffnet bis 23.00 Uhr, Sonntagmittag geschlossen Tisch reservieren!
SANUR im Centrepoint Shopping Centre, indonesisches Restaurant, mittags besonders gut besucht.
TAMBUAH MAS, Shaw Centre, Scotts Rd., und Tanglin Shopping Centre, obere Orchard Rd., macht ausgezeichnete Satés.

City und Chinatown: *HOUSE OF SUNDANESE FOOD,* Boat Quay, liegt mitten auf der beliebten Restaurantmeile. Nicht gerade billig, aber gute sundanesische Gerichte, und man kann schön draußen sitzen.
PAGI SORE NASI PADANG, 20 Duxton Rd., im renovierten Tanjong Pagar-Bezirk von Chinatown. Nur zum Frühstück und Mittagessen geöffnet, gut besucht.

Arab Street: *SABAR MENANTI,* 62 Kandahar St., in einer etwas heruntergekommenen Ecke im Arab St.-Viertel gelegen. Nichts weiter als ein Essenstand in einem unscheinbaren Coffeeshop, aber für seine malaiischen Spezialitäten stadtbekannt. Nur bis 18.00 Uhr geöffnet.

NYONYA-RESTAURANTS – Die Küche der Peranakan-Chinesen, die in den späteren englischen *Straits Settlements* siedelten, ist eine besonders geglückte Kombination von malaiischer und chinesischer Tradition.

Katong ist die eigentliche Heimat der Peranakan-Chinesen in Singapore, deshalb findet man dort auch verschiedene Restaurants mit Nyonya-Essen.
Im *PARKWAY PARADE SHOPPING CENTRE* an der Marine Parade gibt es mehrere Nyonya Food-Coffeeshops. Empfohlen seien außerdem
GUAN HOE SOON, 214 Joo Chiat Rd., und *SHANGHAI,* 107 East Coast Rd., nicht weit von der Kreuzung Joo Chiat Rd. Unscheinbares, kleines Nyonya-Restaurant, bei dem man das Essen auch zum Mitnehmen kaufen kann. Einige Wochen vor dem chinesischen Neujahrsfest (s.S. 58) baut der Laden das ganze Trottoir mit seinen *goodies* zu, und die Leute kommen vom anderen Ende der Stadt angereist, um hier die guten *nyonya-cakes,* verschiedenartiges Knabberzeug und andere Köstlichkeiten für die Feiertage einzukaufen. *Otak-otak* probieren!
PERANAKAN INN, 210 East Coast Rd., in einem schönen alten Geschäftshaus, offeriert bodenständige Peranakan-Küche.

Andere Gegenden: *NYONYA AND BABA,* 262 River Valley Rd., ☎ 7341382, zwischen Orchard Rd. und Zentrum gelegen, bietet Nyonya-Gerichte wie *ayam buah keluak* (Huhn mit schwarzen Nüssen) oder *sour fish head curry* an. Mittlere Preisklasse.

THAI-RESTAURANTS – Wer die scharfe, raffinierte Thai-Küche liebt, kann sie auch in Singapore bekommen. Hier ein paar gezielte Adressen:
BANGKOK GARDEN, Claymore Rd., B1-01 Keck Seng Tower, obere Orchard Road. Hier gibt es auch den berühmten Salat *som tam* aus grünen Papaya. Spezialität: gebratene Muscheln in Erdnußsoße. Mittlere Preislage, bis 22.30 Uhr geöffnet.
PARKWAY, Centrepoint Shopping Centre, 176 Orchard Rd., ein Ableger eines gleichnamigen, bekannten Restaurants in Katong, bietet eine abwechslungsreiche Speisekarte. Bis 22.00 Uhr geöffnet.
THANYING, im Amara Hotel, 165 Tanjong Pagar Rd., ☎ 2224688, ist ein schickes, teures, gutes Thai-Restaurant.

JAPANISCHE RESTAURANTS – weil so viele Japaner Singapore besuchen, gibt es auch hier keinen Mangel. Japanisch essen ist meist kein billiges Vergnügen, in Singapore aber durchaus bezahlbar. Fast in jedem Shopping Centre gibt es einen Japaner.
KOBE im 4. Stock des Tanglin Shopping Centre, 19 Tanglin Rd., obere Orchard Rd., gehört zu den preiswerteren.
HISATOMO, in der 3. Etage von Raffles City, 250 North Bridge Rd., im japanischen Department Store, gehört ebenfalls zu den preiswerteren Japanern.
INAGIKU, im gleichen Komplex im Westin Stamford Hotel, markiert das andere Ende der Preis-Skala – das Angebot ist freilich auch dementsprechend.

WESTERN FOOD – Neugierig auf exotische kulinarische Genüsse ist man selbstverständlich auch in Asien, europäische oder amerikanische Restaurants werden keineswegs nur von Touristen besucht. Leider hat aber auch die industrielle Fast Food-Kultur bereits erhebliche Schneisen in die gastronomische Landschaft geschlagen. Aber es gibt auch Lichtblicke:

Orchard Road: *CHILI'S,* Orchard Parade Hotel, obere Orchard Road. Ordentliches amerikanisches und Tex-Mex-Essen.
TONY ROMA'S, Orchard Hotel Shopping Arcade, ebenfalls in dieser Ecke. Spezialität sind *ribs.*
CHICO'S 'N CHARLIES im 5. Stock der Liat Towers, obere Orchard Rd., ☎ 7341753. Mexikanisches Restaurant, die Küche ist freilich eher Tex-Mex. Reservierung empfohlen. Der Eingang (er liegt an der Seite des Gebäudes) ist etwas schwer zu finden.
MÖVENPICK, im Erdgeschoß des Scotts Shopping Centre, 6 Scotts Rd. Die renommierte Schweizer Kette hat eine weitere Filiale am Boat Quay, die Nr. 3, ☎ 5388200.
PETE'S PLACE im Tiefgeschoß des Hyatt Ho-

tels, 10 Scotts Rd. Die italienischen Restaurants sind natürlich nicht gerade billig – dieses aber ist dennoch wärmstens zu empfehlen.
JACK'S PLACE im Wisma Atria, Orchard Rd., unweit der Kreuzung Scotts Rd. Ein guter Platz für Steak-Liebhaber.
TGI FRIDAY'S, Park Mall Shopping Centre, Penang Rd., serviert mächtige, typisch amerikanische Portionen.

Andere Gegenden: *HOT STONES,* 53 Boat Quay, ☎ 5345188, serviert schmackhafte Fleisch- und Fischspezialitäten vom heißen Stein. Wenn kein Platz mehr frei ist: Die Pizzeria nebenan ist auch nicht schlecht.

UNTERHALTUNG

Böse Zungen behaupten ja immer noch, in Singapore sei nichts los, was die stolzen Singaporeaner auf die Barrikaden treibt. Ein Nachtleben von der Art, wie es Bangkok oder Manila bieten, wird man in Singapore tastsächlich vergeblich suchen. Das heißt aber nicht, daß nach Einbruch der Dunkelheit die Bürgersteige hochgeklappt werden. Bars, Pubs, Clubs und Discos gibt es zu Hauf, und gerade junge Leute gehen oft und gerne aus – sofern sie es sich leisten können. Aber das können in Singapore nicht wenige.
Ein großstädtisches Off-Angebot auf dem kulturellen Sektor wird man vergeblich suchen. Es gibt Gastspiele von renommierten Symphonieorchestern, Ballett- und etablierten Theaterensembles, ein Nationalmuseum – eben alles, was auf der Ebene der etablierten, „hehren" Kunst oder der des glatten, gefälligen Entertainments erwartet wird, aber nichts, was allzu kritisch oder subversiv daherkommt. Trotzdem existieren bescheidene Anfänge: In den letzten Jahren sind einige Festivals ins Leben gerufen worden. Ab und zu finden durchaus interessante Ausstellungen statt, oder es werden gute Filme aufgeführt, letzteres hauptsächlich von den Kulturinstituten (British Council, Alliance Francaise, Goethe-Institut). Aktuelle Tips auf der vorletzten Seite der „Straits Times" die Rubrik *What's On?*

BARS, PUBS UND MUSIKKNEIPEN – Kneipenleben findet hauptsächlich in der Gegend um die Orchard Road und in den Amüsierzentren Boat Quay und Clarke Quay statt, wo man draußen sitzt bzw. auf und abflaniert. Aber auch in anderen Gegenden gibt es interessante Lokale – ein paar haben wir hier aufgelistet.
Bier und Wein sind übrigens erheblich teurer als bei uns in Deutschland. Für ein Bier 8, 9 oder 10 S$ auszugeben, ist in keine Schwierigkeit. Da Singaporeaner gern in Gruppen herumziehen, bestellen sie das Bier in großen *jugs*, von denen mehrere Leute trinken, was sich preislich allerdings nicht viel nimmt. Viele Pubs und Bars haben *happy hours* (meist zwischen 17.00 und 20.00 oder 21.00 Uhr), in denen alkoholische Getränke z.T. die Hälfte kosten.

Boat Quay: Diverse Pubs und Bars verschiedener Povinienz, die meisten sprechen ein eher betuchtes Yuppie-Publikum an. Abends kommen viele Leute.
HARRY'S, 28 Boat Quay, ist eine beliebte Adresse, vor allem bei Expats. Lebhaftes Tresenleben, abends spielt oft eine Blues- oder Jazzband. Man muß nicht unter 30 sein, um sich wohlzufühlen.

Clarke Quay: Die alten Lagerhäuser in diesem Viertel hat man erst kürzlich zu einem touristischen Kneipenviertel umfunktioniert. Alles ist recht neu und muß vom Publikum erst noch angenommen werden, aber die Erfolgsaussichten sind gut. Da gibt es zum Beispiel *SUZIE WONG,* Read St., eine große, sorgfältig gestylte Schickeria-Bar und
PARTY DOLL, Read St., ein Tanz- und Trink- und Eßpalast im Stil der 50er Jahre mit entsprechender Musik.

Orchard Road: In den Fußgängerbereichen von Emerald Hill und Cuppage Rd., beide nahe dem Centrepoint Shopping Centre, gibt eine ganze Reihe *open air*-Lokale, zwischen denen die Touristen (aber nicht nur die) gern flanieren.

SAXOPHONE BAR, 23 Cuppage Terrace, ist eine beliebte Adresse. Die Bar ist so klein, daß sich die Musiker, die hier allabendlich etwa ab 22.00 Uhr *the joy of sax* zelebrieren, hinter dem Tresen aufbauen müssen. Die Stimmung ist prima, die Getränkepreise freilich auch (ca. 10 S$ für ein Bier, dafür aber kein Eintritt).
NO. 5 EMERALD HILL, eben dort, erinnert stark an englische Pubs, nur daß das Bier hier besser schmeckt als in den meisten solchen. Nicht billig, aber ac-gekühlt und gut besucht.
ICE COLD BEER, 9c Emerald Hill, gleich nebenan, serviert eben dieses.
BRANNIGANS im Hyatt Hotel, 10-12 Scotts Rd. Hier sorgt jeden Abend eine ausgezeichnete Filipino-Band für Stimmung, das Bier fließt in Strömen, und am Wochenende muß man schon mal anstehen, um überhaupt hineinzukommen. Ein Kneipenereignis!
FABRICE'S, im Tiefgeschoß des Dynasty Hotels, Scotts Rd., Ecke Orchard Rd. Hat sich der World Music und dem ethno-orientierten Sound verschrieben, Live-Bands ab 23.00 Uhr. Könnte eine nette Bar sein, wenn die Drinks nicht so teuer wären. Kein Eintritt.
WHERE ELSE, Cairnhill Rd., ist eine große, laute Musikkneipe, in der meist eine Band spielt. Nicht ganz so vornehm, am Wochenende gut besucht.
HARD ROCK CAFE, Orchard Place, Cuscaden Rd. Das 19. Exemplar dieser weltumspannenden Institution ist bei jungen Singaporeanern sehr beliebt. Ab 22.30 Uhr kostet's 15 S$.
SANDMAN, Tanglin Shopoping Centre, Tanglin Rd., im Erdgeschoß. Hier spielt meist eine Rock-Band. Laut, etwas ungepflegt und überhaupt nicht schick.

Chinatown: Im schicken Tanjong Pagar-Viertel sind ein paar Kneipen entstanden, in denen sich Leute, die hier wohnen oder zu tun haben gern ein Bier genehmigen, z.B.:
DUXTON'S CHICAGO, 6 Duxton Hill, eine lebhafte, nette kleine Bar mit gemischtem Publikum oder
ELVIS' BAR, 1A Duxton Hill. Featured alles, was mit Elvis zu tun hat und spielt selbstverständlich pausenlos seine Musik. *Happy hour* tgl. von 17.30 - 20.30 Uhr.

Bugis Street: eine traditionelle Eß- und Amüsiermeile, von der noch abzuwarten bleibt, ob sie nach der Totalsanierung vom Publikum wieder so angenommen wird wie früher. Die Bugis Street verläuft nördlich vom Raffles zwischen Victoria Street und North Bridge Road (gleichnamige MRT-Station).
Singapores einziges Cabaret hat sich jedenfalls mit Erfolg hier etabliert (s.u.). Ansonsten sitzt man im Freien vor den Lokalen und genießt die Kühle des Abends.

Andere Gegenden: *THE YARD,* 294 River Valley Rd., nicht weit von der *Automobile Association* entfernt, fast Ecke Clemenceau Avenue. Kontrastprogramm: hier ist es ruhig, man kann Chinesen beim Darts-Spielen zusehen; preiswertes Bier, englische und lokale Speisen.

DISCOS – sind nicht billig, vor allem an Wochenenden. Meistens wird Eintritt verlangt, in dem ein Getränk enthalten ist *(cover charge).* Am Wochenende kann das 15 - 25 S$ kosten. Wochentags ist es billiger, außerdem läßt man dann oft weibliche Gäste billiger oder umsonst herein.
Die Kleidervorschriften werden nicht mehr so strikt gehandhabt wie ehedem. Für Männer gilt in den gehoberneren Etablissements aber nach wie vor: keine Shorts, keine Sandalen, keine T-Shirts.
ANYWHERE, im Tanglin Shopping Centre, Tanglin Rd. Die Hausbands spielen hauptsächlich Rock'n Roll und Musik der 60er und 70er. Vom Tanglin ist der Lack schon etwas ab, deshalb verkehrt hier nicht ganz so geschniegeltes Publikum wie anderswo. Gute Stimmung, kein Eintritt.
TOP TEN, Orchard Towers, obere Orchard Rd., hat bis drei/vier Uhr morgens geöffnet. Großer, kinoartiger Saal, häufig live-Bands mit imposanter Bühnenshow. Am Wochenende 25 S$ Eintritt (1 Drink inkl.)

CAESAR'S, im 2. Stock der Orchard Towers, obere Orchard Rd. Live-Band und Funk-Disco, am Wochenende 20 S$ Eintritt. Beliebt bei amerikanischen Jungs und einheimischen käuflichen Damen.
392, im 2. Stock der Orchard Towers, ist ein unkomplizierter Club mit vorwiegend jazziger Musik. Kein Eintritt.
FIRE, in der 4. Etage des Orchard Plaza, 150 Orchard Rd. Große Mainstream-Disco, hi-tech-Lasershow, im zweiten Raum spielt eine Band. Von der Atmosphäre her macht der Laden seinem Namen alle Ehre. An Wochenenden 25 S$ *cover charge*.
SPARK'S, Ngee Ann City, Orchard Rd., dürfte die größte und perfekteste Disco Singapores sein. Je nach Musikgeschmack gibt es drei ver-schiedene *sections*, diverse Bars und eine eindrucksvolle *lightshow*. Trotz 20 S$ *cover charge* ständig voll, vor allem mit jungem, modebewußten Publikum.
CHINOISERIE im Hyatt Hotel, Scotts Rd. Edel-Disco der *beautiful people*, 25 S$ *cover charge* an Wochenenden (außer für Hotelgäste).
ZOUK, 19 Jiak Kim St., westlich der City am Singapore River in alten Speichergebäuden, beherbergt zudem einen Pub und eine Weinbar. Die Disco ist eher tekno-orientiert.

CABARET – Auf der Bugis Street hat sich der *BOOM BOOM ROOM* etabliert, ein Cabaret-Theater, das vor allem von einem stadtbekannten Transvestiten-Star lebt. Neben klassischen Travestienummern wird das Publikum genüßlich verbal durch den Kakao gezogen – nicht immer leicht zu verstehen, aber auf jeden Fall ein vergnüglicher Abend. Es gibt tgl. 2 - 3 Shows, Eintritt um 20 S$. An Wochenenden häufig ausverkauft.
LIDO PALACE, im Concorde Hotel, 317 Outram Rd., veranstaltet jeden Abend Live-Cabaret mit künstlerischen Einlagen. Genaueres telefonisch erfragen: ☎ 7328855.

KINO – Die meisten Kinos zeigen englischsprachige Filme mit malaiischen und chinesischen Untertiteln, viel Blut und Horror, Rambo und Zambo und dazwischen aktuelle, erfolgreiche Filme aus den USA und England. „Anstößige" Sex-Szenen hat der Zensor herausgeschnitten. Eintritt 5 - 8 S$; täglich mehrere Vorstellungen, meist von 11.30 - 21.15 Uhr.
CATHAY, Bras Basah Rd., Ecke Selegie Rd., *CAPITOL*, North Bridge Rd., Ecke Bras Basah Rd. (beide MRT Dhoby Ghaut), *ORCHARD* hinter dem Mandarin Hotel und *JADE*, 100 Beach Rd., sind die größten Kinos.

CHINESISCHE OPER – Vor allem im August / September, im „Monat der hungrigen Geister", finden auf Freilichtbühnen chinesische Opernaufführungen statt. *Singapore Tourist Promotion Board*, ☎ 3396622, informiert über die aktuellen Veranstaltungen.

KONZERTE, THEATER, BALLETT – aktueller Veranstaltungskalender auf der vorletzten Seite der *Straits Times* oder im *Arts Diary*, das man in den größeren Hotels und beim Singapore Tourist Promotion Board bekommt.

FESTE UND FEIERTAGE

Fast das ganze Jahr hindurch werden in Singapore irgendwelche Festlichkeiten begangen. Beim STPB (s.u.) gibt es nähere Informationen und einen aktuellen Festival-Kalender.
Neujahr (Januar / Februar): Das chinesische Neujahrsfest fällt jedes Jahr auf ein anderes Datum. Schon Wochen bevor in es gefeiert wird, haben die Geschäfte Hochkonjunktur. Die ganze Stadt ist auf den Beinen, bis man sich erschöpft für einige Tage in den Familienkreis zurückzieht und feiert. Große Parade in der Stadt.
Thaipusam (Januar / Februar): Das höchste hinduistische Fest wird in Singapore mit großen Prozessionen begangen. Hauptzentren sind der Perumal-Tempel in Little India und der Chettiar Tempel in der Tank Rd.
Vesak (Mai): Wird im taoistischen Tempel an der Clarke St., Ecke North Boat Quay, begangen, in dem man den „Geburtstag des dritten

Prinzen" feiert, eine Erinnerung an die drei wichtigsten Stationen im Leben Buddhas.
Drachenboot-Festival (Mai / Juni): Alte chinesische Tradition, bei der Drachenboote aus aller Herren Länder ein lautstarkes Rennen veranstalten. Die Ruderer werden von Trommlern angetrieben.
Fest der hungrigen Geister (Juli / August): Dies ist die Zeit, wenn die vernachlässigten Geister durch Opfergaben besänftigt werden müssen.
Nationalfeiertag (9. August): Beeindruckende Massenumzüge, an denen die verschiedenen Nationalitäten teilnehmen, Militärparaden und Tänze, darunter auch die typisch chinesischen Löwen- und Drachentänze.
Mondkuchen-Fest (August / September): Kinder ziehen mit Laternen durch die Straßen, die es nur zu diesem Fest zu kaufen gibt. Der termin hängt davon ab, wenn der Vollmond am größten und rundesten erscheint.
Geburtstag des Affengottes (September): Wird besonders in den beiden Tempeln Choon Ong St. und Cumming St. gefeiert. Man veranstaltet Prozessionen und chinesische Oper, in Trance gefallene Männer stechen sich Nadeln durch Wangen und Zunge. Der kräftige Affengott wird von vielen Eltern gebeten, die Patenschaft für ihr Kind zu übernehmen, damit dieses gleichermaßen stark wird.
Wallfahrt nach Kusu (September / November): Vier Wochen lang pilgern taoistische Gläubige auf die Insel Kusu, um den Gott des Wohlstandes anzubeten. Fähren ab World Trade Centre.
Fest der neun Königsgötter (September / Oktober): Neun Tage lang besuchen die neun Königsgötter die Erde und bringen Heilung und Segen. Ihre Statuen werden in Prozessionen durch die Straßen getragen.
Navarathiri (Oktober): Neuntägiges, indisches Fest rund um den Chettiar Temple in der Tank Rd. Am letzten Tag wird ein silbernes Pferd durch die Straßen getragen.
Thimithi (Oktober): Feuerlauf-Fest im indischen Sri Mariamman-Tempel in der South Bridge Rd., bei dem Gläubige nackten Fußes über glühende Kohlen gehen.
Deepavali (Oktober / November): Indischer Feiertag, bei dem mit unzähligen Lichtern der Sieg des Guten über das Böse beschworen wird. Ein Besuch in Little India lohnt sich.

EINKAUFEN

Lange Zeit galt Singapore bei westlichen Touristen als Einkaufsparadies, und noch immer steht *shopping* im Zentrum touristischer Aktivitäten. Da Singapore Freihafen ist, sind die meisten eingeführten Waren *taxfree*, d.h. von Einfuhrzöllen ausgenommen, aber viele Artikel sind längst nicht mehr so preisgünstig wie früher. Beim Einkaufen gilt nach wie vor das traditionelle Prinzip: Handeln und Feilschen gehören zumindest außerhalb der Warenhäuser zum Ritual. Daß eine Ware 50 oder zumindest 30% über dem Marktwert angeboten wird, ist durchaus normal. Das eigene Gegenangebot sollte sich am tatsächlichen Marktwert orientieren und nicht völlig aus der Luft gegriffen sein. Zur Orientierung hilft der Preisvergleich bei mehreren Geschäften. Bis es zum *better price, last price* oder *very last price* kommt, kann eine Weile vergehen.
Wer eine bestimmte Idee davon hat, was er einkaufen will, sollte zuerst die billigsten Angebote aus Deutschland im Hinterkopf haben und zweitens in einem der großen Kaufhäuser (Department Stores) die Festpreise notieren. Oft sind normale Geschäfte nach ausgiebigem Handeln billiger als die Kaufhäuser. Da in *Shopping Complexes*, die oft aus Hunderten privater, kleiner Läden bestehen, ähnliche Waren von verschiedenen Händlern offeriert werden, eignen sie sich gut zum Preisvergleich und Handeln.
Ausführliche, fachkundige Beratung, z.B. im Bereich elektronischer Geräte, Kameras und dergleichen, gibt es selbst in den großen Kaufhäusern kaum. Wer spätestens nach der Vorführung eines dritten Kameramodells noch immer komplizierte technische Fragen stellt, ohne direktere Anstalten zum Kauf zu machen, dem kann es durchaus passieren, daß er gebeten wird, es doch woanders zu versuchen.

Besonders bei Elektronik- oder Kamera-Artikeln sollte eine international gültige Garantiekarte und eine Rechnung ausgestellt werden. Wichtig ist auch, daß die Zubehörteile, Stecker, Adapter etc. zuhause wirklich verwendet werden können. Ob es sich lohnt, eine komplette Stereoanlage oder ein Funktelefon zu kaufen, sei jedem selbst überlassen. Zöllner in Frankfurt, München, Zürich oder Wien werden jedenfalls erhebliches Interesse an Sony- oder Toshiba-Kisten zeigen.

EINKAUFSGEGENDEN – Für alle, die sich ein wenig umsehen und bummeln möchten hier eine grobe Übersicht über die wichtigsten Einkaufsgegenden. Die farbige Broschüre *Singapore – A Guide to Shopping* aus dem Tourist Office listet detailliert die besten Einkaufsgegenden auf und gibt Tips, was es in Singapore zu kaufen gibt – und das ist enorm viel. Ergänzend gibt es ein Heftchen über *Bargains in the Suburbs.*

Orchard Road: Singapores Schaufenster zur Welt, hier reiht sich ein *shopping center* an das andere, ständig werden neue eröffnet und alte umgebaut. Man hetzt von einem ac-Schock zum nächsten durch glitzernde Warenwelten, und das Angebot ist, schlicht gesagt, überwältigend. Nur billig ist es nicht, das Preisniveau in Nobelgeschäften ist durchaus europäisch, vielleicht läßt sich bei gehobenen Markenartikeln hier und dort ein Schnäppchen machen. Eine gute Gegend für Mode, Schmuck, Bücher und alles, was mit Bekleidung zu tun hat. Eine Sehenswürdigkeit für sich ist das klotzige neue *NGEE ANN CITY*. Hier gibt es einfach alles.

Chinatown: Im Gebiet zwischen New Bridge Rd., South Bridge Rd. und südlich davon gibt es nur wenige Straßen, die an die alte Chinatown erinnern. Bei einem Spaziergang durch die Seitenstraßen kann man kleine Geschäfte entdecken, die Tempelzubehör, Schmuck, Porzellan, traditionelle Medizin oder andere Spezialitäten verkaufen. In den chinesischen Warenhäusern, den Chinese Emporien, in den großen Einkaufszentren kommt das Angebot zum überwiegenden Teil aus China. Sie eignen sich gut zum Einkaufen von Schmuck, Seide, Kunstgewerbe und exotischen Kleinigkeiten. Im Tanjong Pagar-Viertel gibt es außerdem ein paar gute Teehäuser

Little India: Viele kleine Geschäfte bieten Saris, Stoffe und indische Allerweltsartikel an, unter denen sich manches kitschige Unikum finden läßt. Gut auch für Tees, Gewürze und billige Haushaltsgegenstände.

Arab Street: gemeint ist das Viertel zwischen Bridge Rd., Ophir Rd., Victoria St. und Jl. Sultan. Interessant für Körbe und Flechtwaren, Rattan, Lederwaren, und malaiische bzw. indonesische Batik, obwohl letztere natürlich in den betreffenden Ländern billiger zu haben ist.

Holland Village: Die Gegend an der Kreuzung Holland Rd. / Holland Ave., rings um Lorong Liput, hat von allem etwas zu bieten. Gut für einen gemütlichen Einkaufsbummel ohne festes Programm.

EINKAUFS-TIPS – Was man wo am günstigsten bekommt, läßt sich mit Sicherheit nie sagen, dazu ist das Geschäftsleben zu sehr in Bewegung. Hier nur ein paar Anhaltspunkte. Wer etwas Bestimmtes sucht, sollte die Gelben Seiten des Telefonbuchs zu Rate zu ziehen. Die einzelnen Shopping Centres lassen sich auf jedem touristischen Stadtplan mühelos lokalisieren.

Ausrüstung: Für Treks durch tropische Wälder kann man in verschiedenen Shops die notwendigen Ausrüstungsgegenstände kaufen, so z.B.
ADVENTURER, 02-65 Peninsula Plaza oder 03-33 Peninsula Shopping Centre.
MILSPORTS, im Beach Centre, 15 Beach Rd., ist etwas preiswerter.

Bücher: Das größte Angebot an englischsprachiger Literatur in dieser Region, auch Bücher

über Malaysia und Indonesien, findet man in Singapore. *MPH* hat 13 Filialen, u.a. 71 Stamford Rd., Ecke Armenian St.; Afro-Asia-Building, Robinson Rd.; Peninsula Plaza und im Centrepoint, Orchard Rd.
TIMES BOOKSHOP u.a. im Centrepoint, Specialist's Centre, Raffles City, Wisma Atria und im Plaza Singapura, 3. Stock, hat ein ähnlich großes Angebot. Beide Ketten sind auch im Changi Airport vertreten.
SELECT BOOKS, im Tanglin Shopping Centre, ist die einzige Fachbuchhandlung in Südostasien, die sich auf diese Region spezialisiert hat.
BOOKWORLD, 76 Boat Quay, führt auch deutsche Bücher.
BRAS BASAH COMPLEX in der North Bridge Rd., Ecke Bain St., mehrere Buchhandlungen.
ASIAN FOREIGN LANGUAGE DISTRIBUTORS PTE. LTD., # 03-14 Singapore Shopping Centre, 190 Clemenceau Ave., ☎ 339 9678 / 3396757, bietet auch deutsche Bücher an. Geöffnet von 10.00 - 18.00 Uhr.

Cassetten und CD's: Raubkopien gibt es hier nicht mehr zu kaufen, aber auch die legalen sind relativ preiswert überall zu haben.

Chinesische Medizin: Die auf natürlichen Grundstoffen basiertenden Präparate gibt es gegen nahezu jedes Leiden, sie sollen manchmal besser helfen als die moderne Pharmazie. Allerdings ist die Einfuhr nach Europa nicht erlaubt. Ein großes Geschäft für chinesische Medizin befindet sich in 100 Eu Tong St.

Computer und Software: Die größte Auswahl an Soft- und Hardwareangeboten für IBM-Compatibles im *FUNAN CENTRE* in der North Bridge Rd. Einige Läden bieten auch Macintosh an.

Europäische Lebensmittel: Nach wochenlangem asiatischen Essen sind eine Flasche Wein, Käse oder Schwarzbrot so manchem ein paar Dollar wert. Zu haben in allen größeren Supermärkten, z.B. im Basement vom *CENTREPOINT*.

Filme: Sie sind in Indonesien und Malaysia teurer als in Singapore, so daß man sich bereits hier mit einem entsprechenden Vorrat eindecken sollte.
Günstige Angebote machen die Fotoläden häufig für Farbabzüge, die allerdings oft nur von durchschnittlicher bis schlechter Qualität sind.

Handicrafts: Kunstgewerbe aus südostasiatischen Ländern kauft man in den Ursprungsländern günstiger, aber Kunstgewerbeläden gibt es überall in der Stadt. Lohnend ist ein Besuch in der Arab Street.

Kameras und Zubehör: Beim Einkauf von Fotoapparaten u.ä. sollte man vor allem auf die Internationale Garantiekarte achten und auf der Rechnung das Datum und die Seriennummer vermerken lassen. Viele Shops im *LUCKY PLAZA*, Orchard Rd., im *FAR EAST SHOPPING CENTRE*, Scotts Rd., und im *PEOPLE'S PARK COMPLEX*. in Chinatown.
GOH KIN CAMERA SERVICE, Orchard Plaza, untere Orchard Rd., repariert Kameras und kann vielleicht bei Problemen helfen.

Kinderkleidung und Spielzeug: Wer die horrenden europäischen Preise kennt, wird in Singapore aufatmen. Zu haben vor allem in großen Kaufhäusern. Kindermode im *FORUM GALLERIA* Shopping Centre, hier auch ein *TOYS'R'US*.

Kleidung und Schuhe: Die Orchard Road ist voll mit Boutiquen, Bekleidungshäusern und Schuhgeschäften aller Preislagen. Gute Gelegenheit, eine preiswerte Levi's, ein paar Turnschuhe oder andere Markenartikel zu erstehen, z.B. im *FAR EAST PLAZA* oder *FAR EAST SHOPPING CENTRE*. In kleinen Läden das Handeln nicht vergessen!

Koffer und Taschen: Wer sich ein neues Gepäckstück zulegen möchte (oder muß), versucht es am besten in einer der Chinatown-Einkaufszentren. Verschiedene Läden auch im *FAR EAST PLAZA* an der Scotts Rd.

Video/Hi-Fi/Elektronik: Viele Markengeräte werden in Singapore zu günstigen Preisen angeboten. Allerdings empfiehlt es sich, darauf zu achten, daß die Geräte vollständig sind, beim Anrufbeantworter z.B. das Netzteil dabei ist oder beim *portable phone* der Akku. Wer sich vorher über Festpreise informieren will, kann z.B. zu *COST PLUS* im Scotts Shopping Centre, Scotts Rd., gehen. *SIM LIM TOWER* und *SIM LIM SQUARE,* beide große Shopping Centres in Jl. Besar, Ecke Rochor Rd., sind auf Unterhaltungselektronik spezialisiert und bieten die größte Auswahl. Unbedingt handeln!

Tee: Eine reiche Auswahl chinesischer Teesorten findet man in einem der Teehäuser im Tanjong Pagar-Viertel von Chinatown.
TEA CHAPTER, 9A Neil Rd., verkauft nicht nur Tee, sondern bietet die Gelegenheit, in einem schön renovierten, schattigen alten Ladenhaus in stilechter Umgebung eine Teezeremonie zu genießen.

Uhren: Eine unendliche Auswahl im *LUCKY PLAZA* und *FAR EAST PLAZA.* Gehobene Markenuhren auch im
RAFFLES CITY SHOPPING CENTRE.

GESCHÄFTSZEITEN – Die großen Geschäfte haben Mo - Sa von 9.00 - 18.00 Uhr geöffnet, viele sogar bis 22.00 Uhr und am Sonntagvormittag. Büros beginnen zwischen 7.30 und 9.30 Uhr, schließen zwischen 16.00 und 18.00 Uhr und machen zwischen 12.30 und 14.30 Uhr Mittagspause. Die meisten Büros arbeiten auch am Samstagvormittag.

TAX REFUND – Für Artikel, für die im Geschäft eine *Goods & Services Tax* (GST) bezahlt wurde (man erkennt diese Läden am entsprechenden Sticker), kann man am Flughafen Changi vor dem Rückflug eine Steuer-Rückerstattung beantragen. Die Waren müssen dem Zoll vorgeführt werden, man bekommt ein Formular, wirft es am GST-Schalter in einen dafür vorgesehenen Kasten und bekommt die Steuer dann zuhause per Scheck zurück. Allerdings muß der Gesamtwert der Waren über 500 S$ (pro Geschäft) liegen. Rechnungen mitbringen!

BETRUG – Dem offiziellen Shopping Guide liegt eine Liste der „schwarzen Schafe“ bei. Wer sicher ist, betrogen worden zu sein, wendet sich an die *CONSUMERS ASSOCIATION,* ☎ 270 5433. Hier wird man auch darüber beraten, ob es möglich ist, den Fall vor ein eigens hierfür eingerichtetes Schnellgericht zu bringen.

SONSTIGES

BEHINDERTE – können im STPB Office den Führer *Access Singapore* bekommen. Herausgeber ist *COUNCIL OF SOCIAL SERVICES,* 11 Penang Rd., ☎ 3361544, fax 3373175.

BOTSCHAFTEN UND KONSULATE –
Deutschland: 14th floor, Far East Shopping Centre, 545 Orchard Road, ☎ 7371355, geöffnet Mo - Do 8.00 - 16.00 , Fr bis 14.00 Uhr.
Österreich: 2204/5, 22th Floor, Shaw Centre, 1 Scotts Road, ☎ 2354088, geöffnet Mo - Fr 8.00 - 16.00 Uhr.
Schweiz: 1 Swiss Club Link, ☎ 4686788, geöffnet Mo - Fr von 8.00 - 13.00 Uhr.

ELEKTRISCHE GERÄTE – Netzspannung ist 220 - 240 V, also keine Umstellungsprobleme für Rasierapparate, Ladegeräte und heizbare Lockenwickler. Allerdings stehen vielerorts nur die (englischen) dreistiftigen Steckdosen zur Verfügung. Also besser einen entsprechenden Adapter mitbringen.

GELD – Nahezu jede große internationale Bank hat eine Filiale im Finanzzentrum Singapore. Ein idealer Ort, um sich Geld überweisen zu lassen, am besten über eine deutsche oder schweizerische Großbank. Öffnungszeiten: Mo - Fr 10.00 - 15.00 Uhr, Sa 9.30 - 11.30 Uhr.
COMMERZBANK, Treasury Building, Shenton Way, ☎ 2234855.
DEUTSCHE BANK, Treasury Building, Shenton Way, ☎ 2244677.

DRESDNER BANK, Tung Centre, 20 Collyer Quay, 22nd floor, ☎ 2228080.
UNION BANK OF SWITZERLAND, Shell Tower, Raffles Place, ☎ 2203622.
CREDIT SUISSE, Standard Chartered Bank Bldg., 6 Battery Rd., 37th floor, ☎ 2252055.
SWISS VOLKSBANK, Hongkong Bank Bldg., 21 Collyer Quay, ☎ 2208188.
Für **Euroschecks** gilt folgendes: Die Commerz-, Deutsche- und Dresdner Bank akzeptieren nur Schecks ihrer jeweiligen Mutterbanken. Die Deutsche Bank z.B. löst maximal fünf Schecks, d.h. 2000 DM ein. Normalerweise wird nur ein Scheck eingelöst. Da die Gebühren beachtlich sind, ist es günstiger, Travellers Cheques mitzunehmen.
Moneychanger findet man vor allem am Raffles Place und Collyer Quay, aber auch in den großen Shopping-Centres. Bei ihnen gibt es es alle Währungen der Welt zu kaufen. Zu beachten sind die Einfuhrbeschränkungen der jeweiligen Länder! Bevor man um den günstigsten Kurs handelt, sollte man sich in der neuesten Ausgabe der *Far Eastern Economic Review* oder der *Asiaweek* über Wechselkurse informieren. *AMERICAN EXPRESS,* Winsland House, 3 Killiney Rd., Querstraße zur Orchard Rd., unterhält ein großes Büro, das für Verluste von Traveller-Cheques zuständig ist und neue ausstellt.
Kreditkarten: Bargeld mit der Kreditkarte und Geheimnummer bekommt man an vielen Geldautomaten der Stadt, u.a. am Changi Airport. Außerdem sind Kreditkarten ein gängiges Zahlungsmittel. Wer bei einer Ware hart um den Preis gehandelt hat, wird allerdings anschließend nicht die Karte ziehen, sondern eher mit Schecks oder Bargeld zahlen.
AMERICAN EXPRESS ☎ 2998133; *DINERS CARD* ☎ 2944222; *MASTERCARD* ☎ 5332888; *VISA* ☎ 1-800-3451345 (Service Centre).

IMMIGRATION – Wer länger als 14 Tage beiben will, wird sein Einreisevisum verlängern müssen: *IMMIGRATION DEPARTMENT,* Empress Place, ☎ 5322877.

Kriminalität

Mit drakonischen Strafen werden in Singapore auch vergleichsweise harmlose Delikte belegt. Wer gar mit Drogen handelt (und als Händler gelten alle, die eine bestimmte Menge bei sich führen), muß unweigerlich mit der Todesstrafe rechnen. Ständig melden die Zeitungen die Vollstreckung von Todesurteilen, ohne daß sich die internationale Öffentlichkeit darüber nennenswert erregen würde. Auch die barbarische Prügelstrafe wird regelmäßig verhängt. Nur wenn es einmal einen westlichen Touristen erwischt, schlagen die Wellen der Empörung hoch, wovon sich die Justizbehörden allerdings wenig beeindrucken lassen. Eine niedrige Kriminalitätsrate scheint ihnen Recht zu geben. Tatsächlich kann man sich überall sicher bewegen, selbst Taschendiebereien sind eher die Ausnahme als die Regel. Die üblichen Vorsichtsmaßregeln, die für Großstädte auf aller Welt gelten, sollte man freilich auch in Singapore einhalten. „Gefährliche" Stadtviertel wie in Paris, New York oder Los Angeles gibt es nicht, dafür umso mehr langweilige Wohngegenden. Und auch die Slums sind aus dem Stadtbild verschwunden.

INFORMATIONEN – *STPB (Singapore Tourist Promotion Board),* das Büro der staatlichen Tourismusbehörde, befindet sich im Raffles City Tower, 250 North Bridge Rd., ☎ 3396622. Das Informationsmaterial, das man zur Verfügung gestellt bekommt, ist beachtlich. Geöffnet tgl. außer sonn- und feiertags von 8.00 - 17.00, Sa 8.00 - 13.00 Uhr.
STPB INFORMATION OFFICE, 02-34 Raffles Hotel Arcade, ☎ 1-800-3341335 bzw. 3341336, ist der Anlaufpunkt für Touristen. Hier wird so gut wie jede Frage beantwortet. Geöffnet tgl. 8.00 - 20.00 Uhr, keine Zimmervermittlung.
STPB INFORMATION OFFICE, Scotts Shopping Centre, 6 Scotts Rd., 2. Etage (02-02), ☎ 7383778, ist ein weiteres Büro. Geöffnet tgl. 9.30 - 21.30 Uhr, keine Zimmervermittlung.

Fotos - im Elefanten-Trainingszentrum von Way Kambas

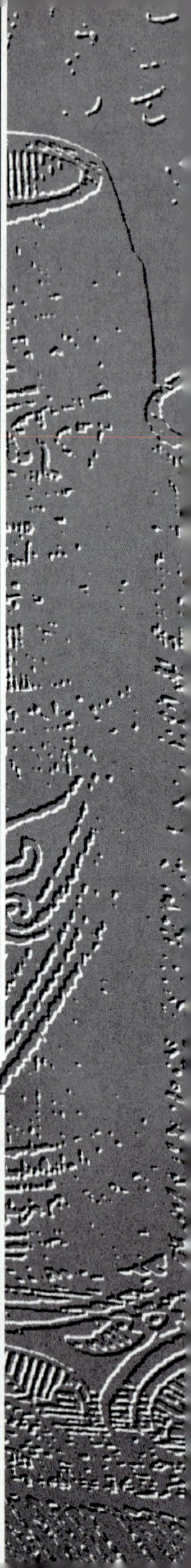

STPB gibt verschiedene Broschüren über Singapore heraus. Die wichtigste ist *The Official Guide,* der alle wichtigen Informationen enthält. Daneben gibt es mehrere kleinere Broschüren, z.B. *A Guide to Shopping, A Guide to Nightlife and Entertainment* und zahllose Prospekte zu allen möglichen Attraktionen.
Mehrere Zeitschriften und Broschüren informieren zwischen seitenlangen Einkaufstips kostenlos über das aktuelle Geschehen, so der wöchentlich erscheinende *The Singapore Visitor* und die monatlich erscheinende *Singapore Travel News,* die überall da ausliegen, wo Touristen sind.
Stadtpläne bekommt man in jedem Hotel und am Airport. Auch in verschiedenen Puublikationen, die das Tourist Office herausgibt, sind Stadtpläne enthalten, die völlig ausreichen, wenn man sich überwiegend im Zentrum aufhält. Wer's genauer will: Clyde Surveys Ltd., England, hat einen brauchbaren Faltplan herausgebracht (ca. 10 S$). Gut ist auch der Stadtplan von Nelles Maps.
Wer weiterreist und Informationen über **Malaysia** braucht, kann sich an das malaysische Tourismusbüro wenden: *MTPB,* Ocean Bldg., 10 Collyer Quay. Das Büro für **Indonesien** befindet sich im gleichen Gebäude.

KEEP SINGAPORE CLEAN – Eine Kampagne, die Singapore zur saubersten Stadt Südostasiens machte. Doch nicht Appelle an die Vernunft, sondern drakonische Strafen taten die gewünschte Wirkung. Sie können auch Uneinsichtige treffen, die Zigarettenkippen oder andere Abfälle achtlos wegwerfen (500 S$), in öffentlichen Verkehrsmitteln oder Aufzügen rauchen (500 S$), oder beim Überqueren der Straße nicht den Zebrastreifen benutzen (50 S$).

KULTURINSTITUTE – Wer den Kontakt zu seinen Landsleuten nicht missen möchte oder mal wieder eine heimische Zeitung lesen will:
DEUTSCHES HAUS, 12 First Ave., ☎ 4663156. Gutes deutsches Essen, Nichtmitglieder zahlen 50% mehr. Die Süddeutsche Zeitung liegt aus.
SWISS CLUB, 36 Swiss Club Rd., ☎ 4663270.
HOLLANDSCHE CLUB, 22 Camden Park, ☎ 4695211.
GOETHE-INSTITUT, Singapore Shopping Centre, Clemenceau Ave., #601-15, ☎ 337 5111. In der Bibliothek gibt es deutsche Zeitungen und Zeitschriften. Deutsche Filme und andere kulturelle Veranstaltungen. Die Bibliothek ist Di - Fr 11.30 - 19.30 und Sa 14.00 - 18.00 Uhr geöffnet. Während der Schulferien geschlossen.

MEDIEN – Vielsprachig wie die Zeitungen ist auch das Rundfunk- und Fernsehprogramm. Die drei TV-Programme senden unter anderem Nachrichten und Filme in Englisch – unterbrochen von zahllosen Werbespots. Allerdings herrscht eine strikte Zensur, die politisch unliebsame Beiträge oder anstößige Bilder nicht über die Sender gehen läßt.
Tageszeitungen erscheinen unter den gleichen Zensurbedingungen in Englisch, Chinesisch, Malaiisch, Tamil und Malayalam. Die wichtigste englischsprachige Tageszeitung ist die *Straits Times.* Seit 1989 gibt es auch das Boulevard-Blatt *The New Paper.* Internationale Zeitungen und Zeitschriften bekommt man in den großen Hotels und in einigen Buchläden.

MEDIZINISCHE HILFE – Private Ärzte *(medical practitioners)* und Zahnärzte *(dental surgeons)* sind meist mit den modernsten Geräten ausgestattet. Pro Konsultation muß man mit etwa 30 S$ rechnen. Zahnersatz wird in Deutschland bereits als *package tour* nach Singapore inkl. Hotel und Behandlung angeboten, weil die Qualität exzellent ist und die Preise niedrig sind. Adressen im Branchentelefonbuch.
Einen Krankenwagen erreicht man unter der Nummer 999. Die beiden wichtigsten Krankenhäuser sind

Fotos - Prähistorische Ausgrabungen im Taman Purbakala Pugung Raharjo

ALEXANDRA HOSPITAL, Alexandra Rd., ☎ 4735222, und *SINGAPORE GENERAL HOSPITAL,* Outram Rd., ☎ 2223322. Hier auch das *Government Vaccination Centre,* 226 Outram Rd., das Impfungen durchführt.

POST – Singapore hat in Südostasien das billigste und zuverlässigste Postsystem, eignet sich daher hervorragend, um die längst fälligen Briefe und Pakete nach Hause zu schicken. Seamail-Pakete kosten 34 S$ für 10 kg bzw. 54 S$ für 20 kg. Genormte Paketkartons sind in allen Postämtern erhältlich. Bei größeren Sendungen lohnt es sich, die *movers* (Speditionen) zu konsultieren. Adressen im Branchenbuch.
Da die Post in Singapore geröntgt wird, schickt man Filme, die noch nicht entwickelt sind, nur in den speziellen Entwicklungstüten an die Labors.
Eine Postkarte nach Europa kostet 30 ¢, ein Brief bis 10g 75 ¢, weitere 10 g jeweils 55 ¢ mehr.
GPO (General Post Office), Fullerton Rd., nahe Raffles Place. Postlagernde Sendungen werden hier nur einen Monat gelagert, wer mehr Zeit braucht, sollte mit einer Postkarte um Verlängerung bitten. Geöffnet Mo - Fr 8.30 - 18.00, Sa 8.30 - 16.00 Uhr, So geschlossen.
COMCENTRE, 31 Exeter Rd., liegt nahe an der Orchard Rd. und bietet vollen Postservice.

TELEFON – in Singapore wird gern und viel telefoniert. In öffentlichen Telefonzellen kosten drei Minuten **Ortsgespräch** 10 ¢. In der Ankunftshalle des Flughafens kann man sogar **kostenlose Ortsgespräche** führen – ideal für die Zimmersuche.
Bei fast allen **internationalen Gesprächen** kann man durchwählen *(IDD-calls),* was erheblich billiger ist als ein vermitteltes Gespräch. Für *IDD-calls* gibt es drei Tarifzonen. Die teuerste ist zwischen 12.00 und 21.00 Uhr (nach Deutschland 3,40 S$ pro Minute); zwischen 21.00 und 24.00 Uhr wird es billiger (3 S$ pro Minute), am günstigsten ist es zwischen Mitternacht und 12.00 Uhr mittags (2,40 S$ pro Minute).
Telefonkarten sind für 2, 5, 10 und 20 S$ überall erhältlich. Wer eine **Kreditkarte** hat, kann von vielen Apparaten telefonieren, v.a. entlang der Orchard Rd. Münztelefone werden immer seltener.
Vom Postamt oder den Telecom Centres aus geführte Gespräche kosten 4,95 / 4,40 / 3,63 S$ pro Minute. R-Gespräche *(reverse charge calls)* sind ebenfalls möglich, in diesem Fall wird ein heimischer *operator* angerufen, der die Verbindung herstellt. In allen Telecom-Läden kann mit Kreditkarten bezahlt werden.
24 Stunden geöffnet haben das *GPO,* Fullerton Building (s.o.), und das *COMCENTRE,* 31 Exeter Rd., Ecke Killiney Rd. (nahe Orchard Rd.; MRT Somerset), sowie ein Schalter im *TELECOM BUILDING,* 35 Robinson Rd., nahe Telok Ayer Market.
TELEPHONE HOUSE, 15 Hill St. (City), ist bis 21.00 Uhr geöffnet.
Hoteltelefone sind natürlich teurer, hier ist mit einem Aufschlag von mindestens 25% auf den Normalpreis zu rechnen.

TOUREN – werden in allen nur erdenklichen Varianten von verschiedenen Veranstaltern angeboten. Eine gute Übersicht gibt der *Official Guide* aus dem Tourist Office, in dem die Preise und entsprechende Telefonnummern verzeichnet sind. Das gilt auch für die **Cruises**, bei denen man sich u.a. auf alten Dschunken oder Lastschiffen über die Gewässer Singapores bewegen kann. Touren werden auch auf die umliegenden Inseln, nach Malaysia (Melaka, Johor Bharu, Desaru) oder nach Tanjung Pinang angeboten.
Nähere Informationen Buchungen im Tourist Office.

VORWAHL – 65, von Deutschland aus 0065.

NAHVERKEHRSMITTEL

Die einzelnen Rundgänge kann man gut zu Fuß machen, aber ansonsten sind die Entfernungen innerhalb der Stadt so groß, daß man nicht ohne öffentliche Transportmittel zurechtkommt, zumal es während der Hitze des

Tages nicht immer ein Vergnügen ist, auf handtuchbreiten Bürgersteigen an vielbefahrenen Straßen entlangzugehen.
Während der *rush hour* (wochentags von 6.30 - 8.30 und 16.45 - 18.45 Uhr, manchmal bis 19.30 Uhr, Sa von 6.30 - 8.30 und 12.00 - 14.30 Uhr) kommt man in der Innenstadt nur noch im Schneckentempo voran. Die City wurde deshalb zum *CBD (Central Business District)* erklärt. Private PKWs dürfen in dieses Gebiet Mo - Sa zwischen 7.30 und 10.15 Uhr sowie Mo - Fr zwischen 16.00 und 19.00 Uhr nur hineinfahren, wenn sie die Gebühr von 5 S$ (Taxis 2 S$) tgl. bezahlt haben oder mindestens vier Personen befördern. An den Zufahrtsstraßen zum *CBD* werden die Ampeln auf Rot gestellt und alle Fahrzeuge kontrolliert!

MRT (MASS RAPID TRANSIT) – Die U-Bahn ist der ganze Stolz der Singaporeaner. Vor allem an heißen Tagen ein angenehm kühles Transportmittel.
Ein Streckenplan ist auf jedem Stadtplan abgedruckt. Der Fahrpreis beträgt 60 ¢ für 3 Stationen, 70 ¢ im Innenstadtbereich, ansonsten geben die Fahrkartenautomaten Auskunft über die Tarife. Auch Geldwechselautomaten stehen zur Verfügung. Nicht vergessen beim Passieren der Drehkreuze das Ticket mitzunehmen, sonst kommt man am anderen Ende nicht mehr heraus!
Wer häufiger mit MRT fährt, für den lohnt sich der Kauf einer *TransitLink Forecard.* Das blaue Ticket im Wert von 12 S$ wird automatisch bei jeder Fahrt entwertet und ist auch bei verschiedenen Buslinien (die über einen entsprechenden Entwerter verfügen) gültig.

BUSSE – Die Busse der SBS *(Singapore Bus Service Ltd.)* sind ein billiges und bequemes Verkehrsmittel. Für eine Fahrt zahlt man zwischen 40 und 80 ¢, bzw. zwischen 60 ¢ und 1,20 S$ in ac-Bussen, je nach Zahlgrenzen *(fare stages)*. Für Fremde ein etwas kompliziertes System. Das Fahrgeld muß passend bereitgehalten werden, da die Fahrer kein Wechselgeld herausgeben, auch am Changi Airport.

Neben den Bussen mit einem Fahrkartenschaffner gibt es *OMO (One-Man-Operation)*-Linien, auf denen der draußen am Bus angezeigte Standardpreis in eine Box geworfen wird. Hierzu gehören auch die CBD-Ringbusse im *Central Business District.*
Bushaltestellen sind durch ein rotes Schild mit weißen Nummern gekennzeichnet. Hinter der Busnummer ist die *fare stage*-Nummer angegeben. Busse ohne diese Nummer sind OMO-Linien. Manche Busse halten nur an, wenn man sie heranwinkt.
Lohnenswert sind die *Singapore Explorer Tickets* für das gesamte Busnetz, die 5 S$ für einen Tag, bzw. 12 S$ für 3 Tage kosten und in den großen Hotels, Reisebüros und den *SBS Travel Centres* erhältlich sind.

TAXIS – Taxifahren ist verhältnismäßig billig. Es gibt mehr als 10 000 Taxis auf der Insel, die vor allem an den Taxiständen problemlos zu bekommen sind. Nur zu den Stoßzeiten und am frühen Morgen muß man ein wenig warten. Beim Schichtwechsel kann es passieren, daß Taxifahrer nur Fahrgäste mitnehmen, die in eine bestimmte Richtung fahren. Taxifahrer erwarten kein Trinkgeld und müssen immer das Taxameter einschalten. Ein Glöckchen erklingt übrigens immer dann, wenn der Fahrer die zulässigen 80 km/h überschreitet – selbst hier greift der Staat deutlich hörbar durch.
Die Einschaltgebühr beträgt 2,20 S$ inklusive der ersten 1,5 km. Jede weiteren 250 m kosten 10 ¢. Nachtzuschlag zwischen 24.00 Uhr und 6.00 Uhr 50%, jedes Gepäckstück kostet 50 ¢, ab 3. Fahrgast 1 S$ Zuschlag. Jede Fahrt ab Changi Airport kostet 3 S$ mehr und jede Fahrt aus dem CBD von Mo - Fr zwischen 16.30 und 18.30 Uhr kostet 1 S$ Zuschlag. Zwischen 7.30 und 10.15 Uhr wird bei einer Einfahrt in den CBD ein Zuschlag von 3 S$ berechnet, wenn weniger als vier Fahrgäste im Wagen sitzen.
Unter ☎ 4525555 oder 2500700 erreicht man Funktaxen. Zuschlag dann 3 S$. Fällt auch an, wenn man sich z.B. ein Taxi im Hotel bestellt.

Sollte es wirklich Anlaß zu Beschwerden geben: das *Registry of Vehicles,* Sin Ming Drive, ☎ 4594222, oder das Tourist Office hilft.

TRISHAWS – Nur vor den Touristenhotels und in Chinatown sieht man ab und zu noch eine Fahrradrikscha. Der Preis ist Verhandlungssache.

TROLLEY – ein Touristengefährt, das auf 2 festen Routen tgl. von 9.00 - 21.00 Uhr die meisten Sehenswürdigkeiten abfährt. Man kann aus- und zusteigen wo man will und bekommt mit dem Trolley-Schein bei diversen Geschäften Rabatt. Das Tagesticket für eine Route kostet 9 S$.

TRANSPORT

BUSSE – Zwei Busstationen sind die Anlaufstellen für Busse nach Malaysia:
Ban San Terminal, Queen St., Ecke Arab St., (nördlich vom Zentrum). Von hier fährt Bus Nr. 290 für 2 S$ nach JOHOR BHARU. Wer unbedingt 1 S$ sparen will, kann auch Nr. 170 nehmen, aber der hält an vielen Stops. Wer viel Gepäck dabei hat, wird möglicherweise auf ein Taxi verwiesen. An der Grenze müssen dann alle aussteigen und die Kontrollen passieren, der Bus wartet hinter der Sperre auf seine Passagiere und fährt weiter zur Bus Station. Von Johor Bharu aus bestehen Busverbindungen zu allen Orten der malaiischen Halbinsel. Auch bei den Buspreisen läßt sich dort der eine oder andere S$ einsparen.

Lavender Bus Terminal, Lavender St., Ecke Kallang Bharu.
Nach MELAKA (8x tgl., 5 Std.) mit dem *MALACCA SINGAPORE EXPRESS,* ☎ 2935915. Fahrkartenverkauf tgl. bis 20.00 Uhr, Fr ist 12.00 - 14.00 und So 10.00 - 17.00 Uhr geschlossen.
Es passiert selten, daß die Busse von Singapore ausgebucht sind. Wenn nicht gerade Feiertage anstehen, kann man es getrost ohne Reservierung versuchen. Ein Anruf bringt Klarheit.

ÜBERLANDTAXI – nach Malaysia bekommt man auch in Singapore. Informationen über *KUALA LUMPUR TAXI SERVICE,* ☎ 223 1889 oder *MALAYSIA TAXI SERVICE,* ☎ 298 3831. Das Sammeltaxi vom Ban San Terminal (s.o.) nach JOHOR BHARU kostet 24 S$ p.P. und nimmt bis zu 4 Fahrgäste mit.

EISENBAHN – Der Bahnhof befindet sich in der Keppel Road, südwestlich der Chinatown, ☎ 2225165. Bus Nr. 10, 145, 176, 186. Reservierungen ☎ 2225165. Fahrkarten gibt es täglich von 8.30 - 13.00 und 14.00 - 19.00 Uhr. Zu erreichen mit Bus Nr. 97, 100, 125, 146 oder 163 von der Bencoolen St., von der Orchard Rd. mit Bus Nr. 167.
Alle Preise beziehen sich auf die 2. Kl. mit ac, die 3. Kl. ist selbstverständlich billiger. Die 1. Klasse ist den erheblichen Preisunterschied nicht wert.

Richtung KL und Penang: 3x tgl. fährt ein Expreßzug über TAMPIN (3 3/4 Std., 27 S$, von hier sind es 38 km nach Melaka) und SEREMBAN (4 1/2 Std.) nach KUALA LUMPUR (6 1/4 Std., 34 S$). Die langsamen Züge, die an jedem kleinen Bahnhof halten, brauchen fast 10 Stunden und sind daher nicht zu empfehlen. Von KL aus geht es nach kurzem Aufenthalt weiter über TAPAH ROAD (45 S$, Busanschluß in die Cameron Highlands), IPOH (48 S$), KUALA KANGSAR und TAIPING nach BUTTERWORTH (insges. 15 - 16 Std., 60 S$). Von Butterworth aus gehen die Fähren nach Penang.

FLÜGE – Einer der modernsten Flughäfen der Welt wird der Rolle der Singapores als Handelszentrum Südostasiens gerecht. **Changi Airport** liegt 20 km östlich der City und vermittelt einen guten Eindruck von der Dynamik und Effizienz dieser Stadt: Super-modern, riesig, gut organisiert und dennoch ansprechend gestaltet, verfügt er über alle erdenklichen Einrichtungen und Annehmlichkeiten, nicht zuletzt über eine weitläufige *duty free*-Zone, die ständig bemüht ist, andere pazifische Flughafenpreise zu unterbieten.

Übrigens sind die Buchläden im Terminal 2 besser als im Terminal 1.
Dafür gibt es im Terminal 1 die Möglichkeit, auf 6-Stunden-Basis ein Zimmer anzumieten:
OBEROI TRANSIT HOTEL, ☎ 5423828, fax 5423808, vergibt DZ ab 64 S$ für 6 Std. Interessant für Passagiere, die in Singapore warten müssen. Mit Pool, Sauna und Fitnessraum auf dem Flughafendachdach (gegen Gebühr von 10 bzw. 15 S$ auch so benutzbar).
Ein *Skytrain* verbindet die beiden Terminals, Laufbänder verkürzen die endlosen Wege. Auch für allerlei Kurzweil ist gesorgt.

Nach der Landung in Singapore sind Immigration und Gepäckabfertigung meist schnell erledigt. Für Ortsgespräche können bei den Gepäckbändern kostenlose Telefone benutzt werden, eine Zimmervermittlung und ein Geldwechsel-Service sowie eine Gepäckaufbewahrung (3,50 S$ je Stück und Tag) stehen zur Verfügung. In die Stadt kommt man über den mehrspurigen *Expressway* entweder mit einem Taxi (normale Gebühr + 3 S$, dürfte insgesamt höchstens 15 S$ kosten), mit dem Flughafenbus (SABS) für 4 S$ oder – am günstigsten – mit einem Stadtbus der SBS für 1,20 S$, z.B. Nr. 16, der zur Bras Basah Road und zur Orchard Rd. fährt. Für die Stadtbusse vorher passendes Kleingeld einwechseln!

Vor dem Abflug von Singapore muß die Buchung von der Fluggesellschaft oder beim Reisebüro noch einmal bestätigt worden sein – nicht vergessen!
Häufig sind Flüge in der Region schon drei Monate im voraus ausgebucht, daher empfiehlt es sich, keine *open date tickets* zu kaufen, sondern lieber auf den letztmöglichen Termin zu reservieren. Zum Chinesischen Neujahrsfest bekommt man beispielsweise eine Woche vorher und zwei Wochen danach kaum Flüge aus bzw. nach Singapore.
Viele Hotels bieten einen Airport Service, ansonsten den Bus (s.o.) nehmen oder mit MRT bis Tampines fahren und weiter mit dem Bus Nr. 27. Der Taxi-Aufschlag von 3 S$ ist von der City zum Flughafen nicht fällig.
Es ist hilfreich zu wissen, ob der Flug von Terminal 1 oder 2 geht – kann bei der Rückbestätigung mit erfragt werden. Für Flüge nach Malaysia und Brunei sind 7 S$, für alle anderen 15 S$ Airport Tax fällig – also lieber noch ein paar S$ in der Tasche behalten.

Adressen wichtiger Fluggesellschaften:
AEROFLOT, Tan Chang Tower, Queen St., ☎ 3361757.
AIR FRANCE, 16 Raffles Quay, #27-06, ☎ 2254688.
AIR INDIA, 5 Shenton Way, UIC Building, ☎ 2259411.
AIR LANKA, # 2-PIL-Bldg., 140 Cecil St., ☎ 2236026.
BRITISH AIRWAYS, United Square, 101 Thomson Rd., ☎ 2538444.
CAAC, #01-53 Anson Centre, 51 Anson Rd., ☎ 2252177.
CATHAY PACIFIC, #16-01 Ocean Bldg., Collyer Quay, ☎ 5331333.
CHINA AIRLINES, # 01-29, Orchard Towers, Orchard Rd., ☎ 7372211.
GARUDA (MERPATI), #13-03 United Square, 101 Thomson Rd., ☎ 2502888.
KLM, #01-02 Mandarin Hotel, 333 Orchard Rd., ☎ 7377622.
LAUDA AIR, 140 Cecil St., #08-03 PIL Bldg., ☎ 2261266.
LUFTHANSA, #05-07 Palais Renaissance, 390 Orchard Rd., ☎ 7379222.
MALAYSIAN AIRLINES (PELANGI), #02-09 Singapore Shopping Centre, 190 Clemenceau Ave., ☎ 3366777.
PAKISTAN INTERNATIONAL, #01-01, 101 Thomson Rd., United Square, ☎ 2512322.
PHILIPPINE AIRLINES, Parklane Shopping Mall, Selegie Rd., ☎ 3361611.
QANTAS AIRWAYS, Promenade Bldg. #04-02, 300 Orchard Rd., ☎ 737 3744.
ROYAL JORDANIAN AIRLINES, Beach Centre, Beach Rd., ☎ 3388188.
ROYAL NEPAL AIRLINES, Peninsula Shopping Centre, 3 Coleman St., ☎ 3395535.
SABENA, #06-03/04 Gateway East, 152 Beach Rd., ☎ 2941611.

SEMPATI, 3 Killiney Road, ☎ 7345077
SINGAPORE AIRLINES (SILK AIR), SIA Bldg., 77 Robinson Rd., ☎ 2238888. Außerdem im Mandarin Hotel, Orchard Rd., ☎ 2238888, und in Raffles City, ☎ 2297274.
SWISSAIR, #18-01 Wisma Atria, 435 Orchard Rd., ☎ 7378133.
THAI AIRWAYS, #02-00 The Globe, 133 Cecil St., ☎ 2249977.
TURKISH AIRLINES, The Promenade Shopping Centre, Orchard Rd., ☎ 7324556.
UTA, #14-05, 400 Orchard Rd., ☎ 7376355.

Malaysia-Flüge: Mit Singapore Airlines und MAS mehrmals tgl. nach PENANG (70 Min., 170 S$).
PELANGI, ☎ 7357155, fliegt tgl. vom Changi Airport direkt nach MELAKA (45 Min., 118 S$).

Indonesien-Flüge: Garuda Indonesia / SIA / Sempati verbinden Singapore mit JAKARTA (um 120 S$). Mehrere Städte auf Sumatra z.B. MEDAN (um 290 S$) werden von Silk Air (Tochter von SIA), Merpati, Pelangi und SMAC angeflogen. Pelangi fliegt Di und Sa über Melaka nach PEKANBARU, Buchungen über MAS (s.o.). Anschlußflüge innerhalb Indonesiens sind dort wesentlich preiswerter.

Andere internationale Flüge: Billigflugbüros verkaufen viele Tickets weit unter dem IATA-Preis, z.B. nach BANGKOK (150 S$), HONG KONG (470 S$) oder SAIGON (360 S$). Mit Singapore Airlines kann man auf dem Umweg über Zürich nach Berlin fliegen.
Die meisten Deutschland-Flüge gehen allerdings nach Frankfurt. Auch nach Europa oder Australien gibt es verbilligte Studententickets, z.B. nach FRANKFURT (je nach Airline zwischen 630 und 960 S$) PERTH (500 S$), MELBOURNE oder SYDNEY (630 S$). Günstige Tickets bei:
AIRPOWER TRAVEL, 26 Sultan Gate, ☎ 294 5664 hat viele preiswerte Flüge.
CIEE TRAVEL, 110 D Killiney Rd., ☎ 7387066, ist auf Studentenreisen spezialisiert.
STA TRAVEL, Orchard Parade Hotel 02-17, ☎ 7345681, ist eine weitere, preiswerte Adresse.

SCHIFFE – auf langen Strecken nur für Leute zu empfehlen, die genügend Zeit haben, denn finanziell lohnt es sich kaum. Schiffsverbindungen gibt es zu den Häfen Suamtras über Batam (s.S. 257) und Tanjung Pinang (s.S. 250).
Von beiden Orten bestehen Flugverbindungen nach Jakarta und Sumatra, die als Inlandflüge preiswerter sind.
Ob sich der Aufwand wirklich lohnt, sollte man mit spitzem Bleistift berechnen, vor allem, da Taxikosten zum Airport und zusätzliche Übernachtungskosten entstehen.
Alle Schiffe ab World Trade Centre, südlich der Chinatown am Hafen. Zu erreichen mit den Bussen Nr. 97 und 100 (City) oder Nr. 65 und 143 (Orchard Rd.).

Nach Indonesien: Ständig fahren zwischen 8.00 und 18.00 Uhr Expreßboote in 30 Min. für 16 S$ nach PULAU BATAM (Sekupang), das fast schon ein Vorort von Singapore ist und als Industrie- und Wohngebiet entwickelt wird. Pulau Bintan und sein Hauptort, TANJUNG PINANG, sind in ca. 3 Std. erreicht (51 S$). Tickets gibt es bei diversen Transporteuren im WTC.

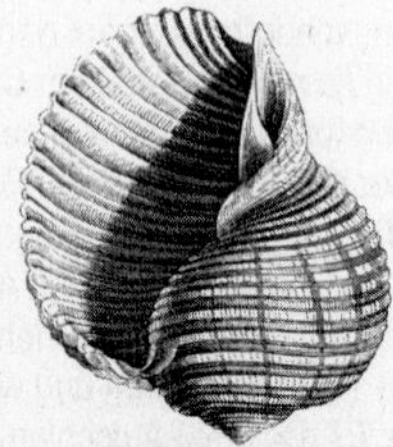

Melaka

Es gab eine Zeit, da war Jakarta noch ein unbedeutendes Hafennest namens Sunda Kelapa, und Singapore hieß noch Temasik und lag gerade in Trümmern, weil Thais und Javaner sich um die Vorherrschaft auf der malaiischen Halbinsel stritten. In Portugal ging das 14. Jahrhundert zuende, und von Lissabon aus trieb man Handel mit Arabern, Indern und Chinesen.

Parameswara, ein sumatrischer Prinz und ehemaliger Herrscher in Temasik, hatte sich mit einem Haufen Gefolgstreuer in einem Dörfchen an der Westküste eingenistet und ging einem zu dieser Zeit sehr verbreiteten Broterwerb nach: der Piraterie. Schwer beladene Schiffe segelten regelmäßig auf dem Weg von Indien nach China oder zu den Gewürzinseln an der Westküste entlang. Einen günstigeren Ort hätte er kaum wählen können, denn hier, in der Übergangszone zwischen Nordwest- und Südostmonsun, gingen die Seeleute gern vor Anker, um das Umschlagen des Windes abzuwarten. Er soll der Gründer der Stadt gewesen sein, die man später Malacca nannte.

Der Aufstieg des kleinen Piratennests zum Handelshafen dauerte nur wenige Jahrzehnte, nicht zuletzt, weil die Chinesen das Protektorat über den günstigen Warenumschlagplatz beanspruchten. Das Malacca des 15. Jahrhunderts war bereits eines der bedeutendsten Handelszentren der damaligen Welt, eine bunte, quirlige Stadt, in der Händler und Seeleute aus aller Herren Länder die Straßen bevölkerten. Im Hafenviertel unten an der Flußmündung wechselten Seide, Brokat, Gewürze, Gold, Silber, Perlen, Opium und Sklaven den Besitzer, chinesische, tamilische, javanische und bengalische Kaufleute lebten in protzigen Häusern nördlich des Flusses, und die Istana, die Residenz der Sultane auf dem Hügel über der Stadt, galt als einer der prächtigsten von Menschenhand erbauten Paläste.

Auf der Suche nach neuen Märkten landeten 1509 auch die Portugiesen in Malacca. Drei Jahre später hatten sie das Sultanat gestürzt, den malaiischen Hof verjagt, die Macht übernommen und auf dem Hügel ein mächtiges Fort errichtet. Die ortsansässige Geschäftswelt kümmerte das wenig, sie paßte sich an. Kaufleute und Händler arrangierten sich mit den neuen Herren und blieben in Malacca – vorerst jedenfalls, denn eine glückliche Hand hatten die Portugiesen nicht. Ihr weltumspannendes Imperium bröckelte, nicht nur in Südostasien. Immer wieder versuchten die Malaien, die sich in Johor niedergelassen hatten, ihren Hafen zurückzuerobern, zudem trat Holland als rivalisierende Handelsmacht auf den Plan. 130 Jahre regierten die Portugiesen Malacca, und als die Holländer endlich nach monatelanger Belagerung die Stadt übernahmen, war sie von endlosen kriegerischen Auseinandersetzungen restlos ruiniert und durch Hunger und Pestilenz so gut wie entvölkert. Man schrieb das Jahr 1641.

Trotz aller Bemühungen, aus Malacca wieder einen Handelsplatz zu machen, hat sich die Stadt von diesem Niedergang nie mehr erholt. Außerdem favorisierte die „Vereenigde Oostindie Companie“ nunmehr Batavia (das heutige Jakarta) als Handelszentrum. Aus der einstigen Metropole wurde ein mittelgroßes, verträumtes, niederländisch anmutendes Städtchen, eines unter vielen auf der Weltkarte der Holländer.

Während der napoleonischen Kriege besetzten 1795 die Engländer von Penang aus Malacca, um zu verhindern, daß die Stadt in die Hände der Franzosen fiele. Man stellte den Plan auf, die gesamte Bevölkerung nach Penang umzusiedeln und begann vorsorglich schon einmal damit, das Fort niederzureißen. Nur der Intervention des eilig aus Singapore herbeigeeilten Sir Stamford Raffles ist es zu verdanken, daß das Projekt aufgegeben wurde. Von der Festung blieb allerdings nur ein einziges Tor übrig.

Von nun an schaltete und waltete die englische East India Company an der Meerenge, die noch heute „Straße von Malacca" heißt. Inzwischen war der Hafen verschlammt und kaum noch benutzbar, die eisernen Dampfschiffe des 19. Jahrhunderts zogen an Malacca vorbei nach Singapore, der neuen Drehscheibe des (nunmehr britisch dominierten) Ostasienhandels. Die Stadt schien zu schlafen. Selbst der massenhafte Zustrom chinesischer und tamilischer Arbeitskräfte während des Kautschuk-Booms, der zweite Weltkrieg, die japanische Besetzung und die Unabhängigkeit brachten sie nicht mehr nennenswert in Bewegung.

Beschaulich wirkt Melaka, wie es sich heute nennt, noch immer. Nicht die Glastürme der internationalen Gesellschaften, sondern chinesische Ladenviertel beherrschen das Stadtbild. Die großen Bauten der europäischen Herren sind wieder zu dem geworden, was sie einmal waren: Fremdkörper. Landaufschüttungen haben die Küstenlinie verändert, Schiffsverkehr und Hafenbetrieb sind ohne Bedeutung. Noch ist das Völkergemisch der vergangenen Jahrhunderte ein wenig spürbar, aber gäbe es nicht die historischen Relikte, die neuerdings geputzt und gepflegt werden, dann wäre Melaka eine Stadt wie viele andere. Etwas geruhsamer vielleicht, etwas angenehmer, etwas grüner und etwas weniger hektisch. Und durchaus einen längeren Besuch wert.

Das **historische Zentrum** mit seinen alten Gebäuden befindet sich am südlichen Ufer der Flußmündung rund um die Jl. Laksamana. Hier erhebt sich der alte Festungshügel **St. Paul's Hill** mit seinen historischen Resten bzw. Wiederaufbauten. Ein großes Parkgelände trennt hier Zentrum und südliche Bezirke, während sich östlich, rund um die Jl. Bunga Raya und Jl. Bendahara, das **neue Zentrum** Melakas etabliert hat. **Chinatown**, das alte Chinesenviertel, erstreckt sich gegenüber, auf der anderen Seite des Flusses, bis hin zur Jl. Tun Tan Cheng Lock. Zum Meer hin hat man auf beiden Seiten Neuland aufgeschüttet, vor allem im Süden, wo mittlerweile ein völlig neuer Stadtteil, **Taman Melaka Jaya**, entstanden ist. **Bukit China**, der chinesische Friedhof, umfaßt einen großen Hügel im Südosten des neuen Stadtzentrums. Im Süden und Nordwesten zerfasert sich Melaka dann in weitläufige, zum Teil sehr grüne **Vororte**, in denen noch viele alte Villen und schöne Kampungs zu finden sind. Neu gebaut hat man vor allem im Osten. Hier haben sich moderne Wohn- und Gewerbegebiete ausgebreitet.

Auf dem „Roten Platz"

Unser Rundgang beginnt dort, wo alles anfing, an der Flußmündung des Sungai Melaka, am „Roten Platz", im Zentrum der Stadt. Alle Gebäude, die sich um diesen Platz gruppieren, sind in verschiedenen Rot-Tönen gestrichen. Ursprünglich waren alle holländischen Gebäude in einem hellen Weiß gehalten, bis 1930 der britische Gouverneur das dunkle Rot verordnete.

Das **Stadthuys** (Rathaus) ist natürlich ein Relikt der holländischen Machthaber. Es wurde um 1650 für den damaligen Gouverneur gebaut und ist damit das älteste noch erhaltene holländische Gebäude in Asien überhaupt. In einem der

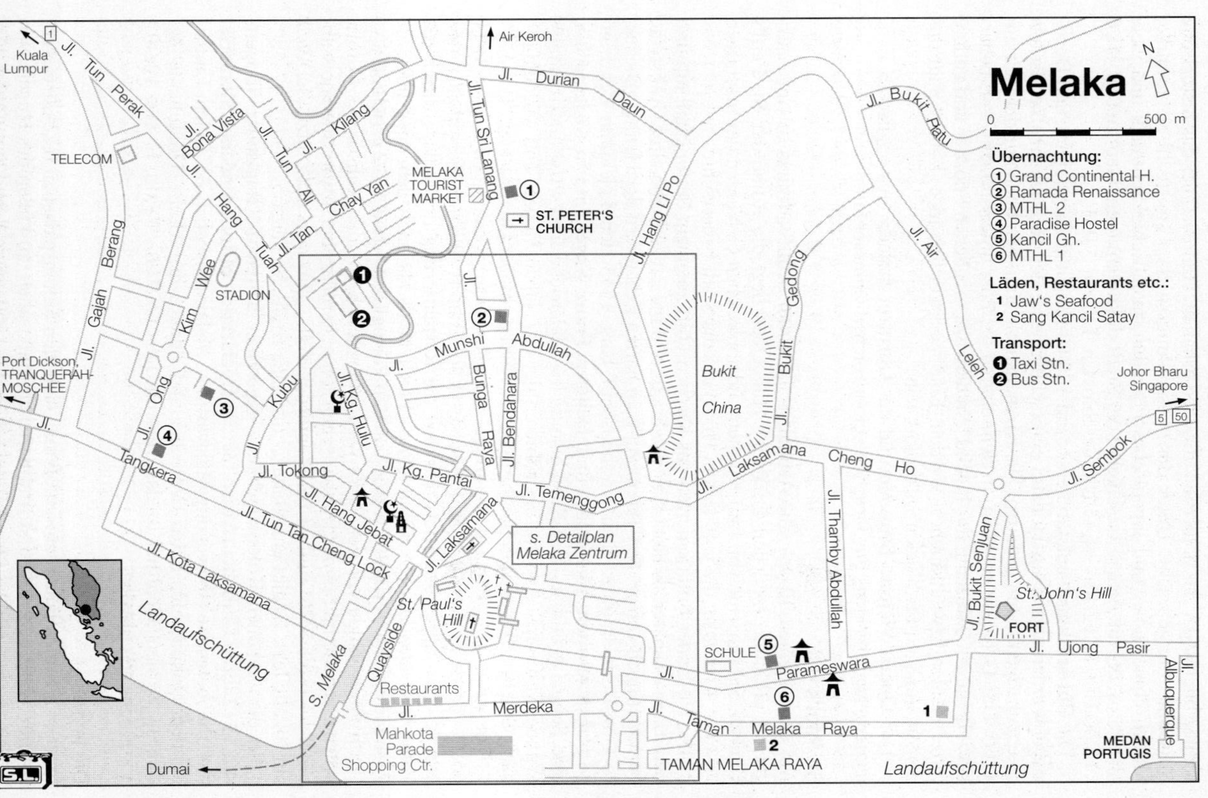

ANREISEORTE

Räume blieb sogar der hölzerne Fußboden erhalten. Heute ist hier das **historische Museum** untergebracht. Unter den Ausstellungsstücken sind zahlreiche antike Möbel, chinesisches und japanisches Porzellan, malaiischer Schmuck und viele alte Fotos, die die neuere Geschichte der Stadt dokumentieren. Geöffnet tgl. 9.00 - 18.00 Uhr, Fr 12.15 - 14.45 Uhr geschlossen. Eintritt 2 RM.

Die **Christ Church** entstand erst rund 100 Jahre später. Ziegelsteine und Dachziegel wurden eigens aus Holland eingeschifft, jeder der 16 Deckenbalken ist aus einem einzigen Baum gehauen. Die Kirchenstühle stammen noch aus der Zeit um 1760. Das Gebäude nebenan, in dem einmal die Post untergebracht war, beherbergt heute ein „Museum der Jugend", in dem alle möglichen Sportler und andere junge Helden beweihräuchert werden. Eine merkwürdige Idee, könnte glatt aus dem ehemaligen Ostblock abgekupfert sein.

Der **Queen Victoria-Brunnen** und der **Uhrturm** datieren aus englischer Zeit, letzterer war übrigens das Geschenk einer reichen Chinesenfamilie.

St. Paul's Hill

Auf einer kleinen Treppe (die Asphaltstraße hinter dem Stadthuys ist eine Sackgasse!) erklimmt man den St. Paul's Hill. Oben liegt die Ruine der **St. Paul's Church**. Sie war eine von fünf Kirchen und zahlreichen Gebäuden der mächtigen Festung *A Famosa,* die von diesem Hügel aus die Stadt beherrschte.

Die Holländer funktionierten das Kirchenschiff zu einem Festungsteil um und benutzten es später als Honoratioren-Friedhof. Eine ganze Reihe alter Grabsteine berichtet noch von großen Taten und vom harten Leben fern der Heimat. Die leere Grabkammer unter dem Kirchenschiff barg 1553 den Leichnam des französischen Jesuiten, Missionars und Heiligen **Franz Xaver**, der in Malacca u.a. eine Schule gründete, den Katechismus ins Malaiische übersetzte und mehrere Wunder vollbrachte. Allerdings ruhte er hier nur sieben Monate und wurde dann nach Goa überführt. Man hat ihm vor der Kirche ein Denkmal gesetzt.

Wie gesagt, die **Porta de Santiago** war alles, was Sir Stamford Raffles 1810 noch vor dem Zerstörungseifer seines Landsmanns William Farquhar retten konnte. Die Jahreszahl 1670 markiert die Restaurierung der Anlage durch die *Vereenigde Oostindische Compagnie (VOC)* Hollands nach dem Sieg über die Portugiesen; das Tor selbst wurde von den Portugiesen schon 1512 errichtet.

Im Parkgelände vor der Porta wird allabendlich vor der Kulisse der historischen Gebäude im Stil des französischen *son et lumiére* eine historische Show abgerollt. Kostet 5 RM und ist recht eindrucksvoll, wenn man nicht allzu viel Wert auf Inhalte legt. Es gibt eine Bahasa- und eine englische Version.

In dem schönen Kolonialgebäude gegenüber hatten die Engländer übrigens seit 1912 ihren Club, heute wird hier im **Declaration of Independence Memorial** die Unabhängigkeitsbewegung Malayas bzw. Malaysias geehrt. Bei freiem Eintritt können Dokumente, Fotos, Verträge und andere historische Dokumente besichtigt werden. Geöffnet ist das Museum Di - So 9.00 - 18.00, Fr von 12.00 - 15.00 Uhr geschlossen.

Die Istana

Erst vor wenigen Jahren entschloß man sich, den Sultanspalast zu rekonstruieren, der nun, ganz aus Holz und traditionellen Materialien, zu Füßen des Hügels wiederentstanden ist. Das Original fiel schon um 1460 einem Brand zum Opfer. Der

Nachbau kostete 2,5 Millionen RM und konnte, da keine Bilder oder Zeichnungen mehr vorhanden waren, nur nach den Beschreibungen aus den Malaiischen Annalen (s.S. 391) ausgeführt werden.

Im Inneren befindet sich das **Muzium Budaya** (Malacca Cultural Museum), das neben den geschichtlichen Exponaten auch viele ganz alltägliche Gebrauchsgegenstände vorführt und so einen guten Einblick in eine für uns fremde Kultur vermittelt. Im ersten Stock betritt man auf der linken Seite die **Audienzhalle**, in der mit lebensgroßen Figuren der Empfang des chinesischen Admiral Cheng Ho durch Sultan Parameswara dargestellt ist. Auf der gegenüberliegenden Seite wird der Kampf der beiden Helden Hang Tuah und Hang Jebat gezeigt. Im Erdgeschoß kann man dann auf mehreren Diaramen Höhepunkte der malaiischen Geschichte nacherleben.

Hinter dem Palastgelände ein kleiner **Friedhof** mit holländischen und englischen Gräbern, die meisten aus dem Naning-Krieg von 1831-32.

Weitere Museen

Auf der Jl. Kota, südwestlich der Porta de Santiago, wurde das **People's Museum** *(Muzium Rakyat)* eingerichtet. Die liebevoll gestaltete Ausstellung soll den Aufschwung dokumentieren, den die Stadt in den letzten Jahren genommen hat, und tut dies anhand zahlloser Fotos und einigen Gegenständen, die in Melaka produziert werden, vor allem aus den Bereichen Elektrotechnik und Textilien. Wer nicht vorhat, sich hier ständig niederzulassen oder eine Firma zu gründen, wird sich nicht allzu lange aufhalten. Geöffnet tgl. 9.00 - 18.00, Fr 12.15 - 14.45 Uhr geschlossen. Eintritt 1 RM.

Ein paar Meter weiter westlich wird in einem der typischen roten Gebäude derzeit ein **Islamisches Museum** eingerichtet. Ein weiteres städtisches Museum, das **Muzium Samudera**, hat man in dem Nachbau eines portugiesischen Segelschiffs untergebracht werden, das an der Jl. Laksamana vor Anker gegangen ist. Geöffnet tgl. 9.00 - 18.00 Uhr, Eintritt 2 RM.

Chinatown

Es geht nun zurück und auf die andere Seite des Flusses, nach Chinatown, die, verglichen mit Kuala Lumpur oder Penang, einen ausgesprochen friedlichen Eindruck macht. Nahezu lückenlos haben sich rund um die Jl. Hang Jebat die alten chinesischen Häuserzeilen gehalten, viele von ihnen bunt bemalt und reich verziert. Die Größe der Häuser täuscht von der Straße her häufig, viele verzweigen sich mit Höfen und Seitenflügeln weit in den Block hinein. Die Straße hieß früher *Jonker Street* und war bekannt durch ihre vielen Trödelläden, die heute allerdings zu betuchten Antiquariaten avanciert sind.

Die schönsten **Peranakan-Häuser** findet man in der benachbarten Jl. Tun Tan Cheng Lock, viele von ihnen sind nach wie vor in Familienbesitz. So auch die Nr. 50, das **Baba Nyonya Heritage Museum**, ein vollständig erhaltenes Domizil, das einen schönen Einblick in den Lebensstil einer reichen *Peranakan*-Familie von damals gibt. Eintritt 7 RM, Kinder bis 17 Jahre 4 RM, Familien 16 RM. Geöffnet tgl. 10.00 - 12.30 und 14.00 - 16.30 Uhr.

Der **Cheng Hoon Teng Tempel** in der Jl. Tokong wurde schon 1645 gegründet und ist damit der älteste chinesische Tempel Malaysias. Die Haupthalle stammt aus dem Jahre 1704, die anderen Teile sind 100 Jahre jünger. Alle verwendeten

Materialien wurden aus China hierhergebracht, ebenso die Künstler, die die besonders reichhaltige Dekoration geschaffen haben. Gegenüber ein Gebäude für Theatervorführungen, es stammt aus dem 19. Jahrhundert.

Ganz in der Nähe die **Kampung Keling Moschee** mit ihrem merkwürdig pagodenartigen Minarett. Der Bau wurde 1868 fertiggestellt, in der Gebetshalle hängt ein opulenter viktorianischer Leuchter.

Nur wenige Schritte sind es zum indischen Tempel **Sri Poyyatha Vinayagar Moorthi**, dem ältesten Hindutempel Malaysias (spätes 18. Jh.). Damit sind wieder einmal auf einem kurzen Stück Straße die drei Hauptreligionen Malaysias einträchtig versammelt.

Und da wir schon bei den ältesten Heiligtümern sind: Die **Kampung Hulu Moschee**, Jl. Kampung Hulu, ist die älteste Moschee Malaysias und wurde 1728 erbaut. Sie liegt ein paar hundert Meter nordöstlich von hier. Bleiben noch zwei christliche Gotteshäuser zu erwähnen und damit verlassen wir Chinatown.

Jl. Bunga Raya, Jl. Bendahara

St. Francis Xavier's Church, ein neogotisches Bauwerk aus dem 19. Jahrhundert, liegt noch an der Jl. Laksamana nahe dem „Roten Platz". **St. Peter's Church**, an der oberen Jl. Bendahara, ist die älteste noch funktionierende katholische Kirche Malaysias. Sie wurde 1710 von einem Holländer gebaut, der zum katholischen Glauben konvertiert war und so den noch verbliebenen Portugiesen wieder ein religiöses Zentrum schenkte – freilich etwas außerhalb der damaligen Stadt. Die Osterprozessionen erinnern noch heute mehr an Portugal oder Spanien als an Asien.

Jl. Bunga Raya, Jl. Bendahara und Jl. Munshi Abdullah sind die Hauptschlagadern des heutigen Stadtzentrums: Laut, hektisch und unansehnlich. In den Seitenstraßen gibt es freilich viele geschäftige Läden und Restaurants, Foodstalls und Straßenmärkte. In der Flußschleife nordwestlich der Jl. Bunga Raya findet man sich dann plötzlich in einem verschlafenen, mit Grün durchwachsenen, malaiischen Viertel wieder – Kontraste, die typisch sind für dieses Land.

Bukit China

Der Name des Hügels geht auf das 15. Jahrhundert zurück, als Malacca noch dem chinesischen Kaiserhof tributpflichtig war und Peking dem Harem des Sultans eine Prinzessin samt 500 Mädchen Begleitung zum Geschenk machte, die am Fuße des Hügels ihren Palast bekamen. Von ihm ist leider genausowenig übriggeblieben wie von dem Franziskanerkloster, das die Portugiesen hier bauen ließen. Heute finden wir hier den größten chinesischen Friedhof außerhalb Chinas mit über 12 000 **Gräbern**, von denen die ältesten noch aus der Ming-Dynastie stammen. Aufstieg am besten von der Jl. Puteri Hang Lih Po aus, in den Seitenweg rechts und dann die Stufen hinauf.

Am Fuße des Hügels liegen der **Sam Po Kong Tempel** und **Sultan's Well**, ein Brunnen, der den Holländern seinerzeit so wichtig war, daß sie ihn mit einem Wachhaus und acht Kanonen versahen.

Südlich des Zentrums

Über viele Kilometer hat man südlich der Flußmündung entlang der Küste Land aufgeschüttet und so die einstigen Strandpromenaden ins Landesinnere verlegt.

Taman Melaka Jaya ist die erste neue Siedlung, die auf dem neuen Landstreifen entstand. Keine Sehenswürdigkeit, aber auch kein langweiliges Wohngebiet, wie man vielleicht meinen möchte, sondern ein lebendiges Geschäfts- und Kneipenviertel mit unverkennbarem Rotlicht-Einschlag.

Die Jl. Parameswara / Jl. Ujong Pasir ist die Ausfallstraße nach Südwesten, an der Küste entlang. Etwa 1 1/2 km sind es bis zum **St. John's Hill** mit den Resten einer holländischen Festung. Viel zu sehen gibt es hier freilich nicht, zu Fuß hier hinauszugehen wäre ein bißchen weit.

Es gibt sie noch – die Portugiesen! Nur etwa einen Kilometer von hier, an der Jl. Albuquerque, gründeten in den 30er Jahren die versprengten Reste portugiesischer Nachkommen eine **portugiesische Siedlung**. Den Portugiesinnen und Portugiesen war, im Gegensatz zu anderen Kolonialmächten, die Heirat mit fremden Rassen nie verboten. So kommt es, daß noch heute etwa 1500 streng katholische Eurasier in der Siedlung am Meer leben. Ein paar von ihnen treiben noch immer Fischfang und in vielen Häusern spricht man noch *Christao,* ein archaisches Portugiesisch.

Irgendwann erkannte auch das Tourismusministerium den Reiz der kleinen Kulturinsel und eröffnete 1985 den **Medan Portugis**, ein beliebtes Ziel für abendliche Ausflüge, mit „portugiesischen" Restaurants, Seafood und *Culture Shows,* die jeden Sonnabend zwischen 8.30 und 22.00 Uhr die Restaurantgäste erfreuen (Eintritt 2 RM). Zu sehen gibt es außer einem Häuserkaree und einer kleinen Kapelle eigentlich nichts. Unter der Woche ist es auch merklich ruhiger als am Wochenende. Das besondere Ereignis in der Siedlung ist die alljährliche *Fiesta San Pedro* für den Schutzheiligen der Fischer, die um den 29. Juni herum stattfindet. Bus Nr. 17 fährt bis zur Jl. Albuquerque hinaus.

ÜBERNACHTUNG

Wir haben Malaysia in folgende Preiskategorien eingeteilt, wobei der Preis für ein Doppelzimmer gilt:

*	**bis 30 RM**
**	**bis 60 RM**
***	**bis 100 RM**
****	**bis 150 RM**

Wer mit dem Bus ankommt, wird in der Regel gleich von einer ganzen Reihe Schleppern überfallen, die ihre Übernachtungsmöglichkeiten feilbieten.
Das bedeutet nicht unbedingt, daß die angebotenen Häuser schlecht oder überteuert sind. Aber Vorsicht ist geboten, denn auf den Hochglanzfotos sind nur die besten Zimmer und zufriedene Gäste abgebildet, und die angegebenen Preise erweisen sich manchmal an Ort und Stelle als „versehentlich" zu niedrig. Und ein Zimmer mit „attached bathroom" kann auch eines mit Dusche aber Außentoilette sein.
Zur Orientierung hier eine – sicher unvollständige – Übersicht.

GUEST HOUSES – In Melaka ist es wie in anderen großen Städten auch: die Gästehäuser öffnen und schließen schneller als die Neuauflagen dieses Buches auf den Markt kommen. Wir haben dennoch versucht, ein paar „stabile" Adressen ausfindig zu machen, Veränderungen sind freilich auch hier nicht auszuschließen. Die meisten Gästehäuser bieten Küchenbenutzung, mehr oder weniger angenehme Aufenthaltsräume für alle sowie eine kleine Bibliothek mit von Travellern hinterlassener Unterhaltungslektüre.
Viele Traveller fahren (zu Fuß ist es von der Bus Station ziemlich weit) mit dem Bus Nr. 17 oder per Rikscha / Taxi bis zum **Taman Melaka Jaya**, dem Neubauviertel südlich des Zen-

trums. Hier gibt es in engen Neubauwohnungen ein paar kleine Guest Houses mit billigen Schlafsaal-Betten bzw. einfachen Zimmern zwischen 15 und 20 RM:
*SUNSET VILLA**, 212 B Taman Melaka Jaya, ist sauber und nett eingerichtet.
*SUNNY'S INN**, 253-B Taman Melaka Jaya, ☎ 237990, ermuntert seine Gäste nun schon so lange, uns lobende Postkarten zu schreiben, daß wir es einfach erwähnen müssen. Alle Zimmer mit Gemeinschaftsdusche und Mandi, aber preiswert und sehr travellerfreundlich.
HOLIDAY HOTEL-***, 305 Taman Melaka Jaya, ☎ 228435, hat einfache Zimmer mit Fan und etwas schmuddliger Gemeinschaftsdusche/ WC, aber auch ein paar (geringfügig teurere) Zimmer mit Bad, Fan oder ac.
Weitere Guest Houses mit häufig wechselnden Namen sind in dieser oder in der Parallelstraße zu finden.
AMY, 244-B, Taman Melaka Jaya, vermietet Einzelbetten (9 RM), Homestay-Atmosphäre, sauber, aber insgesamt etwas düster.
*SUNSET VILLA**, 212 B Taman Melaka Jaya, vermietet preiswerte, saubere DZ. 24 Stunden geöffnet.
SHIRA'S 229-B und 230-B Taman Melaka Jaya, gegenüber von Sunset. Schlafsaalbett 6 RM, DZ 15 - 20 RM. 24 Std. geöffnet, nicht allzu sauber, auch Fahrräder zu vermieten.
SD RESTHOUSE-***, 252 B Taman Melaka Jaya, ☎/fax 249656. Freundliches, familiäres indisches Gästehaus im 1. Stock. Saubere DZ mit ac oder (billiger) mit Fan. Manche Zimmer sind etwas düster, da ohne Außenfenster, kosten aber nur 9 - 15 RM. Küchenbenutzung, TV-Raum, Videoverleih, Kartentelefon. Wer in den billigsten Zimmern nächtigt, muß 1,20 RM zusätzlich für ein Handtuch – so gewünscht – ausgeben.
*CHEER'S INN**, 251-A, 251-B und 252-B Taman Melaka Jaya, DZ mit Fan 15 - 20 RM, mit ac 25 - 30 RM, Schlafsaalbett 6 RM
*ROBIN'S NEST**, 247-B und 248-B Taman Melaka Jaya, ☎ 229142, ist vielleicht nicht ganz blitzsauber, aber eine gute Traveller-adresse. Insgesamt 16 Zimmer, europäische Gemeinschaftstoiletten, interessantes Gästebuch, reiseerfahrener Manager.
*HERITAGE HOTEL***, 116A Taman Melaka Jaya, ☎ 227515, fax 227516, ist ein modernes, sauberes Mittelklassehotel; alle Zimmer mit ac und Du/WC.
*MELAKA YOUTH HOSTEL**, 341 Taman Melaka Jaya, ☎ 227915, fax 2741115, hat im Okt. 93 seine Pforten geöffnet. Wer kein JH-Mitglied ist, kann es hier werden. Erste Nacht im ac-Schlafsaal 12 RM, im Schlafsaal mit Fan 10 RM, jede weitere Nacht 9 RM bzw. 7 RM.
MTHL 1 (Malacca Town Holiday Lodge)-***, 148-149B Taman Melaka Raya, ☎ 248830, unterschiedliche Zimmer.
Andere Gegenden: Wer mit dem Bus Nr. 17 auf der Jl. Parameswara noch ein Stück weiterfährt und an der Ecke Jl. Thamby Abdullah aussteigt, erreicht das
*KANCIL GUEST HOUSE**, 177 Jl. Parameswara, ☎ 230821. Relativ geräumig und ruhig, gleich neben dem chinesischen Tempel gelegen.
EASTERN HERITAGE-***, 8 Jl. Bukit China, ☎ 233026, befindet sich in einem schönen alten Haus im Zentrum Melakas. Nett und sauber. Schlafsaalbett 6 RM, auch EZ, DZ und Suite, alle mit Fan.
MTHL 2 (Malacca Town Holiday Lodge)-***, 52 ABC Kampung Empat, ☎ 246905, unmittelbar nördlich von Chinatown, bietet unterschiedliche Zimmer der unteren und mittleren Preislage. Freundliche malaysisch-englische Besitzer.
PARADISE HOSTEL-***, 4 Jl. Tengkera, ☎ 230821, Ecke Jl. Ong Kim Wee, am westlichen Ende von Chinatown, Schlafsaalbett 6 RM, DZ mit Fan, manche mit Bad, auch ac-Zimmer.

PREISWERTE HOTELS – liegen nicht weit von der Bus Station im **neuen Zentrum**.
*VISMA HOTEL***, 95 Jl. Kg. Hulu, ein langweiliger Neubau, aber gleich gegenüber der Bus Station auf der anderen Seite des Flusses.
*MALACCA HOTEL**, 27A Jl. Munshi Abdullah, ☎ 222499, schräg gegenüber, ist nicht gerade

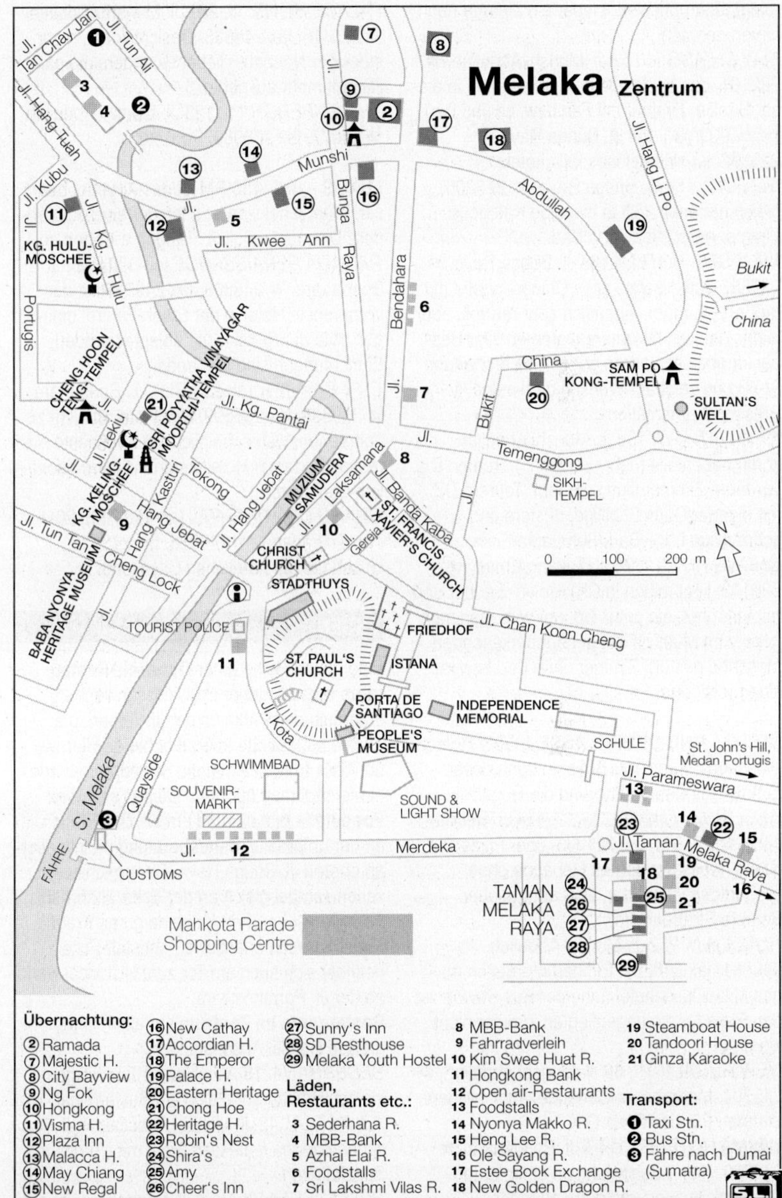
Melaka Zentrum
Jl. Tan Chay Jan
Jl. Tun Ali
Jl. Hang Tuah
Jl. Kubu
Jl. Kg. Hulu
Jl. Munshi
Jl. Kwee Ann
Jl. Bunga Raya
Jl. Bendahara
Abdullah
Jl. Hang Li Po
Bukit
China
Portugis
KG. HULU-MOSCHEE
CHENG HOON TENG-TEMPEL
SRI POYYATHA VINAYAGAR MOORTHI-TEMPEL
KG. KELING-MOSCHEE
Jl. Lekiu
Jl. Kg. Pantai
Jl. Bukit China
SAM PO KONG-TEMPEL
SULTAN'S WELL
Jl. Temenggong
SIKH-TEMPEL
Jl. Laksamana
MUZIUM SAMUDERA
Jl. Banda Kaba
ST. FRANCIS XAVIER'S CHURCH
Tokong
Hang Kasturi
Hang Jebat
Jl. Hang Jebat
Jl. Gereja
Jl. Tun Tan Cheng Lock
BABA NYONYA HERITAGE MUSEUM
CHRIST CHURCH
STADTHUYS
0 100 200 m
N
Jl. Chan Koon Cheng
FRIEDHOF
TOURIST POLICE
ST. PAUL'S CHURCH
ISTANA
PORTA DE SANTIAGO
INDEPENDENCE MEMORIAL
Jl. Kota
PEOPLE'S MUSEUM
SCHULE
St. John's Hill, Medan Portugis
Jl. Parameswara
SCHWIMMBAD
SOUVENIR-MARKT
SOUND & LIGHT SHOW
Quayside
S. Melaka
FÄHRE
CUSTOMS
Jl. Merdeka
Jl. Taman Melaka Raya
TAMAN MELAKA RAYA
Mahkota Parade Shopping Centre
Übernachtung:
2 Ramada
7 Majestic H.
8 City Bayview
9 Ng Fok
10 Hongkong
11 Visma H.
12 Plaza Inn
13 Malacca H.
14 May Chiang
15 New Regal
16 New Cathay
17 Accordian H.
18 The Emperor
19 Palace H.
20 Eastern Heritage
21 Chong Hoe
22 Heritage H.
23 Robin's Nest
24 Shira's
25 Amy
26 Cheer's Inn
27 Sunny's Inn
28 SD Resthouse
29 Melaka Youth Hostel
Läden, Restaurants etc.:
3 Sederhana R.
4 MBB-Bank
5 Azhai Elai R.
6 Foodstalls
7 Sri Lakshmi Vilas R.
8 MBB-Bank
9 Fahrradverleih
10 Kim Swee Huat R.
11 Hongkong Bank
12 Open air-Restaurants
13 Foodstalls
14 Nyonya Makko R.
15 Heng Lee R.
16 Ole Sayang R.
17 Estee Book Exchange
18 New Golden Dragon R.
19 Steamboat House
20 Tandoori House
21 Ginza Karaoke
Transport:
1 Taxi Stn.
2 Bus Stn.
3 Fähre nach Dumai (Sumatra)
SL

ruhig, aber preiswert. Lieber ein Zimmer nach hinten nehmen.
MAY CHIANG-***, 52 Jl. Munshi Abdullah, ☎ 222101, das beste von den preiswerten in dieser Straße. Zimmer mit Fan bzw. ac und Bad.
*HONGKONG**, 154 Jl. Bunga Raya, ☎ 223392, ist ein reizloses Billighotel.
*NG FOK**, 154 Jl. Bunga Raya, ☎ 228206, gleich nebenan, fällt in dieselbe Kategorie. Zimmer auch mit ac und Bad.
*MAJESTIC HOTEL**, 188 Jl. Bunga Raya, ☎ 222367. Klassisches altes Chinesenhotel mit großen Zimmern, eigentlich sehr reizvoll, aber leider ziemlich heruntergekommen. Der Besitzer kämpft seit Jahren gegen den drohenden Abriß und zeigt auf Wunsch gern seine kleine Pressedokumentation.
*NEW CATHAY**, 100 Jl. Munshi Abdullah, kommt ebenfalls mehr und mehr herunter. Die vorderen Zimmer sind sehr laut. Teurere DZ mit eigener Du/WC, billige, düstere und schmutzige ohne Bad. Sehr laute Ecke.
CHONG HOE-***, 26 Jl. Tukang Emas, ☎ 226102, liegt mitten in Chinatown. Sauber und mit Innenhof, ein guter Tip, nur wird man morgens vom Muezzin der gegenüberliegenden Moschee gestört. Zimmer ohne Bad bzw. ac sind preiswerter.

MITTEL- UND OBERKLASSE – Gute Hotels zwischen 50 und 100 RM sind dünn gesät. Zimmer mit Bad und ac sind die Regel.
*ACCORDIAN HOTEL***-*****, 114 Jl. Bendahara, ☎ 221911, fax 221333, über Pizza Hut, ist ein neues, modernes Gebäude ohne großartigen Charakter, aber sehr sauber. Belebte Straßenecke.
*PLAZA INN****, 2 Jl. Munshi Abdullah, ☎ 240881, fax 249357. Ein heruntergekommenes Mittelklassehotel nahe der Bus Station, ist den Preis für die ungepflegten Zimmer nicht wert.
*NEW REGAL**-****, 66 Jl. Munshi Abdullah, ☎ 245500. Moderneres Gebäude, auch billigere Zimmer. Für den Preis O.K.
*WISMA HOTEL****, 114 A Jl. Bendahara, ☎ 239800. Keine Schönheit, an einer lauten Straßenkreuzung und dafür zu teuer.
*PALACE HOTEL****, 201 Jl. Munshi Abdullah, ☎ 225115, fax 248833. Gesichtsloser, mehrstöckiger Neubau – lieber woanders ein paar Ringgit mehr ausgeben.
*THE EMPEROR*****, 123 Jl. Munshi Abdullah, ☎ 24077, fax 238989. Pool etc.

LUXUS – über 150 RM ist das Angebot besser. Wahrscheinlich ist auch der eine oder andere Discount möglich. Fangen wir oben an:
RAMADA RENAISSANCE (ab 300 RM), Jl. Bendahara, ☎ 248888, fax 249269, ist das vornehmste Hotel in der Stadt. Zentral gelegen. Alle der Preisklasse entsprechenden Einrichtungen sind vorhanden.
CITY BAYVIEW (ab 250 RM), Jl. Bendahara, ☎ 239888, fax 236699. Das Hotel ist nicht zu übersehen, wahrscheinlich die zweitbeste Adresse. Moderner Hotelkasten mit internationalem Standard.
GRAND CONTINENTAL (ab 150 RM), 20 Jl. Tun Sri Lanang, ☎ 240088, fax 248125. Hochhaus am nördlichen City-Rand.

ESSEN

Eine ganze Reihe guter **Open-Air-Restaurants** verschiedener Preisklassen liegen unterhalb des Parks an der Jl. Taman, u.a. auch eins, das Steamboat anbietet. Hier war übrigens früher einmal die Strandpromenade, heute sagt man nur noch *Glutton's Corner.*
Foodstalls gibt es rund um die Bus Station, an der unteren Jl. Bendahara und nachts auch an oberen Jl. Bunga Raya. Der am chinesischen Tempel gleich an der Ecke Jl. Munshi Abdullah ist berühmt für seine guten Krebse. Eine malaiisch orientierte Foodstall-Ecke befindet sich auch am Tor zum Historical Park an der Jl. Parameswara.
Restaurants im Zentrum vor allem in den großen Hotels. Ansonsten:
SEDERHANA, 18-A Jl. Hang Tuah, billiges, kleines Restaurant gleich am Busterminal.
AZHAI ELAI, 42 Jl. Munshi Abdullah, indisches *banana leaf*-Restaurant mit Curries u.a. Spezialitäten.
SRI LAKSHMI VILAS, 2 Jl. Bendahara, ist ein

weiteres, recht preiswertes indisches Restaurant.

KIM SWEE HUAT, 38 Jl. Laksamana, Traveller-Restaurant mit westlichem Einschlag in der Karte. Gut zum Frühstücken. Nahe dem „Roten Platz".

Ein akzeptables Restaurant befindet sich auch unten im Pavillon des Touristenbüros am „Roten Platz". Hier kann man angenehm im Freien sitzen.

Im Neubaugebiet **Taman Melaka Jaya** ist eine Bar und Restaurantgegend entstanden, in der abends oft eine Menge los ist:

HENG LEE, 140 Jl. Taman Melaka Jaya, ist ein beliebtes China-Restaurant in dieser Gegend. Mittlere Preislage.

NYONYA MAKKO, 123 Jl. Taman Melaka Jaya, ist – der Name sagt es schon – auf die Küche der Peranakan-Chinesen spezialisiert, die viele malaiische Einflüsse aufgenommen hat.

OLE SAYANG, 198 Taman Melaka Jaya, ebenfalls ein gutes Nyonya-Restaurant, allerdings nicht ganz billig.

SANG KANCIL SATAY, 627 Taman Melaka Raya, ☎ 222123, serviert außer leckerem Satay in allen möglichen leckeren Variationen auch *Sate Burger* und *Ais Batu Campur,* dieses umwerfende Eis mit roten Bohnen und Mais und anderen abenteuerlichen Zutaten.

STEAMBOAT HOUSE, Taman Melaka Raya, gegenüber *Amys*, bietet außer Steamboat am Sonntagvormittag auch Dim Sum (RM pro Gericht).

TANDOORI HOUSE, eine Tür weiter Richtung Meer, hält die gleichnamigen Spezialitäten bereit.

NEW GOLDEN DRAGON, einfaches, gut besuchtes Chinesenrestaurant, das auch spät noch geöffnet ist, nahe der Guest Houses.

Etwas außerhalb liegt der Medan Portugis, von dem ja bereits die Rede war. In touristischer Umgebung wird vor allem Seafood angeboten. Man sitzt angenehm im Freien, nur am Wochenende kann es voll werden. Bus Nr. 17 fährt hinaus.

JAW'S SEAFOOD ist nicht ganz so weit entfernt und notfalls vom Taman Melaka Jaya aus noch zu Fuß zu erreichen. Die Gegend ist nicht attraktiv, aber wer Seafood mag, wird hier wenig Touristen antreffen. Unweit von St. John's Hill im Neubaugebiet.

Das Einkaufszentrum *PARKSON GRAND MAHKOTA PARADE* unmittelbar westlich von Taman Melaka Raya, gegenüber den Freiluft-Restaurants, beherbergt unter anderem eine Cafeteria und zwei Fastfood-Restaurants.

PERANAKAN PLACE, Nava Hoe Villa, 317 Klebang Besar, ☎ 354436. Wunderbar vornehmes Restaurant in einer herrschaftlichen alten Villa am Rande der Stadt, mit Nyonya-Küche und gediegenem Interieur. Man fährt auf der Jl. Tranquerah nach Norden aus der Stadt hinaus (Jl. Klebang), es liegt dann nach etwa 6 km auf der rechten Seite.

UNTERHALTUNG

GINZA KARAOKE MUSICAL LOUNGE, gegenüber SD Resthouse, ist von 20.00 Uhr bis in die frühen Morgenstunden geöffnet.

EINKAUFEN

Die **Jl. Hang Jebat** genießt noch immer die Popularität der alten „Jonker Street", nur die Preise haben sich radikal verändert. In den übervollen, engen Läden findet sich so manche Rarität und Antiquität, vieles davon aus alten chinesischen Häusern. Ohne einen fundierten Kenner ist bei solchen Käufen freilich Vorsicht geboten, denn natürlich ist alles „echt" und „antik" und auch hier gilt: nie den ersten Preis bezahlen, Handeln gehört zum Ritual! Die Ausfuhr von Antiquitäten ist außerdem genehmigungspflichtig!

In der **Jl. Tokong** werden Tempelutensilien verkauft, z.B. auch die Nachbildungen all der Luxusgüter, die die Toten im Jenseits nicht missen sollen und die zu diesem Zweck verbrannt werden. Man kann u.a. Phantasie-Reisepässe, Travellers' Cheques und Kreditkarten für das Leben im Jenseits kaufen.

MELAKA TOURIST MARKET, Jl. Tun Sri Lanang, gegenüber dem Grand Continental Hotel, ist ein weiterer Versuch, an Melaka-Touristen Geld zu verdienen. Vor allem Kunstgewerbe und Handarbeiten werden angeboten. Auch hinter den Freiluft-Restaurants an der Jl. Merdeka (Richtung Schwimmbad) gibt es einen Bazaar, wo man Souvenirs, Textilien und allerhand Schnickschnack kaufen kann. Das *PARKSON GRAND MAHKOTA PARADE,* ein großes Einkaufszentrum, unmittelbar westlich des Viertels Taman Melaka Jaya, beherbergt außer schicken Boutiquen und einem Kaufhaus auch einen Supermarkt – mit Alkoholabteilung (im Untergeschoß).

SONSTIGES

BÜCHER – Neue, aber auch gebrauchte Bücher in vielen Sprachen hat *ESTEE BOOK EXCHANGE,* 153 Taman Melaka Jaya auf Lager. Auch Ankauf. Ein Besuch lohnt sich.

GELD – Gleich an der Bus Station gibt es an der Jl. Hang Tuah eine *MBB-BANK.* Eine weitere befindet sich am Platz, dort wo die Jl. Temenggong auf die Jl. Laksamana trifft. *HONGKONG BANK,* 1 Jl. Kota, ganz in der Nähe des Tourist Office. Manchmal lange Wartezeiten.
In der Jl. Laksamana befindet sich auch ein **Money Changer**, bei dem der Kurs möglicherweise günstiger ist, wenn man die Bearbeitungsgebühren der Banken einrechnet. Einen weiteren findet man neben dem New Cathay Hotel in der Jl. Munshi Abdullah.

FAHRRÄDER – eine schöne Art, Melaka zu erkunden! Eine Fahrradwerkstatt, die Räder verleiht, befindet sich in der Jl. Hang Jebat in Chinatown. Sie kosten 4 RM pro Tag, 20 RM Kaution.

INFORMATIONEN – direkt am „Roten Platz" liegt die *TOURIST INFORMATION,* Jl. Kota, ☎ 236538. Hier kann man sich mit Prospekten und Informationen eindecken. Geöffnet Mo - So 8.45 - 17.00, Fr 12.15 - 14.45 Uhr geschlossen, So 9.00 - 17.00 Uhr.
Nur wenige Meter entfernt an der Jl. Kota befindet sich auch die *TOURIST POLICE,* ☎ 222222.

POST – GPO in Bukit Bharu im Nordosten, 8 km vom Busbahnhof, Bus Nr. 19 für 60 ¢. Ein kleines Postamt befindet sich auch im *District Office* gegenüber vom Busbahnhof.

SOUND & LIGHT SHOW – über die Geschichte der Stadt findet abends um 21.30 Uhr in englischer Sprache unterhalb des St. Paul's Hill statt (s.o.). Eintritt 5 RM.

TELEFON – das *TELECOM OFFICE* befindet sich nördlich des Zentrums an einer Seitenstraße der Jl. Hang Tuah, die auch an der Bus Station vorbeiführt.

TOUREN – Mäßig interessant ist eine 45minütige Bootsfahrt auf dem Melaka River, die mehrmals tgl. für 6 RM ab Anlegestelle am Tourist Office durchgeführt wird (es müssen mindestens 6 Personen zusammenkommen). Jedenfalls bekommt man einen anschaulichen Eindruck von den Abwasserproblemen der Stadt, die im wahrsten Sinne des Wortes „zum Himmel stinken".
Kleine Frachter aus Sumatra und Fischerboote ankern auf dem Fluß.

VORWAHL – 06.

NAHVERKEHRSMITTEL

STADTBUSSE – fahren ab Bus Station (Jl. Kilang) und kosten je nach Entfernung 20 - 75 ¢.

TAXI – hier sollte man vorher einen vernünftigen Preis aushandeln, denn Taxameter sind meist nicht „verfügbar". Kurze Strecke kosten etwa 4 RM, für eine Stunde ein Taxi zu chartern zahlt man ca. 30 RM. Zwischen 1.00 und 6.00 Uhr wird ein Zuschlag von 50% verlangt. Von der Bus Station zum Taman Melaka Jaya sollte man für 5 - 6 RM fahren können.

TRISHAW – Preise sind dieselben wie für Taxen. Wer eine Trishaw für eine Rundfahrt mietet, sollte von 15 RM pro Stunde ausgehen. Den Preis aber in jedem Fall vorher festlegen! Manche Guesthouses übernehmen einen Teil der Taxi- oder Trishawkosten, wenn man sich am Busbahnhof für eine solche Unterkunft entscheidet. Das kann – muß aber nicht – ein guter Deal sein.

TRANSPORT

BUSSE – Ac-Busse fahren von der Expreßbus Station in der Jl. Tun Ali.
Von hier aus u.a. zwischen 8.00 und 18.00 Uhr stündlich über JOHOR BHARU (11 RM) nach SINGAPORE (12 RM), nach KUALA LUMPUR (zwischen 7.00 und 19.00 Uhr stündlich, 7 RM), über IPOH (16 RM) und TAIPING (20 RM) nach BUTTERWORTH, (2x tgl., 24 RM).

ÜBERLANDTAXI – Halteplatz der Überlandtaxen ist am Busbahnhof.
Preisbeispiele: KUALA LUMPUR 15 RM, JOHOR BHARU 18 RM.

EISENBAHN – Der nächste Bahnhof befindet sich in Tampin, 38 km nördlich von Melaka, zu erreichen mit dem Bus ab Bus Station für 2,50 RM oder im Sammeltaxi für 4 RM p.P.
3 Expreßzüge fahren tgl. über GEMAS und JOHOR BHARU, 4 Std., nach SINGAPORE (5 Std., 21 RM) und in der Gegenrichtung über SEREMBAN (40 Min.) nach KUALA LUMPUR (2 1/2 Std., 17 RM). Von dort aus kann man mit relativ kurzem Aufenthalt weiter Richtung BUTTERWORTH fahren.
RAILWAY OFFICE (KERETAPI), Taman Pringgit Jaya, Jl. Pringgit, ☎ 223091, hat Tickets und Informationen. Leider sehr weit draußen an der Straße nach Air Keroh und nur von 14.00 - 15.00 Uhr geöffnet. Informationen und Ticketreservierung auch beim Bahnhof von Tampin, ☎ 411034.

FLÜGE – Der Flughafen liegt in Batu Berendam, nördlich von Melaka. *Pelangi* fliegt von hier aus tgl. nach SINGAPORE (50 Min., 118 RM). Weitere Flüge nach PEKANBARU (Di, Sa; 120 RM) und nach PALEMBANG (Di, Do, Sa; 686 RM)
MAS, City Bayview Hotel, Jl. Bendahara, ☎ 235722. *PELANGI* auch unter ☎ 351175.

SCHIFFE – Eine preisgünstige Schiffsverbindung gibt es tgl. zwischen Melaka und DUMAI (Sumatra).
Die Reise dauert maximal 5 Std. und kostet bei allen Fährgesellschaften 80 RM, Rückfahrkarte 150 RM.
Ohne Visum ist die Einreise nach Indonesien über Dumai nicht möglich. Die nächste indonesische Botschaft befindet sich in KL oder Singapore.
Der Pier befindet sich an der Flußmündung unweit der Jl. Taman, in der Nähe ist auch das Office von *TUNAS PUPAT UTAMA EXPRESS,* 17A Jl. Merdeka, ☎ 232506, das die schnelleren Boote betreibt. Abfahrt tgl. 10.00 und 14.00 Uhr, Dauer 4 Std.
MAHARANI, Jetty Quayside, ☎ 244344, fährt am Do um 14.00, am Fr um 12.00 Uhr, ab. Ansonsten gibt es ein Büro nahe der Bus Station:
MADAI SHIPPING, 321A Jl. Tun Ali, ☎ 240671. Abfahrt tgl. 10.00 und 16.00 Uhr.

Penang

Seit Jahren steht die Insel Penang ganz oben auf den Listen der Reiseveranstalter, und das, obwohl sie nicht einmal zu den atemberaubendsten Landstrichen Malaysias gehört. Gewiß – eine schöne Insel mit waldigen Bergrücken, grünen Plantagen, verschlafenen Dörfchen und reizvollen Buchten, aber für einen Badeurlaub gibt es schönere Ecken, zumal die Wasserqualität wegen der Häfen und Industrieanlagen auf der Festlandseite nicht die beste ist.

Dennoch: Penang ist ein „Muß", aber nicht der Strände wegen. Ein paar Tage im Norden der Insel in einer luxuriösen Hotelanlage zu verbringen mag ja ganz nett sein, wird aber mit Sicherheit bald langweilig werden. Wer nach Penang fährt, sollte sich für die Stadt begeistern können. Und wer das kann, sollte Georgetown / Penang unbedingt in eine Malaysia-Reise einbauen, denn sie ist mehr als einen kurzen Aufenthalt wert.

Die korrekte malaiische Bezeichnung für die Insel ist *Pinang,* die Stadt heißt nach wie vor **Georgetown**, und „Penang" ist ihr alter, aber immer noch gängiger Name. Das alte, historische Penang bildet den dem Festland zugewandten Zipfel der Insel. Rund 400 000 Inselbewohner leben im Stadtgebiet am Nordostende, während sich die restlichen 100 000 auf mehrere kleine Orte verteilen. Im Südosten, dort wo die imposante Penang Bridge Georgetown mit dem Festland verbindet, haben sich Industrie und Gewerbe ausgebreitet. Die größten Hafenanlagen findet man heute allerdings in Butterworth, auf der anderen Seite der Brücke.

Georgetown

„Perle des Orients" steht auf dem Hochglanzprospekt aus dem Tourist Office. Da mag jeder seine eigene Vorstellung haben, vielleicht ist es wirklich wahr – warum eigentlich nicht? Denn eines ist Penang mit Sicherheit: einmalig. Einmalig sind nicht die Strände von Batu Ferringhi oder die Betelnußpalmen, die der Insel ihren Namen gaben. Einmalig ist Georgetown, das alte Penang.

Keine Großstadt Südostasiens hat sich diese Atmosphäre bewahrt. Hier leben Moslems, Christen, Hindus und Buddhisten Tür an Tür, brennen Chinesen abends Räucherstäbchen in den Ahnentempeln ihrer Clans ab, während ein paar Straßen weiter der Muezzin zum Gebet ruft. Hier stehen sie noch, die kolonialen, herrschaftlichen Paläste der englischen Machthaber, die Kirchen, Gerichts- und Verwaltungsgebäude und die protzigen Vorstadtvillen in ihren schattigen Gärten.

In den notorisch verstopften Straßen von Chinatown herrscht ein heilloses Gewühl von Verkehrsmitteln aller Art, drängen sich Fahrradrikschas durch farbenprächtige Märkte, wird an Essenständen gebrutzelt und gekocht, was das Herz begehrt. Kaum ein Produkt oder ein Bedürfnis, für das es nicht einen Laden oder eine schummrige Werkstatt gäbe. Kaum ein Artikel, der nicht irgendwo unter den Arkaden auf dem Fußweg gestapelt oder in einem der überquellenden Regale versteckt aufzutreiben wäre, kaum eine Dienstleistung, die nicht an irgendeiner Straßenecke in Anspruch genommen werden könnte. Und schon in der nächsten

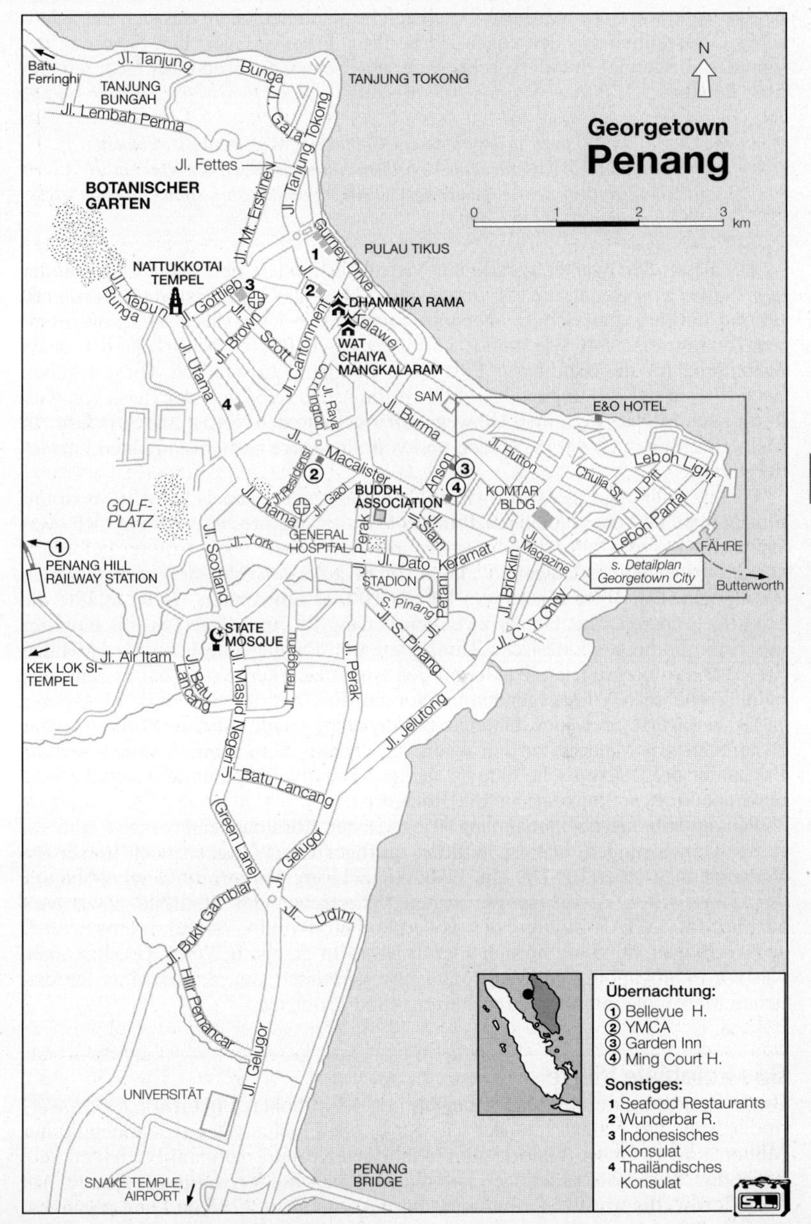
Georgetown
Penang
N
0 1 2 3 km
Batu Ferringhi
Jl. Tanjung Bunga
TANJUNG BUNGAH
Jl. Lembah Perma
TANJUNG TOKONG
Jl. Gaja
Jl. Tanjung Tokong
Jl. Fettes
Jl. Mt. Erskine
BOTANISCHER GARTEN
PULAU TIKUS
Gurney Drive
NATTUKKOTAI TEMPEL
Jl. Kebun Bunga
Jl. Gottlieb
Jl. Brown
Jl. Scott
Jl. Cantonment
DHAMMIKA RAMA
Kelawei
WAT CHAIYA MANGKALARAM
Jl. Utama
Codrington
Jl. Raya
SAM
Jl. Burma
E&O HOTEL
Jl. Hutton
Leboh Light
Chulia St.
Jl. Pitt
Leboh Pantai
Jl. Residensi
Jl. Macalister
Jl. Anson
KOMTAR BLDG.
Jl. Gaol
BUDDH. ASSOCIATION
GOLF-PLATZ
PENANG HILL RAILWAY STATION
Jl. York
GENERAL HOSPITAL
Jl. Perak
Jl. Siam
Jl. Dato Keramat
Jl. Magazine
Jl. Bricklin
FÄHRE
s. Detailplan Georgetown City
Butterworth
Jl. Scotland
STADION
S. Pinang
Jl. Petani
Jl. S. Pinang
Jl. C. Y. Choy
STATE MOSQUE
Jl. Air Itam
KEK LOK SI-TEMPEL
Jl. Batu Lancang
Jl. Masjid Negeri
Jl. Trengganu
Perak
Jl. Jelutong
Jl. Batu Lancang
(Green Lane)
Jl. Gelugor
Jl. Bukit Gambiar
Jl. Udini
Hilir Pemancar
Jl. Gelugor
UNIVERSITÄT
PENANG BRIDGE
SNAKE TEMPLE, AIRPORT
Übernachtung:
① Bellevue H.
② YMCA
③ Garden Inn
④ Ming Court H.
Sonstiges:
1 Seafood Restaurants
2 Wunderbar R.
3 Indonesisches Konsulat
4 Thailändisches Konsulat
S.L.
ANREISEORTE

Seitenstraße wandern wir durch beschauliches Familienleben, das sich mit asiatischer Gelassenheit aus den engen Häusern ins Freie verlagert hat. Schon zu Beginn des vorigen Jahrhunderts schrieb der englische Gouverneur Sir George Leith über Penang:

> *„Es gibt wohl kaum in irgendeinem Gebiet der Welt einen so kleinen Ort, in dem viele verschiedene Menschen unterschiedlichster Nationalität leben, und in dem eine solche Vielzahl verschiedener Sprachen gesprochen wird."*

Zu dieser Zeit war es gerade ein Vierteljahrhundert her, daß die Engländer dem Sultan von Kedah die fast unbewohnte Insel als Gegenleistung für Protektion und militärischen Schutz abgenommen und den Union Jack aufgezogen hatten. Ihr Interesse war, wie immer, vorrangig geschäftlicher Natur, nämlich einen Stützpunkt für die Schiffe der East India Company zu schaffen. Diese segelten damals während des ungünstigen Südwestmonsuns selbst auf der Reise von Kalkutta nach Madras auf einen Umweg über Aceh, an der Nordspitze Sumatras. In Malacca saßen noch die Holländer, und von Singapore hatte bislang kein Engländer gehört.

Penang oder „Georgetown", wie es Gründungsvater Francis Light 1786 zu Ehren George IV., des damaligen Prince of Wales, nannte, entwickelte sich, von Light durch großzügige Landvergabe und Zollfreiheit nach Kräften gefördert, schnell zu einem bedeutenden Hafen, nicht zuletzt wegen der nahegelegenen Zinnminen. Um 1800 zählte man bereits 10 000 Einwohner, 1803 umfaßte die Stadtfläche bereits das Gebiet zwischen Penang Rd. und Beach St. bis hinunter zur Flußmündung. Chinesische Zinnbarone und Plantagenbesitzer, die im Hafen ihre Waren umschlugen, siedelten in den Außenbezirken, vor allem in den noch heute vornehmen Villengegenden im Norden. Erst mit der Gründung Singapores 1819 verlagerte sich der Handelsschwerpunkt. Beide Städte wurden später zusammen mit Malacca zu den wichtigen „Straits Settlements", mit denen die Engländer das holländische Batavia (heute Jakarta) kaltstellten und sich die Vormachtstellung im Südostasienhandel sicherten.

Penang war nie der Schauplatz kriegerischer Auseinandersetzungen oder rasanter Umwälzungen, hier ist inmitten quirliger Geschäftigkeit noch immer die Vergangenheit lebendig. Die ein- bis zweistöckigen Wohn- und Geschäftshäuser der chinesischen Bevölkerungsmehrheit beherrschen das Stadtbild. Zwar versucht das KOMTAR-Building der modernen Beton- und Glas-Kultur eine Schneise zu schlagen, den Durchbruch aber hat es nicht geschafft. Penang besitzt noch, was wir in Singapore und Hongkong längst vermissen: den Zauber einer fernöstlichen Metropole mit allen ihren Reizen – und Problemen.

Das koloniale Viertel

Unser Rundgang durch die City beginnt am 18 m hohen **Uhrturm** *(clock tower)* in der Nähe des Hafens (auf der City-Karte oben rechts), den ein einheimischer Millionär 1897 Queen Victoria zum 60jährigen Krönungsjubiläum errichten ließ. Es ist das Viertel der prächtigen kolonialen Bank- und Verwaltungsgebäude. Am **Fort Cornwallis** war der Gründungsvater Georgetowns 1786 an Land gegangen.

Ihre Wehrhaftigkeit brauchte die von Strafgefangenen zu Beginn des 19. Jahrhunderts anstelle von Sir Francis Lights altem, hölzernen Fort errichtete Festung glücklicherweise nie unter Beweis zu stellen, denn eigentlich sind die Wälle viel zu niedrig, und die ganze Anlage war schon immer viel zu klein für eine wirksame Verteidigung.

Die Briten erhielten die Kanonen, die auf der Mauer stehen, seinerzeit von Piraten, die sie wiederum dem Sultan von Johor abgenommen hatten. Die über 370 Jahre alte, große Kanone *Sri Rambai* wird von vielen Frauen als Fruchtbarkeitssymbol verehrt.

In der Lebuh Light, Ecke Lebuh Pantai (Beach St.) finden sich mehrere viktorianische Verwaltungsgebäude, so das Immigration Office und der Mariner's Club. Auf der gegenüberliegenden Seite, nahe dem Meer, wurde 1903 das **Rathaus** *(Town Hall)* im typischen britischen Kolonialstil errichtet. Die Inschrift *Town Hall* ist mittlerweile ins Malaiische übersetzt worden, und die Stadtverwaltung ist in das moderne KOMTAR-Hochhaus umgezogen. Auf dem großen Rasen wird in der Abenddämmerung Fußball gespielt, Kinder vergnügen sich auf dem Spielplatz und Händler bauen an der Strandpromenade, der **Esplanade**, ihre Essenstände auf.

Weitere britische Gebäude stehen in der Jl. Farquhar: der **Supreme Court** und die 1817 errichtete, **St. George's Church**, die erste anglikanische Kirche Südostasiens.

Eine Statue von Sir Francis Light ziert den Vorplatz des angrenzenden **Museums**, das eine Fundgrube für alle ist, die sich für die Geschichte des britischen Kolonialreiches in Südostasien interessieren. In dem Gebäude befand sich früher die erste englischsprachige *public school* östlich von Suez, die bereits 1816 eröffnet wurde. Eintritt frei, geöffnet Mo - So von 9.00 - 17.00, Fr von 12.15 - 14.45 Uhr geschlossen.

Wer sich noch intensiver mit Penangs Geschichte beschäftigen will, findet viele Bücher und diverses anderes Material in der **Penang Library**, die im 2. Stock des *Dewan Sri Penang*, der modernen Vielzweckhalle hinter dem alten Rathaus, untergebracht ist. Geöffnet Mo 10.30 - 17.00, Di - Sa 9.00 - 17.00, So 9.30 - 13.00 Uhr.

Eine der wenigen noch bewohnten, chinesischen Familienresidenzen aus der zweiten Hälfte des 19. Jahrhunderts steht etwas zurückversetzt in der Lebuh Leith, schräg gegenüber vom Cathay Hotel. Man nimmt an, daß es außerhalb Chinas nur in Manila und Jakarta zwei ähnliche Gebäude wie das **Cheong Fatt Tze**-Haus gibt. Es war übrigens nur eines von mehreren Wohn- und Geschäftshäusern des Kaufmanns und chinesischen Vizekonsuls Cheong Fatt Tze, der Handel mit Java, Sumatra, Hongkong und China betrieb. Seine Familie lebte in Penang, wo auch seine 8 Kinder aufwuchsen. Das zweistöckige Haus mit seinen 40 Zimmern, die zu einem Innenhof hin angeordnet sind, ist nach traditionell chinesischen Gesichtspunkten erbaut, greift aber auch europäische Stilelemente auf. Im Frühjahr 1994 wurde es restauriert, darf aber nur mit ausdrücklicher Erlaubnis der Bewohner betreten werden.

Auf der Penang Road geht es nun in Richtung Meer hinab. Hinter der Gabelung an der rechten Straßenseite taucht die Fassade des **Eastern & Oriental Hotel** (kurz E&O) auf. Man mag es ihm von hier aus auf den ersten Blick nicht ansehen, aber es gehörte einst zu den Hotel-Legenden des fernen Ostens.

Im Zentrum

Chinesische Geschäftshäuser säumen die Straßen überall im Zentrum von Penang, dennoch leben hier auch Inder, also Hindus und Moslems. Auf der Lebuh Pitt befinden wir uns mitten im historischen Kernbereich. Hier entstand schon 1800 der **Goddess of Mercy Tempel** *(Kuan Yin)*, erkennbar an dem geschnitzten Dach mit den feuerspeienden Drachen. Er ist der älteste und wohl auch der belebteste chinesische Tempel. Den ganzen Tag über, vor allem während der großen Festtage, kann man das rege Tempelleben beobachten. Der Duft der abgebrannten Räucherstäbchen, die permanent vor den Altären glimmen, weht bis auf die Straße hinaus. Nur wenige Schritte entfernt, in Sichtweite auf der anderen Straßenseite, befindet sich der farbenprächtige, hinduistische **Sri Mariamman Tempel** mit seinem charakteristischen Eingangsbauwerk. Besonders verehrt wird die mit Gold und Edelsteinen dekorierte Statue von Subramaniam, die alljährlich während des Thaipusam-Festes in einer Prozession durch die Straßen der Stadt zum Nattukkotai Chettiar Tempel (s.S. 406) gefahren wird. Geöffnet tgl. 8.30 - 11.30 und 17.30 - 20.00 Uhr.

In der gleichen Straße, wiederum ganz in der Nähe, steht das Gotteshaus der indischen Moslems, die **Kapitan Kling Moschee**. Schon zu Beginn des letzten Jahrhunderts begann man mit dem Bau, der von einem Kaufmann aus Südindien finanziert wurde. Gegen eine Spende wird man Besucher durch das restaurierte Gebäude führen und für sie beten. Frauen dürfen die Moschee betreten, sollten jedoch ihre Beine und Schultern bedeckt halten. An der Lebuh Aceh steht etwas versteckt eine der ältesten Moscheen von Penang, die **Mesjid Melayu**. 1820 wurde sie von dem aus Aceh stammenden Syed Hussain, dessen Grab auf dem Gelände liegt, errichtet. Das runde Fenster auf halber Höhe im Minarett soll ursprünglich das Einschußloch einer Kanonenkugel gewesen sein, die sich 1867 bei einem Krieg zwischen zwei chinesischen Geheimgesellschaften hierher verirrte.

Eines der schönsten Bauwerke Penangs liegt etwas versteckt zwischen Lebuh Pitt und Lebuh Pantai. Auf dem Weg hierher kommt man an schönen, restaurierten Häuserzeilen vorbei. Mit dem Bau des **Khoo Kongsi**, dem Heiligtum des Khoo-Clans, wurde 1894 begonnen, acht Jahre benötigte man bis zur Fertigstellung. Die Drachenberg-Halle *(Leong San Tong)* fiel so opulent aus, daß man zeitweilig befürchtete, der Kaiser von China könne sich ob solcher Pracht kompromittiert fühlen. Allein die Figurenarrangements auf dem Dach zu studieren, könnte Stunden in Anspruch nehmen. Das gegenüberliegende Gebäude ist für Theateraufführungen gedacht. Geöffnet Mo - Fr 9.00 - 17.00, Sa 9.00 - 13.00 Uhr.

Kongsi

Mit diesem Begriff werden Clan-Häuser bezeichnet, die von chinesischen Familien gleicher Herkunft und gleichen Familiennamens errichtet werden, sofern sie über das entsprechende Vermögen verfügen. Die Verehrung der Ahnen nimmt in der religiösen Praxis einen breiten Raum ein. Die Khoo's gehören sicher zu den wohlhabenden Familien, was schon an den Tafeln für die Vorfahren erkennbar ist. Diese haben an allen großen Universitäten der Welt studiert. Kongsis gibt es überall in der Stadt.

Weitere Clan-Häuser in der Nähe sind z.B. **Lim Kongsi** (Lebuh Ah Quee) und **Yeoh Kongsi** (Gat Lebuh Chulia). Beachtlich ist auch der **Ong Kongsi** in der Jl. Penang, gegenüber dem KOMTAR.

Weitere schöne alte Chinesenhäuser stehen auch an der Lebuh Kimberley, nordwestlich von hier, z.B. die Nr. 39.

Einen Kontrast dazu bildet die Siedlung auf Stelzen am **Pengkalan Weld**, zu der man gelangt, wenn man die Lebuh Aceh in Richtung Hafen weitergeht. Einfache Holzhäuser sind hier bis zu 100 m ins Meer hinaus gebaut und können nur über Plankenwege erreicht werden. Die etwa 2000 Bewohner der *stilt houses* sind freilich nicht wegen der malerischen Wohnlage auf's Wasser gezogen, sondern wegen der Grundstückspreise, und ob es sich dort so angenehm lebt, ist zumindest fraglich. An sechs der sieben Bootsanlegestellen leben nur die Angehörigen eines Clans, d.h. sie haben alle den gleichen Nachnamen (Chew, Lim, Lee, Ong, Tan und Teoh).

Damit wären die Sehenswürdigkeiten im Zentrum auch schon „abgehakt", und wer sich nur für diese interessiert, kann getrost weiterfahren. Das eigentliche Penang-Erlebnis, die Atmosphäre in den geschäftigen Straßen und Gassen, entfaltet sich jedoch vor allem gegen Abend.

Hauptgeschäftsstraße ist die laute und baulich wenig attraktive **Jl. Penang** (Penang Road – nicht zu verwechseln mit der wesentlich ruhigeren Penang St.!). Sie endet am 65stöckigen **KOMTAR Building**, einem riesigen modernen Fremdkörper im alten Penang mit Fast Food-Restaurants und schicken Boutiquen. Geplant war ein Geschäfts- und Verwaltungszentrum mit Cafés, Galerien, Dienstleistungsunternehmen und Behörden, aber die ganze Anlage ist offenbar eine Nummer zu groß geraten, jedenfalls sind immer noch einige Etagen des Turms nicht vermietet. Wer sich die Stadt von oben ansehen will, muß 5 RM anlegen, und diese in einem sogenannten *Tourist Information Centre* samt Souvenirladen im 58. Stock ausgeben. Im *Chinese Restaurant* und der Karaoke-Lounge im 59. Stock oder in den *Heritage Suites* im 60. Stock wird's noch teurer. Wir haben also Hoffnung, daß der Altstadtfraß, den solche Komplexe nach sich ziehen, noch eine Weile auf sich warten läßt. In den Straßen nördlich vom KOMTAR kann man bis spät in die Nacht bummeln, einkaufen, Essen gehen (Näheres in den betreffenden Kapiteln s.u.) oder einfach nur dem bunten Treiben zusehen.

Vororte

Wer Gefallen an Tempeln gefunden hat, kann noch weitere Heiligtümer besichtigen. Bus 4 fährt ab Lebuh Victoria bis zur Jl. Anson. Die Haltestelle liegt gegenüber der **Penang Buddhist Association**, einem imposanten, sehr europäisch anmutenden Gebäude, das ein buddhistischer Mönch Ende der 20er Jahre errichten ließ. Das Innere der alten Villa ist mit italienischem Marmor und böhmischen Kronleuchtern ausgestattet. Anliegen der Gesellschaft ist es, die reine buddhistische Lehre ohne die sonst bei Chinesen üblichen Ahnenverehrungen, Glücksspiele, Handleser und Horoskope zu bewahren.

Auf der anderen Seite der Jl. Burmah, in der Lorong Burmah (Burma Lane), liegt der Thai-Tempel **Wat Chaiya Mangalaram**. Zwei riesige Tempelwächter bewachen den Eingang, der ganz im Thai-Stil erbaut ist. Im Inneren befindet sich einer der größten ruhenden Buddhas der Welt, 33 m lang, der allerdings nicht fotografiert werden darf. Zahlreiche weitere Buddhastatuen in verschiedensten Haltungen umgeben die zentrale Figur. Auf der gegenüberliegenden Straßenseite flankieren zwei weiße Elefanten den Eingang zum einzigen burmesischen Tempel der Insel, dem **Dhammika Rama**. Aufgrund der eigenständigen kulturellen Entwicklung der Nachbarländer Thailand und Burma gibt es deutliche Unterschiede in der Architektur und Ausstattung der beiden buddhistischen Heiligtümer. Im übrigen kann man sich von der *Buddha Peep Show* (20 c) überraschen lassen. Der Besuch der beiden Tempel läßt sich auch mit einem Trip nach Batu Ferringhi oder zum Botanischen Garten verbinden.

Der Botanische Garten

Bus 7 fährt alle 30 Minuten von der Lebuh Victoria durch schöne koloniale Villenviertel Richtung Botanischer Garten. Etwa ein Kilometer (2 Busstops) vor dem Botanischen Garten, an der Jl. Kebun Bunga (Waterfall Rd.), Ecke Jl. Gottlieb, liegt der **Nattukkotai Chettiar Temple**, der größte und berühmteste Hindu-Tempel der Insel. Hier wird das **Thaipusam**-Fest im Februar besonders prächtig gefeiert. Geöffnet tgl. 8.30 - 11.30 und 17.30 - 20.00 Uhr.

Der Botanische Garten, Endstation von Bus 7, liegt in einem Tal und ist umgeben von dschungelbedeckten Hügeln. Ein beliebter Ausflugsort, vor allem bei der indischen und malaiischen Bevölkerung, am Wochenende also entsprechend belebt. An die 4000 Javaneraffen leben in den nahen Wäldern, und viele von ihnen haben sich daran gewöhnt, daß die Passanten sie mit Erdnüssen füttern. Das hat dazu geführt, daß die Affen sich zur Plage entwickelt haben, Besucher sogar angreifen, die Pflanzen beschädigen und auf der Suche nach etwas Eßbarem Müllbehälter durchwühlen und den Inhalt verstreuen. Zum Schutz der Passanten und Gewächse wurde das Füttern der Tiere mittlerweile verboten. Für Tropenneulinge ist ein Gang durch das kleine Areal Primärdschungel im vorderen, östlichen Teil des Parks interessant. Der knapp 70 m hohe Wasserfall im hinteren Bereich des Gartens ist abgesperrt und nicht zugänglich, da hier ein wichtiges Wasserreservoir angelegt wurde. Am Eingang gibt es ein Restaurant und Foodstalls. Geöffnet tgl. 7.00 - 19.00 Uhr. Der Eintritt ist frei.

Ayer Itam

MPPP-Bus 1 (ab Maxwell Rd. oder Pengkalan Weld) und *Lim Seng Seng*-Bus 91 oder 92 fahren in den Vorort Ayer Itam. Unterwegs passiert man an der Jl. Ayer Itam Ecke Green Lane die moderne **Moschee** des Staates Penang, die 1980 fertiggestellt wurde. Vor allem zum Freitagsgebet und an hohen islamischen Feiertagen finden sich hier viele Gläubige ein. Bis zu 5000 Menschen haben im Inneren Platz, 57 m hoch ist das Minarett. Wer die Moschee besichtigen will, braucht allerdings – neben ordentlicher Kleidung – die Genehmigung vom *State Religious Department* in der Lebuh Pantai.

Ayer Itam ist ein lebendiger kleiner Ort. Von der Endstation des Busses Nr. 1 führt ein Fußweg hinauf zum Kek Lok Si-Tempel, der weithin sichtbar die Ansiedlung überragt. Der Weg ist etwa 500 Meter lang, ziemlich steil und von zahlreichen Souvenirständen gesäumt.

Unterwegs kann man gefälschte Gucci-Taschen und Parfüms, echte malaiische Batik, billig produzierte chinesische Masken, indischen Schmuck, Stickereien, Schnitzereien, Spielzeug, Snacks, usw. erstehen (handeln!). Wer sich den Weg durch die Souvenirstände sparen will, kann auf der schmalen, steilen Straße zum Tor gelangen.

Der Kek Lok Si-Tempel

Der Abt des *Goddess of Mercy Tempels* in der Lebuh Pitt war 1885 aus Foochow in China gekommen, und die Landschaft von Ayer Itam erinnerte ihn an seine alte Heimat. Er begann, bei reichen chinesischen Kaufleuten Geld zu sammeln und war dabei so erfolgreich, daß man hier den größten buddhistischen Tempel Malaysias bauen konnte.

Buntgeschmückte Bauten, Gärten und Teiche sind in Terrassen angelegt und durch zahllose Treppen miteinander verbunden. Auf dem Weg nach oben liegt auch ein **Schildkrötenteich**, wo Hunderte von Schildkröten ihre Hälse nach oben strecken und auf *kangkong* warten – ein grünes Gemüse, das Händler am Teich verkaufen. Bei Chinesen gilt die Schildkröte ein Symbol für langes Leben.

Im Mittelpunkt der 12 ha großen Anlage steht die 30 m hohe Ban Hood-Pagode, auch **Pagode der zehntausend Buddhas** genannt. Allerdings sind die meisten dieser Buddhas nur Abbildungen auf Wandfliesen, die alle Räume und Treppenwände bedecken.

Sie ist in drei Stilrichtungen erbaut, die untere nach chinesischen Bauplänen, der Mittelteil thai-buddhistisch, und die spiralförmige Spitze nach burmesischen Vorlagen.

Im obersten Teil, der Besuchern nicht zugänglich ist, befinden sich einige Schätze, darunter eine Reliquie Buddhas, eine Statue aus purem Gold, Diamanten und Silbermünzen. Für den Aufstieg über die Wendeltreppe zur oberen Plattform wird eine Spende erwartet.

Eine Straße führt am Tempel vorbei zum **Ayer Itam Damm**, einem Wasserreservoir, das von der Bevölkerung als Naherholungsgebiet genutzt wird. Mit einem eigenen Fahrzeug kann man die steile Straße weiter zu dem Wasserreservoir hinauf fahren, wo es angenehm kühl ist.

Penang Hill

Schon allein die fünf bis sechs Grad Temperaturunterschied rechtfertigen den erfrischenden Ausflug auf den 830 Meter hohen Penang Hill. Die herrliche Aussicht auf Georgetown, die Insel Penang, und bei gutem Wetter auch auf die Berge von Kedah und Perak tun ein übriges. Schon 1923 wurde die **Penang Hill Railway** – übrigens von Schweizer Technikern konstruiert – in Betrieb genommen. 25 Minuten braucht immer jeweils eine der beiden Bergbahnen bis zu der auf 710 m gelegenen oberen Station. Schon während der Fahrt kann man deutlich den Wechsel in der Vegetation wahrnehmen. Pfade und Treppen führen dann weiter den Penang Hill hinauf zum **Bellevue Hotel**. Das ehemalige Landhaus eines englischen Kolonialbeamten stand früher zwischen Erdbeerfeldern, die schon Sir Francis Light hier oben hatte anlegen lassen. In seinem Garten leben tropische Vögel. Oben gibt es Souvenirstände, Foodstalls, eine Polizeistation, ein Postamt und ein Teehaus inmitten eines Blumengartens.

Zwischen dem Postamt und der Polizeistation beginnt ein **Fußweg zum Botanischen Garten**. Der 5 km lange Abstieg durch den Dschungel ist recht steil und dauert etwa zwei Stunden. Daneben gibt es weitere Wanderwege, z.B. zum Tiger Hill (5 km). Näheres in der Broschüre: *Trekking in Penang.*

Von Ayer Itam fährt Bus 8 bis zur unteren Bahnstation *(Lower Station)* der Bergbahn, die zwischen 6.30 Uhr und 21.15 Uhr halbstündlich verkehrt. Während der Feriensaison können sich lange Schlangen bilden. Ein Rückfahrtticket kostet 4 RM. Do, Sa und So fährt die letzte Bahn nach unten um 23.45 Uhr – es lohnt sich, zu bleiben und das nächtliche Panorama zu betrachten.

ÜBERNACHTUNG

Georgetown ist nun wirklich einmal eine Stadt, in der reichlich Hotels in allen Preislagen vorhanden sind. Der Ansturm auf die billigen Traveller-Quartiere ist allerdings besonders zu den Hauptferienzeiten enorm. Wer spät abends ankommt, kann Schwierigkeiten haben, noch ein Zimmer zu bekommen. Auch die Mittelklasse-Hotels füllen sich schnell, es empfiehlt sich also, vorher anzurufen.

Wir haben Malaysia in folgende Preiskategorien eingeteilt, wobei der Preis für ein Doppelzimmer gilt:

*	**bis 30 RM**
**	**bis 60 RM**
***	**bis 100 RM**
****	**bis 150 RM**

UNTERE PREISKLASSE – Auch in Penang sind viele billige Absteigen gleichzeitig Stundenhotels oder Puffs, sofern sie sich nicht völlig auf Rucksackreisende spezialisiert haben. Traveller-Unterkünfte konzentrieren sich in der **Chulia St.** (Lebuh Chulia) und ihren Seitenstraßen. Hier hat sich auch die Gastronomie merklich auf das Traveller-Publikum eingestellt. Bei den meisten liegen die Preise fürs DZ unter 30 RM. Beginnen wir am unteren Ende, so wie man die Chulia St., von der Fähre kommend, entlanggeht:

*PARADISE BED & BREAKFAST**, 99 Chulia St., ☎ 628439, fax 628441. Kleine, mit Holzwänden abgeteilte Zimmer incl. einfaches Frühstück, mit und ohne ac, größtenteils fensterlos, aber einigermaßen sauber.

*HONPIN***, 273 Chulia St., ☎ 625243. Etwas modernerer Bau an einer belebten Straßenecke, aber sauber und nicht allzu laut, wenn man im 2. Stock wohnt. Die großen Zimmer mit Du/ WC können sich auch 4 Leute teilen.

*TYE ANN**, 282 Chulia St., Ecke Lorong Chulia, ☎ 614875. Alte Traveller-Adresse, billig und häufig ausgebucht. Zi und Schlafsaal.

SKY HOTEL-***, 348 Chulia St., ☎ 622323, ziemlich abgewohnt. Betten im Schlafsaal mit oder ohne ac, DZ mit fan oder ac, alle Zimmer mit Du aber ohne WC.

*NOBLE**, 36 Lorong Pasar (Seitenstraße zwischen Lorong Chulia und Lebuh Pitt), ☎ 612372, ist bei weitem nicht so nobel wie der Name vermuten läßt. Nur als Ausweichquartier ansteuern, wenn alles belegt sein sollte. Billige, nicht ganz saubere Zimmer ohne Du/WC.

*PIN SENG**, 82 Love Lane, ☎ 619004. Relativ großes Haus, es gibt einen alten und einen neuen Flügel. Alle Zimmer mit Gemeinschaftsdusche/WC.

*WAN HAI**, 35 Love Lane, Ecke Lorong Steward, ☎ 616853. Altes Chinesenhotel mit billigen, einfachen, aber ruhigen Zimmern ohne Bad, Schlafsaal und Dachgarten.

*SWISS HOTEL**, 431 Chulia St., ☎ 620133. Beliebte, billige Traveller-Adresse, etwas abseits der Straße gelegen, große Veranda. Zimmer mit Fan und Gemeinschaftsdusche/WC.

*ENG AUN**, 380 Chulia St., ☎ 612333. Liegt genau gegenüber, ebenfalls auf einem ruhigen Hinterhof. Daß es trotz der verwohnten Zimmer immer noch jeden Tag ausgebucht ist, liegt wahrscheinlich am netten Service. Billig.

*LUM THEAN**, 422 Chulia St., ☎ 614117. Hinter der merkwürdigen Betonfassade verbirgt sich ein klassisches, weiträumiges altes Chinesenhotel. Etwas teurer als die anderen, aber große Zimmer mit Fan, manche mit Du/WC.

*EASTERN HOTEL**, 509 Chulia St., ☎ 614597, hat saubere Zimmer, die auf den Hof hinausgehen.

*HANG CHOW**, 511 Chulia St., ☎ 610810, liegt gleich nebenan.

ANREISEORTE

*MODERN HOTEL**, 179 Lebuh Muntri, liegt nicht mehr an der Chulia St. Freundliches Chinesenhotel, Zimmer mit Dusche, aber ohne WC. Wegen der Spielhölle im Erdgeschoß sollte man darauf achten, ein ruhiges Zimmer zu bekommen. Nichts für alleinreisende Frauen.
*LUM FONG**, 108 Lebuh Muntri, ☎ 630026, hat billigere DZ mit einem Bett und etwas teurere mit 2 Betten, alle mit Fan und Gemeinschaftsdusche/WC. Recht lautes Chinesenhotel, aber ordentlich und sauber. Lautstarkes Restaurant im Erdgeschoß.
*KONG ENG**, 22 Transfer Rd., ☎ 374143, bietet nur EZ mit breiten Betten und fan, ohne Du/WC. Das etwas von der lauten Straße zurückversetzte chinesische Haus sieht von außen erheblich besser aus als von innen.

Andere Gegenden:
PLAZA HOSTEL-***, 32 Leboh Ah Quee, ☎ 632388, Schlafsaal*, Zimmer mit Fan oder ac**, mit und ohne Fenster, alle mit Gemeinschaftsdusche/WC, ist der neuste und sehr beliebte Traveller-Treff von Georgetown. Sauber und freundlich und Schließfächer, Wäscheservice, Ticketreservierungen und jede Menge Infos.
*POPUS INN**, 34 Jl. Kedah, ☎ 280436, hübsches altes Haus, allerdings ein gutes Stück westlich vom Zentrum. Schlafsaal, DZ und Räumlichkeiten für Familien**.
YMCA-***, 211 Jl. Macalister, ☎ 362211, liegt ein gutes Stück außerhalb des Zentrums im Nordwesten. Zimmer mit Du/WC mit und ohne ac. Nichtmitglieder können für 2 RM eine Mitgliedschaft auf Zeit erwerben.
*D'BUDGET HOSTEL**, 9 Lebuh Gereja, ☎ 634794, nahe Fährhafen, bietet Schlafsaal und DZ. Sauber und sicher.
*STAR HOTEL**, 246 Carnarvon St., ☎ 622172, ist ein lautes, nicht besonders reizvolles Chinesenhotel an einer belebten Ecke – etwas für den Notfall. DZ mit Fan ohne Du/WC.
*YWCA***, 8 Jl. Masjid Negeri (Green Lane), ☎ 681855, liegt ebenfalls weiter draußen, westlich vom Zentrum, und ist ausschließlich Frauen vorbehalten.

Der Strand von **Tanjung Bungah** ist zwar nicht besonders einladend, aber hier gibt hier das *LOST PARADISE GUESTHOUSE*-*** mit seinen im traditionellen Stil erbauten Holzhäusern inmitten einer hübschen Anlage. Buchungen über *Green Planet Restaurant* (s.u.).

MITTELKLASSE – Wer die Billigherbergen leid ist und 40 - 60 RM, vielleicht sogar 70 - 90 RM anlegen möchte, hat mehrere Hotels zur Auswahl. Die meisten befinden sich am nördlichen Ende der **Jl. Penang:**
*ORIENTAL HOTEL****, 105 Jl. Penang, Ecke Lebuh Leith, ☎ 24211. Modernes Hotel der oberen Mittelklasse, Zimmer mit entsprechendem Komfort. Am besten nimmt man eines der oberen Stockwerke (wegen der Aussicht).
*CATHAY***, 15 Lebuh Leith, ☎ 626271, die Straße zweigt am oberen Ende der Jl. Penang ab. Reizvolles altes Chinesenhotel, saubere, große Zimmer mit Du/WC, Fan oder ac, manche etwas düster. Im Hause befindet sich ein Massagesalon.
*WALDORF***, 13 Lebuh Leith, ☎ 626140-3, liegt gleich nebenan. Das moderne Gebäude wirkt wegen der Nachbarschaft zu den alten Villenhäusern nicht ganz so attraktiv, aber die ac-gekühlten Zimmer sind o.k.
*WHITE HOUSE***, 72 Jl. Penang, Ecke Jl. Sri Bahari, ☎ 60142 ebenfalls in der Nähe, hat große Zimmer, liegt aber an einer belebten Straßenkreuzung. Manche Zimmer mit Dusche aber ohne WC, dafür billiger.
*TOWNÉ HOUSE****, 70 Jl. Penang, ☎ 638621, direkt daneben, ist etwas teurer. Moderne Zimmer, selbstverständlich mit ac und Du/WC. TV, Telefon und Kühlschrank (sehr praktisch bei der Hitze).
*PEKING HOTEL**-****, 50-A Jl. Penang, ☎ 636191, liegt auf derselben Straßenseite ein Stück weiter oben. Keine super-reizvolle Ecke, aber die Zimmer mit Bad, ac, TV und Telefon sind ihren Preis wert.
*FEDERAL HOTEL***, 39 Jl. Penang, ☎ 634179, schräg gegenüber vom Peking Hotel, hat ganz ordentliche Zimmer mit ac und Tel, manche mit Balkon.

*MALAYSIA****, 7 Jl. Penang, ☎ 633311, fax 631621. Nicht gerade der schönste von den Hotelkästen in dieser Gegend, aber mit allen Zutaten, die ein Hotel der oberen Mittelklasse eben braucht.
*KOWLOON HOTEL***, 60 - 60-A Transfer Rd., ☎ 376611, im 1. Stock, hat sehr saubere DZ mit ac und Du/WC; besser sind die Zi nach hinten, denn die Straße ist sehr laut.
*GALLANT HOTEL****, 6 Transfer Rd., ☎ 379 584, ist ein neues, modernes großes Gebäude in nicht besonders reizvoller Umgebung. Angenehme DZ mit ac, TV, Tel und Du/WC.
*PRINCE HOTEL***, 456 Lebuh Chulia, ☎ 610402. hat 30 Zimmer mit Teppichboden, ac und Du/WC, arrangiert Thai-Visum und verleiht Motorräder.

Andere Gegenden:
*NEW PATHE HOTEL***, 23 Lebuh Light (nicht Leith!), ☎ 620195, liegt nahe am alten Rathaus und am Fort Cornwallis. Sauber und gekachelt, helle Zimmer mit ac und Du/WC.
*MERLIN***, 1A Penang St. (nicht Rd!), ☎ 621336, ist ganz in der Nähe, Ecke Union St. Saubere Zimmer mit Du/WC und ac. Restaurant unten im Haus.
*HOTEL CENTRAL**-****, 404 Penang Rd., ☎ 366411, fax 371689, nahe KOMTAR-Bldg., ist gar nicht so teuer wie es aussieht. Alle Zimmer mit ac und Du/WC, ein TV kostet allerdings 11,50 RM Aufschlag. Im Haus gibt es ein „Gesundheitsbad".
*HOTEL FORTUNA***, 406 Penang Rd., ☎ 368282, fax 371689, ist im gleichen Gebäude untergebracht (Eingang entweder von der Penang Rd. oder von der Lorong Macalister), ebenfalls modern und bei ähnlicher Leistung ein bißchen billiger.

LUXUS – kann man nicht nur am Strand von Batu Ferringhi erleben, die Preise sind natürlich entsprechend: *EASTERN & ORIENTAL HOTEL,* 10 Lebuh Farquhar, ☎ 375322, fax 374833. Von diesem einst so legendären alten Hotel war ja schon die Rede. Zimmer mit Blick auf's Meer sind für etwa 350 RM zu haben. Die sterilen, kleinen Räume im neuen Flügel zur Straße kosten erheblich weniger.
CITY BAYVIEW (ab 210 RM), 25 Lebuh Farquhar, ☎ 363161. Großes, komfortables Hotel, liegt ganz in der Nähe. Vom Turm-Café genießt man eine schöne Aussicht auf die Stadt. Im Haus ein guter Coffeeshop, der auch nachts geöffnet ist.
*CONTINENTAL*****, 5 Jl. Penang, ☎ 636388, fax 638718, liegt am oberen Ende der Penang Rd. in derselben Gegend. Nicht gerade berauschend.
*THE MERCHANT HOTEL*****, 55 Jl. Penang, ☎ 632828, ist ein komfortables neues Hotel, dessen Restaurant, das *Spice Café,* mit der längsten Happy Hour der Stadt (10.00 - 20.00 Uhr) wirbt.
SHANGRI-LA (ab 180 RM), Magazine Rd., neben dem KOMTAR-Building, ☎ 622622. Internationales Top-Hotel mit entsprechenden Leistungen.
MERLIN INN (ab 140 RM), 3 Jl. Larut, ☎ 376166. Großes internationales Hotel, ca. 1 km westlich vom Zentrum nahe der Jl. Burmah gelegen.
*GARDEN INN*****, 41 Jl. Anson, ☎ 363655, ist ganz in der Nähe. Modernes, komfortables Hotel, nicht ganz so groß und nicht ganz so teuer.
MING COURT (ab 150 RM), 202 Jl. Macalister, ☎ 261311, großes, modernes Hotel in derselben Gegend.
*BELLEVUE***-*****, Bukit Bendera (Penang Hill), ☎ 699500, fax 692052. Hoch über der Stadt in reizvoller Umgebung gelegen, bietet die traditionsreiche, koloniale Villa 12 vergleichsweise preiswerte Zimmer an. Nur über die Bergbahn zu erreichen, aber eine erfrischende, erholsame Alternative zu den City-Hotels.

ESSEN

Ähnlich wie in Singapore läßt sich ein Penang-Besuch zu einem wunderbaren *food-trip* ausgestalten, denn auch hier findet man einige der besten Küchen Asiens auf engem Raum versammelt.
Wer da noch auf seinem nivellierten internationalen Traveller-Essen besteht, ist

selbst Schuld. Malaiisch, indonesisch, chinesisch, Nyonya, nord- und südindisch, Thai, japanisch und natürlich auch europäisch läßt es sich allabendlich vorzüglich speisen, auch ohne die Reisekasse allzu sehr zu strapazieren.
Eine Spezialität, die sogar auf der Insel kreiert worden sein soll, ist die *Laksa*, eine würzige, säuerliche Nudelsuppe auf Fischgrundlage – köstlich!

ESSENSTÄNDE – Foodstalls servieren oft erstaunlich gute Mahlzeiten, z.B. tagsüber an der **King St., Ecke Lebuh Light,** abends an der Esplanade oder am *Hon Pin Hotel* in der Seitenstraße der **Lebuh Chulia**. Auch entlang der **Jl. Burmah** gibt es gute *hawker centres,* v.a. wenn man noch ein paar Meter Fußweg auf sich nimmt und dann links in den Lorong Selamat einbiegt. Eine lebhafte Eß-Ecke ist die **Lebuh Cintra**, und zwar das Stück zwischen Lebuh Chulia und Lebuh Campbell.
Ein Foodstall-Restaurant mit verschiedenen Spezialitäten liegt auch an der Jl. Penang, Ecke Argyll St., dort, wo die Chulia St. einmündet.
Chinesische Foodstalls auch im *NAM HONG CAFÉ,* dem Food Market im 1. Stock des KOMTAR-Buildings.
Laksa und das malaiische *sate* gibt es an vielen Essenständen, vor allem auf den Nachtmärkten, die häufig ihren Standort wechseln. Einen von Touristen kaum besuchten Nachtmarkt mit vielen Essenständen findet man etwas außerhalb der Stadt am **Gurney Drive** nahe dem Kreisverkehr am Ende der Jl. Kelawei (Pulau Tikus). Die Essenstände an der Strandpromenade werden am Nachmittag bis kurz vor Sonnenuntergang vor allem am Wochenende besucht.

CHINESISCHE RESTAURANTS – Kein Wunder, daß ein so chinesisch geprägter Ort wie Penang über unzählige chinesische Restaurants verfügt. Einige haben keine Speisekarte, und man muß sich ein wenig durchfragen. Hier nur ein paar Adressen rund um die **Jl. Penang:**
Zahlreiche kleine Restaurants (und Essenstände) in der bereits erwähnten Lebuh Cintra, zwischen Lebuh Chulia und Campbell, z.B. *HONG KONG, TAI TUNG, FOO HEONG* und diverse andere.
KHUAN KEW, 101 Lebuh Campbell, Ecke Lebuh Cintra. Hier gibt's nicht nur Seafood, sondern auch Guinness.
HOE KONGSI, Jl. Penang Ecke Jl. Kg. Malabar, ist nur wenige Meter entfernt. Spezialisiert auf einfache Gerichte wie *fried rice* und *sate.*
WING LOOK, Jl. Penang, Ecke Jl. Phee Chon, macht auch *steamboat* und *claypot dishes.* Angeschlossen ist eine schöne alte Chinesenbar.
LOKE THYE KEE, 2B Jl. Burmah, Ecke Penang Rd., ist ein alteingesessenes Restaurant an dieser belebten Straßenkreuzung.
MAYGARDEN, 70 Penang Rd., serviert kostspielige chinesische Gerichte, auch Seafood. Tgl. 17.00 - 20.00 Uhr kann man dort aber für wenig Geld Leckeres am Take-away-Schalter holen, z.B. *mixed rice.*
PHUE THAI YUEN, Lebuh Kimberley, zwischen Jl. Kuala Kangsar und Jl. Penang, ist ein kleines vegetarisches Restaurant.
Andere Straßen: *HSIANG YANG CHAP,* 273 Chulia St., vor dem Honpin Hotel, ist ein guter Coffeeshop. Hier treffen sich abends Traveller, um *sate, fried rice* und andere Gerichte von verschiedenen Ständen zu essen oder nur einen Drink zu nehmen.
GOH HUAT SENG, 59 A Kimberley Rd., nahe Jl. Pintal Tali. Gutes China-Restaurant, nicht ganz billig.
SHANGRI-LA HOTEL, neben dem KOMTAR, hat ausgezeichnete Restaurants, wo es zum Lunch *dim sum* gibt oder abends internationales Büfett. Preise entsprechend.

NYONYA – Eine phantastische Mischung aus malaiischer und chinesischer Küche haben die in Südostasien lebenden Chinesinnen, die Nyonyas, entwickelt:
DRAGON KING, 99 Lebuh Bishop, nahe Lebuh Pitt. Spezialisiert auf die Nyonya-Küche der Malaya-Chinesen. Gut schmecken *pie tee,* die knusprigen, kleinen, mit Gemüse gefüllten

Hütchen oder *assam prawns*, in Tamarinde eingelegte und gebratene Krabben.
NYONYA CORNER, 15 Jl. Pahang, ☎ 2281412, ist eleganter und teurer, geöffnet Di - So 11.30 - 15.00/18.30 - 20.00 Uhr.

SEAFOOD – hier gibt es vor allem die Strandpromenade **Guerney Drive** im Vorort Pulau Tikus, wo sich ein Seafood-Restaurant an das andere reiht. Abends ist hier vor allem an Wochenenden eine Menge los. Bekannt ist z.B. das große *ORIENTAL* oder das *PHENIX*. Bus Nr. 93 fährt vom KOMTAR oder von der Jl. Burmah hier hinaus.
Wer noch weiter hinausfahren möchte, findet gute Seafood-Restaurants am Meer im Vorort **Tanjung Bungah** im Norden. Bekannt ist z.B. das *HOLLYWOOD*, 543 Jl. Tanjung Bungah, am Endpunkt der Buslinien, z.B. Nr. 93 ab Jl. Burmah oder 94 ab KOMTAR.
Im **Zentrum** gibt es folgende Möglichkeiten:
MAPLE GARDEN, 99 Jl. Penang ist ein gutes, aber kein billiges Seafood-Restaurant in der Gegend der großen Hotels.
SEA PALACE im Peking Hotel, 50 Penang Rd., liegt in der gleichen Gegend. Ac-gekühltes Seafood-Restaurant, nicht billig.
EDEN, 15 Jl. Hutton, liegt ebenfalls in einer Seitenstraße der Jl. Penang. Exzellente Seafood-Spezialitäten, aber auch gute Steaks und andere Gerichte. Ausreichend Geld bzw. Kreditkarte einstecken!
ORIENTAL SEAFOOD, Jl. Macalister, nahe KOMTAR, ist ein gut besuchtes Freiluft-Restaurant mit schmackhaftem Seafood zu akzeptablen Preisen. Vor allem die Krebse sind prima.

MALAIISCHE RESTAURANTS – sind in der Innenstadt wenig vertreten, dafür aber in den Vororten, z.B. in Ayer Itam. Hier ein Tip für's Zentrum:
KASSIM, 2-I Jl. Bricklin, nahe KOMTAR, ist für seinen vorzüglichen *nasi kandar* bekannt und hat zudem die ganze Nacht geöffnet. Dieses malaiische Gericht besteht aus weißem Reis und verschiedenen scharfen Curries.

INDISCHE RESTAURANTS – sind nicht nur rund um die als *Little India* bezeichnete Gegend um Lorong Pasar und Penang St. zu finden.
DAWOOD, 63 Lebuh Queen, ☎ 611633, etwas teureres indisch-muslimisches Restaurant, existiert seit 1947, ist aber nicht so exklusiv, wie die Fassade vermuten läßt.
KASHMIR im Untergeschoß des Oriental Hotel, 105 Jl. Penang, ☎ 637411 – die Hotelgegend. Freunde der nordindischen Curries kommen hier auf ihre Kosten. Kein billiges Restaurant, aber es lohnt sich. Geöffnet tgl. 12.00 - 15.00 und 19.00 - 23.00 Uhr.
TAJ MAHAL, 161 Jl. Penang, nahe Einmündung Chulia St., kocht gute, preiswerte, indisch-muslimische Gerichte.
YASMEEN, 177 Jl. Penang, liegt gleich nebenan, das Angebot ist dasselbe.
TANDOORI HOUSE, 34 - 36 Lorong Hutton, ☎ 619105, gehobenes nordindisches Restaurant mit gleichnamigen Spezialitäten. Geöffnet tgl. 11.30 - 15.00 und 18.30 - 22.30 Uhr.
HAMEEDIYAH, 164 A Lebuh Campbell, liegt in einer Seitenstraße der Jl. Penang, ebenso das benachbarte *TAJ,* 166 Lebuh Campbell, beide mit preiswertem, typisch muslimisch-indischem Angebot und *CHELLAMAH,* 501 Chulia St., ein billiger Inder, wo man auch frühstücken kann.

WEITERE MÖGLICHKEITEN – Die westlichen Fast Food-Schuppen und Traveller-Einheitsrestaurants brauchen wir ja nicht gesondert zu erwähnen.
GREEN PLANET, 63 Cintra St., ist mehr als nur ein gemütliches, ac-gekühltes Restaurant mit einer Speisekarte nach westlichem Geschmack: Müsli, Spaghetti, Burger, aber auch malaysische Gerichte. Mr. Tan, führt auch Dschungel-Survival-Treks zu Orang Asli-Dörfern (Temiar) in der Gegend von Kintak in Pe-

Fotos - links: Wegweiser am Fährhafen in Bakauheni; rechts: ... und weit davon entfernt das steinerne Grab am Toba-See

JASA RAHARJA
JAMINAN PASTI ANDA
87 km BANDAR LAMP
777 km PALEMBAN
613 km BENGKULU
1017 km JAMBI
1084 km PADANG
1770 km PEKAN BAR
1814 km MEDAN
2418 km BANDA ACE
ORANG

rak durch und vermittelt Unterkunft am Strand von Tanjung Bungah. Ein Blick in die Bücher mit Traveller-Infos nicht nur bezüglich Malaysia lohnt sich.
Deutsche Gerichte zu durchaus annehmbaren Preisen serviert die gemütliche *WUNDERBAR,* allerdings ziemlich weit außerhalb vom Zentrum in der 37-F Jl. Cantonment, ☎ 2281080.
Einen guten **Thai** gibt es am Parkplatz der Penang Hill Railway Station:
FOONG KIM CHEONG.
Japanische Küche bietet das *SHIN MIYAKO,* 105 Jl. Penang im 1. Stock. Sehr leckere Gerichte in gediegener Atmosphäre, wenn auch nicht so elegant wie im *CHIKUYO-TEI* im City Bayview Hotel, 25-A Lebuh Farquhar, ☎ 635175. Nicht billig.
Im sich drehenden Restaurant *(revolving restaurant)* auf dem Dach des *CITY BAYVIEW HOTEL* kann man auch **Kaffee trinken**, Eis essen und die gute Aussicht auf die Stadt genießen.
Frühstücken kann man in nahezu allen Traveller-Hotels und umliegenden Cafés, z.B. im
ENG THAI, 417 Chulia St., neben dem Swiss Hotel,
SENG HIN, 398 Chulia St., oder im
EVERLIGHT, 42 Lebuh Cintra.
Verschiedene **Bäckereien** offerieren Kuchen und süße oder würzige gefüllte Brötchen:
DINERS BAKERY, 149 Lebuh Campbell, hat das größte und beste Angebot.
NOVA BAKERY, im New Pathe Hotel, Lebuh Light, Ecke King St.

UNTERHALTUNG

20 LEITH ST, ebendort, gegenüber dem Cathay Hotel, scheint nach wie vor der beliebteste abendliche *hangout* zu sein. Großer Biergarten vor einer alten chinesischen Villa, viele Touristen aus den umliegenden Hotels. Zeitweilig spielt auch eine Band. Geöffnet tgl. 16.30 - 2.30 Uhr.
Die **Traveller-Szene** sitzt abends in den Kneipen rund um die Chulia St. (wo sonst?). Beliebt ist das bereits erwähnte *HSIANG YANG CHAP* vor dem Honpin Hotel, 273 Chulia St., sowie das *GREEN PLANET,* 63 Cintra St., oder *TAI WAH,* 507 Chulia St., am oberen Ende.
Wer Lust hat, einmal in einer der traditionellen, schummrigen **Bars** abzustürzen:
HONGKONG BAR, 371 Lebuh Chulia.
TIGER BAR, 108 Lebuh Muntri, nahe Jl. Penang, sowie *BOSTON,* 477 Jl. Penang, am unteren Ende der Straße.
CHEERS BEER GARDEN, 22 Jl. Argyll, 10 Min. zu Fuß vom KOMTAR, hat vielleicht das billigste Anchor Draft von Penang, geöffnet 18.00 - 24.00 Uhr.
Gediegene **Hotelbar**-Atmosphäre, Band mit Allround-Repertoire und Plüschsessel findet man im *E&O HOTEL*, Lebuh Farquhar, von dem schon die Rede war. Shorts und T-Shirt sind nicht erwünscht.
Disco für junge Leute im *STREET ONE* im Shangri-La Hotel, Jl. Magazine, ☎ 622622, mit Karaoke, tgl. geöffnet. Die meisten anderen Discos befinden sich in den Luxushotels von Batu Ferringhi.
Ein beliebter Laden für **Rockmusik** live ist *THE SHIP*, Jl. Sri Bahari, im 1. Stock spielt ab 21.00 Uhr die Band, im Erdgeschoß ein Restaurant mit Steaks für Nachtschwärmer.

EINKAUFEN

Bei einem Bummel durch die Straßen der Stadt läßt sich die faszinierende Vielfalt an Geschäften und Werkstätten erkunden. Hier gibt es fast alles, und das Angebot ist merklich größer als in anderen Orten Malaysias.
Jalan Penang ist die Haupt-Einkaufsstraße – von Antiquitäten bis zu Zinnprodukten aus Selangor wird hier alles, was Touristen interessieren könnte, verkauft. Geschäfte im westlichen Stil findet man hier ebenso wie eine Markthalle mit lokalen Lebensmitteln (**Chowrasta Food Market**). Dazwischen einige indi-

Fotos - oben: Sonnenuntergang im Riau-Archipel; unten: Moschee von Banda Aceh bein Nacht

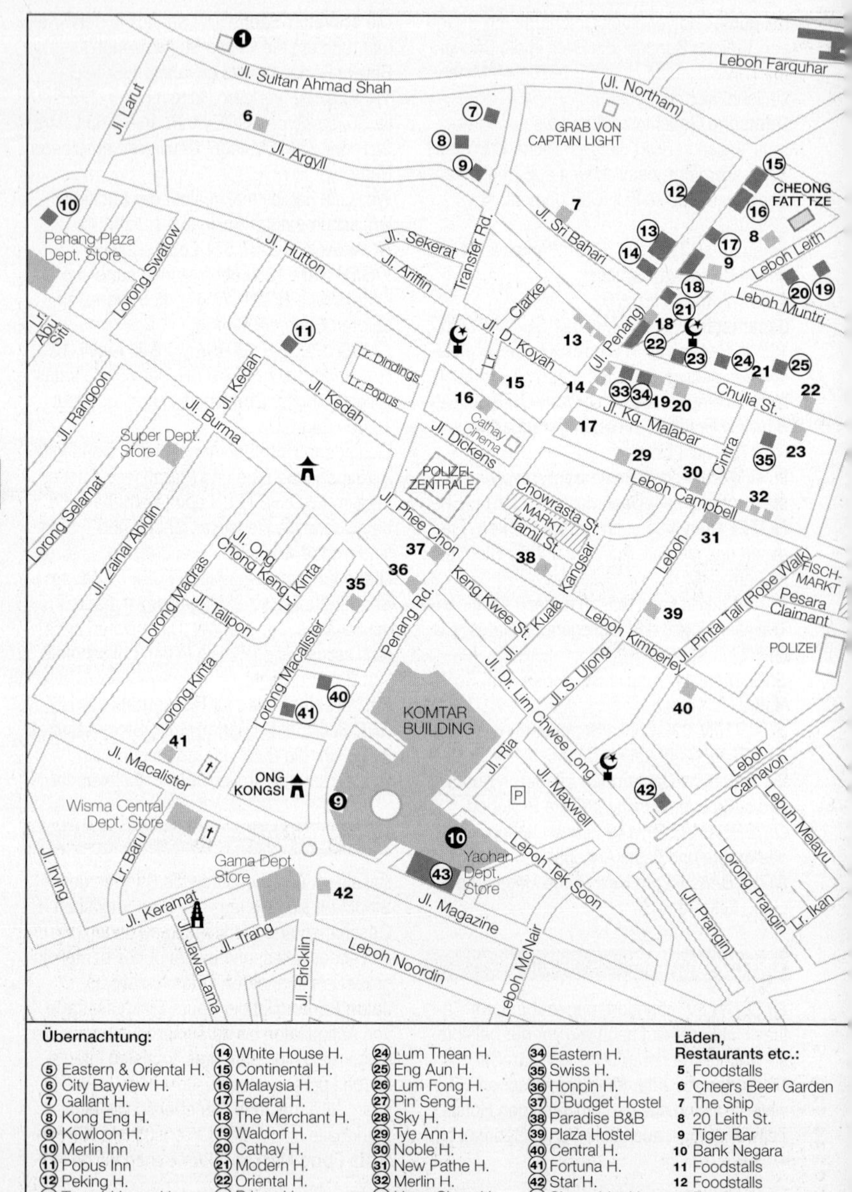

Übernachtung:

⑤ Eastern & Oriental H.
⑥ City Bayview H.
⑦ Gallant H.
⑧ Kong Eng H.
⑨ Kowloon H.
⑩ Merlin Inn
⑪ Popus Inn
⑫ Peking H.
⑬ Towne House H.
⑭ White House H.
⑮ Continental H.
⑯ Malaysia H.
⑰ Federal H.
⑱ The Merchant H.
⑲ Waldorf H.
⑳ Cathay H.
㉑ Modern H.
㉒ Oriental H.
㉓ Prince H.
㉔ Lum Thean H.
㉕ Eng Aun H.
㉖ Lum Fong H.
㉗ Pin Seng H.
㉘ Sky H.
㉙ Tye Ann H.
㉚ Noble H.
㉛ New Pathe H.
㉜ Merlin H.
㉝ Hang Chow H.
㉞ Eastern H.
㉟ Swiss H.
㊱ Honpin H.
㊲ D'Budget Hostel
㊳ Paradise B&B
㊴ Plaza Hostel
㊵ Central H.
㊶ Fortuna H.
㊷ Star H.
㊸ Shangri-La H.

Läden, Restaurants etc.:

5 Foodstalls
6 Cheers Beer Garden
7 The Ship
8 20 Leith St.
9 Tiger Bar
10 Bank Negara
11 Foodstalls
12 Foodstalls
13 Foodstalls

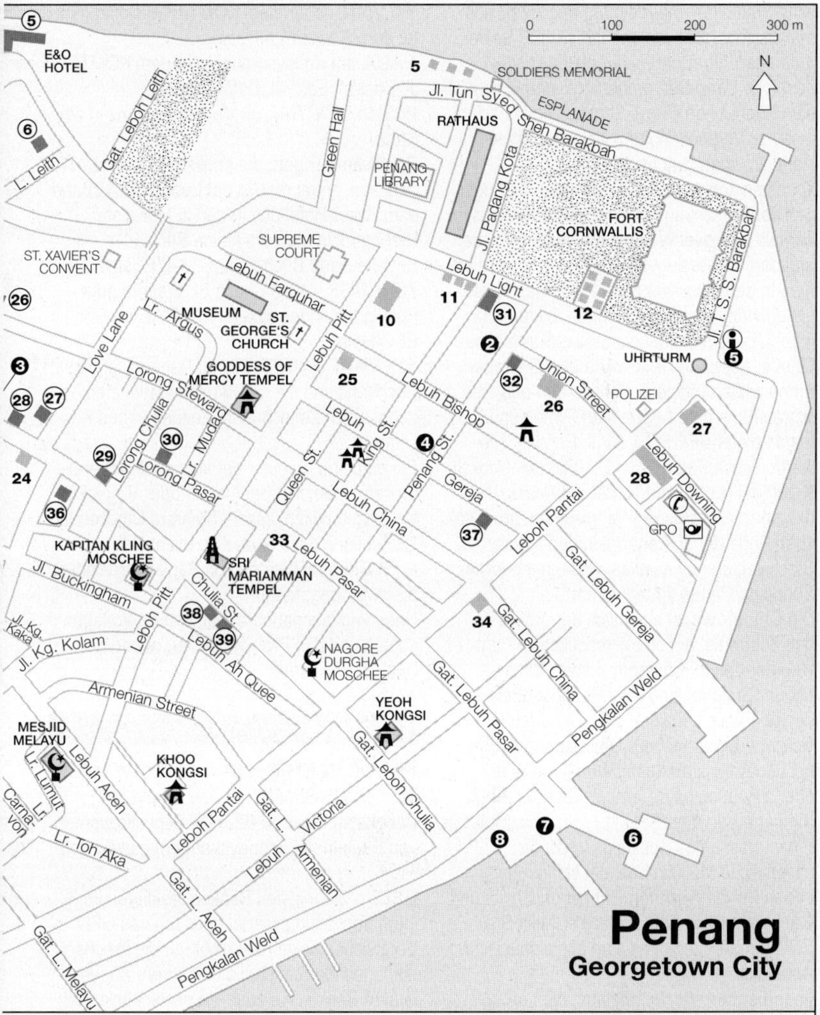

0 100 200 300 m
N

E&O HOTEL
SOLDIERS MEMORIAL
Jl. Tun Syed Sheh Barakbah
ESPLANADE
RATHAUS
PENANG LIBRARY
Green Hall
Gat. Leboh Leith
L. Leith
Jl. Padang Kota
FORT CORNWALLIS
Jl. T. S. S. Barakbah
SUPREME COURT
ST. XAVIER'S CONVENT
Lebuh Farquhar
MUSEUM
ST. GEORGE'S CHURCH
Lebuh Light
Lr. Argus
Love Lane
Lebuh Pitt
GODDESS OF MERCY TEMPEL
UHRTURM
POLIZEI
Union Street
Lebuh Bishop
Lorong Steward
Lorong Chulia
Lr. Mudah
Lorong Pasar
Lebuh King St.
Queen St.
Penang St.
Gereja
Lebuh China
Leboh Pantai
Lebuh Downing
GPO
KAPITAN KLING MOSCHEE
SRI MARIAMMAN TEMPEL
Lebuh Pasar
Jl. Buckingham
Leboh Pitt
Chulia St.
Jl. Kg. Kaka
Jl. Kg. Kolam
Lebuh Ah Quee
NAGORE DURGHA MOSCHEE
Gat. Lebuh China
Gat. Lebuh Gereja
Gat. Lebuh Pasar
Pengkalan Weld
Armenian Street
YEOH KONGSI
MESJID MELAYU
Lr. Lumut
Lebuh Aceh
KHOO KONGSI
Gat. Leboh Chulia
Carnarvon
Lr. Toh Aka
Leboh Pantai
Gat. L. Victoria
Lebuh Armenian
Gat. L. Aceh
Gat. L. Melayu
Pengkalan Weld

Penang
Georgetown City

14 Taj Mahal R., Yasmeen R., Hoe Kongsi R.
15 Tandoori House R.
16 Eden R.
17 Syarikat Utd. Bücher
18 Shin Miyako R.
19 Tai Wah Coffeeshop
20 Chellamah R.
21 Seng Hin R.
22 Saleemul Enterprise
23 Eng Thai R.
24 Hongkong Bar
25 Dragon King R.
26 MBB Bank
27 Bank Bumiputra
28 Hongkong Bank
29 Hameediyah R.
30 Everlight R.
31 Khuan Kew R.
32 Foodstalls
33 Dawood R.
34 Immigration Office
35 Nyonya Corner R.
36 Loke Thye Kee R.
37 Wing Look R.
38 Phue Thai Yuen R.
39 Green Planet R.
40 Goh Huat Seng R.
41 Oriental Seafood
42 Kassim R.

Transport:
❶ Singapore Airlines
❷ British Airways
❸ MSL Travel
❹ Cathay Pacific
❺ Tickets für Fähren → Medan, Langkawi
❻ Ferry Terminal
❼ Railway Booking Office
❽ Busbahnhof
❾ MAS Office
❿ Central Bus Station

sche Schneider, die Kleidung nach Maß aus malaysischer Batik oder chinesischer Seide anfertigen. Straßenhändler bieten billige, bespielte Kassetten (unbedingt vorspielen lassen!), bunt bedruckte T-Shirts, billiges Parfum in teurer Verpackung und vieles mehr an. Handeln ist obligatorisch.
Touristen können unter bestimmten Bedingungen **zollfrei** einkaufen. Man muß allerdings innerhalb von zwei Wochen Malaysia verlassen und darf die versiegelten Pakete erst dann öffnen. In den etwa 40 Läden Penangs, die sich als *duty free shops* bezeichnen, bekommt man vor allem elektrische und elektronische Geräte, aber auch Alkoholika und Zigaretten.
Filme zählen übrigens nicht zu den *duty free*-Waren. Eine gute Auswahl an Filmen und Kameras bietet *BEE LOH*, 88 Jl. Penang. Hier werden auch Papier- und Dia-Filme entwickelt.
KOMTAR (Kompleks Tun Abdul Razak), heißt das neue, 65stöckige „Wahrzeichen" am südlichen Ende der Jl. Penang. In den unteren Stockwerken gibt es alles, was ein modernes Shopping Centre zu bieten hat.
Die **Chinatown** ist eigentlich der größte Teil des Zentrums, am charakteristischsten entlang der Lebuh Kimberley, Lebuh Chulia, Lebuh Campbell und ihrer Seitenstraßen. In den übervollen, kleinen offenen Läden läßt es sich wunderbar stöbern, vor allem natürlich bei den Antiquitätenhändlern (Rope Walk), aber z.B. auch beim Tempelzubehör (Lebuh Kimberley, Jl. Pintal).
Ein interessantes Spezialgeschäft für chinesische Medizin befindet sich an der Lebuh Pantai zwischen Gat Lebuh Chulia und Gat Lebuh Pasar. Auch an der Chulia St., Ecke Lebuh Pitt gibt es eine alte chinesische Apotheke.
Im **indischen Viertel** rings um die Lorong Pasar und Penang St. ist das Angebot profaner, aber nicht weniger ausgefallen.
Kassetten und Räucherstäbchen, Kupfer- und Weißblechwaren, bunte Sari-Stoffe und exotische Gewürze (Penang St.) stapeln sich in den engen Läden und auf den Bürgersteigen.
Große **Department Stores**, u.a. mit westlichen Lebensmittelabteilungen, sind das *YAOHAN*, neben dem KOMTAR-Building (hinter dem *Shangri-La Hotel)*.
GAMA, am Kreisverkehr hinter dem KOMTAR, Jl. Bricklin, Ecke Jl. Dato Keramat,
WISMA CENTRAL, Jl. Macalister, ganz in der Nähe.
Buchhandlungen, die englische Literatur anbieten, findet man in der Lebuh Chulia nahe dem Swiss Hotel und in der Jl. Macalister. Hier handeln mehrere kleine Buchläden mit Second Hand-Büchern, z.B. *SALEEMUL ENTERPRISE*, 440-B Chulia St. Weitere gute Buchläden finden sich im KOMTAR und im E&O Hotel.
SYARIKAT UNITED, 187 Jl. Penang, ist eine Buchhandlung mit großem internationalen Angebot, auch Zeitschriften, Zeitungen und Kassetten.
Ein guter Tip: In einer der kleinen **Druckereien** kann man sich Briefpapier oder Visitenkarten billig drucken lassen. Mehrere Druckereien z.B. entlang der Penang St. (nicht Rd.!).
Auch **Stempel** werden von Papierwarenläden preiswert angefertigt.
Unbedingt auf saubere, gut lesbare Vorlagen achten und das Problem der ä-, ö- und ü-Pünktchen klären!

SONSTIGES

AMERICAN EXPRESS – *MAYFLOWER ACME TOURS SDN. BHD.*, Tan Chung Bldg., Pengkalan Weld, ☎ 623725. Schecks werden von Banken und Moneychangern gewechselt.

GELD – die meisten Banken residieren im alten Verwaltungsviertel rings um das GPO. Vergleichen sollte man nicht nur die Wechselkurse, sondern auch die Gebühren, z.T. verlangen Banken bis zu 6 RM pro Scheck! Einige lösen nur bis zu einem gewissen Limit (z.B. 500 RM) Schecks ein. Möglicherweise ist man bei den Geldwechslern (s.u.) besser bedient. Öffnungszeiten: Mo - Fr 10.00 - 15.00, Sa 9.30 - 11.30 Uhr.
Günstigere Kurse als die Banken haben oft die **Geldwechsler**, meist Inder, die man z.B. im Bankenviertel südlich des Uhrturms findet.

Im Gegensatz zu den Banken haben sie fast immer geöffnet und wechseln auch Bargeld. Interessant kann der Einkauf von sogenannten schwachen Währungen sein, d.h. hauptsächlich von indischen Rupees. In vielen Ländern ist die Einfuhr von Landeswährung nicht oder nur bis zu einer gewissen Summe gestattet – also aufpassen!

DROGEN – Da Penang auch ein Umschlagplatz ist, noch einmal die Warnung, keinesfalls auf irgendein Angebot einzugehen. Mancher Rikschafahrer scheint von Marihuana bis zu Heroin, wenn es sein muß auch kiloweise, alles zu verkaufen – er kann aber auch ein Spitzel sein. Seit die Drogengesetze in Malaysia strenger gehandhabt werden, hat man schon mehrfach die Todesstrafe verhängt – auch gegen leichtsinnige Traveller.

FESTE – Vor allem die chinesischen Feste werden in Penang prunkvoll gefeiert, z.B. im Januar/Februar das **Neujahrsfest** mit seinen hektischen Vorbereitungstagen.
Außerdem begeht man in den großen Tempeln der Stadt spezielle **Tempelfeste** zu Ehren der jeweiligen Namensgeber.
Auch das indische **Thaipusam** lohnt im Januar/Februar einen Besuch in Penang.
Während des ganzen Monats Dezember läuft ein buntes Programm. Der Höhepunkt der **Pesta Pulau Pinang** z.B. sind die Drachenbootrennen (am Gurney Drive in Pulau Tikus). Wer abends durch die Straßen geht, kann häufig Zaungast prächtiger Familien- oder Tempelfeste werden, bei denen auch Chinesische Oper, Puppenspiele, Tänze und Musik die Gäste unterhalten.
Die Broschüre *Penang for the Visitor* des Tourist Office enthält ausführliche Beschreibungen und die genauen Termine für das jeweilige Jahr.

IMMIGRATION – nicht so überlaufen wie Kuala Lumpur. Office in der 29 Lebuh Pantai, ☎ 615122, geöffnet Mo - Do 8.00 - 12.45 und 14.00 - 16.15, Fr 8.00 - 12.15 und 14.45 - 16.15, Sa 8.00 - 12.45 Uhr.

INFORMATIONEN – Viel Informationsmaterial in Hochglanzprospekten, z.B. die 6x jährlich erscheinende *Penang Travel News* und die Broschüre *Penang for Visitors (Shopper). PENANG TOURIST INFORMATION CENTRE,* ☎ 616663, 10 Jl. Tun Syed Sheh Barakbah, liegt gleich beim Fort Cornwallis neben dem Uhrturm. Geöffnet Mo - Do von 8.00 - 12.45, 14.00 - 16.15; Fr 8.30 - 12.15, 14.45 - 16.15, Sa 8.00 - 13.00 Uhr. Keine Zimmervermittlung. *MTPB (Malaysia Tourism Promotion Board)* hat ihr Büro gleich nebenan und ein *Information Centre* am Airport, ☎ 831501, das Mo - Fr von 8.30 - 16.15, Sa 8.30 - 13.00 Uhr geöffnet ist.

KONSULATE – wenn man nach Indonesien einreisen will:
INDONESIAN CONSULATE, 467 Jl. Burmah, ☎ 25162/3, ebenfalls im Nordwesten der Stadt. Geöffnet Mo - Fr von 9.00 -12.00 und 14.00 - 15.00 Uhr. Für eine Einreise über Medan benötigt man kein Visum, da bekommt man den 2-Monate-Stempel drüben. Sonst: 2 Paßfotos, mindestens US$200 zum Vorweisen und ein *return*-Ticket. Die Ausstellung des Visums dauert ein bis zwei Tage, für Deutsche ist es kostenlos, andere Nationalitäten zahlen 10 RM. Zu erreichen mit Bus Nr. 93 vom KOMTAR.
GERMAN CONSULATE, ☎ 832011.

MEDIZINISCHE HILFE – Polizei und Ambulanz erreicht man unter der Nummer 999, die Feuerwehr unter ☎ 994.
GENERAL HOSPITAL, Jl. Residensi (Western Rd., am Poloplatz westlich des Zentrums), ☎ 373333. Im Notfall wird man hierhin gebracht, weil die Behandlung kostenlos ist.
Außerdem gibt es in Penang eine Reihe privater Kliniken, z.B.:
MEDICAL CENTRE, 1 Jl. Pangkor, ☎ 20731.
ADVENTIST HOSPITAL, 465 Jl. Burmah, ☎ 373344, liegt nahe am indonesischen Konsulat (s.o.),
THE SPECIALISTS CENTRE, 19 Jl. Logan, ☎ 368501,
MT. MIRAMAR HOSPITAL, Fettes Park, ☎ 366201.

POST – *GENERAL POST OFFICE* in der Lebuh Downing, ☎ 366461, liegt nahe am Fort Cornwallis. Geöffnet Mo - Sa 8.00 - 18.00 Uhr. Um die Ecke in der Lebuh Pantai kann man sich bei *M.S. ALLY* die Pakete packen lassen.

TELEFON – Ortsgespräche kosten 10 ¢. Mit Telefonkarten kann man Auslandsgespräche von den gekennzeichneten Telefonen führen. *TELECOM,* Bangunan Tuanku Syed Putra, Lebuh Downing, ☎ 610791, neben dem Hauptpostamt, hat Mo - Fr 8.00 - 16.45 Uhr geöffnet. Auch hier gibt es Kartentelefone, die handvermittelten Gespräche sind teurer. Außerdem Fax-Service.
KEDAI TELEKOM, Jl. Burmah, ☎ 373273, hat rund um die Uhr geöffnet.

VORWAHL – 04.

NAHVERKEHRSMITTEL

In der Innenstadt läßt sich eigentlich alles zu Fuß erledigen. Lokale Verkehrsmittel wird man nur für Ausflüge in die Vororte oder an weiter entfernte Stellen der Insel benötigen.

STADTBUSSE – 5 verschiedene Busgesellschaften verkehren in der Stadt und auf der Insel. Die *MPPP*-Citybusse fahren alle ab KOMTAR Building, ausgenommen die Busse Nr. 8, 12 und 13. Bus Nr. 11 fährt von der Lebuh Victoria nach Süden zur Penang Bridge, Nr. 7 zum Botanischen Garten, Nr. 1 zum Kek Lok Si Tempel, von dort fährt Nr. 8 zum Penang Hill. Der Fahrpreis variiert je nach Distanz im Stadtgebiet von 35 - 60c. Grüne, blaue und gelbe Busse fahren ab Ferry Terminal an der Jetty und halten am KOMTAR-Building. Die Blauen kann man für 1,40 RM nach Batu Ferringhi und Teluk Bahang nehmen (Umsteigen in Tg. Bungah – der Anschlußbus wartet), die Gelben nach Süden, also zur Brücke, zum Airport, Snake Tempel usw., die Grünen nach Air Itam.

TRISHAWS – Die Fahrradrikschas sind im Citybereich ein beliebtes Transportmittel – man sitzt vor dem Fahrer und hat freie Sicht auf die Straße und all ihre Gefahren.
Preise aushandeln, denn der erste Preis ist meistens überhöht! Das Minimum ist 2 RM, eine Fahrt von einer Meile dürfte 3 - 4 RM, eine volle Stunde mindestens 15 RM kosten.

TAXIS – Obwohl viele Wagen ein Taxameter eingebaut haben, „funktioniert“ dieses in der Regel nicht. Daher steht auch ganz richtig in den offiziellen städtischen Informationsbroschüren: *„Taxis do not use meters; agree on price before boarding.“* Der Mindestpreis beträgt 3 RM pro Meile. Zwischen Mitternacht und 6.00 Uhr morgens wird ein Nachtzuschlag von 50% berechnet. Vom Flugplatz aus fahren Coupon-Taxis in die Stadt (16 RM). Nach Batu Ferringhi sollte die Fahrt 20 RM (26 RM ac) kosten. 10 RM wird eine Fahrt nach Ayer Itam oder zum Botanischen Garten kosten.

FÄHREN – Obwohl seit einigen Jahren eine imposante, 13,5 km lange Brücke die Insel mit dem Festland verbindet (Gebühr für einen PKW vom Festland zur Insel 7 RM), verkehren rund um die Uhr zwischen Penang und Butterworth die großen Auto- und Personenfähren. Tagsüber legen sie alle 20 Minuten ab, nachts zwischen 24.00 und 7.00 Uhr stündlich. Die Fähre von Penang nach Butterworth ist kostenlos, die umgekehrte Fahrt kostet 40c, die man für die automatische Sperre als Kleingeld bereithalten sollte. Autos kosten je nach Größe 4 -8,40 RM, Motorräder 1,20 RM. Die Anlegestelle ist am Weld Quay (Pengkalan Weld). Fernbusse, Overland Taxis und Züge fahren direkt an der Anlegestelle in Butterworth ab.

TRANSPORT

Dreh- und Angelpunkt für den Schienenverkehr ist die Hafenstadt **Butterworth** auf dem Festland. Dort liegen Fähranleger, Bahnhof, Bus Station und Taxistand direkt nebeneinander. Wer auf dem Landweg von Penang aus weiter will, muß aber nicht unbedingt hinüber auf die andere Seite, denn Busse nach Singapore und zu Zielorten innerhalb Malaysias fahren auch am großen Busbahnhof beim KOMTAR-Gebäude ab.

BUSSE – Alle Busse fahren am Busbahnhof beim KOMTAR-Gebäude ab.
EXPRESS NASIONAL, 20 Jl. Sultan Ahmad Shah, ☎ 374520, verkauft Tickets nach Süden und nach Kota Bharu.
NEW SIA TOURS, 35 Pengkalan Weld, ☎ 615115, verkauft Tickets nach Kuala Lumpur, Singapore und Thailand.
ES (Express Service), 11 Jl. Ria (Bus Interchange), KOMTAR-Gebäude, ☎ 628723, verkauft Tickets nach KL, Melaka und Singapore.
Direkte Verbindungen gibt es von Georgetown in jede größere Stadt.
Nach Süden: nach KUALA LUMPUR (10x tgl. in 7 1/2 Std., 17 RM). Es gibt auch Busse, die über KL weiterfahren bis MELAKA (2x tgl. in 10 Std., 24 RM), JOHOR BHARU (tgl. in 13 Std., 35 RM) und SINGAPORE (2x tgl. in 14 Std., 35 RM).

ÜBERLANDTAXI – Die Station für Überlandtaxen ist ebenfalls gleich an der Anlegestelle in Butterworth, manche lassen sich auch direkt in Traveller-Hotels buchen. Preise p.P. bei 4 Passagieren. KUALA LUMPUR 31 RM, JOHOR BHARU 61 RM.

EISENBAHN – Züge fahren ab Butterworth Railway Station, am Ferry Terminal, ☎ 347962. Unsere Preisangaben beziehen sich wie immer auf die 2. Klasse mit ac, Tickets können auch in Georgetown gekauft werden: *RAILWAY BOOKING OFFICE*, Pengkalan Weld, ☎ 610290, liegt etwa 50 m von der Straße in Richtung Fähre.
Von Butterworth tgl. 3 Expreßzüge nach KL (7 Std., 34 RM). Die beiden anderen Züge halten an jeder Station und brauchen länger.

FLÜGE – Der Bayan Lepas International Airport, ☎ 834411, liegt 20 km südlich von Georgetown, 39 km von Batu Ferringhi entfernt. Gelbe Busse 83 fahren ab Jetty für 1,10 RM, Coupon-Taxi kostet ab City 16 RM, ab Batu Ferringhi 26 RM. Airport Tax bei internationalen Flügen 15 RM, Singapore und Brunei 10 RM und innerhalb des Landes 5 RM.
Nationale Flüge: MAS fliegt nach KUALA LUMPUR (18x tgl., 104 RM) und weiter nach JOHOR BHARU (7x tgl., 178 RM), was trotz Inlandflugs nur unerheblich billiger ist als direkt nach Singapore. Auf bestimmten Maschinen gibt es allerdings einen ermäßigten Tarif (150 RM) nach Johor Bharu.
MAS OFFICE, KOMTAR Building, ☎ 620011, 621403, fax 618191, Airport ☎ 830811.
Internationale Flüge: Nach SINGAPORE mit MAS bzw. Singapore Airlines mehrmals tgl. direkt, 182 RM, ansonsten über KL. Nach Sumatra mit MAS tgl. nach MEDAN (149 RM).
Weitere günstige Flüge in alle Welt werden in verschiedenen **Billigflug-Reisebüros** rund um die Chulia St. angeboten. Ein internationaler Studentenausweis ist hilfreich, da häufig Discounts gewährt werden. Preisbeispiele für Billigtickets: BANGKOK 330 RM, HAT YAI 121 RM, PHUKET 155 RM, SINGAPORE 182 RM. Vorsicht, einige Reisebüros existieren nicht lange, eines Tages bleibt die Tür geschlossen und der Manager ist mit den Anzahlungen über alle Berge. *MSL TRAVEL*, 340 Chulia St., ☎ 616154, gehört zu den verläßlichen, nicht nur für Studenten. Hier noch die Büros einiger **Fluggesellschaften:**
BRITISH AIRWAYS, 20A Lebuh Penang, ☎ 616342. *CATHAY PACIFIC*, AIA Bldg., 88 Lebuh Bishop, ☎ 613321, fax 613332. *GARUDA INDONESIAN AIRWAYS*, Wisma Chocolate Products, 41 Aboo Sittee Lane, ☎ 365257. *SINGAPORE AIRLINES*, Wisma Penang Garden, 42 Jl. Sultan Ahmad Shah, ☎ 366211, fax 379497. *THAI AIRWAYS*, Wisma Central, 41 Jl. Macalister, ☎ 366250, fax 371731.

SCHIFFE – Eine gute Möglichkeit preisgünstig nach Sumatra zu kommen.
PERANA EKSPRES und *EKSPRES BAHAGIA*, Port Commission Shopping Complex, Pasara Raja Edward, ☎ 631943, fahren tgl. außer So nach MEDAN. (6 Std., 90 RM + 6 RM Hafengebühr, *return* 160 RM, kann auch als *open date* Ticket ausgestellt werden).

Bücher

Will man sich intensiver mit Sumatra und Indonesien auseinandersetzen, findet man hier einige Tips. Zum einen sind es Bücher, die schon vor der Reise (oder auch hinterher) gelesen werden können, um die angesprochenen Themen zu vertiefen – zum anderen sind es Bücher, die man auf die Reise mitnehmen kann. Manche Romane lesen sich viel besser an den Originalschauplätzen. In den Touristenzentren Sumatras gibt es nur in einigen *Second Hand Buchhandlungen* deutsche Taschenbücher. Wer keine englischen Bücher lesen will oder kann, sollte sich entsprechend vor der Reise eindecken. Selbst die Auswahl an englischsprachiger Literatur ist in Indonesien nicht so groß wie beispielsweise in Singapore, Penang oder Melaka.

Bücherliste

Geschichte

Das Moderne Asien (Fischer Weltgeschichte 33, Hrsg.: Bianco, Lucien; Frankfurt 1982, TB) und **Südostasien vor der Kolonialzeit** (Fischer Weltgeschichte 18, Hrsg.: John Villirs; Frankfurt 1980, TB) Beide Bände informieren über die wichtigsten historischen Ereignisse vor und nach dem Eintreffen der Kolonialmächte in knapper Form – Bücher zum Nachschlagen.

History of Sumatra (Marsden, William; Singapore 1986) Nachdruck des 1783 erschienenen Werkes. Umfangreiche Beschreibung der Insel aus jener Zeit.

Forgotten Kingdoms in Sumatra (Schnitger, F. M.; Leiden 1938 / 1964) Der Autor war Konservator am Srivijaya Museum in Palembang und leitete in den 30er Jahren drei archäologische und anthropologische Expeditionen durch Sumatra.

The Dutch Seaborne Empire 1600 - 1800 (Boxer; Harmondsworth 1973) Die holländische Eroberungsgeschichte mit vielen Bildern und Karten, Penguin Paperback.

A History of Modern Indonesia (Ricklefs, M. C.; London 1981) Umfangreiches Lehrbuch über die Geschichte von 1300 bis heute. Gut und verständlich.

The Indonesian Tragedy (May, Brian; Singapore 1978) Eine Sozialgeschichte der Nachkriegszeit unter Sukarno und Suharto. Hintergrundinformationen zum Aufstand von 1965.

Ethnologie

Südostasien – Völker und Kulturen (Kubitschek, Hans-Dieter; Berlin 1984) Ausgezeichnete Einführung in die Ethnographie, die großen kulturellen Traditionen der Völker Südostasiens und deren Geschichte.

Sumatra – Its History and People (Loeb, E. M.; Kuala Lumpur 1972; Nachdruck der Wiener Ausgabe von 1935) Sozialgeschichte der Völker und Regionen dieser Insel.

The Chinese in Southeast Asia (Purcell, V.; London, Kuala Lumpur, Hongkong 1965) Umfassende Darstellung der chinesischen Minderheiten in ihrer Entstehung, Gegenwart und Perspektive.

Journey to the Land of the Earth Goddess (Frey, Katherine St.; Jakarta 1986) Ein großformatiger Bild- und Textband über die Minangkabau, ihre Kultur und ihre (lebendigen) Mythen.

The Batak (Sibeth, Achim; London 1991) Ein umfangreiches, ausführliches Werk über das bekannteste Volk Nord-Sumatras, mit vielen historischen und zeitgenössischen Photos, zum Teil in Farbe.

Geographie – Wirtschaft – Zeitgeschehen

Arm durch Reichtum – Sumatra (Museum für Völkerkunde; Frankfurt am Main 1979) Ein reichhaltig illustrierter Leitfaden zu einer Sumatra-Ausstellung, mit viel Hintergrundinformation; Taschenbuch.

The Ecology of Sumatra (Whitten, Anthony J.; Damanik, Sengli J.; Anwar, Jazanul; Hisyam, Nazaruddin; Yogyakarta 1984) 600 Seiten starkes Handbuch mit ausführlicher Analyse der Umweltprobleme Sumatras. Ein ähnlicher Band ist auch über Sulawesi erschienen.

Indonesien hat viele Gesichter (Uhlig, Helmut; Berlin 1980) Leicht lesbarer, guter Einstieg. Von ihm auch ein Balibuch (1981).
Indonesien (Schlereth, Einar; Berlin 1976) Die Menschen, das Land, die Kultur und was die holländischen Räuber daraus gemacht haben – Analyse aus marxistischer Sicht.
Weiße Experten nicht gefragt (Krause, Karla; Hamburg 1981) Protokoll über die Selbsthilfe in indonesischen Dörfern, sehr informativ. Für alle, die Interesse an Entwicklungshilfe haben.
Indonesien heute (Schuhmacher, Erwin; Frankfurt um 1960) Ein Sachbuch über Geschichte, Geographie, Politik, Wirtschaft, Kultur und Völker des Inselreiches, wie es sich vor 35 Jahren präsentierte; mit Fotos.
Indonesien – Vergangenheit und Gegenwart (Fischer, Louis; Berlin 1960). Der Autor, persönlich bekannt mit Sukarno, gibt ein anschauliches Bild des jungen Staates mit den politischen und wirtschaftlichen Problemen Ende der 50er Jahre.
5 mal Indonesien (Siebert, Rüdiger; München 1987) Recht voluminöses Werk, mit Abbildungen, das in vielen Einzelkapiteln facettenhaft ein Bild des heutigen Indonesien vermittelt.
Der Malaiische Archipel (Wallace, A. R.; Frankfurt 1983) Von 1869 stammt der Klassiker des englischen Forschers, der jahrelang die Inseln bereiste. Deutsche Übersetzung aus dem Societätsverlag. Schwerpunkt: Flora und Fauna. Die Englische Ausgabe ist 1983 in Singapore unter dem Titel **The Malay Archipelago** wieder erschienen.
Tropisches Asien – Fauna und Flora (Einführung: Harrisson, Tom; Rowohlt 1975 – TB) Recht umfangreiches Buch mit vielen Fotos und Abbildungen, das allerdings keineswegs auf Vollständigkeit bedacht ist.
Wild Indonesia (Cubitt, G.; Whitten, Jane u. Tony; London 1992) Großformatiger und großartiger Bild- und Textband über die letzten erhaltenen Wildgebiete des Archipels; in Zusammenarbeit mit dem WWF.

Kultur

Indonesia – Between Myth and Reality (Lee Khoon Choy; London 1976, Singapore 1977). *Way of life*, Glaubensvorstellungen, Traditionen, Sitten und Gebräuche verschiedener Völker des Archipels, z.B. Toraja, Batak, Bali Aga, Badui, Javaner. Der Autor war einige Jahre der Botschafter Singapores in Indonesien.
Seni Kriya – The Crafts of Indonesia (Hrsg.: Ave, Joop; Singapore 1988) Ein faszinierender Bildband über alle (Kunst-) Handwerke des Archipels; sehr empfehlenswert.
Indonesian Primitive Art (Hersey, Irwin; Singapore 1991) Die Kunst der proto-malaiischen Völker (Batak, Nias, Dayak, Toraja usw.) wird in diesem Oxford-Band ausführlich beschrieben und durch hervorragende Fotos illustriert.
Nias: The only older megalithic tradition in Indonesia (Rumbi Mulia; Jakarta 1981) Eine zusammenfassende, doch ausführliche Arbeit. Im Bulletin of the Research Center of Archaeology of Indonesia, No. 16.
Indonesien, die Kunst des Inselreichs (Wagner, Frits A.; Baden-Baden 1959, Paperback-Ausgabe 1979) Anschauliche, illustrierte Kunstgeschichte von der neolithischen Periode bis zum 20. Jahrhundert.
Batak Cloth and Clothing – A Dynamic Indonesian Tradition (Niessen, Sandra A.; Kuala Lumpur 1993) Eine Studie über Batak-Textilien und Batak-Kleidung und deren Wandel im Laufe dieses Jahrhunderts; mit z.T. sehr alten Photos.
The World of Indonesian Textiles (Warming / Gaworski; London 1981) Informatives Werk im Großformat vor allem über Ikat und Batik.
Art of Indonesia (Bodrogi, Tibor; London 1973) Ein guter Kunstführer zur Vorbereitung.
The Traditional Architecture of Indonesia (Dawson, Barry / Gillow, John; London 1994) Großformatiger Band mit vielen Photos und Zeichnungen über die verschiedenenen traditionellen Häuser Indonesiens von Sumatra bis Timor und Irian.
Die Religionen Indonesiens (Stöhr / Zoetmulder; Stuttgart, Berlin, Köln, Mainz 1965) Einzige umfassende Religionsgeschichte Indonesiens in deutscher Sprache, die sowohl die Stammesreligionen der Altvölker als auch die Hochreligionen Islam, Buddhismus und Hinduismus einbezieht.

Die Töchter Kartinis (Berninghausen, Jutta; Kerstan, Birgit; Berlin 1983) Berichte und Reportagen aus dem Leben indones. Frauen.
Sailing Craft of Indonesia (Horridge, Adrian; Singapore 1986) Kleines Bändchen über traditionelle Segelschiffe des Archipels – Farbfotos.

Bildbände

Nias – Die Insel der Götzen (Wirz, Paul; Zürich 1929) Ein kleiner Bildband mit seltenen Schwarzweißfotos aus Nias und Siberut.
Indonesien – (Muller, Kal; Zach, Paul). Bester Bildband über den Archipel Deutsche Auflage: Berlin 1987, englisches Original: Singapore 1986. In gleicher Aufmachung:
Indonesia (Sonneville, B. L.; Paris) Schöner Bildband eines französischen Fotografen – zum Einstimmen.

Reisebeschreibungen – Erlebnisberichte

Von Hinterindien bis Surabaya (Tübingen 1977) Nachdruck alter Beschreibungen von Asienreisen früher Forscher und Abenteurer in einem Sammelband.
Tuan Gila, ein verrückter Herr wandert am Äquator (Helbig, Karl; Leipzig 1934) Leicht lesbarer Reisebericht des deutschen Geologen über Sumatra, der, wo immer möglich, am liebsten zu Fuß unterwegs war.
A Naturalist´s Wanderings in the Eastern Archipelago (Forbes, Henry O.; Singapore 1989, Originalausgabe New York 1885) Die Reise eines Naturforschers durch Java, Sumatra, die Banda-Inseln, Tanimbar und Ost-Timor.
Travels in the East Indian Archipelago (Bickmore, Albert S.; Singapore 1991, Originalausgabe New York 1869) Der Reisebericht eines jungen amerikanischen Naturforschers – über Java, Sumatra, Sulawesi und vor allem die Molukken.
Dämmerung über Indonesien (Funke, Friedrich W.; Bremen 1959) Bericht über eine 16 000 km lange Reise durch die Inseln Sumatra, Java, Bali und Sulawesi; mit Fotos.
Aus Insulinde – Malaiische Reisebriefe (Haeckel, Ernst; Leipzig 1923, 3. Aufl.) Reisebericht eines Naturforschers auf Java und Sumatra um die Jahrhundertwende; mit Fotos, Zeichnungen und Aquarellen.
Roter Reis im Paradies (Siebert, Rüdiger; Wuppertal 1977) Reiseeindrücke von verschiedenen Inseln kritisch betrachtet.

Romane – Erzählungen – Märchen – Dichtung

Waffenschmuggel (Ambler, Eric; Diogenes 1979) Ein Roman über Rebellen und Waffengeschäfte während der Aufstände auf Sumatra und des Ausnahmezustands in Malaya.
Gesammelte Erzählungen (Maugham, Somerset; Bd. IV, VIII, X; Diogenes TB) Südostasien in den 20er und 30er Jahren vor dem Zusammenbruch der europäischen Einflußsphären. Maugham präsentiert in seinen Kurzgeschichten koloniale Charaktere und deren Verhalten.
Naga! (Manzu, Peter; Singapore 1980) Ein Action Thriller um die Jagd auf eine monströse Riesenschlange, die in den Gewässern des Riau-Archipels nahe Singapore die friedlichen Bewohner kleiner Fischerdörfer in Angst und Schrecken versetzt.
Til kommt nach Sumatra – Das Leben eines deutschen Jungen in den Tropen (Helbig, Karl; Stuttgart 1942).
Tropic Fever (Szekely, Ladislao; Singapore 1985, Erstausgabe 1937) Die Erlebnisse eines europäischen Pflanzers zu Beginn dieses Jahrhunderts in Nord-Sumatra, humorvoll und spannend, teilweise autobiographisch. Ebenso interessant sind die zwei Bücher seiner Frau Madelon H. Lulofs.
Rubber und **Coolie** (Lulofs, Madelon H.; beide Singapore 1987) In zwei Romanen schildert die Autorin den selbsterlebten Alltag auf Sumatras Gummiplantagen in den 20er Jahren, einmal mit europäischen Augen, einmal aus der Sicht eines Kontraktkulis.
Perlen im Reisfeld (Übers.: Hilgers-Hesse, I.; Tübingen 1971) Mochtar Lubis, der bekannte Schriftsteller aus West-Sumatra, hat 39 moderne, kritische Erzählungen verschiedener indonesischer Autoren für diesen Band ausgewählt.
Contemporary Indonesian Poetry (Hrsg.:

Aveling; Brisbane 1975) Eine neuere lyrische Sammlung.
Athesis (Miharja, Achidist; London 1956) Probleme der kulturellen Gegensätze in den 40er Jahren zwischen West und Ost sind Hintergrund der Handlung.
From Surabaya to Armageddon (Hrsg.: Aveling, H.; Sing. 1976) Phantastische Sammlung von Kurzgeschichten indonesischer Autoren.
The Flaming Earth – Poems from Indonesia (Hrsg.: Ali, A.; Karachi 1949) Eine lyrische Anthologie der wichtigsten nationalen Dichter.
Hikajat Atjeh – Erzählung von der Abkunft und den Jugendjahren des Sultans Iskandar Muda von Atjeh, Sumatra (Penth, H.; Wiesbaden 1969) Übersetzung, mit vielen Anmerkungen und Hintergrundinformationen, einer „Mythenchronik" mit historischen Fakten aus dem 17. Jahrhundert.
Malaiische Chronik / Hang Tuah (Übersetzer: Overbeck, H.; Düsseldorf, Köln 1976) Neuausgabe der aus den 20er Jahren stammenden Übersetzung der zwei wichtigsten Werke der klassischen malaiischen Literatur aus dem 16. Jh. – das erste eine Genealogie der Herrscher von Malakka, das zweite ein historischer Roman um den Volkshelden Hang Tuah. In einem Band.
Shadow Play and other Stories (H. Jathar Salij; Singapore 1982) Moderne indonesische Erzählungen, deren Hauptthema die Konfrontation von Ost und West, Tradition und Moderne ist. Taschenbuch.
Stimme des Wasserbüffels (Übersetzer: Nevermann, H.; Kassel 1956) Eine Sammlung von Sjair (Kunstgedichte) und Pantun (Volksgedichte) verschiedener malaiischer Völker.
Die Insel der schönen Si Melu (Übersetzer: Köhler, H.; Eisenach 1952) Dämonengeschichten, Märchen und Sagen aus Simalur – heute: Simeulue –, eine Insel vor der Nordwestküste Sumatras.

Märchenbücher

Gadjah der Elefant (Hrsg.: W. G. Picard, Kassel 1972), **Indonesische Märchen** (Hrsg.: E. U. Kratz, Düsseldorf 1973), **Indonesische Märchen** (Hrsg.: Lödel, R. u. H., Frankfurt 1992), **Malaiische Geschichten** (Übers.: Overbeck, H.; Düsseldorf 1975), **Folk Tales from Indonesia** (Hrsg.: S. D. B. Aman; Jakarta 1976), **Aryo Menak heiratet eine Himmelsfee** (Leipzig 1989) Taschenbuch

Reiseführer / Karten

Indonesia Handbook (Dalton, Bill; Chico, USA 1991) Umfangreich (1060 S.) und vollgepackt mit detaillierten Infos, nicht immer aktuell.
Richtig Reisen Indonesien (Dusik, Roland; Köln) Empfehlenswerter Führer aus der bewährten Richtig-Reisen-Reihe des DuMont Verlags.
Indonesien - Sumatra, Java, Bali, Lombok (Nelles Guides; München 1993) Ein bunter, preiswerter Band.
Sumatra(Periplus Editions, Berkeley / Singapore 1992/93) Ein englischsprachiger, bunter Reiseführer, der gute Fotos mit Essays und praktischen Informationen verknüpft. Im gleichen Verlag erscheinen die Karten aus der Serie **Periplus Travel Maps:** North Sumatra – Lake Toba und Medan sowie Batam / Bintan.
Indonesia 1 (Sumatra) Empfehlenswerte Straßenkarte aus dem Nelles Verlag München, die häufig aktualisiert wird.

... und für die Weiterreise:

Indonesien Travel Handbuch (Loose, S., Mlyneck, W., Ramb, R.; 6. Auflage, Berlin 1995) auf 850 Seiten Infos über Indonesien *dari Sabang ke Merauke.*
Südostasien Handbuch (Loose, Stefan; Ramb, Renate; 10. Auflage, Berlin 1995) über 800 Seiten Tips, Adressen und Informationen über Thailand, Malaysia, Singapore, Brunei und natürlich Indonesien. Mit zahlreichen Landkarten und Stadtplänen.
Bali – Java – Lombok Travel Handbuch (Loose, S., Mlyneck, W., Ramb, R.; Berlin 1995, 4. Auflage) Umfangreicher Band mit vielen zusätzlichen Background-Informationen.
Malaysia – Singapore – Brunei Travel Handbuch (Loose, S., Ramb, R., Schindler, K.; Berlin 1995, 6. Auflage) Umfangreicher Band mit vielen zusätzlichen Background-Informationen von uns.

Kleiner Sprachführer

Eine Nation – ein Land – eine Sprache: der Slogan der indonesischen Nationalisten in den Zwanziger Jahren verdeutlicht den politischen Stellenwert einer einigenden Sprache. Seit 1945 ist das aus dem klassischen Malaiisch entwickelte Indonesisch Staatssprache.

Viele Wörter wurden aus Fremdsprachen übernommen – aus indonesischen Regionalsprachen ebenso wie aus dem Arabischen, dem Sanskrit, dem Chinesischen, dem Holländischen und – vor allem in jüngerer Zeit – dem Englischen.

Relativ neue Wortschöpfungen, die einem auch ohne Übersetzungshilfen verständlich sein dürften, sind zum Beispiel: Wenn ein *jerman intelektual* mit viel *emosi* im *Restoran* am *telepon* hängt, um vom *imagrasi* (sch ... *birokrasi*) endlich den *pas* und die *permisi* für den *impor* von einem *mobil* zu kriegen. Doch der *agen polisi* hat eine *infeksi* und ist mit dem *taksi* zum *dokter* und zur *apotik*. Leider ist nicht alles so einfach zu verstehen, deshalb hier einige Hilfestellungen:

Rechtschreibung

Seit der Rechtschreibreform von 1972 wird eine Vereinheitlichung von Sprache und Schrift mit *Bahasa Malaysia* angestrebt. So wurde *(dj)* zu *(j)* – Djakarta zu Jakarta, *(j)* zu *(y)* – Jogja zu Yogya, *(tj)* zu *(c)* – Tjirebon zu Cirebon, um nur die wichtigsten Änderungen zu nennen. Deshalb muß vor allem in den Wörterbüchern auf die richtige Umschreibung geachtet werden. Ab und an tauchen hier und auf alten Karten sogar noch Relikte aus holländischer Zeit auf, z.B. *Bandoeng* statt *Bandung*. Ebenso bei indonesischen Familiennamen, z.B. *Soekarno* statt *Sukarno*.

Aussprache

Generell werden die Wörter so ausgesprochen, wie sie geschrieben werden – mit wenigen Ausnahmen:

(e)	selten wie „Meer", häufig verschluckt oder wie „gekommen"		
(c)	*candi*	Tempel	wie im Deutschen „rutschen"
(j)	*jalan*	Straße	ein weiches *dsch* z.B. „Gin"
(kh)	*akhirnya*	endlich	wie im Deutschen „Loch"
(ng)	*bunga*	Blume	wie im Deutschen *ng* in „singen"
(ny)	*nyanyi*	singen	ein Laut ähnlich „Champagner"
(r)	*roti*	Brot	gerolltes *r* wie in Bayern
(y)	*wayang*	Theater	wie im Deutschen „ja"

Wörterbücher und Sprachführer

Wer sich intensiver mit Bahasa Indonesia bzw. Malaysia befassen will, kann sich in Singapore, Jakarta oder Malaysia ein Lehr- und Wörterbuch kaufen.

Lehrbuch der Indonesischen Sprache von Krause, 1978.
Indonesisch für Globetrotter von Gunda Urban, Bielefeld 1983. Ein unkonventioneller und praktischer Sprachführer für unterwegs.
Alle weiteren Bücher in Englisch:
Practical Indonesian (Bagus!) von John Baker – für alle Traveller, die in kurzer Form unterwegs praktische Redewendungen brauchen.
How to Master the Indonesian Language von A. M. Almatsier, Jakarta 1967 – zum Selbstlernen.
Bahasa Indonesia von Johanni Johns, Canberra 1977 – gut!
Teach Yourself Indonesian von J. Kwee, London 1968

Ein kleines **Wörterbuch**, das es in verschiedensten Ausführungen gibt, ist immer ganz brauchbar. Allerdings kann sich im Indonesischen ein Wort durch Vor- und Nachsilben total verändern. Um es im Wörterbuch zu finden, muß man deshalb den Wortstamm suchen, und das ist oft eine Detektivarbeit! Zwei gute Wörterbücher (allerdings nichts für die Reise, da viel zu schwer) sind:

Wörterbuch Indonesisch – Deutsch von Erich-Dieter Krause, früher VEB Leipzig 1985, heute bei Langenscheidt und

Deutsch – Indonesisches Wörterbuch von Adolf Heuken, Jakarta 1987, als Langenscheidts Handwörterbuch erschienen 1988.

Auf der Reise wird man meist mit diesen ständig wiederkehrenden Fragen konfrontiert – dazu die entsprechende Antwort:

apa kabar?	Wie geht's Dir?
kabar baik	Mir geht's gut.
siapa nama mu?	Wie heißt Du?
nama saya ...	Ich heiße ...
darimana?	Woher (kommst Du)?
dari jerman, dari swiss, dari bulan	Vom Mond.
(*pergi / mau) kemana?*	Wohin gehst Du?
ke pantai	Zum Strand (oder)
jalan-jalan	Spazierengehen
penginap / tinggal dimana?	Wo wohnst Du?
di losmen	Im Losmen
berapa lama di indonesia?	Wie lange (bist Du) in Indonesien?
sudah lama	Schon lange (oder)
satu hari saja	erst einen Tag (bzw.)
satu minggu	eine Woche
bisa bicara bahasa indonesia?	Sprichst Du Indonesisch?
sedikit	ein wenig (oder)
saya (tidak) mengerti bahasa indonesia.	Ich verstehe (kein) Indonesisch.
umur berapa? dua puluh tahun	Wie alt (bist Du)? 20 Jahre
sendiri?	Alleine?
sudah kawin?	(Bist Du) schon verheiratet? Falls *„YA“*, folgt:
berapa anak-anak? tiga, sepuluh	Wieviele Kinder? 3, 10 - nie keine!

...und nicht zu vergessen den englischen Satz: *I want to practice my English.* Damit die Konversation nicht einseitig bleibt:

GRUSSFORMELN

Vor das jeweilige Wort immer *selamat* setzen, z.B.:

selamat pagi!	Guten Morgen!
selamat tidur!	Schlafe gut!
selamat datang!	Herzlich Willkommen!

FRAGEN

apa	was
apa ini?	Was ist das?
siapa	wer
siapa nama mu?	Wie heißt du?
berapa	wieviel
berapa lama?	Wie lange?
berapa jauh?	Wie weit?
kapan	wann
kapan bis datang?	Wann kommt der Bus an?
mengapa	warum

PERSONEN

saya / aku	ich
nama saya...	Mein Name ist...
kamu (anda)	du (höflich ihr)
dia / ia	er / sie / es
*kita / kami**	wir (* ohne die angesprochene Person)
engkau	ihr
mereka	sie (Plural)

ANREDE

saudara	Bruder / Schwester (förmliche Anrede)
tuan / nyonya / nona	Herr / Frau / Frl. (traditionell)
bapak (pak)	Vater
ibu (bu)	Mutter
bung	älterer Bruder, einer älteren Person, freundschaftlich
kawan / teman	Freund
anak	Kind
perempuan / wanita	Frau, weiblich
laki laki	Mann, männlich

ZEIT

pagi	Morgen (- 11.00 Uhr)
siang	Mittag
sore	Nachmittag
malam	Abend
hari ini	heute (dieser Tag)
besok	morgen
kemarin	gestern
waktu	Zeit
jam / berapa?	Wie spät ist es?
jam karet	Gummizeit (typische indo. Zeitangabe)
sekarang	jetzt
sebentar	bald (bis 12 Std.)
nanti	später
belum	noch nicht
sudah	schon / fertig
yang lalu	vor ...
antas	sofort danach
lama	lange dauernd
dahulu	vorher, früher
tadi	gerade, vorhin
sebelum	vor, bevor
abadi	ewig

menit	Minute
jam	Stunde
hari	Tag
minggu	Woche
bulan	Monat
tahun	Jahr
abad	Jahrhundert

keabadian	Ewigkeit
tiaphari	jeden Tag
sehari-hari	jeden Tag
sehari-harian	den ganzen Tag
sehari-semalam	Tag und Nacht

hari minggu	Sonntag
hari senin	Montag
h. selasa	Dienstag
h. rabu	Mittwoch
h. kamis	Donnerstag
h. jumat	Freitag
h. sabtu	Samstag

No.

Sudah terima dari STEFAN GÜNTHER
GERD JEGGELKE

Banyaknya uang US$ 30.

Untuk pembayaran JUNGLE TREK 1DAY
START 6 30 am.
ON THURSDAY

10-10-2000

Jumlah Rp. US$ 30,-

NATAL.

ZAHLEN

0	*nol*
1	*satu*
2	*dua*
3	*tiga*
4	*empat*
5	*lima*
6	*enam*
7	*tujuh*
8	*delapan*
9	*sembilan*
10	*sepuluh*
11	*sebelas*
12	*dua belas*
20	*dua puluh*
30	*tiga puluh*
45	*empat puluh lima*
100	*seratus*
200	*dua ratus*
1000	*seribu*
2000	*dua ribu*

setengah	1/2
seperempat / seprapat	1/4
banyak	viel
sedikit	wenig
kurang	weniger (-)
tambah / lagi / lebih	mehr (+)

EINKAUFEN

(mem)beli	kaufen
(men)jual	verkaufen
(mem)bayar	bezahlen
uang / duit	Geld
mahal	teuer
murah	billig
terlalu (mahal)	zu (teuer)
turun	heruntergehen
paling mahal	am teuersten
tanpa / dengan	ohne/ mit
harga pasti	Festpreis
harga biasa	richtiger Preis
ongkos	(Un)kosten
menawar	handeln
berapa harga?	Wieviel kostet es? (wörtl.: wieviel Preis?)
rusak	zerstört, verdorben, zerbrochen
pakaian	Kleidung
kain	(gewebter) Stoff
kapas	Baumwolle
sutera	Seide
sabun	Seife
lilin	Kerze
handuk	Handtuch
obat nyamuk	Moskitocoils
korek api	Streichhölzer
obat langir	Shampoo
kertas tulis	Schreibpapier
kertas bungkus	Packpapier
kertas wc	Toilettenpapier
surat / franko	Brief / Briefmarke
sampul surat	Briefumschlag
surat kabar	Tageszeitung

WOHNEN

dimana ada losmen / hotel?	Wo gibt es ein Losmen / Hotel ?
ada kamar kosong?	Haben Sie ein freies Zimmer?
untuk dua orang (malam)	für 2 Personen (Nächte)

kamar	Zimmer
kosong	leer
kamar mandi	Bad
penuh	voll
kunci	Schlüssel
nyamuk	Moskito
pintu	Tür
jendela	Fenster
kaca	Fensterglas
kaca cermin	Spiegel
meja	Tisch
kursi	Stuhl
masuk	eintreten
keluar	hinausgehen
duduk	sitzen
(men)cuci	etwas waschen
mandi	baden
tidur	schlafen
bangun	erwachen

ESSEN UND TRINKEN

makan	essen
minum	trinken
makan pagi	Frühstück
makan siang	Mittagessen …
saya mau makan	Ich will essen!
piring	Teller
gelas	Glas
porsi / bungkus	Portion / … zum Mitnehmen
teh	Tee
kopi	Kaffee
air	Wasser
air masak	abgekochtes Wasser
es	Eis
air jeruk	Zitrussaft
panas	heiß
dingin	kalt
pahit	bitter (= ohne alles)
teh pahit es	Eis-Tee pur
manis	süß (= mit Zucker)
teh manis	süßer Tee
susu	(mit) Milch – süße Dosenmilch!
nasi putih	gekochter Reis
mie	Nudeln
roti	Brot
kue	Kuchen
daging	Fleisch
sapi	Rind
kerbau	Büffel
babi	Schwein
ayam	Huhn
kambing	Ziege
bebek	Ente
hati	Leber (im übertragenen Sinn Herz)
rusa	Hirsch
tikus	Maus
anjing	Hund
ular	Schlange
ikan	Fisch
udang	Krabben
udang karang	Hummer
cumi-cumi	Tintenfisch
siput	Muscheln/Schnecken
sayur	Gemüse
kentang	Kartoffel
timun	Gurke
bayam	Spinat
terong	Aubergine
bawang merah	Zwiebel
bawang prei	Porree
apokat	Avocado
tomat	Tomate
buah	Frucht
nanas	Ananas
kelapa	Kokosnuß
mangga	Mango
semangka	Wassermelone
nangkah	Jackfrucht
pisang	Banane

(Weiteres im Kapitel: *Essen und Trinken*, s.S. 44 ff)

REISEN UND TRANSPORT

kemana	wohin
pergi kemana?	Wohin gehst Du?
dari mana	woher
dari mana dia datang?	Woher kommt er?
dimana	wo
dimana ada…	Wo ist …
ke / di / dari	nach / in / von
saya pergi ke …	Ich gehe (fortgehen) nach …
saya datang dari …	Ich komme aus …
saya tinggal (penginap) di …	Ich wohne in …
terus	geradeaus
kiri / kanan	links / rechts
utara / selatan	Norden / Süden
timur / barat	Osten / Westen
pesawat terbang / kapal terbang	Flugzeug
pelabuhan udara / lapangan terbang	Flughafen
setasiun / terminal bis	Busbahnhof
bis	Bus
bis malam	Nachtbus
kapal laut	Schiff
pelabuhan	Hafen
kereta api	Eisenbahn
setasiun kereta api	Bahnhof

taksi	Taxi
tempat taksi	Haltestelle
dermaga	Bootsanlegestelle, Mole
mobil	Auto - allgemein Fahrzeug, Wagen
kuda	Pferd
dokar / bendi	Pferdekutsche
sepeda motor	Motorrad
meminjam	mieten
naik mobil	Autofahren
naik pesawat	Flugzeug fliegen
karcis	Fahrkarte
loket	Schalter
kelas tiga	3. Klasse
korting	Ermäßigung
tempat duduk	Sitzplatz
barang / bagasi	Gepäck / Güter
cepat	schnell
pelan	langsam
hilang	verschwinden
hati-hati	Vorsicht!
awas	Achtung!
keliling	umherreisen
pengembara	Vagabund,Traveller
jalan	Straße
jembatan	Brücke
simpang	Abzweigung
simpang empat	Kreuzung
hulu	flußaufwärts
hilir	flußabwärts
batas	Grenze
selokan	Graben
berbahaya	riskant
tentu/pasti	sicher,bestimmt
berangkat	aufbrechen, starten
pergi ke	gehen nach
pulang	zurückkehren
pergi pulang	hin und zurück
jatuh	fallen,untergehen
terbang	fliegen
berenang	schwimmen

UMWELT

kampung/ desa / dusun	Dorf
kota	Stadt
pulau	Insel
gunung	Berg
gunung api	Vulkan
puncak	Gipfel
bukit	Hügel
kawah	Krater
gua	Höhle
hutan	Wald
pohon	Baum
binatang	Tier
burung	Vogel
bunga	Blume
daun	Blatt
kayu	Holz
perak	Silber
besi	Eisen
mas	Gold
telaga / situ / kolam	Teich, kleiner See, Weiher
danau	See
mata air	Quelle
air terjun	Wasserfall
air tawar	Frischwasser
air pasang	Flut
air surut	Ebbe
sungai	Fluß
laut	Meer
pantai	Strand
batu	Stein
karang	Koralle
pasir	Sand
teluk	Bucht
tanjung	Landzunge
selat	Meeresstraße
ombak	Welle
pinggir	Rand
p. laut	Meeresufer
banjir	Überschwemmung
penanjung	Halbinsel
kepulauan	Inselgruppe
dunia	Welt
tanah	Land
kuala	Flußmündung
lumpur	Schlamm
rawa	Sumpf
rumput	Gras, Unkraut
tembok	Mauer
pagar	Zaun
lapangan	Stadion/Platz

main	spielen
sepak bola	Fußball
udara	Luft
bintang	Stern
bulan	Mond
matahari	Sonne
hujan	Regen
salju	Schnee
angin	Wind
angin ribut	Sturm
guntur	Donner
kilat	Blitz
basah	naß
kering	trocken
hitam	schwarz
putih	weiß
kuning	gelb
merah	rot
biru (muda)	(hell-) blau
hijau / hijo	grün
cokelat	braun
ungu	Violett
sepi	leise, still, einsam
damai / aman	sicher, friedlich
ramai	laut, betriebsam, „Hier ist was los!"

KRANKHEIT

sakit	krank
sehat	gesund
jatuh sakit	krank werden
rumah sakit	Krankenhaus
obat	Medizin
dokter / apotik	Arzt / Apotheke
demam	Fieber
berak-berak	Durchfall
infeksi	Infekt
(kaki) patah	(Bein)gebrochen
sakit kepala	Kopfschmerzen
sakit hati	Liebeskummer
sakit rumah	Heimweh
kaca mata	Brille

KÖRPERTEILE

kepala	Kopf
mata	Auge
gigi	Zahn
hidung	Nase
perut	Bauch
lengan	Arm
jari	Finger
kaki	Bein, Fuß
rambut	Haar
leher	Hals
dada	Brust
telinga	Ohr
tangan	Hand
mulut	Mund
punggung	Rücken
bokong / pantat	Gesäß

GESPRÄCH

saya suka / mau / bisa / harus	Ich mag / will / kann / muß
terima kasih! – sama-sama!	Vielen Dank! – (Antwort: desgl.)
tolonglah! / silahkan!	Bitte! (fordernd / anbietend)
permisi! / maaf!	Entschuldigung! (vorher, nachher)
ya / tidak (bukan)	Ja / Nein (bei Substantiven)
selamat datang!	Herzlich Willkommen!
selamat tinggal!	Auf Wiedersehen! zu dem, der bleibt
selamat jalan!	Auf Wiedersehen! zu dem, der geht
baik / kabar baik!	gut / Mir geht's gut!
bagus / losmen ini bagus.	gut (o.k.) / Dieser Losmen ist gut.
enak / makanan enak!	wohlschmeckend / Das Essen ist ...
gaji / hasil	Lohn,Verdienst / Ernte, Einkommen
hidup / lahir	leben / geboren werden
darah / mati / meninggal	Blut / tot / sterben
agama / percaya	Religion / glauben
minta / kenang (-kenangan)	bitten / sich erinnern (Andenken)
tahu / kenal	kennen (Dinge) / (Personen)

tua / muda / baru	alt / jung / neu
cantik / indah	hübsch (Personen) / schön (Dinge)
bahagia / gembira / ramah(-tamah)	glücklich / fröhlich / freundlich
marah	wütend, zornig
santai	entspannt
cinta / rindu / senang / suka	lieben / sehnen / wohlfühlen / mögen
lelah (cape) / lapar / haus	müde / hungrig / durstig
kotor / jelek / kasar	schmutzig / rauh / unhöflich, rüpelhaft
panjang / pendek	lang / kurz
tinggi / dalam	hoch / tief
jauh / dekat / besar / kecil	weit / nahe / groß / klein
dibawah / diatas	unten / oben
dimuka / dibelakang	vorne / hinten

ZUM WEITERLERNEN

saya belajar bahasa indonesia.	Ich lerne Indonesisch.
apakah kamu bisa bahasa inggeris?	Sprichst Du Englisch?
tolonglah bicara pelan-pelan!	Bitte sprich langsam!
saya tidak mengerti.	Ich verstehe nicht.
apa ini? / apa itu?	Was ist dieses? / Was ist jenes?
apa namanya (di bahasa i.)?	Wie heißt das (in Indonesisch)?
boleh memotret / foto?	Darf ich fotografieren?

Sachindex

ANHANG

ANHANG

Ortsindex

ANHANG

ANHANG

ANHANG

ANHANG

Reisen in Europa

Reisebücher
aus dem Michael Müller Verlag

Altmühltal
Baltische Länder
Berlin
Bodensee
Bretagne
Die Donau von der Quelle bis Passau
England
Franken
Fränk. Schweiz
Gomera
Griechenland
- Gesamt
- Nord-/Mittel
- Griech. Inseln
- Kos
- Kreta
- Kreta Info-Karte
- Korfu/Ionische Inseln
- Kykladen
- Lesbos
- Peloponnes
- Rhodos & Dodekanes
- Samos/Chios/ Lesbos/Ikaria

Inter-Rail
- Gesamt-Europa
- Mitte/Süd
- Skandinavien/ Dänemark
- Frankr./Benelux/GB/Irland

Italien
- Gesamt
- Apulien
- Italien. Riviera
- Sizilien
- Oberitalien
- Rom/Latium
- Sardinien
- Toscana

Irland
Kanar. Inseln
- Lanzarote
- La Palma
- La Palma Info-Karte
- Teneriffa

Korsika
Niederlande
- Amsterdam

Nürnberg
Polen
Portugal
Sauerland
Schottland
Slowenien und Istrien
Spanien
- Gesamt
- Andalusien
- Katalonien
- Nordspanien

Südwestfrankreich
Tschechische/ Slowakische Republik
Türkei
- Gesamt
- der Osten

Ungarn
Zypern

Unsere Bücher finden Sie in jeder guten Buchhandlung.

Michael Müller Verlag
Gerberei 19, 91054 Erlangen
Postfach 2609, 91014 Erlangen
Tel. 09131/21611; Fax 09131/207541

Südafrika

1. Auflage 1996
Ca. 700 Seiten mit zahlreichen Tips und detaillierten Informationen, über 80 Landkarten und Stadtpläne und über 100 Fotos – und mit einen farbigen Safari-Guide.
ISBN 3-922025-63-3
39,80 DM

... und viele andere Spezialitäten:

aus dem Stefan Loose Verlag • Hasenheide 54 • 10967 Berlin • Tel 030 - 691 37 89 • Fax 030 - 693 01 71

Kartenverzeichnis

ANHANG